단단한 머신러닝

Machine Learning by Zhou Zhihua

Copyright ⓒ 2016 by Tsinghua University Press

머신러닝 기본 개념을 제대로 정리한 인공지능 교과서

단단한 머신러닝

1쇄 발행 2020년 2월 28일
4쇄 발행 2023년 9월 27일

지은이 조우쯔화
옮긴이 김태헌
펴낸이 장성두
펴낸곳 주식회사 제이펍

출판신고 2009년 11월 10일 제406-2009-000087호
주소 경기도 파주시 회동길 159 3층 3-B호 / **전화** 070-8201-9010 / **팩스** 02-6280-0405
홈페이지 www.jpub.kr / **투고** submit@jpub.kr / **독자문의** help@jpub.kr / **교재문의** textbook@jpub.kr

소통기획부 김정준, 이상복, 김은미, 송영화, 권유라, 송찬수, 박재인, 배인혜, 나준섭
소통지원부 민지환, 이승환, 김정미, 서세원 / **디자인부** 이민숙, 최병찬

진행 장성두 / **교정·교열** 이인호 / **내지 및 표지디자인** 이민숙
용지 에스에이치페이퍼 / **인쇄** 한승문화 / **제본** 일진제책사

ISBN 979-11-88621-98-9 (93000)
값 30,000원

제이펍은 여러분의 아이디어와 원고를 기다리고 있습니다. 책으로 펴내고자 하는 아이디어나 원고가 있는 분께서는
책의 간단한 개요와 차례, 구성과 저(역)자 약력 등을 메일(submit@jpub.kr)로 보내 주세요.

단단한 머신러닝

Machine Learning

머신러닝 기본 개념을 제대로 정리한
인공지능 교과서

조우쯔화 지음 / 김태헌 옮김

차 례

추천사

인공지능 연구자들 사이에서 머신러닝은 '지능'을 가장 잘 구현할 수 있는 부분으로 보고 있습니다. 역사를 되돌아보면, 머신러닝은 인공지능 영역에서 가장 발전이 빠른 분야인 듯합니다. 1980년대에는 기호주의 학습symbolism learning이 머신러닝에서 주류를 차지했으나, 1990년대부터는 통계 머신러닝 천하가 되었습니다. 주류가 기호주의 학습에서 통계 머신러닝으로 넘어온 것은, 개인적으로는 머신러닝이 순수한 이론, 모델 연구에서 생활 속 실제 문제들을 해결하려는 목적의 응용 연구로 발전했음을 의미하는 것이라 생각합니다. 이것은 나아가 과학 연구의 발전과도 연결된다고 생각합니다. 중국 내에서 필독서로 불릴 만한 머신러닝 서적이 없었는데, 중요하고 자주 사용되는 머신러닝 방법론을 쉬운 방식으로 설명한 리항Li Hang 교수의 《통계학습방법統計学习方法》이 최근 출간되었습니다. 그리고 이번에 드디어 조우쯔화Zhou Zhihua 교수의 대작이 출판되었는데, 머신러닝의 세부 내용을 탄탄한 이론과 수식 중심으로 소개하고 있습니다. 이 책은 교재로서도 유용할 뿐만 아니라 독학용, 연구용 참고서로도 활용될 수 있을 것입니다.

평소에 머신러닝 분야에 종사하는 동료들을 자주 만나 머신러닝에 대한 근거 없는 풍문이나 머신러닝의 현황, 그리고 발전에 대한 의견을 많이 듣게 되는데, 이러한 다양한 의견을 듣는 과정에서 많은 질문을 가지게 되었고, 이 기회를 통해 이러한 질문들을 정리하고 공유해 보고자 합니다.

질문 1: 인공지능 발전 초기 단계에서 머신러닝의 기술은 대부분 기호주의 학습이었습니다. 그러나 1990년대부터 통계 머신러닝이 다크호스처럼 등장해 기호주의 학습의 자리를 대체했습니다. 사람들은 기호주의 학습이 쏟아지는 통계 학습 저널과 논문 앞에서 완전히 무시당한 것인지, 여전히 머신러닝 연구의 대상이 될 수 있는 것인지, 혹은 통계 학습의 그늘 아래서 남은 목숨을 부지해 나가야 할지에 대해 궁금해할 것입니다. 이 질문에 대한 답은 세 가지입니다. 첫 번째는 대세에 순응해 역사의 무대에서 은퇴하는 것이고, 두 번째는 자존심을 굽히고 통계 학습과 결합하여 살아갈 방법을 찾는 것입니다. 그리고 마지막 세 번째는 세상사는 다 돌고 도는 것이니 언젠가 다시 올 밝은 날을 위해 기다리는 것입니다. 첫 번째 관점은 이미 많은 사람이 암묵적으로 동의하고 있을 것이라 생각합니다. 두 번째 관점은 왕주에Wang Jue 교수가 여러 번 이야기했던 내용입니다. 그는 통계학이 쇠퇴할 것이라 생각하지는 않지만 머신러닝은 이미 전환점에 왔다고 얘기했습니다. 또한, 그는 통계 학습은 응용과 지식이 결합되어야 나선형으로 상승하며 발전할 수 있을 것이고, 그렇지 못하면 현재 상태를 답보할 것 같다고 말했습니다. 그가 말한 전환점으로 진입하게 된 시점은 데프니 콜러Daphne Koller와 니르 프리드만Nir Friedman이 집필한 《Probabilistic Graphical Models: Principles and Techniques》라는 책이 출판되었을 때입니다. 세 번째 관점은 필자의 오랜 친구이자 미국 오하이오주립대의 찬드라세카란Chandrasekaran 교수의 관점입니다. 그는 기호주의 인공지능이 통계 인공지능에게 '억압'되는 현상에 관해 이야기하며 위에서 언급한 '세상사는 다 돌고 돈다'라는 의견을 냈습니다. 제가 그의 대답을 책에 사용해도 되겠냐고 물어봤을 때 매우 흔쾌히 동의해 주었습니다. 그가 보낸 메일의 전체 내용은 다음과 같습니다. '최근 몇 년간 인공지능은 통계학과 빅데이터에 집중되어 있습니다. 저는 계산 능력의 향상과 이러한 기술이 인상 깊은 성과를 보여준 것에 동의합니다. 하지만 우리는 기술이 계속해서 더 발전하고 향상되리라는 것을 믿고 있고, 따라서 언젠가는 지금의 AI 기술에게 이별을 이야기하고 다시 더 기본적인 인지과학 연구로 방향이 전환될 가능성도 충분합니다. 비록 시계추가 완전히 돌아오기까지는 많은 시간이 걸리더라도 언젠가는 통계 기술과 인지 구조에 대한 깊은 이해가 결합할 것이라는 것을 저는 믿고 있습니다.' 그의 의견은 왕주에 교수의 의견과 기본적으로 일치합니다. 그러나 머신러닝에만 국한되어 있지 않고 모든 인공지능 영역에 관해 이야기하고 있으며, 왕주에 교수는 '지식'을 강조했고, 찬드라세카란 교수는 기본적인 '인지' 영역을 더 강조했다는 점이 다를 뿐입니다.

질문 2: 왕주에 교수가 통계 머신러닝이 계속해서 '순항'할 수 없다고 한 근거는 통계 머신러닝 알고리즘은 모두 샘플 데이터의 독립항등분포independent and identically distributed, i.i.d 가설에 기반을 두고 있지만, 자연계의 현상은 끊임없이 변화한다는 사실 때문입니다. '독립항등분포가 어디 그렇게 많이 존재할까요?'라는 질문은 저의 다음 질문으로 이어졌습니다. 독립항등분포 조건이 머신러닝에 있어서 정말 필수적일까요? 독립항등분포가 잘 존재하지 않는다는 것이 넘을 수 없는 장애물인 것일까요? 독립항등분포 조건이 없는 머신러닝은 어려운 문제일 수는 있지만 해결할 수 없는 문제는 아닙니다. 저는 아마도 현재 많은 연구가 진행되고 있는 '전이학습transfer learning'이 이 문제를 해결해 줄 한 줄기 빛이 될 수 있지 않을까 하는 막연한 생각도 했습니다. 지금은 전이학습도 전이 쌍방에 '독립항등분포' 조건이 필요하지만, 서로 다른 분포 사이의 전이학습, 동일 분포와 다른 분포 사이의 전이학습도 곧 나오지 않을까요?

질문 3: 요즘 보이는 새로운 트렌드는 딥러닝의 중용입니다. 사회적으로도 특별히 딥러닝의 활용에 관심이 많습니다. 그렇다면 이러한 트렌드가 머신러닝이 나아갈 방향일까요? 이 책의 저자인 조우쯔화 교수를 포함한 많은 학자는 딥러닝에 대한 관심이 딥러닝이 실제로 공헌하고 있는 것보다 더 크다고 말합니다. 이론과 기술상에서 창조성이 부족하며, 단지 하드웨어 기술의 혁명에 힘입어 컴퓨팅 속도가 향상되었고, 이 덕분에 복잡도가 높았던 알고리즘을 사용할 수 있게 되어 예전보다 더 좋은 결과를 얻었을 뿐이라고 말합니다. 당연히 이러한 변화는 머신러닝의 실용화에 크게 이바지했습니다. 그러나 딥러닝이 전통의 통계 학습을 대체할 수 있는가에 대한 질문은 매우 중요합니다. 사실, 많은 전문가가 이미 딥러닝으로부터 압박을 느낀다고 말합니다. 마치 기호주의 학습이 통계 학습에 의해 점차 관심을 잃어간 것처럼 말이죠. 그러나 저는 통계 머신러닝에 대한 딥러닝의 영향이 기호주의 학습에 대한 통계 머신러닝의 영향력보다는 크지 않을 것으로 생각합니다. 왜냐하면 딥러닝의 이론적인 창의성은 아직 부족하고, 현재 대부분의 딥러닝이 신경망에 기반을 두고 있기 때문에 응용 범위가 제한적이며, 단지 일종의 연결주의 방법으로의 회귀라고 보입니다. 그리고 마지막으로, 통계 학습은 여전히 머신러닝에서 중요한 위치를 차지하고 있고 응용 범위가 매우 넓기 때문입니다.

질문 4: 머신러닝이 지금까지 발전해 오면서 우리는 기호주의 학습 방법에서 통계 방법으로의 변화를 목격했습니다. 여기서 주로 사용하는 수학도 확률 통계입니다. 하지만 수학의 범위는 바다처럼 넓은데 통계 방법만이 머신러닝에 적합한 수학일까요? 물론, 우리는 여러 수학이 머신러닝 응용에서 사용되는 예를 많이 알고 있습니다. 예를 들어, 매니폴드 학습에서 사용되는 미분 기하학이나, 귀납 학습에서 사용되는 미분 방정식 등이 있습니다. 하지만 통계 방법과 비교했을 때 조연의 역할에 불과해 보입니다. 다른 수학인 선형대수는 아마 응용 범위가 더 넓을 것입니다. 머신러닝에서 선형대수는 행렬 이론, 고윳값 이론 등 기본적인 도구로 사용되며, 미분 방정식을 통해 해를 구하는 것도 결국 선형대수 문제로 귀결되기도 합니다. 아마도 선형대수는 머신러닝 배후의 영웅이라고도 할 수 있겠네요. 무대 앞에서 활약하는 것은 확률과 통계이지만, 뒤에서 묵묵히 구슬땀을 흘리는 것은 선형대수와 논리학입니다. 그렇다면 수학 방법이 주가 되고 통계 방법이 부가 되는 머신러닝 이론이 나올 수 있을까요? 아마도 매니폴드 학습이 조금은 '근접한 예'일 것입니다. 하지만 거시적인 관점에서 수학 이론이 사용되는 정도는 아직 불충분하다고 생각합니다. 여기서 말하는 수학 이론은 깊이가 비교적 깊은 현대 수학 이론을 말합니다. 앞으로 많은 수학자가 참여해 머신러닝의 새로운 모델, 새로운 이론, 새로운 방향을 제시하길 기대해 봅니다.

질문 5: 위 질문에서 파생된 질문입니다. 기호주의 머신러닝 시대에는 주로 이산적인 방법으로 문제를 처리했고, 통계 머신러닝 시대에는 연속적 방법으로 문제를 처리합니다. 이 두 가지 방법 사이에는 큰 틈이 없어야 합니다. 매니폴드 학습의 리 군Lie group, 리 대수Lei algebra의 도입은 우리에게 좋은 인사이트를 제공해 줍니다. 미분 가능(한) 매니폴드differentiable manifold에서 리 군까지, 그리고 리 군에서 리 대수까지 이어지는 과정은 바로 '연속'과 '이산'을 연결하는 과정입니다. 그러나 현재까지 나온 방법은 수학적으로 완벽하지 못합니다. 매니폴드 관련 논문만 찾아봐도 상당수의 논문이 임의의 데이터 세트를 미분 가능(한) 매니폴드로 보고 측지선의 존재를 가정하고 차원 축소에 관해 논의하는 것을 확인할 수 있습니다. 이러한 예는 한둘이 아닙니다. 따라서 이는 수학자가 머신러닝 연구에 필요하다는 점을 충분히 설명하고 있다고 생각합니다.

질문 6: 빅데이터 시대의 도래는 머신러닝의 본질적인 변화를 가져다주었나요? 대규모 데이터는 통계, 샘플링 방법을 필요로 하기 때문에 이론상으로 '빅데이터'는 통계 머신러닝에 더 많은 기회를 제공한 것처럼 보입니다. 이 업에 종사하는 사람들은 빅데이터의 출현이 인공지능을 더 돋보이게 해준다고 말합니다. 그리고 그들은 데이터 처리 과정을 수집, 분석, 예측이라는 세 단계로 나눕니다. 수집과 분석 작업은 이미 잘하고 있던 영역이고, 현재 초점이 맞춰진 부분은 '보다 과학적인 예측'인데, 여기에 머신러닝이 빠질 수 없습니다. 이 점은 당연히 인정합니다. 하지만 동일한 통계와 샘플링 방법을 사용하고 동일한 수집, 분석, 예측을 하는데, 빅데이터 시대에 이러한 방법을 사용하는 것이 이전에 이러한 방법을 사용했던 것과 어떤 본질적인 차이점이 있을까요? 양적 변화가 질적 변화에 이른다는 것은 변증법 dialectics의 보편적인 규율입니다. 그렇다면 빅데이터 이전 시대에서 빅데이터 시대로 오면서 수리통계 방법에는 어떤 본질적인 변화가 생겼나요? 이러한 변화들이 머신러닝에 응용에 반영되어 어떤 본질적 변화를 가져왔나요? 사람들은 빅데이터 시대에 어떠한 머신러닝 방법이 나오기를 기대하는 것일까요? 어떤 머신러닝 방법이 빅데이터 연구로부터 시작되고 탄생했나요?

다시 본론으로 돌아가면, 이 책의 저자 조우쯔화 교수는 머신러닝의 많은 영역에서 커다란 기여를 했으며, 중국 머신러닝 연구의 선구자이자 국제 학술계에서도 명망이 높은 학자입니다. 그는 앙상블 학습, 준지도 학습, 멀티레이블 학습 등에서 국제적으로도 영향력 있는 작업을 많이 해왔으며, 중국을 대표해 많은 학술적 공헌을 했습니다. 그리고 자신의 학술 연구 외에도 중국 머신러닝의 발전을 위해서 정말 많은 노력과 큰 기여를 해오고 있습니다. 예를 들어, 얼마 전 세상을 떠난 왕주에 교수와 2002년부터 '머신러닝과 응용' 콘퍼런스를 개최했습니다. 푸단 대학교에서 남경 대학교까지 개최 회차가 늘어나면서 사람들도 갈수록 많아졌고, 콘퍼런스의 규모도 커지고 내용도 다채로워졌습니다. 최근에는 이러한 연구 토론회를 전국의 대학교를 순회하며 진행하고 있습니다. 왕주에 교수가 우리 곁을 떠난 것은 매우 안타까운 일이지만, 한 가지 안심이 되는 것은 국내에 아직 조우쯔화 교수 같은 머신러닝 선구자들이 남아 있고, 조우쯔화 교수보다 젊은 많은 머신러닝 전문가들이 계속해서 성장하고 있다는 사실입니다. 중국의 머신러닝 학계는 희망이 가득해 보입니다.

陆汝钤

루루치엔
중국과학원 수학&시스템연구소

옮긴이 머리말

10여 년 전 학생증을 보여주며 드나들던 필자의 모교인 베이징 대학교에서는 이제 안면인식 기술을 도입해 학생들의 출입을 관리하고 있습니다. 그리고 지방에서 상하이, 베이징 등 대도시로 올라온 수많은 청년은 전통 은행이 아닌 알리페이에서 대안 정보를 활용한 인공지능 대출 심사를 통해 소액대출을 받으며 생활하고 있습니다. 물론, 이러한 인공지능의 적용 사례가 미래에는 양날의 검이 될 가능성도 있지만, 중국 정부의 전폭적인 지원으로 중국의 인공지능 기술은 세계 어느 곳보다 빠르게 적용되며 발전하고 있습니다.

이러한 환경과 더불어 큰 내수 시장 덕분에 계속해서 훌륭한 AI 관련 도서들이 쏟아져 나오고 있습니다. 그동안 일본 IT 서적들은 특유의 창의성을 결합한 내용이 많아 국내에 많이 소개되고 있는데 반해, 중국 IT 서적들은 출판사들의 큰 관심을 받지 못했던 것이 현실입니다. 제가 생각하는 중국 서적의 장점은 이론적인 부분과 풍부한 실전 경험이 결합된 내용이 많다는 것입니다. 특히 마이크로소프트, 구글 등 세계적인 기업의 핵심 요직에 있는 화교들이 많고, 바이두, 텐센트 등 억 단위의 사용자를 거느린 IT 기업의 수많은 데이터 과학자들이 국내와는 비교도 할 수 없는 느슨한 규제하에서 방대한 데이터를 활용한 실험을 계속하고 있습니다. 이들의 경험과 지식이 국내 독자들에게도 빠르게 소개되면 좋겠다는 생각에 출판사에 번역을 제안하게 되었습니다.

그 첫 번째 책으로 이 책을 선택한 이유는 다음과 같습니다. 저자가 언급한 것처럼 이 책은 입문용이면서 머신러닝 전반에 대한 '지도'를 제공하고 있습니다. 워낙 발전이 빠른 분야이기 때문에 더 깊은 내용을 이해하기 위해서는 다른 책이나 인터넷을 이용해야 하는 경우가 많은데, 본인이 찾고자 하는 내용이 무엇인지 정확히 알아야 정보 검색 능력이 향상되기 때문에 체계적인 학습은 매우 중요합니다. 이 책은 매우 체계적으로 기술되었으며, 머신러닝을 배우다 보면 언젠가는 접하게 되는 혹은 알아야 하는 내용을 포괄하고 있습니다. 현업에서 최신 논문을 읽더라도 제대로 이해하기 위해서는 해당 논문의 레퍼런스가 되는 논문을 계속해서 찾아 읽어야 하는데, 이 책은 모든 이론과 알고리즘의 기초가 되는 내용을 최대한 체계적으로 빠짐없이 담고 있습니다. 알고자 하는 이론이 다른 어떠한 이론과 이어지고, 새로 나온 알고리즘의 근원은 어디인지 쉽게 파악할 수 있는 시야를 가지는 것은, 여러분이 지속해서 머신러닝을 배우는 데 매우 유익할 것입니다. 최근에는 다양한 종류의 좋은 책들이 많이 나와 있긴 하지만, 단순히 간단한 코딩만 배워서는 현업의 많은 문제를 해결할 수 없습니다. 부디 좋은 '지도'를 가지고 최대한 '정도'를 걸어가시기를 바랍니다.

익숙하지 않은 중국어책이라 제이펍의 여러 관계자분께서 고생해 주셨습니다. 장성두 대표님, 이인호 팀장님, 이민숙 차장님을 포함해 이 책을 위해 노력해 주신 모든 분의 노고에 다시 한번 감사를 표합니다. 책을 잘 마무리할 수 있도록 체력과 시간을 허락해 주신 하나님께 감사드리며, 퇴근 후 번역 때문에 잘 놀아주지 못한 라온, 라엘, 그리고 유리나에게 미안하고 사랑한다고 전하고 싶습니다.

김태헌

머리말

이 책은 머신러닝 교과서입니다. 최대한 많은 독자에게 머신러닝을 소개하고 싶은 마음에 수학적 지식의 사용은 최대한 배제하려 노력했습니다. 하지만 최소한의 확률, 통계, 대수, 최적화, 논리 관련 수학 이론은 포함되어 있습니다. 따라서 대학교 4학년 이상의 이공계열 학생이나 대학원생, 그리고 비슷한 배경을 가진 머신러닝에 관심 있는 독자들께 적합할 것 같습니다. 독자들의 편의를 위해 책 말미에는 수학 기초 지식에 관한 간략한 소개도 함께 다루고 있습니다.

이 책은 총 16장으로 구성되어 있고, 크게 세 부분으로 나눌 수 있습니다. 첫 번째 부분은 머신러닝 기초 지식에 관한 1~3장 부분입니다. 두 번째 부분은 전통적이고 자주 사용하는 머신러닝 방법론을 다루는 4~10장 부분입니다. 세 번째 부분은 11~16장이며, 고급 내용을 다루고 있습니다. 독자들은 3장까지 읽고서 흥미나 시간적 상황에 따라 원하는 장을 선택해 독립적으로 읽어도 됩니다. 만약 대학생 교재로 사용한다면 한 학기에 1~9장 혹은 1~10장까지 진행하면 되고, 대학원 과정이라면 모든 장을 다 사용해도 됩니다.

모든 장 끝에는 10개 정도의 연습문제가 포함되어 있습니다. 어떤 문제는 해당 장의 내용을 복습하는 데 유용하며, 어떤 문제는 지식의 확장에 더 유용하게 사용될 것입니다. 한 학기 동안 이 연습문제들과 더불어 실제 데이터를 활용하는 프로젝트를 진행해도 좋습니다. 별표가 표기된 문제들은 난이도가 있는 문제들로서, 현재로서는 해답지가 제공되고 있진 않지만 열심히 풀어본다면 큰 도움이 될 것입니다.

이 책은 머신러닝 각 방면의 기초 지식을 망라하고 있지만, 머신러닝 입문 교재인 점과 학습 시간 등을 고려해 중요한 최첨단 기술을 설명하고 있지는 못합니다. 일부 다루고 있다 하더라도 부분적인 내용만 포함하고 있습니다. 따라서 다른 고급 과정을 통해 지속적인 학습이 필요합니다. 책을 보다가 더 연구하고 싶은 내용이 있다면 각 장에 소개된 참고문헌을 따라가면 됩니다.

필자 생각에 과학과 관련된 인물과 사건을 어느 정도 아는 것도 중요할 것 같아 각 장 뒷부분에 해당 내용과 관련 있는 이야기나 인물에 관해서도 소개했습니다. 아무쪼록 독자들의 식견도 넓히고 긴장도 풀어주는 효과가 있었으면 하는 바람입니다.

머신러닝은 발전 속도도 빠르고 범위가 매우 넓은 학문이기 때문에 모든 영역에 대해 깊이 이해하고 있는 사람은 많지 않습니다. 필자의 식견과 학문이 넓지도, 깊지도 못하기 때문에 책에 오류가 있을 것 같습니다만, 독자 여러분께서 너그러운 마음으로 이해해 주고 충고해 주기를 바랍니다.

조우쯔화

이 책의 사용법

이 책은 2016년 1월에 출판되었고, 초판 5,000부가 일주일 만에 모두 팔렸습니다. 이후 8개월 동안 9쇄를 거듭하며 72,000부가 팔렸고, 아마존, 징둥JingDong, DangDangWang 등 중국의 인터넷 서적 사이트에서 IT 분야 베스트셀러로 자리 잡았습니다. 예상보다 많은 판매량과 독자들의 피드백은 독자들의 범위가 기존에 생각했던 것보다 넓었다는 것을 뜻하고, 따라서 10쇄를 찍기 전인 이 시점(2016년 9월)에서 조금은 불안한 마음과 함께 이 책을 읽을 때 주의해야 할 것들을 이야기해야 할 것 같아 글을 다시 남기게 되었습니다.

먼저, 이 책은 교과서라는 점을 인지해 주셔야 합니다.

이 책의 '에필로그'에서 밝혔듯이, 이 책을 집필하게 된 주원인은 '머신러닝' 과목을 개설해야 했기 때문입니다. 필자의 강의 경험으로 볼 때, 많은 학생이 한 학기 내내 한 과목만 듣는 것이 아니기 때문에 강의 때마다 읽어야 하는 책의 양이 많아지면 과목 자체에 대한 흥미가 떨어지거나 공부하지 않는 현상이 많이 발생합니다. 그리고 가르치는 처지에서도 부담이 커져 제대로 된 강의를 하기 힘들 때가 있습니다. 따라서 한 학기 동안 사용하는 교재로서 깊게 고민하여 현재의 구성을 하게 된 것입니다. 총 16장으로 구성하고, 각 장은 30페이지를 넘기지 않으면서 6~7절을 포함하고 있습니다. 매 학기 총 18주의 시간이 주어지는 대학원생인 경우는 연습문제를 풀고 시험을 보는 2주를 제외하고 약 16주가 남기 때문에 이렇게 구성한 것입니다. 물론, 학부생의 경우는 앞의 10개 장의 내용을 주로 보면 되기 때문에 여유가 있는 편입니다. 이러한 제약 때문에 이 책의 범위나 내용의 깊이에 대해 취사선택이 필요했습니다. 따라서 독자들은 이 책에 포함되어 있지 않은 내용이나 '초급부터 고급까지 망라한' 내용에 대해 너무 기대하지 않았으면 좋겠습니다. 머신러닝 영역은 발전 속도도 매우 빠르기 때문에 모든 내용을 포괄하는 책은 존재하지 않습니다. 만약 있다고 하더라도 1,000페이지는 훌쩍 넘어갈 것이기 때문에 교과서로는 적합하지 않습니다.

두 번째로, 이 책은 입문용 교과서입니다.

필자가 생각할 때 입문 단계에서 가장 필요한 것은 기본 개념에 대해 제대로 이해하고 종합적인 상황을 이해하는 것입니다. 이는 사람이 생소한 곳에 가서 지도를 펼치고 산, 강, 그리고 자신의 위치 등을 대략적으로 파악한 뒤 구체적으로 관심 있는 지역으로 들어가 탐색하는 것과 비유될 수 있습니다. 독자들은 당연히 '넓으면서도 깊은' 내용을 학습하기를 원합니다. 하지만 시간적 제약 때문에 우리는 절충을 해야 합니다. 입문 단계에서는 세부적인 내용을 다 아는 것보다 개괄적인 내용을 파악하는 것이 중요한데, 이는 자칫 잘못하면 나무만 보고 숲을 보지 못하는 오류를 범할 수 있기 때문입니다. 따라서 필자는 지면적인 제약 속에서도 독자들이 최대한 많은 내용을 접할 수 있도록 최대한 간결하게 설명하려고 노력했습니다. 어떻게 보면 이 책의 주요 목적은 독자들에게 '초급 지도'를 제공해 초급자들이 올바른 방향으로 나갈 수 있게 도와주는 것이라고 할 수 있겠습니다. 물론, 이 '초급 지도'가 다루는 내용은 여타의 영문 서적과 비교했을 때도 뒤지지 않는다고 생각합니다.

머신러닝에는 여러 학파가 존재하고, 각 학파의 시각에서 다른 학파의 내용을 설명할 수도 있습니다. 하지만 필자가 생각하기에 고급 단계에서 이러한 주장에 대해 자세히 알아보는 것은 정말 큰 도움이 되지만, 입문 단계에서는 각 주장에 대해 있는 그대로를 보여주는 것이 더 중요한 것 같습니다. 왜냐하면 다른 학파를 완전히 '압도'하는 절대적인 이론은 존재하지 않기 때문인데, 너무 일찍 어떤 일정 학파의 관점만 중점적으로 살펴보는 것은 이후 넓은 시야를 갖는 데 걸림돌이 될 수 있습니다. 따라서 이 책에서는 '있는 그대로'의 주장을 실었으며, 몇몇 부분에서만 간략하게 관련 내용을 덧붙였습니다. 혹시 독자들이 어떤 부분에서 '아쉬움'을 느낀다면, 그것은 아마도 필자가 느끼기에 입문 단계에서 알아야 할 정도는 이미 다 설명했다고 판단했기 때문일 것입니다. 이외에도 머신러닝의 발전 속도가 너무 빨라 아직 학계에서 공론을 형성하지 못한 내용에 관해서는 입문용 교재에 담기 부적절하다고 생각합니다. 하지만 학문의 첨단 내용과 너무 동떨어지는 것도 바람직하지 않아서 간단하게나마 초기의 컨센서스consensus에 대해서는 소개하고 있습니다.

세 번째로, 이 책은 고학년 이공계 대학생이나 대학원생들을 위한 교재입니다.

최신 논문이나 알고리즘을 학습하기 위해서는 반드시 기초가 되는 지식을 습득해야 합니다. 최대한 많은 독자가 이 책을 통해 머신러닝을 이해할 수 있도록, 필자는 최소한의 수학적 지식만을 사용해 이해하기 쉽도록 서술했습니다. 만약 독자 중에 이 책에 나오는 수학적 내용이 비교적 깊어 보이고 머신러닝에 대한 일반적인 수준의 이해만을 원한다면, 세부적인 부분은 건너뛰고 개관만 파악해도 됩니다. 그 외의 경우에는 관련 있는 기초 지식 부분을 조금 복습하고 전체적인 내용을 학습하기를 권장합니다. 지면 제약으로 인해 모든 내용을 상세히 서술할 수 없었는데, 공식 유도 등은 반드시 필요하다고 생각되는 곳에서만 자세히 설명했습니다. 그 외에는 이공계 고학년 대학생들은 그리 어렵지 않게 소화할 수 있는 내용이라 판단하여 상세한 유도 과정은 생략했습니다.

물론, 입문용 교재 한 권으로 머신러닝 전문가가 되기를 기대할 수는 없습니다. 하지만 머신러닝에 흥미를 느낀 독자들은 각 장의 참고문헌을 통해 더 깊게 공부할 수 있습니다. 특히, 인터넷을 자유자재로 사용할 수 있는 환경에서는 양질의 정보를 얻는 것이 매우 편리합니다. 머신러닝의 어떤 '키워드'를 찾을지에 대해서만 잘 알고 있다면 원하는 정보를 찾기란 어렵지 않을 것입니다. 정보 검색 능력은, 특히 이공계 대학생들이 반드시 보유해야 할 스킬 중 하나입니다. 이 책에서 제공하는 '지형 지도'를 활용해 독자들이 원하는 곳을 찾아갈 수 있기를 바랍니다.

네 번째로, 이 책은 반복해서 읽는 것이 좋습니다.

머신러닝 입문자들이 빠지기 쉬운 함정이 하나 있습니다. 그것은 바로 머신러닝이 여러 알고리즘(방법)이 누적된 결과물이라고 생각한다는 점입니다. '10대 알고리즘' 혹은 '20대 알고리즘'에 익숙하면 무엇이든지 해결할 수 있다고 생각하게 되고, 초점이 자연스럽게 구체적인 알고리즘 공식과 코드 구현에 맞춰집니다. 하지만 실제 응용 단계에서 잘 되지 않음을 발견하고는 머신러닝 자체에 대해 실망하게 됩니다. 반드시 알아야 할 것은, 책에서 배울 수 있는 내용으로는 계속해서 변화하는 현실 세계의 문제들을 모두 해결할 수는 없습니다. 현실에서는 문제의 특징을 파악해 현재 알고 있는 지식이나 스킬이 통할 수 있도록 조정해야 합니다. 알고리즘은 '죽어 있고', 생각이야말로 '살아 있기' 때문입니다. 이 길을 가기 위해서는 연구를 할 때나 실제 응용에서 사용할 때 모두, 알고리즘 배후의 아이디어 맥락을 잘 파악해야 머신러닝에 대한 조예가 깊어질 수 있을 것입니다. 이 책은 제한된 지면을 통해서라도 독자들의 생각하는 능력을 키우는 데 도움을 주고 싶지 단순히 공식을 유도하고 외우기만 하는 것을 바라진 않습니다. 더불어, 이 책 구석구석에는 필자가 다년간 연구하고 실험하며 깨달은 바를 적어 놓았습니다. 물론, 일언반구에 불과하지만 고급 수준의 독자를 제외하고는 이러한 깨달음을 얻기란 쉽지 않을 것입니다.

특정 머신러닝 알고리즘의 유도 공식이나 코드 구현 방법을 알고 싶은 독자라면 이 책은 적절한 선택이 아닙니다. 그리고 만약 단순 머신러닝 알고리즘 '모음집'을 원한다면 인터넷에서 위키피디아를 찾아보는 것이 더 편리할 것입니다.

필자는 식견도 없고 학문도 깊지 못해 머신러닝에 대해 피상적으로만 알고 있을 뿐입니다. 특히, 여러 번의 재인쇄 과정을 거치면서 잘못된 곳이나 오해의 소지가 있는 부분에 대한 수정을 진행했음에도 여전히 부족한 부분이 많을 것입니다. 따라서 독자들의 너그러운 양해를 부탁드립니다.

베타리더 후기

김주현(SK)

전체적인 머신러닝 이론을 명료하게 설명한 책입니다. 이론 설명 시 수식을 가능한 적게 사용하려다 보니 중간에 이해가 어려운 경우가 있고, 코딩을 통해 직접 결과를 확인하는 실습 책이 아니기 때문에 입문자 입장에서는 쉽지 않은 책입니다. 그러나 처음 두 장을 제외하고 나머지 장들은 독립적으로 읽을 수 있고, 또한 전체 내용이 매우 체계적입니다. 따라서 머신러닝 이론을 제대로 배우고자 하는 분들에게는 매우 훌륭한 선택이 될 것 같습니다.

김준성(스캐터랩)

이 책은 우리가 실무에서 사용하고 있는 실제 머신러닝 기법의 개념과 원리를 매우 탄탄하게 다루고 있습니다. 조금 어려울 수 있지만, 입문자와 실무자 모두가 기본을 다질 수 있는 아주 훌륭한 책이라고 생각합니다. 머신러닝 리서처/엔지니어가 되기 위해 준비하시는 분이라면 이 책을 꼭 추천해 드리고 싶습니다. 이 책을 읽으면서 제가 부족하다고 느꼈던 빈 구멍이 하나하나 채워지는 느낌이었습니다. 다시한번 말씀드리지만, 개념과 원리가 탄탄한 책이어서 굉장히 만족스러웠습니다.

김준호(NCSOFT)

직관적인 설명과 코드 등을 통해 머신러닝을 알고 싶은 분들보다는 머신러닝의 전반적인 개념을 수식과 함께 이론적으로 깊이 파고 싶은 분들에게 정말 도움이 될 책입니다.

🦋 남원우(창원대학교)

학부 수업으로 머신러닝을 막 끝낸 상태에서 복습하는 느낌으로 책을 읽었습니다. 모델을 직접 사용해 보는 실습 중심의 책이 아니라 이론 중심의 책이기 때문에 무지한 상태의 학부생이 한 번에 이해하기는 쉽지 않은 책입니다. 기본적인 수학적 지식을 갖추고 책을 읽는 것이 좋고, 책을 통해 습득한 이론적인 내용을 인터넷에 있는 다양한 실습 예제나 강의를 통해 한 번 더 짚고 넘어가는 방법으로 학습할 것을 권장합니다.

🦋 박태현(삼성전자)

이 책을 읽게 될 많은 학생들에게 미리 응원의 메시지를 남깁니다. 화이팅! 중국어를 번역해서 그런지 일부 용어가 국내에서 잘 사용하지 않는 용어로 표기된 것들이 보이는데, 바로잡은 후에 출간되기를 바랍니다. 대학교나 대학원의 교재로, 혹은 현업에 종사하는 분들의 복습용 서적으로 좋아 보입니다.

🦋 성대현(민앤지)

중국에서는 머신러닝을 어떻게 소개하고 정리하였는지가 궁금하여 베타리딩을 신청하였습니다. 머신러닝의 기본적인 내용, 그리고 현재와 미래의 머신러닝에 대한 학계의 정리된 의견이 잘 녹아 있어서 머신러닝의 전반적인 이론을 빠르게 공부할 수 있었습니다. 이번 베타리딩을 마치고 난 후에 중화권의 IT 용어 사전을 깃헙에 정리하여 공유할 생각을 하게 된 것도 큰 소득이었습니다.

🦋 송근(네이버)

이 책을 보다 보면 수많은 참고 문서의 요약본이라고 생각될 정도로 핵심 부분만을 간결하게 설명하고 있습니다. 마치 잘 정리된 노트와 핵심 문제들로 구성된 족보 같은 느낌입니다. 한편, 제법 많은 수식에 겁을 먹을 수도 있으나 두고두고 읽다 보면 머신러닝 이론과 알고리즘의 기본이 되는 수학 개념을 이해할 수 있습니다.

🦋 양민혁(현대모비스)

다양한 머신러닝 알고리즘을 이해하기 쉽도록 이론뿐만 아니라 내부 처리 로직까지 설명되어 있습니다. 최신 연구 결과에 대한 설명이 없는 것은 아쉬웠지만(이에 대한 이유를 저자의 머리말에서 밝히고 있지만), 알고리즘의 발전 과정을 이해하는 데 큰 도움이 되는 책입니다.

🦋 이정해(베스핀글로벌)

대학교에서 쓰일 수 있는 교재라고 얘기를 들었습니다. 중국에서 가장 많이 판매되었다는 인공지능 서적에 걸맞게 내용이 잘 설명되어 있습니다. 그러나 수학에 대한 기본 지식이 없이는 볼 수 없는 책입니다. 기본적인 수학 지식을 갖춘 후에 본다면 탄탄한 이론적 지식을 얻을 수 있을 것으로 생각합니다.

🦋 정욱재(스캐터랩)

정말 교과서처럼 볼 수 있는 책입니다. 연습문제의 퀄리티조차도 일반적인 책들을 훌쩍 뛰어넘었습니다. 머신러닝을 배울 때 필요한 대부분의 지식을 하나의 책으로 배울 수 있습니다. 개인적으로도 관심 있는 최신 기법들이 많이 소개되어 있어 정말 좋았습니다. '프루닝(가지치기)'이 나올 때는 정말 놀랐습니다! 최근 모델 경량화와 관련하여 보고 있던 논문 주제였는데, 특히 이번 책은 번역 오류도 정말 적은 것 같아 기분 좋게 베타리딩을 하였습니다.

제이펍은 책에 대한 애정과 기술에 대한 열정이 뜨거운 베타리더의 도움으로 출간되는 모든 IT 전문서에 사전 검증을 시행하고 있습니다.

주요 기호표

x	스칼라
$\boldsymbol{x}$	벡터
$\mathbf{x}$	변수 집합
$\mathbf{A}$	행렬
$\mathbf{I}$	단위 행렬
$\mathcal{X}$	샘플 공간 혹은 상태 공간
$\mathcal{D}$	확률 분포
D	데이터 샘플(데이터 세트)
$\mathcal{H}$	가설 공간
H	가설 집합
$\mathfrak{L}$	학습 알고리즘
$(\cdot, \cdot, \cdot)$	행 벡터
$(\cdot; \cdot; \cdot)$	열 벡터
$(\cdot)^{\mathrm{T}}$	벡터 혹은 행렬 전치
$\{\cdots\}$	집합
$|\{\cdots\}|$	집합 $\{\cdots\}$의 원소 개수
$\|\cdot\|_p$	L_p 노름, p 생략 시 L_2 노름을 뜻함
$P(\cdot),\ P(\cdot|\cdot)$	확률질량 함수, 조건부 확률질량 함수
$p(\cdot),\ p(\cdot|\cdot)$	확률밀도 함수, 조건부 확률밀도 함수
$\mathbb{E}\,._{\sim\mathcal{D}}[f(\cdot)]$	$\cdot$가 분포 $\mathcal{D}$에 속할 때 함수 $f(\cdot)$의 수학적 기댓값; 상하 문맥에 따라 $\mathcal{D}$와(혹은) $\cdot$를 생략할 수 있음
$\sup(\cdot)$	상계upper bound
$\mathbb{I}(\cdot)$	지시 함수, $\cdot$이 진실 혹은 거짓일 때 각각 1, 0의 값을 취함
$\mathrm{sign}(\cdot)$	부호 함수, $\cdot$이 $<0, =0, >0$일 때 각각 $-1, 0, 1$의 값을 취함

01 서론

1.1 들어가며

기말고사를 마치고 집으로 돌아가는 길, 오전에 내린 비 때문에 살짝 젖은 거리 위에서 살랑바람을 맞으며 하늘의 노을을 바라보니 '내일은 날씨가 맑겠구나!'라는 생각이 절로 듭니다. 그리고 평소 자주 가던 과일가게에 들러 자연스럽게 줄이 선명한 수박을 찾아 두드려 봅니다. 청명한 소리가 나는 수박 한 통을 골라 꼭지가 말려있는지 확인한 후, 껍질이 얇고 속이 꽉 찬 수박을 골랐다는 기쁜 확신과 함께 계산대로 향합니다.

모든 독자가 이 책을 읽은 후에 이와 같은 만족감이 있었으면 좋겠습니다. 본격적으로 들어가기에 앞서 머신러닝machine learning, 기계 학습이란 무엇인지에 대해 간단히 살펴보는 것이 좋을 것 같습니다.

첫 단락의 내용을 다시 생각해 봅시다. 우리는 기존의 경험을 바탕으로 판단을 내릴 때가 많습니다. 예를 들어, 우리는 왜 비가 내린 뒤 청명한 하늘에서 보이는 노을, 불어오는 살랑바람을 통해 내일 날씨가 맑으리라 판단할까요? 이는 우리가 생활 중에 이미 비슷한 상황을 많이 겪어보았기 때문입니다. 보통 이러한 특징을 보이는 날의 다음 날이 날씨가 좋았던 적이 많았기 때문이겠죠. 왜 줄이 선명하고, 꼭지가 말려 있고, 두드렸을 때 소리가 맑은 수박을 잘 익은 수박이라 판단할까요? 그 이유는 우리가 그동안 먹었던 수박 중 맛있었던 수박의 특징이 이와 같거나 비슷했기 때문일 것입니다.

이처럼 경험을 활용하여 판단하고 예측하는 방법은 인류 스스로 터득하고 체득한 방법입니다. 컴퓨터가 이러한 일을 도울 수 있을까요?

[Mitchell, 1997]은 비교적 형식화된 정의를 했다. P로 컴퓨터 프로그램이 어떤 임무 T의 성능을 측정했다고 가정하고, 만약 프로그램이 경험 E를 통해 T에서 성능개선을 보여준다면 우리는 P와 T에 관해 해당 프로그램이 E에 대해 학습했다고 말한다.

머신러닝은 컴퓨터(머신)라는 도구로 경험을 활용해 시스템 자체를 개선해 나가는 방법을 연구하는 학문입니다. 컴퓨터 시스템에서 일반적으로 경험은 데이터라는 형식으로 존재하고, 따라서 머신러닝이 연구하는 주요 내용은 학습 알고리즘 learning algorithm, 즉 컴퓨터를 활용해 데이터에서 하나의 모델model을 만들어내는 알고리즘이라 할 수 있습니다. 학습 알고리즘이 있으면 우리는 경험이라는 데이터를 제공하고 해당 데이터에 기반을 둔 새로운 모델을 만들 수 있습니다. 만약 새로운 상황에 대면했을 때(예를 들어, 자르지 않은 수박을 보았을 때) 모델은 우리에게 이에 상응하는 판단(혹은 결과)을 제공합니다(잘 익었는지 여부). 만약 컴퓨터 과학이 알고리즘을 연구하는 학문이라면, 이와 비슷하게 머신러닝은 학습 알고리즘을 연구하는 학문이라고 할 수 있습니다.

예를 들면 [Hand et al., 2001]이 있다.

이 책에서 사용하는 '모델'은 데이터를 통해 학습한 결과를 뜻합니다. 어떠한 문헌에서 '모델'은 전반적인 결과global results(예를 들어 '하나의 결정 트리')라는 뜻과 국부성 결과local results(예를 들어 '하나의 규칙')라는 뜻을 혼용하여 사용하기도 합니다.

1.2 머신러닝의 기본 용어

머신러닝을 진행하려면 데이터가 필요합니다. 만약 수박에 관한 데이터를 수집했다고 한다면, 다음과 같은 식으로 표기할 수 있습니다.

(색깔 = 청록; 꼭지 모양 = 말림; 소리 = 혼탁함), (색깔 = 진녹색; 꼭지 모양 = 약간 말림; 소리 = 둔탁함), (색깔 = 연녹색; 꼭지 모양 = 곧음; 소리 = 맑음), ..., 즉, 각 괄호 안에 하나의 수박에 대한 기록이 있고, '='의 의미는 '값을 가진다'라고 정합니다.

가끔 하나의 데이터 세트를 '샘플'이라고 부를 때도 있다. 왜냐하면 데이터 세트도 샘플 공간에서 하나의 샘플로 볼 수 있기 때문이다. 우리는 앞뒤 문맥을 바탕으로 '샘플'이 단일 인스턴스를 뜻하는지, 아니면 데이터 세트 전체를 뜻하는지 알 수 있다.

이러한 기록들의 집합을 하나의 **데이터 세트**data set라 하고, 각 기록은 하나의 사물 혹은 대상(본 예제에서는 수박)에 대한 묘사이고, 이를 **사례**instance 혹은 **샘플**sample이라고 합니다. '색깔', '꼭지 모양', '소리' 등 사물이나 대상의 특정 부분 혹은 성질을 반영하는 것을 **속성**attribute

혹은 **특성**feature이라고 합니다. 그리고 청록색, 진녹색, 연녹색 등 속성에 관하여 취할 수 있는 값을 **속성값**attribute value이라고 합니다. 이러한 속성을 **속성 공간**attribute space이라는 공간으로 확장하며, 확장된 공간은 **샘플 공간**sample space 혹은 입력 공간으로 불리기도 합니다. 예를 들어, '색깔', '꼭지 모양', '소리'라는 속성을 3개의 좌표로 나타내고 공간 위로 확장하여 수박에 대한 3D 좌표 공간으로 나타낸다면, 모든 수박은 이러한 공간 내에서 자신만의 좌표를 갖게 됩니다. 공간의 각 점은 모두 하나의 좌표 벡터coordinate vectors에 상응하기 때문에 우리는 이를 **특성 벡터**feature vector라고 부릅니다.

일반적으로, $D = \{\boldsymbol{x}_1, \boldsymbol{x}_2, \ldots, \boldsymbol{x}_m\}$와 같은 식으로 m개의 샘플을 가진 데이터 세트를 나타내고, 각 샘플은 d개의 속성으로 묘사됩니다(예를 들어, 앞에서 설명한 수박 데이터의 경우 3개의 속성을 사용). 그러므로 각 샘플 $\boldsymbol{x}_i = (\boldsymbol{x}_{i1}; \boldsymbol{x}_{i2}; \ldots; \boldsymbol{x}_{id})$는 d 차원의 샘플 공간 $\mathcal{X}$ 위 하나의 벡터 $\boldsymbol{x}_i \in \mathcal{X}$이고, x_{ij}는 j번째 속성 위에서의 $\boldsymbol{x}_i$ 값(세 번째 수박의 2번째 속성값은 '곧음')입니다. 여기서 d는 샘플 $\boldsymbol{x}_i$의 **차원수**dimensionality라고 합니다.

데이터를 통해 모델을 만들어가는 과정을 **학습**learning 혹은 **훈련**training이라고 합니다. 이러한 과정은 어떠한 하나의 학습 알고리즘을 사용하여 완성됩니다. 훈련 과정에서 사용되는 데이터를 **훈련 데이터**training data라고 하며, 각 샘플은 **훈련 샘플**training sample, 그리고 훈련 샘플의 집합을 **훈련 세트**training set라고 합니다. 학습 모델은 데이터 속에 잠재된 어떠한 규칙에 대응하며, 이를 **가설**hypothesis이라고 부릅니다. 이러한 잠재적인 규칙은 '진상' 혹은 **진실**ground-truth이라고 하며, 학습 과정은 모두 진상을 찾거나 가까이 가기 위함을 목표로 합니다. 다시 말해, 학습의 목표는 데이터를 통해 가설을 세우고 잠재되어 있는 규칙을 찾아내기 위함이라고 할 수 있습니다. 본 책에서 모델을 **학습기**learner라고 부를 때가 있는데, 학습 알고리즘의 데이터와 파라미터 공간에서의 예시화instantiation라고 생각하면 좋을 것 같습니다.

만약 우리가 수박을 잘라보지 않고 잘 익었는지를 판단할 수 있는 모델을 만들어야 한다면, 앞서 언급한 샘플 데이터로는 부족할 것입니다. 이러한 **예측**prediction을 위한 모델은 '(색깔 = 청록; 꼭지 모양 = 말림; 소리 = 맑음; 잘 익은 수박)'처럼 훈련 샘플에 대한 '결과' 정보가 있어야 합니다. 여기서

훈련 샘플은 '훈련 인스턴스(training instance)'라고도 부른다.

[역주] 영문 뜻 그대로 하나의 사례(instance)를 뜻하며, 하나의 샘플도 결국 하나의 사례를 뜻하기 때문에 같은 의미로 사용된다. 원문에서는 인스턴스와 샘플을 혼용해서 사용하고 있지만, 최대한 샘플로 통일해 설명하고자 한다.

학습 알고리즘은 일반적으로 파라미터 설정이 필요한데, 서로 다른 파라미터값과 (혹은) 훈련 데이터를 사용함에 따라 다른 결과를 생성한다.

[역주] 파라미터는 모델 내부에서 확인이 가능한 변수다. 데이터를 통해 확인이 가능하며, 이는 모델 외적으로 존재하는 하이퍼 파라미터(hyper-parameter)와 다르다.

'label'은 라벨 또는 레이블이라고 부른다. 이는 영문에서 명사일 수도 있고 동사를 뜻할 수도 있다.

레이블을 대상의 일부로 본다면, '인스턴스'는 '샘플'이라고 부를 수 있다.

'잘 익은 수박'처럼 결과를 나타내는 정보를 레이블label이라고 하고, 일반적으로 $(\boldsymbol{x}_i, y_i)$ 같은 형식으로 i번째 샘플을 표현합니다. 여기서 $y_i \in \mathcal{Y}$는 $\boldsymbol{x}_i$의 레이블이고, $\mathcal{Y}$는 **레이블 공간**label space 또는 '출력 공간'이라 부르고 모든 레이블의 집합을 뜻합니다.

만약 우리가 예측하려는 값이 '잘 익은 수박', '덜 익은 수박' 같은 이산값discrete value일 경우, 이러한 학습 문제를 **분류**classification 문제라 합니다. 만약 예측하려는 값이 '0.95, 0.37처럼 정량적으로 나타나는 수박의 당도' 같은 연속값일 경우, 우리는 이러한 학습 문제를 **회귀**regression라 부릅니다. 만약 두 가지 종류로 분류하는 이진 분류binary classification 문제일 경우는 일반적으로 양성 클래스positive class와 음성 클래스negative class 두 가지로 나눌 수 있습니다. 만약 두 개 이상의 분류가 필요하다면 이는 다항 분류multi-class classification 문제가 됩니다. 일반적으로, 예측이란 훈련 세트 $\{(\boldsymbol{x}_1, y_1), (\boldsymbol{x}_2, y_2), \ldots, (\boldsymbol{x}_m, y_m)\}$에 대해 학습하여 입력 공간 $\mathcal{X}$에서 출력 공간인 $\mathcal{Y}$를 투영하는 식 $f : \mathcal{X} \mapsto \mathcal{Y}$를 찾는 것입니다. 이진 분류 문제의 경우, $\mathcal{Y} = \{-1, +1\}$ 또는 $\{0, 1\}$; 다항 문제의 경우 $|\mathcal{Y}| > 2$; 회귀 문제의 경우 $\mathcal{Y} = \mathbb{R}$ ($\mathbb{R}$은 실수)로 정의합니다.

[역주] 머신러닝에서 말하는 '양성', '음성'은 풀고자 하는 문제에 따라 다르다. 절대적인 긍정이나 부정의 의미가 있는 것은 아니다. 예를 들어, '암환자 식별' 문제에서는 부정적인 의미임에도 '암에 걸림'이 양성 샘플이 된다.

'테스트 인스턴스(test instance)'라고도 부른다.

학습을 통해 모델을 만든 후, 해당 모델을 활용하여 예측하는 과정을 **검증**testing이라 하고, 이때 사용되는 샘플을 **테스트 샘플**testing sample이라고 합니다. 예를 들어, 학습 후 모델 f를 얻어 샘플 $\boldsymbol{x}$에 대해 예측하고자 한다면, $y = f(\boldsymbol{x})$라고 표현할 수 있습니다.

그렇지 않으면 레이블 정보는 클러스터가 되어버린다. 예외 상황도 있는데, 13.6절을 참고하라.

우리는 수박의 종류에 대해 **클러스터링**clustering, 군집화을 진행할 수도 있습니다. 훈련 세트의 수박을 몇 개의 집단으로 나누고, 각 집단은 하나의 **클러스터**cluster, 군집가 됩니다. 이렇게 자동으로 형성된 클러스터링은 데이터 내에 잠재되어 있는 어떠한 패턴에 대응하여 형성됩니다. 예를 들면, '청록색 수박', '옅은 색 수박', 심지어 '외래종', '토종'처럼 말이죠. 이러한 학습 과정은 우리가 데이터에 잠재된 규칙을 발견할 수 있도록 도와주며, 데이터를 더 깊이 분석할 수 있는 기초를 제공합니다. 한 가지 짚고 넘어가야 하는 부분은 클러스터링 학습 중에서 '옅은 색 수박', '외래종' 등의 개념은 우리가 사전에 알고 있지 않았던 것이고, 학습 과정에 레이블 데이터가 존재하지 않습니다.

훈련 데이터가 레이블 데이터를 보유하고 있는지에 따라 우리는 학습을 크게 두 가지 방법으로 나눌 수 있습니다. 바로 **지도 학습**supervised learning과 **비지도 학습**unsupervised learning입니다. 앞서 살펴본 분류와 회귀는 전형적인 지도 학습법이고, 클러스터링은 대표적인 비지도 학습법입니다.

주의해야 할 점은 기계 학습의 목표는 학습된 모델을 새로운 샘플에 적용하는 것이지 훈련 세트에서 좋은 성능을 내는 것이 아니라는 것입니다. 클러스터링 같은 비지도 학습법에서도 우리는 모델이 훈련 세트 외의 데이터에서 좋은 퍼포먼스를 내길 기대합니다. 학습된 모델이 새로운 데이터에 적용되고 좋은 퍼포먼스를 내는 것을 우리는 **일반화**generalization 능력이라 부릅니다. 일반화 능력, 즉 범용성을 갖춘 모델은 비록 무한한 샘플 공간의 일부 데이터를 활용해 훈련했다 하더라도 전체적인 샘플 공간의 특성을 충분히 반영하리라 기대할 수 있습니다. 반대로, 일반화 능력이 없는 모델이라면 새로운 데이터 샘플에 적용하기 힘들 것입니다. 우리는 이러한 샘플 공간의 모든 샘플이 미지의 분포 $\mathcal{D}$를 보인다고 가정합니다. 우리가 얻는 샘플들은 모두 독립적으로 이러한 분포에서 채집한 것이고, 우리는 이를 **독립항등 분포**independent and identically distributed, i.i.d라고 부릅니다. 일반적으로, 훈련 샘플의 수가 많을수록 우리는 분포 $\mathcal{D}$에 대해 더 많이 알 수 있고, 이는 학습을 통해 얻는 모델의 범용성을 강화합니다.

1.3 가설 공간

귀납과 연역은 과학 추론의 두 가지 기본 수단입니다. 전자는 '특수'에서 '일반'으로 **일반화**generalization하는 과정이고, 구체적인 사실에서 일반성을 가진 규칙을 찾는 것을 말합니다. 후자는 '일반'에서 '특수'로 **특화**specialization하는 과정이며, 기초 원리로부터 구체적인 정황을 추론하는 것을 뜻합니다. 예를 들어, 수학적 공리axiom 시스템에서 공리와 추론 규칙에 기반을 두고 이에 일치하는 수학적 정리theorem를 유도하는 것이 연역이고, 샘플을 통해 학습하는 것은 명백한 귀납 과정이라고 할 수 있어서 **귀납 학습**inductive learning이라고도 부릅니다.

귀납 학습은 좁은 의미와 넓은 의미를 구별할 수 있는데, 넓은 의미에서의 귀납 학습은 샘플을 통해 배우는 것이고, 좁은 의미에서의 귀납 학습이란 훈련 데이터에서 개념concept을 배울 것을 요구합니다. 따라서 '개념 학습' 혹은 '개념 형성'이라고도 부릅니다. 개념 학습 기술은 현재 연구되거나 응용되는 것이 비교적 많지 않습니다. 왜냐하면 일반화 성능이 좋으면서 의미 또한 명확한(해석력이 좋은) 개념을 학습하는 것은 쉽지 않기 때문입니다. 따라서 현실에서 자주 사용되는 기술은 대부분 블랙박스 모델입니다. 그러나 개념 학습에 대한 이해가 있다면 머신러닝의 기초 사상을 이해하는 데 많은 도움이 됩니다.

개념 학습 중에서 가장 기초는 부울Boolean 개념 학습입니다. 즉, '예'나 '아니오' 같은 표현을 0/1 불리언값을 가진 목표 개념을 학습하는 것입니다. 간단한 예를 들어보겠습니다. 먼저, 아래와 같은 훈련 데이터 세트를 갖고 있다고 가정해 봅시다.

표 1.1 \ 수박 데이터 세트

인덱스	색깔	꼭지	소리	잘 익은 수박
1	청록색	말림	혼탁함	예
2	진녹색	말림	혼탁함	예
3	청록색	곧음	맑음	아니오
4	진녹색	약간 말림	둔탁함	아니오

여기서 학습의 목표는 '잘 익은 수박'인지를 판단하는 것입니다. 일단 '잘 익은 수박'은 '색깔', '꼭지 모양', '소리' 세 가지 요소에 의해 정해진다고 가정해 봅시다. 바꿔 말하면, 어떤 수박의 위 세 가지 속성을 명확히 알 수 있다면 우리는 해당 수박이 잘 익은 수박인지 아닌지를 판별할 수 있다는 뜻이 됩니다. 따라서 우리가 배우고자 하는 것은 '잘 익은 수박은 어떠한 색깔, 어떠한 꼭지 모양, 어떠한 소리를 가진 수박'과 같은 일종의 개념입니다. 불리언식으로 표현한다면 '잘 익은 수박 ↔ (색깔 = ?) ∧ (꼭지 모양 = ?) ∧ (소리 = ?)'이고, 여기서 '?'는 확정되지 않은 값을 뜻합니다. 우리가 해야 할 일은 바로 표 1.1의 훈련 데이터 세트를 통한 학습으로 '?'를 찾는 것입니다.

더 일반적인 상황은 다음을 고려하는 것이다.

$(A \land B) \lor (C \land D)$

어떤 독자들은 어떤 수박이 잘 익은 수박인지는 '이미 답이 표에 나와 있는 것 아닌가?'라고 질문할 수도 있습니다. 맞습니다. 하지만 이것은 이미 우리가 확인해 본 수박들입니다. 우리의 학습 목표가 '일반화'라는 것을 잊으면 안 됩니다. 즉, 훈련 데이터 세트의 학습을 통해 새로 만날 수박에 대해 판단을 진행할 수 있는 능력을 얻어야 합니다. 만약 훈련 데이터의 특성들을 '기억'하고 후에 같은 특성을 가진 수

훈련 데이터를 '기억'하는 것이 소위 말하는 '머신러닝'이다 [Cohen and Feigenbaum]. 혹은 '암기식 학습'이라고도 부른다. 1.5절을 참조하라.

박을 만난다면, 해당 수박에 대한 판단은 쉽게 할 수 있을 것입니다. 하지만 만약 우리가 보지 못했던 특성을 가진 수박을 만난다면 어떻게 해야 할까요?

우리는 학습 과정을 모든 가설로 이루어진 공간에서 탐색하는 과정이라고 생각할 수 있습니다. 탐색 목표는 훈련 데이터 세트와 가장 잘 **맞는**fit 가설을 찾는 것이고, 앞의 예에서는 훈련 데이터 세트의 수박들을 정확하게 판별할 수 있는 가설을 뜻합니다. 가설의 표현이 정해지면, 가설 공간과 규모도 함께 정해집니다. 앞의 예에서는 가설 공간이 '(색깔 = ?) ∧ (꼭지 모양 = ?) ∧ (소리 = ?)'를 취할 수 있는 값들로 형성된 가설들로 구성됩니다. 색깔은 '청록색', '진녹색', '연녹색' 세 가지의 취할 수 있는 값이 있습니다. 한 가지 더 고려해야 할 것은, '색깔'이 어떤 값을 취하든지 상관없는 경우입니다. 이런 경우를 '*'로 표현하고 '잘 익은 수박 ↔ (색깔 = *) ∧ (꼭지 = 말림) ∧ (소리 = 혼탁함)'과 같이 나타내며, '수박이 말린 모양의 꼭지를 가지고 혼탁한 소리가 난다면 색깔에 관계없이 잘 익은 수박이다'라는 뜻이 됩니다. 이외에도 극단적인 가정을 해야 할 때도 있습니다. 예를 들어, '잘 익은 수박'이란 개념이 성립하지 않을 수도 있는데, 즉 세상에 '잘 익은 수박' 따위는 없다는 것이 됩니다. 우리는 ϕ 기호를 사용해서 이러한 가설을 표현합니다. 만약 '색깔', '꼭지 모양', '소리'가 취할 수 있는 값이 각각 세 가지라면, 우리가 마주하는 가설 공간의 크기는 $4 \times 4 \times 4 + 1 = 65$가 됩니다. 그림 1.1에서 직관적으로 수박 문제의 가설 공간을 나타내고 있습니다.

여기서 우리는 훈련 샘플이 노이즈를 포함하지 않고 있다고 가정하고 있다. 그리고 '청록색이 아닌'과 같은 상황은 고려하지 않는다.

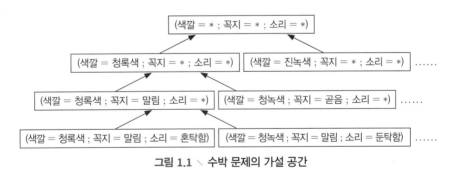

그림 1.1 ＼ 수박 문제의 가설 공간

가능한 선택지는 많다. 예를 들어, 상향식과 하향식을 동시에 진행할 수도 있고, 양성 샘플과 일치하지 않는 가설만을 제거하는 방법 등도 있다.

많은 전략을 사용해서 이 가설 공간에 대해 탐색을 진행할 수 있을 것입니다. 예를 들면, 위에서부터 아래로(일반에서 특수로), 혹은 아래에서부터 위로(특수에서 일반으로) 탐색할 수 있고, 탐색 과정에서 많은 가설을 지워가며 최종적으로 훈련 데이터 세트와 일치하는(즉, 모든 훈련 샘플에 대해 정확하게 판단할 수 있는) 가설을 얻을 수 있을 것입니다. 이것이 우리가 학습을 통해 얻는 결과입니다.

주의해야 할 점은 현실 문제에서는 자주 매우 큰 가설 공간을 만나게 됩니다. 하지만 학습 과정은 한정적인 훈련 데이터들로만 진행됩니다. 따라서 많은 가설이 훈련 데이터 세트와 일치할 수 있고, 훈련 데이터 세트와 일치하는 '가설들의 집합'이 존재하게 됩니다. 이를 **버전 공간**version space이라고 부릅니다. 예를 들어, 앞의 예제에서 표 1.1 훈련 데이터 세트에 상응하는 버전 공간은 그림 1.2와 같습니다.

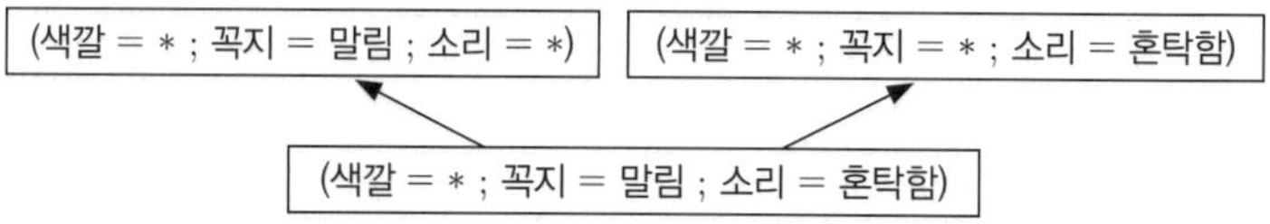

그림 1.2 ＼ **수박 문제의 버전 공간**

1.4 　귀납적 편향

학습을 통해 얻은 모델은 가설 공간 중에서 하나의 가설에 대응합니다. 따라서 그림 1.2의 수박 버전 공간은 한 가지 문제를 낳습니다. 현재 훈련 데이터 세트와 일치하는 가설이 3개 있는데, 이들이 대응하는 모델이 새로운 샘플을 만났을 때 서로 다른 출력을 생산할 것이기 때문입니다. 예를 들어, 새로 수확해 온 (색깔 = 청록색; 꼭지 = 말림; 소리 = 둔탁함) 특성들을 가진 수박에 '잘 익은 수박 ↔ (색깔 = *) ∧ (꼭지 = 말림) ∧ (소리 = *)'이란 가정을 적용하여 판단한다면, 해당 수박은 잘 익은 수박으로 판별될 것입니다. 하지만 만약 다른 두 개의 가설을 적용한다면 결과는 달라질 것입니다. 그렇다면 우리는 어떤 모델(혹은 가설)을 사용해야 할까요?

만약 표 1.1에 훈련 샘플들만 있다면 위에서 언급한 세 가지 가설 중에 어떤 것이 '더 좋은' 가설인지 판단하기 힘들 것입니다. 그러나 구체적인 학습 알고리즘은 반드시 하나의 모델을 생성해 내야 합니다. 이때 학습 알고리즘 본연의 '편향'이 중요하게 작용합니다. 예를 들어, 우리의 알고리즘이 '최대한 특수한' 모델을 좋아한다면, '잘 익은 수박 ↔ (색깔 = *) ∧ (꼭지 = 말림) ∧ (소리 = 혼탁함)'이라는 가설을 적용할 것입니다. 그러나 알고리즘이 '일반적인' 모델을 좋아한다면, 그리고 어떤 원인에 의해 꼭지 모양에 대한 '믿음'이 있다면 '잘 익은 수박 ↔ (색깔 = *) ∧ (꼭지 = 말림) ∧ (소리 = *)' 가설을 적용할 것입니다. 머신러닝 알고리즘이 학습 과정에서 특정한 유형의 가설에 대한 편향을 **귀납적 편향**inductive bias 혹은 **편향**bias이라고 부릅니다.

> '최대한 특수하게'라는 뜻은 '활용 가능한 상황이 매우 적다는 것'을 뜻하고, '최대한 일반적'이라는 것은 '활용 가능한 상황이 최대한 많은 것'을 뜻한다.

꼭지를 중점으로 볼 것인지, 소리를 중점으로 볼 것인지 문제는 일종의 속성 선택 문제다. 혹은 특징 선택(feature selection)이라고 부른다. 하지만 주의해야 할 점은 머신러닝에서의 특징 선택은 여전히 훈련 샘플에 대한 분석을 기초로 진행한다는 점이다. 여기서 우리는 특징 선택을 통해 '꼭지'를 기반으로 수박을 선택한 것이 아니라, 일종의 전문영역 지식을 통해 '꼭지'를 기반으로 수박을 선택한 것이다. 특징 선택에 관한 더 자세한 내용은 11장에서 다시 설명하겠다.

모든 유효한 머신러닝 알고리즘은 귀납적 편향을 가지고 있습니다. 그렇지 않다면 가설 공간 훈련 데이터상의 '효과가 같아 보이는' 비슷한 가설들 사이에서 혼란에 빠질 수 있으며, 확실한 학습 결과를 생성해 낼 수도 없습니다. 만약 편향이 없다면 앞에서 본 수박 학습 알고리즘이 생성한 모델은 매번 예측할 때마다 '효과가 같아 보이는' 가설들에 대해 임의로 선택해야 하는 상황이 올 수 있습니다. 그렇다면 같은 수박에 대해서 모델이 다른 결과를 내놓을 가능성이 있는데, 이는 큰 의미가 없는 모델이 되어버릴 것입니다.

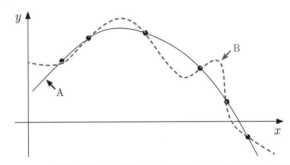

그림 1.3 ＼ 유한 샘플 훈련 세트와 일치하는 다수의 곡선이 존재함

귀납적 편향의 작용은 그림 1.3에 있는 회귀 그래프를 통해 직관적으로 설명할 수 있습니다. 여기서 점(x, y)은 각 훈련 샘플을 나타내며, 학습 목표는 훈련 데이터와 일치하는 모델을 만드는 것입니다. 즉, 훈련 샘플 포인트들을 관통하는 하나의 곡선을 찾는 것이라 할 수 있습니다. 한정적인 샘플들로 구성된 훈련 데이터에는 이와 일치하는 많은 곡선이 존재합니다. 이때 학습 알고리즘은 반드시 어떤 편향을 가지고 있어야만 '정확'하다고 여겨질 수 있는 모델을 생성할 수 있습니다. 예를 들어, 비슷한 샘플들은 비슷한 출력값을 가져야 한다고 여긴다면(예) 각종 속성이 비슷한 수박은 익은 정도가 비슷해야 한다) 이에 대응하는 학습 알고리즘은 그림 1.3에 비교적 '평활'한 곡선 A를 '구불구불'한 곡선 B보다 선호할 편향을 가진다고 할 수 있습니다.

귀납적 편향은 학습 알고리즘이 방대한 가설 공간에서 가설들을 선택할 때 가지는 휴리스틱 방법, 혹은 '가치관' 정도로 해석할 수 있습니다. 그렇다면 편향에 대해 옳고 그름을 판단할 수 있는 어떤 일반적인 원칙은 존재하지 않는 것일까요? **오컴의 면도날**Occam's razor은 자연과학 연구에서 가장 기본이 되는 원칙입니다. 즉,

'만약 다수의 가설이 관측된 것과 일치한다면, 가장 간단한 것을 선택해야 한다'라는 원칙입니다. 만약 이 원칙을 적용하고 '더 평활함'이 '더 간단함'을 뜻한다고 가정한다면(곡선 A는 더 쉬운 묘사가 가능하기 때문에 A의 방정식은 $y = -x^2 + 6x + 1$이지만 곡선 B의 방정식은 매우 복잡할 것이기 때문) 그림 1.3에서 우리는 자연스럽게 '평활'한 곡선 A에 대한 편향을 갖게 될 것입니다.

그러나 오컴의 면도날이 유일한 원칙은 아닙니다. 조금 양보해서 오컴의 면도날 법칙이 완벽한 원칙이라 하더라도 이에 대해서 다른 해석이 나올 수 있음을 인지해야 합니다. 오컴의 면도날 법칙을 사용하는 것은 쉬운 것만은 아닙니다. 예를 들어, 우리가 익숙한 수박 분류 문제에서 가설 1과 가설 2 중 어떤 것이 더 '간단한' 것인지 쉽게 판단할 수 없습니다. 이러한 문제는 다른 메커니즘의 도움 없이는 쉽게 해결할 수 없습니다.

사실상 귀납적 편향은 학습 알고리즘이 내놓은 '어떤 모델이 더 좋은가'에 관한 가설에 대응합니다. 현실의 문제 중에서 이 가설의 성립 여부는, 즉 알고리즘의 귀납적 편향이 문제와 얼마나 잘 맞는지fit는 대부분의 경우 알고리즘이 좋은 성능을 얻을 수 있는지를 결정하게 됩니다.

다시 그림 1.3을 봅시다. 학습 알고리즘 $\mathfrak{L}_a$가 어떠한 귀납적 편향에 의해 곡선 A를 선택한 모델을 생성했고, 반대로 학습 알고리즘 $\mathfrak{L}_b$는 어떠한 귀납적 편향에 의해 곡선 B를 선택한 모델을 생성했다고 가정해 봅시다. 앞서 논의했던 평활한 곡선이 의미하는 '단순함' 때문에 알고리즘 $\mathfrak{L}_a$가 알고리즘 $\mathfrak{L}_b$보다 좋을 것으로 예상할 것입니다. 그림 1.4 (a)를 보면 B와 비교했을 때 A가 훈련 데이터 외의 샘플들과 더 일치한 것을 알 수 있습니다. 바꿔 말하면, A의 일반화 성능이 B보다 뛰어난 것입니다.

[역주] 평활화(smoothing)는 노이즈 제거에 많이 사용되는 기법이다.

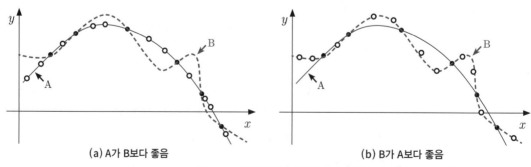

(a) A가 B보다 좋음　　　　(b) B가 A보다 좋음

그림 1.4 ＼ 공짜 점심은 없다('●' 훈련 샘플, 'o' 테스트 샘플)

하지만 잠시 천천히 살펴볼 필요가 있습니다! 우리는 $\mathfrak{L}_a$가 $\mathfrak{L}_b$보다 더 좋을 것으로 기대하지만, 그림 1.4에서 (b)와 같은 경우가 나온다면, A와 비교했을 때 B가 훈련 세트 외의 샘플들과 더 일치하지 않겠습니까?

안타깝게도 이런 경우는 자주 발생합니다. 바꿔 말하면, 알고리즘 $\mathfrak{L}_a$가 어떤 문제에서 알고리즘 $\mathfrak{L}_b$ 보다 좋다고 하더라도, 다른 문제에서는 알고리즘 $\mathfrak{L}_b$가 알고리즘 $\mathfrak{L}_a$보다 더 좋은 성능을 낼 수 있다는 것입니다. 흥미로운 점은 이 결론은 모든 알고리즘에 대해 동일하게 성립한다는 것입니다. 심지어 책 후반부에 소개할 멋진 알고리즘 $\mathfrak{L}_a$와 '무작위 찍기' 알고리즘인 $\mathfrak{L}_b$에도 적용됩니다. 놀랍지 않습니까? 이에 대해 간단히 설명해 보겠습니다.

여기서는 매우 기초적인 수학지식을 사용하고 있는데, '수학 울렁증'이 있는 독자들은 이 부분을 가볍게 읽고 넘어가도 좋다. 한 가지 믿어야 할 것은 이 복잡해 보이는 식들이 성립하는 것들이라는 점이다.

역주 대학교 저학년 수준의 선형대수학, 미적분만 알고 있어도 이해하는 데 아주 어렵지 않을 것이다. 이 책에 수식이 많이 나오는 이유는 수학적 기초가 탄탄하다면 글보다 오히려 수식을 통해 설명하는 것이 간결하기 때문이다. 저자의 주석대로 수식을 이해하기 어렵다면 그냥 성립할 것으로 믿고 넘어가도 좋다.

논의를 간략히 하기 위해 가설 공간 $\mathcal{X}$와 가설 공간 $\mathcal{H}$는 모두 이산적이라고 가정하겠습니다. $P(h|X, \mathfrak{L}_a)$으로 훈련 데이터 X에 기반해 알고리즘 $\mathfrak{L}_a$가 생성한 가설 h의 확률을 나타내고, f를 우리가 학습하고자 하는 목표 함수라고 나타냅니다. A의 '훈련 데이터 외의 오차', 즉 $\mathfrak{L}_a$가 훈련 데이터 외의 샘플상에 갖는 오차는 식 1.1로 나타낼 수 있습니다.

$$E_{ote}(\mathfrak{L}_a|X, f) = \sum_h \sum_{\boldsymbol{x} \in \mathcal{X} - X} P(\boldsymbol{x}) \, \mathbb{I}(h(\boldsymbol{x}) \neq f(\boldsymbol{x})) \, P(h \mid X, \mathfrak{L}_a) \,, \qquad \boxed{\text{식 1.1}}$$

여기서 $\mathbb{I}(\cdot)$는 지시 함수indicator function이고 $\cdot$가 진실이면 1, 거짓이면 0의 값을 가집니다.

이진 분류 문제를 생각해 본다면, 만약 목표 함수가 모든 함수 $\mathcal{X} \mapsto \{0, 1\}$이 될 수 있다면, 함수 공간은 $\{0, 1\}^{|\mathcal{X}|}$가 될 것입니다. 균등 분포에 따라 모든 가능한 f의 오차에 대한 합을 구하면 다음 식과 같은 결과를 얻습니다.

$$\sum_f E_{ote}(\mathfrak{L}_a|X,f) = \sum_f \sum_h \sum_{\boldsymbol{x} \in \mathcal{X}-X} P(\boldsymbol{x})\, \mathbb{I}(h(\boldsymbol{x}) \neq f(\boldsymbol{x}))\, P(h \mid X, \mathfrak{L}_a)$$

$$= \sum_{\boldsymbol{x} \in \mathcal{X}-X} P(\boldsymbol{x}) \sum_h P(h \mid X, \mathfrak{L}_a) \sum_f \mathbb{I}(h(\boldsymbol{x}) \neq f(\boldsymbol{x}))$$

$$= \sum_{\boldsymbol{x} \in \mathcal{X}-X} P(\boldsymbol{x}) \sum_h P(h \mid X, \mathfrak{L}_a) \frac{1}{2} 2^{|\mathcal{X}|}$$

$$= \frac{1}{2} 2^{|\mathcal{X}|} \sum_{\boldsymbol{x} \in \mathcal{X}-X} P(\boldsymbol{x}) \sum_h P(h \mid X, \mathfrak{L}_a)$$

$$= 2^{|\mathcal{X}|-1} \sum_{\boldsymbol{x} \in \mathcal{X}-X} P(\boldsymbol{x}) \cdot 1 \; . \qquad \boxed{\text{식 1.2}}$$

식 1.2는 총오차가 학습 알고리즘과 무관하다는 결론을 보여줍니다. 두 가지 학습 알고리즘 $\mathfrak{L}_a$와 $\mathfrak{L}_b$에 대해서 식 1.3을 얻습니다.

$$\sum_f E_{ote}(\mathfrak{L}_a|X,f) = \sum_f E_{ote}(\mathfrak{L}_b|X,f) \; , \qquad \boxed{\text{식 1.3}}$$

이는 곧 학습 알고리즘 $\mathfrak{L}_a$가 얼마나 똑똑하고 알고리즘 $\mathfrak{L}_b$가 얼마나 멍청하건 그들의 기대 성능이 같다는 것을 의미합니다. 이것이 바로 '**공짜 점심은 없다**' 정리입니다No Free Lunch Theorem, NFL[Wolpert, 1996; Wolpert and Macready, 1995].

혹시나 위 설명이 독자들의 머신러닝에 대한 열정에 찬물을 끼얹은 것이 아닌가 염려됩니다. 모든 학습 알고리즘의 기대 성능이 소위 '찍기' 방법과 별반 다르지 않다면, '머신러닝을 배워봤자 무슨 소용이 있을까?'라는 생각을 할지도 모릅니다.

하지만 주의해야 할 것은 NFL 정리에는 중요한 전제 조건이 있다는 것입니다. 모든 '문제'가 출현하는 기회가 같거나, 모든 문제가 똑같이 중요하다는 전제입니다. 하지만 실제 상황에서 이런 경우는 없습니다. 우리는 대부분 우리가 해결하려는 특정한 문제에 대해서만 관심을 갖고, 이를 위해 하나의 해결 방안을 모색합니다. 이때 이 해결 방안이 다른 문제에서 어떤 결과를 가져오든 큰 관심을 두진 않습니다. 예를 들어, A 지점을 강남역, B 지점을 판교역으로 두고 A 지점에서 B 지점까지 신속하게 이동할 수 있는 수단을 생각한다면, '신분당선'을 이용하는 것이 좋은 답이 될 수 있습니다. 우리가 선택한 이 수단이 A 지점 강남역, B 지점이 부산역으로 가정한 다른 문제에 적용했을 때 매우 안 좋은 결과를 낳는다고 해서 우리는 신경 쓰지 않을 것입니다.

사실상 위에서 언급한 NFL 정리의 간단한 논의 과정 중에 f의 균등 분포를 가정했습니다. 하지만 실제 상황에서는 결코 그렇지 않습니다. 예를 들어, 우리가 익숙한 수박 분류 문제로 돌아와 {가설 1: 잘 익은 수박 ↔ (색깔 = *) ∧ (꼭지 = 말림) ∧ (소리 = 혼탁함)}과 {가설 2: 잘 익은 수박 ↔ (색깔 = *) ∧ (꼭지 = 곧음) ∧ (소리 = 맑음)}에 대해 생각해 봅시다. NFL 정리에서 알 수 있는 것은 이 두 가설 모두 동등하게 좋다는 것입니다. 이런 조건에 맞는 예제를 쉽게 생각할 수는 있습니다. 잘 익은 수박 (색깔 = 청록색; 꼭지 모양 = 말림; 소리 = 혼탁)에 대해서는 가설 1이 더 좋고, 잘 익은 수박 (색깔 = 진녹색; 꼭지 모양 = 곧음; 소리 = 맑음)에 대해서는 가설 2가 더 좋습니다. 이 예제만 보면 정말 그런 것 같지만, 주의해야 할 점은 (꼭지 모양 = 말림; 소리 = 혼탁)이라는 조건을 만족하는 잘 익은 수박은 쉽게 볼 수 있지만, (꼭지 모양 = 곧음; 소리 = 맑음) 조건을 만족하는 잘 익은 수박은 쉽게 볼 수 없거나 없을 수 있다는 것입니다.

따라서 NFL 정리의 가장 큰 교훈은 구체적인 문제를 떠나서 '어떤 학습 알고리즘이 가장 좋은가?'라는 논의를 하는 것은 아무런 의미가 없다는 것입니다. 왜냐하면, 모든 잠재적 문제를 고려한다면 모든 학습 알고리즘이 동등하게 좋을 것이기 때문입니다. 만약 알고리즘의 좋고 나쁨을 비교해야 한다면 특정하고 구체적인 학습 문제에 대해서 비교해야 합니다. 마지막으로, 어떤 문제에서 좋은 성능을 보인 학습 알고리즘이 다른 문제에서는 생각만큼 좋지 못하다면, 학습 알고리즘 본연의 귀납적 편향과 문제가 잘 맞지 않을 때가 많다는 것도 기억해야 합니다.

[역주] 저자가 사는 곳에서는 줄무늬가 진하고, 꼭지가 말려있고, 소리가 '혼탁'한 수박을 고르는 것이 맛있는 수박을 고르는 비법이라 전해지는 듯하다. 본인의 직관과 다소 다르더라도 신경 쓰지 않길 바란다.

1.5 발전 과정

머신러닝은 인공지능artificial intelligence 연구가 일정 단계까지 발전하며 얻은 필연적인 산물과도 같습니다. 1950년대부터 1970년대 초까지 인공지능 연구는 '추론기'에 머물러 있었습니다. 당시에 사람들은 기계에 논리적인 추론 능력을 더하면 지능을 얻게 될 것으로 생각했습니다. 이 단계에서 나온 대표적인 작업물들은 A. Newell앨런 뉴얼과 H. Simon하버트 사이먼의 **논리 이론가**Logic Theorist 프로그램과 **일반 문제 해결**General Problem Solving 프로그램 등이 있습니다. 이런 연구들은 당시 많은 사람을 놀라게 했습니다. 예를 들어, '논리 이론가' 프로그램은 1952년에 유명한 수학자 Russel러셀과 Whitehead화이트헤드의 명저《Principia Mathematica》중

38조 정리를 증명했고, 1963년에는 52조에 달하는 모든 정리를 증명했습니다. 특별히 정리 2.85는 Russel과 Whitehead보다 더 정밀하게 증명했다는 평가를 받았습니다. A. Newell과 H. Simon은 이런 공로를 인정받아 1975년에 튜링상을 수상했습니다. 그러나 연구가 발전하면서 사람들은 논리 추론 능력만으로는 인공지능을 실현하기 힘들다는 것을 깨닫기 시작했습니다. E.A Feigenbaum파이겐바움 등 연구자들은 기계가 지능을 가지려면 기계에도 지식이 있어야 한다고 주장했습니다.

소위 말하는 '아는 것이 힘이다'와 같다.

이런 주장에 의해 1970년대 중반부터 인공지능 연구는 '지식기'에 진입하게 됩니다. 이 시기에 대량의 전문가 시스템이 연구되었고 많은 분야에서 좋은 성과를 거뒀습니다. E.A Feigenbaum은 '전문가 시스템'의 아버지father of expert systems로 불리며 1994년에 튜링상을 수상했습니다. 그러나 전문가 시스템은 '지식 공학의 병목'에 빠지게 됩니다. 간단하게 말해, 인간이 지식을 종합해 컴퓨터에 전달하는 것이 어려운 일이라는 것을 인지하게 된 것입니다. 결국, 어떤 학자들은 기계가 스스로 지식을 습득하는 방법을 고안하기 시작했습니다.

1965년 파이겐바움이 세계 최초의 전문가 시스템 DENDRAL을 연구했다.

사실상 1950년 튜링이 작성한 〈Turing Test〉라는 논문에서 머신러닝의 가능성에 대해 언급한 바 있습니다. 1950년대 초에 이미 A. Samuel사무엘의 유명한 다이아몬드 게임 프로그램처럼 기계 학습에 관한 연구가 있었습니다. 1950년대 중후반부터 F. Rosenblatt로젠블랏의 **퍼셉트론**Perceptron, B. Widrow위드로의 **에이다라인**Adaline 등으로 대표되는 **연결주의**connectionism 학습이 모습을 보이기 시작했습니다. 1960~70년대에는 논리 표현에 기반한 **기호주의**symbolism 학습 기술이 빠르게 발전했습니다. 대표적인 업적으로는 P. Winston윈스턴의 '구조 학습 시스템', R. S. Michalski미찰스키 등의 '논리에 기반한 귀납 학습 시스템', E. B. Hunt헌트 등의 '개념 학습 시스템' 등이 있습니다. 결정 이론을 기반에 둔 학습 기술과 강화 학습 기술 등도 발전하기 시작했습니다. 대표적인 업적으로는 N. J. Nilsson닐슨의 '학습 머신' 등이 있습니다. 20년 후에 빛을 본 통계 학습 이론들은 대부분 이 시기의 성과에 기반을 두고 발전해 온 것들입니다.

28쪽을 참조하라.

IWML은 후에 국제 머신러닝 콘퍼런스 ICML로 발전한다.

1980년 여름, 미국 카네기 멜론 대학에서 **제1회 머신러닝 연구 토론회**IWML가 열렸습니다. 같은 연도에 《International Journal of Policy Analysis and Information Systems》는 세 번에 걸쳐 머신러닝 특집을 발간했습니다. 1983년에는 Tioga 출판사에서 R. S. Michalski, J. G. Carbonell카르보넬, T. Mitchell미첼이 편집한 《Machine Learning: An Artificial Intelligence Approach》[Michalski et al., 1983]를 출

판하며 당시 머신러닝 연구에 관한 총논평을 진행했습니다. 1986년에 첫 번째 머신러닝 전문 저널인 《Machine Learning》이 창간되었습니다. 그리고 1989년에는 인공지능 영역의 권위적인 저널인 《Artificial Intelligence》에서 머신러닝 특집을 출간하며 당시에 비교적 활발했던 연구 결과들을 알렸습니다. 해당 내용은 후에 J. G. Carbonell이 총편집을 하고 MIT 출판사가 펴낸 《Machine Learning: Paradigms and Methods》[Carbonell, 1990]에 실리기도 했습니다. 전체적으로 보면 1980년대는 머신러닝이 하나의 독립적인 과학 영역으로 분리된 시기이며, 각종 머신러닝 기술이 발전하며 자리를 잡기 시작한 시기였습니다.

R. S. Michalski 등의 사람들[Michalski et al., 1983]은 머신러닝 연구를 '샘플을 통한 학습', '문제 해결과 계획을 통한 학습', '관찰과 발견을 통한 학습', '명령을 통한 학습' 등으로 분류했습니다. E. A. Feigenaum 등은 유명한 저서 《The Handbook of Artificial Intelligence》[Cohen and Feigenbaum, 1983]에서 머신러닝을 '기계론적 학습', '교육 학습', '유추analogy 학습'과 '귀납 학습'으로 분류했습니다. '기계론적 학습'은 '주입식 암기 학습'이라고도 불립니다. 외부에서 입력된 정보를 모두 기록하고 필요할 때 원본 정보 그대로 사용하게 되는데, 사실상 진정한 학습은 없고 보관된 정보 속에서 검색하는 것에 불과합니다. '교육 학습'과 '유추 학습'은 R.S. Michalski 등의 사람들이 말한 '명령을 통한 학습', '관찰과 발견을 통한 학습'과 비슷합니다. '귀납 학습'은 '샘플을 통한 학습'과 비슷하며, 훈련 샘플을 통해 학습 결과를 귀납하는 것을 뜻합니다. 1980년대 이후 연구와 응용이 가장 많이 진행된 것은 '샘플을 통한 학습(넓은 의미에서의 귀납 학습)'입니다. 이는 지도 학습과 비지도 학습 등 대부분의 범위를 포괄하고 있으며, 이 책에서 다루는 범위와 같습니다. 그렇다면 아래에서 주요 기술의 발전 과정에 대해 간단히 정리해 보겠습니다.

4장을 참조하라.

실질적으로 ILP의 전신이라 할 수 있다.

15장을 참조하라.

1980년대, '샘플을 통한 학습'의 주류는 의사결정 트리decision tree와 논리에 기반을 둔 학습을 포함하는 기호주의 학습이었습니다. 가장 전형적인 의사결정 트리 학습은 정보 이론에 기반하여 정보 이득을 최소화하는 것을 목표로 합니다. 이는 인간이 개념에 대해 판단을 내리는 트리 프로세스를 모방한 것입니다. 논리에 기반한 학습의 대표적인 알고리즘으로는 귀납적 논리 프로그램 설계Inductive Logic Programming, ILP가 있습니다. 이는 머신러닝과 논리 프로그램 설계의 교차점이라고 볼 수 있으며 술어논리를 사용해 지식 표현을 진행하며 논리Prolog 표현식을 수정하고 확장하며 데이터에 대한 귀납을 완성합니다. 기호주의 학습이 주류를 점한 것은 인공지능 영역의 발전 과정과 무관하지 않습니다. 앞에서 말했듯이 1950년대부터 1980년대에 인공지능은 '추론기'와 '지식기'를 거쳤습니다. '추론기'에서 사람들은 기호 지식 표현에 기반을 둔 연역 추론 기술을 통해 큰 성과를 거두었습니다. '지식기'에서는 기호 지식 표현에 기반을 둔 도메인 지식을 이용해 전문가 시스템을 만들고 큰 성과를 거두었습니다. 따라서 '학습기'가 시작될 무렵, 기호 지식 표현은 자연스럽게 각광을 받게 된 것입니다. 사실상 머신러닝은 1980년대에 들어서 '지식 공학 병목 문제를 해결'하고 나서야 인공지능의 무대로 나아갔습니다. 의사결정 트리 학습법은 간단하고 이해하기 쉽기 때문에 오늘날까지도 가장 자주 사용하는 머신러닝 기술 중 하나가 되었습니다. ILP는 아주 강력한 지식 표현 능력을 가지고 있습니다. 따라서 복잡한 데이터 관계를 쉽게 표현할 수 있고, 도메인 지식도 논리 표현식을 통해 묘사될 수 있습니다. 따라서 ILP는 도메인 지식 보조 학습에 이용될 뿐 아니라, 도메인 지식에 대한 학습을 통해 정제되고 강화될 수 있습니다. 그러나 표현 능력이 너무 좋기 때문에 학습 과정에서 가설 공간이 너무 크고 복잡도가 극도로 높은 문제가 발생합니다. 따라서 문제 규모가 크다면 학습을 진행하기 힘들어집니다. 1990년대 중후반부터는 이와 관련된 연구가 상대적으로 저조해졌습니다.

1990년대 중반 이전에 '샘플로부터의 학습'의 다른 주류 기술 중 하나는 신경망에 기반을 둔 연결주의 학습이었습니다. 연결주의 학습은 1950년대에 큰 발전을 거듭했지만, 초기 인공지능 연구자들은 기호 표현에 대한 관심이 더 컸습니다. 예를 들어, 튜링상을 수상한 H. Simon은 인공지능은 '지능 행위의 기호화 모델링'이라고까지 언급했습니다. 따라서 당시 연결주의에 대한 연구는 주류 인공지능 연구 범위에 들지 못했습니다. 특히, 당시 연결주의는 튜링상을 수상한 M. Minsky민스키와 S. Papert페퍼트가 1969년에 지적한 것과 같이 (당시의) 신경망은 선형 분리밖에 할 수 없었고, 간단한 '이역(XOR)' 문제도 처리하지 못했습니다. 1983년 J.J Hopfield 홉필드가 신경망을 이용하여 **여행 세일즈맨 문제**Travel Salesman Problem라는 NP-hard 문제를 풀면서 큰 발전과 함께 대중들로부터 관심을 얻을 수 있었습니다. 1986년에는 D. E. Rumelhart루멜하트 등의 사람들이 유명한 BP 알고리즘을 발견해 내며 큰 영향을 끼쳤습니다. 기호주의 학습이 명확한 개념표현을 생성해 내는 것과 다르게, 연결주의 학습은 '블랙박스' 모델을 생성했습니다. 따라서 지식 획득의 관점에서 본다면 연결주의 학습의 기술은 큰 약점이 있었습니다. 그러나 BP와 같은 효과적인 알고리즘 덕분에 많은 현실 응용에서 큰 힘을 발휘하기 시작했습니다. 사

5장을 참조하라.

실상 BP는 줄곧 가장 광범위한 응용을 자랑하는 머신러닝 알고리즘 중 하나가 되었습니다. 연결주의 학습의 최대 한계는 '시행착오'입니다. 간단하게 말하면, 학습 과정에서 많은 파라미터를 설정해야 하는데, 파라미터 설정에 대한 이론적인 가이드가 부족하고 대부분은 수동으로 '파라미터 조정'을 진행합니다. 조금 더 과장해서 말하자면, 파라미터 조율상의 아주 사소한 실수 하나가 학습 결과에 지대한 영향을 미칠 수 있습니다.

6장을 참조하라.

1990년대 중반, **통계 학습**statistical learning이 화려하게 등장하여 주류 무대를 휩쓸었습니다. 대표적인 기술로는 서포트 벡터 머신Support Vector Machine, SVM과 더 일반적인 **커널 기법**kernel methods이 있습니다. 이 분야의 연구는 1960~70년대에 이미 시작되었는데, 《Statistical Learning Theory》[Vapnik, 1998]는 그 시기에 이미 기초를 닦아놓았습니다. 예를 들어, V. N. Vapnik바프닉은 1963년에 '서포트 벡터' 개념을 제시했고, 그와 A. J. Chervonenkis체르보넨키스는 1968년에 VC 차원이란 개념을 제시했습니다. 그리고 1974년엔 구조적 위험 최소화 원칙 등에 대해 설명했습니다. 하지만 1990년대 중반에 들어와서 통계 학습은 머신러닝의 주류가 되기 시작했습니다. 한편, 서포트 벡터 머신 알고리즘이 1990년대 초기에 처음 제시되고, 그 우월성은 1990년대 중반에 와서야 텍스트 분류 응용에서 사용되고 있습니다. 한편,

연습문제 6.5를 참조하라.

연결주의 학습 기술의 한계성이 명확했기에 사람들은 자신들의 눈을 통계 학습 이론에 기반을 둔 통계 학습 기술로 돌리게 됩니다. 사실상 통계 학습과 연결주의 학습은 밀접한 관계가 있습니다. 서포트 벡터 머신이 보편적으로 사람들에게 인정받고 난 후, 커널 트릭kernel trick은 사람들에 의해 머신러닝에서 다양하게 사용되었습니다. 커널 함수 역시 머신러닝의 기본 내용 중 하나로 자리매김합니다.

5.6절을 참조하라.

재미있는 것은 21세기 초에 연결주의 학습 열풍이 다시 불기 시작해 '딥러닝'에 대한 관심이 높아졌습니다. 딥러닝은 협의적 의미에서는 '다층의' 신경망을 뜻합니다. 여러 데이터 테스트나 시합에서, 특히 음성이나 이미지 등 복잡한 대상을 응용 범위로 하는 연구에서 딥러닝 기술은 매우 뛰어난 성과를 거두었습니다. 이전의 머신러닝 기술은 응용 분야에서 좋은 성과를 내려면 사용자들에 대한 요구가 매우 높은 편이었습니다. 그러나 딥러닝 기술은 복잡도가 높다 할지라도 약간의 '튜닝'만 할 수 있다면 충분히 좋은 성능을 낼 수 있다는 장점이 있습니다. 따라서 딥러닝은 엄격한 이론 기초가 부족할지라도 머신러닝 응용의 문턱을 크게 낮추어 머신러닝 기술이 실전 엔지니어링에 응용되는 편의를 높였습니다.

그렇다면 왜 최근 들어서야 머신러닝 열풍이 불어온 것일까요? 두 가지 기본적인 이유가 있습니다. 먼저, 데이터가 많아지고 계산 능력이 강해졌기 때문입니다. 딥러 닝 모델은 대량의 파라미터를 갖고 있어, 만약 데이터 수가 적다면 쉽게 '과적합'이 일어날 수 있습니다. 그렇지만 이렇게 복잡한 모델과 방대한 데이터를 처리하려면 강력한 계산 능력이 뒷받침되어야 합니다. 인류가 '빅데이터 시대'로 접어들면서 데 이터 저장과 계산 설비도 비약적으로 발전하게 되었습니다. 따라서 연결주의 학습 기술이 꽃피울 수 있었던 것입니다. 한 가지 재미있는 사실은, 1980년대 신경망이 인기를 얻기 시작한 이유는 당시 인텔 x86 시리즈 마이크로프로세서와 메모리 칩 기술의 광범위한 응용이 만들어낸 계산 능력, 데이터 저장 효율 등이 1970년대에 비해 비약적으로 발전했기 때문입니다. 딥러닝이 발전하고 있는 최근 상황과 신경 망이 발전했던 시기의 모습이 매우 비슷하다는 것을 알 수 있습니다.

<aside>'과적합'에 대해서는 2장을 참 조하라.</aside>

한 가지 더 언급하고 싶은 부분은, 머신러닝은 이미 상당히 큰 하나의 과학 영역으로 자리매김했기 때문에 내용이 너무 방대하여 이번 절을 통해 모든 내용을 다 다룰 수는 없었습니다. 하지만 앞으로 중요한 기술과 발전, 응용 현황에 대해 알아볼 테니 인내심을 가지고 읽어주시길 바랍니다.

1.6 응용 현황

지난 20년 동안 데이터를 수집, 보관, 전송, 처리하는 능력은 비약적인 발전을 거듭 했습니다. 인류사회의 구석구석에는 대량의 데이터가 쌓이게 되었고, 이를 효과적 으로 처리하고 분석해 줄 수 있는 컴퓨터 알고리즘이 필요했습니다. 머신러닝은 이 런 시대적 요구에 순응하여 만들어진 산물이며, 따라서 해당 과학 영역은 자연스 럽게 발전을 거듭하고 사람들의 주목을 받게 되었습니다.

오늘날의 미디어, 네트워크 통신, 소프트웨어 프로그래밍, 반도체 설계 등 많은 영 역에서 머신러닝 기술이 응용되는 것을 목격할 수 있습니다. 특히, 시각 데이터 처 리와 자연어 처리 등 '컴퓨터 응용 기술' 영역에서 머신러닝은 가장 중요한 기술로 자리매김했습니다.

또한, 머신러닝은 다른 융합 학문에도 큰 기술적 지원을 하고 있는데, 예를 들어, '생 물 정보학'에서 정보 기술을 이용하여 생명에 관한 현상과 규율을 밝혀내고 있습니다. 유전자 조직 설계에서도 큰 역할을 하고 있으며, 생명 정보학 연구에서 접하는 '생명 현상'에서 '규칙 발견'까지, 데이터 획득, 데이터 관리, 데이터 분석, 모의실험 제작 등등 머신러닝 기술이 큰 역할을 하고 있습니다. 특히, '데이터 분석'이야 말로 머신러닝 기술의 핵심이며, 각종 머신러닝 기술은 이미 더 큰 무대에서 활약 중입니다.

사실상 과학 연구의 기본 수단은 전통적인 '이론 + 실험'에서 현재의 '이론 + 실험 + 계산'의 방향으로 가고 있습니다. 거기에 '데이터 과학'이 출현하면서 머신러닝의 중요성은 날로 커지고 있습니다. 왜냐하면 '계산'의 목적은 일반적으로 데이터 분석인데, 데이터 과학의 핵심 역시 데이터의 분석을 통해 가치를 찾아내는 일이기 때문입니다. 만약 현재 컴퓨터 과학 기술 중에서 가장 활발하고 주목받는 연구 분야를 지목하라고 한다면, 머신러닝이 가장 우선순위에 놓일 것입니다. 2001년, 미국 NASA-JPL의 과학자가 《Science》에 투고한 글[Mjolsness and DeCoste, 2001]에서 머신러닝이 과학 연구 전체에 갈수록 큰 영향을 끼치고 있고, 과학 기술 발전 전체에도 큰 의미가 있다고 밝혔습니다. 2003년, DARPA에서 시작한 PAL 계획은 머신러닝 중요성을 미국 국가 안전의 영역까지 넓혔습니다. 많은 사람이 알고 있는 것처럼 미국의 첨단 기술 연구는 일반적으로 NASA와 DARPA가 이끄는데, 이 두 기관이 거의 동시에 머신러닝의 중요성에 대해 강조한 것에 대한 의미는 굳이 말하지 않아도 알 수 있을 것이라 생각됩니다.

NASA-JPL의 정식 명칭은 '미국 항공우주국 제트추진 연구소다.
DARPA의 정식 명칭은 '방위 고등 연구 계획국(Defense Advanced Research Projects Agency)'이다. 최초의 인터넷이 이곳에서 탄생했다.

2006년, 카네기 멜론 대학은 세계 최초의 '머신러닝 학과'의 설립을 공표하고, 머신러닝 영역의 선구자 T. Mitchell 교수를 학과장으로 임명했습니다. 2012년 3월, 미국 오바마 정부는 '빅데이터 연구와 발전 계획'을 실시했고, 미국 국가 과학 기금회는 캘리포니아 버클리 대학에서 해당 계획을 강화하고 빅데이터 시대의 세 가지 핵심 기술에 대해 강조했습니다. 여기서 말하는 세 가지 핵심 기술은 머신러닝, 클라우드 컴퓨팅, 크라우드소싱crowdsourcing입니다. 머신러닝은 빅데이터 시대에 필수 불가결한 핵심 기술입니다. 이유는 간단합니다. 데이터의 수집, 보관, 전송, 관리의 목적은 빅데이터를 '활용'하는 데 있는데, 머신러닝 기술이 없다면 데이터를 '활용'할 수 없기 때문입니다.

머신러닝은 데이터 분석 능력을 제공하고, 클라우드 컴퓨팅은 데이터 저장 능력을 제공하고, 크라우드소싱은 데이터 레이블링 능력을 제공한다.

'데이터 마이닝'은 통계학에서 괄시를 당하던 용어였다. 왜냐하면 전통 통계학은 이론의 아름다움에 중점을 두고 실용적인 것들을 배척했기 때문이다. 하지만 최근 들어 상황이 많이 변했고, 많은 통계학자가 현실 문제에 관심을 갖게 되어 머신러닝과 데이터 마이닝 영역으로 넘어왔다.

데이터에 대한 분석과 활용을 이야기할 때 많은 사람이 **데이터 마이닝**data mining을 떠올릴 것입니다. 여기서 간단하게 데이터 마이닝과 머신러닝과의 관계에 대해 간단히 짚고 넘어갈 필요가 있습니다. 데이터 마이닝 영역은 1990년대 형성되었고, 많은 과학 영역의 영향을 받았습니다.

특히, 데이터베이스, 머신러닝, 통계학의 영향을 많이 받았다는 것은 설명하지 않아도 알 것입니다[Zhou, 2003]. 데이터 마이닝은 매우 큰 데이터에서 지식을 습득하는 과정이고, 이는 필연적으로 빅데이터를 관리하고 분석해야 합니다. 대략적으로, 데이터베이스 영역의 연구는 데이터 마이닝을 위해 데이터 관리 기술을 제공했고, 머신러닝과 통계학 연구는 데이터 마이닝을 위해 데이터 분석 기술을 제공했습니다. 통계학계의 연구 성과는 일반적으로 머신러닝 연구를 통해 유용한 학습 알고리즘을 만든 후에 데이터 마이닝 영역으로 들어가야 이뤄지는데, 이런 의미에서는 통계학은 머신러닝을 통해 데이터 마이닝에 대한 영향력을 발휘하는 것이라고도 할 수 있습니다. 따라서 머신러닝 영역과 데이터베이스 영역은 데이터 마이닝의 양대 버팀목이라고 할 수 있습니다.

오늘날의 머신러닝은 이미 일반 사람들의 일상과도 밀접한 관계가 있습니다. 예를 들어, 일기예보, 자원탐사, 환경감시 등의 영역에서 머신러닝 기술을 활용하여 위성과 탐지기를 통한 데이터를 분석하여 일기예보와 탐사의 정확성을 높이고 있습니다. 세일즈 영역에서도 머신러닝 기술을 사용해 판매 데이터나 고객 데이터를 분석하여 판매와 재고 프로세스 최적화를 실현하여 판매 비용을 낮추고, 타깃 마케팅이 가능하도록 만듭니다. 몇 가지 예를 더 들어보겠습니다.

모두가 아는 구글, 바이두 등 검색 엔진은 사람들의 생활 방식을 바꾸기 시작했습니다. 예를 들어, 사람들은 집을 나서기 전에 인터넷 검색을 통해 목적지 정보를 얻고, 적당한 호텔, 레스토랑 등을 결정합니다. 《TIMES》에서는 '모든 사람과 모든 문제의 답안 사이의 거리를 마우스 클릭 한 번의 거리로 좁혔다'는 구글에 대한 한 줄 평가를 했습니다. 인터넷 검색은 네트워크상의 데이터를 분석하여 사용자가 원하는 정보를 찾아줍니다. 해당 과정에서 '사용자의 검색'은 입력이며, '검색 결과'는 출력에 해당합니다. 그리고 입력과 출력 사이의 관계를 이어주는 데 머신러닝 기술이 필요합니다. 인터넷 검색이 발전하기까지 머신러닝 기술의 공로는 매우 큽니다. 오늘날 검색의 대상, 내용 등이 날이 갈수록 복잡해지면서 머신러닝 기술의 영향력은 갈수록 뚜렷해졌습니다. 예를 들어, '이미지 검색'을 할 때 구글, 네이버 할 것 없이 모두 머신러닝 기술을 사용합니다. 구글, 바이두, 페이스북, 네이버 등 인터넷 회사들은 전문적인 머신러닝 기술팀을 만들었고, 심지어 기술의 명운을 책임지는 연구소도 세웠습니다. 이 점은 머신러닝 기술의 발전과 응용을 아주 잘 설명하고 있는데, 어떤 면에서는 인터넷 산업 발전에 큰 영향을 줬다고도 볼 수 있습니다.

예를 들면 유명한 머신러닝 교과서 [Mitchell, 1997] 4.2절에서 20세기 90년대 초기 신경망 학습으로 자율주행을 했던 ALVINN 프로그램에 대해 소개하고 있다.

한 가지를 더 예로 들면, 교통사고는 매년 전 세계 몇백만 명의 목숨을 앗아가고 있고, 따라서 자율주행 자동차를 만들어 사고 없는 시스템을 만드는 것이 좋은 대안으로 떠오르고 있습니다. 기계가 운전한다면 초보나 피곤할 때, 심지어 음주운전도 위험과 무관해질 것이기 때문입니다. 미국에서는 1980년대부터 이에 대한 연구를 시작했습니다. 하지만 가장 큰 문제는 자동차가 운행한 뒤에 만날 수 있는 모든 상황을 고려하여 설계해야 한다는 점과 사전에 이 모든 상황을 고려하기 힘들기 때문에 즉각적인 처리를 할 수 있는 알고리즘과 시스템을 구축해야 한다는 점이었습니다. 만약 자동차가 받은 센서 정보를 입력으로 설정하면 방향, 브레이크, 속도 조절 등과 같은 동작들은 출력될 것입니다. 2004년 3월, 미국 DAPRA가 주최한 자율주행 자동차 경주에서 스탠퍼드 대학의 머신러닝 전문가인 S. Thrun스런이 이끄는 팀이 6시간 53분의 기록으로 135마일을 주행해 챔피언이 되었습니다. 경주에 사용된 길은 네바다 서남부의 산골과 사막이었는데, 길이 상당히 복잡해서 경험 많은 운전자들에게도 힘든 길이었습니다. S. Thrun은 후에 구글 자율주행 자동차 연구팀으로 옮겨 팀을 이끌었습니다. 한 가지 말하고 싶은 것은, 자율주행 자동차는 근 몇 년간 비약적인 발전을 거듭했습니다. 구글 외에도 아우디, 폭스바겐, BMW 등 전통 자동차 생산 기업들도 막대한 자본을 투자해 연구를 진행하고 있고, 어떤 제품은 이미 시장에서 판매되고 있습니다. 2011년 6월에는 미국 네바다주가 최초의 자율주행 자동차 허가가 가능한 주가 되었고, 하와이주와 플로리다주도 해당 법안을 통과시켰습니다. 많은 문제점이 있긴 하지만, 머지 않은 미래에 자율주행 자동차가 우리 생활 속으로 들어올 것으로 확신합니다. 여기서 머신러닝은 '운전기사'로서 큰 활약을 할 것입니다.

머신러닝 기술은 심지어 인류 사회의 정치까지도 영향을 주고 있습니다. 2012년 미국 대선 기간에 오바마가 만든 머신러닝 팀은 각종 선거 관련 데이터를 분석하여 대선을 승리로 이끄는 데 크게 기여했습니다. 이들은 머신러닝 모델에 기반하여 어디서 유세 활동을 해야 하는지를 결정했고, 이런 결과는 많은 전문가를 경악시켰습니다. 특히, 대선 과정에서 많은 자금이 필요한데, 머신러닝 기술을 활용해 어떤 영화배우가 어떤 연령의 어떤 집단에게 큰 호응을 얻고 있는지 등을 분석하여 그 배우를 저녁 만찬에 초대하여 한 번에 1,500만 달러라는 큰 금액을 모금했습니다. 머신러닝의 도움으로 총 10억 달러라는 경선 비용을 모금했습니다. 머신러닝 기술은 경선 비용을 '모금'하는 데 도움을 줬을 뿐만 아니라, 모금한 비용을

'절약'하여 효과적으로 사용할 수 있게 도와주었습니다. 예를 들어, 머신러닝 모델이 선거인단 분석을 진행하여 가장 적절한 광고 시간대와 수단을 선택해 주었고, 이는 2008년 경선 대비 14%나 상승한 효율성을 보여주었습니다. 대선 승리 후에 《TIMES》는 준지도 학습 전문가 R. Ghani가니가 이끄는 이 팀을 오바마의 '대선 핵무기'라 칭하며 극찬했습니다.

한 가지 더 언급하고 싶은 것은 머신러닝이 인공지능 데이터 분석의 근간으로서 사람들에게 주목받고 있지만, 머신러닝 연구에 대한 다른 중요한 의미도 간과해서는 안 됩니다. 머신러닝은 학습에 관한 계산 모델을 통해 '인류가 어떻게 학습하는가?'를 이해할 수 있도록 돕습니다. 예를 들어, P. Kanerva카네르바가 1980년대 중반에 SDMSparse Distributed Memory 모델[Kanerva, 1988]을 제안했을 때 뇌 구조에 대한 모방을 고려하지 않았지만, 후에 신경과학 연구에서 SDM의 희소 코딩 메커니즘이 시각, 청각, 후각 기능의 대뇌피질과 관련되어 있음을 밝혀냈습니다. 자연과학 연구의 원동력은 우주 기원, 만물의 본질, 생명 본성, 인간 자아에 대한 탐색이라고 할 수 있습니다. 따라서 '인간이 어떻게 학습하는가?'에 대한 문제도 이와 관련된 중요한 문제라고 생각합니다. 이러한 의미에서 머신러닝은 정보과학에서 매우 중요한 위치를 차지하고 있을 뿐만 아니라, 자연과학의 성질도 띠고 있다고 말하고 싶습니다.

1.7 더 읽을거리

[Mitchell, 1997]은 전문적으로 머신러닝에 대해 다룬 첫 번째 교재입니다. [Duda et al., 2001; Alpaydin, 2004; Falch, 2012]는 모두 훌륭한 입문 교재입니다. [Hastie et al., 2009]는 다음 단계에 읽기 좋은 교재이고, [Bishop, 2006]의 책도 매우 가치가 있습니다. 특히, 베이지안 학습을 좋아하는 사람들에게 훌륭한 교재입니다. [Shalev-Shwartz and Ben-David, 2014]는 이론을 좋아하는 학자들에게 적합합니다. [Witten et al., 2011]은 WEKA에 기반해 쓰여진 입문 서적입니다. 초보자들이 WEKA를 통해 빠르게 머신러닝 알고리즘을 배울 수 있게 도와줍니다.

WEKA는 유명한 무료 머신러닝 알고리즘 프로그램 집합 소다. 뉴질랜드의 와이카토 (Waikato) 대학교 연구원들이 JAVA를 기반으로 개발했다. http://www.cs.waikato.ac.nz/ml/weka/

이 책의 1.5와 1.6절은 [Zhou, 2007]의 내용을 발췌했습니다. 《Machine Learning: An Artificial Intelligence Approach》[Michalski et al., 1983]는 20명의 학자들이 편집한 16편의 논문집입니다. 초기 머신러닝 연구의 매우 중요한 작품입니다. 이 책이 출판

되고 매우 큰 반향을 일으켰는데, Morgan Kaufmann 출판사가 1986년과 1990년에 해당 책의 후속편을 출간했으며, 총 3권으로 이루어져 있습니다. 《The Handbook of Artificial Intelligence》시리즈는 튜링상을 수상한 E.A. Feigenbaum과 다른 학자들이 함께 집필한 서적입니다. 해당 서적의 3권[Cohen and Feigenbaum, 1997]은 머신러닝에 대해 논의하는데, 이 역시 초기 머신러닝의 중요한 문헌입니다. [Dietterich, 1997]은 머신러닝 영역의 발전에 대해 평가와 전망을 내놓았습니다. 초기의 많은 문헌이 현재까지도 중요하게 평가받고 있는데, 예를 들면 최근에 유행하는 **전이학습**transfer learning[Pan and Yang, 2010]은 통계학기술에 유추학습learning by analogy의 업그레이드 버전이라고 볼 수 있습니다. 현재 가장 많은 주목을 받는 **딥러닝**deep learning 역시 1980년대 중후반에 시작되었던 신경망학습에 확장 버전입니다.

딥러닝에 관해서는 5.6절을 참조하라.

개념 학습에 대한 연구는 이미 오래 전부터 진행되어 왔습니다. 여기서 나온 많은 아이디어는 전 영역에 걸쳐 큰 영향을 끼치고 있습니다. 예를 들어, 주류학습 기술 중 하나인 의사결정 트리는 개념 형성의 트리구조 연구에서부터 시작되었습니다[Hunt and Hovland, 1963]. [Winston, 1970]의 유명한 '블록세계' 연구에서 개념 학습과 일반화와 특화에 기반한 탐색 과정을 연결시켰습니다. [Simon and Lea, 1974]는 비교적 일찍 '학습'이 가설 공간에서 탐색하는 것이라는 관점을 제기했습니다. [Mitchell, 1977]은 후에 버전 공간이라는 개념을 제시했습니다. 개념 학습은 또한 많은 규칙학습 내용과 관련이 깊습니다.

규칙 학습에 관해서는 15장을 참조하라.

오컴의 면도날 원칙은 경험 관찰에 일치하는 가장 간단한 가설을 선택하라고 주장합니다. 이는 물리학, 천문학 등 자연과학에서 광범위하게 사용되는 기초원칙입니다. 예를 들어, 코페르니쿠스가 '태양 중심설'을 견지한 것도 그것이 프톨레마이오스의 '천동설'보다 더 간단하고 천문관측에 부합했기 때문입니다. 오컴의 면도날은 머신러닝 영역에서 많은 팬을 거느리고 있습니다[Blumer et al., 1996]. 그러나 머신러닝에서 무엇이 '더 간단한가?'하는 문제는 쉽게 결론을 내릴 수 있는 문제는 아닙니다. 그래서 오컴의 면도날이 머신러닝 영역에서도 응용할 수 있는 원칙인지는 의견이 분분합니다[Webb, 1996; Domingos, 1999]. 주의해야 할 점은, 오컴의 면도날은 과학 연구에서 유일한 가설 선택 원칙이 아니며, 고대 그리스 철학자 에피쿠로스 (기원전 341년 ~ 기원전 270년)가 제안한 **다해석원칙**principle of multiple explanations은 경험 관찰과 일치하는 모든 가설을 보류하라고 주장하고 있는데[Asmis, 1984], 이는 **앙상블 학습**ensemble learning의 연구와 부합하는 면이 있습니다.

앙상블 학습에 관해서는 8장을 참조하라.

머신러닝 영역에서 가장 중요한 국제학회는 ICML, NIPS, COLT 등이 있으며 중요한 지역성 콘퍼런스는 ECML과 ACML이 있습니다. 가장 중요한 학술지로는 《Journal of Machine Learning Research》와 《Machine Learning》이 있습니다. 인공지능 영역에서 중요한 콘퍼런스는 IJCAI, AAAI가 있으며, 중요한 학술지로는 《Artificial Intelligence, Journal of Artificial Intelligence Research》가 있으며, 데이터 마이닝 영역의 중요 콘퍼런스는 KDD, ICDM이 있고, 중요한 학술지로는 《ACM Transactions on Knowledge Discovery from Data, Data Mining and Knowledge Discovery》가 있습니다. 컴퓨터 비전과 패턴인식 영역의 중요 콘퍼런스로는 CVPR이 있고, 중요한 학술지로는 《IEEE Transactions on Pattern Analysis and Machine Intelligence》가 있습니다. 신경망 영역의 중요 학술지는 《Neural Computation, IEEE Transactions on Neural Networks and Learning Systems》 등이 있습니다. 그 외에도 통계학 영역의 중요 학술지로는 《Annals of Statistics》 등이 있으며 통계 학습과 관련된 많은 논문이 발표되고 있습니다.

중국에도 적지 않은 머신러닝 서적이 존재합니다. 예를 들어, [Lu Qi ling, 1996]이 있으며, [Li Hang]은 통계 학습을 주제로 한 서적을 발간했습니다. 중국 머신러닝 학회는 2년에 한 번 열리는 중국 머신러닝 콘퍼런스CCML가 있으며, 매년 한 번씩 열리는 '머신러닝과 응용' 연구회MLA가 있습니다. 그 외에 많은 학술지에서 머신러닝에 관련된 논문을 출간하고 있습니다.

연습문제

1.1 표 1.1에서 만약 인덱스 1과 4 두 개의 샘플만 포함하고 있을 때, 이에 상응하는 버전 공간을 나타내라.

즉, 여러 개 논리곱의 추출이다.

1.2 단일 논리곱을 사용하여 가설 표현을 비교하고, 논리합 정규식disjunctive normal form을 사용하여 가설 공간에 더 강력한 표현 능력을 입혀라. 예를 들어, 잘 익은 수박 ↔ ((색깔 = ∗) ∧ (꼭지 = 말림) ∧ (소리 = ∗) ∨ ((색깔 = 진녹색) ∧ (꼭지 = ∗) ∧ (소리 = 둔탁함))은 '(색깔 = 청록색) ∧ (꼭지 = 말림) ∧ (소리 = 맑음)'과 '(색깔 = 진녹색) ∧ (꼭지 = 곧음) ∧ (소리 = 둔탁함)' 모두를 '잘 익은 수박'으로 분류할 것이다. 만약 최대 k개의 논리곱을 포함하는 논리합 정규식을 사용하여 1.1 수박 분류 문제의 가설 공간을 표현한다면, 총 몇 가지 종류의 가능한 공간이 있을지 계산해 보아라.

예를 들면 $(A = a) \vee (A = ∗)$ 와 $(A = ∗)$가 등가일 상황을 주의해야 한다.

1.3 만약 데이터에 노이즈가 있다면 가설 공간 중에 모든 훈련 샘플과 일치하는 가설이 존재하지 않을 가능성이 있다. 이러한 경우에 가설 선택을 할 수 있는 귀납 편향을 만들어 보아라.

즉, 훈련 오차가 0인 가설이 존재하지 않는다.

문제 번호에 ∗ 표시가 붙으면 난이도가 비교적 높은 문제임을 나타낸다.

1.4∗ 이번 장 1.4절에서 '공짜 점심은 없다' 정리에 대해 언급할 때 암묵적으로 '분류 오차율'을 성능 측도로 사용하여 분류기에 대한 평가를 진행했다. 다른 성능 측도를 사용하면 식 1.1은 다음과 같이 바뀐다.

$$E_{ote}(\mathfrak{L}_a|X, f) = \sum_h \sum_{\boldsymbol{x} \in \mathcal{X} - X} P(\boldsymbol{x}) \ell(h(\boldsymbol{x}), f(\boldsymbol{x})) P(h \mid X, \mathfrak{L}_a) \ ,$$

'공짜 점심은 없다'가 여전히 성립함을 증명하라.

1.5 머신러닝이 인터넷 검색의 어떤 부분에서 어떤 역할을 하는지에 대해 기술하라.

참고문헌

1 陸汝玲. (1996). 人工智能(下冊). 科洋出版社, 北京.

2 周志花(2007) "机器学习与数据挖掘". 中国计算机学会通讯, 3(12)35-44.

3 李航. (2012). 统计学习方法. 清华大学出版社, 北京

4 Alpaydin, E. (2004). *Introduction to Machine Learning*. MIT Press, Cambridge, MA.

5 Asmis, E. (1984). *Epicurus' Scientific Method*. Cornell University Press, Ithaca, NY.

6 Bishop, C. M. (2006). *Pattern Recognition and Machine Learning*. Springer, New York, NY.

7 Blumer, A., A. Ehrenfeucht, D. Haussler, and M. K. Warmuth. (1996). "Occam's razor." *Information Processing Letters*, 24(6):377-380.

8 Carbonell, J. G., ed. (1990). *Machine Learning: Paradigms and Methods*. MIT Press, Cambridge, MA.

9 Cohen, P. R. and E. A. Feigenbaum, eds. (1983). *The Handbook of Artificial Intelligence*, volume 3. William Kaufmann, New York, NY.

10 Dietterich, T. G. (1997). "Machine learning research: Four current directions." *AI Magazine*, 18(4):97-136.

11 Domingos, P. (1999). "The role of OccaIII's razor in knowledge discovery." *Data Mining and Knowledge Discovery*, 3(4):409-425.

12 Duda, R. 0., P. E. Hart, and D. G. Stork. (2001). *Pattern Classification*, 2nd edition. John Wiley & Sons, New York, NY.

13 Flach, P. (2012). *Machine Learning: The Art and Science of Algorithms that Make Sense of Data*. Cambridge University Press, Cambridge, UK.

14 Hand, D., H. Mannila, and P. Smyth. (2001). *Principles of Data Mining*. MIT Press, Cambridge, MA.

15 Hastie, T., R. Tibshirani, and J. Friedman. (2009). *The Elements of Statistical Learning*, 2nd edition. Springer, New York, NY.

16 Hunt, E. G. and D. I. Hovland. (1963). "Programming a model of human concept formation." In *Computers and Thought* (E. Feigenbaum and J. Feldman, eds.), 310-325, McGraw Hill, New York, NY.

17 Kanerva, P. (1988). *Sparse Distributed Memory*. MIT Press, Cambridge, MA.

18 Michalski, R. S., J. G. Carbonell, and T. M. Mitchell, eds. (1983). *Machine Learning: An Artificial Intelligence Approach*. Tioga, Palo Alto, CA.

19 Mitchell, T. (1977). *Machine Learning*. McGraw Hill, New York, NY.

20 Mitchell, T. M. (1977). "Version spaces: A candidate elimination approach to rule learning." In *Proceedings of the 5th International Joint Conference on Artificial Intelligence (IJCAI)*, 305 310, Cambridge, MA.

[21] Mjolsness, E. and D. DeCoste. (2001). "Machine learning for science: State of the art and future prospects." *Science*, 293(5537):2051-2055.

[22] Pan, S. J. and Q. Yang. (2010). "A survey of transfer learning." *IEEE Transactions on Knowledge and Data Engineering*, 22(10):1345-1359.

[23] Shalev-Shwartz, S. and S. Ben-David. (2014). *Understanding Machine Learning*. Cambridge University Press, Cambridge, UK.

[24] Simon, H. A. and G. Lea. (1974). "Problem solving and rule induction: A unified view." In *Knowledge and Cognition* (L. W. Gregg, ed.), 105-127, Erlbaum, New York, NY.

[25] Vapnik, V. N. (1998). *Statistical Learning Theory*. Wiley, New York, NY.

[26] Webb, G. I. (1996). "Further experimental evidence against the utility of Occam's razor." *Journal of Artificial Intelligence Research*, 43:397-417.

[27] Winston, P. H. (1970). "Learning structural descriptions from examples." Technical Report AI-TR-231, AI Lab, MIT, CaII1bridge, MA.

[28] Witten, I. H., E. Frank, and M. A. Hall. (2011). *Data Mining: Practical Machine Learing Tools and Techniques*, 3rd edition. Elsevier, Burlington, MA.

[29] Wolpert, D. H. (1996). "The lack of a priori distinctions between learning algorithms." *Neural Computation*, 8(7):1341-1390.

[30] Wolpert, D. H. and W. G. Macready. (1995). "No free lunch theorems for search." Technical Report SFI-TR-05-010, Santa Fe Institute, Sante Fe, NM.

[31] Zhou, Z.-H. (2003). "Three perspectives of data mining." *Artificial Intelligence*, 143(1):139-146.

머신러닝 쉼터

'머신러닝' 명칭의 유래

해당 체스 프로그램은 사실상 강화 학습 기술을 사용하였다. 16장을 참조하라.

1952년 아서 사무엘Arthur Samuel, 1901~1990은 IBM에서 체커 게임 프로그램을 개발했습니다. 이 프로그램은 자기 학습 능력이 있었는데 대량의 게임을 분석해 놓은 수가 '좋은 수'인지 '나쁜 수'인지를 식별하는 방법으로 점차 성능을 개선했으며, 얼마 지나지 않아 개발자인 사무엘 자신을 이기는 수준까지 도달했습니다. 1956년 사무엘은 존 매카시 John McCarthy(인공지능의 아버지이자 1971년 튜링상 수상자)의

요청을 받아 인공지능 학문의 탄생을 상징하는 다트머스Dartmouth 콘퍼런스에서 본인이 개발한 프로그램을 소개할 기회를 얻었습니다. 여기서 사무엘은 '머신러닝'이라는 단어를 최초로 사용했는데, 이를 '명시적으로 프로그램을 작성하지 않고 컴퓨터에 학습할 수 있는 능력을 부여하기 위한 연구 분야'라고 정의했습니다. 그의 논문 〈Some studies in machine learning using the game of checkers〉가 1959년 IBM 저널을 통해 정식 발표된 후, 에드워드 파이겐바움Edward Feigenbaum(지식 엔지니어링의 아버지이자 1994년 튜링상 수상자)이 그의 걸작 《Computers and Thought》의 집필을 위해 사무엘을 초청해 코네티컷 체커 챔피언과 대국을 펼칠 기회를 제공했습니다. 당시 전미 지역에서 4위를 차지한 선수와의 대결을 승리로 장식하며 그가 개발한 프로그램은 큰 명성을 얻었습니다.

사무엘의 체커 프로그램은 인공지능 영역뿐만 아니라 전체 컴퓨터 과학의 발전에도 큰 영향을 주었습니다. 초기 컴퓨터 과학자들은 사전에 명시적 프로그램을 작성하지 않고는 컴퓨터에 학습능력을 부여할 수 있다고 믿지 않았는데, 사무엘이 이런 사상에 대한 강력한 반증을 내놓은 것입니다. 이외에도, 해당 프로그램은 컴퓨터에서 비수치적 계산을 수행했던 최초의 프로그램이었기 때문에 그 논리 명령어 설계 아이디어는 IBM 컴퓨터의 명령어 조합에도 지대한 영향을 끼쳤으며 많은 컴퓨터 설계에 참고되었습니다.

02 모델 평가 및 선택

2.1 경험 오차 및 과적합

우리는 일반적으로 전체 샘플 수와 잘못 분류한 샘플 수의 비율을 오차율error rate 이라고 부릅니다. 만약 m개의 샘플 중에서 a개의 샘플이 잘못 분류되었다면, 오차율은 $E = a/m$과 같이 나타낼 수 있습니다. 이와 관련하여, $1 - a/m$은 정밀도 accuracy라 부릅니다. 즉, 정밀도는 '1 − 오차율'입니다. 조금 더 일반적으로 우리는 학습기의 실제 예측 값과 샘플의 실제 값 사이의 차이를 오차error라 부르고, 학습기가 훈련 세트상에서 만들어낸 오차를 훈련 오차training error 혹은 경험 오차empirical error라고 부릅니다. 그리고 학습기가 새로운 샘플 위에서 만들어낸 오차는 일반화 오차generalization error라고 부릅니다. 당연하게도 우리는 일반화 오차가 가장 작은 학습기를 만들고 싶어 합니다. 그러나 사전에는 새로운 샘플에 대한 정보를 얻을 수 없기 때문에, 실제로 할 수 있는 일은 경험 오차를 최소화하는 방법을 찾는 것입니다. 우리는 대부분 경험 오차가 매우 작고, 훈련 샘플에서 좋은 성능을 보여주는 학습기를 찾을 수 있습니다. 어떤 경우에는 심지어 분류 오차율이 0인, 정밀도가 100%에 달하는 학습기도 만날 수 있습니다. 하지만 이러한 학습기를 얻는 것이 우리의 목적일까요? 불행히도 이러한 학습기는 대부분 상황에서 좋은 결과를 내지 못합니다.

우리가 원하는 학습기는 새로운 샘플 데이터를 대상으로 좋은 성능을 발휘하는 학습기입니다. 이러한 목적을 달성하기 위해서 학습기는 훈련 데이터에서 모든 데이터(모수)의 잠재적인 '보편 규칙'을 찾아내야 하고, 이러한 학습기야말로 새로운 데이터를 만났을 때 정확한 판별과 예측을 제공합니다. 그러나 학습기가 훈련 데

정확도는 백분율 형식인 $(1 - \frac{a}{m}) \times 100\%$로 나타낸다.

여기서 말하는 '오차'란 기대 오차를 뜻한다.

뒷부분에서 서로 다른 학습 알고리즘이 어떻게 경험 오차를 최소화하는지 알아볼 것이다.

이터에서 학습을 '과도하게 잘하면', 훈련 데이터 중의 일정한 특성을 모든 데이터에서 내재된 일반 성질이라 오해하게 만듭니다. 즉, 일반화 성능이 떨어집니다. 이러한 현상을 머신러닝에서는 **과적합**overfitting이라고 부릅니다. 이와 반대되는 개념으로는 **과소적합**underfitting이 있습니다. 과소적합은 학습기가 훈련 데이터의 일반 성질을 제대로 배우지 못했다는 뜻입니다. 그림 2.1은 과적합과 과소적합에 대한 직관적인 이해를 돕습니다.

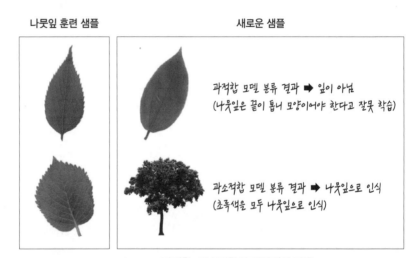

나뭇잎 훈련 샘플 **새로운 샘플**

과적합 모델 분류 결과 ➡ 잎이 아님
(나뭇잎은 끝이 톱니 모양이어야 한다고 잘못 학습)

과소적합 모델 분류 결과 ➡ 나뭇잎으로 인식
(초록색을 모두 나뭇잎으로 인식)

그림 2.1 〵 **과적합, 과소적합의 직관적인 비유**

과적합을 일으키는 원인은 다양합니다. 그중에서도 학습능력이 너무 뛰어나 훈련 데이터들이 가진 일반적이지 않은 특성까지 학습하는 경우가 가장 흔한 원인입니다. 반대로, 과소적합은 일반적으로 학습능력이 좋지 못해서인 경우가 많습니다. 과소적합은 극복하기 쉽습니다. 예를 들어, 의사결정 트리의 경우는 가지치기를 더 진행하면 되고, 신경망 학습의 경우에는 에포크epoch 수를 늘리면 됩니다. 그러나 과적합은 다루기 매우 까다롭습니다. 앞으로 함께 공부하는 동안 더 자세히 알게 되겠지만, 과적합은 머신러닝이 넘어야 할 핵심 장애물과도 같습니다. 그래서 모든 학습 알고리즘들은 과적합을 방지하기 위한 장치를 갖고 있습니다. 그러나 우리가 반드시 알아야 할 것은, 과적합은 피할 수 없다는 것입니다. 우리는 과적합을 '완화'하고, 그것이 일으키는 위험을 최소화하는 것에 만족해야 합니다.

현실에서 많은 프로젝트를 진행하며 우리는 학습 알고리즘에 대한 다양한 선택지를 제공받습니다. 어떠한 경우에는 같은 학습 알고리즘이라 할지라도 파라미터에 따라 다른 모델로 불리기도 합니다. 그러면 우리는 어떠한 학습 알고리즘을 사용해야 하고, 어떠한 파라미터를 선택해야 할까요? 이러한 문제는 머신러닝에서 **모델 선택** model selection 문제라고 부릅니다. 이상적인 해답은 당연히 일반화 오차를 기준으로 평가한 뒤, 일반화 오차가 가장 작은 모델을 선택하는 것입니다. 그러나 앞서 논의 했듯이 우리는 일반화 오차를 직접적으로 얻을 수 없습니다. 그리고 훈련 오차에서 부딪히는 과적합 문제는 피할 수도 완벽하게 극복할 수도 없다고 이야기했습니다. 그렇다면 현실에서는 어떻게 모델을 평가하고 선택하는 것이 이상적일까요?

2.2 평가 방법

현실에서는 계산 시간, 용량, 해석 가능성 등 다양한 방면을 고려해야 한다. 여기서는 일반화 오차만을 고려했다.

일반적으로 우리는 테스트라는 과정을 통해 학습기의 일반화 오차에 대해 평가를 진행하고 모델을 선택합니다. 이 과정에서 **테스트 세트**testing set를 활용하여 학습기 가 만나보지 못했던 새로운 샘플에서 어떻게 작동할지 예측할 수 있고, 테스트 세 트에서 나온 **테스트 오차**testing error를 실제 일반화 오차의 근삿값으로 생각합니다. 이렇게 생각할 수 있는 이유는 테스트 샘플이 실제 샘플과 동일한 분포를 나타내 고 있다고 가정하기 때문입니다. 하지만 주의해야 할 것은 테스트 세트와 훈련 세 트의 중복을 최대한 피해야 한다는 점입니다. 테스트 세트 내의 샘플은 훈련 세트 에서 사용한 것이 아니어야 하며, 훈련 과정에서 사용된 것이면 안 됩니다.

샘플 크기에 따라 위와 같은 방법이 불가능할 수도 있습니다. 그러나 우리는 왜 최 대한 이러한 현상을 피해야 할까요? 다음과 같은 상황을 생각해 보면 쉽게 이해할 수 있습니다. 선생님이 학생들에게 연습문제를 10개 제공하고 같은 문제들로 시험 을 본다면 학생들의 학습능력을 제대로 평가하기 힘들 것입니다. 학생들이 연습 한 10문제만 잘 푸는 것인지, 문제를 통해 학습하고자 하는 것을 잘 배워 다른 비 슷한 문제들도 풀 수 있는지 모를 것입니다. 우리가 학습을 통해 얻고자 하는 학습 기의 범용성은 학생이 연습문제를 통해 다른 비슷하거나 더 어려운 문제를 해결할 능력을 키우는 것과 비교할 수 있습니다. 다시 말해, 훈련 세트는 학생들에게 주어 진 연습문제이고, 테스트 과정은 학생들이 시험을 보는 것과 같습니다. 미리 풀었 던 연습문제들이 실제 시험에 나온다면, 우리는 지나치게 '낙관적인' 시험점수를 받을 것입니다.

우리에게 m개의 샘플을 가진 데이터 세트 $D = \{(\boldsymbol{x}_1, y_1), (\boldsymbol{x}_2, y_2), \ldots, (\boldsymbol{x}_m, y_m)\}$가 있다면, 우리는 어떻게 훈련하고 테스트해야 할까요? 해답은 데이터 세트 D를 적절히 처리하여 훈련 세트 S와 테스트 세트 T로 나누는 것입니다. 아래에 몇 가지 방법을 소개하겠습니다.

2.2.1 홀드아웃

홀드아웃hold-out 방법(검증 세트 기법)은 데이터 세트 D를 겹치지 않는 임의의 두 집합으로 나눕니다. S는 훈련 세트 집합을 뜻하며, T는 테스트 세트를 뜻합니다. 즉, $D = S \cup T$, $S \cap T = \boldsymbol{x}$입니다. 훈련 세트 S를 통해 훈련된 모델은 테스트 세트 T를 활용해 오차를 측정하고 일반화 오차에 대한 추정치를 제공합니다.

이진 분류 문제를 예로 들어 더 자세히 알아봅시다. 데이터 세트 D에 1,000개의 샘플이 있다고 가정하고, 만약 S(훈련 세트)에 700개의 샘플, T(테스트 세트)에 300개의 샘플로 나눕니다. 훈련을 거친 모델이 T에서 90개의 샘플을 잘못 분류했다고 한다면 오차율은 (90 / 300) × 100% = 30%가 됩니다. 정밀도는 1 − 30%인 70%가 될 것입니다.

주의해야 할 것은 훈련/테스트 세트를 나눌 때 되도록이면 데이터 분포가 같게 나눠야 한다는 것입니다. 그렇지 않으면 데이터 분포의 편향으로 인해 원치 않는 결과를 얻을 수 있습니다. 분류 문제의 예에서는 양성/음성 샘플의 비중을 비슷하게 분류해야 합니다. 만약 샘플링 시각에서 검증 세트 기법을 본다면, 이러한 분류 작업을 **층화 추출법**stratified sampling이라고 할 수 있습니다. 만약 데이터 세트 D를 나눌 때 S(훈련 세트) 비중을 70%, T(테스트 세트) 비중을 30%로 설정하고, D의 양성, 음성 데이터가 각각 500개라고 한다면, 층화 추출법으로 추출한 샘플의 경우는 이러한 비중을 반영하여 샘플을 나눕니다. 즉, S에는 양성, 음성 데이터 각각 350개, T에는 음성, 양성 데이터 150개씩이 들어 있을 것입니다. 만약 S, T의 샘플 비율 차이가 많이 난다면, 오차는 훈련/테스트 세트의 데이터 분포 때문에 생긴 편향이라고 볼 수 있습니다.

[역주] 층화 추출법도 많은 단점이 존재한다. 문제에 따라 다르지만, 층 내 동질성과 층 사이의 이질성을 갖추어야 하는 문제의 경우는 이를 실질적으로 층화하는 과정이 쉽지 않을 것이다.

연습문제 2.1을 참조하라.

또 한 가지 주의할 점은 훈련/테스트 세트의 비율을 설정하는 것 외에도, 다양한 방식으로 D에 대한 검증 세트 분류를 진행할 수 있다는 것입니다. 위 예제를 다시 사용하면, D 샘플의 순서를 만들어 처음 350개 양성, 음성값을 각각 취할 수도 있

동시에 결과의 표준 오차를 예측해야 한다.

습니다. 이렇게 다른 분류 방법은 모델 평가에 다른 결괏값을 가져옵니다. 따라서 검증 세트 기법의 예측값은 늘 불안정하여, 우리는 일반적으로 여러 번에 걸쳐 분류를 진행하고 검증하는 방법을 택합니다. 예를 들어, 100번의 랜덤 분류 후 검증된 값 100개를 평균 내어 사용하는 것입니다.

'편향-분산'의 관점(2.5절을 참조)에서 이해할 수 있다. 테스트 세트가 적을 때는 평가 결과의 분산이 비교적 크고, 훈련 데이터가 적을 때는 평가 결과의 편향이 비교적 크다.

이외에도, 우리가 평가하고 싶은 것은 D를 훈련시킨 모델의 성능이기 때문에, 검증 세트 기법을 사용한다면 일종의 딜레마에 빠질 수밖에 없습니다. 만약 훈련 세트 S에 대다수의 샘플이 들어 있다면 우리가 만드는 모델은 D 전체를 훈련시킨 것과 비슷하겠지만, T가 적은 탓에 안정적인 평가 결과를 얻지는 못합니다. 반대로, 테스트 세트 T가 많은 샘플을 가져갈수록 S와 D의 차이는 벌어지고, 이는 D 전체를 이용하여 훈련한 모델과 차이를 크게 만듭니다. 즉, 평과 결과의 신뢰도를 떨어뜨립니다. 이 어려운 문제에 대한 완벽한 해답은 없습니다. 일반적으로는 2/3~4/5 정도를 훈련 세트로 사용하고 나머지를 테스트 세트로 분리하여 사용할 것을 권장합니다.

일반적으로 테스트 세트는 최소 30개의 샘플이 있어야 한다 [Mitchell, 1997].

역주 표본 수가 30개 이상이면 평균을 중심으로 종 모양의 대칭을 이루는 정규 분포 형태에 근접하므로 설명하기에 무리가 없다는 견해다. 하지만 이는 비표본 오차를 간과하고 있다. 이러한 해석은 틀린 말은 아니지만, 정확한 기준은 아니므로 샘플 수가 적다면 항상 조심해야 한다.

2.2.2 교차 검증

교차 검증cross validation은 데이터 세트 D를 k개의 서로소 집합disjoint set으로 나누는 것으로 시작합니다. 즉, $D = D_1 \cup D_2 \cup \ldots \cup D_k$, $D_i \cap D_j = \emptyset$ $(i \neq j)$으로 나타낼 수 있고, 매 부분집합 D_i는 되도록 데이터 분포를 반영하도록 나눕니다. 즉, D로부터 층화 추출법을 통해 나누는 것입니다. 그리고 $k - 1$개의 부분집합들을 훈련 세트로 사용하고 나머지 하나의 부분집합을 테스트 세트로 사용합니다. 이렇게 하면 k개의 훈련/테스트 세트가 만들어지고, k번의 훈련과 테스트를 거쳐 k개의 테스트 결괏값의 평균을 얻을 수 있습니다. 당연한 이야기처럼 들리겠지만 교차 검증법을 통한 평가 결과의 안정성과 정확도는 k의 값에 따라 달라집니다. 이러한 점을 강조하기 위해 이러한 교차 검증을 k겹 교차 검증k-fold cross validation이라 부릅니다. k는 일반적으로 10으로 두고 검증하며, 이를 10-fold 교차 검증이라고 부릅니다. 10과 더불어 5와 20이란 값도 자주 쓰입니다. 그림 2.2는 10-fold 교차 검증을 설명합니다.

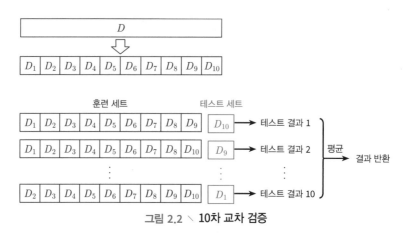

그림 2.2 \ **10차 교차 검증**

홀드아웃 검증 세트 기법과 비슷하게 데이터 집합 D를 k개의 부분집합으로 나누는 다양한 방법이 있습니다. 샘플을 나누는 과정에서 생길 수 있는 차별을 최소화하기 위해 k겹 교차 검증은 일반적으로 p번을 랜덤하게 반복하여 나누어 진행합니다. 즉, 최종 평과 결과는 p번의 k겹 교차 검증을 실행한 값의 평균입니다. 주로 '10차 10겹 교차 검증'을 자주 사용합니다.

'10차 10겹 교차 검증법'과 '100차 LOOCV 방법'은 모두 100번의 훈련과 테스트를 진행한다.

만약 m개의 샘플이 있는 데이터 세트 D를 $k = m$으로 설정하고 교차 검증을 실행한다면, 이러한 교차 검증은 LOOCVLeave-One-Out Cross Validation라고 부릅니다. LOOCV는 샘플 분류 방법에 대한 영향을 받지 않습니다. 왜냐하면, m개의 샘플을 분류하는 방법은 m개의 부분집합을 만드는 것밖에는 없기 때문입니다. LOOCV에 사용한 훈련 세트는 원본 데이터 세트와 비교할 때 1개의 샘플밖에 차이가 나질 않기 때문에 대부분 상황에서 LOOCV 방법을 활용한 모델은 모든 데이터 세트 D를 활용하여 훈련한 모델과 매우 비슷한 성능을 보입니다. 따라서 LOOCV를 활용한 방법은 편향이 작다는 장점이 있습니다. 하지만 LOOCV는 데이터 세트의 크기가 매우 클 때, 모델을 m번 적합해야 하므로 계산량이 많아진다는 단점이 있습니다. 예를 들어, 데이터 세트의 샘플 수가 100만 개라면 100만 번의 모델 적합을 실행해야 합니다. 그리고 LOOCV가 다른 평가 방법보다 늘 좋은 성능을 내는 것은 아니라는 것도 고려해야 할 부분입니다. '공짜 점심은 없다'라는 격언이 모델 평가 방법에서도 적용되는 것 같습니다.

연습문제 2.2를 참조하라.

NFL 정리에 관해서는 1.4절을 참조하라.

2.2.3 부트스트래핑

우리는 데이터 세트 D의 모든 데이터를 활용하여 훈련시킨 모델을 평가하고 싶어 합니다. 그러나 홀드아웃이나 교차 검증 방법은 일부 샘플을 테스트 용도로 제외 해야 하므로 모든 데이터를 훈련에 사용할 수는 없습니다. 이는 훈련 데이터 크기 의 차이로 인한 편차를 유발합니다. LOOCV 방법은 이러한 편차가 작은 편이지만, 계산복잡도가 너무 높다는 단점이 있습니다. 이러한 단점을 보완해 주는 더 효과 적인 모델 평가 방법은 없을까요?

부트스트래핑bootstrapping이 아주 좋은 해결책이 될 수 있습니다. 이는 부트스트랩 샘플링bootstrap sampling에 기반을 둔 샘플 추출 기법입니다. m개의 샘플이 있는 데 이터 세트 D를 가정한다면, 우리는 샘플링을 통해 데이터 세트 D'를 만듭니다. 매 번 D에서 샘플 하나를 꺼내 D'에 복사하여 넣습니다. 그리고 다시 원래의 데이터 세트 D로 돌려보냅니다. 이렇게 된다면 한 번 뽑혔던 샘플도 다시 뽑힐 가능성이 있겠지요. 이러한 과정을 m번 반복한 후, 우리는 m개의 샘플이 들어 있는 데이터 세트 D'를 얻습니다. 이것이 부트스트래핑의 결과입니다. 당연하게도 D의 샘플 중 일부는 D'에서 반복 출현합니다. 그리고 어떤 샘플은 아예 뽑히지 않을 수도 있겠 지요. 수학적으로 계산해 본다면, m번의 채집 과정 중 샘플이 한 번도 뽑히지 않 을 확률은 $(1 - 1/m)m$입니다. 극한값을 계산해 본다면 아래와 같은 값을 얻을 수 있습니다.

샘플 복잡도와 일반화 성능의 관계에 관해서는 12장을 참조 하라.

e는 자연로그다.

$$\lim_{m \to \infty} \left(1 - \frac{1}{m}\right)^m = \frac{1}{e} \approx 0.368 \;,$$

식 2.1

'\'는 차집합을 뜻한다.

즉, 부트스트래핑을 사용하면 데이터 세트 D 중의 36.8%의 샘플은 D'에 들어가 지 못한다고 수학적으로 계산해 볼 수 있습니다. 우리는 D'를 훈련 세트로, $D \backslash D'$ 를 테스트 세트로 활용합니다. 이렇게 한다면 m개의 샘플을 모두 활용하여 모델 훈련에 사용할 수 있고, 활용하지 못한 1/3에 해당하는 샘플들은 테스트 샘플로 활용할 수 있습니다. 이러한 테스트를 Out-of-Bag 예측이라고 부릅니다.

앙상블 학습에 관해서는 8장 을 참조하라.

부트스트래핑은 데이터 세트가 비교적 적거나, 훈련/테스트 세트로 분류하기 힘들 때 사용하기 좋습니다. 그 밖에도 부트스트래핑은 초기 데이터 세트에서 다양한 훈 련 세트를 여러 개 만들 수 있어서 앙상블 기법에 적용하기 좋습니다. 그러나 이러 한 방법을 통해 생성된 데이터 세트들은 초기 데이터의 분포와 다를 수 있으므로 편향을 크게 만들 수 있습니다. 따라서 초기 데이터 보유량이 충분할 때는 일반적으로 검증 세트 기법hold-out과 교차 검증 기법을 더 자주 활용하는 편입니다.

2.2.4 파라미터 튜닝과 최종 모델

대부분 학습 알고리즘은 조율tuning해야 하는 파라미터parameter가 있습니다. 파라미터를 어떻게 설정하는가에 따라서 학습모델의 성능은 큰 차이를 보입니다. 따라서 모델 평가 및 선택 시 학습 알고리즘의 선택뿐만 아니라 알고리즘 파라미터에 대한 설정도 고려해야 합니다. 이러한 과정을 파라미터 조율, 혹은 파라미터 튜닝 parameter tuning이라고 합니다.

머신러닝에서는 두 종류의 파라미터를 다룬다. 첫 번째는 알고리즘의 파라미터, 즉 '하이퍼 파라미터'이고 일반적으로 10개 이내다. 두 번째는 모델의 파라미터로, 그 개수가 매우 많을 수도 있다. 예를 들어 딥러닝 모델에서는 억 단위의 파라미터를 가질 수도 있다. 전자와 후자 모두 튜닝 방식은 비슷하며, 모두 여러 개의 모델을 생성한 후 모종의 평가 기준을 통해 선택을 진행한다. 다른 점은 전자는 일반적으로 사람이 파라미터 개수를 선택하고 모델을 생성하지만, 후자는 학습을 통해 다수의 후보 모델을 만들어 낸다(예를 들면 딥러닝의 서로 다른 횟수의 학습 조기 종료와 같은 파라미터).

아마도 독자들은 파라미터 튜닝과 알고리즘 선택이 본질적으로는 별 차이 없다고 생각할 것입니다. 학습 알고리즘을 선택하는 것과 마찬가지로 파라미터들을 훈련을 통해 모델에 적합시키고, 결과가 가장 좋은 모델의 파라미터를 취하면 될 것이기 때문입니다. 이러한 생각은 기본적으로 틀리지 않습니다. 하지만 주의해야 할 것은 학습 알고리즘의 많은 파라미터는 실수 범위의 값을 가진다는 것입니다. 따라서 '모든 파라미터'를 훈련을 통해 모델에 적합시키기는 어렵습니다. 현실에서 흔히 사용되는 방법은 파라미터의 범위와 변화 간격을 설정해 주는 것입니다. 예를 들어, [0, 0, 2] 범위 내에서 0.05의 간격으로 훈련하는 것입니다. 이렇게 한다면 실제로 평가 시 사용하게 될 파라미터 수는 5개가 될 것이고, 총 5개의 후보 값 중에 선택하면 될 것입니다. 하지만 이러한 파라미터는 '최적의' 파라미터가 아닐 수 있습니다. 이는 단지 계산량과 성능 예측을 위한 목표 사이에서 절충한 결과입니다. 이러한 절충을 통해서만 학습을 진행할 수 있습니다. 사실상 이러한 절충을 거쳐도 파라미터 선택은 매우 어려운 문제입니다. 간단한 계산을 해봅시다. 만약 알고리즘이 3개의 파라미터를 가지고, 각 파라미터마다 5개의 후보 값이 있다고 가정해 봅시다. 이렇게 된다면 각 훈련/테스트 세트는 모두 $5^3 = 125$개의 모델을 고려해야 할 것입니다. 많은 강력한 알고리즘은 적지 않은 개수의 파라미터를 갖고 있기 때문에 파라미터 튜닝을 위한 작업량이 매우 많습니다. 따라서 파라미터 개수를 고려하고 절충을 취해야 좋은 모델을 얻을 수 있습니다.

한 가지 더 알아야 할 것은, 학습한 모델의 실제 성능을 측정하기 위한 데이터는 테스트 데이터라는 점입니다. 하지만 모델 선택과 파라미터 조율을 위해, 테스트 데이터를 활용하여 성능을 측정하기 전에 검사할 수도 있는데, 모델 평가 및 선택 과정에서 쓰는 평가 테스트 데이터 집합은 **검증 세트**validation set라고 부릅니다. 예를 들어, 서로 다른 알고리즘의 범용성을 비교할 때, 우리는 테스트 세트의 판별 효과로 모델의 실제 성능을 예측합니다. 그러나 훈련 데이터를 훈련 세트와 검증 세트로 한 번 더 나눈다면, 모델이나 파라미터 선택에 검증 세트를 활용할 수도 있습니다.

2.3 모델 성능 측정

학습기의 일반화 성능에 대해 평가할 때 유효하고 실험 가능한 테스트 방법뿐만 아니라 모델의 일반화 성능을 평가할 기준이 있어야 합니다. 이를 **성능 측정**performance measure이라고 합니다. 성능 측정은 프로젝트 목적을 반영해야 합니다. 서로 다른 모델의 성능을 비교할 때 일관되지 않은 성능 측도를 사용한다면 판단이 힘들 것입니다. 이는 모델의 '좋음'과 '나쁨'이 상대적이라는 것을 뜻합니다. 어떤 모델이 좋은 모델인지 결정하는 것은 알고리즘과 데이터가 아닌 데이터 분석 목적에 달렸다는 것입니다.

예측을 위한 과제에서 데이터 샘플 $D = \{(\boldsymbol{x}_1, y_1), (\boldsymbol{x}_2, y_2), \ldots, (\boldsymbol{x}_m, y_m)\}$이 있고 y_i는 $\boldsymbol{x}_i$의 정답 데이터입니다. 만약 학습기 f의 성능을 측정하려면 우리는 학습기의 예측 결과인 $f(\boldsymbol{x})$와 정답 데이터인 y를 비교해야 합니다.

<aside>군집의 성능 척도에 관해서는 9장을 참조하라.</aside>

회귀분석에서 가장 자주 사용하는 성능 측정 방법은 **평균 제곱 오차**mean squared error입니다.

$$E(f; D) = \frac{1}{m} \sum_{i=1}^{m} \left(f\left(\boldsymbol{x}_i\right) - y_i\right)^2 .$$

식 2.2

더 일반적으로 데이터 분포 $\mathcal{D}$와 확률밀도 함수 $p(\cdot)$로 표현하면 다음과 같습니다.

$$E(f; \mathcal{D}) = \int_{\boldsymbol{x} \sim \mathcal{D}} \left(f\left(\boldsymbol{x}\right) - y\right)^2 p(\boldsymbol{x}) \mathrm{d}\boldsymbol{x} .$$

식 2.3

다음 절에서 분류 문제에서 자주 사용하는 성능 측정 지표에 대해 알아봅시다.

2.3.1 오차율과 정확도

이번 장을 시작하며 오차율과 정확도에 대해 언급했습니다. 이는 분류 분석에서 가장 자주 사용하는 두 가지 성능 측도입니다. 이진 분류뿐만 아니라 다중 분류 문제에서도 사용됩니다. 오차율은 모든 샘플 수에서 잘못 분류한 샘플 수가 차지하는 비율이고, 정확도는 전체 샘플 수에서 정확히 분류한 샘플 수가 차지하는 비율입니다. 샘플 데이터 D에서 분류 오차율은 다음과 같이 정의할 수 있습니다.

$$E(f;D) = \frac{1}{m}\sum_{i=1}^{m} \mathbb{I}(f(\boldsymbol{x}_i) \neq y_i) \ . \qquad \boxed{\text{식 2.4}}$$

정확도는 다음과 같이 정의할 수 있습니다.

$$\begin{aligned} \mathrm{acc}(f;D) &= \frac{1}{m}\sum_{i=1}^{m} \mathbb{I}(f(\boldsymbol{x}_i) = y_i) \\ &= 1 - E(f;D) \ . \qquad \boxed{\text{식 2.5}} \end{aligned}$$

더 일반적으로 데이터 분포 D에 대해서 확률밀도 함수 $p(\cdot)$로 나타내면, 오차율과 정확도는 각각 다음과 같은 식으로 표현됩니다.

$$E(f;\mathcal{D}) = \int_{\boldsymbol{x}\sim\mathcal{D}} \mathbb{I}(f(\boldsymbol{x}) \neq y)\, p(\boldsymbol{x})\mathrm{d}\boldsymbol{x} \ , \qquad \boxed{\text{식 2.6}}$$

$$\begin{aligned} \mathrm{acc}(f;\mathcal{D}) &= \int_{\boldsymbol{x}\sim\mathcal{D}} \mathbb{I}(f(\boldsymbol{x}) = y)\, p(\boldsymbol{x})\mathrm{d}\boldsymbol{x} \\ &= 1 - E(f;\mathcal{D}) \ . \qquad \boxed{\text{식 2.7}} \end{aligned}$$

2.3.2 재현율, 정밀도 그리고 F1 스코어

오차율과 정확도는 자주 사용되지만 모든 문제에 활용되진 못합니다. 수박 분류 문제를 예로 들어보겠습니다. 수박 장수가 수박을 손수레에 가득 담아 왔습니다. 그는 훈련된 모델을 통해 수박들을 분류하려고 합니다. 여기서 오차율은 덜 익은 수박으로 분류되는 판별 오차율을 나타낼 수 있습니다. 하지만 우리가 알고 싶은 것은 '골라낸 수박 중에 잘 익은 수박의 비율', 혹은 '모든 잘 익은 수박 중에 선택될 비율'입니다. 그렇다면 오차율은 도움을 줄 수 없습니다. 이때 우리는 다른 성능 측도가 필요합니다.

잘 익은 수박 골라내기 예제 외에도 우리는 정보 검색, 웹 검색 등의 응용 환경에서 이와 같은 요구를 찾을 수 있습니다. 예를 들어, 정보 검색 중에 우리가 일반적으로 확인하고 싶은 것은 '검색된 자료 중 사용자가 관심 있어 할 내용의 비율' 혹은 '사용자가 좋아하는 내용을 검색하여 제공할 수 있는 확률' 등이 있습니다. **정밀도**precision와 **재현율**recall은 이러한 요구에 맞는 성능 측도입니다.

이진 분류 문제에서 실제 클래스와 학습기가 예측 분류한 클래스의 조합은 **실제 양성**true positive, **거짓 양성**false positive, **실제 음성**true negative, **거짓 음성**false negative 총 4가지 형태로 요약됩니다. 이들은 각각 TP, FP, TN, FN으로 나타내며, 'TP + FP + TN + FN = 총 샘플 수'가 됩니다. 이러한 분류 결과는 **혼동행렬**confusion matrix이라고 부르며, 표 2.1과 같이 나타냅니다.

표 2.1 ╲ 분류 결과 혼동행렬

실제 값	예측 값	
	양성	음성
양성	TP (실제 양성)	FN (거짓 음성)
음성	FP (거짓 양성)	TN (실제 음성)

정밀도 P와 재현율 R은 다음과 같이 정의됩니다.

$$P = \frac{TP}{TP+FP} \, ,$$

식 2.8

$$R = \frac{TP}{TP+FN} \, .$$

식 2.9

정밀도와 재현율 사이에는 트레이드오프trade-off가 존재합니다. 일반적으로 정밀도가 높으면 재현율은 낮고, 반대로 재현율이 높으면 정밀도는 낮은 경우가 많습니다. 예를 들어, 잘 익은 수박을 최대한 많이 골라내려면 골라내는 수박의 수를 늘리는 방법으로 목적을 달성할 수 있습니다. 만약 모든 수박을 선택한다면 모든 '잘 익은 수박'도 선택됩니다. 그러나 이러한 방법은 정밀도를 매우 낮게 만듭니다. 만약 선택한 수박 중 잘 익은 수박의 비율을 최대한 높이고 싶다면 최대한 신중하게 수박을 골라야 합니다. 하지만 너무 조심스러우면 잘 익은 수박을 고르지 못할 수도 있습니다. 즉, 이러한 방법은 재현율을 매우 낮게 만듭니다. 우리는 매우 간단한 문제에서만 비교적 높은 정밀도와 재현율을 달성할 수 있습니다.

정보검색을 예로 들면, 사용자가 흥미를 느낄만한 정보를 보내고 재현율과 정밀도를 계산한다.

학습기의 예측 결과에 따라 샘플을 내림차순으로 정렬해 봅시다. 가장 앞 순서에 있는 샘플들은 학습기가 양성 샘플positive sample로 분류할 가능성이 가장 큰 샘플입니다. 가장 마지막에 위치한 샘플은 반대로 학습기가 양성 샘플로 분류할 가능성이 가장 작은 샘플입니다. 이러한 순서대로 모든 샘플이 양성값이라 가정하고 예측을 진행합니다. 그리고 매번 이에 해당하는 정밀도, 재현율을 계산할 수 있고, 계산된 정밀도를 Y축에, 재현율을 X축에 둔 그래프를 그립니다. 그러면 정밀도-재현율 곡선을 얻을 수 있습니다. 간략하게 P-R이라 부르고 해당 그래프는 P-R 그래프라고 부릅니다. 그림 2.3에 자세히 나와 있습니다.

또는 'PR 곡선'이나 'PR 그래프'라고 부른다.

편의와 미관을 위해 비교적 평활한 곡선으로 그렸지만, 현실에서의 P-R 곡선은 이렇게 단조롭지 않고 평활하지 않다. 국부적으로 변화가 심한 경우가 많다.

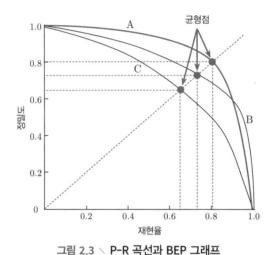

그림 2.3 ＼ P-R 곡선과 BEP 그래프

P-R 곡선은 직관적으로 샘플 전체에 대한 학습기의 정밀도, 재현율을 나타냅니다. 두 지표를 비교할 때 만약 어떠한 학습기의 P-R 곡선이 다른 학습기의 P-R 곡선의 영역 내에 완전히 포함된다면, 우리는 후자가 전자보다 학습 성능이 뛰어나다고 판단할 수 있습니다. 그림 2.3에서 곡선 A를 나타내는 학습기가 C보다 우월하다고 할 수 있습니다. 만약 두 학습기의 P-R 곡선의 교차가 발생한다면(그림 2.3의 A와 B처럼), 쉽게 두 학습기의 성능을 비교할 수는 없습니다. 우리는 단지 구체적인 정밀도나 재현율의 조건하에서 비교를 진행할 수 있습니다. 그러나 대부분 사람은 학습기 A와 B 간의 성능 차이를 간단하게 비교하고 싶어 합니다. 이때 비교적 합리적으로 사용할 수 있는 방법은 P-R 곡선 아래 있는 면적을 비교하는 것입니다. 직관적으로는 비교하기에 타당한 방법일 수 있으나, 계산하기가 어렵습니다. 그래서 사람들은 재현율, 정밀도를 종합적으로 고려해 비교할 수 있는 성능 측도를 개발합니다.

손익분기점break-even point, BEP이 이러한 성능 측도 중 하나입니다. BEP는 '정밀도 = 재현율'일 때의 값을 나타냅니다. 그림 2.3에서 학습기 C의 BEP는 0.64이고, BEP를 기준으로 비교하면 우리는 학습기 A가 B보다 성능이 좋음을 알 수 있습니다.

하지만 BEP를 활용한 방법은 지나치게 간소화한 면이 있어서 $F1$ 스코어를 더 많이 사용합니다.

$F1$ 스코어는 재현율과 정밀도의 조화 평균(harmonic mean)이다.

$$\frac{1}{F1} = \frac{1}{2} \cdot \left(\frac{1}{P} + \frac{1}{R} \right)$$

$$F1 = \frac{2 \times P \times R}{P + R} = \frac{2 \times TP}{총\ 샘플\ 수 + TP - TN} \cdot \qquad \boxed{식\ 2.10}$$

다양한 응용 환경에서 정밀도와 재현율의 중요도는 다를 수밖에 없습니다. 예를 들어, 상품 추천 시스템의 경우에는 사용자들이 싫어할 만한 내용을 최대한 배제하면서 흥미를 느낄 만한 콘텐츠를 추천해야 합니다. 따라서 정밀도가 더 중요하다고 볼 수 있습니다. 반면, 범죄기록 검색의 경우에는 최대한 놓치는 내용을 적게 만드는 것이 중요하므로 재현율이 중요합니다. $F1$ 스코어의 일반 형식은 F_β로 나타내고, 정밀도/재현율에 대한 서로 다른 선호도를 나타낼 수 있습니다. $F1$ 스코어는 다음과 같이 정의됩니다.

F_β는 가중 조화 평균이다.

$$\frac{1}{F_\beta} = \frac{1}{1 + \beta^2} \cdot \left(\frac{1}{P} + \frac{\beta^2}{R} \right).$$

산술 평균 ($\frac{P+R}{2}$)과 기하 평균 ($\sqrt{P \times R}$)을 조화 평균과 비교하자면, 조화 평균은 작은 값에도 적절한 가중치는 준다.

$$F_\beta = \frac{(1 + \beta^2) \times P \times R}{(\beta^2 \times P) + R} , \qquad \boxed{식\ 2.11}$$

위 식에서 $\beta > 0$은 정밀도에 대한 재현율의 상대적 중요도를 측정합니다[Van Rijsbergen, 1979]. $\beta = 1$일 때는 일반적인 $F1$ 스코어가 됩니다. $\beta > 1$일 때는 재현율의 영향력이 더 크고, 반대로 $\beta < 1$일 때는 정밀도의 영향력이 더 큽니다.

우리는 대부분 다수의 이진 분류 혼동행렬을 얻게 됩니다. 여러 번의 훈련/테스트를 실행할 때 매번 하나의 혼동행렬을 얻게 되는 경우나, 여러 데이터 세트에서 훈련/테스트를 진행할 때도 그렇습니다. 심지어 다항 분류 문제에서도 두 분류의 혼동행렬을 조합해서 하나의 혼동행렬을 만드는 작업을 하기도 합니다. 따라서 우리는 한 번에 정밀도와 재현율을 평가할 수 있는 하나의 종합적인 혼동행렬을 얻고 싶어 합니다.

한 가지 방법은 각 혼동행렬에 대해 정밀도와 재현율을 계산하고, (P_1, R_1), (P_2, R_2), ..., (P_n, R_n)으로 기록하여 나타냅니다. 이들의 평균값을 계산한 것이 **매크로 정밀도**macro-P, **매크로 재현율**macro-R이라 하고, 이들로 만든 $F1$ 스코어를 **매크로 F1** macro-F1 스코어라고 합니다.

$$\text{macro-}P = \frac{1}{n}\sum_{i=1}^{n} P_i \, ,$$

식 2.12

$$\text{macro-}R = \frac{1}{n}\sum_{i=1}^{n} R_i \, ,$$

식 2.13

$$\text{macro-}F1 = \frac{2 \times \text{macro-}P \times \text{macro-}R}{\text{macro-}P + \text{macro-}R} \, .$$

식 2.14

다른 방법으로는 각 혼동행렬이 대응하는 원소에 대한 평균을 내면, TP, FP, TN, FN의 평균값을 얻을 수 있고, 이들을 각각 $\overline{TP}$, $\overline{FP}$, $\overline{TN}$, $\overline{FN}$으로 기록하여 나타내고 평균값을 계산하면 **마이크로 정밀도**micro-P, **마이크로 재현율**micro-R, **마이크로 F1**micro-F1 스코어를 계산할 수 있습니다.

$$\text{micro-}P = \frac{\overline{TP}}{\overline{TP} + \overline{FP}} \, ,$$

식 2.15

$$\text{micro-}R = \frac{\overline{TP}}{\overline{TP} + \overline{FN}} \, ,$$

식 2.16

$$\text{micro-}F1 = \frac{2 \times \text{micro-}P \times \text{micro-}R}{\text{micro-}P + \text{micro-}R} \, .$$

식 2.17

2.3.3 ROC와 AUC

딥러닝에 관해서는 5장을 참조하라.

많은 학습기가 테스트 세트를 위해 실숫값 혹은 확률 예측값을 계산해 냅니다. 그런 다음 해당 예측값과 하나의 분류 임계치를 비교합니다. 만약 임계치보다 크면 양성값positive value으로, 작으면 음성값negative value으로 분류합니다. 예를 들어, 대부분의 신경망 학습에서는 테스트 세트에서 예측을 위해 사용할 [0.0, 1.0] 범위 사이의 실숫값을 계산하고, 이 값과 0.5를 비교하여 0.5보다 크면 양성값으로, 작으면 음성값으로 분류합니다. 이 실숫값이나 확률값의 좋고 나쁨이 학습기의 성능을 직접적으로 결정합니다. PR 그래프를 그릴 때에도 실질적으로 이러한 실숫값이나 확률값을 기반으로 테스트 세트의 샘플을 오름차순으로 정렬합니다. 양성값으로 분류될 '가능성'이 가장 큰 샘플이 가장 앞으로, '가능성'이 가장 작은 샘플은 가장 뒤에 놓습니다. 이러한 분류 과정은 해당 순서에서 하나의 **차단점**cut point을 기준으로 샘플을 양분하는 과정과 유사합니다.

다양한 문제에서 우리는 각 문제의 목적과 필요에 따라 서로 다른 차단점을 사용합니다. 만약 우리가 정밀도를 더 중요하게 생각한다면, 배열에서 앞쪽에 위치한 부분을 차단점으로 설정하고, 재현율이 더 중요한 상황이라면 배열 뒤쪽으로 차단점을 설정합니다. 따라서 배열 순서 자체의 품질에 따라 다른 문제에서 각 학습기의 일반화 성능이 결정됩니다. 이러한 관점에서 출발하여 학습기의 일반화 성능을 연구하는 좋은 도구가 만들어졌는데, 그것이 바로 ROC 곡선입니다.

ROC는 **수신기 조작 특성**Receiver Operating Characteristic의 약자입니다. 세계 2차대전 당시 적군의 레이더 신호를 분석하는 기술로 활용되었고, 1960~70년대부터 심리학, 의학용 테스트 연구에 응용되기 시작했습니다. 그 후 본격적으로 머신러닝 영역에서도 응용되기 시작했습니다[Spackman, 1989]. 2.3.2절에서 소개한 P-R 곡선과 비슷하게, 학습기의 예측 결과를 기반으로 샘플에 대해 순서를 매기고, 해당 순서에 따라 샘플이 양성값이 될 확률을 계산합니다. 그리고 TPR과 FPR값을 계산하여 x축과 y축에 그려 넣으면 ROC 곡선이 완성됩니다. P-R 곡선은 재현율과 정밀도를 각각 x와 y축에 놓는 반면, ROC 곡선은 세로축인 y축에는 **참 양성률**True Positive Rate, TPR을, 가로축인 x축에는 **거짓 양성률**False Positive Rate, FPR을 놓습니다. 표 2.1의 기호에 따라 각각 다음과 같이 정의할 수 있습니다.

$$\text{TPR} = \frac{TP}{TP + FN} ,$$ <small>식 2.18</small>

$$\text{FPR} = \frac{FP}{TN + FP} .$$ <small>식 2.19</small>

ROC 곡선을 표현한 그래프를 ROC 그래프라고 합니다. 그림 2.4 (a)에서 대각선은 '랜덤 예측 모델'을 나타낸 것입니다. 그리고 좌표 위의 점 (0, 1)은 모든 양성값을 분류해 낸 '가장 이상적인 모델'일 것입니다.

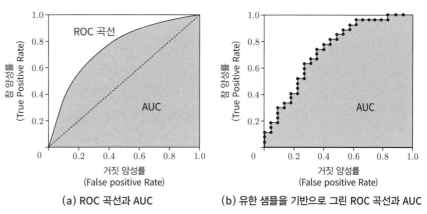

(a) ROC 곡선과 AUC   (b) 유한 샘플을 기반으로 그린 ROC 곡선과 AUC

그림 2.4 ＼ ROC 곡선과 AUC 그래프

유한한 개수의 테스트 샘플로 P-R 곡선을 그릴 때 같은 문제가 발생한다. 여기서는 근사 곡선을 그린 것이고, 이는 뒤에서 설명한 AUC 계산을 위해서다.

현실에서는 테스트 샘플의 개수가 많지 않을 때가 많습니다. 이렇게 제한된 데이터를 이용해 ROC 그래프를 그리면 유한한 개수의 좌푯값을 얻을 수밖에 없습니다. 그렇게 된다면 그림 2.4 (a)와 같이 매끄러운 ROC 곡선 그래프가 나올 수 없고, 대신 그림 2.4 (b)와 같은 근삿값을 얻을 수 있을 것입니다. 그래프를 만드는 과정은 매우 단순합니다. m^+개 양성값과 m^-개의 음성값이 있다고 가정하고 학습기 예측 결과에 기반을 둔 샘플을 오름차순으로 정렬합니다. 그 후 임계치값을 최댓값으로 하여 모든 샘플을 음성값이라 예측합니다. 이때 참 양성률과 거짓 양성률은 모두 0이 됩니다. 좌표 (0, 0)에 점을 찍고, 임계치를 각 샘플의 예측값으로 설정합니다. 그리고 각 샘플을 양성값이라 분류합니다. 앞의 값 좌표를 (x, y)라고 설정하고, 참 양성률은 $(x, y + \frac{1}{m^+})$, 거짓 양성률은 $(x + \frac{1}{m^-}, y)$로 표기한 후, 직선을 이용하여 각 점을 잇습니다.

학습기를 비교할 때 P-R 그래프와 마찬가지로 만약 어떤 한 학습기의 ROC 곡선이 다른 하나의 ROC 곡선에 완전히 '포함'되는 경우, 후자가 전자보다 우수한 성능을 가진 학습기라고 판단할 수 있습니다. 만약 두 학습기 ROC 곡선에 교차가 발생한다면, 한눈에 우열을 가리기 힘든 경우가 많습니다. 이런 상황에서 비교적 합리적인 판단 방법은 ROC 곡선 아래의 면적을 비교하는 것입니다. 이를 AUCArea Under ROC Curve라고 하며, 그림 2.4에 표시되어 있습니다.

위 정의에서 볼 수 있듯이, AUC는 ROC 곡선 아래 각 부분의 면적을 모두 더해 구할 수 있습니다. 만약 ROC 곡선이 각 좌표 $\{(x_1, y_1), (x_2, y_2), \ldots, (x_m, y_m)\}$의 점들을 이어 $(x_1 = 0, x_m = 1)$로 만들어졌다고 가정한다면, AUC는 다음과 같이 계산될 수 있습니다(그림 2.4의 (b) 그래프 참조).

$$\text{AUC} = \frac{1}{2} \sum_{i=1}^{m-1} (x_{i+1} - x_i) \cdot (y_i + y_{i+1}) \ .$$

식 2.20

위 식에서 볼 수 있듯이, AUC가 고려하는 것은 샘플 예측의 배열 순서 품질입니다. 따라서 순서 오차와 긴밀한 관계가 있습니다. m^+개의 양성값과 m^-개의 음성값이 있고, D^+와 D^-로 양성값, 음성값의 집합을 나타내면, 순서의 손실loss은 다음과 같이 정의됩니다.

$$\ell_{rank} = \frac{1}{m^+ m^-} \sum_{\boldsymbol{x}^+ \in D^+} \sum_{\boldsymbol{x}^- \in D^-} \left(\mathbb{I}\left(f(\boldsymbol{x}^+) < f(\boldsymbol{x}^-)\right) + \frac{1}{2} \mathbb{I}\left(f(\boldsymbol{x}^+) = f(\boldsymbol{x}^-)\right) \right),$$

식 2.21

만약 각 양성값, 음성값 쌍에서 양성값의 예측값이 음성값보다 작게 나온다면 벌점을 부여합니다. 만약 같으면 0.5개의 벌점을 매깁니다. ℓ_{rank}는 ROC 곡선 위의 면적으로서, 만약 하나의 양성값이 ROC 곡선 위에 대응하는 점 (x, y)라고 한다면, x는 그 앞에 얼마만큼의 음성값이 있는지를 나타낸다고 볼 수 있습니다. 즉, 거짓 양성률을 나타냅니다.

$$\text{AUC} = 1 - \ell_{rank}.$$

식 2.22

2.3.4 비용민감 오차율과 비용 곡선

현실 프로젝트에서 '서로 다른 종류의 오차가 가져오는 결과가 다른 현상'을 자주 만나게 됩니다. 예를 들어, 의료진단의 경우 잘못 판단하여 환자를 건강한 사람으로 판별하는 경우와 건강한 사람을 환자로 판별하는 경우 모두를 '한 번의 오차'라고 볼 수 있습니다. 하지만 후자의 경우 '검사를 한 번 더 받는' 귀찮음을 일으키지만, 전자의 경우 '생명을 구할 수 있는 가장 적합한 시기를 놓치는' 끔찍한 결과를 불러올 수도 있습니다. 또 하나의 비슷한 예로, 보안 시스템의 경우, 권한이 있는 사람을 문밖에 세워두는 경우와 모르는 사람을 실수로 통과시키는 경우가 있을 것입니다. 하지만 두 오판은 서로 다른 결과를 일으킬 수 있습니다. 서로 다른 종류의 오차가 일으키는 서로 다른 종류의 비용cost에 대한 균형을 맞추기 위해, **비균등비용**unequal cost이라는 개념을 적용할 수 있습니다.

이진 분류 문제를 예로 설명하면, 먼저 표 2.2와 같이 도메인 지식에 기반을 둔 **비용행렬**cost matrix을 생성합니다. $cost_{ij}$는 i 클래스 샘플이 j 클래스 샘플로 분류될 경우의 비용으로 정의합니다. 일반적으로, $cost_{ii} = 0$입니다. 만약 0 클래스가 1 클래스로 분류될 경우 발생하는 손실loss이 더 크면, $cost_{01} > cost_{10}$으로 나타냅니다. 손실 정도가 커질수록 $cost_{01}$과 $cost_{10}$ 값의 차이는 커집니다.

일반적인 상황에서 중요한 것은 비용 비율값이지 절댓값이 아니다. 예를 들면, $cost_{01} : cost_{10} = 5 : 1$과 $50 : 10$은 같은 효과가 있다.

표 2.2 \ 이진 분류 비용 행렬(cost matrix)

실제 클래스	예측 클래스	
	0 Type	1 Type
0 Type	0	$cost_{01}$
1 Type	$cost_{10}$	0

앞 장에서 소개한 성능 측정 지표들을 살펴볼 때 우리는 대부분의 지표가 은연 중에 균등 비용equal cost으로 가정하고 있다는 것을 알 수 있습니다. 식 2.4에서 정의한 오차율은 '오차 횟수'로 직접적으로 계산되고, 오차가 일으킬 영향력에 대해서는 고려하지 않습니다. 하지만 앞서 살펴본 것처럼 각 오차율에 따라 다른 정도의 영향력을 가지고 있다면, 즉 비균등 비용이 발생한다면, 우리는 더 이상 '오차 횟수'를 최소화하는 모델이 아닌 **총비용**total cost을 최소화하는 모델을 얻고 싶어 할 것입니다. 표 2.2에서 0 클래스를 양성 클래스, 1 클래스를 음성 클래스, D^+와 D^-를 각각 샘플 D의 양성 부분집합과 음성 부분집합으로 나눈다면, **비용민감**cost-sensitive 오차율은 다음과 같이 정의될 수 있습니다.

$$E(f; D; cost) = \frac{1}{m} \left(\sum_{\boldsymbol{x}_i \in D^+} \mathbb{I}\left(f\left(\boldsymbol{x}_i\right) \neq y_i\right) \times cost_{01} \right.$$

$$\left. + \sum_{\boldsymbol{x}_i \in D^-} \mathbb{I}\left(f\left(\boldsymbol{x}_i\right) \neq y_i\right) \times cost_{10} \right) . \qquad \text{식 2.23}$$

이와 비슷하게, 분포에 기반을 둔 비용민감 오차율을 계산할 수 있고, 다른 성능 측정 지표를 활용한 비용민감 오차율도 계산할 수 있습니다. 만약 $cost_{ij}$의 i, j 값이 0과 1 사이의 값에 한정되지 않는다면, 다중 분류 문제에서 활용되는 다양한 비용민감 오차율을 계산해 낼 수도 있습니다.

연습문제 2.7을 참조하라.

비균등 비용에서 ROC 곡선은 학습기의 총 기대 비용을 직접적으로 계산해 낼 수는 없습니다. 그러나 **비용 곡선**cost curve을 통해 이러한 목적을 달성할 수 있습니다. 비용 곡선 그래프에서 가로축(x축)은 0에서 1 사이의 양성률 비용을 나타냅니다.

$$P(+)cost = \frac{p \times cost_{01}}{p \times cost_{01} + (1-p) \times cost_{10}} , \qquad \text{식 2.24}$$

정규화(normalization)는 다른 변화 범위의 값을 같은 고정 범위로 투영한다. [0, 1] 사이의 값으로 주로 나타낸다. 연습문제 2.8을 참조하라.

위에서 p는 샘플이 양성 샘플로 분류될 확률입니다. 세로축(y축)은 0에서 1의 값을 가지는 일반화 비용입니다.

$$cost_{norm} = \frac{\text{FNR} \times p \times cost_{01} + \text{FPR} \times (1-p) \times cost_{10}}{p \times cost_{01} + (1-p) \times cost_{10}} , \qquad \text{식 2.25}$$

위의 FPR은 식 2.19에서 정의한 거짓 양성률이고, FNR = 1 − TPR은 거짓 음성률입니다. 비용 곡선을 그리는 과정은 매우 간단합니다. ROC 곡선 위의 각 점은 비용 평면 위의 곡선에 대응하고 ROC 곡선 위 점의 좌표를 (FPR, TPR)로 나타내면 FNR을 계산해 낼 수 있습니다. 그다음 비용 평면상에 (0, FPR)에서 (1, FNR)을 잇는 선을 그으면, 직선 아래 면적이 조건하의 기대 총비용이 됩니다. 이런 방식으로 ROC 곡선 위의 각 점을 비용 평면상의 직선으로 바꾸고 모든 직선 아래의 면적을 구하면, 이는 학습기의 기대 총비용이 되고, 그림 2.5와 같이 나타낼 수 있습니다.

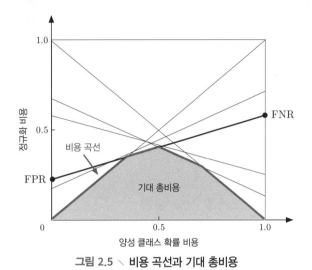

그림 2.5 \ 비용 곡선과 기대 총비용

비교 검증

실험 평가 방법과 성능 측정 지표가 있다면 학습기 성능을 평가하고 비교할 수 있을 것 같습니다. 먼저, 어떤 실험 평가 방법으로 학습기의 성능 측정 결과를 얻으면, 이를 바탕으로 결과를 비교하면 되기 때문입니다. 하지만 이러한 방식의 '비교'가 과연 타당할까요? 성능 측정값을 취한 후 '크기'를 비교하는 것이 옳은 방법일까요? 실제로 머신러닝에서 성능 비교란 여러분이 생각하는 것보다 복잡한 작업입니다. 여기에는 중요한 몇 가지 요소가 있습니다. 첫 번째로, 우리가 비교하고자 하는 것은 학습기의 일반화 성능입니다. 우리는 앞서 소개한 평가 방법들로 테스트 데이터 세트상에서 성능을 얻을 수 있지만, 이는 일반화 성능과 늘 일치하진 않습니다. 두 번째로, 테스트 세트상에서 성능은 테스트 세트 그 자체와 큰 상관관계가 있습니다. 다른 크기의 테스트 세트를 사용한다면 테스트 결과는 달라질 것입니다. 같은 크기의 테스트 데이터 세트를 사용한다고 하더라도 어떠한 데이터를 포함하고 있느냐에 따라 결괏값이 달라질 수도 있습니다. 세 번째로, 모든 학습기는 자체적으로 일종의 무작위성을 포함하고 있습니다. 파라미터를 똑같이 설정하여 테스트 세트에서 실험하더라도 다른 결과를 얻을 수 있습니다. 그렇다면 우리는 어떠한 평가 방법으로 학습기의 성능을 비교할 수 있을까요?

가설 검증에 관해 더 알고 싶다면 [Wellek, 2010]을 참조하라.

통계가설 검정hypothesis test은 우리가 학습기 성능을 비교하는 데 중요한 근거를 제공합니다. 가설 검정 결과에 기초하여 우리는 학습기 A가 B보다 테스트 세트상에서 성능이 좋다면, A의 일반화 성능이 통계적으로도 B보다 좋은 것인지, 그리고 해당 판단이 어느 정도로 정확한지 판단할 수 있게 도와줍니다. 다음 절에서는 가장 기본적인 두 가지 가설 검정 방법을 소개한 후, 머신러닝 성능 비교에서 자주 사용하는 방법 몇 가지를 소개할 것입니다. 더 간편한 논의를 위해 오차율을 성능 측도로 정하고 ϵ로 표기합니다.

2.4.1 가설 검정

가설 검정에서 '가설'이란 학습기 일반화 오차율 분포에 대한 모종의 판단이나 가정이며, '$\epsilon = \epsilon_0$'로 나타냅니다. 현실에서 우리는 학습기의 일반 오차율에 대해 알지 못합니다. 단지, 테스트 오차율 $\hat{\epsilon}$에 대한 정보만 얻을 수 있습니다. 일반 오차율과 테스트 오차율은 항상 같지 않습니다. 하지만 직관적으로 생각했을 때 두 오차율은 매우 가까울 가능성이 있고 아주 많이 다르지 않을 것입니다. 따라서 테스트 오차율을 사용하여 일반 오차율의 분포를 가정할 수 있습니다.

일반 오차율이 ϵ인 학습기가 하나의 샘플에서 오차를 범할 확률은 ϵ입니다. 테스트 오차율 $\hat{\epsilon}$는 m개의 테스트 샘플에서 $\hat{\epsilon} \times m$개의 분류 오차가 있을 것이라는 뜻입니다. 만약 테스트 샘플이 모수 분포에서(총 샘플 분포에서) 독립적으로 채집된 것으로 가정한다면, 일반 오차율이 ϵ인 학습기에는 m'개의 샘플이 잘못 분류될 것이고, 남은 샘플 중에서 정확히 분류될 확률은 $\binom{m}{m'}\epsilon^{m'}(1-\epsilon)^{m-m'}$입니다. 따라서 $\hat{\epsilon} \times m$개 샘플이 잘못 분류될 확률은 아래 공식으로 나타낼 수 있습니다. 이 식은 m개의 샘플을 가진 테스트 세트에서 일반 오차율이 ϵ인 학습기를 테스트했을 때 테스트 오차율 $\hat{\epsilon}$를 얻을 확률을 나타냅니다.

$$P(\hat{\epsilon}; \epsilon) = \binom{m}{\hat{\epsilon} \times m} \epsilon^{\hat{\epsilon} \times m}(1-\epsilon)^{m-\hat{\epsilon} \times m} \ .$$

식 2.26

위 식에서 알 수 있듯이, $\partial P(\hat{\epsilon}; \epsilon)/\partial\epsilon = 0$를 전개하면 알 수 있는 것은, $P(\hat{\epsilon}; \epsilon)$가 $\epsilon = \hat{\epsilon}$일 때 가장 크고, $|\epsilon - \hat{\epsilon}|$가 증가할 때 $P(\hat{\epsilon}; \epsilon)$가 감소한다는 것입니다. 이는 이항 분포와 같습니다. 그림 2.6에서 보이는 것처럼, $\epsilon = 0.3$일 때 10개의 샘플 중 3개가 잘못 분류될 확률이 가장 크다는 것을 알 수 있습니다.

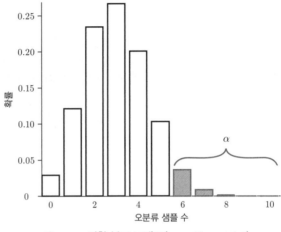

자주 사용하는 α값으로는 0.05 와 0.1이 있다. 그림 2.6에서는 편의를 위해 큰 α값을 취했다.

그림 2.6 ＼ **이항 분포 그래프**($m = 10$, $\epsilon = 0.3$)

우리는 **이항 검정**binomial test을 사용해 '$\epsilon \leqslant 0.3$'(즉, 일반 오차율이 0.3보다 작거나 같다) 과 같은 가설을 검정할 수 있습니다. 더 일반적으로 가설 '$\epsilon \leqslant \epsilon_0$'에서 $1 - \alpha$의 확률 내에서 관측할 수 있는 최대 오차율은 다음과 같이 계산할 수 있습니다. 여기서 $1 - \alpha$는 결과의 신뢰도를 반영합니다. 그림 2.6에서 색으로 표시한 부분이라고 할 수 있습니다.

s.t.는 'subject to'를 뜻한다. 우변의 조건이 만족할 때 좌변의 식이 성립한다.

$$\bar{\epsilon} = \min \epsilon \quad \text{s.t.} \quad \sum_{i=\epsilon \times m+1}^{m} \binom{m}{i} \epsilon_0^i (1 - \epsilon_0)^{m-i} < \alpha \ . \qquad \boxed{\text{식 2.27}}$$

이항 검증의 임곗값은 R에서 qbinom$(1-\alpha, m, \epsilon_0)$으로 계산할 수 있다. 매트랩에서는 icdf('Binomial', $1-\alpha, m, \epsilon_0$) 으로 계산할 수 있다.

이때, 테스트 오차율 $\hat{\epsilon}$이 임계치 $\bar{\epsilon}$보다 작다면 이항 검정에 근거해 다음과 같은 결론을 얻을 수 있습니다. (1) 유의성significance α하에서 가설 '$\epsilon \leqslant \epsilon_0$'은 기각할 수 없고, $1 - \alpha$의 신뢰도로 학습기의 일반 오차율이 ϵ_0보다 작다고 믿을 수 있습니다. (2) 반대로 해당 가설이 기각된다면, 유의성 α하에서 학습기의 일반화 오차가 0보다 크다는 것을 알 수 있습니다.

R은 통계 계산에 용이한 프로그래밍 언어다. www.r-project. org을 참조하라.

하지만 우리는 단 한 번의 테스트만 하는 것이 아니라, 다양한 검정 세트 기법, 교차 검증법 등 여러 번의 훈련/테스트 세트에 대해 테스트 오차율을 구하게 됩니다. 이때는 이항 검정 대신 **t검정**t-test을 사용합니다. 만약 우리가 k개의 테스트 오차율 $\hat{\epsilon}_1, \hat{\epsilon}_2, \dots, \hat{\epsilon}_k$을 얻는다면 이들의 평균 오차율인 μ와 분산인 σ^2을 구할 수 있습니다.

$$\mu = \frac{1}{k} \sum_{i=1}^{k} \hat{\epsilon}_i \ ,$$

식 2.28

$$\sigma^2 = \frac{1}{k-1} \sum_{i=1}^{k} (\hat{\epsilon}_i - \mu)^2 \ .$$

식 2.29

만약 k개의 테스트 오차율이 일반화 오차율 ϵ_0의 독립 표본이라면 다음 식이 됩니다.

$$\tau_t = \frac{\sqrt{k}(\mu - \epsilon_0)}{\sigma}$$

식 2.30

자유도 $k - 1$개의 t분포를 따르는 그래프는 그림 2.7입니다.

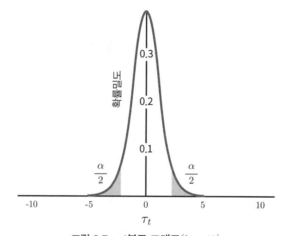

그림 2.7 ＼ **t분포 그래프**$(k = 10)$

가설 '$\mu = \epsilon_0$'과 유의성 α에 대해 우리는 테스트 오차율의 평균값이 ϵ_0일 때, $1 - \alpha$ 확률 내에서 관측할 수 있는 최대 오차율, 즉 임곗값을 계산할 수 있습니다. 여기서는 양측 검정two-tailed을 사용하고 그림 2.7과 같이 나타낼 수 있습니다. 양변에서 음영으로 표시한 영역의 면적은 $\alpha/2$이고, 범위는 $(-\infty, t_{-\alpha/2}]$와 $[t_{\alpha/2}, \infty)$입니다. 만약 평균 오차율 μ와 ϵ_0의 차이 $|\mu - \epsilon_0|$가 임곗값 범위 $[t_{-\alpha/2}, t_{\alpha/2}]$ 내에 있다면 가설 '$\mu = \epsilon_0$'을 기각할 수 없습니다. 즉, 일반 오차율은 ϵ_0이고 신뢰도는 $1 - \alpha$입니다. 만약 해당 가설을 기각한다면 유의성하에서 일반 오차율과 ϵ_0이 다르다고 생각

할 수 있습니다. 여기서 α의 값은 일반적으로 0.05나 0.1을 사용합니다. 표 2.3에서는 자주 쓰는 임곗값을 보여줍니다.

임곗값 $t\alpha/2$는 R 언어에서 qt($1 - \alpha/2$, $k - 1$)로 계산할 수 있다. 매트랩 코드는 icdf ('T', $1 - \alpha/2$, $k - 1$)이다.

표 2.3 \ **양측 t검정에서 자주 사용하는 임곗값**

α	k				
	2	5	10	20	30
0.05	12.706	2.776	2.262	2.093	2.045
0.10	6.314	2.132	1.833	1.729	1.699

위에서 소개한 두 가지 방법은 모두 단일 학습기의 일반화 성능에 대한 가설 검정 방법입니다. 하지만 현실에서는 서로 다른 학습기의 성능을 비교할 때가 많습니다. 다음 절에서는 이러한 상황에서 사용할 수 있는 가설 검정 방법을 소개합니다.

2.4.2 교차 검증 t테스트

두 개의 학습기 A와 B에 대해 k겹 교차 검증법을 사용한다면 테스트 오차율 ϵ_1^A, ϵ_2^A, ..., ϵ_k^A와 ϵ_1^B, ϵ_2^B, ..., ϵ_k^B를 얻을 수 있습니다. 이 중 ϵ_i^A와 ϵ_i^B는 동일한 i번째 훈련/테스트 세트에서 얻은 결과일 것입니다. 따라서 우리는 k겹 교차 검증 **대응 표본 t검정**paired t-tests으로 비교 검증을 진행할 수 있습니다. 기본적인 아이디어는 다음과 같습니다. 만약 두 학습기의 성능이 같다면, 똑같은 훈련/테스트 세트를 사용하여 얻은 테스트 오차율도 같을 것이라는 가정입니다. 즉, $\epsilon_i^A = \epsilon_i^B$입니다.

구체적으로 설명하면, k겹 교차 검증으로 만들어진 k쌍의 테스트 오차율에 대해 먼저 매 쌍의 결과의 차 $\Delta_i = \epsilon_i^A - \epsilon_i^B$를 구합니다. 만약 두 학습기의 성능이 같다면 차잇값의 평균은 0이 될 것입니다. 따라서 차잇값 Δ_1, Δ_2, ..., Δ_k를 이용해 '학습기 A와 B의 성능이 같음'이라는 가설에 대해 t검정을 할 수 있고, 차잇값의 평균값인 μ와 분산 σ^2를 계산할 수 있습니다. 유의성 α하에서 해당 값은 다음 식으로 계산합니다.

$$\tau_t = \left| \frac{\sqrt{k}\mu}{\sigma} \right|$$

식 2.31

임곗값 $t_{\alpha/2,\ k-1}$보다 작으면 가설을 기각할 수 없고, 두 학습기의 성능은 큰 차이가 없다는 결론을 내릴 수 있습니다. 반대라면 두 학습기 사이에 명확한 차이가 있다고 판단할 수 있고, 평균 오차율이 작은 학습기의 성능이 더 좋다고 판단할 수 있습니다. 여기서 $t_{\alpha/2,\,k-1}$은 자유도가 $k-1$인 t분포에서 꼭지 부분의 누적 분포가 $\alpha/2$인 임곗값입니다.

만약 유효한 가설 검정을 진행하려면 중요한 전제 조건이 있습니다. 이는 테스트 오차율은 일반 오차율의 독립 표본이라는 가정입니다. 그러나 일반적으로 샘플 수의 한계로 인하여 교차 검증 등의 방법을 사용할 때 테스트 세트 내에 중복된 데이터가 포함될 때도 많습니다. 이때는 테스트 오차율이 독립적이지 못하므로 가설 성립의 확률을 과대평가하게 됩니다. 이러한 문제를 완화하고자 5×2 교차 검증 같은 방법을 사용할 수도 있습니다[Dietterich, 1988].

5×2 교차 검증은 2겹 교차 검증을 5번 실행하는 것입니다. 2겹 교차 검증을 진행하기 전에 매번 샘플을 무작위로 섞고 5개로 나눠 중복되지 않게 합니다. 두 개의 학습기 A와 B에 대해, i번째 2겹 교차 검증은 두 쌍의 테스트 오차율을 계산해 내고, 우리는 각각의 값에 대한 차이를 구합니다. 첫 번째 교차 검증에서 얻은 차잇값 Δ_i^1과 두 번째 교차 검증에서 얻은 차잇값 Δ_i^2, 총 두 개의 값을 얻을 수 있습니다. 테스트 오차율의 비독립성을 완화하고자 우리는 1차 2겹 교차 검증의 두 결괏값의 평균값 $\mu = 0.5(\Delta_1^1 + \Delta_1^2)$만 구하고, 각 2겹 교차 검증 결과는 분산 $\sigma_i^2 = \left(\Delta_i^1 - \frac{\Delta_i^1 + \Delta_i^2}{2}\right)^2 + \left(\Delta_i^2 - \frac{\Delta_i^1 + \Delta_i^2}{2}\right)^2$을 계산합니다.

$$\tau_t = \frac{\mu}{\sqrt{0.2 \sum_{i=1}^{5} \sigma_i^2}}$$

식 2.32

자유도가 4인 t분포를 따르는 양변 검정의 임곗값 $t_{\alpha/2,\,5}$는 $\alpha = 0.05$일 때 2.776이고, $\alpha = 0.1$일 때 2.132입니다.

2.4.3 맥니마 검정

이진 분류 문제에서 검정 세트 기법을 사용한다면 학습기 A와 B의 테스트 오차율뿐만 아니라, 두 학습기 각각의 분류 결과에 대한 차이를 얻을 수도 있습니다. 즉, 모두 맞혔을 때, 모두 틀렸을 때, 하나만 맞혔을 때의 수를 표로 나타낼 수 있습니다. 이것을 분할표contingency table라고 합니다.

표 2.4 ⟍ 두 학습기 분류 차이에 관한 분할표

알고리즘 A	알고리즘 B	
	정답	오답
정답	e_{00}	e_{01}
오답	e_{10}	e_{11}

만약 우리의 가설이 '두 학습기의 성능이 같다'라면, $e_{01} = e_{10}$이 성립되어야 합니다. 그렇다면 $|e_{01} - e_{10}|$은 정규 분포를 따라야 하고, 맥니마 검정McNemar test은 다음을 계산합니다.

$e_{01} + e_{10}$은 매우 작은 수다. 연속성 교정을 고려해야 하므로 문자에 −1항이 있다.

$$\tau_{\chi^2} = \frac{(|e_{01} - e_{10}| - 1)^2}{e_{01} + e_{10}}$$

식 2.33

임곗값 χ_α^2은 R에서 qchisq $(1 - \alpha, k - 1)$으로 계산할 수 있고, 매트랩 코드는 icdf ('Chisquare', $1 - \alpha, k - 1$)이다. 여기서 $k = 2$는 비교하려는 알고리즘 개수다.

자유도가 1인 카이제곱 분포를 따르는, 즉 표준 정규 분포의 제곱입니다. 유의성 α에서 위 값이 임곗값 χ_α^2 보다 작을 때는 가설을 기각하지 못합니다. 즉, 두 학습기의 성능에 큰 차이가 없다고 간주합니다. 반대의 경우에는 가설을 기각합니다. 즉, 두 학습기의 성능에는 큰 차이가 있다고 간주하고, 평균 오차율이 비교적 작은 학습기의 성능이 뛰어나다고 판단합니다. 자유도가 1인 카이제곱 검정의 임곗값은 $\alpha = 0.05$일 때 3.8415이고, $\alpha = 0.1$일 때 2.7055입니다.

2.4.4 프리드먼 검정과 네메니 사후 검정

교차 검증 t테스트와 맥니마 검정 모두 하나의 데이터 세트상에서 두 개의 알고리즘 성능을 비교하는 방법이었습니다. 하지만 우리는 대부분 하나의 데이터 세트상에서 여러 알고리즘을 비교합니다. 여러 알고리즘을 비교할 때, 한 가지 방법은 하나의 데이터 세트에서 두 개씩 비교하여 결과를 도출하는 것이고, 이때 두 알고리즘의 비교는 앞에서 서술한 방법들을 사용합니다. 다른 한 가지 방법은 알고리즘에 등수를 매기는 프리드먼Friedman 검정입니다.

우리는 4개의 데이터 세트 D_1, D_2, D_3, D_4를 이용해 알고리즘 A, B, C의 성능을 비교한다고 가정합니다. 먼저, 검정 세트 기법이나 교차 검증법을 통해 각 알고리즘의 4가지 데이터 세트상에서의 테스트 결과를 얻습니다. 그 후, 데이터 세트별로 순위를 매깁니다. 좋은 순서대로 가장 작은 값인 1, 2, ...를 부여합니다. 만약 알고리즘의 테스트 성능이 같다면 평균값을 부여합니다. 예를 들어, D_1과 D_3에서 A,

B, C의 순서대로 결과가 좋고, D_2 데이터 세트에서는 A가 가장 좋고, B와 C가 같고 … 하는 방식으로 정리한 내용이 표 2.5에 나와 있습니다. 그리고 마지막 행은 평균값을 구합니다.

표 2.5 \ 알고리즘 비교

데이터 세트	알고리즘 A	알고리즘 B	알고리즘 C
D_1	1	2	3
D_2	1	2.5	2.5
D_3	1	2	3
D_4	1	2	3
평균값	1	2.125	2.875

그다음, 프리드먼 검정을 사용하여 알고리즘들의 성능이 같은지 판단합니다. 만약 성능이 같다면 해당 알고리즘들의 평균값이 같을 것입니다. 만약 우리가 N개의 데이터 세트에서 k개의 알고리즘을 비교한다고 가정한다면, r_i로 i번째 알고리즘의 평균값을 나타냅니다. 논의를 간단히 하기 위해 잠시 평균값에 대한 논의는 하지 않겠습니다. 그렇다면 r_i의 평균값과 분산은 각각 $(k+1)/2$와 $(k^2 - 1)/12N$이 됩니다.

$$
\tau_{\chi^2} = \frac{k-1}{k} \cdot \frac{12N}{k^2 - 1} \sum_{i=1}^{k} \left(r_i - \frac{k+1}{2} \right)^2
$$

$$
= \frac{12N}{k(k+1)} \left(\sum_{i=1}^{k} r_i^2 - \frac{k(k+1)^2}{4} \right)
$$

식 2.34

원래 검증에서 요구하는 k는 비교적 크다(30 이상). 만약 k가 작다면 차이가 없다고 판단할 가능성이 크다.

k와 N이 모두 비교적 클 때 자유도가 $k-1$인 카이제곱 분포를 따릅니다.

그러나 위에서 설명한 프리드먼 검정은 다소 보수적이기 때문에 현재는 개선된 프리드먼 검정을 사용합니다.

$$
\tau_F = \frac{(N-1)\tau_{\chi^2}}{N(k-1) - \tau_{\chi^2}} ,
$$

식 2.35

위 식에서 τ_{χ^2}은 식 2.34를 통해 얻을 수 있습니다. τ_F는 자유도 $k-1$과 $(k-1)(N-1)$을 따르는 F분포이고, 표 2.6은 자주 사용하는 임곗값을 보여줍니다.

표 2.6 ＼ F검정에서 자주 사용하는 임곗값 목록

*F*검정의 임곗값은 R에서 qf$(1-\alpha, k-1, (k-1)(N-1))$으로 계산되고, 매트랩 코드는 icdf('F', $1-\alpha$, $k-1$, $(k-1)$ * (N − 1))이다.

$\alpha = 0.05$									
데이터 세트 수 N	알고리즘 수 k								
	2	3	4	5	6	7	8	9	10
4	10.128	5.143	3.863	3.259	2.901	2.661	2.488	2.355	2.250
5	7.709	4.459	3.490	3.007	2.711	2.508	2.359	2.244	2.153
8	5.591	3.739	3.072	2.714	2.485	2.324	2.203	2.109	2.032
10	5.117	3.555	2.960	2.634	2.422	2.272	2.159	2.070	1.998
15	4.600	3.340	2.827	2.537	2.346	2.209	2.104	2.022	1.955
20	4.381	3.245	2.766	2.492	2.310	2.179	2.079	2.000	1.935

$\alpha = 0.1$									
데이터 세트 수 N	알고리즘 수 k								
	2	3	4	5	6	7	8	9	10
4	5.538	3.463	2.813	2.480	2.273	2.130	2.023	1.940	1.874
5	4.545	3.113	2.606	2.333	2.158	2.035	1.943	1.870	1.811
8	3.589	2.726	2.365	2.157	2.019	1.919	1.843	1.782	1.733
10	3.360	2.624	2.299	2.108	1.980	1.886	1.814	1.757	1.710
15	3.102	2.503	2.219	2.048	1.931	1.845	1.779	1.726	1.682
20	2.990	2.448	2.182	2.020	1.909	1.826	1.762	1.711	1.668

만일, '모든 알고리즘의 성능이 같다'라는 가설이 기각된다면, 알고리즘들의 성능이 다르다는 것을 설명할 수 있습니다. 이때 **사후 검정**post-hoc test을 활용하여 각 알고리즘을 추가로 검정해야 합니다. 자주 사용하는 방법은 네메니Nemenyi 사후 검정이 있습니다.

네메니 검정은 평균값 차이의 임곗값 영역을 계산합니다.

$$CD = q_\alpha \sqrt{\frac{k(k+1)}{6N}} ,$$

식 2.36

q_α는 Tukey 분포의 임곗값이다. R에서 qtukey($1 - \alpha$, k, Inf)/sqrt(2)로 계산할 수 있다.

표 2.7에는 $\alpha = 0.05$와 0.1일 때 자주 사용하는 q_α값을 제공합니다. 만약 두 알고리즘의 평균값 차이가 임계 범위 내 *CD*를 초월할 경우, 이에 상응하는 신뢰도에서 '두 알고리즘 성능이 같다'라는 가설을 기각할 수 있습니다.

표 2.7 \ 네메니 검증에서 자주 사용하는 q_α값

α	알고리즘 수 k								
	2	3	4	5	6	7	8	9	10
0.05	1.960	2.344	2.569	2.728	2.850	2.949	3.031	3.102	3.164
0.1	1.645	2.052	2.291	2.459	2.589	2.693	2.780	2.855	2.920

표 2.5의 데이터로 예를 들어보면, 먼저 식 2.34와 2.35에서 $\tau_F = 24.429$를 계산할 수 있습니다. 그리고 표 2.6에서 해당 값이 $\alpha = 0.05$보다 큰 경우의 F테스트 임곗값은 5.143인 것을 알 수 있고, 따라서 '모든 알고리즘 성능이 같다'라는 가설을 기각합니다. 그다음 네메니 사후 검정을 사용하여 표 2.7에서 $k = 3$일 때의 $q_{0.05}$값 2.344를 찾고, 식 2.36을 사용하여 임계 범위 내 $CD = 1.657$을 계산합니다. 표 2.5의 평균값에서 알 수 있듯이, 알고리즘 A와 B의 차이와 B와 C의 차이는 모두 임계 범위를 넘지 않았습니다. 그러나 알고리즘 A와 C의 차이는 임계 범위를 넘었습니다. 따라서 검정 결과에 따라 알고리즘 A와 C의 성능은 차이가 있고, 알고리즘 A와 B, 그리고 B와 C의 성능은 큰 차이가 없음으로 결론 내립니다.

위에서 설명한 비교 검정은 프리드먼 검정 그래프를 통해 직관적으로 이해할 수 있습니다. 표 2.5의 결과를 그림 2.8과 같이 나타낼 수 있습니다. 그림의 세로축은 각 알고리즘을, 가로축은 평균값을 나타냅니다. 각 알고리즘에 대하여 하나의 점으로 평균값을 표시하고, 점을 중심으로 한 가로선을 그려 임계 범위의 크기를 나타냅니다. 이렇게 하면 그림에서 두 알고리즘의 가로선이 겹칠 때 해당 알고리즘은 차이가 없고, 겹치지 않는다면 차이가 있다는 것을 직관적으로 판단할 수 있습니다. 그림 2.8에서 알고리즘 A와 B 사이에 큰 차이가 없음을 쉽게 판단할 수 있습니다. 왜냐하면, A와 B의 가로선이 명확히 겹치기 때문입니다. 그러나 알고리즘 A와 C는 겹치지 않기 때문에 큰 차이가 있다는 것을 알 수 있습니다(위치로써 A가 C보다 성능이 뛰어나다는 것도 쉽게 판단할 수 있습니다).

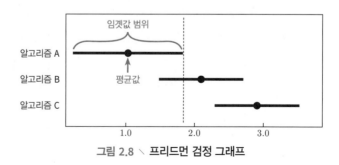

그림 2.8 \ 프리드먼 검정 그래프

2.5 편향과 분산

우리는 테스트를 통해 학습 알고리즘의 일반화 성능을 예측하는 것 외에도 왜 이러한 성능을 얻게 되었는지도 알고 싶습니다. 편향-분산 분해bias-variance decomposition는 학습 알고리즘의 일반화 성능을 해석할 수 있는 중요한 도구입니다.

편향-분산 분해는 학습 알고리즘의 기대 일반화 오차를 분해합니다. 서로 다른 훈련 세트에서 알고리즘이 학습한 결과는 다를 가능성이 높으며, 이는 훈련 데이터 세트가 같은 분포에서 샘플링 된 것이라 해도 마찬가지입니다. 테스트 샘플 x에 대해 y_D를 데이터 세트의 정답 데이터로 놓고, y를 x의 실제 데이터라고 한다면 $f(x; D)$는 훈련 세트 D에서 학습된 모델의 x상의 예측값이라고 설정할 수 있습니다. 회귀분석을 예로 들어 설명하면, 학습 알고리즘의 기대 예측은 다음 식으로 표현할 수 있습니다.

$$\bar{f}(x) = \mathbb{E}_D[f(x; D)] ,$$

식 2.37

똑같은 샘플 수의 서로 다른 훈련 세트를 사용하여 얻어진 분산은 다음 식으로 나타냅니다.

$$var(x) = \mathbb{E}_D\left[\left(f(x; D) - \bar{f}(x)\right)^2\right] ,$$

식 2.38

노이즈noise는 다음 식과 같습니다.

$$\varepsilon^2 = \mathbb{E}_D\left[(y_D - y)^2\right] .$$

식 2.39

기대 결괏값과 실제 데이터의 차이를 편향bias이라고 하고 다음 식과 같이 나타냅니다.

$$bias^2(x) = \left(\bar{f}(x) - y\right)^2 .$$

식 2.40

쉬운 논의를 위해 노이즈의 기댓값을 0이라고 가정합니다. 즉, $\mathbb{E}_D[y_D - y] = 0$입니다. 간단한 다항식 전개를 통해 알고리즘의 기대 일반화 오차에 대해 분해할 수 있습니다.

$$E(f;D) = \mathbb{E}_D\left[(f(\boldsymbol{x};D) - y_D)^2\right]$$

$$= \mathbb{E}_D\left[(f(\boldsymbol{x};D) - \bar{f}(\boldsymbol{x}) + \bar{f}(\boldsymbol{x}) - y_D)^2\right]$$

$$= \mathbb{E}_D\left[(f(\boldsymbol{x};D) - \bar{f}(\boldsymbol{x}))^2\right] + \mathbb{E}_D\left[(\bar{f}(\boldsymbol{x}) - y_D)^2\right]$$

$$+ \mathbb{E}_D\left[2\left(f(\boldsymbol{x};D) - \bar{f}(\boldsymbol{x})\right)\left(\bar{f}(\boldsymbol{x}) - y_D\right)\right]$$

$$= \mathbb{E}_D\left[(f(\boldsymbol{x};D) - \bar{f}(\boldsymbol{x}))^2\right] + \mathbb{E}_D\left[(\bar{f}(\boldsymbol{x}) - y_D)^2\right]$$

$$= \mathbb{E}_D\left[(f(\boldsymbol{x};D) - \bar{f}(\boldsymbol{x}))^2\right] + \mathbb{E}_D\left[(\bar{f}(\boldsymbol{x}) - y + y - y_D)^2\right]$$

$$= \mathbb{E}_D\left[(f(\boldsymbol{x};D) - \bar{f}(\boldsymbol{x}))^2\right] + \mathbb{E}_D\left[(\bar{f}(\boldsymbol{x}) - y)^2\right] + \mathbb{E}_D\left[(y - y_D)^2\right]$$

$$+ 2\mathbb{E}_D\left[(\bar{f}(\boldsymbol{x}) - y)(y - y_D)\right]$$

$$= \mathbb{E}_D\left[(f(\boldsymbol{x};D) - \bar{f}(\boldsymbol{x}))^2\right] + (\bar{f}(\boldsymbol{x}) - y)^2 + \mathbb{E}_D\left[(y_D - y)^2\right] ,$$

식 2.41

노이즈가 f와 상관이 없다면, 식 2.37에 의해 최종 항은 0이 된다.

노이즈의 기댓값은 0이다. 따라서 최종 항은 0이다.

결과는 다음 식과 같습니다.

$$E(f;D) = bias^2(\boldsymbol{x}) + var(\boldsymbol{x}) + \varepsilon^2 ,$$

식 2.42

정리하면 일반 오차는 편향, 분산, 노이즈의 합으로 분해할 수 있습니다.

편향, 분산, 노이즈의 뜻에 대해 다시 살펴보도록 합시다. 편향(식 2.40)은 학습 알고리즘의 기대 예측값이 실제 데이터에서 떨어진 정도를 측정합니다. 즉, 학습 알고리즘의 적합 능력을 나타냅니다. 분산(식 2.38)은 크기가 같은 훈련 세트가 바뀔 때 발생하는 학습 성능의 변화를 측정합니다. 즉, 데이터 변동에 의한 영향을 나타냅니다. 노이즈(식 2.39)는 현재 해결하고자 하는 과업task에서 어떤 학습 알고리즘이든지 도달할 수 있는 기대 일반화 오차의 하계下界를 표현합니다. 즉, 학습 문제의 본질적인 난이도를 나타낸다고 볼 수 있습니다. 편향-분산 분해는 일반화 성능은 학습 알고리즘의 능력, 충분한 데이터, 그리고 학습문제의 본질적인 난이도에 따라서 결정된다는 것을 설명합니다. 학습문제가 주어지면, 가장 좋은 일반화 성능을 얻기 위해서 편향은 작아야 합니다. 즉, 충분한 데이터 적합 능력이 필요하며, 동시에 작은 분산을 가져 데이터 변동에 의한 영향을 최소화해야 합니다.

하지만 일반적으로 편향과 분산은 서로 상충하는 부분이 있습니다. 이를 편향-분산 딜레마bias-variance dilemma라고 합니다. 그림 2.9의 그래프는 일반화 오차와 편향,

많은 학습 알고리즘은 훈련 정도를 조절할 수 있다. 예를 들어, 의사결정 트리는 트리 층 수를, 신경망에서는 훈련 횟수를, 앙상블에서는 기초 학습기 개수를 조절할 수 있다.

분산의 관계를 보여줍니다. 학습 문제가 주어졌을 때 우리가 학습 알고리즘의 훈련 정도를 조절할 수 있다고 가정한다면, 훈련이 부족할 때 학습기의 적합 능력은 떨어집니다. 하지만 훈련 데이터가 조금 변경된다고 해서 학습기의 성능에 큰 변화는 오지 않습니다. 이때는 편향이 일반 오차율의 원인이라고 생각할 수 있습니다. 반대로, 훈련 정도가 깊어지고 학습기의 적합 능력이 향상할 때 훈련 데이터에 발생한 변화에 따라 학습기 성능이 변할 수 있습니다. 이때는 분산이 일반 오차율의 주요 원인이라고 생각할 수 있습니다. 충분히 훈련되어 학습기의 적합 능력이 이미 매우 좋은 상태에서는 훈련 데이터에 발생한 작은 변화에도 학습기 성능은 민감하게 반응합니다. 이는 훈련 데이터의 일반적이지 않은 특성까지 학습기가 배웠기 때문에 과적합이 생긴 것입니다.

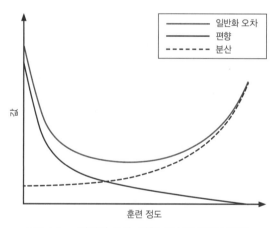

그림 2.9 \ 일반화 오차, 편향, 분산의 관계 그래프

2.6 더 읽을거리

부트스트랩은 머신러닝에서 매우 중요합니다. [Efron and Tibshirani, 1993]에서 더 자세한 내용을 확인할 수 있습니다.

ROC 곡선은 1980년대 후반 머신러닝에 활용되기 시작했습니다[Spackman, 1989]. AUC는 90년대 중반부터 머신러닝 영역에서 광범위하게 사용되었습니다[Bradley, 1997]. 그러나 ROC 곡선 아래 면적으로 모델의 기대 성능을 평가하는 방법은 의료검사 영역에서 이미 오래 전에 사용되었습니다[Hanley and McNeil, 1983]. [Hand and

Till, 2001]은 ROC 곡선의 활용 영역을 이진 분류 문제에서 다항 분류 문제로 확장시켰습니다. [Fawcett, 2006]은 ROC 곡선의 사용방법에 대해 정리했습니다.

[Drummond and Holte, 2006]는 비용 곡선이란 개념을 발명했습니다. 한 가지 언급하고 싶은 점은, 독자 여러분이 머신러닝에 대해 배울 때 다양한 유형의 '비용' 개념을 접하게 될 것이라는 사실입니다. 오분류misclassification 비용뿐만 아니라, 테스트 비용, 레이블 비용, 속성 비용 등이 있고, 오분류 비용을 더 자세히 분류하면 클래스에 기반한 오분류 비용과 샘플에 기반한 오분류 비용으로 나눌 수 있습니다. 비용민감 학습cost-sensitive learning[Elkan, 2001, Zhou and Liu, 2006]은 전문적으로 비균등 비용을 연구하는 학습입니다.

2.3.4절에서는 클래스에 기반을 둔 오분류 비용만을 고려했다.

[Dietterich, 1998]은 k겹 교차 검증법에 존재하는 위험에 대해 언급했습니다. 그리고 5×2 교차 검증법을 주장했습니다. [Demsar, 2006]은 다수의 알고리즘에 대하여 비교 검정을 진행하는 방법에 대해 논의하고 있습니다.

[Geman et al., 1992]는 회귀분석 문제에 대하여 편향-분산-공분산 분해bias-variance-covariance decomposition 개념을 내놓았습니다. 이는 후에 편향-분산 분해 개념으로 정리됩니다. 분류 문제에서는 0/1 손실 함수의 점프 변환 속성 때문에 이론상으로는 편향-분산 분해가 어렵습니다. 그러나 이미 다양한 방법이 실증적으로 편차와 분산에 대한 계산을 해냈습니다. [Kong and Dietterich, 1995; Kohavi and Wolpert, 1996; Friedman, 1997; Domingos, 2000]

[역주] 계단 함수(step function)라고도 부른다.

연습문제

2.1 1,000개의 샘플을 포함하는 데이터 세트 중 500개의 양성 샘플과 500개의 음성 샘플이 있다. 70%의 샘플을 포함하는 훈련 세트와 30%의 샘플을 포함하는 테스트 세트로 나누어 홀드아웃 방법으로 평가하려고 하는데, 모두 몇 가지 종류의 분할 방법이 있는지 계산해 보아라.

2.2 100개의 샘플이 있는 데이터 세트에서 음성과 양성 샘플은 각각 절반씩이다. 만약 학습 알고리즘이 생성한 모델이 새로운 샘플을 훈련 샘플 수가 비교적 많은 클래스로 예측한다면, 10-fold 교차 검증법과 Leave-one-out을 사용하여 오차율에 대해 평가한 결과를 설명하라.

2.3 만약 학습기 A의 $F1$ 스코어가 학습기 B보다 높다면, A의 BEP값이 B보다 높은지에 대해 분석하라.

2.4 참 양성률(TPR), 거짓 양성률(FPR) 그리고 정밀도(P), 재현율(R) 사이의 관계에 대해 기술하라.

2.5 식 2.22를 증명하라.

2.6 오차율과 ROC 곡선의 관계에 대해 기술하라.

2.7 '임의의 ROC 곡선은 이에 대응하는 비용 곡선을 가지고 있다'를 증명하라.

2.8 Min-max 정규화와 z-score 정규화는 자주 사용되는 정규화 방법이다. x와 x'로 각각 변수가 정규화된 전후의 값을 나타내고, x_{min}과 x_{max}로 정규화 전의 최솟값과 최댓값을, x'_{min}과 x'_{max}로 정규화 후의 최솟값과 최댓값을, $\bar{x}$와 σ_x로 각각 정규화 전의 평균과 표준편차를 나타낸다면, min-max 정규화와 z-score 정규화는 각각 식 2.43과 2.44처럼 나타낼 수 있다. 그렇다면 두 가지 방법의 장단점을 비교하라.

$$x' = x'_{min} + \frac{x - x_{min}}{x_{max} - x_{min}} \times (x'_{max} - x'_{min}) \,, \qquad \text{식 2.43}$$

$$x' = \frac{x - \bar{x}}{\sigma_x} \,. \qquad \text{식 2.44}$$

2.9 카이제곱 검정 과정을 기술하라.

2.10* 프리드먼 검정에서 식 2.34와 식 2.35의 차이를 기술하라.

참고문헌

[1] Bradley, A. P. (1997). "The use of the area under the ROC curve in the evaluation of machine learning algorithms." *Pattern Recognition*, 30(7): 1145-1159.

[2] Breiman, L. (1996). "Bias, variance, and arcing classifiers." Technical Report 460, Statistics Department, University of California, Berkeley, CA.

[3] Demsar, J. (2006). "Statistical comparison of classifiers over multiple data sets." *Journal of Machine Learning Research*, 7:1-30.

[4] Dietterich, T. G. (1998). "Approximate statistical tests for comparing supervised classification learning algorithms." *Neuml Computation*, 10(7):1895-1923.

[5] Domingos, P. (2000). "A unified bias-variance decomposition." *In Proceedings of the 17th International Conference on Machine Learning (ICML)*, 231-238, Stanford, CA.

[6] Drummond, C. and R. C. Holte. (2006). "Cost curves: An improved method for visualizing classifier performance." Machine Learning, 65(1):95-130.

[7] Efron, B. and R. Tibshirani. (1993). *An Introduction to the Bootstmp.* Chapman & Hall, New York, NY.

[8] Elkan, C. (2001). "The foundations of cost-senstive learning." In *Proceedings of the 17th International Joint Conference on Artificial Intelligence (IJCAI)*, 973-978, Seattle, WA.

[9] Fawcett, T. (2006). "An introduction to ROC analysis." *Pattern Recognition Letters*, 27(8):861-874.

[10] Friedman, J. H. (1997). "On bias, variance, 0/1-loss, and the curse-of-dimensionality." *Data Mining and Knowledge Discovery*, 1(1):55-77.

[11] Geman, S., E. Bienenstock, and R. Doursat. (1992). "Neural networks and the bias/variance dilemma." *Neuml Computation*, 4(1):1-58.

[12] Hand, D. J. and R. J. Till. (2001). "A simple generalisation of the area under the ROC curve for multiple class classification problems." *Machine Learning*, 45(2):171-186.

[13] Hanley, J. A. and B. J. McNeil. (1983). "A method of comparing the areas under receiver operating characteristic curves derived from the same cases." *Radiology*, 148(3):839-843.

[14] Kohavi, R. and D. H. Wolpert. (1996). "Bias plus variance decomposition for zero-one loss functions." In *Proceeding of the 13th International Conference on Machine Learning (ICML)*, 275-283, Bari, Italy.

[15] Kong, E. B. and T. G. Dietterich. (1995). "Error-correcting output coding corrects bias and variance." In *Proceedings of the 12th International Conference on Machine Learning (ICML)*, 313-321, Tahoe City, CA.

[16] Mitchell, T. (1997). *Machine Learning.* McGraw Hill, New York, NY.

[17] Spackman, K. A. (1989). "Signal detection theory: Valuable tools for evaluating inductive learning." In *Proceedings of the 6th International Workshop on Machine Learning (IWML)*, 160-163, Ithaca, NY.

18 Van Rijsbergen, C. J. (1979). *Information Retrieval*, 2nd edition. Butterworths, London, UK.

19 Wellek, S. (2010). *Testing Statistical Hypotheses of Equivalence and Noninferiority*, 2nd edition. Chapman & Hall/CRC, Boca Raton, FL.

20 Zhou, Z.-H. and X.-Y. Liu. (2006). "On multi-class cost-sensitive learning." In *Proceeding of the 21st National Conference on Artificial Intelligence (AAAI)*, 567-572, Boston, WA.

머신러닝 쉼터

t검정, 맥주, '학생'과 윌리엄 고셋

1954년에 이 공장은 《The Guinness Book of Records》를 출판했다.

1899년 아일랜드 더블린에 있는 기네스 맥주 공장에서는 케임브리지, 옥스퍼드 등 명문대 졸업생을 많이 채용했는데, 옥스퍼드 화학과 졸업생인 윌리엄 고셋William Gosset, 1876~1937도 그중 한 명이었습니다. 기네스는 그가 배운 생물화학 지식을 활용해 맥주 생산 과정을 한층 더 발전시키길 원했습니다. 그 과정에서 그는 맥주 품질 관리비용을 줄이기 위해 t검정법을 발명했습니다. 그의 연구는 1908년 《Biometrika》를 통해 발표되었는데, 상업적 기밀을 유지하기 위해 필명을 학생student으로 하였고, 따라서 t검정은 'Student's t-test'라고도 불렸습니다.

당시 기네스는 장기적인 안목으로 직원들에 대한 투자를 아끼지 않았는데, 연구원들의 수준을 높이기 위해 학교 기관처럼 '안식년'을 제공했습니다. 1906~1907년 사이에 고셋은 '통계학의 아버지'라고 불리는 칼 피어슨Karl Pearson, 1857~1936 교수가 있는 런던 대학교University College London, UCL 연구실에 방문 연구를 할 기회를 얻었습니다. 따라서 t검정법이 고셋이 맥주 공장에 있을 때 발명되었는지, 아니면 UCL 방문 연구 기간에 발명되었는지는 논쟁이 있습니다. 하지만 '학생'이라는 필명과 《Biometrika》의 편집장이 피어슨 교수라는 점은 후자들의 주장에 힘을 실어 주고 있습니다.

03 선형 모델

3.1 기본 형식

먼저, d개의 속성을 가진 샘플 $x = (x_1; x_2; \ldots; x_d)$이 있고, x_i는 x의 i번째 속성을 가진 값이라고 가정합니다. 그렇다면 선형 모델linear model은 속성들의 선형 조합을 통해 예측하는 함수를 학습하는 모델이라고 정의할 수 있습니다.

$$f(\boldsymbol{x}) = w_1 x_1 + w_2 x_2 + \ldots + w_d x_d + b \, , \qquad \text{식 3.1}$$

일반적으로는 벡터 형태로 된 다음의 수식을 사용합니다.

$$f(\boldsymbol{x}) = \boldsymbol{w}^{\mathrm{T}} \boldsymbol{x} + b \, , \qquad \text{식 3.2}$$

위 식에서 $\boldsymbol{w} = (w_1; w_2; \ldots; w_d)$이며, $\boldsymbol{w}$와 b를 학습한 후 모델이 결정됩니다.

선형 모델은 형식이 매우 간단하고 모델을 만들기 쉽습니다. 하지만 선형 모델은 머신러닝의 중요한 기본 사상을 담고 있습니다. 수많은 강력한 성능을 가진 비선형 모델non-linear model들은 선형 모델을 기반으로 하여 층을 쌓아 올리거나 고차원으로 투영하여 만들어집니다. 그 외에도 $\boldsymbol{w}$는 예측에 있어서 각 속성의 중요성을 직관적으로 드러냅니다. 즉, 선형 모델은 해석능력comprehensibility이 뛰어납니다. 앞서 살펴본 수박 분류 문제에서 '$f_{\text{잘 익은 수박}}(\boldsymbol{x}) = 0.2 \cdot x_{색} + 0.5 \cdot x_{꼭지 모양} + 0.3 \cdot x_{소리} + 1$'과 같은 모델이 학습된다면, 우리는 잘 익은 수박을 고를 때 색깔, 꼭지 모양, 두드려서 나는 소리 등을 종합적으로 판단해야 하고, 그중에서도 꼭지 모양이 가장 중요한 변수이며 두드려서 나는 소리가 색깔보다 중요한 속성임을 뜻합니다.

이해가능성(understandability)이라고도 한다.

이번 장에서는 몇 가지 고전적인 선형 방법을 소개합니다. 먼저, 회귀 문제부터 시작해서 이진 분류 및 다항 분류 문제까지 다뤄봅니다.

3.2 ## 선형 회귀

선형 회귀linear regression는 최대한 정확하게 실제 데이터를 예측하는 선형 모델을 학습하는 것을 목표로 합니다. 데이터 세트 D는 $\{(\boldsymbol{x}_1, y_1), (\boldsymbol{x}_2, y_2), ..., (\boldsymbol{x}_m, y_m)\}$ 으로 정의하고, 여기서 x_i는 $(x_{i1}; x_{i2}; ...; x_{id})$, $y_i \in \mathbb{R}$로 정의합니다.

먼저, 입력 속성이 하나뿐인 가장 간단한 상황을 고려해 보겠습니다. 논의를 간단히 하고자 속성 하단의 표기는 무시하도록 합니다. 즉, $D = \{(x_i, y_i)\}_{i=1}^{m}$, $x_i \in \mathbb{R}$로 나타냅니다. 이산 속성discrete feature에 대해서는 만약 속성값에 순서order가 있다면 연속값으로 변환해 주어야 합니다. 예를 들어, 속성값이 '크다', '작다'를 가지는 '키'라면 {1.0, 0.0}과 같이 변환해 주고, '높음', '중간', '낮음' 총 세 가지 값을 가지는 변수라면 {1.0, 0.5, 0.0}과 같이 변환해 줍니다. 만약 속성값에 순서관계가 없을 경우, k개의 속성값은 k차원의 벡터로 변환해 줍니다. 만약 '수박', '호박', '오이' 라는 변숫값이 있다면 (0, 0, 1), (0, 1, 0), (1, 0, 0)과 같이 바꿔줍니다.

> 순서가 없는 속성을 연속화한다면 적절하지 못한 순서 관계를 갖게 될 수 있다. 이는 거리 계산과 같은 후속 처리에 영향을 미친다. 자세한 내용은 9.3절을 참조하라.

선형 회귀는 다음과 같은 함수를 학습합니다.

$$f(x_i) = wx_i + b \text{을 통해 } f(x_i) \simeq y_i \text{을 얻는다.} \qquad \text{식 3.3}$$

위 식에서 w와 b는 어떻게 정해질까요? 명확하게도 이는 $f(x)$와 y의 차이를 어떻게 측정하느냐에 달렸습니다. 2.3절에서 소개했듯이, 평균제곱 오차는 회귀 문제에서 가장 자주 사용하는 성능 측도입니다. 따라서 우리는 평균제곱 오차를 최소화하는 방법을 사용할 수 있습니다. 즉, 다음 식과 같습니다.

> 평균제곱 오차는 제곱 손실 (square loss)로도 불린다.

> w^*, b^*는 w와 b의 해다.

$$\begin{aligned}(w^*, b^*) &= \underset{(w,b)}{\arg\min} \sum_{i=1}^{m} (f(x_i) - y_i)^2 \\ &= \underset{(w,b)}{\arg\min} \sum_{i=1}^{m} (y_i - wx_i - b)^2 .\end{aligned} \qquad \text{식 3.4}$$

평균제곱 오차는 기하학적인 의미가 있습니다. **유클리드 거리**Euclidean distance를 사용하기 때문입니다. 평균제곱 오차를 최소화하는 방법으로 모델의 해를 구하는 방

최소제곱법의 활용 범위는 넓다. 선형 회귀에만 사용되는 것은 아니다.

법을 **최소제곱법**least square method이라고 부릅니다. 선형 회귀에서 최소제곱법은 샘플과의 유클리드 거리의 합이 가장 작은 하나의 직선을 찾는 것을 목표로 합니다.

여기서 $E_{(w,b)}$는 w와 b에 관한 컨벡스 함수다. w와 b에 관해서 도함수가 0일 때 w와 b의 최적해를 구할 수 있다.

$[a, b]$ 구간에서 정의된 함수 f에 대해, 만약 구간 내의 두 점 x_1, x_2가 $f(\frac{x_1+x_2}{2}) \leqslant \frac{f(x_1)+f(x_2)}{2}$, 을 만족한다면, f는 구간 $[a, b]$상의 컨벡스 함수라고 한다.

일반적으로 $f(x) = x^2$과 같은 U형 곡선은 컨벡스 함수다.

실수 집합상의 함수에 대해 2차 미분을 통해 판별을 진행할 수 있다. 만약 2차 도함수가 구간상에서 음수가 아니라면 컨벡스 함수이고, 항상 0보다 크다면 더 엄격한 의미에서의 컨벡스 함수다.

w와 b의 해를 찾는 것은 $E_{(w,b)} = \sum_{i=1}^{m}(y_i - xw_i - b)^2$를 최소화하는 과정이고, 이를 선형 회귀 모델의 최소제곱 **파라미터 예측** parameter estimation이라고 부릅니다. 우리는 $E_{(w,b)}$로 w와 b에 대해 다음과 같은 식을 얻을 수 있습니다.

$$\frac{\partial E_{(w,b)}}{\partial w} = 2\left(w\sum_{i=1}^{m}x_i^2 - \sum_{i=1}^{m}(y_i - b)x_i\right), \qquad \text{식 3.5}$$

$$\frac{\partial E_{(w,b)}}{\partial b} = 2\left(mb - \sum_{i=1}^{m}(y_i - wx_i)\right), \qquad \text{식 3.6}$$

그리고 식 3.5와 3.6을 0으로 만들어 w와 b 최적해optimum solution의 닫힌 해closed-form solution를 구할 수 있습니다.

$$w = \frac{\sum_{i=1}^{m}y_i(x_i - \bar{x})}{\sum_{i=1}^{m}x_i^2 - \frac{1}{m}\left(\sum_{i=1}^{m}x_i\right)^2}, \qquad \text{식 3.7}$$

$$b = \frac{1}{m}\sum_{i=1}^{m}(y_i - wx_i), \qquad \text{식 3.8}$$

위에서 $\bar{x} = \frac{1}{m}\sum_{i=1}^{m}x_i$는 x의 평균값입니다.

일반적으로 우리가 자주 접하는 문제는 이번 절 서론에서 말한 d개의 속성을 가진 샘플 데이터 세트 D의 경우가 있습니다.

$$f(\boldsymbol{x}_i) = \boldsymbol{w}^{\mathrm{T}}\boldsymbol{x}_i + b \text{을 통해 } f(\boldsymbol{x}_i) \simeq y_i \text{을 얻는다.}$$

다변량 선형 회귀라고도 불린다.

이런 경우는 위 함수를 학습시키고, 이는 **다항 선형 회귀**multivariate linear regression라고 부릅니다.

앞서 살펴본 단순 선형 회귀 문제와 비슷하게 최소제곱법을 이용하여 $\boldsymbol{w}$와 b를 추정할 수 있습니다. 논의를 간단히 하고자 $\boldsymbol{w}$와 b가 합쳐진 형태의 벡터 $\hat{\boldsymbol{w}} = (\boldsymbol{w}; b)$를 만듭니다. 그리고 데이터 세트 D는 $m \times (d + 1)$ 크기의 행렬 $\mathbf{X}$로 놓고 각 행은 하나의 샘플을 나타냅니다. 각 행의 d개의 원소는 샘플이 가지고 있는 d개의 속성값을 나타내고 마지막 열에는 원소 1을 나열합니다.

$$\mathbf{X} = \begin{pmatrix} x_{11} & x_{12} & \dots & x_{1d} & 1 \\ x_{21} & x_{22} & \dots & x_{2d} & 1 \\ \vdots & \vdots & \ddots & \vdots & \vdots \\ x_{m1} & x_{m2} & \dots & x_{md} & 1 \end{pmatrix} = \begin{pmatrix} \boldsymbol{x}_1^{\mathrm{T}} & 1 \\ \boldsymbol{x}_2^{\mathrm{T}} & 1 \\ \vdots & \vdots \\ \boldsymbol{x}_m^{\mathrm{T}} & 1 \end{pmatrix},$$

종속 변수 부분을 벡터 형식인 $\boldsymbol{y} = (y_1; y_2; \dots; y_m)$으로 바꾸면 식 3.4와 비슷하게 변환됩니다.

$$\hat{\boldsymbol{w}}^* = \underset{\hat{\boldsymbol{w}}}{\arg\min} \, (\boldsymbol{y} - \mathbf{X}\hat{\boldsymbol{w}})^{\mathrm{T}} (\boldsymbol{y} - \mathbf{X}\hat{\boldsymbol{w}}) \, . \qquad \text{식 3.9}$$

$E_{\hat{\boldsymbol{w}}} = (\boldsymbol{y} - \mathbf{X}\hat{\boldsymbol{w}})^{\mathrm{T}} (\boldsymbol{y} - \mathbf{X}\hat{\boldsymbol{w}})$에서 최적의 $\hat{\boldsymbol{w}}$를 구하려면 다음 식을 이용합니다.

$$\frac{\partial E_{\hat{\boldsymbol{w}}}}{\partial \hat{\boldsymbol{w}}} = 2\,\mathbf{X}^{\mathrm{T}} \left(\mathbf{X}\hat{\boldsymbol{w}} - \boldsymbol{y}\right) \, . \qquad \text{식 3.10}$$

위 식이 0이 되도록 설정하면 $\hat{\boldsymbol{w}}$ 최적해의 닫힌 해를 구할 수 있습니다. 하지만 역행렬을 계산해야 하므로 단일 변수일 때보다 많이 복잡해졌습니다. 그리고 한 가지 더 주의해야 할 것이 있습니다.

$\mathbf{X}^{\mathrm{T}}\mathbf{X}$가 풀랭크 행렬full-rank matrix이거나 정치 행렬positive definite matrix일 때, 식 3.10을 0으로 만들어 다음 식을 얻을 수 있습니다.

$$\hat{\boldsymbol{w}}^* = \left(\mathbf{X}^{\mathrm{T}}\mathbf{X}\right)^{-1} \mathbf{X}^{\mathrm{T}}\boldsymbol{y} \, , \qquad \text{식 3.11}$$

식에서 $(\mathbf{X}^{\mathrm{T}}\mathbf{X})^{-1}$은 행렬$(\mathbf{X}^{\mathrm{T}}\mathbf{X})$의 역행렬입니다. $\hat{\boldsymbol{x}}_i = (x_i; 1)$일 경우 최종 학습된 다중 선형 회귀 모델은 식 3.12가 될 것입니다.

$$f(\hat{\boldsymbol{x}}_i) = \hat{\boldsymbol{x}}_i^{\mathrm{T}} \left(\mathbf{X}^{\mathrm{T}}\mathbf{X}\right)^{-1} \mathbf{X}^{\mathrm{T}}\boldsymbol{y} \, . \qquad \text{식 3.12}$$

예를 들면, 생물 정보학에서 유전자 데이터는 천 만개가 넘는 속성이 있는데, 몇십에서 몇백 정도의 샘플만이 있다.

기억해 보아라. 선형 방정식을 풀 때 변수가 너무 많다면 해가 많아진다.

귀납적 편향에 관해서는 1.4절을 참조하라. 정규화에 관해서는 6.4절과 11.4절을 참조하라.

하지만 현실에서 $\mathbf{X}^{\mathrm{T}}\mathbf{X}$가 풀랭크 행렬일 경우는 많지 않습니다. 예를 들어, 많은 머신러닝 프로젝트에서 많은 변수를 가진 문제를 만날 때가 많고, 어떤 경우는 심지어 변수의 수가 샘플의 수보다 많습니다. 즉, $\mathbf{X}$의 열의 수가 행의 수를 초과하는 것이죠. 당연하게도 이때 $\mathbf{X}^{\mathrm{T}}\mathbf{X}$는 풀랭크일 수 없습니다. 이때도 다수의 $\hat{\boldsymbol{w}}$를 구하고 평균제곱 오차를 최소화할 수는 있지만, 정규화regularization 같은 방법을 사용해야 할 것입니다.

선형 모델은 매우 간단하지만 변화무쌍합니다. 샘플$(\boldsymbol{x},\,y)$, $y \in \mathbb{R}$에서 선형 모델 (식 3.2)의 예측값이 실제 데이터 y에 아주 근접하게 된다면 다음과 같은 선형 회귀 모델을 얻을 수 있습니다.

$$y = \boldsymbol{w}^{\mathrm{T}}\boldsymbol{x} + b\,.$$

식 3.13

이 모델의 예측치를 y에 아주 근사한 파생물derivative로 만들어도 될까요? 예를 들면, 샘플이 대응하는 결괏값 데이터가 지수 척도에서 변화한다고 가정한다면 다음과 같은 선형 모델이 만들어질 수 있지 않을까요?

$$\ln y = \boldsymbol{w}^{\mathrm{T}}\boldsymbol{x} + b\,.$$

식 3.14

이것이 바로 **로그 선형 회귀**log-linear regression입니다. 실제로는 $e^{\boldsymbol{w}^{\mathrm{T}}\boldsymbol{x}+b}$를 y에 근사하게 하는 것입니다. 식 3.14는 형식적으로는 여전히 선형 회귀입니다. 그러나 실질적으로는 입력 공간에서 출력 공간으로 이동하는 비선형 함수의 투영입니다. 그림 3.1에서 보여주는 것처럼, 로그 함수는 선형 회귀 모델의 예측값과 실제 데이터값을 연결하는 작용을 합니다.

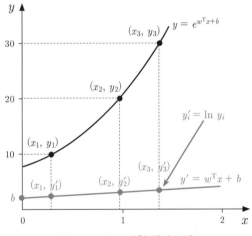

그림 3.1 \ 로그 선형 회귀 그래프

$g(\cdot)$는 연속적이고 충분히 평활하다.

더 일반적으로는 단조 미분 가능 함수 $g(\cdot)$를 고려하여 식 3.15로 만듭니다.

$$y = g^{-1}(\boldsymbol{w}^{\mathrm{T}}\boldsymbol{x} + b)\,,$$

식 3.15

GLM의 파라미터 계산은 일반적으로 가중 최소제곱법이나 최대 우도법을 사용해서 진행한다.

이렇게 얻은 모델은 **일반화 선형 모델**generalize linear model이라 부르고, 함수 $g(\cdot)$는 링크 함수link function라고 합니다. 일반화 선형 모델의 단조 미분 가능 함수 $g(\cdot)$가 $\ln(\cdot)$일 경우 (즉, $g(\cdot) = \ln(\cdot)$) 로그 선형 회귀가 됩니다.

3.3 로지스틱 회귀

앞 절에서 우리는 선형 모델을 사용하여 회귀 학습을 하는 방법에 대하여 논의했습니다. 만약 우리가 해결해야 하는 문제가 분류 문제라면 어떻게 해야 할까요? 답은 식 3.15 일반화 선형 모델에 있습니다. 단조 미분 가능 함수 하나만 찾아내어 분류 문제의 실제 레이블 y와 선형 회귀 모델의 예측값을 연결해 주기만 하면 됩니다.

결괏값이 $y \in \{0,1\}$인 이진 분류 문제를 생각해 봅시다. 선형 회귀 모델이 생성한 예측값 $z = \boldsymbol{w}^{\mathrm{T}}\boldsymbol{x} + b$는 실수입니다. 따라서 우리는 실수 z를 0/1값으로 변환해 줘야 합니다. 가장 이상적인 방법은 **단위 계단 함수**unit-step function를 활용하는 것입니다.

헤비사이드(Heaviside) 함수라고도 한다.

$$y = \begin{cases} 0, & z < 0 ; \\ 0.5, & z = 0 ; \\ 1, & z > 0 , \end{cases}$$

식 3.16

만약 예측값 z가 0보다 크다면 양성값으로, 0보다 작다면 음성값으로 주어집니다. 예측값이 임곗값인 0이면 임의로 판별합니다. 그림 3.2에 자세한 설명이 나와 있습니다.

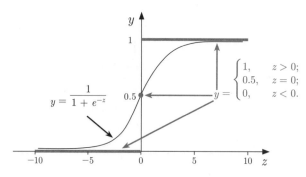

그림 3.2 \ 단위 계단 함수와 로지스틱 함수

하지만 그림 3.2에서 볼 수 있듯이, 단위 계단 함수는 불연속적입니다. 따라서 식 3.15의 $g^-(\cdot)$를 직접적으로 사용할 수 없습니다. 우리는 일정 수준에서 단위 계단 함수와 근사한 **대체 함수**surrogate function를 찾고 싶어합니다. 그리고 이 함수는 단조 미분이 가능해야 합니다. 이 경우에 로지스틱 함수logistic function가 자주 쓰이는 대체 함수입니다.

약칭은 '로짓 함수'

로그 함수와 로지스틱 함수는 다르다.

시그모이드 함수는 S형의 함수 다. 로지스틱 함수는 대표적인 시그모이드 함수이고, 5장에서 설명할 신경망에서 중요한 역할을 한다.

$$y = \frac{1}{1 + e^{-z}} \, . \qquad \text{식 3.17}$$

그림 3.2에서 볼 수 있듯이 로지스틱 함수는 일종의 **시그모이드 함수**sigmoid function 입니다. 이 함수는 z값을 0이나 1에 근사한 y값으로 전환하고, 아웃풋이 $z = 0$ 근처에서 급격하게 변화합니다. 로지스틱 함수를 $g^-(\cdot)$로 식 3.15에 대입하면 다음 식을 얻을 수 있습니다.

$$y = \frac{1}{1 + e^{-(\boldsymbol{w}^{\mathrm{T}}\boldsymbol{x}+b)}} \, . \qquad \text{식 3.18}$$

식 3.14와 비슷하게 식 3.18은 다음 식으로 바꿀 수 있습니다.

$$\ln\frac{y}{1-y} = \boldsymbol{w}^{\mathrm{T}}\boldsymbol{x} + b \, . \qquad \text{식 3.19}$$

만약 y를 샘플 $\boldsymbol{x}$가 양성값일 가능성으로 본다면, $1 - y$는 반대로 음성값일 가능성이 됩니다. 이 둘의 비곳값은 식 3.20이고 이를 **오즈**odds라고 부릅니다.

$$\frac{y}{1-y} \qquad \text{식 3.20}$$

오즈는 $\boldsymbol{x}$가 양성값일 상대적 가능성을 나타냅니다. 오즈에 대하여 로그를 취하면 **로그 오즈**log odds라고 부르고 **로짓**logit이라고도 부릅니다.

$$\ln\frac{y}{1-y} \, . \qquad \text{식 3.21}$$

위 식에서 알 수 있는 것은 식 3.18은 사실상 선형 회귀 모델의 예측 결괏값을 사용하여 실제 데이터의 로그 오즈에 근사한다는 것입니다. 따라서 이러한 모델을 **로지스틱 회귀**logistic regression또는 **로짓 회귀**logit regression라고 부릅니다. 여기서 주의해야 할 점은 명칭은 '회귀'지만, 사실상 일종의 분류 학습법이라는 것입니다. 이러한 방법은 많은 장점이 있습니다. 예를 들면, 이러한 모델은 분류 가능성에 대해 직접적으로 모델을 만들고 사전 데이터 분포에 대한 가정이 필요하지 않습니다. 이는 가설 분포가 부정확해서 일으킬 수 있는 문제들을 피할 수 있게 해줍니다. 그리고 로지스틱 회귀는 '클래스'를 예측할 뿐 아니라 근사확률에 대한 예측도 할 수 있습니다. 이는 확률을 통해 의사결정을 도와야 하는 상황에서 큰 도움이 됩니다. 이외에도 로지스틱 회귀가 구하고자 하는 해의 목표 함수는 어떤 단계에서든 구할 수 있는 컨벡스(볼록) 함수convex function라는 점입니다. 이는 수학적으로 매우 좋은 성질입니다. 현재 존재하는 많은 수치 최적화 알고리즘을 모두 최적해optimum solution를 구하는 데 사용할 수 있기 때문입니다.

계속해서 우리는 어떻게 식 3.18의 w와 b를 찾아가는지 알아보겠습니다. 만약 식 3.18의 y를 사후 확률 $p(y = 1 \mid x)$라고 본다면, 식 3.19와 3.18은 다음과 같이 다시 쓸 수 있습니다.

$$\ln \frac{p(y = 1 \mid \boldsymbol{x})}{p(y = 0 \mid \boldsymbol{x})} = \boldsymbol{w}^\mathrm{T} \boldsymbol{x} + b .$$ 식 3.22

$$p(y = 1 \mid \boldsymbol{x}) = \frac{e^{\boldsymbol{w}^\mathrm{T} \boldsymbol{x} + b}}{1 + e^{\boldsymbol{w}^\mathrm{T} \boldsymbol{x} + b}} ,$$ 식 3.23

따라서 식 3.24가 나옵니다.

$$p(y = 0 \mid \boldsymbol{x}) = \frac{1}{1 + e^{\boldsymbol{w}^\mathrm{T} \boldsymbol{x} + b}} .$$ 식 3.24

최대 우도법에 관해서는 7.2절을 참조하라.

결국, 우리는 **최대 우도법**maximum likelihood method을 통해 $\boldsymbol{w}$와 b를 추측할 수 있습니다. 데이터 세트를 $\{(x_i,\ y_i)\}_{i=1}^m$로 정의하고, 로지스틱 회귀 모델이 **로그 우도**log likelihood를 최대화한다고 한다면 식 3.25와 같습니다.

$$\ell(\boldsymbol{w}, b) = \sum_{i=1}^m \ln p(y_i \mid \boldsymbol{x}_i; \boldsymbol{w}, b) ,$$ 식 3.25

즉, 각 샘플이 실제 레이블에 속할 확률이 높으면 높을수록 좋다는 뜻이 됩니다. 예를 들어, $\boldsymbol{\beta} = (\boldsymbol{w};\ b)$, $\hat{\boldsymbol{x}} = (\boldsymbol{x};\ 1)$로 각각 정의하면 $\boldsymbol{w}^\mathrm{T} \boldsymbol{x} + b$는 $\boldsymbol{\beta}^\mathrm{T} \hat{\boldsymbol{x}}$로 요약해서 쓸 수 있습니다. 또 $p_1(\hat{\boldsymbol{x}}; \boldsymbol{\beta}) = p(y = 1 \mid \hat{\boldsymbol{x}}; \boldsymbol{\beta})$, $p_0(\hat{\boldsymbol{x}}; \boldsymbol{\beta}) = p(y = 0 \mid \hat{\boldsymbol{x}}; \boldsymbol{\beta}) = 1 - p_1(\hat{\boldsymbol{x}}; \boldsymbol{\beta})$로 정의한다면 식 3.25에서 우도 항을 다음과 같이 다시 쓸 수 있습니다.

$$p(y_i \mid \boldsymbol{x}_i; \boldsymbol{w}, b) = y_i p_1(\hat{\boldsymbol{x}}_i; \boldsymbol{\beta}) + (1 - y_i) p_0(\hat{\boldsymbol{x}}_i; \boldsymbol{\beta}) .$$ 식 3.26

식 3.23과 식 3.24에 기반하여 식 3.26을 식 3.25에 대입하면, 식 3.25를 최대화하는 것이 다음 식을 최소화하는 것과 같다는 것을 알게 됩니다.

$y_i \in \{0, 1\}$을 고려해야 한다.

$$\ell(\boldsymbol{\beta}) = \sum_{i=1}^{m} \left(-y_i \boldsymbol{\beta}^{\mathrm{T}} \hat{\boldsymbol{x}}_i + \ln \left(1 + e^{\boldsymbol{\beta}^{\mathrm{T}} \hat{\boldsymbol{x}}_i} \right) \right) \,.$$ 식 3.27

식 3.27은 $\boldsymbol{\beta}$의 고차 미분 가능 연속 컨벡스 함수convex function입니다. 컨벡스 최적화convex optimization[Boyd and Vandenberghe, 2004] 이론에 의하면, 경사하강법gradient descent method, 뉴턴법Newton method 같은 정통적인 최적화 알고리즘을 통해서도 해당 식의 최적해를 구할 수 있습니다.

부록 B.4를 참조하라.

$$\boldsymbol{\beta}^* = \arg \min_{\boldsymbol{\beta}} \ell(\boldsymbol{\beta}) \,.$$ 식 3.28

뉴턴법을 예로 들면, 현재 $\boldsymbol{\beta}$에서 다음 순서 $\boldsymbol{\beta}'$ 반복해iteration solution의 공식은 식 3.29입니다.

$$\boldsymbol{\beta}' = \boldsymbol{\beta} - \left(\frac{\partial^2 \ell(\boldsymbol{\beta})}{\partial \boldsymbol{\beta} \, \partial \boldsymbol{\beta}^{\mathrm{T}}} \right)^{-1} \frac{\partial \ell(\boldsymbol{\beta})}{\partial \boldsymbol{\beta}} \,,$$ 식 3.29

해당 식의 $\boldsymbol{\beta}$에 대한 1차, 2차 도함수는 각각 식 3.30과 식 3.31입니다.

$$\frac{\partial \ell(\boldsymbol{\beta})}{\partial \boldsymbol{\beta}} = -\sum_{i=1}^{m} \hat{\boldsymbol{x}}_i (y_i - p_1(\hat{\boldsymbol{x}}_i; \boldsymbol{\beta})) \,,$$ 식 3.30

$$\frac{\partial^2 \ell(\boldsymbol{\beta})}{\partial \boldsymbol{\beta} \partial \boldsymbol{\beta}^{\mathrm{T}}} = \sum_{i=1}^{m} \hat{\boldsymbol{x}}_i \hat{\boldsymbol{x}}_i^{\mathrm{T}} p_1(\hat{\boldsymbol{x}}_i; \boldsymbol{\beta})(1 - p_1(\hat{\boldsymbol{x}}_i; \boldsymbol{\beta})) \,.$$ 식 3.31

3.4 선형 판별분석

선형 판별분석Linear Discriminant Analysis, LDA은 전통적인 선형 학습법입니다. 이진 분류 문제에서는 Fisher피셔, 1936가 가장 먼저 사용했기 때문에 '피셔 판별분석'이라고도 부릅니다.

엄격히 말하면 LDA와 피셔 판별분석은 다르다. 전자는 각 클래스 샘플의 공분산 행렬이 같고 풀랭크(full rank) 행렬임을 가정한다.

LDA의 아이디어는 매우 단순합니다. 훈련 데이터 세트를 정하고 샘플을 하나의 직선 위에 투영시키는 것입니다. 같은 클래스에 속하는 샘플들을 가능한 한 가까운 투영점에 놓고 서로 다른 클래스에 속한 샘플들은 투영점에서 최대한 먼 위치에 위치하도록 합니다. 새로운 데이터에 대하여 분류를 진행할 때 해당 직선상에 투영되도록 하며 투영된 위치에 따라 해당 데이터의 클래스를 분류합니다. 그림 3.3은 2차원 그래프를 나타냅니다.

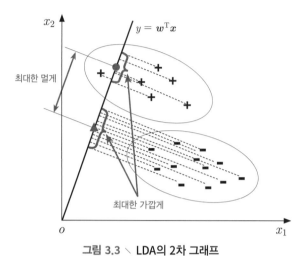

그림 3.3 ＼ LDA의 2차 그래프

('+', '−'는 각각 양성값과 음성값을 나타냄. 타원은 데이터 클러스터를 나타내고 점선은 투영을 나타냄. 초록색 점과 세모는 각각 두 클래스의 샘플이 투영된 후의 중심점을 나타냄)

데이터 세트 $D = \{(x_i,\ y_i)\}_{i=1}^{m},\ y_i \in \{0,\ 1\}$에서 $\boldsymbol{X}_i,\ \boldsymbol{\mu}_i,\ \Sigma_i$를 각각 $i \in \{0,\ 1\}$번째 클래스의 집합, 평균벡터, 공분산행렬covariance matrix로 정의해 봅시다. 만약 데이터를 직선 $\boldsymbol{w}$ 위에 투영한다면 두 클래스의 샘플들의 중심은 직선상의 $\boldsymbol{w}^{\mathrm{T}}\boldsymbol{\mu}_0,\ \boldsymbol{w}^{\mathrm{T}}\boldsymbol{\mu}_1$에 각각 투영됩니다. 만약 모든 샘플들이 직선상으로 투영된다면 두 클래스 샘플의 공분산은 각각 $\boldsymbol{w}^{\mathrm{T}}\Sigma_0\boldsymbol{w}$와 $\boldsymbol{w}^{\mathrm{T}}\Sigma_1\boldsymbol{w}$로 나타낼 수 있습니다. 직선은 일차원 공간이므로 $\boldsymbol{w}^{\mathrm{T}}\boldsymbol{\mu}_0,\ \boldsymbol{w}^{\mathrm{T}}\boldsymbol{\mu}_1,\ \boldsymbol{w}^{\mathrm{T}}\Sigma_0\boldsymbol{w},\ \boldsymbol{w}^{\mathrm{T}}\Sigma_1\boldsymbol{w}$ 모두 실수입니다.

만약 같은 클래스 샘플들의 투영점을 최대한 가까이 하려면 같은 클래스에 속한 샘플들의 투영점의 공분산을 최대한 작게 만들어주면 됩니다. 즉, $\boldsymbol{w}^{\mathrm{T}}\Sigma_0\boldsymbol{w} + \boldsymbol{w}^{\mathrm{T}}\Sigma_1\boldsymbol{w}$를 최대한 작게 만드는 것이죠. 또한, 다른 클래스에 속한 샘플들의 투영점을 최대한 멀리 두려면 각 클래스 중심점 간의 거리를 최대한 멀게 만들면 됩니다. 즉, $\|\boldsymbol{w}^{\mathrm{T}}\boldsymbol{\mu}_0 - \boldsymbol{w}^{\mathrm{T}}\boldsymbol{\mu}_1\|_2^2$를 최대한 크게 만드는 것입니다. 위에서 언급한 두 가지 목표를 동시에 달성하려면 다음 식을 최대화해야 합니다.

$$J = \frac{\|\boldsymbol{w}^{\mathrm{T}}\boldsymbol{\mu}_0 - \boldsymbol{w}^{\mathrm{T}}\boldsymbol{\mu}_1\|_2^2}{\boldsymbol{w}^{\mathrm{T}}\boldsymbol{\Sigma}_0\boldsymbol{w} + \boldsymbol{w}^{\mathrm{T}}\boldsymbol{\Sigma}_1\boldsymbol{w}}$$

$$= \frac{\boldsymbol{w}^{\mathrm{T}}(\boldsymbol{\mu}_0 - \boldsymbol{\mu}_1)(\boldsymbol{\mu}_0 - \boldsymbol{\mu}_1)^{\mathrm{T}}\boldsymbol{w}}{\boldsymbol{w}^{\mathrm{T}}(\boldsymbol{\Sigma}_0 + \boldsymbol{\Sigma}_1)\boldsymbol{w}} .$$

식 3.32

집단 내 산포행렬within-class scatter matrix은 다음과 같이 정의합니다.

$$\mathbf{S}_w = \boldsymbol{\Sigma}_0 + \boldsymbol{\Sigma}_1$$

$$= \sum_{\boldsymbol{x} \in X_0} (\boldsymbol{x} - \boldsymbol{\mu}_0)(\boldsymbol{x} - \boldsymbol{\mu}_0)^{\mathrm{T}} + \sum_{\boldsymbol{x} \in X_1} (\boldsymbol{x} - \boldsymbol{\mu}_1)(\boldsymbol{x} - \boldsymbol{\mu}_1)^{\mathrm{T}}$$

식 3.33

집단 간 산포행렬between-class scatter matrix은 다음과 같이 정의합니다.

$$\mathbf{S}_b = (\boldsymbol{\mu}_0 - \boldsymbol{\mu}_1)(\boldsymbol{\mu}_0 - \boldsymbol{\mu}_1)^{\mathrm{T}} ,$$

식 3.34

따라서 식 3.32는 다음과 같이 다시 쓸 수 있습니다.

$$J = \frac{\boldsymbol{w}^{\mathrm{T}}\mathbf{S}_b\boldsymbol{w}}{\boldsymbol{w}^{\mathrm{T}}\mathbf{S}_w\boldsymbol{w}} .$$

식 3.35

위 식은 LDA 알고리즘이 최대화하려는 목표가 됩니다. 즉, $\mathbf{S}_b$와 $\mathbf{S}_w$의 **일반화된 레일리 몫**generalized Rayleigh quotient입니다.

그렇다면 $\boldsymbol{w}$는 어떻게 계산할까요? 식 3.35를 자세히 보면 분자와 분모가 모두 $\boldsymbol{w}$에 관한 이차 항입니다. 따라서 식 3.35의 해와 $\boldsymbol{w}$의 길이는 무관하며, 방향만 관련 있습니다. 일반성을 잃지 않고without loss of generality, $\boldsymbol{w}^{\mathrm{T}}\mathbf{S}_w\boldsymbol{w} = 1$이라면 식 3.35는 아래 식과 같아집니다.

만약 $\boldsymbol{w}$가 하나의 해라면, 임의의 상수 α, $\alpha\boldsymbol{w}$ 역시 식 3.35의 해다.

$$\min_{\boldsymbol{w}} \quad -\boldsymbol{w}^{\mathrm{T}}\mathbf{S}_b\boldsymbol{w}$$

$$\mathrm{s.t.} \quad \boldsymbol{w}^{\mathrm{T}}\mathbf{S}_w\boldsymbol{w} = 1 .$$

식 3.36

라그랑주 승수법은 부록 B.1을 참조하라.

라그랑주 승수법 Lagrange multiplier methods에 의해 위 식은 아래 식과 같습니다.

$$\mathbf{S}_b\boldsymbol{w} = \lambda\mathbf{S}_w\boldsymbol{w} ,$$

식 3.37

$(\boldsymbol{\mu}_0 - \boldsymbol{\mu}_1)^{\mathrm{T}}\boldsymbol{w}$은 스칼라다.

위 식에서 λ는 라그랑주 곱셈자입니다. 그리고 자세히 살펴보면 $\mathbf{S}_b\boldsymbol{w}$의 방향이 $\boldsymbol{\mu}_0 - \boldsymbol{\mu}_1$임을 알 수 있습니다. 따라서 식 3.38로 만들어 식 3.37에 대입하면 식 3.39를 얻을 수 있습니다.

$$\mathbf{S}_b \boldsymbol{w} = \lambda(\boldsymbol{\mu}_0 - \boldsymbol{\mu}_1) \ , \qquad \text{식 3.38}$$

$$\boldsymbol{w} = \mathbf{S}_w^{-1}(\boldsymbol{\mu}_0 - \boldsymbol{\mu}_1) \ . \qquad \text{식 3.39}$$

특잇값 분해에 관해서는 부록 A.3을 참조하라.

수치해의 안정성을 고려하면, 실제로는 $\mathbf{S}_w$에 대해 특잇값 분해_{Singular Value} Decomposition, SVD를 합니다. 즉, $\mathbf{S}_w = \mathbf{U}\boldsymbol{\Sigma}\mathbf{V}^{\mathrm{T}}$이고, 여기서 $\boldsymbol{\Sigma}$는 하나의 대각 행렬 diagonal matrix이며, 대각선상의 원소는 $\mathbf{S}_w$의 특잇값입니다. 그리고 $\mathbf{S}_w^{-1} = \mathbf{V}\boldsymbol{\Sigma}^{-1}\mathbf{U}^{\mathrm{T}}$ 를 통해 $\mathbf{S}_w^{-1}$를 구합니다.

연습문제 7.5를 참조하라.

한 가지 언급할 점은 LDA는 베이즈 결정 이론의 관점에서도 설명과 증명이 가능합니다. 두 클래스의 데이터가 모두 선험적_{a priori}이고 가우스분포를 만족하며 공분산이 같은 경우 LDA는 최적의 분류를 할 수 있습니다.

그리고 우리는 LDA를 다항 분류 문제로 확장할 수 있습니다. 만약 N개의 클래스가 있고 i번째 클래스 샘플 수가 m_i개라고 해봅시다. 우리는 먼저 전역 산포행렬을 정의해야 합니다.

$$\begin{aligned} \mathbf{S}_t &= \mathbf{S}_b + \mathbf{S}_w \\ &= \sum_{i=1}^{m} (\boldsymbol{x}_i - \boldsymbol{\mu})(\boldsymbol{x}_i - \boldsymbol{\mu})^{\mathrm{T}} \ , \end{aligned} \qquad \text{식 3.40}$$

위 식에서 $\boldsymbol{\mu}$는 모든 데이터의 평균 벡터입니다. 클래스 내의 산포행렬 $\mathbf{S}_w$는 각 클래스의 산포행렬의 합으로 재정의됩니다.

$$\mathbf{S}_w = \sum_{i=1}^{N} \mathbf{S}_{w_i} \ , \qquad \text{식 3.41}$$

위 식에서 $\mathbf{S}_{w_i}$는 식 3.42입니다.

$$\mathbf{S}_{w_i} = \sum_{\boldsymbol{x} \in X_i} (\boldsymbol{x} - \boldsymbol{\mu}_i)(\boldsymbol{x} - \boldsymbol{\mu}_i)^{\mathrm{T}} \ . \qquad \text{식 3.42}$$

식 3.40~3.42를 통해 다음 식을 얻을 수 있습니다.

$$\begin{aligned} \mathbf{S}_b &= \mathbf{S}_t - \mathbf{S}_w \\ &= \sum_{i=1}^{N} m_i(\boldsymbol{\mu}_i - \boldsymbol{\mu})(\boldsymbol{\mu}_i - \boldsymbol{\mu})^{\mathrm{T}} \ . \end{aligned} \qquad \text{식 3.43}$$

다중 분류 LDA는 다양한 구현 방법이 있습니다. $\mathbf{S}_b$, $\mathbf{S}_w$, $\mathbf{S}_t$ 세 개 중 임의의 두 개를 사용하면 됩니다. 가장 자주 보이는 구현 방법은 다음 식을 최적화하는 것입니다.

$$\max_{\mathbf{W}} \frac{\mathrm{tr}\left(\mathbf{W}^{\mathrm{T}}\mathbf{S}_b\mathbf{W}\right)}{\mathrm{tr}\left(\mathbf{W}^{\mathrm{T}}\mathbf{S}_w\mathbf{W}\right)},$$

식 3.44

위 식에서 $\mathbf{W} \in \mathbb{R}^{d\times(N-1)}$이고, $\mathrm{tr}(\cdot)$은 행렬의 대각합을 나타냅니다. 식 3.44는 아래 일반 고윳값 문제로 해를 구할 수 있습니다.

$$\mathbf{S}_b\mathbf{W} = \lambda\mathbf{S}_w\mathbf{W}.$$

식 3.45

최대 $N-1$개의 0이 아닌 고윳값이 존재한다.

$\mathbf{W}$의 닫힌 형태는 $\mathbf{S}_w^{-1}\mathbf{S}_b$의 d'개 0이 아닌 최대 고윳값들이 대응하는 특성 벡터로 만들어진 행렬입니다. $d' \leqslant N-1$.

만약 $\mathbf{W}$를 투영 행렬이라고 본다면, 다중 분류 LDA는 샘플을 d'차원의 공간으로 투영합니다. 여기서 d'는 일반적으로 데이터의 속성 수 d보다 많이 작습니다. 다시 말해, 우리는 이러한 투영을 통해 샘플 포인트의 차원수를 줄이고 투영 과정 중에 분류에 관한 정보를 모두 사용합니다. 그래서 LDA는 전통적인 지도적 차원 축소 기법으로도 볼 수 있습니다.

차원 축소에 관해서는 10장을 참조하라.

3.5 다중 분류 학습

현실에서는 많은 다중 분류 학습 문제를 만나게 됩니다. 어떤 이진 분류 학습법은 직접적으로 다중 분류 방법으로 확장될 수 있습니다. 그러나 많은 상황에서 약간의 기초 전략에 기반하여 이진 분류 학습기를 활용해 다중 분류 문제를 해결해야 합니다.

예를 들면 앞 절에서 소개한 LDA 확장이 있다.

일반성을 잃지 않고 N개 클래스 C_1, C_2, ..., C_N이 있다고 가정해 봅시다. 다중 분류 학습의 기본 아이디어는 '분해법'입니다. 즉, 다중 분류 문제를 몇 개의 이진 분류 문제로 분해하여 답을 찾습니다. 구체적으로 설명하면 먼저 문제를 분해합니다. 그리고 분해한 각 이진 분류 문제로 하나의 학습기를 훈련시킵니다. 테스트 시에는 분류기들의 예측 결과들을 앙상블하여 최종 다중 분류 결과를 얻습니다. 여기서 관건은 어떻게 다중 분류 문제를 분해할 것인가와 어떤 방식으로 다수의 분류기를 앙상블할 것인가입니다. 이번 절에서는 주로 분해 전략에 대해 소개하겠습니다.

분류 학습기는 '분류기(classifier)'라고 부른다.

여러 개의 분류기를 앙상블하는 방법은 8장을 참조하라.

가장 전형적인 분해 전략은 다음 세 가지가 있습니다.

- **일대일**One vs. One, OvO

- **일대다**One vs. Rest, OvR

- **다대다**Many vs. Many, MvM

OvR은 OvA(one vs. all)라고도 부른다. 그러나 OvA라는 용어는 엄격하지 못하다. 왜냐하면 '모든 클래스'를 음성 클래스로 치환할 수 없기 때문이다.

다음과 같은 데이터 세트가 있다고 가정하면, $D = \{(\boldsymbol{x}_1, y_1), (\boldsymbol{x}_2, y_2), \ldots, (\boldsymbol{x}_m, y_m)\}$, $y_i \in \{C_1, C_2, \ldots, C_N\}$, OvO는 N개 클래스를 둘씩 분해합니다. 따라서 총 $N(N-1)/2$개의 이진 분류 문제가 생성됩니다. 예를 들어, OvO가 두 클래스 C_i와 C_j로 분류기를 훈련했다면, 해당 분류기는 D 중의 C_i 클래스 샘플들을 양성값으로, C_j 클래스 샘플들을 음성값으로 분류합니다. 테스트 단계에서 새로운 샘플은 동시에 모든 분류기에서 테스트가 진행되며, 따라서 우리는 총 $N(N-1)/2$개의 분류 결과를 얻게 됩니다. 최종 결과는 투표를 통해 만들어집니다. 즉, 최종적으로 가장 많이 예측된 클래스가 최종 분류 결괏값이 됩니다. 그림 3.4에 그래프를 통한 설명을 참조하세요.

예상 신뢰구간 등을 활용해 정보를 앙상블하는 방법은 8.4절을 참조하라.

OvR은 매번 한 분류만 양성값으로 분류하고 남은 모든 클래스들은 음성값으로 분류하여 N개의 분류기를 학습합니다. 테스트 단계에서 하나의 분류기가 양성값으로 분류했다면 이에 대응하는 클래스의 레이블을 최종 분류 결과로 정합니다. 그림 3.4에 설명된 것처럼 말입니다. 만약 다수의 분류기가 양성값으로 분류한다면 일반적으로 각 분류기의 예측 신뢰도를 고려하고 신뢰도가 가장 큰 클래스의 레이블을 분류 결괏값으로 정합니다.

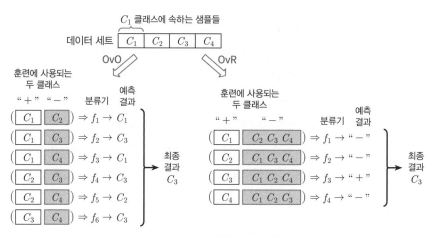

그림 3.4 ＼ OvO와 OvR 그래프

우리는 OvR은 N개의 분류기만 훈련시키면 되고, OvO는 $N(N-1)/2$개의 분류기를 훈련해야 한다는 점을 쉽게 알 수 있습니다. 그러므로 OvO의 메모리 사용량과 훈련에 필요한 시간이 OvR에 비해 크다는 점도 알 수 있습니다. 그러나 훈련단계에서 OvR의 각 분류기가 모든 훈련 데이터를 사용하는 반면, OvO의 각 분류기는 두 클래스의 데이터만 사용합니다. 따라서 클래스가 많은 경우 OvO의 훈련 시간은 OvR보다 더 짧습니다. 예측성능에 대해서는 구체적인 데이터 분포를 살펴보아야 하지만, 일반적으로는 두 학습기의 성능이 비슷하다고 알려져 있습니다.

MvM은 매번 몇 개의 클래스를 양성값에, 나머지 기타 클래스는 음성값으로 분해합니다. OvO와 OvR은 MvM의 특이 케이스라고 할 수 있습니다. MvM의 양성, 음성 클래스 분해 구조는 마음대로 정할 수 없고 특수한 설계가 바탕이 되어야 합니다. 여기서는 가장 자주 사용하는 MvM 방법인 **오류 수정 출력 코드**Error Correcting Output Codes, ECOC에 대해 알아보겠습니다.

ECOC[Dietterich and Bakiri, 1995]는 코딩 사상을 클래스 분해에 적용한 것입니다. 그리고 코드 분해 과정에서 최대한 고장 허용 한계fault tolerance를 포함하도록 합니다. ECOC는 다음 두 단계에 걸쳐 진행됩니다.

- **코딩**: N개의 클래스를 M개로 나눕니다. 각 구획 단계에서 일부분의 클래스를 양성 클래스로 구분하고 다른 일부분은 음성 클래스로 구분합니다. 이렇게 되면 하나의 이진 분류 훈련 데이터 세트가 만들어집니다. 이렇게 총 M개의 훈련 세트가 만들어지고 M개의 분류기를 훈련시킬 수 있습니다.

- **코드 해독**: M개 분류기는 각각 테스트 샘플을 활용해 예측을 진행합니다. 해당 예측 레이블들이 하나의 코드가 됩니다. 이 예측 코드와 분류가 다양한 각 코드를 비교하고 거리가 가장 짧은 클래스를 최종 예측 결괏값으로 정합니다.

클래스 분류는 **코딩 매트릭스**coding matrix를 통해 진행됩니다. 다양한 코딩 매트릭스 형식이 있는데, 가장 자주 보이는 형식은 이원코드[Dietterich and Bakiri, 1995]와 삼원코드[Allwein et al., 2000]입니다. 이원코드는 각 클래스를 양성과 음성으로 나누고, 삼원코드는 양성, 음성 외에도 중성이라는 분류를 하나 더 설정합니다. 그림 3.5를 통해 더 자세히 알아봅시다. 그림 3.5 (a)에서 분류기 f_2는 C_1과 C_3 클래스의 샘플들을 양성값으로 놓고 C_2와 C_4 클래스는 반대로 음성값으로 놓습니다. 그림 3.5 (b)

에서는 분류기 f_4가 C_1 클래스와 C_4 클래스의 샘플들을 양성값, C_3 클래스의 샘플들을 음성값으로 놓습니다. 코드 해독 단계에서 각 분류기의 예측 결과는 하나의 테스트 샘플의 코드로 연결됩니다. 해당 코드는 각 클래스가 대응하는 코드들과 비교하여 거리가 가장 짧은 코드에 대응하는 클래스를 예측 결괏값이 됩니다. 그림 3.5 (a)에서 유클리드 거리를 사용한다면 예측 결과는 C_3이 됩니다.

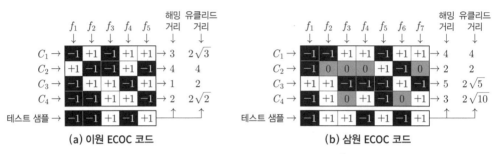

그림 3.5 ＼ ECOC 코드 그래프

'+1', '−1'은 각각 학습기 f_i가 해당 클래스 샘플들을 양성값, 음성값으로 분류한 것을 뜻함.
삼원코드에서 '0'은 f_i가 해당 클래스 샘플을 사용하지 않는다는 것을 뜻함

그렇다면 왜 ECOC라고 부를까요? 그 이유는 테스트 단계에서 ECOC 코드는 분류기의 오류에 대한 수정 능력이 있기 때문입니다. 그림 3.5 (a)에서 테스트 샘플에 대한 정확한 예측 코드는 $(-1, +1, +1, -1, +1)$입니다. 예측 과정에서 어떤 분류기에 오류가 있는 경우를 가정하면, 예를 들어 f_2 알고리즘이 잘못 분류해서 결괏값이 $(-1, -1, +1, -1, +1)$로 나왔더라도 해당 코드에 기반하여 나오는 최종 분룻값은 정확한 값 C_3이 될 것입니다. 일반적으로 같은 학습 문제에서 ECOC 코드가 길면 길수록 커집니다. 다른 한편으로 클래스 종류가 제한적이고 조합 가능 숫자가 유한하다면 코드가 너무 길어 일정 범위를 넘어서면 아무런 의미가 없습니다.

3.6 클래스 불균형 문제

앞서 소개한 분류 학습법들은 모두 하나의 공통 기본 가설이 있습니다. 서로 다른 클래스의 훈련 샘플들의 수가 같다는 전제입니다. 만약 서로 다른 클래스의 훈련 샘플 수 차이가 크지 않다면 별다른 영향은 없을 것입니다. 하지만 그 차이가 크다면 학습 과정이 매우 복잡해질 것입니다. 예를 들어, 998개의 음성 클래스 샘플이

있고 양성 클래스 샘플은 단 2개뿐이라면 모든 샘플의 클래스를 음성이라고 판단하는 학습기의 예측 정확도는 99.8%에 달할 것입니다. 이런 학습기는 가치가 없습니다. 왜냐하면 양성값에 대한 예측을 전혀 할 수 없기 때문입니다.

클래스 불균형class imbalance은 분류 문제에서 서로 다른 클래스의 훈련 샘플 수에 큰 차이가 있는 상황을 말합니다. 이번 절에서는 양성 클래스 샘플이 비교적 적고, 음성 클래스 샘플이 비교적 많은 경우를 가정하겠습니다. 현실에서 분류 문제를 풀 때 우리는 자주 클래스 불균형 문제를 만나게 됩니다. 예를 들어, 분해법으로 다중 분류 문제를 해결할 때 초기 훈련 세트의 서로 다른 클래스 샘플 수 비율이 비슷하더라도 OvR, MvM 등의 방법을 거쳐 생성된 이진 분류 문제에서는 클래스 불균형 현상이 발생할 수 있습니다. 따라서 우리는 클래스 불균형을 처리할 방법을 알아야 할 필요가 있습니다.

<aside>OvR과 MvM은 일반적으로 데이터 불균형 문제가 없다.</aside>

선형 분류기의 관점에서 논의하면 조금 쉽게 이해할 수 있습니다. $y = \boldsymbol{w}^\mathrm{T}\boldsymbol{x} + b$ 를 사용하여 새로운 샘플 $\boldsymbol{x}$에 대해 분류할 때 사실상 예측값 y와 하나의 임곗값 사이에 비교를 진행하는 것뿐입니다. 예를 들어, 일반적으로 y > 0.5일 때 양성값으로 판단하고 반대일 때는 음성값으로 판단합니다. 다르게 이야기하면 y는 사실상 양성값일 가능성에 대한 표현입니다. 따라서 오즈 $\frac{y}{1-y}$는 양성값일 가능성과 음성값일 가능성의 비율이고, 임곗값을 0.5로 설정했다는 것은 분류기가 실제 양성값과 음성값이 될 가능성을 같게 본다는 뜻입니다. 따라서 분류기의 결정 규칙은 다음과 같이 정의됩니다.

$$\text{만약 } \frac{y}{1-y} > 1 \text{ 이면 양성값으로 예측한다.}$$

식 3.46

그러나 훈련 데이터 세트 내의 양성, 음성값의 수가 다르다면 m^+를 양성값 샘플 수, m^-를 음성값 샘플 수로 가정했을 때 관측 오즈는 $\frac{m^+}{m^-}$가 될 것입니다. 우리는 일반적으로 훈련 데이터 세트는 실제 샘플 전체(모집단)에서의 비편향 추출unbiased sampling되었다고 가정하기 때문에 관측 오즈는 실제 오즈를 나타낸다고 볼 수 있습니다. 따라서 분류기의 예측 오즈가 관측 오즈보다 높기만 하다면 양성값으로 판단해야 합니다.

<aside>편향이 없는 샘플링(unbiased sampling)이란, 훈련 데이터가 실제 샘플 전체의 비율을 잘 보존하고 있는 것을 뜻한다.</aside>

$$\text{만약 } \frac{y}{1-y} > \frac{m^+}{m^-} \text{ 이면 양성값으로 예측한다.}$$

식 3.47

그러나 분류기는 식 3.46에 기반하여 결정을 진행해야 합니다. 따라서 예측값에 대한 조정이 필요합니다. 식 3.46에 기반하여 결정할 때 사실은 식 3.47을 쓰도록 말이죠. 다음과 같은 식으로 나타내면 쉽게 구현할 수 있습니다.

$$\frac{y'}{1-y'} = \frac{y}{1-y} \times \frac{m^-}{m^+}.$$

식 3.48

리밸런싱(rebalancing)이라고도 부른다.

이것이 바로 클래스 불균형 문제에서 자주 사용되는 **리스케일링**rescaling 방법입니다.

리스케일링 아이디어는 단순하지만 실제로 적용할 때는 생각처럼 단순하진 않습니다. 왜냐하면 '훈련 세트는 실제 샘플 데이터의 비편향 추출'이라는 가정이 성립하지 않을 때가 많기 때문입니다. 다른 말로 우리는 훈련 세트에서 관측한 오즈로 실제 오즈에 대해 효과적인 추론을 할 수 없다는 것입니다. 이런 상황에서는 크게 세 가지 방법이 있습니다.

언더샘플링(undersampling)은 다운샘플링(downsampling)이라고도 부르고, 오버샘플링(oversampling)은 업샘플링(up sampling)이라고도 부른다.

1. 직접 훈련 세트 내의 음성값 샘플을 **언더샘플링**undersampling합니다. 즉, 일정의 음성값을 제외하여 양성, 음성값 수를 최대한 비슷하게 만든 후 학습을 진행합니다.

2. 훈련 세트 내의 양성값 샘플을 **오버샘플링**oversampling합니다. 즉, 양성 샘플 수를 늘려 양성, 음성 샘플 수의 비율을 비슷하게 만든 후 학습을 진행합니다.

3. 그냥 원래 훈련 세트에 기반하여 학습을 진행하지만, 학습된 분류기를 사용하여 예측할 때는 식 3.48을 결정 과정에 사용하는 일명 **임곗값 이동**threshold-moving 방법입니다.

언더샘플링 방법은 일반적으로 시간 비용이 오버샘플링보다 작은 편입니다. 왜냐하면 전자는 많은 음성값 샘플을 버려서 분류기 훈련 세트를 원래 훈련 세트보다 작게 만들기 때문입니다. 반대로, 오버샘플링 방법은 양성값을 더하기 때문에 훈련 세트가 원래 훈련 세트보다 커집니다. 주의해야 할 것은 오버샘플링은 기존 훈련 데이터의 양성 샘플들에 대해 아무렇게나 반복 추출하면 안 됩니다. 잘못하면 심각한 과적합이 일어날 수 있기 때문입니다. 오버샘플링 방법의 대표적인 알고리즘인 SMOTE[Chawla et al., 2002]는 훈련 세트 내의 양성 샘플들에 대해 보간법 interpolation을 사용해 추가 양성 샘플을 만들어 냅니다. 다른 한편으로는 언더샘플링 방법에서 임의로 음성 샘플을 버린다면 중요한 정보를 잃어버릴 수도 있어서 주의해야 합니다. 언더샘플링의 대표적 알고리즘인 이지 앙상블EasyEnsemble[Liu et al., 2009]은 앙상블 학습 기법을 활용하여 음성 샘플을 여러 개의 집합으로 나누어 서로 다른 학습기에 적용합니다. 이 방법은 각 학습기에서는 언더샘플링을 진행하지만 전체적으로 봤을 때는 중요한 정보를 손실하지 않는 방법입니다.

비용 민감 학습은 비균형 비용을 학습한다. 2.3.4절을 참조하라.

한 가지 더 언급하고 싶은 것은 리스케일링 방법은 비용민감 학습cost-sensitive learning의 기초가 된다는 사실입니다. 비용민감 학습에서 식 3.48의 m^-/m^+를 $cost^+/cost^-$로 바꿔주면 $cost^+$는 양성값을 음성값으로 오분류한 대가가 됩니다. $cost^-$는 음성값을 양성값으로 오분류한 경우의 대가입니다.

3.7 더 읽을거리

희소 표현sparse representation은 최근 들어 많은 관심을 받고 있습니다. 하지만 다중 선형 회귀 같은 간단한 모델이라 할지라도 최적의 **희소성**sparsity을 가진 해를 찾기란 쉽지 않습니다. 희소성 문제는 본질적으로 L_0 노름norm의 최적화와 관련이 있고, 일반적인 조건으로는 NP-hard 문제가 됩니다. LASSO[Tibshirani, 1996]는 L_1 노름을 L_0 노름에 근사하여 희소해를 구하는 중요한 알고리즘입니다.

11장을 참조하라.

OvO와 OvR이 모두 ECOC의 특수한 경우라는 것은 쉽게 증명할 수 있습니다 [Allwein et al., 2000]. 사람들은 일반적인 코딩법을 활용해 문제 자체의 특성을 고려하는 것에 대해 제안했고, 문제에 의존하는 코딩법을 개발했습니다. 그리고 최적의 이산 코딩 행렬을 찾는 것은 하나의 NP-hard 문제라는 것을 증명했습니다 [Crammer and Singer, 2002]. 그 후, 많은 문제가 ECOC 코딩법에 의존하여 제기되었고, 일반적으로 대표성이 있는 이진 분류 문제로 코딩합니다[Pujol et al., 2006, 2008]. [Escalera et al., 2010]은 ECOC 스토리지까지 개발하게 되었습니다.

MvM은 ECOC 외에도 다른 구현 방법이 있습니다. 예를 들어, DAGDirected Acyclic Graph 분해법[Platt et al., 2000]은 클래스를 트리 형태로 구분했고, 각 노드마다 상응하는 이진 분류기를 만들었습니다. 그 밖에 다른 프로젝트는 직접적으로 다중 분류 문제를 해결하기 위해 개발되었고 다중 서포트 벡터 머신에 관한 연구가 있습니다 [Crammer and Singer, 2001; Lee et al., 2004].

비용민감 학습에서 가장 많이 연구되는 것은 클래스의 오분류 비용misclassification cost에 관한 것입니다. 비용 행렬 표 2.2에 관련 내용이 나와 있습니다. 이 책에서 비용민감 학습을 언급할 때 암묵적으로는 해당 유형을 말합니다. 이진 분류 문제에 대하여 '리스케일링'을 통해 이론상 최적해를 얻을 수 있다는 것은 이미 증명했습니다[Elkan, 2001]. 하지만 다중 분류 문제에서는 어떤 특정 상황에서만 닫힌 형태가 존재합니다[Zhou and Liu, 2006a]. 비균등 대가와 클래스 불균형은 모두 '리스케일링' 기술의 도움을 받을 수 있지만, 본질적으로 전자와 후자는 다릅니다[Zhou and Liu, 2006b]. 주의해야 할 점은 클래스 불균형 학습 중에서 비교적 작은 클래스의 비용이 더 크고, 그렇지 않으면 특별한 방법으로 처리하지 않아도 됩니다.

다중 분류 학습에 많은 클래스가 존재할 수 있지만, 대부분 하나의 샘플은 하나의 클래스에 속합니다. 만약 하나의 샘플이 동시에 여러 클래스를 예측하게 하고 싶다면, 예를 들면 하나의 그림을 동시에 '파란하늘', '하얀구름', '양떼', '자연풍경' 등으로 태깅하고 싶다면, 이러한 문제는 이제 다중 분류 학습 문제가 아닙니다. 이런 문제는 **멀티레이블 학습**multi-label learning이라고 부르고, 최근 몇 년 동안 아주 활발한 연구가 이뤄지고 있는 영역입니다. 멀티레이블 학습에 관심이 있는 독자라면 [Zhang and Zhou, 2014]를 참고해 주세요.

연습문제

수박 데이터 세트 3.0α에 대해서는 110쪽의 표 4.5를 참조하라.

UCI 데이터 세트는 http://archive.ics.uci.edu/ml/을 확인하라.

선형 분리 가능이란, 서로 다른 클래스 샘플을 분리할 수 있는 선형 초평면이 존재한다는 것을 뜻한다. 자세한 내용은 6.3절을 참조하라.

3.1 식 3.2에서 바이어스 항 b에 대해 고려하지 않아도 되는 상황을 설명하라.

3.2 파라미터 w에 대해, 로지스틱 회귀의 목표 함수 식 3.18은 넌컨벡스_{non-convex}이지만, 해당 로그 우도 함수는 컨벡스_{convex}라는 것을 증명하라.

3.3 수박 데이터 세트 3.0α를 사용해 로지스틱 회귀에 대한 코드를 작성하고 결과를 기술하라.

3.4 UCI 데이터 세트에서 두 개의 데이터를 골라 10-fold 교차 검증법과 Leave-one-out이 측정한 로지스틱 회귀의 오차율을 비교하라.

3.5 수박 데이터 세트 3.0α를 사용해 선형 판별분석에 대한 코드를 작성하고 결과를 기술하라.

3.6 선형 판별분석은 선형 분리 가능한 데이터상에서만 이상적인 결과를 얻는다. 이에 관련하여 선형 분리 불가능한 데이터 세트에서 사용 가능한 개선 방법에 대해 논의해 보아라.

3.7 코드 길이가 9이고, 클래스 수가 4일 때 해밍턴 거리로 이론 최적의 ECOC 이진 코드와 이에 대한 증명을 기술하라.

3.8* ECOC 코드가 이상적인 수정 작용을 할 수 있는 중요한 조건은 각 코드상에 오류가 날 확률이 서로 독립적이어야 한다는 것이다. 다중 분류 문제에서 ECOC 코드를 통해 생성된 이진 분류기가 해당 조건을 만족할 가능성과 이에 대한 영향을 기술하라.

3.9 OvR과 MvM을 사용하여 다중 분류 문제를 이진 분류 문제로 분해하여 해결할 때, 왜 전문적으로 클래스 불균형에 대한 처리를 진행하지 않아도 되는지 기술하라.

3.10* 다중 분류 비용민감 학습(오직 클래스의 오분류 비용에만 의존하는)이 '리스케일링'을 사용하여 이론 최적해를 얻을 수 있는 조건을 도출하라.

참고문헌

[1] Allwein, E. L., R. E. Schapire, and Y. Singer. (2000). "Reducing multiclass to binary: A unifying approach for margin classifiers." *Journal of Machine Learning Research*, 1:113-141.

[2] Boyd, S. and L. Vandenberghe. (2004). *Convex Optimization*. Cambridge University Press, Cambridge, UK.

[3] Chawla, N. V., K. W. Bowyer, L. O. Hall, and W. P. Kegelmeyer. (2002). "SMOTE: Synthetic minority over-sampling technique." *Journal of Artificial Intelligence Research*, 16:321-357.

[4] Crammer, K. and Y. Singer. (2001). "On the algorithmic implementation of multiclass kernel-based vector machines." *Journal of Machine Learning Research*, 2:265-292.

[5] Crammer, K. and Y. Singer. (2002). "On the learnability and design of output codes for multiclass problems." Machine Learning, 47(2-3):201-233. Dietterich, T. G. and G. Bakiri. (1995). "Solving multiclass learning problems via error-correcting output codes." *Journal of Artificial Intelligence Research*, 2:263-286.

[6] Elkan, C. (2001). "The foundations of cost-sensitive learning." In *Proceedings of the 17th International Joint Conference on Artificial Intelligence (IJCAI)*, 973-978, Seattle, WA.

[7] Escalera, S., O. Pujol, and P. Radeva. (2010). "Error-correcting ouput codes library." *Journal of Machine Learning Research*, 11:661-664.

[8] Fisher, R. A. (1936). "The use of multiple measurements in taxonomic problems." *Annals of Eugenics*, 7(2):179-188.

[9] Lee, Y., Y. Lin, and G. Wahba. (2004). "Multicategory support vector machines, theory, and application to the classification of microarray data and satellite radiance data." *Journal of the American Statistical Association*, 99(465):67-81.

[10] Liu, X.-Y., J. Wu, and Z.-H. Zhou. (2009). "Exploratory undersamping for class-imbalance learning." *IEEE Transactions on Systems, Man, and Cybernetics - Part B: Cybernetics*, 39(2):539-550.

[11] Platt, J.C., N. Cristianini, and J. Shawe-Taylor. (2000). "Large margin DAGs for multiclass classification." In *Advances in Neuml Information Processing Systems 12 (NIPS)* (S. A. Solla, T. K. Leen, and K.-R. Miiller, eds.), MIT Press, Cambridge, MA.

[12] Pujol, O., S. Escalera, and P. Radeva. (2008). "An incremental node embedding technique for error correcting output codes." *Pattern Recognition*, 41(2):713-725.

[13] Pujol, O., P. Radeva, and J. Vitria. (2006). "Discriminant ECOC: A heuristic method for application dependent design of error correcting output codes." *IEEE Transactions on Pattern Analysis and Machine Intelligence*, 28(6): 1007-1012.

[14] Tibshirani, R. (1996). "Regression shrinkage and selection via the LASSO." *Journal of the Royal Statistical Society: Series B*, 58(1):267-288.

[15] Zhang, M.-L. and Z.-H. Zhou. (2014). "A review on multi-label learning algorithms." *IEEE Transactions on Knowledge and Data Engineering*, 26(8): 1819-1837.

16   Zhou, Z.-H. and X.-Y. Liu. (2006a). "On multi-class cost-sensitive learning." In *Proceeding of the 21st National Conference on Artificial Intelligence (AAAI)*, 567–572, Boston, WA.

17   Zhou, Z.-H. and X.-Y. Liu. (2006b). "Training cost-sensitive neural networks with methods addressing the class imbalance problem." *IEEE Transactions on Knowledge and Data Engineering*, 18(1):63–77.

머신러닝 쉼터

최소제곱법에 관해

1801년 이탈리아 천문학자 주세페 피아치Giuseppe Piazzi, 1746~1826는 1호 소행성 세레스Ceres를 발견했습니다. 그러나 40년을 관측한 결과, 세레스가 태양의 뒤쪽으로 이동하면서 위치를 놓쳤습니다. 많은 천문학자가 세레스를 찾기 위해 노력했지만 아무런 소득이 없었습니다. 이는 위대한 독일의 수학자인 요한 카를 프리드리히 가우스Johann Carl Friedrich Gauss, 1777~1855의 관심을 끌었고, 그는 한 가지 방법을 고안해 피아치의 관측 데이터를 토대로 세레스의 경로를 계산해 냈습니다. 후에 독일 천문학자 하인리히 빌헬름 올베르스Heinrich Wilhelm Matthäus Olbers, 1758~1840는 가우스가 예측한 시간과 영역 내에서 세레스를 다시 찾아냈습니다. 1809년 가우스는 그의 저서 《Theory of Motion of the Heavenly Bodies Moving About the Sun in Conic Sections: A Translation of Theoria Motus》를 통해 그가 사용한 방법을 발표했는데, 그것이 바로 '최소제곱법'이었습니다.

1805년, 타원적분, 수론, 기하 등 다양한 방면에 큰 공헌을 한 프랑스 수학자 아드리앵마리 르장드르Adrien-Marie Legendre, 1752~1833는 《Nouvelles Méthodes pour la Détermination des Orbites des Comètes》를 발표하며 부록에 최소제곱법을 묘사했습니다. 하지만 르장드르는 그 책에서 최소제곱법의 오차 분석을 넣지 않았지만, 가우스는 1809년 그의 저서에서 최소제곱법의 오차 분석을 포함하며 수리통계와 오늘날의 머신러닝 분야에 지대한 영향을 주었습니다. 이러한 가우스의 공헌과 자신이 직접 1799년부터 최소제곱법을 사용했었다는 주장 때문에 많은 사람이 최소제곱법의 발명 우선권은 가우스에게 귀속되어야 한다고 생각하고 있습니다. 당시 이 두 수학 대가들의 발명 우선권 논쟁은 많은 수학역사학자의 연구 주제였지만, 오늘날까지도 명확한 답을 내놓고 있지 못하고 있습니다.

다른 두 인물은 라그랑주와 라플라스다. 3명의 이름은 모두 영문 L로 시작한다.

04 의사결정 트리

4.1 기본 프로세스

'판별 트리'라고도 부른다. 상하 문맥에 따라 '의사결정 트리'는 학습법을 지칭할 수도 있고 학습한 트리 그 자체를 지칭할 수도 있다.

의사결정 트리decision tree는 자주 접하는 머신러닝 학습법에 한 종류입니다. 이진 분류 문제를 예로 들면, 우리는 일반적으로 데이터 세트의 훈련을 통해 새로운 데이터를 만났을 때 분류 작업을 수행할 수 있는 모델을 학습하길 원합니다. 이런 샘플을 분류하는 문제를 '샘플이 양성 클래스에 속하는가?'라는 질문에 대한 '결정' 혹은 '판단'이라고 바꿔 생각해 볼 수 있습니다. 의사결정 트리라는 이름에서 알 수 있듯이 의사결정 트리는 나무 구조에 기반하여 결정을 진행합니다. 이는 인간이 하나의 결정을 내리는 자연적인 프로세스와 매우 비슷합니다. 예를 들어, '이 수박은 잘 익은 수박인가?'와 같은 문제에서 최종 판단(결정)을 내릴 때 우리는 일련의 '작은 판단'과 '작은 결정'을 내립니다. 먼저, '수박이 무슨 색인가?'라는 질문을 던질 수 있고, 만약 색이 '청록'이라면 다시 한번 '꼭지는 어떤 모양인가?'라는 질문을 던질 수 있습니다. 만약 꼭지가 '말린 모양'이라면, 우리는 또다시 '두드렸을 때 어떤 소리가 나는가?'라는 질문에 대한 답을 얻은 후 해당 수박이 '잘 익은 수박'이라고 결론 내릴 수 있을 것입니다. 이러한 결정 과정은 그림 4.1에서 잘 보여주고 있습니다.

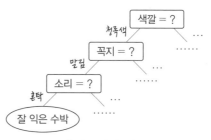

그림 4.1 ＼ **수박 문제에 관한 의사결정 트리**

우리가 원했던 결과물은 '잘 익은 수박이다' 혹은 '아니다'와 같은 명확한 것인데, 이러한 결정 과정의 최종 결론은 우리가 원했던 최종 결과물에 부합합니다. 결정 과정에서 던진 각 판정질문들은 모두 어떤 속성에 관한 '테스트'입니다. 그리고 각 테스트의 결과는 최종 결론이거나 또 다른 판정질문으로 이어집니다. 여기서 한 단계 위의 결정 결과는 정답 범위를 한정시키는 역할을 합니다. 예를 들어, '색 = 청록'이고 다음 판정질문이 '꼭지 모양 = ?'이라면 청록색인 수박의 꼭지 모양만을 고려해야 합니다.

일반적으로 하나의 의사결정 트리는 하나의 루트 노드root node, 여러 개의 내부 노드internal node, 그리고 여러 개의 리프 노드leaf node, 혹은 terminal node를 포함합니다. 잎의 경우에는 결정 결과에 상응하고, 기타 다른 노드는 하나의 속성 테스트에 상응합니다. 각 노드에 포함된 샘플 집합은 속성 테스트 결과에 따라 하위 노드로 분류됩니다. 루트 노드는 모든 샘플의 집합을 포함합니다. 루트 노드에서 시작해 각 잎으로 뻗어가는 과정은 일련의 판단과 테스트 과정입니다. 의사결정 트리 학습의 목표는 일반화 성능이 뛰어난 트리를 얻는 것입니다. 즉, 새로운 데이터를 잘 처리할 수 있는 능력을 가진 의사결정 트리를 얻는 것입니다. 기본적인 프로세스는 재귀적으로 간단하고 직관적인 분할 정복divide-and-conquer 전략을 기본으로 합니다. 그림 4.2는 의사결정 트리 학습법의 기본 알고리즘을 정리하여 보여줍니다.

입력: 훈련 세트 $D = \{(\boldsymbol{x}_1, y_1), (\boldsymbol{x}_2, y_2), \ldots, (\boldsymbol{x}_m, y_m)\}$
　　　　속성 집합 $A = \{a_1, a_2, \ldots, a_d\}$
과정: 함수 TreeGenerate(D, A)
　1: node 생성
　2: **if** D의 샘플이 모두 같은 클래스 C에 속하면 **then**
　3: 　　해당 node를 레이블이 C인 터미널 노드로 정한다 **return**
　4: **end if**
　5: **if** A = $\varnothing$ **OR** D의 샘플이 A 속성에 같은 값을 취한다면 **then**
　6: 　　해당 node를 터미널 노드로 정하고, 해당 클래스는 D 샘플 중 가장 많은 샘플의 수가 속한 속성으로 정한다 **return**
　7: **end if**
　8: A에서 최적의 분할 속성 a_*를 선택한다
　9: **for** a_*의 각 값 a_*^v에 대해 다음을 행한다 **do**
　10: 　node에서 하나의 가지를 생성한다. D_v는 D는 a_*^v 속성값을 가지는 샘플의 하위 집합으로 표기한다
　11: 　**if** D_v가 0이면 **then**

다음 절에서 어떻게 최적의 분할 속성을 얻을 수 있는지에 대해 논할 것이다.

12:	해당 가지 node를 터미널 노드로 정하고, 해당 클래스는 D 샘플 중 가장 많은 클래스로 정한다 **return**
13:	**else**
14:	TreeGenerate(D_v, $A \backslash \{a_*\}$)를 가지 노드로 정한다
15:	**end if**
16:	**end for**

A에서 a_*를 제거하라.

출력: node를 루트 노드root node로 하는 의사결정 트리

그림 4.2 ╲ **의사결정 트리 학습법의 기본 알고리즘**

위 그림에서 볼 수 있듯이 의사결정 트리의 생성 과정은 하나의 재귀 과정이라고 말할 수 있습니다. 의사결정 트리 알고리즘에서 다음 세 가지 상황 때문에 재귀 과정이 일어납니다.

1. 해당 노드에 포함된 샘플이 모두 같은 클래스에 속할 경우, 더는 분할을 진행하지 않습니다.

2. 해당 속성 집합이 0일 경우, 혹은 모든 샘플이 모든 속성에서 같은 값을 취할 경우, 더는 분할을 진행할 수 없습니다.

3. 해당 노드가 포함하고 있는 샘플의 집합이 0일 경우, 더는 분할을 진행할 수 없습니다.

두 번째 상황에서 우리는 해당 노드를 터미널 노드(혹은 리프 노드)라고 정의합니다. 그리고 해당 클래스를 해당 노드가 포함하고 있는 샘플 중 다수를 차지하고 있는 클래스로 정의합니다. 세 번째 상황에서는 동일하게 해당 노드를 리프 노드라고 정의하지만, 해당 클래스는 해당 부모 노드parent node가 포함하고 있는 샘플 중 다수가 속한 클래스로 설정합니다. 주의해야 할 점은 이 두 가지 상황에 대한 처리 방법이 실질적으로 다르다는 점입니다. 2번 상황에서는 해당 노드의 사후 분포를 사용하는 것이고, 3번 상황에서는 부모 노드의 샘플 분포를 해당 노드의 사전 분포로 사용하는 것입니다.

분할 선택

그림 4.2 알고리즘에서 볼 수 있듯이 의사결정 트리 학습법의 관건은 8행입니다. 즉, 최적의 분할 속성을 선택하는 것이 관건입니다. 일반적으로 분할 과정이 계속 진행되면서 우리는 의사결정 트리의 분기 노드branch node가 최대한 같은 클래스에 속하는 샘플을 포함하기를 원합니다. 즉, 노드의 순도purity가 높을수록 좋습니다.

4.2.1 정보 이득

정보 엔트로피information entropy는 샘플 집합의 순도를 측정하는 데 가장 자주 사용되는 일종의 지표입니다. 만약 샘플 집합 D의 k번째 클래스 샘플이 차지하는 비율이 $p_k(k = 1, 2, \ldots, |\mathcal{Y}|)$라고 한다면 D의 정보 엔트로피는 다음과 같이 정의합니다.

> 정보 엔트로피를 계산할 때 $p = 0$일 때 $p\log_2 p = 0$인 것을 가정한다.

$$\text{Ent}(D) = -\sum_{k=1}^{|\mathcal{Y}|} p_k \log_2 p_k \ .$$ 식 4.1

> $\text{Ent}(D)$의 최솟값은 0이고, 최 댓값은 $\log_2|\mathcal{Y}|$이다.

$\text{Ent}(D)$의 값이 작을수록 D의 순도는 높아집니다.

이산 속성을 가진 속성 a가 취할 수 있는 값이 V개$\{a^1, a^2, \ldots, a^V\}$ 있다고 가정해 봅시다. 만약 a를 사용하여 샘플 집합 D에 대해 분할을 진행한다면 V개의 분기 노드를 가지게 될 것이고, v번째 분기 노드는 D의 속성 a에서 a^v값을 가지는 샘플 모두를 포함하고 D^v로 표기합니다. 우리는 식 4.1을 통해 D^v의 정보 엔트로피를 계산해 낼 수 있습니다. 그리고 서로 다른 분기 노드가 포함하는 샘플 수를 고려하여 가중치 $|D^v|/|D|$를 더해줍니다. 즉, 샘플 수가 많은 분기 노드의 영향력이 더 커지고, 따라서 샘플 집합 D에 대해 속성 a가 분할을 통해 얻은 **정보 이득** information gain을 계산해 낼 수 있습니다.

$$\text{Gain}(D, a) = \text{Ent}(D) - \sum_{v=1}^{V} \frac{|D^v|}{|D|}\text{Ent}(D^v) \ .$$ 식 4.2

일반적으로 정보 이득이 크면 속성 a를 사용하여 분할할 때 얻을 수 있는 순도 상 승도가 높아지는 것을 의미합니다. 따라서 우리는 정보 이득을 기반으로 의사결정 트리의 분할 속성을 선택할 수 있습니다. 즉, 그림 4.2 알고리즘의 8행 속성 선택이

> ID3의 이름에서 ID는 Iterative Dichotomiser의 약자다.

$a_* = \arg\max\limits_{a \in A} \text{Gain}(D, a)$가 되는 것입니다. 유명한 ID3 의사결정 트리 학습 알

고리즘[Quinlan, 1986]이 바로 정보 이득을 기준으로 분할 속성을 선택하는 알고리즘입니다.

표 4.1의 수박 데이터 세트 2.0을 예로 들면, 해당 데이터 세트는 17개의 훈련 샘플을 갖고 있고, 수박을 잘라보지 않고 잘 익은 수박인지 덜 익은 수박인지 구별할 수 있는 의사결정 트리 알고리즘을 만들려고 합니다. 당연하게도 여기서 $|\mathcal{Y}|$는 2입니다. 의사결정 트리 학습 시작 단계에서 루트 노드는 D의 모든 샘플을 포함하고 있습니다. 모든 샘플에서 양성 샘플이 차지하는 비율은 $p_1 = \frac{8}{17}$이고, 음성 샘플이 차지하는 비율은 $p_2 = \frac{9}{17}$입니다. 따라서 식 4.1을 통해 루트 노드의 정보 엔트로피는 다음과 같습니다.

$$\mathrm{Ent}(D) = -\sum_{k=1}^{2} p_k \log_2 p_k = -\left(\frac{8}{17} \log_2 \frac{8}{17} + \frac{9}{17} \log_2 \frac{9}{17} \right) = 0.998 \ .$$

표 4.1 \ 수박 데이터 세트 2.0

번호	색깔	꼭지 모양	소리	줄무늬	배꼽 모양	촉감	잘 익은 수박
1	청록색	말림	혼탁	선명함	움푹 패임	단단함	예
2	진녹색	말림	둔탁	선명함	움푹 패임	단단함	예
3	진녹색	말림	혼탁	선명함	움푹 패임	단단함	예
4	청록색	말림	둔탁	선명함	움푹 패임	단단함	예
5	연녹색	말림	혼탁	선명함	움푹 패임	단단함	예
6	청록색	약간 말림	혼탁	선명함	약간 패임	물렁함	예
7	진녹색	약간 말림	혼탁	약간 흐림	약간 패임	물렁함	예
8	진녹색	약간 말림	혼탁	선명함	약간 패임	단단함	예
9	진녹색	약간 말림	둔탁	약간 흐림	약간 패임	단단함	아니오
10	청록색	곧음	맑음	선명함	평평함	물렁함	아니오
11	연녹색	곧음	맑음	흐림	평평함	단단함	아니오
12	연녹색	말림	혼탁	흐림	평평함	단단함	아니오
13	청록색	약간 말림	혼탁	약간 흐림	움푹 패임	단단함	아니오
14	연녹색	약간 말림	둔탁	약간 흐림	움푹 패임	단단함	아니오
15	진녹색	약간 말림	혼탁	선명함	약간 패임	물렁함	아니오
16	연녹색	말림	혼탁	흐림	평평함	단단함	아니오
17	청록색	말림	둔탁	약간 흐림	약간 패임	단단함	아니오

그다음 속성 집합 {색깔, 꼭지 모양, 소리, 줄무늬, 배꼽 모양, 촉감} 중 각 속성의 정보 이득을 계산합니다. 속성 '색깔'을 살펴보면, 취할 수 있는 값이 {청록, 진녹색, 연녹색} 총 세 가지입니다. 해당 속성을 사용하여 D에 대한 분할을 진행한다면 3개의 부분집합을 얻을 수 있고, 각각 D^1(색깔 = 청록), D^2(색깔 = 진녹색), D^3(색깔 = 연녹색)으로 표기할 수 있습니다.

부분집합 D^1는 인덱스 번호 {1, 4, 6, 10, 13, 17} 총 6개의 샘플을 포함하고, 해당 집합에서 양성 샘플이 차지하는 비율은 $p_1 = \frac{3}{6}$ 음성 샘플이 차지하는 비율은 $p_2 = \frac{3}{6}$입니다. 부분집합 D^2에서는 인덱스 번호 {2, 3, 7, 8, 9, 15} 총 6개의 샘플을 포함하고, 해당 집합에서 양성 샘플과 음성 샘플의 비율은 각각 $p_1 = \frac{4}{6}$, $p_2 = \frac{2}{6}$입니다. 부분집합 D^3에서는 인덱스 번호 {5, 11, 12, 14, 16} 총 5개의 샘플을 포함하고, 해당 집합에서 양성 샘플과 음성 샘플의 비율은 각각 $p_1 = \frac{1}{5}$, $p_2 = \frac{4}{5}$입니다. 식 4.1을 통해 '색깔'에 따라 분할하여 얻은 세 가지 노드_{branch node}의 정보 엔트로피를 계산할 수 있습니다.

$$\mathrm{Ent}(D^1) = -\left(\frac{3}{6}\log_2\frac{3}{6} + \frac{3}{6}\log_2\frac{3}{6}\right) = 1.000 \; ,$$

$$\mathrm{Ent}(D^2) = -\left(\frac{4}{6}\log_2\frac{4}{6} + \frac{2}{6}\log_2\frac{2}{6}\right) = 0.918 \; ,$$

$$\mathrm{Ent}(D^3) = -\left(\frac{1}{5}\log_2\frac{1}{5} + \frac{4}{5}\log_2\frac{4}{5}\right) = 0.722 \; ,$$

따라서 식 4.2를 통해 계산한 속성 '색깔'의 정보 이득은 다음과 같습니다.

$$\mathrm{Gain}(D, 색깔) = \mathrm{Ent}(D) - \sum_{v=1}^{3}\frac{|D^v|}{|D|}\mathrm{Ent}(D^v)$$

$$= 0.998 - \left(\frac{6}{17} \times 1.000 + \frac{6}{17} \times 0.918 + \frac{5}{17} \times 0.722\right)$$

$$= 0.109 \; .$$

같은 방법으로 다른 속성의 정보 이득을 계산할 수 있습니다.

$$\mathrm{Gain}(D, 꼭지 모양) = 0.143; \quad \mathrm{Gain}(D, 소리) = 0.141;$$

$$\mathrm{Gain}(D, 줄무늬) = 0.381; \quad \mathrm{Gain}(D, 배꼽 모양) = 0.289;$$

$$\mathrm{Gain}(D, 촉감) = 0.006.$$

위에서 확인할 수 있듯이, 속성 '줄무늬'의 정보 이득이 가장 큽니다. 따라서 해당 속성을 분할 속성으로 지정합니다. 그림 4.3에는 '줄무늬'를 기준으로 분할을 진행한 결과가 나와 있습니다. 각 가지 노드가 포함하는 샘플 부분집합은 각 노드에 표기되어 있습니다.

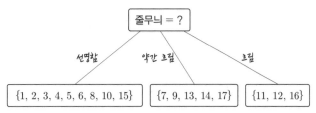

그림 4.3 ＼ '줄무늬' 속성을 기준으로 루트 노드에 대해 진행한 분할

다음으로 의사결정 트리 학습 알고리즘은 각 가지 노드에 대해서 추가 분할을 진행합니다. 그림 4.3에서 첫 번째 가지 노드 '줄무늬' = '선명함'을 예로 들면, 해당 노드의 샘플 집합 D^1는 인덱스 번호 {1, 2, 3, 4, 5, 6, 8, 10, 15} 총 9개의 샘플을 포함합니다. 그리고 속성 집합은 {색깔, 꼭지 모양, 소리, 배꼽 모양, 촉감}을 사용할 수 있습니다. D^1에 기반하여 계산한 각 속성의 정보 이득은 다음과 같습니다.

$$\text{Gain}(D, \text{색깔}) = 0.043; \qquad \text{Gain}(D, \text{꼭지 모양}) = 0.458;$$

$$\text{Gain}(D, \text{소리}) = 0.331; \qquad \text{Gain}(D, \text{배꼽 모양}) = 0.458;$$

$$\text{Gain}(D, \text{촉감}) = 0.458.$$

'꼭지 모양', '배꼽 모양', '촉감' 세 가지 속성은 동시에 균일한 정보 이득값을 얻었습니다. 따라서 임의로 셋 중 아무 속성이나 선택하여 분할을 진행하면 됩니다. 비슷하게 각 가지 노드에 대해 분할을 진행한다면, 최종적으로 얻는 의사결정 트리는 그림 4.4처럼 나올 것입니다.

'줄무늬'는 더 이상 후보 분할 속성이 아니다.

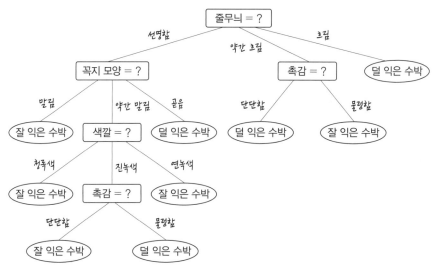

그림 4.4 ╲ 수박 데이터 세트 2.0에서 정보 이득에 기반해 생성한 의사결정 트리

4.2.2 정보 이득율

앞선 내용에서 우리는 의도적으로 표 4.1의 '인덱스' 항은 무시했습니다. 만약 인덱스도 하나의 분할 속성으로 간주한다면, 식 4.2에 따라 해당 속성의 정보 이득은 0.998에 달한다는 것을 알 수 있습니다. 이 부분은 매우 쉽게 이해할 수 있습니다. 인덱스에 따라서 생선된 17개의 가지는 각 가지 노드마다 한 개의 샘플만을 포함하고 있을 뿐입니다. 따라서 이 가지 노드들의 순도는 이미 최고치에 도달한 것입니다. 그러나 이러한 의사결정 트리는 일반화 성능이 매우 저조할 뿐 아니라 새로운 샘플에 대해 유효한 예측을 할 수 없습니다.

실질적으로 정보 이득 규칙은 취할 수 있는 값의 수가 비교적 많은 속성에 유리하게 작용합니다. 이런 편향은 모델에 좋지 못한 영향을 끼칠 수 있습니다. 그래서 유명한 C4.5 의사결정 트리 방법[Quinlan, 1993]은 정보 이득을 사용하는 대신 **이득율** gain ratio이라는 방법을 사용하여 최적의 분할 속성을 선택했습니다. 식 4.2와 동일한 부호로 나타낸다면, 이득율은 다음과 같이 정의할 수 있습니다.

$$\mathrm{Gain\_ratio}(D, a) = \frac{\mathrm{Gain}(D, a)}{\mathrm{IV}(a)} \, ,$$

식 4.3

위 식에서 속성 a의 **내재 값** intrinsic value[Quinlan, 1993]은 식 4.4로 구합니다.

$$\mathrm{IV}(a) = -\sum_{v=1}^{V} \frac{|D^v|}{|D|} \log_2 \frac{|D^v|}{|D|}$$

식 4.4

속성 a가 취할 수 있는 값의 수가 많아질수록(V가 커질수록), $\mathrm{IV}(a)$의 값은 커집니다. 예를 들면, 표 4.1 수박 데이터 세트 2.0에서 $\mathrm{IV}(촉감) = 0.874(V = 2)$, $\mathrm{IV}(색깔) = 1.580(V = 3)$, $\mathrm{IV}(인덱스) = 4.088(V = 17)$와 같은 값들을 계산할 수 있습니다.

우리가 주의해야 할 점은 이득율 규칙은 취할 수 있는 값의 수가 비교적 적은 속성에 편향되어 있다는 것입니다. 따라서 C4.5 알고리즘은 이득율이 가장 크도록 속성 분할을 진행하는 방법을 사용하지 않습니다. C4.5 알고리즘은 휴리스틱heuristic 방법을 활용하여[Quinlan, 1993] 분할 속성 후보 중 정보 이득이 평균 수준보다 높은 속성을 찾아내 그중에서 이득율이 가장 높은 것을 선택합니다.

4.2.3 지니계수

CART는 Classification And Regression Tree의 약자다. 유명한 의사결정 트리 알고리즘이며, 분류와 회귀 문제에서 두루 사용된다.

CART 의사결정 트리[Breiman et al., 1984]는 **지니계수**Gini index를 사용하여 분할 속성을 선택합니다. 식 4.1과 같은 부호로 나타내면, 데이터 세트 D의 순도는 지니값을 통해 측정될 수 있습니다.

$$\begin{aligned}\mathrm{Gini}(D) &= \sum_{k=1}^{|\mathcal{Y}|} \sum_{k' \neq k} p_k p_{k'} \\ &= 1 - \sum_{k=1}^{|\mathcal{Y}|} p_k^2 \,.\end{aligned}$$

식 4.5

직관적으로 $\mathrm{Gini}(D)$는 데이터 세트 D에서 임의로 두 개의 샘플을 고르고, 고른 두 개의 샘플이 서로 다른 클래스일 확률을 나타냅니다. 따라서 $\mathrm{Gini}(D)$가 작을수록 데이터 세트 D의 순도는 높습니다.

식 4.2와 같은 부호로 나타내면, 속성 a의 지니계수는 다음과 같이 정의할 수 있습니다.

$$\mathrm{Gini\_index}(D, a) = \sum_{v=1}^{V} \frac{|D^v|}{|D|} \mathrm{Gini}(D^v) \,.$$

식 4.6

따라서 우리는 후보 속성 집합 A에서 분할 후 지니계수가 가작 작은 속성을 최적의 분할 속성으로 선택합니다. 즉, $a_* = \arg\min_{a \in A} \text{Gini\_index}(D, a)$가 됩니다.

과적합에 대해서는 2.1절을 참조하라.

4.3 가지치기

가지치기pruning는 의사결정 트리 학습 알고리즘에서 과적합에 대응하기 위한 주요 수단입니다. 의사결정 트리 학습에서 최대한 정확한 훈련 샘플의 분류를 위해 노드에 대한 분할 과정이 지속적으로 반복이 되는데, 때로 과도한 반복은 가지 수를 지나치게 많이 만들어버립니다. 이때 발생할 수 있는 문제는 훈련 샘플을 '너무 잘' 학습하여 훈련 세트 자체의 어떤 특징들을 모든 데이터가 가지고 있는 일반적인 특성으로 착각하게 만들어 과적합을 일으킨다는 것입니다. 따라서 자발적으로 가지를 잘라 과적합 위험을 방지할 수 있도록 해야 합니다.

의사결정 트리의 가지치기 기본 전략으로는 **사전 가지치기**pre-pruning와 **사후 가지치기** post-pruning가 있습니다. 사전 가지치기는 의사결정 트리 생성 과정에서 각 노드에 대해 분할 전 미리 예측하여 만약 해당 노드의 분할이 의사결정 트리의 일반화 성능을 향상시킬 수 없다면, 분할을 중지하고 해당 노드를 터미널 노드로 만드는 방법입니다. 사후 가지치기는 훈련 세트를 통해 하나의 완전한 의사결정 트리를 만들고 상향식으로 비터미널non-terminal 노드에 대해 관측하여, 해당 노드가 대응하는 하위 트리가 터미널 노드로 바뀌었을 때 의사결정 트리의 일반화 성능을 향상시킬 수 있다면 해당 하위 트리를 터미널 노드로 바꾸는 방법입니다.

그렇다면 어떻게 의사결정 트리의 일반화 성능이 향상되었다는 것을 판단할 수 있을까요? 2.2절에서 소개한 성능 평가 방법을 사용하면 됩니다. 이번 절에서는 홀드아웃 세트를 사용하는 방법을 가정해 보겠습니다. 즉, 훈련 세트의 일부를 검정 세트로 제외해 놓고 나중에 성능 평가에 사용합니다. 만약 표 4.1의 수박 데이터 세트 2.0을 두 개의 데이터 세트로 임의 분할한다면 표 4.2에 보이는 것처럼 인덱스 번호가 {1, 2, 3, 6, 7, 10, 14, 15, 16, 17}인 샘플들은 훈련 데이터가 되고, 인덱스 번호가 {4, 5, 8, 9, 11, 12, 13}인 샘플들은 검정 세트가 됩니다.

표 4.2 ＼ 수박 데이터 세트 2.0으로부터 나눈 훈련 세트와 검정 세트

번호	색깔	꼭지 모양	소리	줄무늬	배꼽 모양	촉감	잘 익은 수박
1	청록색	말림	혼탁	선명함	움푹 패임	단단함	예
2	진녹색	말림	둔탁	선명함	움푹 패임	단단함	예
3	진녹색	말림	혼탁	선명함	움푹 패임	단단함	예
6	청록색	약간 말림	혼탁	선명함	약간 패임	물렁함	예
7	진녹색	약간 말림	혼탁	약간 흐림	약간 패임	물렁함	예
10	청록색	곧음	맑음	선명함	평평함	물렁함	아니오
14	연녹색	약간 말림	둔탁	약간 흐림	움푹 패임	단단함	아니오
15	진녹색	약간 말림	혼탁	선명함	약간 패임	물렁함	아니오
16	연녹색	말림	혼탁	흐림	평평함	단단함	아니오
17	청록색	말림	둔탁	약간 흐림	약간 패임	단단함	아니오
번호	**색깔**	**꼭지 모양**	**소리**	**줄무늬**	**배꼽 모양**	**촉감**	**잘 익은 수박**
4	청록색	말림	둔탁	선명함	움푹 패임	단단함	예
5	연녹색	말림	혼탁	선명함	움푹 패임	단단함	예
8	진녹색	약간 말림	혼탁	선명함	약간 패임	단단함	예
9	진녹색	약간 말림	둔탁	약간 흐림	약간 패임	단단함	아니오
11	연녹색	곧음	맑음	흐림	평평함	단단함	아니오
12	연녹색	말림	혼탁	흐림	평평함	단단함	아니오
13	청록색	약간 말림	혼탁	약간 흐림	움푹 패임	단단함	아니오

만약 4.2.1절의 정보 이득 규칙을 사용하여 분할 속성 선택을 한다면 표 4.2의 훈련 세트는 그림 4.5와 같은 의사결정 트리를 생성할 것입니다. 쉬운 설명을 위해 그림의 부분 노드에 번호 표기를 해두었습니다.

4.3.1 사전 가지치기

사전 가지치기에 대해 설명하겠습니다. 정보 이득 규칙에 기반하여 속성 '배꼽 모양'을 기준으로 훈련 데이터를 분할하면 그림 4.6에 보이는 것처럼 3개의 가지가 생성됩니다. 그러나 이러한 분할을 진행하는 것이 옳을까요? 사전 가지치기는 분할 전후의 일반화 성능에 대한 평가를 진행합니다.

분할 전에 모든 샘플은 루트 노드에 집중되어 있습니다. 만약 분할을 진행하지 않는다면 그림 4.2의 알고리즘 6행에 근거하여 해당 노드가 터미널 노드(리프 노드)가 되어버립니다. 그리고 훈련 데이터 샘플 중에 가장 많은 수를 차지하는 클래스가 대표 클래스가 됩니다.

가장 많은 샘플을 보유한 클래스가 하나가 아닐 때, 임의로 하나의 클래스를 선택한다.

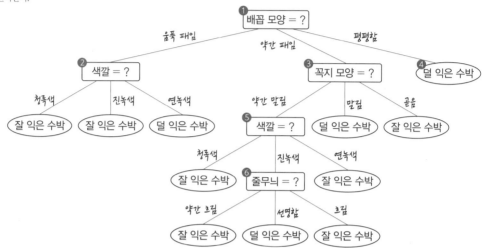

그림 4.5 ＼ 표 4.2를 기반으로 생성된 가지치기를 실행하지 않은 의사결정 트리

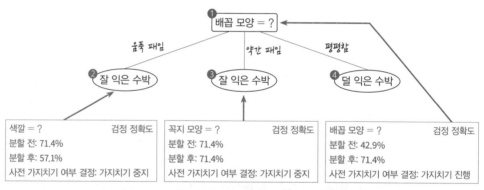

그림 4.6 ＼ 표 4.2를 기반으로 생성된 사전 가지치기를 진행한 의사결정 트리

만약 해당 터미널 노드가 '잘 익은 수박'으로 레이블링되었다고 가정해 봅시다. 표 4.2의 검정 세트를 이용하여 해당 단일 노드의 의사결정 트리를 평가하면 인덱스 {4, 5, 8}의 샘플은 정확하게 분류되지만, 남은 4개의 샘플은 잘못 분류됩니다. 따라서 검정 정확도는 $\frac{3}{7} \times 100\% = 42.9\%$입니다.

속성 '배꼽'으로 분할한 후, 그림 4.6의 ❷, ❸, ❹번 노드들은 각각 인덱스 {1, 2, 3, 14}, {6, 7, 15, 17}, {10, 16}의 훈련 샘플을 포함하게 됩니다. 따라서 이 3개의 노드들은 각각 '잘 익은 수박', '잘 익은 수박', '덜 익은 수박' 레이블을 가진 터미널 노드가 됩니다. 이때, 검증 세트에서 인덱스가 {4, 5, 8, 11, 12}인 샘플들은 정확하게 분류되고 검정 정확도는 $\frac{5}{7} \times 100\% = 71.4\% > 42.9\%$가 됩니다. 그러므로 '배꼽' 속성으로 분할을 진행하도록 판단합니다.

그다음 의사결정 트리 알고리즘은 노드 ❷에 대한 분할을 진행합니다. 정보 이득 규칙에 따라 분할 속성 '색깔'을 선택하게 됩니다. 그리고 '색깔'로 분할을 진행하면 인덱스 {5}는 검정 세트 분류결과 기존 '정확'에서 '오류'로 바뀝니다. 검정 세트 정확도는 57.1%로 떨어지게 되고, 따라서 사전 가지치기 전략은 노드 ❷에서 분할을 진행하지 않도록 판단합니다.

노드 ❸에서 최적의 분할 속성은 '꼭지 모양'입니다. 해당 속성을 이용하여 분할 후 검정 세트 정확도는 71.4%로 같습니다. 이는 검정 세트의 정확도를 향상시키지 못하기 때문에 사전 가지치기 전략은 노드 ❸에서 분할을 진행하지 않도록 판단합니다.

노드 ❹에서는 해당 노드가 포함하고 있는 샘플들이 모두 같은 클래스에 속하기 때문에 분할을 더 진행하지 않도록 판단합니다.

결론적으로 사전 가지치기 전략을 통해 표 4.2의 데이터로 생성한 의사결정 트리는 그림 4.6에 보이는 것과 같습니다. 해당 검정 세트의 정확도는 71.4%입니다. 이것은 1층의 분할만 진행된 의사결정 트리이며, 흔히 **의사결정 그루터기**decision stump 라고 부릅니다.

그림 4.6과 4.5를 비교하여 알 수 있는 것은 사전 가지치기는 의사결정 트리의 많은 가지가 뻗어 나가지 못하도록 한다는 것입니다. 이는 모델의 과적합 위험을 낮출 뿐만 아니라 의사결정 트리가 훈련되는 시간과 테스트 시간을 크게 줄여줍니다. 하지만 다른 한편으로는 어떤 분할이 일반화 성능을 향상시키지 못하거나 심지어 일반화 성능을 잠시 낮추더라도, 계속되는 분할을 통해 일반화 성능을 향상시킬 가능성이 있음에도 불구하고 그 기회를 차단해 버립니다. 사전 가지치기는 탐욕스러운greedy 본질이 있어서 많은 가지가 뻗어 나가는 것을 막고, 이는 의사결정 트리의 과소적합 위험을 높입니다.

<역주> 그리디 알고리즘(greedy algorithm)은 미리 정한 기준에 따라 미래를 생각하지 않고 근시안적으로 매번 최적의 선택을 내리는 것을 뜻한다.

4.3.2 사후 가지치기

사후 가지치기는 먼저 훈련 세트를 통해 하나의 의사결정 트리를 완성합니다. 예를 들어, 표 4.2의 데이터로 그림 4.5에서 나타난 것과 같은 의사결정 트리를 얻을 수 있습니다. 우리는 해당 의사결정 트리의 검정 정확도는 42.9%라는 것을 쉽게 알 수 있습니다.

사후 가지치기는 먼저 그림 4.5의 노드 ❻을 확인합니다. 만약 해당 노드를 잘라 낸다면 노드 ❻을 터미널 노드로 바꾼 것과 마찬가지의 결과를 얻습니다. 치환 후의 터미널 노드는 인덱스 {7, 15}의 훈련 샘플을 포함하고 해당 터미널 노드의 클래스는 '잘 익은 수박'으로 레이블링됩니다. 이때 의사결정 트리의 검정 정확도는 57.1%로 상승합니다. 따라서 사후 가지치기 전략은 가지를 치는 것으로 판단하고, 해당 내용은 그림 4.7에 나와 있습니다.

역주 즉, 이미 생성된 가지를 잘라내는 것을 뜻함

그다음으로 노드 ❺를 살펴봅니다. 만약 해당 하위 트리가 터미널 노드로 치환된다면, 치환 후의 터미널 노드는 인덱스 {6, 7, 15}의 훈련 샘플들을 포함하게 되고, 터미널 노드의 클래스는 '잘 익은 수박'으로 레이블링됩니다. 이때, 의사결정 트리의 검정 정확도는 여전히 51.7%입니다. 따라서 더 이상의 가지치기는 진행하지 않습니다.

이때는 검정 세트의 정확도는 높아지지 않지만, 오컴의 면도날 원칙에 따라 사전 가지치기를 한 모델이 더 좋은 모델이 된다. 따라서 이러한 경우 실제 의사결정 트리 알고리즘은 일반적으로 가지치기를 진행한다. 여기서는 간단한 그래프를 그리기 위해 가지치기를 실행하지 않았다.

노드 ❸과 ❶에 대해서도 똑같이 계산해 보면, 의사결정 트리의 검정 세트 정확도는 각각 71.4%와 42.9%가 나옵니다. 두 경우 모두 향상을 가져오지 못하기 때문에 보류됩니다.

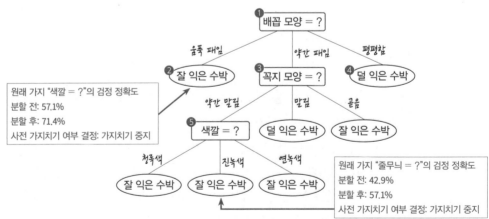

원래 가지 "색깔 = ?"의 검정 정확도
분할 전: 57.1%
분할 후: 71.4%
사전 가지치기 여부 결정: 가지치기 중지

원래 가지 "줄무늬 = ?"의 검정 정확도
분할 전: 42.9%
분할 후: 57.1%
사전 가지치기 여부 결정: 가지치기 중지

그림 4.7 ╲ 표 4.2 데이터로 생성된 사후 가지치기 의사결정 트리

마지막으로 사후 가지치기 전략을 통해 표 4.2 데이터로 생성해 낸 의사결정 트리는 그림 4.7에 보이는 것과 같습니다. 해당 의사결정 트리의 검정 정확도는 71.4%입니다.

그림 4.7과 그림 4.6을 비교해 보면 사후 가지치기 의사결정 트리가 사전 가지치기 의사결정 트리보다 더 많은 가지를 유지했다는 것을 알 수 있습니다. 일반적으로 사후 가지치기 의사결정 트리는 과소적합 위험이 낮고, 일반화 성능도 사전 가지치기 의사결정 트리보다 높습니다. 하지만 사후 가지치기 과정은 완전한 의사결정 트리를 생성한 후 진행하고, 상향식으로 모든 노드를 검토하므로 훈련 시간이 길다는 단점이 있습니다.

4.4 연속값과 결측값

4.4.1 연속값 처리

지금까지 우리는 이산 속성에 기반하여 생성된 의사결정 트리에 대해서만 논의해 왔습니다. 현실의 학습 문제에서는 연속 속성을 자주 만나므로 우리는 의사결정 트리 학습에서 연속 속성을 사용하는 방법도 논의해야 합니다.

연속 속성은 취할 수 있는 값의 수가 무한합니다. 따라서 연속 속성이 취할 수 있는 값에 기반하여 분할을 진행할 수 없습니다. 이때 연속 속성의 이산화 작업이 필요합니다. 가장 간단한 전략은 이분법bi-partition을 이용하여 연속 속성을 처리하는 것입니다. 이 방법은 C4.5 의사결정 트리 알고리즘에 나오는 메커니즘입니다[Quinlan, 1993].

샘플 세트 D와 연속 속성 a를 가정하고, a는 D에서 n개의 서로 다른 값을 가졌다고 가정해 봅시다. 이 값들을 작은 값부터 차례로 순서대로 나열하면 $\{a^1, a^2, \ldots, a^n\}$으로 표기할 수 있습니다. 분할점 t를 기준으로 D를 하위 집단 D_t^-와 D_t^+로 나누고 D_t^- 내에 속성 a가 취할 수 있는 값이 t보다 작은 샘플들을 포함하는 동시에 D_t^+에는 속성 a가 취할 수 있는 값이 t보다 큰 샘플들을 포함합니다. 이렇게 하면 서로 마주보는 속성값 a^i와 a^{i+1}은 t가 구간 (a^i, a^{i+1})에서 어떤 값을 취하더라도 같은 분할 결과를 얻습니다. 따라서 연속 속성 a에 대해 $n - 1$개의 원소를 포함하는 분할점 후보 집합을 찾을 수 있습니다.

$$T_a = \left\{ \frac{a^i + a^{i+1}}{2} \mid 1 \leqslant i \leqslant n - 1 \right\} ,$$

식 4.7

분할점을 훈련 세트에서 해당 속성의 중간값보다 크지 않은 최댓값으로 선택한다[Quinlan, 1993].

즉, 구간 (a^i, a^{i+1})의 중앙점 $\frac{a^i + a^{i+1}}{2}$가 후보 분할점이 됩니다. 그러면 우리는 해당 값을 이산 속성값처럼 여기고 최적의 분할점을 선택하여 샘플 집합의 분할을 진행합니다. 예를 들어, 식 4.2를 조금 수정하면, 식 4.8이 됩니다.

$$\begin{aligned} \text{Gain}(D, a) &= \max_{t \in T_a} \ \text{Gain}(D, a, t) \\ &= \max_{t \in T_a} \ \text{Ent}(D) - \sum_{\lambda \in \{-, +\}} \frac{|D_t^\lambda|}{|D|} \text{Ent}(D_t^\lambda) , \end{aligned}$$

식 4.8

위 식의 $\text{Gain}(D, a, t)$는 샘플 세트 D가 분할점 t로 이분화된 정보 이득입니다. 따라서 우리는 $\text{Gain}(D, a, t)$를 최대화하는 분할점을 찾아 선택하는 것을 목표로 합니다.

하나의 예로서 표 4.1의 수박 데이터 세트 2.0에 연속 속성인 '밀도'와 '당도'를 추가했습니다. 업데이트된 데이터는 표 4.3에 나와 있는 수박 데이터 세트 3.0입니다. 아래 데이터 세트로 의사결정 트리를 하나 생성해보겠습니다.

표 4.3 ╲ 수박 데이터 세트 3.0

번호	색깔	꼭지 모양	소리	줄무늬	배꼽 모양	촉감	밀도	당도	잘 익은 수박
1	청록색	말림	혼탁	선명함	움푹 패임	단단함	0.697	0.460	예
2	진녹색	말림	둔탁	선명함	움푹 패임	단단함	0.774	0.376	예
3	진녹색	말림	혼탁	선명함	움푹 패임	단단함	0.634	0.264	예
4	청록색	말림	둔탁	선명함	움푹 패임	단단함	0.608	0.318	예
5	연녹색	말림	혼탁	선명함	움푹 패임	단단함	0.556	0.215	예
6	청록색	약간 말림	혼탁	선명함	약간 패임	물렁함	0.403	0.237	예
7	진녹색	약간 말림	혼탁	약간 흐림	약간 패임	물렁함	0.481	0.149	예
8	진녹색	약간 말림	혼탁	선명함	약간 패임	단단함	0.437	0.211	예
9	진녹색	약간 말림	둔탁	약간 흐림	약간 패임	단단함	0.666	0.091	아니오
10	청록색	곧음	맑음	선명함	평평함	물렁함	0.243	0.267	아니오
11	연녹색	곧음	맑음	흐림	평평함	단단함	0.245	0.057	아니오
12	연녹색	말림	혼탁	흐림	평평함	단단함	0.343	0.099	아니오
13	청록색	약간 말림	혼탁	약간 흐림	움푹 패임	단단함	0.639	0.161	아니오

표 4.3 \ 수박 데이터 세트 3.0 (계속)

번호	색깔	꼭지 모양	소리	줄무늬	배꼽 모양	촉감	밀도	당도	잘 익은 수박
14	연녹색	약간 말림	둔탁	약간 흐림	움푹 패임	단단함	0.657	0.198	아니오
15	진녹색	약간 말림	혼탁	선명함	약간 패임	물렁함	0.360	0.370	아니오
16	연녹색	말림	혼탁	흐림	평평함	단단함	0.593	0.042	아니오
17	청록색	말림	둔탁	약간 흐림	약간 패임	단단함	0.719	0.103	아니오

속성 '밀도'에 대해서만 보면 의사결정 트리 학습을 시작할 때 루트 노드는 17개의 모든 훈련 샘플을 포함하고, 모든 샘플의 값은 같지 않습니다. 식 4.7에 기반해서 해당 속성의 후보 분할점 집합은 16개의 후보 값을 포함함을 알 수 있습니다. 즉, $T_{밀도} = \{0.244, 0.294, 0.351, 0.381, 0.420, 0.459, 0.518, 0.574, 0.600,$ $0.621, 0.636, 0.648, 0.661, 0.681, 0.708, 0.746\}$입니다. 식 4.8에 의해서 밀도 속성의 정보 이득이 0.262라는 것을 계산할 수 있고, 이에 상응하는 분할점은 0.381이라는 것을 알 수 있습니다.

다시 속성 '당도'를 살펴보면, 해당 속성의 후보 분할점 집합도 16개의 후보 값을 포함합니다. $T_{당도} = \{0.049, 0.074, 0.095, 0.101, 0.126, 0.155, 0.179, 0.204,$ $0.213, 0.226, 0.250, 0.265, 0.292, 0.344, 0.373, 0.418\}$. 비슷하게 식 4.8에 의해 정보 이득이 0.349, 이에 상응하는 분할점은 0.126임을 알 수 있습니다.

4.2.1절에 의해 표 4.3의 데이터 각 속성의 정보 이득은 다음과 같습니다.

$$\text{Gain}(D, 색깔) = 0.109; \qquad \text{Gain}(D, 꼭지 모양) = 0.143;$$
$$\text{Gain}(D, 소리) = 0.141; \qquad \text{Gain}(D, 줄무늬) = 0.381;$$
$$\text{Gain}(D, 배꼽 모양) = 0.289; \quad \text{Gain}(D, 촉감) = 0.006;$$
$$\text{Gain}(D, 밀도) = 0.262; \qquad \text{Gain}(D, 당도) = 0.349.$$

부모 노드상에서 '밀도 ⩽ 0.381'을 사용했다고 해서 하위 노드에서 '밀도 ⩾ 0.294'를 사용할 수 없는 것은 아니다.

따라서 '줄무늬'가 루트 노드 분할 속성으로 선택되고, 이후 노드의 분할 과정은 재귀적으로 진행됩니다. 최종적으로는 그림 4.8과 같은 의사결정 트리가 생성됩니다.

주의해야 할 점은 이산 속성과 다르게 노드의 분할 속성이 연속 속성이라면 해당 속성은 이후 노드의 분할 속성이 될 수 있다는 점입니다.

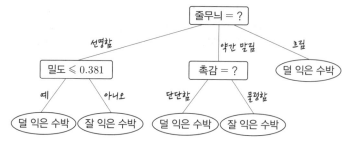

그림 4.8 ＼ 정보 이득에 기반하여 수박 데이터 세트 3.0에서 생성한 의사결정 트리

4.4.2 결측값 처리

우리가 현실에서 마주하는 데이터는 불완전한 경우가 많습니다. 즉, 샘플의 어떤 속성값에 결측이 일어날 수 있다는 뜻입니다. 이유로는 데이터 수집 비용, 사생활 정보보호, 기술적 결함으로 인한 측정 불가 등이 있을 수 있습니다. 특히, 속성 숫자가 비교적 많은 상황에서 결측값이 많이 발견됩니다. 만약 간단하게 결측값이 있는 샘플을 버리고 무결측 데이터만 사용한다면 데이터의 많은 정보가 낭비될 것입니다. 예를 들어, 표 4.4는 표 4.1 수박 데이터 세트 2.0에 결측값을 삽입한 버전입니다. 만약 불완전한 샘플을 모두 버린다면 인덱스 {4, 7, 14, 16}의 4개 샘플만이 사용 가능할 것입니다. 따라서 우리는 결측값이 있는 속성값을 훈련 데이터로 사용하여 학습할 방법을 찾아야 합니다.

역주 결측이란, 계획된 실험 배치에서 어떤 사고로 이루어지지 못한 관측이란 뜻으로, 데이터 분석에서는 본문에서 언급한 이유 등으로 데이터가 수집되지 못하거나 누락되는 것을 뜻한다.

표 4.4 ＼ 수박 데이터 세트 2.0α

번호	색깔	꼭지 모양	소리	줄무늬	배꼽 모양	촉감	잘 익은 수박
1	–	말림	혼탁	선명함	움푹 패임	단단함	예
2	진녹색	말림	둔탁	선명함	움푹 패임	–	예
3	진녹색	말림	–	선명함	움푹 패임	단단함	예
4	청록색	말림	둔탁	선명함	움푹 패임	단단함	예
5	–	말림	혼탁	선명함	움푹 패임	단단함	예
6	청록색	약간 말림	혼탁	선명함	–	물렁함	예
7	진녹색	약간 말림	혼탁	약간 흐림	약간 패임	물렁함	예
8	진녹색	약간 말림	혼탁	–	약간 패임	단단함	예
9	진녹색	–	둔탁	약간 흐림	약간 패임	단단함	아니오
10	청록색	곧음	맑음	–	평평함	물렁함	아니오
11	연녹색	곧음	맑음	흐림	평평함	–	아니오

표 4.4 ╲ 수박 데이터 세트 2.0α (계속)

번호	색깔	꼭지 모양	소리	줄무늬	배꼽 모양	촉감	잘 익은 수박
12	연녹색	말림	-	흐림	평평함	단단함	아니오
13	-	약간 말림	혼탁	약간 흐림	움푹 패임	단단함	아니오
14	연녹색	약간 말림	둔탁	약간 흐림	움푹 패임	단단함	아니오
15	진녹색	약간 말림	혼탁	선명함	-	물렁함	아니오
16	연녹색	말림	혼탁	흐림	평평함	단단함	아니오
17	청록색	-	둔탁	약간 흐림	약간 패임	단단함	아니오

먼저, 다음 두 가지 문제를 해결해야 합니다.

1. 속성값이 결실된 상황에서 어떻게 분할 속성을 선택할 것인가?

2. 분할 속성을 정한 경우 샘플의 해당 속성값이 결측값이라면 샘플을 어떻게 분할할 것인가?

먼저, 훈련 세트 D와 속성 a를 가정하고, $\tilde{D}$로 D의 속성 a에서 결측값이 없는 샘플의 부분집합이라고 표기합니다. 1번 문제에서 우리는 $\tilde{D}$에 근거하여 속성 a의 우열을 판단할 수밖에 없습니다. 만약 속성 a가 v개 값을 취할 수 있다고 가정한다면, $\{a^1, a^2, \ldots, a^v\}$, $\tilde{D}^v$는 $\tilde{D}$에서 속성 a가 취할 수 있는 값이 a^v인 샘플 부분집합이라 표기하고, $\tilde{D}$는 $\tilde{D}_k$에서 속성 k인 $(k = 1, 2, \ldots, |\mathcal{Y}|)$ 샘플의 부분집합이라 표기합니다. 그러면 식 $\tilde{D} = \bigcup_{k=1}^{|\mathcal{Y}|} \tilde{D}_k$, $\tilde{D} = \bigcup_{v=1}^{V} \tilde{D}^v$으로 나타낼 수 있습니다. 만약 우리가 각 샘플 $\boldsymbol{x}$에 가중치 $w_{\boldsymbol{x}}$를 부여한다면, 다음과 같은 식이 됩니다.

의사결정 트리 학습 시작 단계에서 루트 노드의 각 샘플의 가중치는 1로 초기화한다.

$$\rho = \frac{\sum_{\boldsymbol{x} \in \tilde{D}} w_{\boldsymbol{x}}}{\sum_{\boldsymbol{x} \in D} w_{\boldsymbol{x}}} , \qquad \text{식 4.9}$$

$$\tilde{p}_k = \frac{\sum_{\boldsymbol{x} \in \tilde{D}_k} w_{\boldsymbol{x}}}{\sum_{\boldsymbol{x} \in \tilde{D}} w_{\boldsymbol{x}}} \quad (1 \leqslant k \leqslant |\mathcal{Y}|) , \qquad \text{식 4.10}$$

$$\tilde{r}_v = \frac{\sum_{\boldsymbol{x} \in \tilde{D}^v} w_{\boldsymbol{x}}}{\sum_{\boldsymbol{x} \in \tilde{D}} w_{\boldsymbol{x}}} \quad (1 \leqslant v \leqslant V) . \qquad \text{식 4.11}$$

위 식에서 속성 a에 대해 p는 무결측값 샘플이 차지하는 비율을 나타내고, $\tilde{p}_k$는 무결측값 샘플에서 k번째 클래스가 차지하는 비율, $\tilde{r}_v$는 무결측값 샘플 중에 속성 a에서 값 a^v를 취할 수 있는 샘플이 차지하는 비율을 나타냅니다. 즉, $\sum_{k=1}^{|\mathcal{Y}|} \tilde{p}_k = 1$, $\sum_{v=1}^{V} \tilde{r}_v = 1$입니다.

위에서 서술한 정의에 따라 정보획득 식 4.2를 다음과 같이 확장할 수 있습니다.

$$\text{Gain}(D, a) = \rho \times \text{Gain}(\tilde{D}, a)$$

$$= \rho \times \left(\text{Ent}\left(\tilde{D}\right) - \sum_{v=1}^{V} \tilde{r}_v \, \text{Ent}\left(\tilde{D}^v\right) \right) ,$$

식 4.12

식 4.1에 의해 아래와 같은 식을 얻을 수 있습니다.

$$\text{Ent}(\tilde{D}) = - \sum_{k=1}^{|\mathcal{Y}|} \tilde{p}_k \log_2 \tilde{p}_k .$$

2번 문제에 대해서는 만약 샘플 $\boldsymbol{x}$가 분할 속성 a에서 취한 값을 이미 알고 있다면, $\boldsymbol{x}$를 취한 값과 대응하는 하위 노드에 귀속시킵니다. 그리고 하위 노드 속 샘플의 가중치는 $w_{\boldsymbol{x}}$로 유지합니다. 만약 샘플 $\boldsymbol{x}$가 분할 속성 a에서 취한 값을 모른다면, x를 모든 하위 노드에 동일하게 귀속시킵니다. 그리고 속성값 a^v에 대응하는 하위 노드 중 샘플 가중치를 $\tilde{r}_v \cdot w_{\boldsymbol{x}}$로 조정합니다. 이것은 같은 샘플을 다른 확률로 서로 다른 하위 노드 속으로 귀속시키는 것입니다.

C4.5 알고리즘은 위에서 설명한 해결 방법을 사용했습니다[Quinlan, 1993]. 계속해서 우리는 표 4.4의 데이터 세트를 기반으로 의사결정 트리를 생성해 보겠습니다.

학습을 시작할 때 루트 노드는 모든 샘플 데이터 D의 17개 샘플을 포함합니다. 그리고 각 샘플의 가중치는 모두 1입니다. 속성 '색깔'을 예로 들면, 해당 속성에서 결측값이 없는 샘플의 집합 $\tilde{D}$는 인덱스 {2, 3, 4, 6, 7, 8, 9, 10, 11, 12, 14, 15, 16, 17} 총 14개의 샘플입니다. $\tilde{D}$의 정보 엔트로피는 다음과 같습니다.

$$\text{Ent}(\tilde{D}) = - \sum_{k=1}^{2} \tilde{p}_k \log_2 \tilde{p}_k$$

$$= - \left(\frac{6}{14} \log_2 \frac{6}{14} + \frac{8}{14} \log_2 \frac{8}{14} \right) = 0.985 .$$

만약 $\tilde{D}^1$, $\tilde{D}^2$, $\tilde{D}^3$이 각각 색깔 속성에서의 값인 '청록', '진녹색', '연녹색'에서의 샘플 하위 집합이라면, 인들의 엔트로피는 다음과 같습니다.

$$\text{Ent}(\tilde{D}^1) = - \left(\frac{2}{4} \log_2 \frac{2}{4} + \frac{2}{4} \log_2 \frac{2}{4} \right) = 1.000 ,$$

$$\text{Ent}(\tilde{D}^2) = -\left(\frac{4}{6}\log_2\frac{4}{6} + \frac{2}{6}\log_2\frac{2}{6}\right) = 0.918 \ ,$$

$$\text{Ent}(\tilde{D}^3) = -\left(\frac{0}{4}\log_2\frac{0}{4} + \frac{4}{4}\log_2\frac{4}{4}\right) = 0.000 \ ,$$

따라서 샘플 하위 집단 $\tilde{D}$의 색깔 속성의 정보 이득은 다음처럼 계산합니다.

$$\begin{aligned}
\text{Gain}(\tilde{D}, \text{색깔}) &= \text{Ent}(\tilde{D}) - \sum_{v=1}^{3} \tilde{r}_v \, \text{Ent}(\tilde{D}^v) \\
&= 0.985 - \left(\frac{4}{14} \times 1.000 + \frac{6}{14} \times 0.918 + \frac{4}{14} \times 0.000\right) \\
&= 0.306 \ .
\end{aligned}$$

따라서 샘플 세트 D에서 색깔 속성의 정보 이득은 다음과 같습니다.

$$\text{Gain}(D, \text{색깔}) = \rho \times \text{Gain}(\tilde{D}, \text{색깔}) = \frac{14}{17} \times 0.306 = 0.252 \ .$$

같은 방법으로 모든 속성의 D에서의 정보 이득을 계산할 수 있습니다.

$$\text{Gain}(D, \text{색깔}) = 0.252; \qquad \text{Gain}(D, \text{꼭지 모양}) = 0.171;$$
$$\text{Gain}(D, \text{소리}) = 0.145; \qquad \text{Gain}(D, \text{줄무늬}) = 0.424;$$
$$\text{Gain}(D, \text{배꼽 모양}) = 0.289; \quad \text{Gain}(D, \text{촉감}) = 0.006.$$

'줄무늬'는 모든 속성에서 가장 높은 정보 이득을 얻었습니다. 따라서 해당 속성으로 루트 노드 분할을 진행합니다. 분할 결과는 인덱스 {1, 2, 3, 4, 5, 6, 15}를 '줄무늬 = 선명함' 가지에 귀속시키고, 인덱스 {7, 9, 13, 14, 17}은 '줄무늬 = 다소 모호' 가지에 귀속시킵니다. 마지막으로 인덱스 {11, 12, 16}은 '줄무늬 = 모호함' 가지에 귀속시킵니다. 그리고 샘플들은 각 하위 노드에서 가중치 1을 유지하고 있습니다. 주의해야 할 것은 인덱스 {8} 샘플은 줄무늬 속성에서 결측값이 있다는 것입니다. 따라서 해당 샘플은 동시에 3개의 가지로 귀속됩니다. 하지만 3개의 하위 노드에서의 가중치는 각각 7/15, 5/15, 3/15로 조정됩니다. 인덱스 {10}의 샘플도 비슷한 분할 결과를 가집니다.

위에서 언급한 분할 과정은 재귀적으로 진행되며, 최종적으로 생성된 의사결정 트리는 그림 4.9에 나와 있습니다.

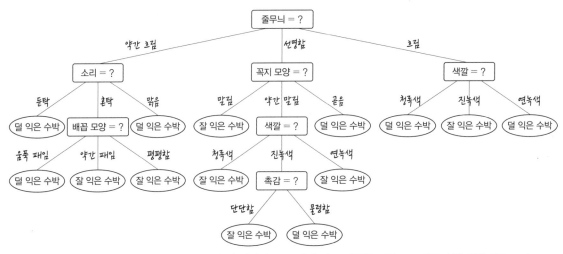

그림 4.9 ╲ 수박 데이터 2.0α에서 정보 이득을 기반으로 만들어 낸 의사결정 트리

다변량 의사결정 트리

만약 각 속성을 좌표 공간에서의 한 축으로 본다면, d개의 속성이 묘사하는 샘플은 d차원 공간의 하나의 데이터 포인트에 상응합니다. 다른 말로, 샘플에 대한 분류는 이 좌표 공간에서 서로 다른 클래스들을 분류하는 경계를 찾는 것과 같습니다. 의사결정 트리가 만든 분류 경계는 아주 명확한 특징이 하나 있습니다. 바로 축에 평행하다는axis-parallel 것입니다. 분류 경계는 여러 개의 좌표 축과 평행하는 선들로 구성되어 있습니다.

표 4.5 수박 데이터 세트 3.0α를 훈련 세트로 학습하여 얻은 의사결정 트리가 그림 4.10에 묘사되어 있습니다. 해당 트리의 분류 경계는 그림 4.11에 나와 있습니다.

수박 데이터 세트 3.0α은 표 4.3에서 이산 속성값을 제거한 것이다.

표 4.5 ╲ 수박 데이터 세트 3.0α

번호	밀도	당도	잘 익은 수박	번호	밀도	당도	잘 익은 수박	번호	밀도	당도	잘 익은 수박
1	0.697	0.460	예	7	0.481	0.149	예	13	0.639	0.161	아니오
2	0.774	0.376	예	8	0.437	0.211	예	14	0.657	0.198	아니오
3	0.634	0.264	예	9	0.666	0.091	아니오	15	0.360	0.370	아니오
4	0.608	0.318	예	10	0.243	0.267	아니오	16	0.593	0.042	아니오
5	0.556	0.215	예	11	0.245	0.057	아니오	17	0.719	0.103	아니오
6	0.403	0.237	예	12	0.343	0.099	아니오				

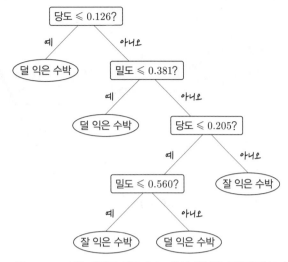

그림 4.10 ↘ **수박 데이터 세트 3.0α에서 생성된 의사결정 트리**

명확하게도 분류 경계선은 좌표축과 평행을 이룹니다. 이러한 분류 경계는 학습 결과에 대해 비교적 높은 해석력interpretability을 가져옵니다. 왜냐하면 각 선이 분류한 분할은 어떠한 속성값에 상응하기 때문입니다. 하지만 실제 학습 문제들은 이 예제보다 많이 복잡할 것입니다.

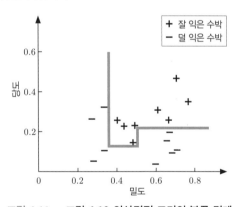

그림 4.11 ↘ **그림 4.10 의사결정 트리의 분류 경계**

그림 4.12에 보이는 것처럼 현실의 분류 문제는 매우 복잡합니다. 각 속성에 대해 수많은 테스트를 거쳐야 하므로 예측에 소요되는 시간이 매우 길 수도 있습니다.

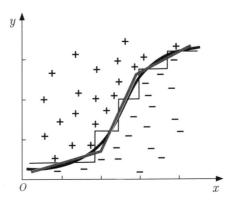

그림 4.12 \ 의사결정 트리에서 복잡한 분류 경계의 선들에 대한 근사

이러한 다변량 의사결정 트리는 '사각 의사결정 트리(oblique decision tree)'라고도 불린다.

만약 대각선의 분할 경계를 사용할 수 있다면, 그림 4.12의 초록색 선이 나타내는 형태가 됩니다. 이렇게 되면 의사결정 트리 모델이 매우 심플해질 것입니다. **다변량 의사결정 트리**multivariate decision tree가 바로 이러한 대각선 분할을 통해 더 복잡한 분할을 하는 의사결정 트리를 만듭니다. 대각선 분할을 하는 다변량 의사결정 트리는 비터미널 노드non-terminal node가 어떠한 속성에 대한 테스트를 진행하는 것이 아닌, 속성의 선형 조합에 대해 테스트를 진행하게 됩니다. 바꿔 말하면, 각 비터미널 노드는 하나의 $\sum_{i=1}^{d} w_i a_i = t$ 형식의 선형 분류기이고, 이 식에서 w_i는 속성 a_i의 가중치입니다. w_i와 t는 해당 노드가 포함하고 있는 샘플 집합과 속성 집합을 통해 학습합니다. 따라서 전통적인 **단변량 의사결정 트리**univariate decision tree와 다르게, 다변량 의사결정 트리의 학습 과정에서는 각 비터미널 노드를 위해 최적의 분할 속성을 찾는 것이 아니라 적당한 선형 분류기를 만드는 것이 목적입니다. 수박 데이터 세트 3.0α을 예로 들면, 그림 4.13과 같은 다변량 의사결정 트리를 만들 수 있고, 해당 트리의 분류 경계는 그림 4.14에 나와 있는 것과 같습니다.

선형 분류기에 관해서는 3장을 참조하라.

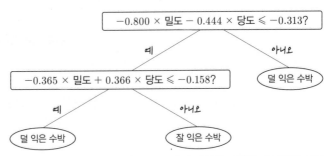

그림 4.13 \ 수박 데이터 세트 3.0α에서 생성된 다변량 의사결정 트리

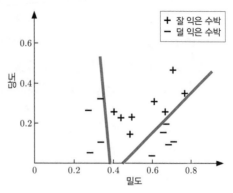

그림 4.14 ↘ 그림 4.13 다변량 의사결정 트리에서의 분류 경계

4.6 더 읽을거리

의사결정 트리 학습 알고리즘에서 가장 유명한 방법들은 ID3[Quinlan, 1979, 1986], C4.5[Quinlan, 1993], CART[Breiman et al., 1984]가 있습니다. [Murthy, 1998]은 의사결정 트리 문헌에 관한 학습 가이드를 제시했습니다. C4.5 알고리즘은 C4.5 의사결정 트리를 부호 규칙의 알고리즘으로 전환한 방법입니다[Quinlan, 1993]. 의사결정 트리의 각 가지를 하나의 규칙으로 쉽게 다시 작성할 수 있습니다. 하지만 C4.5 알고리즘은 전환 과정에서 규칙에 대한 사전 병합, 삭제 등을 진행해야 하고, 따라서 최종 규칙 집합의 일반화 성능은 원래 의사결정 트리보다 좋을 수 있습니다.

본질적으로 각종 특성 선택법을 의사결정 트리 분할 속성 선택에 사용할 수 있다. 특성 선택에 관한 자세한 내용은 11장을 참조하라.

정보 이득, 이득율, 지니계수 외에도 사람들은 의사결정 트리 분할 선택에 사용 가능한 다른 규칙들을 만들어 냈습니다. 그러나 연구 실험을 통해[Mingers, 1989b] 이러한 규칙들은 의사결정 트리의 길이에만 영향을 주고 일반화 성능에 대해서는 유한한 영향만이 있다고 결론지었습니다. [Raileanu and Stoffel, 2004]는 정보 이득과 지니계수 이론에 대해 분석했는데, 2%의 상황에서만 차이점을 발견했다고 주장하고 있습니다. 4.3절에서는 의사결정 트리의 가지치기 전략들을 소개했습니다. 가지치기 방법과 정도는 의사결정 트리의 일반화 성능에 큰 영향을 미칩니다. 실험을 통해[Mingers, 1989a] 각 데이터에 노이즈가 포함될 경우 가지치기 방법을 통해 의사결정 트리의 일반화 성능을 25%까지 증가시킬 수 있다고 주장하고 있습니다.

다변량 의사결정 트리 알고리즘으로는 주로 OC1[Murthy et al., 1994]과 [Brodley and Utgoff, 1995]가 제안한 일련의 알고리즘들이 있습니다. OC1은 그리디greedy 방법으로 각 속성의 최적 가중치를 찾고 로컬 최적화에 기초하여 분류 경계에 대해 랜덤하게 더 좋은 결정 경계를 찾아갑니다.

퍼셉트론과 신경망에 관해서는 5장을 참조하라.

[Brodley and Utgoff, 1995]는 선형 분류 학습의 최소제곱법을 직접 사용했습니다. 그리고 어떤 알고리즘에서는 의사결정 트리의 터미널 노드에 대해 신경망 방법을 사용했습니다. 예를 들어, 퍼셉트론 트리perceptron tree[Utgoff, 1989b]는 의사결정 트리의 각 터미널 노드에 하나의 퍼셉트론을 훈련시키고, [Guo and Gelfand, 1992]는 터미널 노드에 다층 신경망을 바로 내장하는 방법을 제안했습니다.

어떤 의사결정 트리 학습 알고리즘은 점진적 학습incremental learning을 진행할 수도 있습니다. 즉, 새로운 샘플을 받은 후에 처음부터 완전히 새로 배우는 것이 아닌, 이미 학습된 모델을 조절하는 방법입니다. 주요 메커니즘은 가지 경로 위의 분할 속성 순서 조절을 통해 트리에 대해 부분적으로 재구조화합니다. 대표적인 알고리즘으로는 ID4[Schlimmer and Fisher, 1986], ID5R[Utgoff, 1989a], ITI[Utgoff et al., 1997] 등이 있습니다. 증강 학습은 새로운 샘플이 들어올 때마다 학습에 들어가는 시간을 크게 줄여주지만, 여러 번의 증강 학습 후에 얻게 되는 모델은 처음 얻은 모델과 큰 차이가 생길 수 있다는 점이 단점입니다.

연습문제

4.1 충돌되는 데이터conflicting data(즉, 특성 벡터가 완전히 같지만 레이블은 다른)를 포함하지 않는 훈련 세트에 대해, 훈련 세트와 일치(훈련 오차가 0인)하는 의사결정 트리가 반드시 존재한다는 사실을 증명하라.

4.2 '최소 훈련 오차'를 사용하여 의사결정 트리 분할의 기준으로 삼을 때 빠질 수 있는 함정에 대해 분석하라.

4.3 정보 엔트로피에 기반하여 분할 선택을 진행하는 의사결정 트리 알고리즘에 대한 코드를 작성하고, 표 4.3의 데이터를 사용해 의사결정 트리를 생성하라.

4.4 지니계수에 기반하여 분할 선택을 진행하는 의사결정 트리 알고리즘에 대한 코드를 작성하고, 표 4.2의 데이터를 사용해 사전 가지치기, 사후 가지치기 의사결정 트리를 만들고, 가지치기를 하지 않은 의사결정 트리와 비교해 보아라.

4.5 로지스틱 회귀에 기반하여 분할 선택을 진행하는 의사결정 트리 알고리즘에 대한 코드를 작성하고, 표 4.3의 데이터를 사용해 의사결정 트리를 생성하라.

UCI 데이터 세트는 http://archive.ics.uci.edu/ml/을 확인하라.
통계적 유의성에 관해서는 2.4 절을 참조하라.

4.6 UCI 데이터 세트에서 4개의 데이터 세트를 선택하여, 위에서 언급한 세 가지 알고리즘이 생성한 가지치기를 하지 않은, 사전 가지치기를 한, 사후 가지치기를 한 의사결정 트리들에 대해 비교를 진행하고 통계적 유의미성을 검증하라.

4.7 그림 4.2는 재귀 알고리즘recursive이다. 만약 매우 큰 데이터를 만나게 된다면 의사결정 트리의 층수가 매우 깊어져, 재귀 방법을 사용하면 '스택stack'이 넘치기 쉽다. '선입선처리First In First Out, FIFO' 데이터 구조를 사용하고 파라미터 MaxDepth로 트리의 최대 깊이를 제어할 수 있게 만들면서, 그림 4.2와 같은 값을 가지지만 재귀적 의사결정 트리 생성 알고리즘을 사용하지 않는 알고리즘을 작성해 보아라.

4.8* 깊이 우선 탐색Depth-First Search, DFS 과정을 너비 우선 탐색Breath-First Search, BFS 과정으로 수정하고, 파라미터 MaxNode로 트리의 최대 노드 수를 제어하는 의사결정 트리 알고리즘을 문제 **4.7**을 기반으로 수정하여라. 문제 **4.7**의 알고리즘과 비교했을 때, 어떤 방법으로 구현한 의사결정 트리가 메모리 관리에 쉬운지 분석해 보아라.

4.9 4.4.2절에서 결측값에 대한 처리 메커니즘을 지니계수의 계산으로 확장하라.

수박 데이터 세트 3.0은 104쪽 표 4.3을 참조하라.

4.10 임의의 다중 변수 의사결정 트리를 만들고, 수박 데이터 세트 3.0에서 어떤 결과가 나오는지 확인해 보아라.

참고문헌

1 Breiman, L., J. Friedman, C. J. Stone, and R. A. Olshen. (1984). *Classification and Regression Trees.* Chapman & Hall/CRC, Boca Raton, FL.

2 Brodley, C. E. and P. E. Utgoff. (1995). "Multivariate decision trees." *Machine Learning,* 19(1):45-77.

3 Guo, H. and S. B. Gelfand. (1992). "Classification trees with neural network feature extraction." *IEEE Transactions on Neural Networks,* 3(6):923-933.

4 Mingers, J. (1989a). "An empirical comparison of pruning methods for decision tree induction." *Machine Learning,* 4(2):227-243.

5 Mingers, J. (1989b). "An empirical comparison of selection measures for decision-tree induction." *Machine Learning,* 3(4):319-342.

6 Murthy, S. K. (1998). "Automatic construction of decision trees from data: A multi-disciplinary survey." *Data Mining and Knowledge Discovery,* 2(4): 345-389.

7 Murthy, S. K., S. Kasif, and S. Salzberg. (1994). "A system for induction of oblique decision trees." Journal of Artificial Intelligence Research, 2:1-32.

8 Quinlan, J. R. (1979). "Discovering rules by induction from large collections of examples." In *Expert Systems in the Micro-electronic Age (D. Michie, ed.),* 168-201, Edinburgh University Press, Edinburgh, UK.

9 Quinlan, J. R. (1986). "Induction of decision trees." Machine Learning, 1(1): 81-106.

10 Quinlan, J. R. (1993). *04.5: Programs for Machine Learning.* Morgan Kaufmann, San Mateo, CA.

11 Raileanu, L. E. and K. Stoffel. (2004). "Theoretical comparison between the Gini index and information gain criteria." *Annals of Mathematics and Artificial Intelligence,* 41(1):77-93.

12 Schlimmer, J. C. and D. Fisher. (1986). "A case study of incremental concept induction." In *Proceedings of the 5th National Conference on Artificial Intelligence (AAA!),* 495-501, Philadelphia, PA.

13 Utgoff, P. E. (1989a). "Incremental induction of decision trees." *Machine Learning,* 4(2):161-186.

14 Utgoff, P. E. (1989b). "Perceptron trees: A case study in hybrid concept represenations." *Connection Science,* 1(4):377-391.

15 Utgoff, P. E., N. C. Berkman, and J. A. Clouse. (1997). "Decision tree induction based on effcient tree restructuring." *Machine Learning,* 29(1):5-44.

머신러닝 쉼터

의사결정 트리와 로스 퀸란

 의사결정 트리 학습에 관해 논의할 때 빠질 수 없는 한 사람이 바로 오스트레일리아의 컴퓨터 과학자 로스 퀸란 Ross Quinlan, 1943~입니다.

최초의 의사결정 트리 알고리즘은 심리학자이자 컴퓨터 과학자인 헌트E.B. Hunt가 1962년 개념 학습에 대해 연구하며 제시했던 CLSConcept Learning System입니다. 이 알고리즘은 의사결정 트리의 핵심인 '분할과 정복' 학습전략을 정립하였습니다. 로스 퀸란은 헌트의 가르침을 받아 1968년 미국 워싱턴 대학교 컴퓨터 과학 박사 학위를 취득했고, 그 후 시드니 대학교로 건너가 교수직을 맡았습니다. 1978년 안식년 기간에 미국 스탠퍼드 대학교에서 방문학자로서 튜링Turing의 조교인 미치에D. Michie가 개설한 대학원생 과목을 수강했었습니다. 이때 많은 양의 과제가 있었는데, 그중 완전하고 정확한 규칙을 학습할 수 있는 프로그램을 만들어, 체스에서 상대방이 두 수 후에 질 것인지 이길 것인지를 판단하는 과제가 있었습니다. 퀸란은 CLS 프로그램과 비슷한 프로그램을 만들어 과제를 제출했고, 여기서 정보 이득 개념을 도입했습니다. 후에 퀸란은 이를 정리해 1979년에 논문으로 발표했고, 이것이 바로 ID3 알고리즘입니다.

1986년 《Machine learning》이 창간되고, 퀸란은 창간호에서 다시 ID3 알고리즘에 대한 논문을 발표하게 됩니다. 이는 의사결정 트리 연구에 대한 열기를 고조시키는 계기가 되었습니다. 하지만 짧은 기간 동안 많은 과학자에 의해 ID4, ID5 등의 이름을 가진 비슷한 알고리즘들이 생겨났고, 퀸란은 ID3의 후속 알고리즘을 C4.0으로 지을 수밖에 없었습니다. 이를 기초로 그 유명한 C4.5 알고리즘이 탄생했습니다.

C4.0은 Classfier4.0의 약칭이다.
C4.5는 Classifier4.5의 약칭이다.

05 신경망

5.1 ## 뉴런 모델

이 책에서 언급하는 '인공 신경망'은 생물학적 의미에서의 신경망이 아니다.

신경망neural networks에 관한 연구는 아주 오래 전부터 계속되어 왔습니다. 오늘날의 신경망은 하나의 아주 크고 다양한 학문이 융합된 과학 영역이 되었습니다. 각 학문마다 신경망에 대한 정의는 다릅니다. 이 책에서는 오늘날 가장 광범위하게 쓰이고 있는 다음의 정의를 사용하겠습니다.

이는 코호넨(T.Kohonen)이 1988년에《Neural Networks》창간호에서 제시한 정의다.

> "신경망이란, 적응성이 있는 단순 단위로 구성된 광범위하고 서로 연결된 네트워크다. 이 조직은 현실 세계 사물에 대한 생물 신경계통의 상호작용을 모방할 수 있다[Kohonen, 1988]."

머신러닝에서 신경망을 언급할 때는 '신경망 학습'을 뜻하거나, 머신러닝과 신경망 두 학문 영역의 교차 부분을 뜻합니다.

neuron은 unit이라고도 한다.

신경망에서 가장 기초가 되는 성분은 뉴런neuron 모델입니다. 위 정의에서 언급한 '단순 단위'가 바로 뉴런입니다. 생물 신경망에서 각 뉴런은 기타 뉴런과 서로 연결되어 있습니다. 만약 뉴런이 흥분한다면 연결된 뉴런으로 화학물질을 전송합니다.

bias라고도 부른다.

이렇게 뉴런 내의 전압을 바꿉니다. 만약 어떤 뉴런의 전압이 **임곗값**threshold을 넘으면 해당 뉴런이 활성화됩니다. 즉, 흥분해서 다른 뉴런을 향해 화학물질을 전송합니다.

1943년 맥컬로치와 피츠[McCulloch and Pitts, 1943]는 위에서 말한 내용을 그림 5.1과 같은 간단한 모델로 구현했습니다. 이것이 바로 오늘날까지 사용되고 있는 'M-P 뉴런 모델'입니다. 이 모델에서 뉴런은 n개의 기타 뉴런에서 전송하는 입력 신호

반응 함수(response function)라
고도 부른다.

를 받습니다. 이러한 입력 신호는 가중치를 가진 연결connection을 거쳐 전달됩니다. 뉴런이 받은 총 입력값은 뉴런의 임곗값과 비교하고, **활성화 함수**activation function를 통해 뉴런의 출력을 처리합니다.

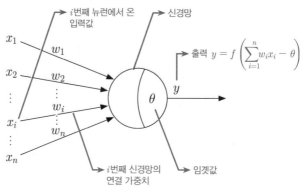

그림 5.1 \ **맥컬로치-피츠 뉴런**

여기서의 계단 함수는 단위 계
단 함수의 변형이다. 또한, 로
지스틱 함수는 대표적인 시그
모이드 함수다. 3.3절을 참조
하라.

가장 이상적인 활성화 함수는 그림 5.2 (a)에 보이는 단위 계단 함수입니다. 이 함수는 입력값을 출력값 '0'이나 '1'에 투영합니다. 앞선 예에서 '1'은 뉴런 '흥분'에 해당하고 '0'은 뉴런 '억제'에 해당합니다. 그러나 단위 계단 함수는 매끄럽지 못하고 불연속성이라는 좋지 않은 특성이 있습니다. 따라서 활성화 함수로는 시그모이드 함수를 자주 사용합니다. 가장 대표적인 시그모이드 함수는 그림 5.2 (b)에 나와 있습니다. 그림에서 알 수 있는 것처럼 이 함수는 비교적 넓은 범위 내에서 변화하는 입력값을 (0, 1) 사이의 출력값 범위 내로 밀어 넣을 수 있습니다. 그래서 이 함수는 때로 **스쿼싱 함수**squashing function라고도 불립니다.

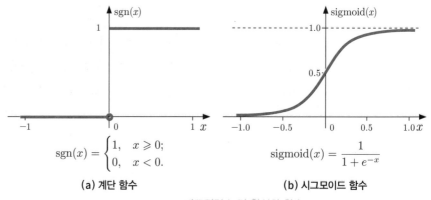

그림 5.2 \ **대표적인 뉴런 활성화 함수**

이러한 다수의 뉴런을 일정한 겹층 구조로 연결하면 신경망을 얻게 됩니다.

사실 컴퓨터 과학의 관점에서 보면 우리는 신경망이 정말로 생물 신경망을 모방할 수 있는지를 고려하지 않아도 됩니다. 단지 신경망은 많은 파라미터를 포함한 수학 모델이고, 이 모델은 $y_j = f(\sum_i w_i x_i - \theta_j)$처럼 상호 대입해 얻을 수 있는 다수의 함수라 생각할 수 있습니다. 유용한 신경망 학습 알고리즘들은 수학적인 증명에 기반을 두고 있습니다.

5.2 퍼셉트론과 다층 네트워크

퍼셉트론Perceptron은 그림 5.3처럼 두 개의 뉴런으로 구성되어 있고, 입력층이 외부 입력 신호를 받은 후 출력층으로 전달하는 구조입니다. 출력층은 M-P 뉴런이고, 이를 **임곗값 논리 단위**threshold logic unit라고도 부릅니다.

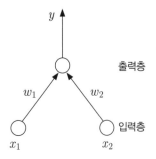

그림 5.3 ＼ 두 개의 입력 뉴런을 가진 퍼셉트론

퍼셉트론은 쉽게 AND, OR, NAND 논리를 계산할 수 있습니다. $y = f(\sum_i w_i x_i - \theta)$를 주의 깊게 보면서 f가 그림 5.2의 단위 계단 함수라고 가정한다면, 다음과 같은 표현이 가능합니다.

- **AND**($x_1 \wedge x_2$): $w_1 = w_2 = 1$, $\theta = 2$이면 $y = f(1 \cdot x_1 + 1 \cdot x_2 - 2)$이고, $x_1 = x_2 = 1$일 때만 $y = 1$이다.

- **OR**($x_1 \vee x_2$): $w_1 = w_2 = 1$, $\theta = 0.5$이면 $y = f(1 \cdot x_1 + 1 \cdot x_2 - 0.5)$이고, $x_1 = 1$ 혹은 $x_2 = 1$일 때 $y = 1$이다.

- **NAND**($\neg x_1$): $w_1 = -0.6$, $w_2 = 0$, $\theta = -0.5$이면 $y = f(-0.6 \cdot x_1 + 0 \cdot x_2 + 0.5)$이고, $x_1 = 1$일 때 $y = 0$이고, $x_1 = 0$일 때 $y = 1$이다.

더 일반적으로는 훈련 데이터 세트를 정한 상태에서 가중치 $w_i(i = 1, 2, ..., n)$와 임곗값 θ는 학습을 통해 얻습니다. 임곗값 θ는 하나의 입력이 -0.1로 고정인 더미 노드dummy node가 대응하는 연결 가중치 w_{n+1}이라고 볼 수 있습니다. 이렇게 하면 가중치와 임곗값의 학습은 하나의 가중치 학습으로 통일할 수 있습니다. 퍼셉트론 학습 규칙은 매우 간단합니다. 훈련 샘플(x, y)에 대해 만약 퍼셉트론의 출력이 $\hat{y}$이라면 퍼셉트론의 가중치는 다음과 같이 조정합니다.

x_i는 x가 i번째 입력 뉴런에 대응하는 컴포넌트다.

$$w_i \leftarrow w_i + \Delta w_i \ ,$$

식 5.1

$$\Delta w_i = \eta(y - \hat{y})x_i \ ,$$

식 5.2

η는 일반적으로 매우 작은 양수로 설정한다. (예를 들면 0.1)

여기서 $\eta \in (0, 1)$은 학습률learning rate입니다. 식 5.1에서 알 수 있는 것은 만약 퍼셉트론이 훈련 샘플(x, y)에 대해 정확히 예측한다면, 즉 $\hat{y} = y$라면, 퍼셉트론에 아무런 변화도 일어나지 않습니다. 반대의 경우에는 틀린 정도에 따라 가중치를 조절합니다.

'선형 분리 불가능'이란, 선형 초평면으로 분할할 수 없다는 것을 뜻한다.

여기서 주의해야 할 점은 퍼셉트론은 출력측 뉴런만 활성화 함수 처리를 한다는 사실입니다. 즉, 오직 한 층의 기능성 뉴런functional neuron만 보유하므로 학습 능력이 매우 제한적입니다. 사실 위에서 논의했던 논리회로 문제는 모두 선형 분리 가능한 문제였습니다. 만약 이진 분류 문제가 선형 분리 가능하다면, 즉 하나의 선형 초평면이 그림 5.4 (a)~(c)처럼 두 개의 클래스를 분리할 수 있다면, 퍼셉트론 학습 프로세스는 반드시 수렴converge하고 적절한 가중 벡터weight vector $w = (w_1; w_2; ...; w_{n+1})$을 구할 수 있습니다. 반대의 경우에는 퍼셉트론 학습 과정에서 변동fluctuation이 일어나고 w값이 불안정해 적당한 해를 구할 수 없습니다[Minsky and Papert, 1969]. 심지어 그림 5.4 (d)에 나오는 XOR 게이트 같은 간단한 선형 분리 불가능한 문제도 풀지 못합니다.

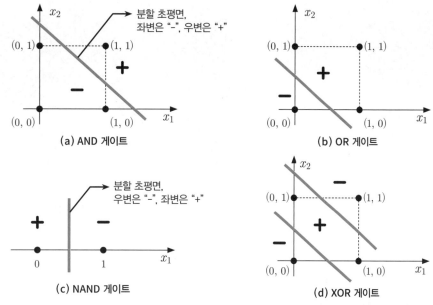

(a) AND 게이트

(b) OR 게이트

(c) NAND 게이트

(d) XOR 게이트

그림 5.4 ＼ 선형 분리 가능한 'AND' 'OR' 'NAND' 문제와 선형 분리 불가능한 비선형 문제

선형 분리가 불가능한 문제를 해결하려면 다층의 기능성 뉴런들을 사용해야 합니다. 그림 5.5에 나오는 간단한 이층 퍼셉트론이 바로 이 문제를 쉽게 해결할 수 있습니다. 그림 5.5 (a)에서 출력층과 입력층 사이에 한 층의 뉴런이 있는데, 이를 은닉층hidden layer이라고 부릅니다. 은닉층과 출력층 뉴런은 모두 활성화 함수의 기능을 가집니다.

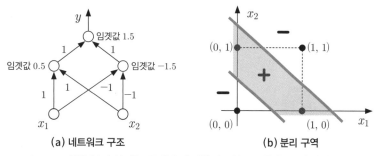

(a) 네트워크 구조

(b) 분리 구역

그림 5.5 ＼ 선형 분리 불가능 문제를 해결할 수 있는 두 층을 가진 퍼셉트론

자주 사용하는 신경망은 그림 5.6과 같은 겹층 구조를 가지며, 각 층의 뉴런은 다음 층 뉴런과 완전 연결되어 있고, 같은 층의 뉴런끼리는 연결되지 않습니다. 그리고 층을 뛰어넘는 연결도 존재하지 않습니다.

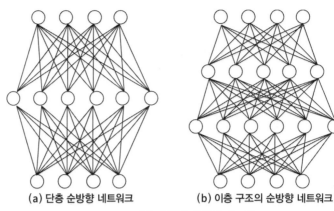

|(a) 단층 순방향 네트워크|(b) 이층 구조의 순방향 네트워크|

그림 5.6 ⟍ 다층 순방향 신경망 네트워크

'피드포워드'는 뒤로 전달할 수 없다는 뜻이 아니다. 단지, 네트워크 구조상에 순환이나 회로가 없다는 것을 뜻한다. 5.5.5절을 참조하라.

이러한 신경망 결합 구조를 일반적으로 **다층 순방향 신경망**multi-layer feedforward neural networks이라고 부릅니다. 여기서 입력층 뉴런은 외부 입력을 받고 은닉층과 출력층 뉴런은 신호를 가공합니다. 그리고 최종결과는 출력층 뉴런에 의해 출력됩니다. 다른 말로 바꿔 말하면, 입력층 뉴런은 입력만 받고 함수 처리는 하지 않는다는 것입니다. 반면, 은닉층과 출력층은 기능성 뉴런을 포함합니다. 따라서 그림 5.6 (a)는 '2층 네트워크'라고 불립니다. 뜻을 더 명확하게 하기 위해 여기서는 이를 **단일 은닉층 신경망**Neural Networks with a Single Hidden Layer이라고 부르겠습니다. 은닉층만 포함하면 되기 때문에 그냥 다층 신경망이라고 불러도 됩니다. 신경망의 학습 과정에서는 훈련 데이터를 통해 뉴런 간의 **연결 가중치**connection weight와 각 기능성 뉴런의 임곗값만 조절하면 됩니다. 즉, 신경망이 '학습'하는 것은 모두 연결 가중치와 임곗값에 내재되어 있다는 뜻입니다.

즉, 뉴런 연결의 가중치를 뜻한다.

5.3 오차 역전파 알고리즘

다층 네트워크의 학습능력은 단층 퍼셉트론보다 강합니다. 다층 네트워크를 훈련시키려면 식 5.1에 나오는 단순 퍼셉트론 학습 규칙으로는 부족하고 더 강한 학습 알고리즘이 필요합니다. **오차 역전파**error BackPropagation, BP가 바로 이런 강력한 알고리즘입니다. 오차 역전파법은 오늘날까지 가장 성공한 신경망 학습 알고리즘 중 하나입니다. 신경망을 사용할 때 대부분이 오차 역전파법을 사용하여 훈련합니다. 오차 역전파법은 다층 순방향 신경망뿐만 아니라 기타 유형의 신경망에도 사용 가능합니다. 예를 들면, 순환 신경망도 훈련이 가능합니다[Pineda, 1987]. 하지만 일반적으로 오차 역전파법을 언급할 때는 다층 순방향 신경망을 훈련시키는 것을 지칭합니다.

먼저, 오차 역전파 알고리즘에 대해 좀 더 자세히 알아보겠습니다. 훈련 세트 $D = \{(\boldsymbol{x}_1, \boldsymbol{y}_1), (\boldsymbol{x}_2, \boldsymbol{y}_2), \ldots, (\boldsymbol{x}_m, \boldsymbol{y}_m)\}$, $\boldsymbol{x}_i \in \mathbb{R}^d$, $\boldsymbol{y}_i \in \mathbb{R}^l$을 가정한다면, 입력 샘플들은 d개의 속성으로 표현될 수 있고 l차원 실수 벡터를 출력합니다. 조금 더 쉬운 논의를 위해 그림 5.7을 통해 d개의 입력 뉴런과 l개의 출력 뉴런, q개의 은닉 뉴런이 있는 다층 순방향 신경망을 나타내도록 하겠습니다. 여기서 출력층의 j번째 뉴런의 임곗값은 θ_j을 통해 나타내고, 은닉층의 h번째 뉴런의 임곗값은 γ_h으로 나타내겠습니다. 입력층의 i번째 뉴런과 은닉층의 h번째 뉴런 사이의 연결 가중치는 v_{ih}로 나타내고 은닉층의 h번째 뉴런과 출력층의 j번째 뉴런 사이의 연결 가중치는 w_{hj}로 표현합니다. 추가로, 은닉층의 h번째 뉴런이 받는 입력은 $\alpha_h = \sum_{i=1}^{d} v_{ih}x_i$이고, 출력층의 j번째 뉴런이 받는 입력은 $\beta_j = \sum_{h=1}^{q} w_{hj}b_h$, 여기서 b_h는 은닉층 h번째 뉴런의 출력값임을 기억해야 합니다.

<aside>이산 속성에 관해서는 사전에 처리해야 한다. 만약 속성값에 '순서' 관계가 존재한다면 연속화할 수 있다. 그렇지 않으면 k차원의 벡터로 변환하는데, 여기서 k는 속성값의 개수다. 3.2절을 참조하라.</aside>

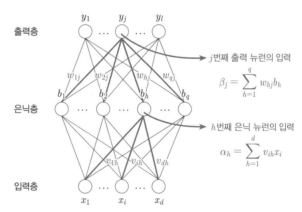

그림 5.7 ＼ **오차 역전파 네트워크와 알고리즘의 변수 부호**

<aside>실질적으로 로지스틱 함수다. 3.3절을 참조하라.</aside>

은닉층과 출력층 뉴런이 모두 그림 5.2 (b)의 시그모이드 함수를 사용한다고 가정합니다.

훈련 세트 $(\boldsymbol{x}_k, \boldsymbol{y}_k)$에 대해 신경망의 출력이 $\hat{\boldsymbol{y}}_k = (\hat{y}_1^k, \hat{y}_2^k, \ldots, \hat{y}_l^k)$이라 가정한다면, 식 5.3이 되고, $(\boldsymbol{x}_k, \boldsymbol{y}_k)$상에서의 평균 오차는 식 5.4가 됩니다.

$$\hat{y}_j^k = f(\beta_j - \theta_j) \, ,$$

식 5.3

여기서 1/2을 사용한 것은 계
산의 편의를 위해서다.

$$E_k = \frac{1}{2} \sum_{j=1}^{l} (\hat{y}_j^k - y_j^k)^2 .$$

식 5.4

그림 5.7의 신경망은 입력층에서 은닉층까지의 $d \times q$개 가중치, 은닉층에서 출력층까지의 $q \times l$개 가중치, 은닉층 뉴런의 임곗값 q개, 출력층 뉴런의 임곗값 l개, 총 $(d + l + 1)q + l$개의 파라미터를 정해야 합니다. 오차 역전파법은 일종의 재귀적 학습 알고리즘으로 반복 과정에서 퍼셉트론 학습규칙으로 파라미터에 대한 예측값을 갱신update합니다. 즉, 식 5.1과 유사하게 임의의 파라미터 v의 갱신 계산식은 식 5.5입니다.

$$v \leftarrow v + \Delta v .$$

식 5.5

다음은 그림 5.7의 은닉층에서 출력층까지의 연결 가중치 w_{hj}를 예로 유도식을 살펴보겠습니다.

경사하강법에 관해서는 부록
B.4를 참조하라.

오차 역전파 알고리즘은 경사하강법gradient descent 전략에 기반하여 경사의 반대 방향으로 파라미터를 조율합니다. 식 5.4의 오차 E_k에 대해 학습률을 η로 정한다면 식 5.6이 됩니다.

$$\Delta w_{hj} = -\eta \frac{\partial E_k}{\partial w_{hj}} .$$

식 5.6

w_{hj}는 j번째 출력층 뉴런의 입력값 β_j에 먼저 영향을 주고, 다음으로 출력값 $\hat{y}_j^k$에 영향을 주고 마지막으로 E_k에 영향을 미칩니다.

이것이 바로 '체인 룰(chain rule)'
이다.

$$\frac{\partial E_k}{\partial w_{hj}} = \frac{\partial E_k}{\partial \hat{y}_j^k} \cdot \frac{\partial \hat{y}_j^k}{\partial \beta_j} \cdot \frac{\partial \beta_j}{\partial w_{hj}} .$$

식 5.7

β_j 정의에 의해 식 5.8이 됩니다.

$$\frac{\partial \beta_j}{\partial w_{hj}} = b_h .$$

식 5.8

그림 5.2에 시그모이드 함수는 아주 좋은 수학적인 특성이 있습니다.

$$f'(x) = f(x)(1 - f(x)) ,$$

식 5.9

식 5.4와 5.3에 의해 식 5.10이 됩니다.

$$g_j = -\frac{\partial E_k}{\partial \hat{y}_j^k} \cdot \frac{\partial \hat{y}_j^k}{\partial \beta_j}$$

$$= -(\hat{y}_j^k - y_j^k)f'(\beta_j - \theta_j)$$

$$= \hat{y}_j^k(1 - \hat{y}_j^k)(y_j^k - \hat{y}_j^k) \, . \qquad \text{식 5.10}$$

식 5.10과 5.8을 식 5.7에 대입하고 다시 식 5.6에 대입하면 오차 역전파 알고리즘에서 중요한 w_{hj}의 가중치 업데이트 공식이 나옵니다.

$$\Delta w_{hj} = \eta g_j b_h \, . \qquad \text{식 5.11}$$

이와 유사하게 식 5.12~5.14를 얻을 수 있습니다.

$$\Delta \theta_j = -\eta g_j \, , \qquad \text{식 5.12}$$

$$\Delta v_{ih} = \eta e_h x_i \, , \qquad \text{식 5.13}$$

$$\Delta \gamma_h = -\eta e_h \, , \qquad \text{식 5.14}$$

그리고 식 5.13과 5.14에서 식 5.15를 얻을 수 있습니다.

$$e_h = -\frac{\partial E_k}{\partial b_h} \cdot \frac{\partial b_h}{\partial \alpha_h}$$

$$= -\sum_{j=1}^{l} \frac{\partial E_k}{\partial \beta_j} \cdot \frac{\partial \beta_j}{\partial b_h} f'(\alpha_h - \gamma_h)$$

$$= \sum_{j=1}^{l} w_{hj} g_j f'(\alpha_h - \gamma_h)$$

$$= b_h(1 - b_h) \sum_{j=1}^{l} w_{hj} g_j \, . \qquad \text{식 5.15}$$

η는 일반적으로 0.1로 설정한다. 학습률 $\eta \in (0, 1)$은 알고리즘 반복 과정에서 매번 업데이트 속도를 조절합니다. 만약 너무 크면 큰 값으로 발산해버리고, 너무 작다면 수렴하는 속도가 지나치게 느릴 수 있습니다. 더 정밀한 조율을 위해서 식 5.11과 5.12는 η_1을 사용하고, 식 5.13과 5.14는 η_2를 사용하도록 할 수도 있습니다. 여기서 두 학습률은 같지 않아도 됩니다.

그림 5.8에서는 오차 역전파 알고리즘이 계산되는 프로세스를 보여줍니다. 각 샘플 데이터에 대해 오차 역전파 알고리즘은 다음과 같은 작업을 진행합니다. 먼저,

입력 데이터를 입력층 뉴런에 제공하고 출력층에 결괏값이 나올 때까지 신호를 앞으로 전달합니다. 그다음 출력층의 오차를 계산하고(4, 5행), 다시 오차를 반대 방향으로 전파하여 은닉층 뉴런까지 전달합니다(6행). 마지막으로 은닉층 뉴런의 오차에 따라 가중치와 임계치에 대한 조정을 진행합니다(7행). 이러한 재귀적 반복 과정은 어떠한 정지조건을 만족시킬 때까지 계속 진행됩니다. 예를 들면, 훈련오차가 이미 아주 작은 값에 도달하는 경우에 작업을 멈춥니다. 그림 5.9에서는 2개의 속성, 5개의 샘플을 가진 수박 데이터에서 훈련 에포크를 증가시킬 때 신경망 파라미터와 분류 경계에 발생하는 변화를 보여줍니다.

입력: 훈련 세트 $D = \{(\boldsymbol{x}_k, \boldsymbol{y}_k)\}_{k=1}^{m}$
    학습률 η

과정:
1: (0, 1) 범위 내에서 랜덤으로 네트워크의 연결 가중치와 임곗값을 초기화한다
2: **repeat**
3:     **for all** $(\boldsymbol{x}_k, \boldsymbol{y}_k) \in D$ **do**
4:         파라미터와 식 5.3에 따라 샘플의 출력 $\hat{\boldsymbol{y}}_k$를 계산한다
5:         식 5.10에 따라 출력층 뉴런의 기울기 항 g_j를 계산한다
6:         식 5.15에 따라 은닉층 뉴런의 기울기 항 e_h를 계산한다
7:         식 5.11~5.14에 따라 연결 가중치 w_{hj}와 v_{ih}, 그리고 임곗값 θ_j, γ_h를 계산한다
8:     **end for**
9: **until** 종료 조건에 도달할 때까지
출력: 연결 가중치와 임곗값이 정해진 다층 순방향 신경망

그림 5.8 \ **오차 역전파 알고리즘 계산법**

여기서 주의해야 할 것은 오차 역전파 알고리즘의 목표는 훈련 세트 D에서의 누적 오차를 최소화하는 것입니다.

$$E = \frac{1}{m} \sum_{k=1}^{m} E_k \ ,$$

식 5.16

하지만 우리가 앞서 살펴본 '표준 오차 역전파 알고리즘'은 한 번에 한 개 샘플에 대해서만 가중치와 임곗값을 업데이트합니다. 다시 말해, 그림 5.8에서 알고리즘의 업데이트 규칙은 단일 E_k에 의해 유도할 수 있습니다.

종료 조건은 BP 과적합 완화 전략과 관련이 있다.

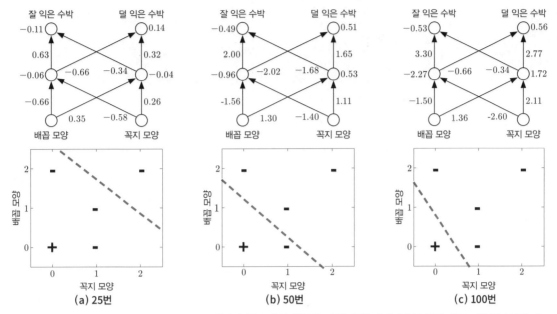

그림 5.9 ╲ **2개의 속성, 5개의 샘플을 가진 수박 데이터에서 훈련 에포크를 증가시킬 때 신경망 파라미터와 분류 경계에 발생하는 변화**

만약 이와 유사한 유도가 누적 오차 최소화 업데이트 규칙에 의해 이뤄진다면 누적 오차 역전파accumulated error backpropagation 알고리즘이 됩니다. 누적 오차 역전파와 표준 오차 역전파 알고리즘은 모두 자주 사용됩니다. 일반적으로 표준 오차 역전파법은 단일 샘플에 대한 업데이트를 진행하고 파라미터 업데이트가 매우 빈번하게 발생합니다. 따라서 서로 다른 샘플에 대해 업데이트를 진행하는 효과가 상쇄되는 현상이 발생할 수 있습니다. 같은 누적 오차 극소점에 도달하기 위해 표준 오차 역전파법은 더 많은 수의 반복을 진행해야 합니다. 누적 오차 역전파법은 직접적으로 누적 오차를 최소화하므로 전체 훈련 세트 D를 한 번에 읽은 후 파라미터 업데이트를 진행합니다. 따라서 파라미터 업데이트 빈도가 매우 낮습니다. 하지만 현실의 많은 문제 중에서 누적 오차가 일정 정도로 하락한 후에 학습이 잘 이뤄지지 않는다는 단점이 있습니다. 따라서 오히려 표준 오차 역전파법이 더 좋은 결과를 가져올 때가 많습니다. 특히, 훈련 세트 D가 매우 큰 경우에 이런 현상이 명확합니다.

[Hornik et al., 1989]는 은닉 노드가 충분히 많다면, 활성 함수로 무엇을 사용하든 다층 순방향 신경망은 어떤 함수라도 원하는 정확도만큼 근사화할 수 있다는 것을 증명했습니다. 그러나 은닉층의 뉴런 개수를 어떻게 설정하느냐는 아직도 해결

훈련 세트를 한 번 읽어온다면 이를 '하나의 에포크'를 수행했다고 부른다(또는 하나의 라운드라고도 부른다).

표준 BP 알고리즘과 누적 BP 알고리즘의 차이는 스토캐스틱 경사하강법(stochastic gradient descent, SGD)과 표준 경사하강법과의 차이와 비슷하다.

되지 않은 문제입니다. 실제로는 **시행착오**trial-by-error 방법에만 의존해서 조정할 수밖에 없습니다.

이러한 오차 역전파 신경망의 강력한 표현 능력으로 인해 과적합 현상을 자주 겪게 됩니다. 즉, 훈련오차는 지속해서 줄어들지만, 테스트 오차는 상승하는 것이죠. 우리는 두 가지 전략을 통해 오차 역전파 네트워크의 과적합 문제를 완화시킬 수 있습니다. 첫 번째 전략은 **조기 종료**early stopping입니다. 데이터를 훈련 세트와 검정 세트로 분리하고 훈련 세트는 경사를 계산하고 가중치와 임곗값을 갱신하는 데 사용합니다. 검정 세트는 오차를 예측하는 데 사용되고, 만약 훈련 세트의 오차가 줄어들 때 검정 세트의 오차가 높아진다면 그 즉시 훈련을 종료합니다. 그리고 최소 검정 오차를 갖는 가중치와 임곗값을 반환합니다. 두 번째 전략은 **정규화**regularization[Barron, 1991; Girosi et al., 1995]입니다. 기본적인 아이디어는 오차 목표 함수에 가중치와 임곗값의 제곱합과 같은 네트워크 복잡도를 표현하는 부분을 추가시키는 것입니다. 마찬가지로 E_k로 k번째 훈련 샘플의 오차를 나타내고 w_i로 가중치와 임곗값을 나타냅니다. 따라서 오차 목적 함수 식 5.16은 다음과 같이 바뀔 수 있습니다.

신경망에서의 정규화 전략은 6장에 설명할 SVM과 매우 유사하다.

연결 가중치와 임곗값 제곱 항을 더하면, 훈련 과정에서 더 작은 연결 가중치와 임곗값을 선호하게 된다. 따라서 네트워크 출력은 더 '매끄러워'지고 과적합 문제가 완화된다.

$$E = \lambda \frac{1}{m} \sum_{k=1}^{m} E_k + (1 - \lambda) \sum_i w_i^2 \,,$$

식 5.17

여기서 $\lambda \in (0, 1)$은 경험 오차와 네트워크 복잡도에 대한 절충이고 일반적으로 교차 검증법을 활용해 계산합니다.

5.4 글로벌 미니멈과 로컬 미니멈

만약 E로 신경망의 훈련 세트에 대한 오차를 나타낸다면, 이는 분명 가중치 $\boldsymbol{w}$와 임곗값 θ에 관한 함수일 것입니다. 이때 신경망의 훈련 과정은 하나의 파라미터 탐색 과정이라고도 볼 수 있습니다. 즉, 파라미터 공간에서 최적의 파라미터를 찾아 E를 최소화하는 것입니다.

이 논의는 다른 머신러닝 모델에도 해당한다.

우리는 앞으로 두 종류의 '최적'에 대해 자주 듣게 될 것입니다. 바로 **로컬 미니멈**local minimum과 **글로벌 미니멈**global minimum에 대해서입니다. $\boldsymbol{w}^*$와 θ^*에 대하여 다음 수식을 만족시키는 $\epsilon > 0$이 존재한다고 가정해 봅시다.

$$\forall\,(\boldsymbol{w};\theta)\in\{(\boldsymbol{w};\theta)\mid\|(\boldsymbol{w};\theta)-(\boldsymbol{w}^*;\theta^*)\|\leqslant\epsilon\}\ ,$$

그러면 $E(\boldsymbol{w};\theta)\geqslant E(\boldsymbol{w}^*;\theta^*)$은 성립할 것이고, $(\boldsymbol{w}^*;\theta^*)$는 로컬 미니멈의 해가 됩니다. 만약 파라미터 공간 내에 $(\boldsymbol{w};\theta)$가 $E(\boldsymbol{w};\theta)\geqslant E(\boldsymbol{w}^*;\theta^*)$이라면 $(\boldsymbol{w}^*,\theta^*)$는 글로벌 미니멈의 해가 됩니다. 직관적으로 생각했을 때 로컬 미니멈의 해는 파라미터 공간의 어떤 점이 되고 주변 점들의 오차 함숫값이 해당 점의 함숫값보다 작으면 안 됩니다. 이와 비슷하게 글로벌 미니멈의 해는 파라미터 공간 내의 모든 점들의 오차 함숫값이 해당 점의 오차 함숫값보다 작지 않다는 것을 뜻합니다. 이들이 대응하는 $E(\boldsymbol{w}^*;\theta^*)$는 각각 오차 함수의 로컬 미니멈값과 글로벌 미니멈값입니다.

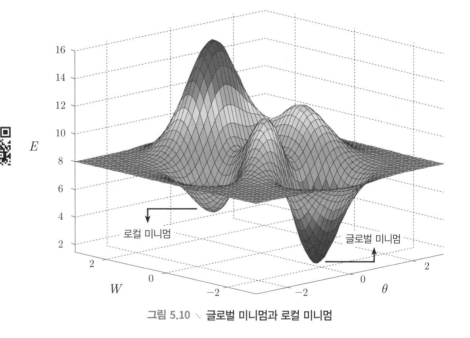

그림 5.10 ＼ 글로벌 미니멈과 로컬 미니멈

경사gradient(혹은 기울기)에 기반한 탐색search 방법은 가장 광범위하게 사용되는 최적화 파라미터 탐색 방법입니다. 이런 종류의 방법에서 우리는 임의의 시작점에서 출발해 반복적으로 최적의 파라미터값을 찾아 나갑니다. 매번 반복할 때마다 우리는 먼저 오차 함수가 해당 점에서 갖는 기울기를 계산합니다. 그리고 기울기에 따라 탐색 방향을 정합니다. 예를 들면, 음의 기울기를 갖는 방향은 함숫값의 하락이 가장 빠른 방향이기 때문에 경사하강법은 음의 기울기 방향을 따라 탐색하여 최적해를 구합니다. 만약 해당 점에서 오차 함수의 기울기가 0이라면 이미 로컬 미니멈에 도달한 것입니다. 이는 파라미터의 반복 갱신이 그곳에서 멈출 것이라는 뜻입니다. 만

퍼셉트론 갱신 규칙 공식 식 5.1과 BP 갱신 규칙 공식 식 5.11~5.14는 모두 경사하강법을 기초로 한다.

약 오차 함수가 하나의 로컬 미니멈만을 갖는다면, 찾은 로컬 미니멈은 바로 글로벌 미니멈이 됩니다. 그러나 오차 함수가 다수의 로컬 미니멈을 갖고 있을 때 글로벌 미니멈을 찾을 수 있을 것으로 보장할 수 없습니다. 두 번째 상황을 우리는 '로컬 미니멈 함정에 빠졌다'라고 표현하고, 당연히 이는 우리가 원하는 결과가 아닙니다.

실전에서 사람들은 아래의 몇 가지 전략을 이용하여 로컬 미니멈의 함정에서 '탈출'하여 최대한 글로벌 미니멈을 찾고자 합니다.

- 다양한 파라미터 조합 값을 사용하여 신경망을 여러 차례 초기화합니다. 일반적인 방법으로 훈련한 후 오차가 가장 작은 해를 최종 파라미터로 선정합니다. 이는 여러 개의 서로 다른 시작점에서 탐색을 시작하는 것과 동일하고, 이렇게 시작점을 계속 바꾸면서 서로 다른 로컬 미니멈에 빠지며 최대한 글로벌 미니멈에 근접한 결과를 선택합니다.

- **담금질 기법**simulated annealing을 사용합니다[Aarts and Korst, 1989]. 담금질 기법은 각 스테이지에서 일정한 확률로 현재 해보다 나쁜 결과를 받는 방식으로 로컬 미니멈을 탈출하는 데 도움을 받습니다. 각 반복 과정 중에서 '차선의 해'를 받을 확률은 시간이 지남에 따라 점점 줄고, 따라서 알고리즘이 안정적이게 됩니다.

  하지만 '전역 최소점'을 '탈출'하는 일도 발생한다.

- **스토캐스틱 경사하강법**stochastic gradient descent을 사용합니다. 정확하게 기울기를 계산하는 일반적인 경사하강법과 다르게, 스토캐스틱 경사하강법은 기울기를 계산할 때 랜덤 요소를 추가합니다. 따라서 로컬 미니멈에 빠지게 되더라도 계산한 값은 0이 아닐 수 있습니다. 이런 방식으로 로컬 미니멈으로부터 탈출시켜 탐색을 계속합니다.

이외에도 **유전 알고리즘**genetic algorithm[Goldberg, 1989] 역시 글로벌 미니멈에 근사할 수 있도록 신경망을 훈련시키는 데 사용됩니다. 하지만 주의해야 할 점은 위에서 말한 로컬 미니멈 탈출 기술들은 대부분 휴리스틱한 방법이라는 것입니다. 따라서 이론상으로 결과가 불완전한 면이 있습니다.

기타 신경망

신경망 모델과 알고리즘은 매우 많아 이번 절을 통해 모두 소개할 수는 없지만, 특별히 자주 사용하는 몇 종류에 대해 간단히 설명하겠습니다.

5.5.1 RBF 신경망

이론상으로는 다수의 은닉층을 사용할 수 있다. 하지만 RBF에서는 단일 은닉층을 자주 사용한다.

RBFRadial Basis Function **신경망**[Broomhead and Lowe, 1988]은 일종의 단일 은닉층 순방향 신경망입니다. 방사 함수를 은닉층 뉴런의 활성화 함수로 사용하고 출력층은 은닉층 뉴런에 출력에 대한 선형 조합입니다. 입력이 d차원인 벡터 $\boldsymbol{x}$와 출력이 실숫값을 가정하면 RBF 신경망은 다음과 같이 나타낼 수 있습니다.

$$\varphi(\boldsymbol{x}) = \sum_{i=1}^{q} w_i \rho(\boldsymbol{x}, \boldsymbol{c}_i) ,$$

식 5.18

위 식에서 q는 은닉층 뉴런의 개수이고, $\boldsymbol{c}_i$와 w_i는 각각 i번째 은닉층 뉴런에 대응하는 중심과 가중치입니다. $\rho(\boldsymbol{x}, \boldsymbol{c}_i)$는 방사 함수이고, 이는 일종의 스칼라 함수입니다. 일반적으로 샘플 $\boldsymbol{x}$에서 데이터 중심 $\boldsymbol{c}_i$ 사이의 유클리드 거리의 단조 함수라 정의하고, 자주 사용하는 가우스 방사 함수의 식은 다음과 같습니다.

$$\rho(\boldsymbol{x}, \boldsymbol{c}_i) = e^{-\beta_i \|\boldsymbol{x}-\boldsymbol{c}_i\|^2} .$$

식 5.19

[Park and Sandberd, 1991]은 충분한 양의 은닉층 뉴런을 가진 RBF 신경망은 어떤 연속 함수라도 원하는 정확도만큼 근사화할 수 있다는 것을 증명했습니다.

일반적으로 두 단계 과정을 거쳐 RBF 신경망을 훈련합니다. 첫 번째 단계는 뉴런 중심 $\boldsymbol{c}_i$을 결정합니다. 자주 사용되는 방식은 랜덤 샘플링, 클러스터링clustering이 있습니다. 두 번째 단계는 오차 역전파 알고리즘을 사용하여 파라미터 w_i와 β_i를 선택합니다.

5.5.2 ART 신경망

경쟁형 학습competitive learning은 신경망 중에서 자주 사용하는 비지도 학습 전략 중 하나입니다. 신경망의 출력 뉴런들이 서로 경쟁하여 각 시기에 단 하나의 승자 뉴런만 살아남고 다른 뉴런들은 억제 상태에 들어갑니다. 이러한 메커니즘을 **승자독식**winner-take-all 원칙이라고 부릅니다

ARTAdaptive Resonance Theory **신경망**[Carpenter and Grossberg, 1987]은 경쟁형 학습의 중요한 알고리즘입니다. 이 신경망은 비교층, 식별층, 식별 임곗값 그리고 치환 모듈로 구성됩니다. 비교층은 입력 샘플을 받는 역할을 하고 이를 식별층 뉴런으로 전달합니다. 식별층은 각 뉴런에 대응하는 하나의 패턴을 부여하고 뉴런 수는 훈련 과정 중에 다이내믹하게 증가하여 새로운 패턴을 추가합니다.

비교층의 입력 신호를 받은 다음, 식별층 뉴런은 서로 경쟁하여 승자 뉴런을 생성하게 됩니다. 경쟁의 가장 간단한 방식은 입력 벡터와 각 식별층 뉴런에 대응하는 패턴의 대표 벡터 간의 거리를 계산하는 것입니다. 거리가 가장 작은 것이 승자가 됩니다. 승자 뉴런은 다른 식별층 뉴런들을 향해 신호를 보내고 활성을 억제합니다. 만약 입력 벡터와 승자 뉴런이 대응하는 대표 벡터 간의 유사도가 식별 임곗값보다 높다면, 해당 입력 샘플은 해당 대표 벡터가 속한 클래스(패턴)로 귀속됩니다. 동시에 신경망 가중치는 갱신되어 다음에 비슷한 샘플을 받았을 때 해당 패턴이 더 큰 유사도를 계산할 수 있도록 합니다. 이렇게 하면 해당 승자 뉴런의 승리확률이 더 커집니다. 만약 유사도가 식별 임곗값보다 낮다면 치환 모듈은 식별층에서 새로운 뉴런을 하나 만들고 대표 벡터를 해당 입력 벡터로 설정합니다.

> 이것이 바로 '승자독식'의 실현이 아닐까?

여기서 식별 임곗값은 ART 신경망의 성능에 큰 영향을 끼칩니다. 식별 임곗값이 비교적 높을 때 입력 샘플은 더 많고 자세한 패턴이 생성될 것입니다. 하지만 만약 식별 임곗값이 낮다면 양이 적고 비교적 간략한 패턴이 생성될 것입니다.

> 증분식 학습은 모델을 학습한 후 다시 훈련 샘플을 받을 때 다시 전체 모델을 훈련시키지 않고, 새로운 샘플에 한해서만 모델을 갱신하는 것을 뜻한다. 온라인 학습이란, 새로운 샘플을 얻을 때마다 하나씩 훈련시켜 모델을 갱신하는 것을 말한다. 온라인 학습은 증분식 학습의 특별한 케이스다. 혹은 증분식 학습을 배치모드(batch-mode)의 온라인 학습이라고도 볼 수 있다.

ART는 경쟁형 학습에 존재하는 **안정성-유연성 딜레마**stability-plasticity dilemma를 비교적 잘 완화했습니다. 여기서 유연성은 신경망이 새로운 지식을 학습하는 능력을 뜻하고, 안정성은 신경망이 새로운 것을 학습할 때 이전 지식을 기억하는 능력을 뜻합니다. 이것이 ART가 가진 가장 중요한 장점입니다. 즉, 점진적 학습incremental learning 혹은 온라인 학습online learning을 진행할 수 있습니다.

초기의 ART 신경망은 부울Boolean 형의 입력 데이터밖에 처리하지 못했습니다. 하지만 이후 ART는 실수 입력 처리도 가능한 ART2 신경망, 모자이크 처리를 결합한 FuzzyART 신경망, 그리고 지도 학습을 할 수 있는 ARTMAP 신경망 등을 포함한 하나의 대표 신경망 종류로 발전해 갔습니다.

5.5.3 SOM 신경망

자기조직화 맵(Self-Organizing Feature Map), 혹은 코호넨(Kohonen) 네트워크라고도 부른다.

SOMSelf-Organizing Map **신경망**[Kohonen, 1982]은 일종의 경쟁 학습형 비지도 학습 신경망입니다. 이는 고차원의 입력 데이터를 저차원 공간으로 투영하는 동시에(보통 2차원으로), 입력 데이터의 고차원 공간에서의 위상학적 구조Topological Structure를 유지시켜 줍니다. 즉, 고차원 공간의 유사한 샘플 포인트를 네트워크 출력층의 근사 뉴런으로 투영시킵니다.

그림 5.11에 설명된 것처럼 SOM 네트워크에 출력층 뉴런은 매트릭스 형태로 2차원 공간에 위치해 있습니다. 각 뉴런은 하나의 가중치를 가지고 신경망은 입력 벡터를 받은 다음 출력층의 승자 뉴런을 결정합니다. 승자 뉴런은 해당 입력 벡터의 저차원 공간에서의 위치를 결정합니다. SOM의 훈련 목적은 각 출력층 뉴런을 위해 적절한 가중치를 찾아 위상학적 구조를 유지시키는 것입니다.

SOM의 훈련 과정은 매우 간단합니다. 하나의 훈련 샘플을 받은 다음 각 출력층 뉴런은 해당 샘플과 원래 가지고 있던 가중치 벡터 간의 거리를 계산합니다. 거리가 가장 가까운 뉴런이 승자 뉴런이 되고 이를 **최적 매칭 유닛**best matching unit이라고 부릅니다. 그리고 최적 매칭 유닛과 이웃 뉴런들의 가중치는 조정되고, 이 가중치와 입력 샘플의 거리를 축소합니다. 이러한 과정은 수렴할 때까지 계속 반복됩니다.

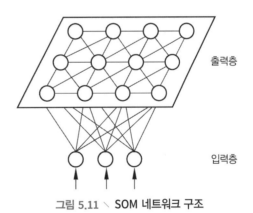

그림 5.11 ＼ **SOM 네트워크 구조**

5.5.4 중첩된 상호연관 신경망

일반적인 신경망 모델은 네트워크 구조가 사전에 고정되어 있다고 가정하고, 훈련의 목적은 훈련 샘플을 이용하여 적절한 가중치과 임곗값 등의 함수를 찾는 것입

구조성(constructive) 신경망이
라고도 부른다.

5.5.2절에서 소개한 ART 네트
워크는 은닉층 뉴런 수가 훈련
과정에서 증가하기 때문에 일
종의 구조적응 신경망이다.

니다. 이와 다르게 구조적응 네트워크Adaptive Structure Network는 네트워크 구조를 하
나의 학습 목적으로 설정하고 훈련 과정 중에서 데이터 특성에 가장 적합한 네트
워크 구조를 찾습니다. **중첩된 상호연관**Cascade-Correlation **신경망**[Fahlman and LEbiere,
1990]은 구조적응 네트워크의 대표적인 알고리즘입니다.

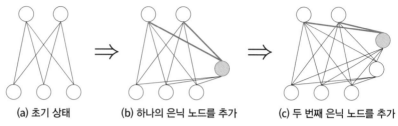

(a) 초기 상태 (b) 하나의 은닉 노드를 추가 (c) 두 번째 은닉 노드를 추가
그림 5.12 〉 **중첩된 상호연관 신경망의 훈련 과정**

중첩된 상호연관 신경망은 두 개의 주요 성분으로 구성되어 있습니다. 이름에서 쉽
게 알 수 있듯이 '중첩'과 '상호연관'입니다. 중첩이란, 겹겹이 연결되어 만들어진 계
층구조를 뜻합니다. 훈련이 시작되면 네트워크에는 최소 위상학적 구조인 출력층
과 입력층밖에 없습니다. 훈련 진행에 따라 그림 5.12처럼 새로운 은닉층 뉴런이
더해지고 새로운 계층구조를 만듭니다. 새로운 은닉층 뉴런이 추가되면 입력단에
연결 가중치는 고정됩니다. 상호연관은 새로운 뉴런 출력의 최대화를 통해 네트워
크 오차 간의 상관성으로 관련 파라미터를 훈련시킨다는 뜻입니다.

일반적인 순방향 신경망과 비교했을 때 중첩된 상호연관 신경망은 네트워크의 층
수, 은닉층 뉴런 수를 설정하지 않아도 되며 훈련속도가 비교적 빠릅니다. 하지만
데이터가 적을 때는 쉽게 과적합에 빠진다는 단점이 있습니다.

5.5.5 엘만 네트워크

순환 신경망은 recursive neural
networks로 표기되기도 한다.

순방향 신경망과 다르게 **순환 신경망**recurrent neural networks은 토큰 링 모양의 구조
가 나올 수 있습니다. 즉, 어떤 뉴런의 출력은 입력 신호로 다시 되돌아간다는 뜻
입니다. 이러한 구조와 정보가 귀환하는 과정은 t 시점의 네트워크 출력상태가 t
시점의 입력정보뿐만 아니라 $t-1$ 시점의 네트워크 상태와도 연관되게 만듭니다.
이렇게 함으로써 시간과 관계 있는 동적 변화를 처리할 수 있게 합니다.

엘만 네트워크[Elman, 1990]는 가장 자주 사용하는 순환 신경망 중 하나입니다. 그 구조는 그림 5.13과 같이 생겼는데, 구조가 다층 순방향 신경망과 매우 비슷합니다. 하지만 은닉층 뉴런의 출력이 다시 돌아와 다음 시간대의 입력층 뉴런에 제공되는 신호와 함께 다음 시간대의 입력이 되어 은닉층으로 흘러 들어갑니다. 은닉층 뉴런은 일반적으로 시그모이드 활성화 함수를 사용하고 네트워크의 훈련은 오차 역전파 알고리즘을 활용하여 진행됩니다[Pieneda, 1987].

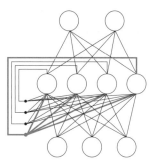

그림 5.13 ╲ **엘만 네트워크 구조**

5.5.6 볼츠만 머신

신경망 중 한 종류의 모델은 네트워크 상태를 하나의 **에너지**energy라고 정의합니다. 그리고 에너지가 최소화될 때 네트워크가 이상적인 상태에 도달한다고 생각합니다. 따라서 네트워크의 훈련이란, 이 에너지 함수를 최소화하는 것을 뜻합니다. **볼츠만 머신**[Ackley et al., 1985]은 바로 일종의 **에너지 기반 모델**energy-based model입니다. 자주 볼 수 있는 구조는 그림 5.14 (a)에 나와 있고, 뉴런은 가시층visible과 은닉층, 총 2개로 분리되어 있습니다. 입력층은 데이터의 입력과 출력을 나타내기 위해 사용되고, 은닉층은 데이터의 내재된 표현이라고 이해할 수 있습니다. 볼츠만 머신의 뉴런은 모두 부울Boolean 형태이고, 따라서 0, 1 두 값밖에 취할 수 없습니다. 상태가 1이면 활성화를 뜻하며, 0이면 억제 상태를 뜻합니다. 벡터 $s \in \{0, 1\}^n$으로 n개 뉴런들의 상태를, w_{ij}로 뉴런 i와 j 간의 연결 가중치를, θ_i로 뉴런 i의 임곗값을 나타낸다면, 상태 벡터 s가 대응하는 볼츠만 머신 에너지는 다음과 같이 정의됩니다.

> 그림 5.14 (a)에서 볼 수 있듯이, 볼츠만 머신은 일종의 재귀 신경망이다.

> [역주] 상태 벡터(state vector)는 어떤 시각에서의 상태 변숫값을 뜻한다.

$$E(s) = - \sum_{i=1}^{n-1} \sum_{j=i+1}^{n} w_{ij} s_i s_j - \sum_{i=1}^{n} \theta_i s_i .$$

식 5.20

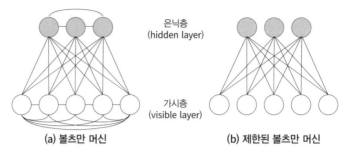

그림 5.14 ╲ 볼츠만 머신과 제한된 볼츠만 머신

볼츠만 분포는 평형 상태
(equilibrium) 혹은 평형 분포
(stationary distribution)라고도
부른다.

만약 네트워크 중에 신경망이 어떠한 입력값과도 관계없는 순서로 갱신이 진행된
다면, 네트워크는 최종적으로 볼츠만 분포에 도달하게 됩니다. 이때 상태 벡터 s가
나올 확률은 해당 에너지와 모든 가능한 상태 벡터의 에너지가 결정합니다.

$$P(s) = \frac{e^{-E(s)}}{\sum_t e^{-E(t)}} \ .$$

식 5.21

볼츠만 머신의 훈련 과정은 각 훈련 샘플을 하나의 상태 벡터라고 간주하고 얻을
수 있는 확률을 최대화하는 것입니다. 일반 볼츠만 머신은 하나의 완전연결 그래
프이고 네트워크의 훈련 복잡도가 매우 높습니다. 따라서 현실 문제를 해결하기
쉽지 않습니다. 일반적으로는 제한된 볼츠만 머신Restricted Boltzmann Machine, RBM을
더 많이 사용합니다. 제한된 볼츠만 머신의 구조는 그림 5.14 (b)와 같습니다. 제한
된 볼츠만 머신은 입력층과 은닉층 사이의 연결만 보존하며, 이는 일반 볼츠만 머
신 구조를 하나의 완전한 그래프에서 이분bipartite 그래프로 간략화합니다.

제한된 볼츠만 머신은 **산도비교**Contrastive Divergence, CD라는 알고리즘[Hinton, 2010]을
자주 활용하여 훈련을 진행합니다. 만약 네트워크에 d개의 입력층 뉴런과 q개의 은
닉층 뉴런이 있고, v와 h로 각각 입력층과 은닉층의 상태 벡터를 나타내게 한다면,
같은 층 내에는 연결이 존재하지 않기 때문에 식 5.22와 5.23을 얻을 수 있습니다.

$$P(v|h) = \prod_{i=1}^{d} P(v_i \mid h) \ ,$$

식 5.22

$$P(h|v) = \prod_{j=1}^{q} P(h_j \mid v) \ .$$

식 5.23

CD 알고리즘은 각 훈련 샘플 v에 대해 식 5.23에 기반하여 은닉층 뉴런 상태의 확률 분포를 계산합니다. 그런 다음에 해당 확률 분포를 기반으로 샘플링하여 h를 얻습니다. 그리고 식 5.22에 기반하여 h에서 v'를 생성하고, v'에서 h'를 생성합니다. 연결 가중치의 갱신 공식은 식 5.24와 같습니다.

임곗값의 갱신 공식도 비슷하게 유도할 수 있다.

$$\Delta w = \eta \left(vh^{\mathrm{T}} - v'h'^{\mathrm{T}} \right) .$$

식 5.24

5.6 딥러닝

학습기의 능력(capacity)에 관해서는 12장을 참조하라.

이론상으로 파라미터의 수가 많으면 많은 수록 모델의 복잡성이 높아지고 **능력**capacity이 커집니다. 이는 아무리 복잡한 학습 문제라도 해결이 가능하다는 뜻입니다. 하지만 일반적으로 복잡한 모델의 훈련 효과는 좋지 않고, 쉽게 과적합 함정에 빠지게 됩니다. 하지만 클라우드 컴퓨터와 빅데이터 시대가 도래하면서 컴퓨터의 능력은 대대적으로 높아졌고 이러한 훈련 성능 저하 문제를 완화했습니다. 그리고 훈련 데이터가 많아짐에 따라 과적합 위험은 대폭 낮아졌습니다. 이에 따라 **딥러닝**deep learning을 대표로 하는 복잡한 모델들이 사람들의 관심을 받기 시작했습니다.

규모가 큰 딥러닝 모델은 몇백억 개의 파라미터를 가진다.

전형적인 딥러닝 모델은 바로 깊은 층을 쌓은 신경망입니다. 신경망 모델의 능력을 향상시킬 수 있는 가장 간단한 방법은 은닉층의 개수를 늘리는 것입니다. 은닉층이 많으면 상응하는 뉴런 연결 가중치, 임곗값 등의 파라미터 수가 늘어납니다. 모델의 복잡성도 단순히 은닉층 뉴런의 수를 증가시키는 것만으로 늘릴 수 있습니다. 앞서 설명한 것처럼 단일 은닉층의 다층 순방향 신경망은 매우 강력한 학습능력을 갖췄습니다. 하지만 모델 복잡성을 증가시키는 관점에서 바라보면 은닉층의 개수를 증가시키는 것이 은닉층 뉴런의 수를 증가시키는 것보다 효율적입니다. 왜냐하면 은닉층 수를 증가시키면 활성화 함수를 가진 뉴런의 개수를 늘리게 될 뿐만 아니라, 활성화 함수가 내장된 층 수도 증가하기 때문입니다. 그러나 여러 은닉층을 가진 신경망은 전통적인 알고리즘(일반 오차 역전파 알고리즘)을 사용하여 훈련시키기 힘든 점이 있습니다. 왜냐하면 오차가 은닉층에서 역전파될 때 발산diverge하여 수렴하지 못하는 현상이 많이 일어나기 때문입니다.

여기서 말하는 '다수의 은닉층'이란 3개 이상의 은닉층을 뜻한다. 딥러닝 모델은 일반적으로 8~9개 이상의 은닉층을 가진다.

비지도 레이어-와이즈 훈련unsupervised layer-wise training은 다수의 은닉층을 가진 네트워크를 훈련하는 데 유용한 수단입니다. 기본적인 아이디어는 한 번에 한 층의 은닉 노드를 훈련하고, 훈련 시 앞 층 은닉 노드의 출력을 입력으로 받는 것입니다. 그리고 해당 층의 은닉 노드의 출력은 다음 층 은닉 노드의 입력이 됩니다. 이러한 과정을 **사전 학습**pre-training이라고 합니다. 사전 학습이 모두 완료된 후, 다시 모든 네트워크에 대해 **파인튜닝**fine-tuning 훈련을 진행합니다. 예를 들어, DBNDeep Belief Network 신경망[Hinton et al., 2006]에서 각 층은 모두 하나의 볼츠만 머신입니다. 즉, 모든 네트워크는 여러 개의 RBM이 겹겹이 쌓여 얻어진 것으로 간주합니다. 비지도 레이어-와이즈 훈련 시, 먼저 첫 번째 층을 훈련하고 이는 훈련 샘플의 RBM 모델에 대한 것이고 일반적인 RBM을 따라 훈련시킵니다. 그리고 첫 번째 사전훈련이 완료된 은닉 노드를 두 번째 층의 입력 노드로 보고 두 번째 층에 대해 사전훈련을 진행합니다. 이렇게 각 층에 대한 사전훈련이 완료된 후 오차 역전파 알고리즘을 활용하여 모든 네트워크에 대해 파인튜닝을 진행합니다.

사실상 '사전훈련 + 파인튜닝' 방법은 대량의 파라미터를 여러 개의 조합으로 나누고, 각 조합에 대해 국부적으로 보았을 때 비교적 좋은 설정을 찾아준 후 이러한 로컬 최적화의 결과를 합쳐 글로벌 최적화를 진행하는 것으로 볼 수 있습니다. 이렇게 하면 대량의 모델 파라미터가 제공하는 자유도를 이용할 수 있고, 동시에 훈련 계산 비용을 줄일 수가 있습니다.

또 하나의 계산 비용을 줄일 수 있는 전략으로는 **가중치 공유**weight sharing가 있습니다. 즉, 같은 조합에 속한 뉴런에 같은 가중치를 사용하도록 하는 것입니다. 이 전략은 합성곱 신경망Convolutional Neural Network, CNN[LeCun and Bengio, 1995; LeCun et al., 1988]에서 중요한 역할을 합니다. CNN으로 수기 숫자를 식별하는 문제를 예로 들면 [LeCun et al., 1988], 그림 5.15에 나타나는 것처럼 네트워크 입력은 32×32 크기의 수기 숫자 이미지이고, 출력은 이에 대한 판별 결과입니다.

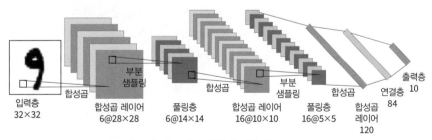

그림 5.15 \ **수기 숫자 이미지 인식에 사용되는 CNN**[LeCun et al., 1998]

최근 사람들은 CNN을 사용할 때 시그모이드 함수 대신

$$f(x) = \begin{cases} 0, & \text{if } x < 0, \\ x, & \text{otherwise}, \end{cases}$$

와 같은 ReLU(Rectified Linear Unit)를 사용한다. 그 외에 풀링층에서 '최대'나 '평균' 개념을 사용하는데, 이는 앙상블 학습 과정과 비슷하다. 8.4절을 참조하라.

[역주] 국부적 상관성 원리란, 부분적 이미지 내에서 일정한 특성이 유사성을 가진다는 뜻이다. 예를 들어, 이미지에서 특정 물체를 인식할 때 물체 부분의 픽셀과 가까울수록 상관성이 높을 것이다.

CNN은 다수의 '합성곱 레이어'와 '샘플링 레이어'를 쌓아 올려 입력 신호를 가공하고 연결층에서 출력 목표 간의 매핑을 실현합니다. 각 합성곱 레이어는 모두 다수의 피처맵feature map을 포함하고, 각 피처맵은 다수의 뉴런으로 구성된 '평면'입니다. 일종의 합성곱 필터를 통해 입력에 대한 특성을 추출하는 것입니다. 예를 들어, 그림 5.15에 첫 번째 합성곱 레이어는 6개의 피처맵으로 구성되었습니다. 각 피처맵은 하나의 28×28 크기의 뉴런 행렬입니다. 여기서 각 뉴런은 5×5 크기의 필터를 통해 부분 특성을 추출합니다. 샘플링 레이어는 풀링pooling층이라고도 부르는데, 국부적 상관성 원리에 기반하여 부분 샘플링을 진행합니다. 따라서 데이터양을 줄이는 동시에 유의미한 정보를 보존하게 됩니다. 그림 5.15에 첫 번째 샘플링 레이어는 6개의 14×14 크기의 피처맵이 있습니다. 여기서 각 뉴런은 앞 층에서 피처맵에 대응하는 2×2 이웃 영역과 연결되고 이를 기반으로 출력을 계산합니다. 이러한 과정을 거치며 그림 5.15에서 원본 이미지 데이터는 120차원의 특성 벡터로 매핑됩니다. 마지막에는 84개의 뉴런으로 구성된 연결층과 출력층을 연결하여 판별 문제를 완료하게 됩니다. CNN은 오차 역전파 알고리즘을 사용해 훈련을 진행해도 되지만, 훈련 중에 합성곱 레이어와 샘플링 레이어의 각 뉴런 그룹은 (그림 5.15의 각 '평면') 가중치가 모두 같으므로 훈련해야 하는 파라미터 수를 대폭 줄여줍니다.

우리는 다른 시각에서 딥러닝을 이해할 수도 있습니다. DBN이든 CNN이든 다수의 은닉층을 쌓는 과정이나 각 층의 입력을 처리하는 메커니즘은 같습니다. 즉, 입력 신호를 단계별로 가공하여 초기 출력 목표와 밀접하지 않은 입력 표현을 연관이 깊은 표현으로 바꿔줍니다. 이로써 원래라면 가장 마지막 한 층의 출력 매핑으로는 해결하기 힘들었던 문제들을 해결 가능하도록 만듭니다. 바꿔 말하면 다층 처리를 통해 초기의 '저층' 특성 표현을 '고층' 특성 표현으로 바꾼 후 '단순한 모델'을 사용하여 복잡한 분류 등의 학습 문제를 해결합니다. 따라서 딥러닝 학습은 특성 학습feature learning 혹은 표현 학습representation learning이라고도 이해할 수 있습니다.

만약 네트워크의 앞 단을 특성 표현에 대한 처리 과정이라고 본다면, 마지막 층에서만 '분류' 작업을 하는 것이 된다. 이렇게 생각하면 이는 매우 간단한 분류 모델이라고 할 수 있다.

기존에 머신러닝을 현실 문제에 적용할 때 샘플의 특성에 대한 묘사는 주로 인간 전문가가 맡는 일이었습니다. 이를 특성 공학feature engineering이라고 합니다. 많은 사람이 알고 있듯이 특성의 좋고 나쁨은 일반화 성능에 큰 영향을 끼칩니다. 인간 전문가가 좋은 특성을 디자인한다는 것도 쉽지만은 않습니다. 특성 학습은 머신러닝 본연의 기술을 통해 좋은 특성을 생성하려는 노력이며, 이는 머신러닝을 '완전 자동 데이터 분석'의 단계로 한 걸음 더 나아가게 하고 있습니다.

더 읽을거리

[Haykin, 1988]은 아주 좋은 신경망 교과서입니다. [Bishop, 1995]도 매우 좋지만 비교적 머신러닝에 치중되어 있습니다. 신경망 영역에서의 주요 학술지로는 《Neural Computation》, 《Neural Networks》, 《IEEE Transactions on Neural Networks and Learning Systems》 등이 있고, 주요 국제학회로는 NIPS, IJCNN, ICANN과 ICONIP가 있습니다.

2012년 전의 명칭은 IEEE Transaction on Neural Networks다.

최근에는 NIPS에서 머신러닝에 중점을 두고 있다.

M-P 뉴런 모델이 가장 널리 사용되지만 주목받는 다른 뉴런 모델도 있습니다. 예를 들면, spiking neuron 모델[Gerstner and Kistler, 2002] 등이 있습니다.

LMS는 'Widrow-hoff 규칙' 혹은 'δ 규칙'이라고도 부른다.

오차 역전파 알고리즘은 [Werbost, 1974]가 가장 먼저 제안했고 [Rumelhart et al., 1986a, b]에 의해 수정되었습니다. 오차 역전파 알고리즘은 실질적으로 LMSLeast Mean Square 알고리즘의 연장입니다. LMS는 네트워크의 출력 평균 오차를 최소화하는 것을 목적으로 하고, 뉴런 활성화 함수로 미분 가능한 감각기 학습에 사용될 수 있습니다. LMS를 비선형 미분 가능 뉴런들로 구성된 다층 순방향 네트워크로 확장한다면 오차 역전파 알고리즘을 얻게 됩니다. 따라서 오차 역전파 알고리즘은 **일반화한 델타 규칙**Generalized delta rule이라고도 불립니다[Chauvin and Rumelhart, 1995].

[MacKay, 1992]는 베이지안 프레임을 통해 자동으로 신경망의 정규화 파라미터를 결정해 주는 방법을 제안했습니다. [Gori and Tesi, 1992]는 오차 역전파 네트워크의 로컬 미니멈 문제에 대해 상세한 논의를 하고 있습니다. [Yao, 1999]는 유전genetic 알고리즘을 대표로 하는 진화 연산evolutionary computation 기술을 이용하여 신경망을 만드는 연구에 대해 종합적으로 기술하고 있습니다. 오차 역전파 알고리즘의 개선에 대해 많은 연구가 존재합니다. 많은 트릭trick이 존재하는데, 자세한 내용은 [Reed and Marks, 1998; Orr and Muller, 1998]을 참조 바랍니다.

RBF 네트워크 훈련 과정은 [Schwenker et al., 2001]을 읽어보면 좋습니다. [Carpenter and Grossberg, 1991]은 ART 알고리즘에 대해 소개하고 있습니다. SOM 네트워크는 클러스터링, 고차원 데이터의 시각화, 이미지 분할 등 다양한 방면에 응용되고 있고, 이와 관련해서는 [Kohonen, 2001]을 읽어보면 좋습니다. [Bengio et al., 2013]은 딥러닝의 연구 발전 현황을 종합적으로 기술하고 있습니다.

신경망은 해석하기 어려운 '블랙박스'라 여겨지지만, 신경망의 해석 가능성을 개선하려고 많은 연구가 진행되고 있습니다. 주요 방법으로는 신경망 중에서 이해 가능한 부호 규칙을 추출하는 것인데 관심이 있다면 [Tickle et al., 1998; Zhou, 2004]를 참조하세요.

연습문제

선형 함수 $f(\boldsymbol{x}) = \boldsymbol{w}^\mathrm{T}\boldsymbol{x}$를 신경망 활성화 함수로 사용했을 때의 결함에 대해 설명하라.

그림 5.2 (b) 활성화 함수의 신경망을 사용하는 것과 로지스틱 회귀의 관계에 대해 기술하라.

그림 5.7의 v_{ih}에 대해, BP 알고리즘 중의 갱신 공식인 식 5.13을 유도하라.

식 5.6에서 학습률의 값이 신경망 훈련에 미치는 영향에 대해 기술하라.

표준 BP 알고리즘과 누적 BP 알고리즘에 대한 코드를 작성하고, 수박 데이터 세트 3.0상에서 각각 두 알고리즘을 이용하여 단일 은닉층 신경망을 훈련시켜 비교해 보아라.

BP 개선 알고리즘을 만들고, 학습률의 동적 조정을 통해 수렴 속도를 높일 수 있도록 하라. 해당 알고리즘에 대한 코드를 작성하고, UCI 데이터 세트에서 두 개의 데이터 세트를 골라 표준 BP 알고리즘과 비교해 보아라.

식 5.18과 5.19에 기반하여 이역異域 문제를 해결하는 단층 RBF 신경망을 만들어라.

SOM 신경망에 대한 코드를 작성하고, 수박 데이터 세트 3.0α상에서의 결과를 관찰하라.

5.9* 엘만 신경망에 사용되는 BP 알고리즘을 유도하라.

합성곱 신경망에 대한 코드를 작성하고, MNIST 데이터를 사용해 학습을 진행하라.

수박 데이터 세트 3.0은 104쪽의 표 4.3을 참조하라.

UCI 데이터 세트는 http://archive.ics.uci.edu/ml/을 확인하라.

역주 이역 문제는 XOR 문제를 뜻한다.

수박 데이터 세트 3.0α는 110쪽의 표 4.5를 참조하라.

MINIST 데이터 세트는 http://yann.lecun.com/exdb/mnist/를 확인하라.

참고문헌

[1] Aarts, E. and J. Korst. (1989). *Simulated Annealing and Boltzmann Machines: A Stochastic Approach to Combinatorial Optimization and Neural Computing.* John Wiley & Sons, New York, NY.

[2] Ackley, D. H., G. E. Hinton, and T. J. Sejnowski. (1985). "A learning algorithm for Boltzmann machines." *Cognitive Science*, 9(1):147-169.

[3] Barron, A. R. (1991). "Complexity regularization with application to artificial neural networks." In *Nonparametric Functional Estimation and Related Topics; NATO ASI Series Volume 335* (G. Roussas, ed.), 561-576, Kluwer, Amsterdam, The Netherlands.

[4] Bengio, Y., A. Courville, and P. Vincent. (2013). "Representation learning: A review and new perspectives." *IEEE Transactions on Pattern Analysis and Machine Intelligence*, 35(8):1798-1828.

[5] Bishop, C. M. (1995). *Neural Networks for Pattern Recognition.* Oxford University Press, New York, NY.

[6] Broomhead, D. S. and D. Lowe. (1988). "Multivariate functional interpolation and adaptive networks." *Complex Systems*, 2(3):321-355.

[7] Carpenter, G. A. and S. Grossberg. (1987). "A massively parallel architecture for a self-organizing neural pattern recognition machine." *Computer Vision, Graphics, and Image Processing*, 37(1):54-115.

[8] Carpenter, G. A. and S. Grossberg, eds. (1991). *Pattern Recognition by SelfOrganizing Neural Networks.* MIT Press, Cambridge, MA.

[9] Chauvin, Y. and D. E. Rumelhart, eds. (1995). *Backpropagation: Theory, Architecture, and Applications.* Lawrence Erlbaum Associates, Hillsdale, NJ. Elman, J. L. (1990). "Finding structure in time." *Cognitive Science*, 14(2): 179-211.

[10] Fahlman, S. E. and C. Lebiere. (1990). "The cascade-correlation learning architecture." Technical Report CMU-CS-90-100, School of Computer Sciences, Carnergie Mellon University, Pittsburgh, PA.

[11] Gerstner, W. and W. Kistler. (2002). *Spiking Neuron Models: Single Neurons, Populations, Plasticity.* Cambridge University Press, Cambridge, UK.

[12] Girosi, F., M. Jones, and T. Poggio. (1995). "Regularization theory and neural networks architectures." *Neuml Computation*, 7(2):219-269.

[13] Goldberg, D. E. (1989). *Genetic Algorithms in Search, Optimizaiton and Machine Learning.* Addison-Wesley, Boston, MA.

[14] Gori, M. and A. Tesi. (1992). "On the problem of local minima in backpropagation." *IEEE Transactions on Pattern Analysis and Machine Intelligence*, 14(1):76-86.

[15] Haykin, S. (1998). *Neuml Networks: A Comprehensive Foundation*, 2nd edition.Prentice-Hall, Upper Saddle River, NJ.

[16] Hinton, G. (2010). "A practical guide to training restricted Boltzmann machines." Technical Report UTML TR 2010-003, Department of Computer Science, University of Toronto.

[17] Hinton, G., S. Osindero, and Y.-W. Teh. (2006). "A fast learning algorithm for deep belief nets." *Neuml Computation*, 18(7):1527-1554.

[18] Hornik, K., M. Stinchcombe, and H. White. (1989). "Multilayer feedforward networks are universal approximators." *Neuml Networks*, 2(5):359-366.

[19] Kohonen, T. (1982). "Self-organized formation of topologically correct feature maps." *Biological Cybernetics*, 43(1):59-69.

[20] Kohonen, T. (1988). "An introduction to neural computing." *Neuml Networks*, 1(1):3-16.

[21] Kohonen, T. (2001). *Self-Organizing Maps*, 3rd edition. Springer, Berlin.

[22] LeCun, Y. and Y. Bengio. (1995). "Convolutional networks for images, speech, and time-series." In *The Handbook of Bmin Theory and Neuml Networks* (M. A. Arbib, ed.), MIT Press, Cambridge, MA.

[23] LeCun, Y., L. Bottou, Y. Bengio, and P. Haffner. (1998). "Gradient-based learning applied to document recognition." *Proceedings of the IEEE*, 86(11): 2278-2324.

[24] MacKay, D. J. C. (1992). "A practical Bayesian framework for backpropagation networks." *Neuml Computation*, 4(3):448-472.

[25] McCulloch, W. S. and W. Pitts. (1943). "A logical calculus of the ideas immanent in nervous activity." *Bulletin of Mathematical Biophysics*, 5(4):115-133.

[26] Minsky, M. and S. Papert. (1969). *Perceptrons*. MIT Press, Cambridge, MA.

[27] Orr, G. B. and K.-R. Miiller, eds. (1998). *Neural Networks: Tricks of the Trade*. Springer, London, UK.

[28] Park, J. and I. W. Sandberg. (1991). "Universal approximation using radialbasis-function networks." *Neural Computation*, 3(2):246-257.

[29] Pineda, F. J. (1987). "Generalization of Back-Propagation to recurrent neural networks." *Physical Review Letters*, 59(19):2229-2232.

[30] Reed, R. D. and R. J. Marks. (1998). *Neural Smithing: Supervised Learning in Feedforward Artificial Neural Networks*. MIT Press, Cambridge, MA.

[31] Rumelhart, D. E., G. E. Hinton, and R. J. Williams. (1986a). "Learning internal representations by error propagation." In *Parallel Distributed Processing: Explorations in the Microstructure of Cognition* (D. E. Rumelhart and J. L. McClelland, eds.), volume 1, 318-362, MIT Press, Cambridge, MA.

[32] Rumelhart, D. E., G. E. Hinton, and R. J. Williams. (1986b). "Learning representations by backpropagating errors." *Nature*, 323(9):533-536.

[33] Schwenker, F., H.A. Kestler, and G. Palm. (2001). "Three learning phases for radial-basis-function networks." *Neural Networks*, 14(4-5):439-458.

[34] Tickle, A. B., R. Andrews, M. Golea, and J. Diederich. (1998). "The truth will come to light: Directions and challenges in extracting the knowledge embedded within trained artificial neural networks." *IEEE Transactions on Neural Networks*, 9(6):1057-1067.

[35] Werbos, P. (1974). *Beyond regression: New tools for prediction and analysis in the behavior science.* Ph.D. thesis, Harvard University, Cambridge, MA.

[36] Yao, X. (1999). "Evolving artificial neural networks." *Proceedings of the IEEE*, 87(9):1423–1447.

[37] Zhou, Z.-H. (2004). "Rule extraction: Using neural networks or for neural networks?" *Journal of Computer Science and Technology*, 19(2):249–253.

머신러닝 쉼터

신경망의 흥망성쇠

민스키는 1969년에 튜링상을 받았다.

이 책에는 신경망에 관한 확실한 견해들이 존재한다. 하지만 이 책의 중요 논의와 결론은 신경망과 인공지능 발전에 악영향을 끼쳤다. 따라서 후에 신경망이 다시 부흥한 후 많은 학자의 비평을 받았다. 1988년에 재출간되었을 때 민스키는 한 챕터를 추가해 이 책에 대한 비판을 변호했다.

20세기 40년대 M-P 뉴런 모델과 Hebb 학습 이론의 출현 이후 50년대 퍼셉트론, Adaline을 대표로 하는 일련의 성과가 나타났습니다. 이 시기가 바로 신경망의 첫 번째 부흥기입니다. 하지만 불행하게도 MIT 컴퓨터과학 연구의 창시자인 마빈 민스키Marvin Minsky, 1927~2016와 시모어 페퍼트Seymour Papert, 1928~가 1969년 출판한 《Perceptrons》에서 '단층 신경망은 비선형 문제를 해결할 수 없으며, 다층 네트워크의 훈련 알고리즘도 아직까진 희망이 없다'라는 비관적인 의견을 내면서 신경망 연구는 빙하기에 진입하게 됩니다. 미국과 소련은 신경망 연구에 대한 지원을 중지했고, 전 세계 신경망 연구자들은 대부분 다른 연구 분야로 옮겨갔습니다. 하버드 대학교의 폴 웨어보스Paul Werbos가 1974년 BP 알고리즘을 발명했지만, 신경망 빙하기였기 때문에 별다른 주목을 받지 못했습니다.

1983년 캘리포니아 공학 대학원 물리학자 존 홉필드John Hopfield가 신경망을 이용해 순회 세일즈맨 문제Travelling salesman problem인 NP-hard 문제에서 좋은 성과를 내자 큰 주목을 받았습니다. 그 뒤 캘리포니아 샌디에고 대학교의 데이비드 루멜하트David Rumelhart와 제임스 맥크렐랜드James McClelland가 이끄는 PDP 그룹이 《Parallel Distributed Processing: Explorations in the Microstructure of Cognition》이란 제목의 책을 출간하면서 새로운 BP 알고리즘을 내놓았습니다. 당시 이미 홉필드의 연구가 주목받고 있었으므로 BP 알고리즘에 대한 연구는 힘을 얻게 됩니다. 이로써 신경망의 두 번째 부흥기가 찾아오게 됩니다. 20세기 90년대 중반, 통계 학습 이론과 서포트 벡터 머신의 발전, 그리고 신경망 학습의 부족한 이론, 알고리즘이 너무 많은 계산량을 요구한다는 점 등의 단점으로 인해 신경망 연구는 다시 침체기에 접어들게 됩니다. NIPS 콘퍼런스는 심지어 몇 년 동안 신경망 관련 주제의 논문은 받지도 않았습니다.

2010년 전후, 컴퓨터의 계산 능력이 비약적으로 향상되고 빅데이터의 출현으로 인해 신경망 연구는 '딥러닝'이란 이름 아래 다시 부흥기를 맞이하게 됩니다. 특히 이미지넷ImageNet 등이 여러 대회에서 좋은 성적을 거두고, 구글, 바이두, 페이스북 등 IT 기업들이 거액을 투자하며 연구를 진행한 덕에 신경망 연구에 세 번째 부흥기가 찾아오게 됩니다.

06 서포트 벡터 머신

6.1 마진과 서포트 벡터

훈련 세트 $D = \{(\boldsymbol{x}_1, \boldsymbol{y}_1), (\boldsymbol{x}_2, \boldsymbol{y}_2), \ldots, (\boldsymbol{x}_m, \boldsymbol{y}_m)\}$, $y_i \in \{-1, +1\}$가 주어졌을 때 분류 학습의 가장 기본적인 아이디어는 훈련 세트 D의 샘플 공간에서 하나의 분할 초평면을 찾아 서로 다른 클래스의 샘플을 분리하는 것입니다. 하지만 그림 6.1에 나타난 것처럼 훈련 샘플을 분리할 수 있는 분할 초평면이 여럿일 때 우리는 어떤 것을 선택해야 할까요?

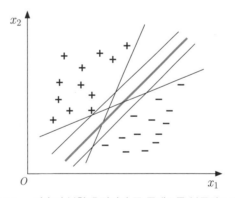

그림 6.1 ╲ 다수의 분할 초평면이 두 클래스를 분류하고 있다

직관적으로 그림 6.1에서 '정중앙'에 위치한 초록색 선을 골라야 할 것 같습니다. 왜냐하면 초록색 분할 초평면이 훈련 샘플의 변동성에 대해 가장 '견고'할 것 같기 때문입니다. 예를 들어, 훈련 세트에 노이즈나 어떠한 영향으로 인해 새로운 샘플이 분류 경계에 가까이 가게 된다면 많은 분할 초평면에서 오류가 생기게 됩니다. 하지만 초록색 선으로 표시된 초평면은 영향이 가장 적을 것입니다. 바꿔 이야

기하면, 이 분할 초평면이 만든 분할 결과는 가장 견고robust하고, 아직 만나지 못한 샘플들에 대해 가장 좋은 성능을 보일 것입니다.

샘플 공간에서 분할 초평면은 다음 선형 방정식을 통해 묘사될 수 있습니다.

$$\boldsymbol{w}^{\mathrm{T}}\boldsymbol{x} + b = 0 ,$$

식 6.1

여기서 $\boldsymbol{w} = (w_1; w_2; \ldots; w_d)$는 법선 벡터normal vector이고 초평면의 방향을 결정합니다. b는 변위 항으로 초평면과 원점 간의 거리를 결정합니다. 다시 말해, 분할 초평면은 법선 벡터 $\boldsymbol{w}$와 변위 b에 의해 결정되고, 아래에서 $(\boldsymbol{w}, b)$로 나타내며, 샘플 공간에서의 임의점 $\boldsymbol{x}$에서 초평면$(\boldsymbol{w}, b)$까지의 거리는 식 6.2처럼 나타낼 수 있습니다.

6.1절을 참조하라.

$$r = \frac{|\boldsymbol{w}^{\mathrm{T}}\boldsymbol{x} + b|}{||\boldsymbol{w}||} .$$

식 6.2

초평면$(\boldsymbol{w}, b)$가 훈련 샘플을 정확히 분류할 수 있다고 가정한다면 $(\boldsymbol{x}_i, y_i) \in D$에서 $y_i = +1$이면 $\boldsymbol{w}^{\mathrm{T}}\boldsymbol{x}_i + b > 0$이고, $y_i = -1$이면 $\boldsymbol{w}^{\mathrm{T}}\boldsymbol{x}_i + b < 0$입니다.

만약 초평면$(\boldsymbol{w}', b')$이 훈련 샘플을 정확히 분류할 수 있다면 $\varsigma\boldsymbol{w} \mapsto \boldsymbol{w}'$과 $\varsigma b \mapsto b'$이 항상 존재하여 식 6.3을 성립시킨다.

$$\begin{cases} \boldsymbol{w}^{\mathrm{T}}\boldsymbol{x}_i + b \geqslant +1, & y_i = +1 ; \\ \boldsymbol{w}^{\mathrm{T}}\boldsymbol{x}_i + b \leqslant -1, & y_i = -1 . \end{cases}$$

식 6.3

각 샘플 포인트는 하나의 고윳값에 대응한다.

그림 6.2에 나타난 것처럼 초평면에 가장 가까운 몇 개의 훈련 샘플 포인트는 식 6.3 등호에 해당하고 이들을 **서포트 벡터**support vector라고 부릅니다. 두 개의 서로 다른 클래스의 서포트 벡터에서 초평면에 달하는 거리의 합은 식 6.4이고, 이를 **마진**margin이라고 부릅니다.

$$\gamma = \frac{2}{||\boldsymbol{w}||} ,$$

식 6.4

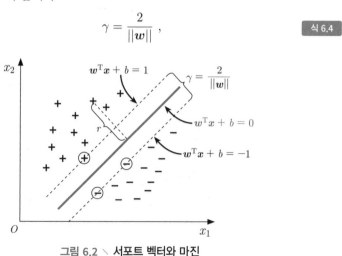

그림 6.2 ╲ 서포트 벡터와 마진

최대 마진maximum margin을 가지는 분할 초평면을 가지고 싶다면 식 6.3의 제약 조건을 만족하는 파라미터 $\boldsymbol{w}$와 b를 찾아 γ를 최대화해야 합니다.

$$\max_{\boldsymbol{w},b} \quad \frac{2}{||\boldsymbol{w}||}$$
$$\text{s.t.} \quad y_i(\boldsymbol{w}^{\mathrm{T}}\boldsymbol{x}_i + b) \geqslant 1, \quad i = 1, 2, \ldots, m.$$

식 6.5

마진은 $\boldsymbol{w}$와만 관련 있어 보이나, 사실 b는 제약을 통해 은연 중에 $\boldsymbol{w}$의 값에 대해 영향을 주어 마진 생성에도 영향을 준다.

따라서 마진을 최대화하려면 $||\boldsymbol{w}||^{-1}$만 최대화하면 되고, 이는 $||\boldsymbol{w}||^2$을 최소화하는 것과 같습니다. 따라서 식 6.5는 다음과 같이 다시 작성할 수 있습니다.

$$\min_{\boldsymbol{w},b} \quad \frac{1}{2}||\boldsymbol{w}||^2$$
$$\text{s.t.} \quad y_i(\boldsymbol{w}^{\mathrm{T}}\boldsymbol{x}_i + b) \geqslant 1, \quad i = 1, 2, \ldots, m.$$

식 6.6

이것이 바로 서포트 벡터 머신Support Vector Machine, SVM의 기본 모델입니다.

6.2 쌍대문제

우리는 식 6.6을 구해 최대 마진 분할 초평면에 대응하는 모델을 구하고 싶어 합니다.

$$f(\boldsymbol{x}) = \boldsymbol{w}^{\mathrm{T}}\boldsymbol{x} + b,$$

식 6.7

여기서 $\boldsymbol{w}$와 b는 모델 파라미터입니다. 식 6.6 자체가 하나의 컨벡스 이차 프로그래밍convex quadratic programming 문제인 것을 알 수 있기 때문에 해는 전역 해를 보장하고, 따라서 우리는 바로 현존하는 최적화 계산법을 동원하여 해를 구할 수 있습니다. 하지만 여기에는 더 효과적인 방법이 존재합니다.

부록 B.1을 참조하라.

식 6.6에 라그랑주 승수법을 쓴다면 우리는 **쌍대문제**dual problem를 얻을 수 있습니다. 구체적으로 이야기하면, 식 6.6의 각 제약 조건에 라그랑주 승수 $\alpha_i \geqslant 0$을 추가하면 해당 문제의 라그랑주 함수는 다음과 같이 쓸 수 있습니다.

$$L(\boldsymbol{w}, b, \boldsymbol{\alpha}) = \frac{1}{2}||\boldsymbol{w}||^2 + \sum_{i=1}^{m} \alpha_i \left(1 - y_i(\boldsymbol{w}^{\mathrm{T}}\boldsymbol{x}_i + b)\right),$$

식 6.8

여기서 $\boldsymbol{\alpha} = (\alpha_1; \alpha_2; \ldots; \alpha_m)$입니다. $\boldsymbol{w}$, b에 편도함수에 대한 $L(\boldsymbol{w}, b, \boldsymbol{\alpha})$를 0으로 두면, 식 6.9와 6.10을 얻을 수 있습니다.

$$w = \sum_{i=1}^{m} \alpha_i y_i \boldsymbol{x}_i \; ,$$

식 6.9

$$0 = \sum_{i=1}^{m} \alpha_i y_i \; .$$

식 6.10

식 6.9를 6.8에 대입하면 $L(\boldsymbol{w}, \; b, \; \boldsymbol{\alpha})$에 $\boldsymbol{w}$와 b를 소거할 수 있고, 다시 식 6.10의 제약 조건을 고려해 보면 식 6.6의 쌍대문제를 얻습니다.

$$\max_{\boldsymbol{\alpha}} \quad \sum_{i=1}^{m} \alpha_i - \frac{1}{2} \sum_{i=1}^{m} \sum_{j=1}^{m} \alpha_i \alpha_j y_i y_j \boldsymbol{x}_i^{\mathrm{T}} \boldsymbol{x}_j$$

식 6.11

$$\text{s.t.} \quad \sum_{i=1}^{m} \alpha_i y_i = 0 \; ,$$

$$\alpha_i \geqslant 0 \; , \quad i = 1, 2, \ldots, m \; .$$

$\boldsymbol{\alpha}$의 해를 구한 후 $\boldsymbol{w}$와 b를 구하면 다음 모델을 얻습니다.

$$f(\boldsymbol{x}) = \boldsymbol{w}^{\mathrm{T}} \boldsymbol{x} + b$$

식 6.12

$$= \sum_{i=1}^{m} \alpha_i y_i \boldsymbol{x}_i^{\mathrm{T}} \boldsymbol{x} + b \; .$$

식 6.11의 쌍대문제에서 나온 $\boldsymbol{\alpha}_i$는 식 6.8에서의 라그랑주 승수이고 훈련 샘플($\boldsymbol{x}_i$, y_i)에 대응합니다. 식 6.6을 잘 살펴보면 부등식 제약 조건이 있는 것을 알 수 있습니다. 따라서 상기 과정들은 KKT~Karush-Kuhn-Tucker~ 조건을 만족해야 합니다. 즉, 식 6.13으로 나타낼 수 있습니다.

부록 B.1을 참조하라.

$$\begin{cases} \alpha_i \geqslant 0 \; ; \\ y_i f(\boldsymbol{x}_i) - 1 \geqslant 0 \; ; \\ \alpha_i \left(y_i f(\boldsymbol{x}_i) - 1 \right) = 0 \; . \end{cases}$$

식 6.13

[Vapnik, 1999]이 설명한 것처럼, '서포트 벡터 머신' 이름 자체에서 알 수 있듯이 해당 학습기의 관건은 어떻게 서포트 벡터를 통해 해를 구할 수 있는가에 달렸다. 동시에 이 모델의 복잡도는 서포트 벡터의 숫자와 연관되어 있음도 암시하고 있다.

따라서 어떠한 훈련 샘플($\boldsymbol{x}_i$, y_i)도 $\boldsymbol{\alpha}_i = 0$ 혹은 $y_i f(\boldsymbol{x}_i) = 1$이 됩니다. 만약 $\boldsymbol{\alpha}_i = 0$이면 해당 샘플은 식 6.12 합 부분에 존재하지 않을 것입니다. 따라서 $f(\boldsymbol{x})$에 아무런 영향이 없을 것입니다. 만약 $\boldsymbol{\alpha}_i > 0$이라면 $y_i f(\boldsymbol{x}_i) = 1$은 무조건 존재할 것이고, 이에 대응하는 샘플 포인트는 최대 마진 경계상에 위치하게 될 것입니다. 즉, 하나의 서포트 벡터라는 뜻입니다. 이것은 서포트 벡터 머신의 중요한 성질 하나를 나타냅니다. 훈련이 완료된 후 대부분의 훈련 샘플은 필요가 없게 되며 최종 모델은 오직 서포트 벡터와 관련이 있다는 사실입니다.

그렇다면 식 6.11의 해는 어떻게 구할까요? 우리는 어렵지 않게 이 문제가 이차 프로그래밍 문제임을 알 수 있습니다. 따라서 이차 프로그래밍 알고리즘을 통해 쉽게 해를 구할 수 있습니다. 그러나 이 문제의 계산량은 훈련 데이터 샘플 수에 정비례하게 됩니다. 이는 현실에서 매우 큰 리소스를 필요로 합니다. 이러한 문제를 해결하기 위해 사람들은 문제 본연의 특성을 이용하여 효율적인 많은 방법을 제안했습니다. SMO~Sequential Minimal Optimization~는 그중에서 가장 유명한 방법 중 하나입니다[Platt, 1998].

12장을 참조하라.

SMO의 기본적인 사상은 먼저 α_i 외의 모든 파라미터를 고정하고 α_i에서의 극한값을 구하는 것입니다. 제약 조건 $\sum_{i=1}^{m} \alpha_i y_i = 0$이 존재하기 때문에 만약 α_i 외에 기타 변수를 고정한다면 α_i는 기타 변수에 의해 도출될 수 있습니다. 따라서 SMO는 매번 두 개의 변수 α_i와 α_j를 선택하고 기타 파라미터들을 고정시킵니다. 이렇게 하면 파라미터 초기화 후 SMO는 아래의 프로세스를 수렴할 때까지 반복하게 됩니다.

- 업데이트가 필요한 변수 α_i와 α_j 한 쌍을 선택한다.
- α_i와 α_j 이외의 파라미터를 고정시키고 식 6.11의 해를 구해 새로운 α_i와 α_j를 얻는다.

만약 α_i와 α_j 중에서 하나가 KKT 조건(식 6.11)을 만족하지 못한다면, 목표 함수는 반복적으로 증가하게 됩니다[Osuna et al., 1997]. 직관적으로 KKT 조건을 위배한 정도가 크면 클수록 변수 업데이트 이후 목표 함수가 증가하는 정도가 커지게 됩니다. 따라서 SMO는 KKT 조건 위배 정도가 가장 큰 변수를 선택합니다. 두 번째 변수는 목표 함숫값의 증가 속도가 가장 빠른 변수를 선택해야 하지만, 각 변수가 대응하는 목표 함숫값의 증가 정도를 파악하는 것은 복잡도가 매우 높기 때문에 SMO는 휴리스틱~heuristic~ 방법을 선택합니다. 즉, 선택한 두 변수가 대응하는 샘플의 마진값이 가장 큰 것을 선택합니다. 한 가지 직관적인 해석은 이러한 두 변수 사이에는 큰 차이가 있고, 이는 두 개의 비슷한 변수에 대해 업데이트하는 것보다 목표 함숫값을 더 크게 변화시킨다는 것입니다.

SMO 알고리즘은 다른 파라미터들을 고정하고 두 개의 파라미터만 최적화하기 때문에 매우 효율적입니다. 구체적으로, α_i와 α_j만 고려할 때 식 6.11의 제약 조건은 다음과 같이 다시 쓸 수 있습니다.

$$\alpha_i y_i + \alpha_j y_j = c , \quad \alpha_i \geqslant 0 , \quad \alpha_j \geqslant 0 , \qquad \text{식 6.14}$$

여기서,

$$c = - \sum_{k \neq i,j} \alpha_k y_k \qquad \text{식 6.15}$$

식 6.15는 $\sum_{i=1}^{m} \alpha_i y_i = 0$을 성립하게 하는 상수입니다.

$$\alpha_i y_i + \alpha_j y_j = c \qquad \text{식 6.16}$$

식 6.16을 사용하여 식 6.11의 변수 α_j를 소거하면 α_i의 단변량 이차 프로그래밍 문제를 얻게 됩니다.

여기에 존재하는 제약 조건은 $\alpha_i \geqslant 0$뿐입니다. 우리는 어렵지 않게 이러한 이차 프로그래밍 문제는 닫힌 형식closed form의 해가 존재하는 것을 알 수 있고, 따라서 최적화 알고리즘의 별다른 조정 없이 효율적으로 업데이트된 후의 α_i와 α_j를 계산해 낼 수 있습니다.

그렇다면 바이어스 항 b는 어떻게 결정할까요? 모든 서포트 벡터($\boldsymbol{x}_s$, y_s)에 대해 $y_s f(\boldsymbol{x}_s) = 1$이 존재하기 때문에 식 6.17이 됩니다.

$$y_s \left(\sum_{i \in S} \alpha_i y_i \boldsymbol{x}_i^{\mathrm{T}} \boldsymbol{x}_s + b \right) = 1 , \qquad \text{식 6.17}$$

여기서 $S = \{i \mid \alpha_i > 0, \ i = 1, 2, \ldots, m\}$는 모든 서포트 벡터의 하위 인덱스 세트index set입니다. 이론적으로 모든 서포트 벡터를 선택할 수 있고, 식 6.17을 통해 b를 얻을 수 있습니다. 하지만 현실에서 가장 자주 사용하는 로버스트robust한 방법은 모든 서포트 벡터 해의 평균값을 사용하는 것입니다.

$$b = \frac{1}{|S|} \sum_{s \in S} \left(1/y_s - \sum_{i \in S} \alpha_i y_i \boldsymbol{x}_i^{\mathrm{T}} \boldsymbol{x}_s \right) . \qquad \text{식 6.18}$$

6.3 커널 함수

앞선 논의에서 우리는 훈련 샘플이 선형 분리 가능하다는 것을 가정했었습니다. 즉, 하나의 분할 초평면이 훈련 샘플들을 정확히 분류해 낼 수 있다고 가정한 것입니다. 하지만 현실에서는 샘플 공간 내에 한 번에 모든 클래스를 정확히 분류할 수 있는 초평면이 없을 수도 있습니다. 예를 들어, 그림 6.3에서의 XOR 문제는 선형 분리가 불가능합니다.

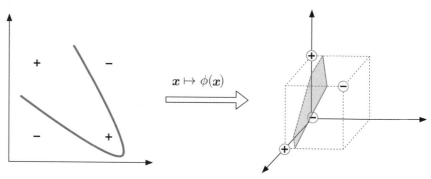

그림 6.3 ＼ XOR 문제와 비선형 투영

이러한 문제에서는 샘플을 원시 공간에서 더 높은 차원의 특성 공간으로 투영하여 특성 공간 내에서 선형 분리 가능하게 만들 수 있습니다. 그림 6.3에서 원래 있던 2차원 공간을 적절한 3차원 공간으로 투영시키면 적절한 분할 초평면을 찾을 수 있습니다. 다행인 것은 만약 원시 공간이 유한한 차원을 가졌다면, 즉 속성의 개수가 유한하다면 반드시 고차원 특성 공간에서 샘플을 분할할 수 있다는 사실입니다.

12장을 참조하라.

$\phi(\boldsymbol{x})$를 $\boldsymbol{x}$를 투영시킨 후의 고유 벡터라고 한다면, 특성 공간에서 분할 초평면에 대응하는 모델은 다음과 같이 나타낼 수 있습니다.

$$f(\boldsymbol{x}) = \boldsymbol{w}^{\mathrm{T}}\phi(\boldsymbol{x}) + b \,,$$

식 6.19

여기서 $\boldsymbol{w}$와 b는 모델 파라미터이고 식 6.6과 유사하게 식 6.20을 가집니다.

$$\min_{\boldsymbol{w},b} \quad \frac{1}{2}\,\|\boldsymbol{w}\|^2$$

식 6.20

$$\text{s.t.} \ \ y_i(\boldsymbol{w}^{\mathrm{T}}\phi(\boldsymbol{x}_i) + b) \geqslant 1, \quad i = 1, 2, \ldots, m.$$

이 식의 쌍대문제는 식 6.21입니다.

$$\max_{\boldsymbol{\alpha}} \quad \sum_{i=1}^{m} \alpha_i - \frac{1}{2} \sum_{i=1}^{m} \sum_{j=1}^{m} \alpha_i \alpha_j y_i y_j \phi(\boldsymbol{x}_i)^{\mathrm{T}} \phi(\boldsymbol{x}_j)$$

$$\text{s.t.} \quad \sum_{i=1}^{m} \alpha_i y_i = 0 \,,$$

$$\alpha_i \geqslant 0 \,, \quad i = 1, 2, \ldots, m \,. \qquad \boxed{\text{식 6.21}}$$

식 6.21의 해를 구하려면 $\phi(\boldsymbol{x}_i)^{\mathrm{T}} \phi(\boldsymbol{x}_j)$를 계산해야 합니다. 이는 샘플 $\boldsymbol{x}_i$와 $\boldsymbol{x}_j$가 특성 공간에 투영된 후의 내적입니다. 특성 공간 차원수가 매우 높을 수 있기 때문에 바로 $\phi(\boldsymbol{x}_i)^{\mathrm{T}} \phi(\boldsymbol{x}_j)$를 계산하는 것은 매우 힘든 일입니다. 이러한 문제를 해결하기 위해 다음과 같은 함수를 가정합니다.

$$\kappa(\boldsymbol{x}_i, \boldsymbol{x}_j) = \langle \phi(\boldsymbol{x}_i), \phi(\boldsymbol{x}_j) \rangle = \phi(\boldsymbol{x}_i)^{\mathrm{T}} \phi(\boldsymbol{x}_j) \,, \qquad \boxed{\text{식 6.22}}$$

이를 커널 트릭(kernel trick)이라 한다.

즉, $\boldsymbol{x}_i$와 $\boldsymbol{x}_j$의 특성 공간에서의 내적은 그들의 원시샘플 공간에서 $\kappa(\cdot, \cdot)$를 통해 계산된 결과라는 것입니다. 이러한 함수가 있으면 우리는 굳이 고차원의 특성 공간에서 내적을 계산할 필요가 없습니다. 즉, 식 6.21은 다음과 같이 다시 작성될 수 있습니다.

$$\max_{\boldsymbol{\alpha}} \quad \sum_{i=1}^{m} \alpha_i - \frac{1}{2} \sum_{i=1}^{m} \sum_{j=1}^{m} \alpha_i \alpha_j y_i y_j \kappa(\boldsymbol{x}_i, \boldsymbol{x}_j)$$

$$\text{s.t.} \quad \sum_{i=1}^{m} \alpha_i y_i = 0 \,,$$

$$\alpha_i \geqslant 0 \,, \quad i = 1, 2, \ldots, m \,. \qquad \boxed{\text{식 6.23}}$$

해를 구한 후 다음을 얻습니다.

$$\begin{aligned} f(\boldsymbol{x}) &= \boldsymbol{w}^{\mathrm{T}} \phi(\boldsymbol{x}) + b \\ &= \sum_{i=1}^{m} \alpha_i y_i \phi(\boldsymbol{x}_i)^{\mathrm{T}} \phi(\boldsymbol{x}) + b \\ &= \sum_{i=1}^{m} \alpha_i y_i \kappa(\boldsymbol{x}, \boldsymbol{x}_i) + b \,. \end{aligned} \qquad \boxed{\text{식 6.24}}$$

여기서 함수 $\kappa(\cdot, \cdot)$가 바로 **커널 함수**kernel function입니다. 식 6.24는 모델의 최적해는 훈련 샘플의 커널 함수를 전개하여 얻을 수 있다는 것을 보여줍니다. 이러한 식을 **서포트 벡터 전개**support vector expansion라 부릅니다.

만약 적절한 투영 $\phi(\cdot)$의 구체적인 형식을 알 수 있다면 커널 함수 $\kappa(\cdot,\cdot)$를 알 수 있습니다. 하지만 현실에서 우리는 $\phi(\cdot)$가 어떤 형식인지 알 수 없습니다. 그렇다면 적절한 커널 함수는 반드시 존재하는 것일까요? 어떠한 함수가 이러한 커널 함수가 될 수 있을까요? 우리는 다음과 같은 정리theorem를 확인할 수 있습니다.

증명은 [Schökopf and Smola, 2002]를 참조하라.

정리 6.1 **커널 함수**: $\mathcal{X}$가 입력 공간을 나타내고, $\kappa(\cdot,\cdot)$가 $\mathcal{X} \times \mathcal{X}$에서의 대칭 함수라면 κ는 모든 데이터 $D = \{x_1, x_2, \ldots, x_m\}$에 대한 커널 함수다. **커널 행렬** kernel matrix $\mathbf{K}$는 항상 양의 준정부호 행렬positive semi-definite이다.

$$
\mathbf{K} = \begin{bmatrix}
\kappa(x_1, x_1) & \cdots & \kappa(x_1, x_j) & \cdots & \kappa(x_1, x_m) \\
\vdots & \ddots & \vdots & \ddots & \vdots \\
\kappa(x_i, x_1) & \cdots & \kappa(x_i, x_j) & \cdots & \kappa(x_i, x_m) \\
\vdots & \ddots & \vdots & \ddots & \vdots \\
\kappa(x_m, x_1) & \cdots & \kappa(x_m, x_j) & \cdots & \kappa(x_m, x_m)
\end{bmatrix} .
$$

정리 6.1에서 나타내고 있는 것처럼, 하나의 대칭함수에 대응하는 커널 행렬이 양의 준정부호 행렬이라면 이를 커널 함수로 사용할 수 있습니다. 사실상 하나의 양의 준정부호 커널 행렬에 대해 항상 대응하는 투영 ϕ을 찾을 수 있습니다. 바꿔 말하면, 모든 커널 함수는 은연중에 **재생 커널 힐베르트 공간**Reproducing Kernel Hilbert Space, RKHS이라고 부르는 특성 공간을 정의하고 있다는 것입니다.

위 논의를 통해 알 수 있듯이, 우리는 샘플이 특성 공간 내에서 선형 분리될 수 있기를 바랍니다. 따라서 특성 공간의 좋고 나쁨은 서포트 벡터 머신의 성능에 큰 영향을 미칩니다. 주의해야 할 점은 특정 투영의 형식을 모를 때 우리는 어떤 커널 함수가 가장 적합할지 알지 못합니다. 그리고 커널 함수도 단지 은연중에 이러한 특성 공간을 정의하고 있는 것뿐입니다. 따라서 '커널 함수 선택'은 서포트 벡터 머신의 최대 변수가 됩니다. 만약 커널 함수의 선택이 적절하지 못하다면 샘플을 부적절한 특성 공간에 투영시킨 것을 뜻하게 되고, 이는 학습기의 성능에 큰 영향을 미치게 됩니다.

경험적으로 할 수 있는 조언은 텍스트 데이터에 대해서는 일반적으로 선형 커널을 사용하고, 잘 모를 때는 먼저 가우스 커널을 사용해 보는 것이다.

표 6.1에는 자주 사용하는 커널 함수들을 소개하고 있습니다.

$d = 1$일 때 선형 커널이 된다. 가우스 커널은 RBF 커널이라고도 한다.

표 6.1 \ 자주 사용하는 커널 함수

명칭	표현식	파라미터
선형 커널	$\kappa(\boldsymbol{x}_i, \boldsymbol{x}_j) = \boldsymbol{x}_i^{\mathrm{T}} \boldsymbol{x}_j$	
다항식 커널	$\kappa(\boldsymbol{x}_i, \boldsymbol{x}_j) = (\boldsymbol{x}_i^{\mathrm{T}} \boldsymbol{x}_j)^d$	다항식의 차수는 $d \geqslant 1$
가우스 커널	$\kappa(\boldsymbol{x}_i, \boldsymbol{x}_j) = \exp\left(-\frac{\|\boldsymbol{x}_i - \boldsymbol{x}_j\|^2}{2\sigma^2} \right)$	가우스 커널의 넓이는 $\sigma > 0$
라플라스 커널	$\kappa(\boldsymbol{x}_i, \boldsymbol{x}_j) = \exp\left(-\frac{\|\boldsymbol{x}_i - \boldsymbol{x}_j\|}{\sigma} \right)$	$\sigma > 0$
시그모이드 커널	$\kappa(\boldsymbol{x}_i, \boldsymbol{x}_j) = \tanh(\beta \boldsymbol{x}_i^{\mathrm{T}} \boldsymbol{x}_j + \theta)$	$\beta > 0$, $\theta > 0$, $\tanh$은 탄젠트 하이퍼볼릭 함수(hyperbolic tangent function)

이외에도 함수 조합을 통해 얻을 수 있습니다.

- 만약 κ_1과 κ_2가 커널 함수라면, 임의의 정수 γ_1, γ_2에 대한 선형 조합

$$\gamma_1 \kappa_1 + \gamma_2 \kappa_2$$ 식 6.25

- 만약 κ_1과 κ_2가 커널 함수라면, 커널 함수의 직접곱direct product

$$\kappa_1 \otimes \kappa_2(\boldsymbol{x}, \boldsymbol{z}) = \kappa_1(\boldsymbol{x}, \boldsymbol{z})\kappa_2(\boldsymbol{x}, \boldsymbol{z})$$ 식 6.26

- 만약 κ_1이 커널 함수라면 모든 함수 $g(\boldsymbol{x})$에 대해

$$\kappa(\boldsymbol{x}, \boldsymbol{z}) = g(\boldsymbol{x})\kappa_1(\boldsymbol{x}, \boldsymbol{z})g(\boldsymbol{z})$$ 식 6.27

이때, 식 6.25부터 6.27까지는 모두 커널 함수입니다.

6.4 \ 소프트 마진과 정규화

앞선 논의에서 우리는 계속 훈련 샘플이 샘플 공간이나 특성 공간에서 선형 분리 가능하다고 가정했습니다. 즉, 서로 다른 클래스의 샘플을 완전히 분리 가능한 초평면이 존재한다고 가정한 것입니다. 하지만 현실에서는 특성 공간에서 훈련 샘플을 선형 분리 가능한 적절한 커널 함수를 알지 못합니다. 한발 물러서서 적절한 커널 함수를 찾았다고 하더라도 이 선형 분리 가능한 결과가 과적합에 의한 것인지 쉽게 판단할 수 없습니다.

이러한 문제를 완화해 주는 방법은 서포트 벡터 머신에게 약간의 오류를 허용해 주는 것입니다. 이러한 방법은 그림 6.4에 나오는 **소프트 마진**soft margin이라는 개념으로 이어집니다.

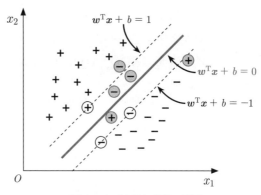

그림 6.4 ＼ **소프트 마진 그래프**
(초록색 원은 제약 조건을 만족하지 못한 샘플 표시)

앞서 소개한 서포트 벡터 머신은 모든 샘플이 제약 조건(식 6.3)을 만족해야 할 것을 요구합니다. 즉, 모든 샘플들이 정확하게 분류되어야 합니다. 이러한 방법은 **하드 마진**hard margin이라 하고, 소프트 마진은 이와는 반대로 일정의 샘플들에 대해 제약 조건을 요구하지 않습니다.

$$y_i(\boldsymbol{w}^\mathrm{T}\boldsymbol{x}_i + b) \geqslant 1 .$$ 식 6.28

당연하게도 마진을 최대화하는 동시에 제약 조건을 만족시키지 못하는 샘플은 최대한 적게 둡니다. 따라서 최적화 목표는 다음과 같이 쓸 수 있습니다.

$$\min_{\boldsymbol{w},b} \ \frac{1}{2}\|\boldsymbol{w}\|^2 + C\sum_{i=1}^{m}\ell_{0/1}\left(y_i\left(\boldsymbol{w}^\mathrm{T}\boldsymbol{x}_i + b\right) - 1\right) ,$$ 식 6.29

역주 0-1 손실 함수(0-1 loss function)로 표기하기도 한다.

이 식에서 $C > 0$은 하나의 상수이고 $l_{0/1}$는 **0/1 손실 함수**입니다.

$$\ell_{0/1}(z) = \begin{cases} 1, & \text{if } z < 0; \\ 0, & \text{otherwise.} \end{cases}$$ 식 6.30

만약 C가 무한히 커지면 식 6.29는 모든 샘플에 대해 조건을 만족시킬 것을 요구합니다(식 6.28). 따라서 식 6.29는 식 6.6과 같아집니다. C가 유한한 값을 취하면, 식 6.29는 일정 샘플이 조건을 만족시키지 못해도 괜찮습니다.

역주 비볼록, 비컨벡스라는 단어로 번역되기도 하나, 본서에서 non-convex는 넌컨벡스로 번역한다.

그러나 $\ell_{0/1}$은 **넌컨벡스**non-convex, 즉 비연속적인 좋지 못한 수학적 특징이 있습니다. 따라서 식 6.29는 쉽게 해를 구할 수 없습니다. 이에 사람들은 다른 함수들로

$\ell_{0/1}$을 대체합니다. 이를 **대리 손실**surrogate loss이라고 부릅니다. 대리 손실 함수는 일반적으로 좋은 수학적 특징이 있습니다. 예를 들어, 이들은 보통 볼록convex하고 연속적인 함수입니다. 그림 6.5는 자주 사용하는 대리 손실 함수를 보여줍니다.

힌지 손실hinge loss: $\ell_{\text{hinge}}(z) = \max(0, 1 - z)$; 　　식 6.31

지수 손실exponential loss: $\ell_{\exp}(z) = \exp(-z)$; 　　식 6.32

로지스틱 손실logistic loss: $\ell_{\log}(z) = \log(1 + \exp(-z))$. 　　식 6.33

로지스틱 손실은 로지스틱 함수의 변형이다. 자세한 내용은 3.3절을 참조하라.

만약 힌지 손실을 사용한다면 식 6.29는 다음과 같이 바뀝니다.

로지스틱 손실 함수는 일반적으로 $\ell_{log}(\cdot)$과 같이 나타낸다. 따라서 식 6.33은 식 3.15의 $\ln(\cdot)$을 $\log(\cdot)$로 변환해 주었다.

$$\min_{\boldsymbol{w},b} \ \frac{1}{2}\|\boldsymbol{w}\|^2 + C\sum_{i=1}^{m} \max\left(0, 1 - y_i\left(\boldsymbol{w}^{\mathrm{T}}\boldsymbol{x}_i + b\right)\right) .$$　　식 6.34

[역주] 원래 변수들의 느슨한 부분을 메워준다고 하여 여유 변수(slack variable)라고 한다.

여유 변수slack variables $\xi_i \geqslant 0$을 가져오면, 식 6.34는 다음과 같이 바꿔 사용할 수 있습니다.

$$\min_{\boldsymbol{w},b,\xi_i} \ \frac{1}{2}\|\boldsymbol{w}\|^2 + C\sum_{i=1}^{m} \xi_i$$　　식 6.35

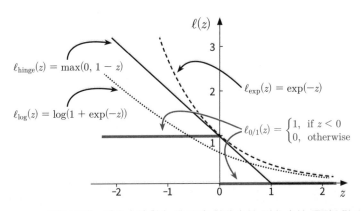

$\ell_{\text{hinge}}(z) = \max(0, 1 - z)$

$\ell_{\log}(z) = \log(1 + \exp(-z))$

$\ell_{\exp}(z) = \exp(-z)$

$\ell_{0/1}(z) = \begin{cases} 1, & \text{if } z < 0 \\ 0, & \text{otherwise} \end{cases}$

그림 6.5 ＼ 자주 보이는 대리 손실 함수 세 가지: 힌지 손실, 지수 손실, 로지스틱 손실

$$\text{s.t.} \ \ y_i(\boldsymbol{w}^{\mathrm{T}}\boldsymbol{x}_i + b) \geqslant 1 - \xi_i$$

$$\xi_i \geqslant 0 \ , \ i = 1, 2, \ldots, m.$$

이것이 바로 자주 사용되는 '소프트 마진 벡터 머신'입니다.

식 6.35에서 각 샘플은 모두 대응하는 여유 변수가 있고, 이는 해당 샘플이 제약 조건 식 6.28을 만족하지 못하는 정도에 대한 표현representation으로 사용됩니다. 하지만 식 6.6과 비슷하게 이것은 이차 프로그래밍 문제입니다. 따라서 식 6.8처럼 라그랑주 승수를 통해 식 6.35의 라그랑주 함수를 얻을 수 있습니다.

$$L(\boldsymbol{w}, b, \boldsymbol{\alpha}, \boldsymbol{\xi}, \boldsymbol{\mu}) = \frac{1}{2}\|\boldsymbol{w}\|^2 + C\sum_{i=1}^{m}\xi_i$$
$$+ \sum_{i=1}^{m}\alpha_i\left(1 - \xi_i - y_i\left(\boldsymbol{w}^{\mathrm{T}}\boldsymbol{x}_i + b\right)\right) - \sum_{i=1}^{m}\mu_i\xi_i , \qquad \text{식 6.36}$$

여기서 $\alpha_i \geqslant 0$, $\mu_i \geqslant 0$은 라그랑주 승수입니다.

$\boldsymbol{w}$, b, ξ_i에 대한 $L(\boldsymbol{w}, b, \boldsymbol{\alpha}, \boldsymbol{\xi}, \boldsymbol{\mu})$의 편도 함수를 0으로 두면 다음을 얻습니다.

$$\boldsymbol{w} = \sum_{i=1}^{m}\alpha_i y_i \boldsymbol{x}_i , \qquad \text{식 6.37}$$

$$0 = \sum_{i=1}^{m}\alpha_i y_i , \qquad \text{식 6.38}$$

$$C = \alpha_i + \mu_i . \qquad \text{식 6.39}$$

식 6.36을 식 6.37~6.39에 대입하면 식 6.35의 쌍대문제를 얻을 수 있습니다.

$$\max_{\boldsymbol{\alpha}} \quad \sum_{i=1}^{m}\alpha_i - \frac{1}{2}\sum_{i=1}^{m}\sum_{j=1}^{m}\alpha_i\alpha_j y_i y_j \boldsymbol{x}_i^{\mathrm{T}}\boldsymbol{x}_j$$
$$\text{s.t.} \quad \sum_{i=1}^{m}\alpha_i y_i = 0 ,$$
$$0 \leqslant \alpha_i \leqslant C , \quad i = 1, 2, \ldots, m . \qquad \text{식 6.40}$$

식 6.40과 하드 마진하의 쌍대문제(식 6.11)와 비교하면 쌍대 변수의 제약 조건이 전자는 $0 \leqslant \alpha_i \leqslant C$이고, 후자는 $0 \leqslant \alpha_i$으로 서로 다르다는 것입니다. 따라서 6.2절의 동일한 알고리즘을 사용해 식 6.40의 해를 구할 수 있습니다. 커널 함수를 도입하면 식 6.24와 동일한 서포트 벡터 전개식을 얻을 수 있습니다.

식 6.13과 비슷하게 소프트 마진 서포트 벡터 머신에 대한 KKT 조건은 식 6.41을 요구합니다.

$$\begin{cases} \alpha_i \geqslant 0 , \quad \mu_i \geqslant 0 , \\ y_i f(\boldsymbol{x}_i) - 1 + \xi_i \geqslant 0 , \\ \alpha_i \left(y_i f\left(\boldsymbol{x}_i\right) - 1 + \xi_i \right) = 0 , \\ \xi_i \geqslant 0 , \quad \mu_i \xi_i = 0 . \end{cases}$$

식 6.41

따라서 모든 훈련 샘플$(\boldsymbol{x}_i, y_i)$에 대해 항상 $\boldsymbol{\alpha}_i = 0$ 혹은 $y_i f(\boldsymbol{x}_i) = 1 - \xi_i$를 갖습니다. 만약 $\alpha_i = 0$일 경우 해당 샘플은 $f(\boldsymbol{x})$에 아무런 영향을 주지 못합니다. 만약 $\alpha_i > 0$이라면 $y_i f(\boldsymbol{x}_i)$의 값은 $1 - \xi_i$이 되며 해당 샘플은 서포트 벡터가 됩니다. 식 6.39를 통해 알 수 있는 것은 만약 $\alpha_i < C$라면 $\mu_i > 0$이고 $\xi_i \leqslant 0$이 됩니다. 즉, 해당 샘플은 최대 마진 경계상에 놓여 있게 됩니다. 만약 $\alpha_i = C$라면 $\mu_i = 0$이고 이때 $\xi_i \leqslant 1$이면 해당 샘플은 최대 마진 내에 위치하게 됩니다. 만약 $\xi_i > 1$이면 해당 샘플은 잘못 분류된 것입니다. 이를 통해 소프트 마진 서포트 벡터 머신의 최종모델은 오직 서포트 벡터와 연관이 있는 것을 알 수 있습니다. 즉, 힌지 손실 함수를 사용하여 희소성을 유지합니다.

그렇다면 식 6.29에 대하여 다른 대리 손실 함수를 사용할 수 있을까요?

만약 로지스틱 손실 함수$\ell_{\log}$로 식 6.29의 0/1 손실 함수를 대체하려 한다면 로지스틱 회귀와 매우 근사한 모델을 얻게 됩니다. 실제로 서포트 벡터 머신과 로지스틱 회귀의 최적화 목표는 매우 비슷하고, 일반적으로 이 둘의 성능도 비슷하다고 알려져 있습니다. 로지스틱 회귀의 장점은 결괏값에 자연적으로 확률적 의미가 담겨있다는 것인데, 다른 말로 클래스에 대한 예측값과 이에 대한 확률을 동시에 제공한다는 뜻입니다. 그러나 서포트 벡터 머신의 결괏값은 확률적 의미가 담겨있지 않습니다. 만약 확률값을 얻고 싶다면 특수한 처리 과정을 거쳐야 합니다[Platt, 2000]. 이외에도 로지스틱 회귀는 다항 분류 문제에 사용될 수 있지만, 서포트 벡터 머신은 이를 위해서는 확장과정을 거쳐야 합니다[Hsu and Lin, 2002]. 또한, 그림 6.5에서 볼 수 있듯이 힌지 손실은 '평탄한' 0 구간이 존재합니다. 이는 서포트 벡터 머신의 해에 희소성을 부여하지만, 로지스틱 손실은 단조감소 함수이기 때문에 서포트 벡터의 개념과 유사한 것을 도출해 내지 못합니다. 따라서 로지스틱 회귀의 해는 더 많은 훈련 샘플에 의존하게 되고 이에 따라 계산량도 늘어날 수밖에 없습니다.

우리는 식 6.29의 0/1 손실 함수를 다른 대리 손실 함수로 바꾸어 다른 학습 모델을 얻을 수 있습니다. 이런 모델의 성질은 사용된 대리 함수와 직접적인 관계가 있습니다. 하지만 이들은 하나의 공통된 성질이 있습니다. 바로 최적화 목표의 첫 번째 항은 분할 초평면의 '마진' 크기를 설명하고 있다는 것입니다. 다른 항 $\sum_{i=1}^{m}\ell(f(\boldsymbol{x}_i), y_i)$은 훈련 세트에서의 오차를 나타냅니다. 더 일반적인 형식으로 나타내면 식 6.42가 됩니다.

$$\min_{f} \ \Omega(f) + C\sum_{i=1}^{m}\ell(f(\boldsymbol{x}_i), y_i),$$

식 6.42

전통적인 의미에서 '구조적 위험'은 모델 구조적 요소가 가져오는 총체적 위험을 뜻한다. 이 책에서 나오는 구조적 위험은 전체 리스크 중에서 모델의 구조적인 요인에 대응하는 위험을 뜻한다. 자세한 내용은 192쪽을 참조하라.

$\Omega(f)$는 **구조적 위험**structural risk이라고 부르며 모델 f의 어떠한 성질을 설명합니다. 두 번째 항 $\sum_{i=1}^{m}\ell(f(\boldsymbol{x}_i), y_i)$은 **경험적 위험**empirical risk이고 모델과 훈련 데이터 간의 부합 정도를 나타냅니다. C는 둘에 대한 절충을 진행하며, 경험적 리스크 최소화 관점에서 본다면 $\Omega(f)$는 우리가 어떠한 특정 성질을 가진 모델을 원한다는 것을 나타냅니다(예를 들어, 복잡도가 비교적 적은 특성을 가진 모델 등). 이는 도메인 지식과 사용자 편의를 위한 수단을 제시합니다. 다른 한편으로 해당 정보는 가설 공간을 줄여주는 것을 도와줍니다. 이에 따라 최소화 훈련 오차의 과적합 위험을 낮춰줍니다. 이런 시각에서 본다면 식 6.42는 **정규화**regularization 문제라고도 볼 수 있습니다. $\Omega(f)$는 정규화 항이라고 부르고 C는 정규화 상수가 됩니다. L_p 노름norm은 자주 사용되는 정규화 항입니다. 그중에서 L_2 노름 $\|\boldsymbol{w}\|_2$는 $\boldsymbol{w}$의 가중치를 최대한 균형 있게 만드는 경향을 보이고, L_0 노름 $\|\boldsymbol{w}\|_0$과 L_1 노름 $\|\boldsymbol{w}\|_1$은 $\boldsymbol{w}$의 가중치를 희소하게 만드는 경향을 보입니다.

정규화는 일종의 '벌점'이라고 생각하면 이해하기 쉽다. 즉, 기대하지 않은 결과에 대해서 벌점을 주어 최적화 과정이 기대하는 목표로 갈 수 있게 만드는 것이다. 베이지안 관점에서 보면 정규화는 모델의 사전 확률을 제공한다. 11.4절을 참조하라.

6.5 서포터 벡터 회귀

이제부터 회귀 문제를 살펴보도록 합시다. 훈련 세트 $D = \{(\boldsymbol{x}_1, y_1), (\boldsymbol{x}_2, y_2), \ldots, (\boldsymbol{x}_m, y_m)\}$, $y_i \in \mathbb{R}$에서 식 6.7의 회귀 모델과 같은 모델을 학습하려고 합니다. $f(\boldsymbol{x})$와 y는 최대한 같아야 하며, $\boldsymbol{w}$와 b는 모델 파라미터입니다.

샘플$(\boldsymbol{x}, y)$에 대해서 전통적인 회귀 모델은 모델의 결괏값 $f(\boldsymbol{x})$와 실제 값 y 사이의 차이에서 오는 손실을 계산하여 만들어집니다. $f(\boldsymbol{x})$가 y와 완전히 같을 때 손실이 0이 되는 것입니다. 이와 다르게 서포트 벡터 회귀Support Vector Regression, SVR는

$f(\boldsymbol{x})$와 y 사이에 최대 ϵ의 편차가 있을 것을 용인한다고 가정합니다. $f(\boldsymbol{x})$와 y의 차이의 절댓값이 ϵ보다 큰 경우에만 손실로 계산합니다. 그림 6.6은 $f(\boldsymbol{x})$를 중심으로 넓이가 2ϵ인 마진을 설계했습니다. 만약 훈련 샘플이 해당 마진 사이에 들어간다면 정확히 예측한 것으로 여깁니다.

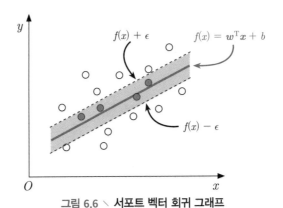

그림 6.6 \ **서포트 벡터 회귀 그래프**

(초록색 선은 ϵ-마진 구간을 나타내고 해당 구간에 포함된 샘플은 손실 계산 않음)

따라서 SVR 문제는 다음과 같이 표현할 수 있습니다.

$$\min_{\boldsymbol{w},b} \frac{1}{2}\|\boldsymbol{w}\|^2 + C\sum_{i=1}^{m}\ell_\epsilon(f(\boldsymbol{x}_i)-y_i)\ ,$$

식 6.43

여기서 C는 정규화 상수이고 ℓ_ϵ는 그림 6.7에서 보여주고 있는 ϵ-둔감 손실 ϵ-insensitive loss 함수입니다.

$$\ell_\epsilon(z) = \begin{cases} 0, & \text{if } |z| \leqslant \epsilon\ ; \\ |z| - \epsilon, & \text{otherwise.} \end{cases}$$

식 6.44

마진 양측의 느슨한 정도는 서로 다를 수도 있다.

여유 변수 ξ_i와 $\hat{\xi}_i$를 도입하여 식 6.43을 다시 쓰면 식 6.45가 됩니다.

$$\min_{\boldsymbol{w},b,\xi_i,\hat{\xi}_i} \frac{1}{2}\|\boldsymbol{w}\|^2 + C\sum_{i=1}^{m}(\xi_i + \hat{\xi}_i)$$

식 6.45

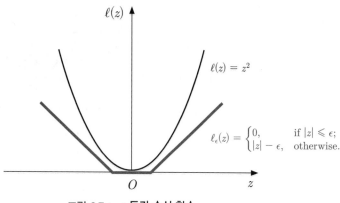

그림 6.7 \ ϵ-둔감 손실 함수

$$\text{s.t. } f(\boldsymbol{x}_i) - y_i \leqslant \epsilon + \xi_i \,,$$

$$y_i - f(\boldsymbol{x}_i) \leqslant \epsilon + \hat{\xi}_i \,,$$

$$\xi_i \geqslant 0, \, \hat{\xi}_i \geqslant 0 \,, \, i = 1, 2, \ldots, m.$$

식 6.36과 유사하게 라그랑주 승수 $\mu_i \geqslant 0$, $\hat{\mu}_i \geqslant 0$, $\alpha_i \geqslant 0$, $\hat{\alpha}_i \geqslant 0$을 통해 라그랑주 승수법은 식 6.45의 라그랑주 함수를 얻게 됩니다.

$$L(\boldsymbol{w}, b, \boldsymbol{\alpha}, \hat{\boldsymbol{\alpha}}, \boldsymbol{\xi}, \hat{\boldsymbol{\xi}}, \boldsymbol{\mu}, \hat{\boldsymbol{\mu}})$$

$$= \frac{1}{2}\|\boldsymbol{w}\|^2 + C\sum_{i=1}^{m}(\xi_i + \hat{\xi}_i) - \sum_{i=1}^{m}\mu_i\xi_i - \sum_{i=1}^{m}\hat{\mu}_i\hat{\xi}_i$$

$$+ \sum_{i=1}^{m}\alpha_i\big(f(\boldsymbol{x}_i) - y_i - \epsilon - \xi_i\big) + \sum_{i=1}^{m}\hat{\alpha}_i\big(y_i - f(\boldsymbol{x}_i) - \epsilon - \hat{\xi}_i\big) \,.$$ 식 6.46

식 6.7을 대입하고 $\boldsymbol{w}$, b, ξ_i, $\hat{\xi}_i$에 대해 $L(\boldsymbol{w}, b, \boldsymbol{\alpha}, \hat{\boldsymbol{\alpha}}, \boldsymbol{\xi}, \hat{\boldsymbol{\xi}}, \boldsymbol{\mu}, \hat{\boldsymbol{\mu}})$의 편도 함수를 0으로 만들면 다음 식이 됩니다.

$$\boldsymbol{w} = \sum_{i=1}^{m}(\hat{\alpha}_i - \alpha_i)\boldsymbol{x}_i \,,$$ 식 6.47

$$0 = \sum_{i=1}^{m}(\hat{\alpha}_i - \alpha_i) \,,$$ 식 6.48

$$C = \alpha_i + \mu_i \,,$$ 식 6.49

$$C = \hat{\alpha}_i + \hat{\mu}_i \,.$$ 식 6.50

식 6.47부터 6.50까지를 식 6.46에 대입하면 SVR의 쌍대문제를 얻습니다.

$$\max_{\boldsymbol{\alpha},\hat{\boldsymbol{\alpha}}} \quad \sum_{i=1}^{m} y_i(\hat{\alpha}_i - \alpha_i) - \epsilon(\hat{\alpha}_i + \alpha_i)$$

$$- \frac{1}{2}\sum_{i=1}^{m}\sum_{j=1}^{m}(\hat{\alpha}_i - \alpha_i)(\hat{\alpha}_j - \alpha_j)\boldsymbol{x}_i^{\mathrm{T}}\boldsymbol{x}_j$$

$$\text{s.t.} \quad \sum_{i=1}^{m}(\hat{\alpha}_i - \alpha_i) = 0\,,$$

$$0 \leqslant \alpha_i, \hat{\alpha}_i \leqslant C\,. \qquad \boxed{\text{식 6.51}}$$

위 과정들은 KKT 조건을 만족해야 합니다. 즉, 다음 조건을 만족해야 합니다.

$$\begin{cases} \alpha_i(f(\boldsymbol{x}_i) - y_i - \epsilon - \xi_i) = 0\,, \\ \hat{\alpha}_i(y_i - f(\boldsymbol{x}_i) - \epsilon - \hat{\xi}_i) = 0\,, \\ \alpha_i\hat{\alpha}_i = 0\,, \ \xi_i\hat{\xi}_i = 0\,, \\ (C - \alpha_i)\xi_i = 0\,, \ (C - \hat{\alpha}_i)\hat{\xi}_i = 0\,. \end{cases} \qquad \boxed{\text{식 6.52}}$$

$f(\boldsymbol{x}_i) - y_i - \epsilon - \xi_i = 0$일 때 α_i가 0이 아닌 값을 취할 수 있다는 것을 알 수 있습니다. $y_i - f(\boldsymbol{x}_i) - \epsilon - \hat{\xi}_i = 0$일 때 $\hat{\alpha}_i$가 0이 아닌 값을 취할 수 있음을 알 수 있습니다. 바꿔 말하면, 샘플 $(\boldsymbol{x}_i, y_i)$가 ϵ-마진 구간에 들어가지 못하면 α_i와 $\hat{\alpha}_i$가 0이 아닌 값을 취할 수 있다는 뜻입니다. 그 밖에도 제약 $f(\boldsymbol{x}_i) - y_i - \epsilon - \xi_i = 0$과 $y_i - f(\boldsymbol{x}_i) - \epsilon - \hat{\xi}_i = 0$은 동시에 성립될 수 없기 때문에 α_i와 $\hat{\alpha}_i$ 중에 반드시 하나는 0이 되어야 합니다.

식 6.47을 식 6.7에 대입하면 SVR의 식은 다음과 같습니다.

$$f(\boldsymbol{x}) = \sum_{i=1}^{m}(\hat{\alpha}_i - \alpha_i)\boldsymbol{x}_i^{\mathrm{T}}\boldsymbol{x} + b\,. \qquad \boxed{\text{식 6.53}}$$

ϵ-마진 사이에 놓인 샘플은 $\alpha_i = 0$이며 $\hat{\alpha}_i = 0$이다.

식 6.53에 $(\hat{\alpha}_i - \alpha_i) \neq 0$의 샘플을 SVR의 서포트 벡터라고 한다면 이들은 ϵ-마진 구간 밖에 위치하게 될 것입니다. 쉽게 알 수 있듯이 SVR의 서포트 벡터는 훈련 샘플의 일부분일 뿐이고 해 또한 희소성을 갖습니다.

KKT 조건(식 6.52)에서 알 수 있듯이 각 샘플 $(\boldsymbol{x}_i, y_i)$은 모두 $(C - \alpha_i)\xi_i = 0$과 $\alpha_i(f(\boldsymbol{x}_i) - y_i - \epsilon - \xi_i) = 0$입니다. 따라서 α_i를 얻은 후, 만약 $0 < \alpha_i < C$라면 반드시 $\xi_i = 0$이고 식 6.54가 됩니다.

$$b = y_i + \epsilon - \sum_{j=1}^{m} (\hat{\alpha}_j - \alpha_j) \boldsymbol{x}_j^{\mathrm{T}} \boldsymbol{x}_i \; .$$

식 6.54

따라서 식 6.51을 통해 α_i를 구하면, 이론상으로는 $0 < \alpha_i < C$를 만족하는 임의의 샘플을 골라 식 6.54를 통해 b를 구할 수 있습니다. 실전에서 자주 사용하는 더 로버스트한 방법은 $0 < \alpha_i < C$ 조건을 만족하는 다수의 샘플로 b를 구한 후 평균값을 취하는 것입니다.

특성 투영 형식 식 6.19를 참고하여 식 6.47을 바꾸면 식 6.55가 됩니다.

$$\boldsymbol{w} = \sum_{i=1}^{m} (\hat{\alpha}_i - \alpha_i) \phi(\boldsymbol{x}_i) \; .$$

식 6.55

식 6.55를 식 6.19에 대입하면 SVR은 식 6.56과 같이 표현할 수 있습니다.

$$f(\boldsymbol{x}) = \sum_{i=1}^{m} (\hat{\alpha}_i - \alpha_i) \kappa(\boldsymbol{x}, \boldsymbol{x}_i) + b \; ,$$

식 6.56

식에서 $\kappa(\boldsymbol{x}_i, \boldsymbol{x}_j) = \phi(\boldsymbol{x}_i)^{\mathrm{T}} \phi(\boldsymbol{x}_j)$는 커널 함수입니다.

6.6 커널 기법

식 6.24와 식 6.25를 다시 살펴보면, 훈련 샘플 $\{(\boldsymbol{x}_1, y_1), (\boldsymbol{x}_2, y_2), \ldots, (\boldsymbol{x}_m, y_m)\}$이 주어졌을 때 편향 b를 고려하지 않는다면, SVM이나 SVR이 학습하여 얻은 모델은 커널 함수 $\kappa(\boldsymbol{x}, \boldsymbol{x}_i)$의 선형 조합으로 표현할 수가 있습니다. 이뿐만 아니라 우리는 **표현정리**representer theorem라고 부르는 더 일반적인 결론을 얻을 수 있습니다.

증명에 관해서는 [Schökopf and Smola, 2002]을 참조하라.

정리 6.1 **표현정리**: $\mathbb{H}$를 커널 함수 κ에 대응하는 재생 커널 힐베르트 공간reproducing kernel Hilbert space이라고 가정하면, 임의의 단조 증가 함수 $\Omega : [0, \infty] \mapsto \mathbb{R}$와 임의의 비음수 손실 함수 $\ell : \mathbb{R}^m \mapsto [0, \infty]$에 대해, 최적화 문제(식 6.57)의 해는 항상 식 6.58처럼 나타낼 수 있다.

$$\min_{h \in \mathbb{H}} \; F(h) = \Omega(\|h\|_{\mathbb{H}}) + \ell\big(h(\boldsymbol{x}_1), h(\boldsymbol{x}_2), \ldots, h(\boldsymbol{x}_m)\big)$$

식 6.57

$$h^*(\boldsymbol{x}) = \sum_{i=1}^{m} \alpha_i \kappa(\boldsymbol{x}, \boldsymbol{x}_i) \; .$$

식 6.58

표현정리는 손실 함수에 대한 제약이 없고, 정규화 항(Ω)은 단조 증가이기만 하면 됩니다. 심지어 Ω가 컨벡스 함수가 아니어도 상관없습니다. 이는 일반적인 손실 함수와 정규화 항에 대한 최적화 문제(식 6.57)의 최적해 $h^*(\boldsymbol{x})$는 커널 함수 $\kappa(\boldsymbol{x}, \boldsymbol{x}_i)$의 선형 조합으로 표현할 수 있음을 의미합니다. 이것이 바로 커널 함수의 위력입니다.

사람들은 커널 함수에 기반한 학습법들을 발전시켰는데, 이를 통칭하여 **커널 기법** kernel methods이라고 부릅니다. 즉, '커널화(커널 함수의 도입)'를 통해 선형 학습기를 비선형 학습기로 확장시킵니다. 아래에서 우리는 선형 판별분석을 예로, 어떻게 커널화를 통해 비선형 확장을 하여 **커널 선형 판별분석**Kernelized Linear Discriminant Analysis, KLDA을 얻을 수 있는지에 대해 알아보도록 하겠습니다.

선형 판별분석에 관해서는 3.4절을 참조하라.

먼저, 모종의 매핑 $\phi : \mathcal{X} \mapsto \mathbb{F}$를 통해 샘플을 하나의 특성 공간 $\mathbb{F}$에 매핑한다고 가정하고, $\mathbb{F}$에서 선형 판별분석을 진행하면 다음을 얻을 수 있습니다.

$$h(\boldsymbol{x}) = \boldsymbol{w}^{\mathrm{T}} \phi(\boldsymbol{x}) \ .$$

식 6.59

식 3.35와 유사하게 KLDA의 학습 목표는 식 6.60입니다.

$$\max_{\boldsymbol{w}} J(\boldsymbol{w}) = \frac{\boldsymbol{w}^{\mathrm{T}} \mathbf{S}_b^{\phi} \boldsymbol{w}}{\boldsymbol{w}^{\mathrm{T}} \mathbf{S}_w^{\phi} \boldsymbol{w}} \ ,$$

식 6.60

여기서 $\mathbf{S}_b^{\phi}$와 $\mathbf{S}_w^{\phi}$는 각각 특성 공간 $\mathbb{F}$에서 훈련 샘플의 클래스 간 산점도 행렬 between-class scatter matrix과 클래스 내 산점도 행렬within-class scatter matrix입니다. X_i로 $i \in \{0, 1\}$ 클래스의 집합을 나타내고, 샘플 수를 m_i로, 총 샘플 수를 $m = m_0 + m_1$으로 설정한다면, 클래스 i 샘플의 특성 공간 $\mathbb{F}$에서의 평균값은 식 6.61이 됩니다.

$$\boldsymbol{\mu}_i^{\phi} = \frac{1}{m_i} \sum_{\boldsymbol{x} \in X_i} \phi(\boldsymbol{x}) \ ,$$

식 6.61

두 개의 산점도 행렬은 각각 식 6.62와 식 6.63이 됩니다.

$$\mathbf{S}_b^{\phi} = (\boldsymbol{\mu}_1^{\phi} - \boldsymbol{\mu}_0^{\phi})(\boldsymbol{\mu}_1^{\phi} - \boldsymbol{\mu}_0^{\phi})^{\mathrm{T}} \ ;$$

식 6.62

$$\mathbf{S}_w^{\phi} = \sum_{i=0}^{1} \sum_{\boldsymbol{x} \in X_i} \left(\phi(\boldsymbol{x}) - \boldsymbol{\mu}_i^{\phi} \right) \left(\phi(\boldsymbol{x}) - \boldsymbol{\mu}_i^{\phi} \right)^{\mathrm{T}} \ .$$

식 6.63

일반적으로 우리는 매핑 ϕ에 대한 구체적인 형식을 알 수 없기 때문에, 커널 함수 $\kappa(\boldsymbol{x}, \boldsymbol{x}_i) = \phi(\boldsymbol{x}_i)^{\mathrm{T}}\phi(\boldsymbol{x})$을 사용하여 은연중에 해당 매핑과 특성 공간 $\mathbb{F}$를 표현합니다. $J(\boldsymbol{w})$를 식 6.57의 손실 함수 ℓ로 설정하고, $\Omega \equiv 0$이면, 표현정리에 의해 함수 $h(\boldsymbol{x})$는 다음과 같이 쓸 수 있습니다.

$$h(\boldsymbol{x}) = \sum_{i=1}^{m} \alpha_i \kappa(\boldsymbol{x}, \boldsymbol{x}_i) \ , \qquad \text{식 6.64}$$

따라서 식 6.59에 의해 다음을 얻습니다.

$$\boldsymbol{w} = \sum_{i=1}^{m} \alpha_i \phi(\boldsymbol{x}_i) \ . \qquad \text{식 6.65}$$

$\mathbf{K} \in \mathbb{R}^{m \times m}$을 커널 함수 κ에 대응하는 커널 행렬로 설정합니다($(\mathbf{K})_{ij} = \kappa(\boldsymbol{x}_i, \boldsymbol{x}_j)$). 그리고 $\mathbf{1}_i \in \{1, 0\}^{m \times 1}$을 i번째 클래스 샘플의 지시 벡터로 설정합니다. 즉, $\boldsymbol{x}_j \in X_i$일 때 $\mathbf{1}_i$의 j번째 컴포넌트는 1이고, 다른 경우에 $\mathbf{1}_i$의 j번째 컴포넌트는 0이 됩니다. 이어서 다음 식을 설정합니다.

$$\hat{\boldsymbol{\mu}}_0 = \frac{1}{m_0}\mathbf{K}\mathbf{1}_0 \ , \qquad \text{식 6.66}$$

$$\hat{\boldsymbol{\mu}}_1 = \frac{1}{m_1}\mathbf{K}\mathbf{1}_1 \ , \qquad \text{식 6.67}$$

$$\mathbf{M} = \left(\hat{\boldsymbol{\mu}}_0 - \hat{\boldsymbol{\mu}}_1\right)\left(\hat{\boldsymbol{\mu}}_0 - \hat{\boldsymbol{\mu}}_1\right)^{\mathrm{T}} \ , \qquad \text{식 6.68}$$

$$\mathbf{N} = \mathbf{K}\mathbf{K}^{\mathrm{T}} - \sum_{i=0}^{1} m_i \hat{\boldsymbol{\mu}}_i \hat{\boldsymbol{\mu}}_i^{\mathrm{T}} \ . \qquad \text{식 6.69}$$

그러면 식 6.60은 다음과 같습니다.

$$\max_{\boldsymbol{\alpha}} J(\boldsymbol{\alpha}) = \frac{\boldsymbol{\alpha}^{\mathrm{T}}\mathbf{M}\boldsymbol{\alpha}}{\boldsymbol{\alpha}^{\mathrm{T}}\mathbf{N}\boldsymbol{\alpha}} \ . \qquad \text{식 6.70}$$

해를 구하는 방법은 3.4절을 참조하라.

따라서 선형 판별분석을 사용하여 해를 구하면 $\boldsymbol{\alpha}$를 얻을 수 있고, 더 나아가 식 6.64에 의해 투영 함수 $h(\boldsymbol{x})$를 얻을 수 있습니다.

더 읽을거리

선형 커널 SVM은 텍스트 분류 문제에서 여전히 활용되고 있다. 중요한 원인은 아마도 각 단어를 텍스트 데이터의 속성 이라고 본다면 해당 속성 공간의 차원수가 매우 높을 것인데, 선형 커널 SVM의 묘사 능력은 서로 다른 텍스트 데이터를 '섀터링(shattering)' 할 수 있기 때문일 것이다. 자세한 내용은 12.4절을 참조하라.

서포트 벡터 머신은 1995년 [Cortes and Vapnik, 1995]에 의해 정식 발표되었습니다. 본문의 분류 문제에서 매우 뛰어난 성능을 보여주었기 때문에[Joachims, 1998], 매우 빠르게 머신러닝의 주류 기술로 자리 잡았고, 통계 학습statistical learning의 새로운 부흥도 이끌었습니다. 그러나 사실 서포트 벡터라는 개념은 1960년대 초에 이미 나타났고, 통계 학습 이론은 1970년대에 이미 형성되었습니다. 커널 함수에 대한 연구는 더 빨랐습니다. 머서Mercer 정리[Cristianini and Shawe-Taylor, 2000]는 1909년까지 거슬러 올라갈 수 있고, RKHS는 1940년대에 이미 연구되고 있었습니다. 그러나 통계 학습이 부흥한 후, 커널 기법은 머신러닝에서 사용하는 기본 기술로서 자리매김할 수 있었습니다. 서포트 벡터 머신과 커널 기법에 관한 서적은 매우 많은데, [Christianini and Shawe-Taylor, 2000; Burges, 1998; Scholkopf et al., 1999; Scholkopf and Smola, 2002] 등을 참조하면 좋습니다. 통계 학습 이론에 관해서는 [Vapnik, 1995, 1998, 1999]를 참조하세요.

서포트 벡터 머신의 해를 구할 때 일반적으로 컨벡스 최적화 기술의 도움을 받습니다[Boyd and Vandenberghe, 2004]. 효율을 올리는 방법과 SVM이 대규모 데이터에 활용될 수 있게 만드는 부분은 늘 이 연구의 핵심이었습니다. 선형 커널 SVM에 대해서는 이미 많은 결실이 있습니다. 예를 들면, 평면 절단법에 기반한 SVMcutting plane algorithm은 선형 복잡도를 가졌고[Joachims, 2006], 경사하강법에 기반한 페가소스Pegasos의 속도가 더 빨랐습니다[Shalev-Shwartz et al., 2011]. 그리고 좌표하강법은 희소 데이터상에서 매우 높은 효율을 보였습니다[Hsieh et al., 2008]. 비선형 SVM의 시간 복잡도는 이론상으로는 $O(m^2)$보다 높은데, 따라서 연구의 중점은 근사 계산 속도를 올리는 것이었습니다. 예를 들면, 샘플링 기법에 기반한 CVM[Tsang et al., 2006], 저순위 근사에 기반한 니스트롬Nystrom 방법[Williams and Seeger, 2001], 랜덤 푸리에 특성에 기반한 방법[Rahimi and Recht, 2007] 등이 있습니다. 최근에 주목받는 연구 결과는 커널 행렬 특성값에 큰 차이가 있을 때 니스트롬 방법을 사용하면 랜덤 푸리에 특성 선택 방법을 능가한다는 연구 결과가 있습니다[Yang et al., 2012].

m은 샘플의 개수다.

서포트 벡터 머신은 이진 분류 문제를 처리하기 위해 만들어졌습니다. 다항 분류 문제를 해결하려면 전문적인 확장이 필요합니다[Hsu and Lin, 2002]. 구조적 출력을 가진 문제는 이미 관련된 알고리즘이 존재합니다[Tsochantaridis et al., 2005]. 서포트 벡터 회귀의 연구는 [Drucker et al., 1997]로부터 시작되었고, [Smola and Scholkopf, 2004]는 이에 대한 전반적인 소개를 해줍니다.

커널 함수는 직접적으로 서포트 벡터 머신과 커널 기법의 최종 성능을 결정합니다. 한 가지 안타까운 것은 커널 함수의 선택 문제는 여전히 해결해야 할 어려운 문제입니다. 다중 커널 학습multiple kernel learning은 다수의 커널 함수를 사용하고 학습을 통해 얻은 최적의 컨벡스 조합을 최종 커널 함수로 설정합니다[Lanckriet et al., 2004; Bach et al., 2004]. 이는 사실상 앙상블 학습 메커니즘을 빌려온 것입니다.

앙상블 학습에 관해서는 8장을 참조하라.

대체 손실 함수는 머신러닝에서 광범위하게 사용됩니다. 그러나 '대체 손실 함수를 통해 얻은 것이 원 문제의 해인가?'에 대한 의문이 존재합니다. 이 문제를 이론상으로는 대체 손실의 **일치성**consistency이라고 부릅니다. [Vapnik and Chervonenkis, 1991]은 대체 손실에 기반해 경험 리스크 최소화의 일치성 요구 조건을 진행했습니다. [Zhang, 2004]는 몇 가지 자주 보이는 컨벡스 대체 손실 함수의 일치성에 대해 증명했습니다.

일치성은 '합치성'이라고도 할 수 있다.

SVM은 이미 많은 패키지들이 존재하는데, 비교적 유명한 것은 LIBSVM[Chang and Lin, 2001]과 LIBLINEAR[Fan et al., 2008] 등이 있습니다.

연습문제

LIBSVM에 관해서는 http://www.csie.ntu.edu. tw/~cjlin/libsvm/을 참조하라.

수박 데이터 세트 3.0α은 110 쪽의 표 4.5를 참조하라.

UCI 데이터 세트는 http://archive.ics.uci.edu/ml/을 확인하라.

6.1 샘플 공간의 임의의 점 x에서 초평면(w, b) 사이의 거리는 식 6.2임을 증명하라.

6.2 LIBSVM을 사용하고, 수박 데이터 세트 3.0α상에서 선형 커널과 가우스 커널을 사용하여 SVM을 훈련하라. 그리고 각 서포트 벡터의 차이에 대해 비교하라.

6.3 두 개의 UCI 데이터 세트를 선택하여 선형 커널과 가우스 커널을 사용하여 SVM을 훈련하고 BP 신경망, C4.5 의사결정 트리와 비교하라.

6.4 선형 판별분석과 선형 커널 서포트 벡터 머신이 어떤 조건에서 같은지 논의하라.

6.5 가우스 SVM과 RBF 신경망 사이의 관계에 대해 기술하라.

6.6 SVM이 노이즈에 대해 민감한 이유를 설명하라.

6.7 식 6.52의 완전한 KKT 조건을 설명하라.

6.8 수박 데이터 세트 3.0α의 '밀도'를 입력으로, '당도'를 출력으로 설정하여, LIBSVM을 사용해 SVR을 훈련하라.

6.9 커널 트릭을 로지스틱 회귀로 확장하여 사용하라. (커널 로지스틱 회귀를 만들어라)

6.10* SVM의 서포트 벡터의 숫자를 확연히 줄이면서 일반화 성능은 많이 떨어지지 않는 방법에 대해 설명하라.

참고문헌

1 邓乃扬与田英杰(2009). 支持向量机：理论, 算法与拓展. 科学出版社. 北京

2 Bach, R. R., G. R. G. Lanckriet, and M. I. Jordan. (2004). "Multiple kernel learning, conic duality, and the SMO algorithm." In *Proceedings of the 21st International Conference on Machine Learning (ICML)*, 6-13, Banff, Canada.

3 Boyd, S. and L. Vandenberghe. (2004). *Convex Optimization*. Cambridge University Press, Cambridge, UK.

4 Burges, C. J. C. (1998). "A tutorial on support vector machines for pattern recognition." *Data Mining and Knowledge Discovery*, 2(1):121-167.

5 Chang, C.-C. and C.-J. Lin. (2011). "LIBSVM: A library for support vector machines." *ACM Transactions on Intelligent Systems and Technology*, 2(3): 27.

6 Cortes, C. and V. N. Vapnik. (1995). "Support vector networks." *Machine Learning*, 20(3):273-297.

7 Cristianini, N. and J. Shawe-Taylor. (2000). An *Introduction to Support Vector Machines and Other Kernel-Based Learning Methods*. Cambridge University Press, Cambridge, UK.

8 Drucker, H., C. J. C. Burges, L. Kaufman, A. J. Smola, and V. Vapnik. (1997). "Support vector regression machines." In *Advances in Neural Information Processing Systems 9 (NIPS)* (M. C. Mozer, M. I. Jordan, and T. Petsche, eds.), 155-161, MIT Press, Cambridge, MA.

9 Fan, R.-E., K.-W. Chang, C.-J. Hsieh, X.-R. Wang, and C.-J. Lin. (2008). "LIBLINEAR: A library for large linear classification." *Journal of Machine Learning Research*, 9: 1871-187 4.

10 Hsieh, C.-J., K.-W. Chang, C.-J. Lin, S. S. Keerthi, and S. Sundararajan. (2008). "A dual coordinate descent method for large-scale linear SVM." In *Proceedings of the 25th International Conference on Machine Learning (ICML)*, 408-415, Helsinki, Finland.

11 Hsu, C.-W. and C.-J. Lin. (2002). "A comparison of methods for multi-class support vector machines." IEEE Transactions on Neural Networks, 13(2): 415-425.

12 Joachims, T. (1998). "Text classification with support vector machines: Learning with many relevant features." In *Proceedings of the 10th European Conference on Machine Learning (ECML)*, 137-142, Chemnitz, Germany.

13 Joachims, T. (2006). "Training linear SVMs in linear time." In *Proceedings of the 12th ACM SIGKDD International Conference on Knowledge Discovery and Data Mining (KDD)*, 217-226, Philadelphia, PA.

14 Lanckriet, G. R. G., N. Cristianini, and M. I. Jordan P. Bartlett, L. El Ghaoui. (2004). "Learning the kernel matrix with semidefinite programming." *Journal of Machine Learning Research*, 5:27-72.

15 Osuna, E., R. Freund, and F. Girosi. (1997). "An improved training algorithm for support vector machines." In *Proceedings of the IEEE Workshop on Neural Networks for Signal Processing (NNSP)*, 276-285, Amelia Island, FL.

[16] Platt, J. (1998). "Sequential minimal optimization: A fast algorithm for training support vector machines." Technical Report MSR-TR-98-14, Microsoft Research.

[17] Platt, J. (2000). "Probabilities for (SV) machines." In *Advances in Large Margin Classifiers* (A. Smola, P. Bartlett, B. Scholkopf, and D. Schuurmans, eds.), 61-74, MIT Press, Cambridge, MA.

[18] Rahimi, A. and B. Recht. (2007). "Random features for large-scale kernel machines." In *Advances in Neural Information Processing Systems 20 (NIPS)* (J.C. Platt, D. Koller, Y. Singer, and S. Roweis, eds.), 1177-1184, MIT Press, Cambridge, MA.

[19] Scholkopf, B., C. J. C. Burges, and A. J. Smola, eds. (1999). *Advances in Kernel Methods: Support Vector Learning.* MIT Press, Cambridge, MA.

[20] Scholkopf, B. and A. J. Smola, eds. (2002). *Learning with Kernels: Support Vector Machines, Regularization, Optimization and Beyond.* MIT Press, Cambridge, MA.

[21] Shalev-Shwartz, S., Y. Singer, N. Srebro, and A. Cotter. (2011). "Pegasos: Primal estimated sub-gradient solver for SVM." *Mathematical Programming*, 127(1) :3-30.

[22] Smola, A. J. and B. Scholkopf. (2004). "A tutorial on support vector regression." *Statistics and Computing*, 14(3):199-222.

[23] Tsang, I. W., J. T. Kwok, and P. Cheung. (2006). "Core vector machines: Fast SVM training on very large data sets." *Journal of Machine Learning Research*, 6:363-392.

[24] Tsochantaridis, I., T. Joachims, T. Hofmann, and Y. Altun. (2005). "Large margin methods for structured and interdependent output variables." *Journal of Machine Learning Research*, 6:1453-1484.

[25] Vapnik, V. N. (1995). *The Nature of Statistical Learning Theory.* Springer, New York, NY.

[26] Vapnik, V. N. (1998). Statistical Learning Theory. Wiley, New York, NY. Vapnik, V. N. (1999). "An overview of statistical learning theory." *IEEE Transactions on Neural Networks*, 10(5):988-999.

[27] Vapnik, V. N. and A. J. Chervonenkis. (1991). "The necessary and sufficient conditions for consistency of the method of empirical risk." *Pattern Recognition and Image Analysis*, 1(3):284-305.

[28] Williams, C. K. and M. Seeger. (2001). "Using the Nystrom method to speed up kernel machines." *In Advances in Neural Information Processing Systems 13 (NIPS)* (T. K. Leen, T. G. Dietterich, and V. Tresp, eds.), 682-688, MIT Press, Cambridge, MA.

[29] Yang, T.-B., Y.-F. Li, M. Mahdavi, R. Jin, and Z.-H. Zhou. (2012), "Nystrom method vs random Fourier features: A theoretical and empirical comparison." In *Advances in Neural Information Processing Systems 25 (NIPS)* (P. Bartlett, F. C. N. Pereira, C. J. C. Burges, L. Bottou, and K. Q. Weinberger, eds.), 485-493, MIT Press, Cambridge, MA.

[30] Zhang, T. (2004). "Statistical behavior and consistency of classification methods based on convex risk minimization (with discussion)." Annals of Statistics, 32(5):56-85.

머신러닝 쉼터

통계 학습 이론의 아버지, 블라디미르 바프닉

블라디미르 바프닉Vladimir N. Vapnik, 1936~은 걸출한 수학자이자 통계학자이며, 컴퓨터 과학자이기도 합니다. 그는 소련에서 태어나 1985년 우즈베키스탄 국립대학에서 수학 석사 학위를 받고, 1964년 모스크바 제어과학 대학the Institute of Control Sciences, Moscow에서 통계학 박사 학위를 받았습니다. 1990년(소련이 해체되기 1년 전), 그는 소련을 떠나 미국 뉴저지주에 있는 벨 연구소에서 일하게 되고, 1995년

SVM은 신경망과 매우 깊은 관계가 있다. 만약 은닉층 뉴런 수를 훈련 데이터 샘플 수로 설정하고 각 훈련 샘플에 각 뉴런 중심을 매칭시킨다면, 바로 RBF를 활성화 함수로 하는 RBF 네트워크(5.5.1절 참조)가 가우스 커널 SVM의 예측 함수와 같아진다.

에는 최초의 SVM 논문을 발표하게 됩니다. 당시에 신경망이 큰 인기를 끌고 있었기 때문에 해당 논문은 권위 있는 저널인 《Machine Learning》의 요구로 '서포트 벡터 네트워크'라는 이름으로 세상에 알려지게 됩니다.

사실 바프닉은 1963년에 이미 서포트 벡터라는 개념을 발명했습니다. 1968년 그는 다른 소련의 수학자인 체르보넨키스A.Chervonenkis와 함께 서로의 이니셜을 딴 VC 차원이란 개념을 만들고, 1974년에는 구조적 위험 최소화 원칙을 만들며 통계 학습 이론의 초석을 다지게 됩니다. 하지만 이러한 업적들은 대부분 러시아어로 발표되었기 때문에 바프닉이 미국에 이민을 간 후에야 많은 서구 학자들의 주목을 받을 수 있었습니다. 그 후, 통계 학습 이론, 서포트 벡터 머신, 커널 트릭 등의 연구가 세상에 알려지며 큰 인기를 끌었습니다.

바프닉은 2002년 벨 연구소를 떠나 프린스턴 NEC 연구소에 들어가게 되었고, 2014년에는 페이스북의 인공지능 연구소로 이직하게 됩니다. 1995년 이후에는 런던 대학교, 컬럼비아 대학교 등에서 교수로도 활동했습니다. 바프닉의 말에 따르면, 자신은 소련에서 한 권의 영어 사전만을 가지고 영어를 배웠다고 합니다. 그의 명언 중에는 'Nothing is more practical than a good theory(좋은 이론보다 더 실용적인 것은 없다)'가 있습니다.

07 베이지안 분류기

7.1 베이지안 결정 이론

베이지안 결정 이론Bayesian decision theory은 확률 프레임하에서 의사결정을 실행하는 기본 방법입니다. 분류 문제에서 관련 확률을 모두 알 수 있다는 이상적인 상황에서 베이지안 결정 이론은 어떻게 이런 확률들과 오판으로 인한 손실에 기반해 최적의 분류를 할 수 있을까를 고민합니다. 우리는 다중 분류를 예로 베이지안 결정 이론의 기본 원리를 살펴보겠습니다.

'기대 손실'은 '위험(risk)'이다.

먼저, N개의 분류 레이블 $\mathcal{Y} = \{c_1, c_2, \ldots, c_N\}$이 있고, λ_{ij}는 실제 레이블이 c_j인 샘플이 c_i로 잘못 분류했을 때 발생하는 손실이라고 가정해 봅시다. 사후 확률 $P(c_i \mid \boldsymbol{x})$에 기반하여 샘플 $\boldsymbol{x}$를 c_i로 분류했을 때 발생하는 기대 손실expected loss을 구할 수 있습니다. 즉, 조건 리스크conditional risk를 식 7.1을 통해 구할 수 있습니다.

$$R(c_i \mid \boldsymbol{x}) = \sum_{j=1}^{N} \lambda_{ij} P(c_j \mid \boldsymbol{x}) \ .$$

식 7.1

우리의 목적은 판별 기준 $h : \mathcal{X} \mapsto \mathcal{Y}$를 찾아 전체 리스크를 최소화하는 것입니다.

$$R(h) = \mathbb{E}_{\boldsymbol{x}} \big[R(h(\boldsymbol{x}) \mid \boldsymbol{x}) \big] \ .$$

식 7.2

당연한 이야기지만, 각 샘플 $\boldsymbol{x}$에 대해 h가 조건 리스크 $R(h(\boldsymbol{x}) \mid \boldsymbol{x})$를 최소화할 수 있다면 전체 리스크 $R(h)$ 또한 최소화될 수 있습니다. 따라서 베이즈 결정 규칙Bayes decision rule이 만들어집니다. 전체 리스크를 최소화하려면 각 샘플에서 조건 리스크 $R(c \mid \boldsymbol{x})$를 최소화할 수 있는 클래스 레이블을 선택하면 됩니다. 즉, 식 7.3입니다.

$$h^*(\boldsymbol{x}) = \underset{c \in \mathcal{Y}}{\arg\min}\, R(c \mid \boldsymbol{x}) \;,$$

식 7.3

이때 h^*는 **베이즈 최적 분류기**Bayes optimal classifier라고 부르고 이에 대응하는 전체 리스크 $R(h^*)$는 **베이즈 리스크**Bayes risk라고 부릅니다. $1 - R(h^*)$는 분류기가 도달할 수 있는 최적의 성능을 나타내고, 머신러닝을 통해 생성한 모델이 이론적으로 달성할 수 있는 정확도의 최댓값을 뜻합니다.

오차율은 0/1 손실 함수에 대응한다. 6장을 참조하라.

만약 목표가 분류기 오차율을 최소화하는 것이라고 한다면 오판으로 인한 손실 λ_{ij}는 다음과 같이 나타낼 수 있습니다.

$$\lambda_{ij} = \begin{cases} 0, & \text{if } i = j\,; \\ 1, & \text{otherwise}, \end{cases}$$

식 7.4

이때 조건 위험은 식 7.5이고, 따라서 분류 오차율을 최소화하는 베이즈 최적 분류기는 식 7.6이 됩니다.

$$R(c \mid \boldsymbol{x}) = 1 - P(c \mid \boldsymbol{x})\;,$$

식 7.5

$$h^*(\boldsymbol{x}) = \underset{c \in \mathcal{Y}}{\arg\max}\, P(c \mid \boldsymbol{x})\;,$$

식 7.6

즉, 각 샘플 $\boldsymbol{x}$에 대해 사후 확률 $P(c \mid \boldsymbol{x})$를 최대화할 수 있는 클래스 레이블을 선택하는 것입니다.

주의해야 할 것은, 이는 확률 프레임으로 머신러닝을 이해하는 것이다. 사실상 많은 머신러닝 기술은 사후 확률 계산 없이도 정확한 분류를 진행할 수 있다.

여기서 우리는 베이즈 결정 규칙을 사용하여 결정 위험을 최소화하려면 먼저 사후 확률 $P(c \mid \boldsymbol{x})$를 얻어야 한다는 것을 어렵지 않게 알아차릴 수 있습니다. 그러나 현실 문제에서 사후 확률을 직접적으로 얻는 것은 어렵습니다. 이런 관점에서 보면, 머신러닝을 통해 실현하려는 것은 유한한 훈련 샘플 데이터에 기반하여 최대한 정확하게 사후 확률 $P(c \mid \boldsymbol{x})$를 예측하는 것으로 볼 수 있습니다. 대략적으로는 두 가지 전략이 있습니다. 하나는 $\boldsymbol{x}$가 주어졌을 때 직접 $P(c \mid \boldsymbol{x})$을 모델링해 c를 예측하는 **판별 모델**discriminative models이고, 또 하나는 먼저 결합 확률 분포 $P(\boldsymbol{x}, c)$를 모델링한 후 이를 통해 $P(c \mid \boldsymbol{x})$를 얻는 **생성 모델**generative models입니다. 우리가 앞서 소개한 의사결정 트리, BP 신경망, 서포트 벡터 머신 등은 판별식 모델 범위에 속합니다. 생성 모델은 반드시 식 7.7을 고려해야 합니다.

$$P(c \mid \boldsymbol{x}) = \frac{P(\boldsymbol{x}, c)}{P(\boldsymbol{x})}\;.$$

식 7.7

베이즈 정리에 기반해 $P(c \mid \boldsymbol{x})$는 다음처럼 작성할 수 있습니다.

$$P(c \mid \boldsymbol{x}) = \frac{P(c) \, P(\boldsymbol{x} \mid c)}{P(\boldsymbol{x})},$$

식 7.8

여기서 $P(c)$는 **사전확률**prior probability입니다. $P(\boldsymbol{x} \mid c)$는 클래스 레이블 c에 대한 샘플 $\boldsymbol{x}$의 **클래스 조건 확률**class-conditional probability 혹은 **우도**likelihood라고 합니다.

$P(\boldsymbol{x})$는 모든 클래스에 대해 동일하다.

$P(\boldsymbol{x})$는 증거 팩터evidence factor를 정규화하는 데 사용됩니다. 주어진 샘플 $\boldsymbol{x}$에 대해, 증거 팩터 $P(\boldsymbol{x})$와 클래스 레이블은 무관하고, 따라서 $P(c \mid \boldsymbol{x})$를 예측하는 문제는 어떻게 훈련 데이터 D로 사전 확률 $P(c)$와 우도 $P(\boldsymbol{x} \mid c)$를 계산하는가에 대한 문제로 전환됩니다.

클래스 사전 확률 $P(c)$는 샘플 공간에서 각 클래스 샘플이 차지하는 비율을 나타냅니다. 대수의 법칙에 근거해 훈련 세트가 충분한 독립항등분포 샘플을 포함하고 있을 때 $P(c)$는 각 클래스 샘플의 출현빈도를 통해 계산해 낼 수가 있습니다.

쉬운 논의를 위해 모든 속성이 이산값이라고 가정한다. 연속 속성에 대해서는 확률질량 함수 $P(\cdot)$를 확률밀도 함수 $P(\cdot)$로 바꿀 수 있다.

7.3절을 참조하라.

클래스 조건 확률 $P(\boldsymbol{x} \mid c)$는 $\boldsymbol{x}$에 관한 모든 속성의 결합 확률이 필요한데, 직접적으로 샘플 출현빈도만으로 계산하기는 어렵습니다. 예를 들어, 샘플의 d개 속성이 모두 이진값이라고 가정한다면, 샘플 공간에는 2^d개 가능한 값이 있을 것입니다. 현실 응용 중에서 이 값은 샘플 데이터 수 m과 큰 차이가 납니다. 즉, 많은 샘플값이 훈련 세트에 없다는 뜻입니다. 더불어 '관측되지 못한'과 '출현빈도가 0'은 다른 개념이고, 따라서 직접적으로 빈도를 사용하여 $P(\boldsymbol{x} \mid c)$를 계산하는 것은 어려운 일입니다.

7.2 최대 우도 추정

클래스 조건 확률을 구하기 위해 자주 사용되는 전략은 먼저 모종의 정해진 확률 분포 형식이 있다고 가정한 후 훈련 샘플에 기반해 확률 분포의 파라미터를 추정하는 전략입니다. 구체적으로 클래스 c에 관련된 클래스 조건 확률을 $P(\boldsymbol{x} \mid c)$로 기

연속 분포하에서 확률밀도 함수 $p(\boldsymbol{x}|c)$이다.

록하고, $P(\boldsymbol{x} \mid c)$가 정해진 형식이 있고 파라미터 벡터 $\boldsymbol{\theta}_c$에 의해서만 결정된다고 가정해 보겠습니다. 우리의 목적은 훈련 세트 D를 이용하여 파라미터 $\boldsymbol{\theta}_c$를 추정하는 것입니다. 더 명확히 하고자 우리는 $P(\boldsymbol{x} \mid c)$를 $P(\boldsymbol{x} \mid \boldsymbol{\theta}_c)$로 표기하겠습니다.

1920년대부터 빈도주의학파와 베이지안학파 사이의 논쟁이 시작되었다. 이 논쟁은 오늘날까지도 계속되고 있다. 두 학파는 많은 중요한 문제에서 다른 관점을 보였는데, 심지어 확률에 대한 기본 해석에도 이견이 있었다. 관심 있는 독자는 [Efron, 2005; Samaniego, 2010]을 참조하라.

사실상 확률 모델의 훈련 과정은 파라미터 추정parameter estimation 과정으로 볼 수 있습니다. 파라미터 추정에 대해 통계학계의 두 학파 사이에 서로 다른 해결 방안을 제시하고 있습니다. 빈도주의 학파Frequentist는 파라미터는 미지의 수지만, 객관적으로 존재하는 고정값이라고 생각합니다. 따라서 우도 함수의 최적화 등의 방법으로 파라미터값을 정할 수 있다고 생각합니다. 베이지안 학파Bayesian는 파라미터는 관측되지 않은 확률 변수라 여기고 본질적으로 어떤 분포를 가지고 있다고 생각합니다. 따라서 파라미터가 하나의 사전분포를 따른다고 가정할 수 있고, 관측된 데이터에 기반해 파라미터의 사후분포를 추정할 수 있다고 생각합니다. 이번 절에서는 데이터 샘플링에 기반해 확률 분포 파라미터를 추정하는 전통적인 방법인 빈도주의 학파의 **최대 우도 추정**Maximum Likelihood Estimation, MLE을 소개합니다.

'최대 우도법'이라고도 부른다.

[역주] 최대 우도법은 어떤 확률 변수에서 표집한 값들을 토대로 그 확률 변수의 모수를 구하는 방법이다. 어떤 모수가 주어졌을 때, 원하는 값들이 나올 가능도를 최대로 만드는 모수를 선택하는 방법이다.

D_c로 훈련 세트 D에서 c 클래스 샘플로 구성된 집합을 나타내고, 이런 샘플들이 독립항등분포라고 가정한다면, 데이터 세트 D_c에 대한 파라미터 $\boldsymbol{\theta}_c$의 우도는 식 7.9가 됩니다.

$$P(D_c \mid \boldsymbol{\theta}_c) = \prod_{\boldsymbol{x} \in D_c} P(\boldsymbol{x} \mid \boldsymbol{\theta}_c) .$$ 식 7.9

$\boldsymbol{\theta}_c$에 대해 최대 우도를 추정하는 것은 바로 우도 $P(D_c \mid \boldsymbol{\theta}_c)$를 최대화하는 파라미터값 $\hat{\boldsymbol{\theta}}_c$를 찾는 것으로 볼 수 있습니다. 직관적으로 본다면 최대 우도 추정은 $\boldsymbol{\theta}_c$의 모든 가능한 값 중에서 데이터 출현의 가능성을 최대화하는 값을 찾는 것입니다.

식 7.9에서 연속되는 곱셈 계산이 오버플로overflow를 일으키기 쉬우므로 일반적으로 로그 우도log likelihood를 사용합니다.

$$\begin{aligned} LL(\boldsymbol{\theta}_c) &= \log P(D_c \mid \boldsymbol{\theta}_c) \\ &= \sum_{\boldsymbol{x} \in D_c} \log P(\boldsymbol{x} \mid \boldsymbol{\theta}_c) , \end{aligned}$$ 식 7.10

이때, 파라미터 $\boldsymbol{\theta}_c$의 최대 우도 추정 $\hat{\boldsymbol{\theta}}_c$는 식 7.11입니다.

$$\hat{\boldsymbol{\theta}}_c = \arg\max_{\boldsymbol{\theta}_c} LL(\boldsymbol{\theta}_c) .$$ 식 7.11

$\mathcal{N}$은 정규 분포다. 부록 C1.7을 참조하라.

예를 들어, 연속 속성일 때 확률밀도 함수 $P(\boldsymbol{x} \mid c) \sim \mathcal{N}(\boldsymbol{\mu}_c, \boldsymbol{\sigma}_c^2)$를 가정하면 파라미터 $\boldsymbol{\mu}_c$와 $\boldsymbol{\sigma}_c^2$의 최대 우도 추정은 다음 두 식과 같습니다.

$$\hat{\boldsymbol{\mu}}_c = \frac{1}{|D_c|} \sum_{\boldsymbol{x} \in D_c} \boldsymbol{x} \;,$$ 식 7.12

$$\hat{\boldsymbol{\sigma}}_c^2 = \frac{1}{|D_c|} \sum_{\boldsymbol{x} \in D_c} (\boldsymbol{x} - \hat{\boldsymbol{\mu}}_c)(\boldsymbol{x} - \hat{\boldsymbol{\mu}}_c)^{\mathrm{T}} \;.$$ 식 7.13

즉, 최대 우도 추정법을 통해 얻은 정규 분포값은 샘플의 평균값이며, 분산은 $(\boldsymbol{x} - \hat{\boldsymbol{\mu}}_c)(\boldsymbol{x} - \hat{\boldsymbol{\mu}}_c)^{\mathrm{T}}$의 평균값이 됩니다. 이는 직관에 부합하는 결과입니다. 이산 속성일 때도 비슷한 방법을 통해 클래스 조건 확률을 추정할 수 있습니다.

이러한 파라미터화 방법은 클래스 조건 확률 추정을 상대적으로 간단하게 만들긴 하지만, 추정 결과의 정확성은 가정하는 확률 분포 형식이 잠재적인 실제 데이터 분포와 얼마나 일치하는지에 과하게 의존하게 됩니다. 실제 응용환경에서 비교적 괜찮은 데이터 분포 가설을 세우려면 일정 정도 이상의 도메인 지식이 필요합니다. 그렇지 않고 확률 분포 형식에 대해 마음대로 예측하고 가정한다면 잘못된 결과를 얻을 가능성이 큽니다.

7.3 나이브 베이즈 분류기

<aside>훈련 샘플에 기반해 결합 확률을 계산할 때, 계산상에서 '조합 폭발(조합의 수가 기하급수로 늘어남)' 문제가 나타날 수 있고, 데이터상에서는 샘플 희소 문제가 나타날 수 있다. 속성 개수가 많을수록 문제가 커진다.</aside>

베이즈 공식 7.8에 기반해 사후 확률 $P(c \mid \boldsymbol{x})$을 계산할 때 가장 어려운 점은 클래스 조건 확률 $P(\boldsymbol{x} \mid c)$가 모든 속성상의 결합 확률이기 때문에 유한한 훈련 샘플만으로 직접적으로 추정하기 힘들다는 것입니다. 이런 장애물을 피하고자 **나이브 베이즈 분류기**naive Bayes classifier는 **속성 조건독립 가설**attribute conditional independence assumption을 이용합니다. 속성 조건독립 가설이란, 이미 알고 있는 클래스에 대해 모든 속성은 서로 독립적이라고 가정하는 것입니다. 바꿔 말하면, 각 속성은 독립적으로 분류 결과에 대해 영향을 끼친다는 뜻입니다.

속성 조건독립 가설에 기반하여 식 7.8을 다음처럼 바꿔 쓸 수 있습니다.

<aside>x는 사실상 '색깔 = 청록색'과 같은 하나의 '속성값' 쌍(pair)이다. 쉬운 논의를 위해 상하 문맥이 명확할 때 x_i로 i번째 속성이 대응하는 변수(예를 들면 '색깔')를 나타낸다. 가끔은 x가 뜻하는 속성값(예를 들면 '청록색')을 직접 나타내기도 한다.</aside>

$$P(c \mid \boldsymbol{x}) = \frac{P(c)\,P(\boldsymbol{x} \mid c)}{P(\boldsymbol{x})} = \frac{P(c)}{P(\boldsymbol{x})} \prod_{i=1}^{d} P(x_i \mid c) \;,$$ 식 7.14

여기서 d는 속성 개수, x_i는 i번째 속성상에서 $\boldsymbol{x}$의 값을 나타냅니다.

모든 클래스에 대해 $P(\boldsymbol{x})$는 동일하므로 식 7.6에 베이즈 결정 규칙을 적용하면 식 7.15를 얻을 수 있습니다.

$$h_{nb}(\boldsymbol{x}) = \arg\max_{c \in \mathcal{Y}} P(c) \prod_{i=1}^{d} P(x_i \mid c) , \qquad \text{식 7.15}$$

이것이 바로 나이브 베이즈 분류기의 표현식입니다.

나이브 베이즈 분류기의 훈련 과정은 훈련 세트 D에 기반해 클래스 사전 확률 $P(c)$를 추정하고 각 속성을 위해 조건 확률 $P(x_i \mid c)$를 계산하는 것과 같다고 할 수 있습니다.

D_c로 훈련 세트 D에서 c 클래스 샘플로 구성된 집합을 나타내고, 충분한 독립항 등분포 샘플이 있다면, 클래스 사전 확률은 쉽게 추정할 수 있습니다.

$$P(c) = \frac{|D_c|}{|D|} . \qquad \text{식 7.16}$$

이산 속성에 대해서는 D_{c,x_i}를 D_c 중에 속성 i상에서의 값이 x_i인 샘플로 구성된 집합을 나타낸다면, 조건 확률 $P(x_i \mid c)$는 식 7.17로 추정될 수 있습니다.

$$P(x_i \mid c) = \frac{|D_{c,x_i}|}{|D_c|} . \qquad \text{식 7.17}$$

연속 속성에 대해서는 확률밀도 함수를 고려할 수 있습니다. $p(x_i \mid c) \sim \mathcal{N}(\mu_{c,i}, \sigma_{c,i}^2)$을 가정한다면, $\mu_{c,i}$와 $\sigma_{c,i}^2$는 각각 c 클래스 샘플이 i 속성상에서 취하는 값의 평균과 분산입니다.

$$p(x_i \mid c) = \frac{1}{\sqrt{2\pi}\sigma_{c,i}} \exp\left(-\frac{(x_i - \mu_{c,i})^2}{2\sigma_{c,i}^2} \right) . \qquad \text{식 7.18}$$

수박 데이터 세트 3.0은 104쪽의 표 4.3을 참조하라.

그럼 이제 수박 데이터 세트 3.0을 사용하여 나이브 베이즈 분류기를 훈련해 봅시다. 테스트 샘플은 '테스트1'로 표기하고 이에 대한 분류를 진행해 보겠습니다.

번호	색깔	꼭지 모양	소리	줄무늬	배꼽 모양	촉감	밀도	당도	잘 익은 수박
테스트1	청록색	말림	혼탁	선명함	움푹 패임	단단함	0.679	0.460	?

먼저, 클래스 사전 확률 $P(c)$를 계산합니다.

$$P(\text{잘 익은 수박} = \bigcirc) = \frac{8}{17} \approx 0.471\,,$$

$$P(\text{잘 익은 수박} = \times) = \frac{9}{17} \approx 0.529\,.$$

그리고 각 속성의 조건 확률 $P(x_i \mid c)$를 추정합니다.

샘플 수가 충분히 많을 때에만 유의미한 확률 예측을 진행할 수 있다. 책에서 소개하는 예제는 단순히 개념 설명을 목적으로 하므로 많은 샘플을 사용하지 않는다.

$$P_{\text{청록}|\bigcirc} = P(\text{색깔} = \text{청록} \mid \text{잘 익은 수박} = \bigcirc) = \frac{3}{8} \approx 0.375\,,$$

$$P_{\text{청록}|\times} = P(\text{색깔} = \text{청록} \mid \text{잘 익은 수박} = \times) = \frac{3}{9} \approx 0.333\,.$$

$$P_{\text{말림}|\bigcirc} = P(\text{꼭지 모양} = \text{말림} \mid \text{잘 익은 수박} = \bigcirc) = \frac{5}{8} \approx 0.625\,,$$

$$P_{\text{말림}|\times} = P(\text{꼭지 모양} = \text{말림} \mid \text{잘 익은 수박} = \times) = \frac{3}{9} \approx 0.333\,.$$

$$P_{\text{혼탁}|\bigcirc} = P(\text{소리} = \text{혼탁} \mid \text{잘 익은 수박} = \bigcirc) = \frac{5}{8} \approx 0.625\,,$$

$$P_{\text{혼탁}|\times} = P(\text{소리} = \text{혼탁} \mid \text{잘 익은 수박} = \times) = \frac{4}{9} \approx 0.444\,.$$

$$P_{\text{선명함}|\bigcirc} = P(\text{줄무늬} = \text{선명함} \mid \text{잘 익은 수박} = \bigcirc) = \frac{7}{8} \approx 0.875\,,$$

$$P_{\text{선명함}|\times} = P(\text{줄무늬} = \text{선명함} \mid \text{잘 익은 수박} = \times) = \frac{2}{9} \approx 0.222\,.$$

$$P_{\text{움푹 패임}|\bigcirc} = P(\text{배꼽 모양} = \text{움푹 패임} \mid \text{잘 익은 수박} = \bigcirc) = \frac{6}{8} \approx 0.750\,,$$

$$P_{\text{움푹 패임}|\times} = P(\text{배꼽 모양} = \text{움푹 패임} \mid \text{잘 익은 수박} = \times) = \frac{2}{9} \approx 0.222\,.$$

$$P_{\text{단단함}|\bigcirc} = P(\text{촉감} = \text{단단함} \mid \text{잘 익은 수박} = \bigcirc) = \frac{6}{8} \approx 0.750\,,$$

$$P_{\text{단단함}|\times} = P(\text{촉감} = \text{단단함} \mid \text{잘 익은 수박} = \times) = \frac{2}{9} \approx 0.667\,.$$

$$p_{\text{밀도}: 0.697|\bigcirc} = p(\text{밀도} = 0.697 \mid \text{잘 익은 수박} = \bigcirc)$$

$$= \frac{1}{\sqrt{2\pi} \cdot 0.129} \exp\left(-\frac{(0.697 - 0.574)^2}{2 \cdot 0.129^2}\right) \approx 1.959\,,$$

$$p_{\text{밀도}: 0.697|\times} = p(\text{밀도} = 0.697 \mid \text{잘 익은 수박} = \times)$$

$$= \frac{1}{\sqrt{2\pi} \cdot 0.129} \exp\left(-\frac{(0.697 - 0.574)^2}{2 \cdot 0.129^2}\right) \approx 1.959\,,$$

$$p_{당도: 0.460|○} = p(당도 = 0.460 \mid 잘\ 익은\ 수박 = ○)$$

$$= \frac{1}{\sqrt{2\pi} \cdot 0.101} \exp\left(-\frac{(0.460 - 0.279)^2}{2 \cdot 0.101^2}\right) \approx 0.788\ ,$$

$$p_{당도: 0.460|\times} = p(당도 = 0.460 \mid 잘\ 익은\ 수박 = \times)$$

$$= \frac{1}{\sqrt{2\pi} \cdot 0.108} \exp\left(-\frac{(0.460 - 0.154)^2}{2 \cdot 0.108^2}\right) \approx 0.066\ .$$

따라서 예측값은 다음과 같이 계산될 수 있습니다.

실제로 계산할 때는 지수를 취하는 경우가 많다.

$$P(잘\ 익은\ 수박 = ○) \times P_{청록|○} \times P_{말림|○} \times P_{혼탁|○} \times P_{선명|○} \times P_{움푹\ 패임|○} \times$$
$$P_{단단함|○} \times p_{밀도:0.697|○} \times p_{당도:0.460|○} \approx 0.052,$$

$$P(잘\ 익은\ 수박 = \times) \times P_{청록|\times} \times P_{말림|\times} \times P_{혼탁|\times} \times P_{선명|\times} \times P_{움푹\ 패임|\times}$$
$$\times P_{단단함|\times} \times p_{밀도:0.697|\times} \times p_{당도:0.460|\times} \approx 6.80 \times 10^{-5}$$

$0.052 > 6.80 \times 10^{-5}$이므로 나이브 베이즈 분류기는 테스트 샘플 '테스트1'을 '잘 익은 수박'으로 판별합니다.

주의해야 할 점은 만약 어떤 속성값이 훈련 세트 중 어떤 클래스와 동시에 나온 적이 없다면, 직접 식 7.17에 기반하여 확률을 계산하고 식 7.15를 이용해 판별을 진행하는 것은 문제가 있습니다. 예를 들어, 수박 데이터 세트 3.0을 사용하여 나이브 베이즈 분류기를 훈련시킬 때 '소리 = 맑음'인 테스트 샘플에 대한 값이 다음과 같다면 식 7.15의 연속 곱셈 계산에 의해 나온 확률값은 0이 됩니다.

$$P_{맑음|○} = P(소리 = 맑음 \mid 잘\ 익은\ 수박 = ○) = \frac{0}{8} = 0$$

따라서 해당 샘플의 기타 속성이 무엇이든, 심지어 다른 모든 속성에서는 '잘 익은 수박'일지라도 분류 결과는 '잘 익은 수박 = ×'가 될 것인데, 이는 불합리합니다.

기타 속성이 가지고 있는 정보가 훈련 세트 중에서 나오지 않은 속성값 때문에 말소되는 것을 방지하기 위해, 확률 예측 시에 일반적으로 **평활화**smoothing를 합니다. 자주 사용하는 방법으로는 **라플라시안 보정**Laplacian correction이 있습니다. 구체적으로, 훈련 세트 D의 클래스 개수를 N, i번째 속성이 취할 수 있는 값을 N_i로 나타낸다면, 식 7.16과 7.17은 각각 식 7.19와 7.20으로 수정됩니다.

$$\hat{P}(c) = \frac{|D_c| + 1}{|D| + N} ,$$

식 7.19

$$\hat{P}(x_i \mid c) = \frac{|D_{c,x_i}| + 1}{|D_c| + N_i} .$$

식 7.20

예를 들어, 이번 절의 예제에서 클래스 사전 확률은 다음과 같이 예측될 수 있습니다.

$$\hat{P}(잘\ 익은\ 수박 = ○) = \frac{8 + 1}{17 + 2} \approx 0.474 \ , \quad \hat{P}(잘\ 익은\ 수박 = ×) = \frac{9 + 1}{17 + 2} \approx 0.526 \ .$$

이와 유사하게, $P_{청록|○}$과 $P_{청록|×}$는 다음 수식이 됩니다.

$$\hat{P}_{청록|○} = \hat{P}(색깔 = 청록 \mid 잘\ 익은\ 수박 = ○) = \frac{3 + 1}{8 + 3} \approx 0.364 \ ,$$

$$\hat{P}_{청록|×} = \hat{P}(색깔 = 청록 \mid 잘\ 익은\ 수박 = ×) = \frac{3 + 1}{9 + 3} \approx 0.333 \ .$$

동시에 위에서 언급한 확률 $P_{맑음|○}$는 다음 수식이 됩니다.

$$\hat{P}_{맑음|○} = \hat{P}(소리 = 맑음 \mid 잘\ 익은\ 수박 = ○) = \frac{0 + 1}{8 + 3} \approx 0.091 \ .$$

사실상 속성값과 클래스가 균등 분포라고 가정한다.

라플라시안 보정법은 훈련 데이터의 샘플이 충분하지 않아 확률 예측값이 0이 되는 문제를 방지합니다. 그리고 훈련 데이터의 크기가 커질 때 보정 과정에서 유입된 사전prior 영향은 점차 희미해져 예측값을 실제 확률값에 근사하게 만듭니다.

현실에서는 나이브 베이즈 분류기가 여러 가지 방식으로 사용됩니다. 예를 들어, 풀고자 하는 문제에서 예측 속도에 대한 요구가 비교적 높다면 훈련 데이터가 정해졌을 때 나이브 베이즈 분류기에 관계되는 모든 확률값을 사전에 계산해 저장하여 예측을 진행하며, 필요할 때 꺼내 보며 판별을 진행할 수 있습니다. 만약 풀고자 하는 문제에서 데이터 교체 주기가 빠르다면, **게으른 학습**lazy learning 방식을 사용하여 미리 어떠한 훈련도 진행하지 않고 예측 요구가 왔을 때 그 당시의 데이터 세트에 기반해 확률 예측을 진행합니다. 만약 데이터가 지속적으로 증가한다면 현재 예측값을 기초로 하여 새로 증가되는 샘플의 속성값에 관련된 확률값에 대해서만 수정을 진행하여 점진적 학습incremental learning을 실현합니다.

게으른 학습에 관해서는 10.1절을 참조하라.

점진적 학습(incremental learning)에 관해서는 5.5.2절을 참조하라.

7.4 세미 나이브 베이즈 분류기

베이즈 공식 7.8에서 사후 확률 $P(c \mid \boldsymbol{x})$ 계산 부분의 어려움을 낮추고자 나이브 베이즈 분류기는 속성 조건독립 가설을 사용했습니다. 하지만 실제로 이 가설이 성립되기란 쉽지 않습니다. 따라서 사람들은 속성 조건독립 가설을 조금 느슨하게 만드는 시도를 했습니다. 이렇게 탄생한 학습법이 **세미 나이브 베이즈 분류기**semi-naive Bayes classifiers입니다.

세미 나이브 베이즈 분류기의 기본 아이디어는 일부 속성 간의 상호의존 정보를 적당히 고려하여, 완전한 결합 확률 계산을 하지 않으면서 비교적 강한 속성 의존 관계를 완전히 배제하지는 않습니다. **단독 의존 예측기**One-Dependent Estimator, ODE는 세미 나이브 베이즈 분류기가 가장 자주 사용하는 하나의 전략입니다. 이름에서 알 수 있듯이, 소위 '단독 의존'이란 각 속성이 클래스 이외에 최대 다른 하나의 속성에 의존할 수 있다고 가정하는 것입니다. 즉, 식 7.21입니다.

$$P(c \mid \boldsymbol{x}) \propto P(c) \prod_{i=1}^{d} P(x_i \mid c, pa_i) \,,$$ 식 7.21

여기서 pa_i는 속성 x_i가 의존하는 모든 속성이며, x_i의 부모 속성이라고 부릅니다. 이때 각 속성 x_i에 대해 해당 부모 속성 pa_i를 이미 알고 있다고 한다면, 식 7.20과 유사한 방법으로 확률값 $P(x_i \mid c, pa_i)$를 추정할 수 있습니다. 따라서 문제의 관건은 어떻게 각 속성의 부모 속성을 결정하는가로 전환되고, 사용하는 방법에 따라 서로 다른 독립 의존 분류기가 생성됩니다.

가장 직접적인 방법은 모든 속성이 똑같은 하나의 속성에 의존한다고 가정하는 것인데, 이를 **상위 부모**super-parent라고 부릅니다. 그리고 교차 검증 등의 모델 선택 방법을 통해 상위 부모 속성을 결정합니다. 이런 식의 방법을 SPODESuper-Parent ODE 방법이라고 부릅니다. 예를 들어, 그림 7.1 (b)에서 x_1는 상위 부모 속성입니다.

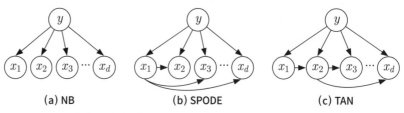

그림 7.1 ╲ 나이브 베이즈와 두 종류의 세미 나이브 베이즈 분류기의 속성 의존관계

TAN_{Tree Augmented Naive Bayes[Friedman et al., 1997]}은 최대 가중치 스패닝 트리_{maximum} weighted spanning tree 알고리즘[Chow and Liu, 1968]에 기반해 아래 네 단계를 거쳐 속성 간의 의존관계를 그림 7.1 (c)처럼 트리 구조로 단순화한 알고리즘입니다.

1. 임의의 두 속성 간의 조건부 상호 정보_{conditional mutual information}를 계산합니다.

$$I(x_i, x_j \mid y) = \sum_{x_i, x_j;\ c \in \mathcal{Y}} P(x_i, x_j \mid c) \log \frac{P(x_i, x_j \mid c)}{P(x_i \mid c)P(x_j \mid c)} \ ; \qquad \boxed{\text{식 7.22}}$$

2. 속성을 노드로 하는 완전 그래프_{complete graph}를 만듭니다. 임의의 두 노드 사이의 에지_{edge} 가중을 $I(x_i, x_j \mid y)$로 설정합니다.

3. 완전 그래프의 최대 가중치 스패닝 트리를 만들고, 루트 변수를 골라 에지에 방향을 설정합니다.

4. 클래스 노드 y를 더하고, y에서 각 속성으로 향하는 방향성 에지를 추가합니다.

조건부 상호 정보 $I(x_i, x_j \mid y)$는 클래스를 이미 아는 상황에서 속성 x_i와 x_j의 상관성을 그립니다. 따라서 최대 가중치 스패닝 트리 알고리즘을 통해 TAN은 강한 관계 속성 간의 의존성을 보존합니다.

앙상블 학습에 관해서는 8장을 참조하라.

AODE_{Averaged One-Dependent Estimator[Webb et al., 2005]}는 일종의 앙상블 학습 메커니즘에 기반한 더 강력한 단독 의존 분류기입니다. SPODE가 모델을 통해 상위 부모 속성을 선택하는 것과 다르게, AODE는 각 속성을 상위 부모로 설정하여 SPODE를 만듭니다. 그리고 충분한 훈련 데이터가 받쳐주는 SPODE를 앙상블하여 최종 결과를 얻습니다.

$$P(c \mid \boldsymbol{x}) \propto \sum_{\substack{i=1 \\ |D_{x_i}| \geqslant m'}}^{d} P(c, x_i) \prod_{j=1}^{d} P(x_j \mid c, x_i) \ , \qquad \boxed{\text{식 7.23}}$$

m'는 암묵적으로 30으로 설정한다[Webb et al., 2005].

여기서 D_{xi}는 i번째 속성상에 값이 x_i인 샘플의 집합이고, m'은 임곗값 상수입니다. AODE는 $P(c, x_i)$와 $P(x_j \mid c, x_i)$를 추정합니다. 식 7.20과 비슷하게 다음 식으로 나타낼 수 있습니다.

$$\hat{P}(c, x_i) = \frac{|D_{c,x_i}| + 1}{|D| + N \times N_i} \ , \qquad \boxed{\text{식 7.24}}$$

$$\hat{P}(x_j \mid c, x_i) = \frac{|D_{c,x_i,x_j}| + 1}{|D_{c,x_i}| + N_j} \ , \qquad \boxed{\text{식 7.25}}$$

여기서 N은 D에 포함되어 있을 것 같은 클래스 개수이고, N_i는 i 속성이 취할 가능성이 있는 값입니다. D_{c,x_i}는 클래스 c이고 i 속성값이 x_i인 샘플의 집합을 나타내며, D_{c,x_i,x_j}는 클래스가 c이고 i와 j 속성값이 x_i와 x_j인 샘플의 집합을 나타냅니다. 예를 들어, 수박 데이터 세트 3.0에서는 다음과 같은 값을 구할 수 있습니다.

$$\hat{P}_{\bigcirc,혼탁} = \hat{P}(잘\ 익은\ 수박 = \bigcirc,\ 소리\ |\ 혼탁) = \frac{6+1}{17+3 \times 2} = 0.304\ ,$$

$$\hat{P}_{움품\ 패인|\bigcirc,혼탁} = \hat{P}(배꼽\ 모양 = 움품\ 패인\ |\ 잘\ 익은\ 수박 = \bigcirc,\ 소리\ |\ 혼탁)$$

$$= \frac{3+1}{6+3} = 0.444\ .$$

나이브 베이즈 분류기와 유사하게 AODE의 훈련 과정도 하나의 '카운팅'입니다. 즉, 훈련 데이터 세트상에서 조건에 부합하는 샘플을 세는 과정입니다. 나이브 베이즈 분류기와 유사하게 AODE는 모델 선택이 필요하지 않습니다. 사전 계산을 통해 시간을 절약할 수 있으며, 또 게으른 학습법을 통해 예측이 필요할 때 계산을 진행하고 증분식 학습 실현에 유용합니다.

즉, 다수의 속성에 의존한다는 뜻이다.

속성 조건독립 가설을 단일 의존 가설로 완화함으로써 일반화 성능의 향상을 가져올 수 있다면, 속성 사이의 더 많은 의존관계를 고려해 일반화 성능을 더 향상시킬 수는 없을까요? 바꿔 말하면, 식 7.21의 속성 pa_i를 k개의 속성을 포함한 집합 $\mathbf{pa}_i$로 대체하여 ODE를 kDE 모델로 확장시킨다는 주장입니다. 그러나 주의해야 할 점은 k의 값이 증가함에 따라 확률 $P(\mathbf{x}_i\ |\ y,\ \mathbf{pa}_i)$를 정확하게 예측하는 데 필요한 훈련 샘플 수가 기하급수로 늘어난다는 사실입니다. 따라서 훈련 데이터가 아주 충분하다면 일반화 성능을 향상시키는 것은 불가능하지 않지만, 샘플이 한정적인 조건하에서 k값을 늘린다면 결합 확률 계산의 늪에 빠지게 될 것입니다.

7.5 베이지안 네트워크

베이지안 네트워크는 일종의 전통적인 확률 그래피컬 모델이다. 확률 그래피컬 모델에 관해서는 14장을 참조하라.

쉬운 논의를 위해 이번 절에서는 모든 속성을 이산형 속성이라고 가정한다. 연속 속성에 대해서는 조건 확률표를 조건 확률밀도 함수로 확장할 수 있다.

베이지안 네트워크 Bayesian network는 **빌리프 네트워크**belief network라고 불리기도 합니다. 베이지안 네트워크는 방향성 비사이클 그래프Directed Acyclic Graph, DAG를 통해 속성 간의 의존관계를 나타내고 조건 확률표Conditional Probability Table, CPT를 사용해 속성의 결합 확률 분포를 나타냅니다.

구체적으로 하나의 베이지안 네트워크 B는 구조 G, 파라미터 Θ 두 부분으로 구성되는데(즉, $B = \langle G, \Theta \rangle$), 네트워크 구조 G는 하나의 방향성 비사이클 그래프이고 각 노드가 하나의 속성에 대응합니다. 만약 두 속성 간에 직접적인 의존관계가 있다면 그들을 하나의 에지로 연결합니다. 파라미터 Θ는 이러한 관계를 정량적으로 표현합니다. G에서 속성 x_i의 부모 노드 집합을 π_i라고 가정한다면, Θ는 각 속성의 조건 확률표 $\theta_{x_i|\pi_i} = P_B(x_i \mid \pi_i)$을 포함하게 됩니다.

그림 7.2는 하나의 예로서 수박 문제의 베이지안 네트워크 구조와 속성 '꼭지'의 조건 확률표를 보여줍니다. 그림의 네트워크 구조에서 볼 수 있듯이, '색깔'은 '잘 익은 수박', '당도'에 직접적으로 의존하고, '꼭지'는 '당도'에 직접적으로 의존합니다. 더 나아가 조건 확률표를 통해 '당도'에 대한 '꼭지'의 정량화된 의존관계를 얻을 수 있습니다(P(꼭지 = 곧음 | 당도 = 높음) = 0.1 등).

여기서는 이미 수박 데이터 세트의 연속 속성인 '당 함유량'을 이산 속성인 '당도'로 바꾸었다.

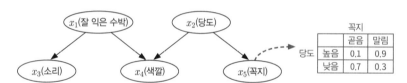

그림 7.2 \ **수박 문제의 베이지안 네트워크 구조와 속성 '꼭지'의 조건 확률표**

7.5.1 구조

베이지안 네트워크 구조는 효과적으로 속성 간의 조건독립성을 표현합니다. 부모 노드 집합이 주어졌을 때 베이지안 네트워크는 각 속성과 그 속성의 비후손 속성은 독립적이라고 가정합니다. 따라서 $B = \langle G, \Theta \rangle$는 속성 $x_1, x_2, \ldots, x_d$의 결합 확률 분포를 다음과 같이 정의합니다.

$$P_B(x_1, x_2, \ldots, x_d) = \prod_{i=1}^{d} P_B(x_i \mid \pi_i) = \prod_{i=1}^{d} \theta_{x_i|\pi_i} . \qquad \boxed{\text{식 7.26}}$$

그림 7.2를 예로 들면, 결합 확률 분포는 다음처럼 정의될 수 있습니다.

$$P(x_1, x_2, x_3, x_4, x_5) = P(x_1)P(x_2)P(x_3 \mid x_1)P(x_4 \mid x_1, x_2)P(x_5 \mid x_2) ,$$

모든 조건독립 관계를 나열한 것은 아니다.

x_3과 x_4는 x_1의 값이 주어졌을 때 서로 독립적이고, x_4와 x_5는 x_2의 값이 주어졌을 때 독립적입니다. 이를 각각 $x_3 \perp x_4 \mid x_1$과 $x_4 \perp x_5 \mid x_2$로 간략히 표기합니다.

그림 7.3은 베이지안 네트워크에서 세 개의 변수 사이의 전형적인 의존관계를 보여줍니다. 여기서 처음 두 종류의 네트워크는 식 7.26에서 이미 구체적으로 나와 있습니다.

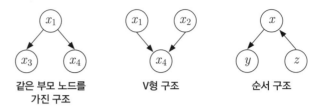

같은 부모 노드를
가진 구조   V형 구조   순서 구조

그림 7.3 ＼ 베이지안 네트워크에서 세 개의 변수 사이의 전형적인 의존관계

동일 부모common parent 구조에서 부모 노드 x_1의 값이 주어졌을 때 x_3와 x_4는 조건독립입니다. 순서 구조에서 x의 값이 주어졌을 때 y와 z는 조건독립입니다. V형 구조V-structure 혹은 헤드-투-헤드head-to-head 결합에서 자식 노드 x_4의 값이 주어졌다면 x_1과 x_2는 독립적이지 않습니다. 신기한 것은, 만약 x_4의 값을 모른다면 V형 구조하에서 x_1과 x_2는 상호 독립적입니다. 이에 대해 간단한 검증을 해보겠습니다.

$$
\begin{aligned}
P(x_1, x_2) &= \sum_{x_4} P(x_1, x_2, x_4) \\
&= \sum_{x_4} P(x_4 \mid x_1, x_2) P(x_1) P(x_2) \\
&= P(x_1) P(x_2) \ .
\end{aligned}
$$

식 7.27

| 변수에 대해 적분하거나 합을 구하는 것을 '주변화(marginalization)'라고 부른다. | 이런 독립성을 **주변 독립성**marginal independence이라고 하고 $x_1 \perp\!\!\!\perp x_2$으로 표현합니다. |

사실 하나의 변숫값이 정해지는 것인지에 따라 다른 두 변수 간의 독립성에 영향을 미치는 현상은 V형 구조만이 가진 현상은 아닙니다. 예를 들어, 동일 부모 구조에서 조건독립성 $x_3 \perp x_4 \mid x_1$ 성립에 x_1의 값을 모른다면 x_3과 x_4는 독립적이지 않게 됩니다(즉, $x_3 \perp\!\!\!\perp x_4$이 성립하지 않음). 순서 구조에서도 $y \perp z \mid x$라도 $y \perp\!\!\!\perp z$은 성립하지 않습니다.

D는 '방향을 가진(directed)'을 뜻한다.

방향성 그래프에서 변수 간의 조건독립성을 분석하기 위해 **방향성 분리**D-separation를 사용해도 됩니다. 우리는 먼저 방향성 그래프를 하나의 무방향성 그래프로 전환합니다.

동일 부모, 순열 V형 구조 및 D-separation의 발견은 인과관계 연구에 큰 영향을 끼쳤다 [Pearl, 1988].

- 방향성 그래프 중에 모든 V형 구조를 찾아내고 V형 구조의 부모 노드 사이에 하나의 무방향성 에지를 추가합니다.

- 모든 방향성 에지를 무방향성으로 전환합니다.

Moralization이 가진 뜻은 아이의 부모가 견고한 관계를 만들어야 하며, 그렇지 못한 경우를 '부도덕'하다고 본다.

이렇게 만들어진 무방향성 그래프를 **모럴 그래프**moral graph라고 부르고, 부모 노드를 연결하는 과정을 **도덕화**moralization라고 표현합니다[Cowell et al., 1999].

모럴 그래프에 기반하여 직관적이고 신속하게 변수 간의 조건독립성을 찾아낼 수 있습니다. 모럴 그래프 중에 변수 x, y 그리고 변수 집합 $\mathbf{z} = \{z_i\}$가 있다고 가정하고, 만약 변수 x와 y가 그래프상에서 $\mathbf{z}$에 의해 분리될 수 있다면(즉, 모럴 그래프에서 변수 집합 $\mathbf{z}$를 제거한 후) x와 y는 각각 두 개의 연결된 가지에 속하게 되고, 따라서 변수 x와 y는 $\mathbf{z}$에 의해 방향성 분리된다고 말하며 $x \perp y \mid \mathbf{z}$가 성립하게 됩니다.

일반적으로 그래프에 대해 가지치기를 진행하고, x, y, z와 그들의 '조상 노드'만 남긴다.

예를 들어, 그림 7.2에 대응하는 모럴 그래프는 그림 7.4에 설명되어 있는데, 그래프에서 모든 조건독립 관계 $x_3 \perp x_4 \mid x_1$, $x_4 \perp x_5 \mid x_2$, $x_3 \perp x_2 \mid x_1$, $x_3 \perp x_5 \mid x_1$, $x_3 \perp x_5 \mid x_2$ 등을 쉽게 찾을 수가 있습니다.

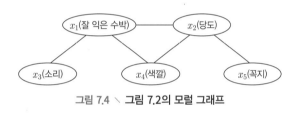

그림 7.4 ＼ 그림 7.2의 모럴 그래프

7.5.2 학습

만약 네트워크 구조에 대해 이미 알고 있다면(즉, 속성 사이의 의존관계에 대해 이미 알고 있다면), 베이지안 네트워크의 학습 과정은 상대적으로 간단해집니다. 왜냐하면 훈련 샘플의 '카운팅'을 통해 각 노드의 조건 확률표만 계산하면 되기 때문입니다. 하지만 현실에서는 네트워크 구조를 미리 알 수 없습니다. 따라서 베이지안 네트워크 학습의 첫 번째 목표는 훈련 데이터 세트에 기반을 두고 가장 적합한 구조의 베이지안 네트워크를 찾아내는 것입니다. '스코어 탐색'은 이 문제를 해결하는 데 가장 자주 사용되는 방법입니다. 구체적으로 우리는 먼저 하나의 스코어 함수score function를 정의하고 이를 통해 베이지안 네트워크와 훈련 데이터의 적합도를 스코어링합니다. 그리고 해당 스코어 함수에 기반하여 최적의 구조를 가진 베이지안 네트워크를 찾습니다.

귀납적 편향(inductive bias)에 관해서는 1.4절을 참조하라.

자주 사용하는 스코어 함수는 정보 이론 규범에 기반하고 있습니다. 이런 부류의 규범은 학습 문제를 하나의 데이터 압축 문제로 간주하고 학습의 목표를 최단 길이의 코드로 훈련 데이터를 표현할 수 있는 모델을 찾는 것으로 정의합니다. 이때 코드의 길이는 모델 자체에서 필요로 하는 코드 비트 수와 해당 모델을 사용하여 데이터를 표현하는 데 필요한 코드 자릿수가 포함됩니다. 따라서 우리는 종합 코드 길이가 가장 짧은 베이지안 네트워크를 선택해야 하는데, 이를 **최소 묘사 길이** Minimum Description Length, MDL 규범이라고 합니다.

여기에서 우리는 클래스도 하나의 속성으로 간주했다. 즉, x_i는 인스턴스와 클래스 벡터를 포괄한다.

훈련 세트 $D = \{x_1, x_2, \ldots, x_m\}$가 주어졌을 때 D상의 베이지안 네트워크 $B = \langle G, \Theta \rangle$의 스코어 함수는 식 7.28과 같이 쓸 수 있습니다.

$$s(B \mid D) = f(\theta)|B| - LL(B \mid D) ,$$

식 7.28

여기서 $|B|$는 베이지안 네트워크의 파라미터 개수입니다. $f(\theta)$는 각 파라미터 θ가 필요로 하는 코드 자릿수를 나타냅니다.

따라서 식 7.29는 베이지안 네트워크 B의 로그 우도입니다.

$$LL(B \mid D) = \sum_{i=1}^{m} \log P_B\left(x_i\right)$$

식 7.29

식 7.28의 첫 번째 항은 베이지안 네트워크 B를 코딩하는 데 필요한 코드 자릿수를 계산합니다. 두 번째 항은 B에 대응하는 확률 분포 P_B가 D를 얼마나 잘 묘사하는지를 계산합니다. 따라서 학습 목표는 하나의 최적화 목표로 바뀌게 되며, 즉 스코어 함수 $s(B \mid D)$를 최소화하는 베이지안 네트워크 B를 찾는 것입니다.

이는 통계학 관점에서 이해할 수 있다. 두 항을 각각 구조적 위험과 경험적 위험으로 볼 수 있다.

만약 $f(\theta) = 1$이라면 AIC Akaike Information Criterion 스코어 함수를 얻습니다.

$$\text{AIC}(B \mid D) = |B| - LL(B \mid D) .$$

식 7.30

만약 $f(\theta) = \frac{1}{2}\log m$이라면 BIC Bayesian Information Criterion 스코어 함수를 얻습니다.

$$\text{BIC}(B \mid D) = \frac{\log m}{2}|B| - LL(B \mid D) .$$

식 7.31

만약 $f(\theta) = 0$이라면, 즉 네트워크의 코드 길이를 계산하지 않는다면 스코어 함수는 마이너스 로그 우도로 퇴화하게 됩니다. 이에 따라 학습 목적도 최대 우도 추정으로 퇴화됩니다.

만약 베이지안 네트워크 $B = \langle G, \Theta \rangle$의 네트워크 구조 G가 고정이라면, 스코어 함수 $s(B \mid D)$의 첫 번째 항은 상수인 것을 어렵지 않게 알 수 있습니다. 이때, $s(B \mid D)$의 최소화는 파라미터 Θ의 최대 우도 추정과 같습니다. 식 7.29와 7.26을 통해 알 수 있는 것은 파라미터 $\theta_{x_i \mid \pi_i}$는 훈련 데이터 D상에서 경험 추정을 통해 얻어질 수 있다는 사실입니다. 즉, 식 7.32입니다.

$$\theta_{x_i \mid \pi_i} = \hat{P}_D(x_i \mid \pi_i) \,,$$

식 7.32

즉, 사건이 훈련 데이터 세트상에서 출현하는 빈도를 뜻한다.

여기서 $\hat{P}_D(\cdot)$는 D상에서의 경험 분포입니다. 따라서 스코어 함수 $s(B \mid D)$를 최소화하려면 네트워크 구조에 대한 탐색만 하면 되며, 후보 구조들의 최적 파라미터는 훈련 데이터상에서 바로 계산하여 얻을 수 있습니다.

안타까운 점은 모든 가능한 네트워크 구조 공간에서 최적의 베이지안 네트워크 구조를 찾는 것은 하나의 NP-hard 문제이고, 쉽게 해를 구할 수 없다는 점입니다. 하지만 자주 사용되는 두 가지 전략이 유한한 시간 내에 근사해를 구할 수 있게 도와줍니다. 첫 번째는 탐욕스러운 방법입니다. 예를 들어, 어떤 네트워크 구조에서 출발하여 매번 하나의 에지를 조정하며 스코어 함숫값이 떨어지지 않을 때까지 튜닝을 진행합니다. 두 번째는 네트워크 구조에 제약(예를 들어 네트워크 구조를 트리 구조로 제한하는 등)을 가하여 검색 공간을 줄이는 방법이 있습니다.

예를 들면, TAN[Friedman et al., 1997]은 구조를 트리형으로 제한했다.

7.5.3 추론

베이지안 네트워크의 훈련이 완료되면 쿼리query에 대한 답을 줄 수 있게 됩니다. 즉, 어떤 속성 변수의 관측값을 통해 기타 속성 변수의 값을 추측할 수 있게 됩니다. 만약 우리가 수박 문제에서 청록색이며 두드렸을 때 탁한 소리가 나고 꼭지가 말려 있는 수박을 관측했다면, 수박의 당도나 여문 정도를 알 수 있을 것입니다. 이렇게 이미 알고 있는 변수의 관측값을 통해 다른 속성 변숫값을 추측하는 과정을 **추론**inference이라고 하고 이미 알고 있는 변수 관측값은 **증거**evidence라고 부릅니다.

클래스도 하나의 속성 변수로 볼 수 있다.

추론에 관한 더 자세한 내용은 14장을 참조하라.

가장 이상적인 상황은 베이지안 네트워크가 정의한 결합 확률 분포에 기반해 사후 확률을 정확히 계산하는 것입니다. 안타까운 것은 이러한 '정확 추론'은 이미 NP-hard 문제임이 증명되었다는 것입니다[Cooper, 1990]. 바꿔 말하면, 네트워크 노드가 비교적 많고 연결이 조밀할 때 정확 추론은 진행하기 힘듭니다. 이때 '근사 추론'의 변분 추론은 매우 자주 쓰인다. 14.5절을 참조하라.

도움을 받아 정확도 요구를 낮춤으로써 유한한 시간 내에 근사해를 구할 수 있습니다. 현실 응용 중에서 베이지안 네트워크의 근사 추론은 깁스 샘플링Gibbs sampling을 사용해 완성됩니다. 이는 랜덤 샘플링 방법의 일종인데, 아래에서 어떻게 진행되는 것인지 한번 알아보겠습니다.

먼저, 알고 싶은 변수를 $\mathbf{Q} = \{Q_1, Q_2, \ldots, Q_n\}$으로, 증거 변수를 $\mathbf{E} = \{E_1, E_2, \ldots, E_k\}$로 설정하고, 이미 알고 있는 증거 변숫값을 $\mathbf{e} = \{e_1, e_2, \ldots, e_k\}$로 설정합니다. 목표는 사후 확률 $P(\mathbf{Q} = \mathbf{q} \mid \mathbf{E} = \mathbf{e})$를 계산하는 것이고, 여기서 $\mathbf{q} = \{q_1, q_2, \ldots, q_n\}$은 알고 싶은 변숫값입니다. 수박 문제를 예로 들면 알고 싶은 변수는 $\mathbf{Q} = \{$잘 익은 수박, 당도$\}$이고, 증거 변수는 $\mathbf{E} = \{$색깔, 소리, 꼭지$\}$이고 알고 있는 값은 $\mathbf{e} = \{$청록색, 혼탁함, 말림$\}$이며, 쿼리의 목푯값은 $\mathbf{q} = \{\bigcirc,$ 높음$\}$, 즉 잘 익고 당도가 높은 수박일 확률이 얼마나 큰가를 뜻합니다.

그림 7.5에 설명된 것처럼 깁스 샘플링 알고리즘은 먼저 랜덤으로 증거 $\mathbf{E} = \mathbf{e}$와 일치하는 샘플 $\mathbf{q}^0$를 생성해 초기화 지점으로 설정합니다. 그리고 매 단계에서 현 샘플에서 출발해 다음 샘플을 생성합니다. 구체적으로 t번의 샘플 중에서 알고리즘은 먼저 $\mathbf{q}^t = \mathbf{q}^{t-1}$을 가정합니다. 그리고 비증거 변수를 샘플링하고 값을 변화시킵니다. 샘플링 확률은 베이지안 네트워크 B와 기타 변수의 현재 값(즉, $\mathbf{Z} = \mathbf{z}$)에 기반해 계산됩니다. T번의 샘플링을 거쳐 얻은 $\mathbf{q}$와 일치하는 샘플은 총 n_q개가 됩니다. 따라서 사후 확률을 근사로 계산할 수 있게 됩니다.

$$P(\mathbf{Q} = \mathbf{q} \mid \mathbf{E} = \mathbf{e}) \simeq \frac{n_q}{T} \ .$$

식 7.33

마르코프 연쇄와 깁스 샘플링에 대한 내용은 14.5절을 참조하라.

사실 깁스 샘플링은 베이지안 네트워크의 모든 변수의 결합 상태 공간과 증거 $\mathbf{E} = \mathbf{e}$와 일치하는 하위 공간에서 **랜덤 워크**random walk합니다. 매 단계에서 앞선 한 단계의 상태에만 의존하므로 **마르코프 연쇄**Markov chain와 같습니다. 일정한 조건 하에서, 어떤 초기 상태에서 시작했던 마르코프 연쇄 t단계의 상태 분포는 $t \to \infty$일 때, 반드시 하나의 정상 분포stationary distribution에 수렴하게 됩니다. 깁스 샘플링에 대해서 이 분포는 정확히 $P(\mathbf{Q} \mid \mathbf{E} = \mathbf{e})$가 됩니다. 따라서 T가 매우 클 때 깁스 샘플링은 $P(\mathbf{Q} \mid \mathbf{E} = \mathbf{e})$에 기반해 샘플링하는 것과 같으며, 따라서 식 7.33이 $P(\mathbf{Q} = \mathbf{q} \mid \mathbf{E} = \mathbf{e})$으로 수렴하는 것을 보장합니다.

입력: 베이지안 네트워크 $B = \langle G, \Theta \rangle$
　　　샘플링 횟수 T
　　　증거 변수 $\mathbf{E}$와 변숫값 $\mathbf{e}$
　　　목표 변수를 $\mathbf{Q}$와 변숫값 $\mathbf{q}$
과정:
　1: $n_p = 0$
　2: $\mathbf{q}^0 = \mathbf{Q}$에 대한 랜덤 초기화
　3: for $t = 1, 2, \ldots, T$ do
　4:　　for $Q_i \in \mathbf{Q}$ do
　5:　　　$\mathbf{Z} = \mathbf{E} \cup \mathbf{Q} \setminus \{Q_i\}$
　6:　　　$\mathbf{z} = \mathbf{e} \cup \mathbf{q}^{t-1} \setminus \{q_i^{t-1}\}$
　7:　　　B에 근거해서 분포 $P_B(Q_i \mid \mathbf{Z} = \mathbf{z})$을 계산
　8:　　　$q_i^t = P_B(Q_i \mid \mathbf{Z} = \mathbf{z})$에 근거해서 샘플링하여 Q_i값을 얻음
　9:　　　$\mathbf{q}^t = \mathbf{q}^{t-1}$에서 q_i^{t-1}을 q_i^t으로 치환
　10:　　end for
　11:　if $\mathbf{q}^t = \mathbf{q}$ then
　12:　　　$n_q = n_q + 1$
　13:　end if
　14: end for
출력: $P(\mathbf{Q} = \mathbf{q} \mid \mathbf{E} = \mathbf{e}) \simeq \frac{n_q}{T}$

그림 7.5 \ 깁스 샘플링 알고리즘

주의해야 할 것은 마르코프 연쇄는 일반적으로 아주 긴 시간 후에야 정상 분포가 되는 경향이 있는데, 따라서 깁스 샘플링 알고리즘의 수렴 속도는 비교적 느리다고 말할 수 있습니다. 그 외에, 만약 베이지안 네트워크에 극단의 확률로 0이나 1이 될 가능성이 있다면 마르코프 연쇄에 정상 분포가 있음을 보장할 수 없습니다. 이 때, 깁스 샘플링 방법을 사용한다면 잘못된 계산 결과를 얻게 됩니다.

7.6 EM 알고리즘

앞선 논의 중에서 우리는 훈련 샘플의 모든 속성 변숫값이 이미 관측되었다고 가정했습니다. 즉, 훈련 샘플은 완전하다고 가정했습니다. 그러나 현실 응용 중에서는 종종 불완전한 훈련 샘플을 만나게 됩니다. 예를 들어, 수박의 꼭지가 잘려서 '말림'인지 '곧음'인지 알 수 없다면 훈련 샘플의 '꼭지' 속성 변수는 미지의 값이 됩니다. 이렇게 관측되지 않은 변수가 있는 상황에서 여전히 모델 파라미터를 계산할 수 있을까요?

미관측 변수의 학명은 **은닉 변수**latent variable입니다. $\mathbf{X}$로 이미 관측된 변수 집합을, $\mathbf{Z}$로 은닉 변수 집합을, Θ로 모델 파라미터를 표현한다고 했을 때 Θ에 대해 최대 우도 추정을 한다면 로그 우도식 7.34를 최대화해야 합니다.

'우도'는 일반적으로 로그 함수를 사용해 정의한다. 따라서 로그 우도와 EM 반복 과정은 일반적으로 자연로그 $\ln(\cdot)$를 사용한다.

$$LL(\Theta \mid \mathbf{X}, \mathbf{Z}) = \ln P(\mathbf{X}, \mathbf{Z} \mid \Theta) \ .$$

식 7.34

그러나 $\mathbf{Z}$가 은닉 변수이기 때문에 위 식은 직접적으로 해를 구할 수 없습니다. 이 때 우리는 $\mathbf{Z}$의 기댓값을 계산하는 방법을 통해 이미 관측된 데이터의 로그 **주변 우도**marginal likelihood를 최대화합니다.

$$LL(\Theta \mid \mathbf{X}) = \ln P(\mathbf{X} \mid \Theta) = \ln \sum_{\mathbf{Z}} P(\mathbf{X}, \mathbf{Z} \mid \Theta) \ .$$

식 7.35

기댓값 최대화 알고리즘은 일반적으로 EM 알고리즘이라고 줄여 사용한다.

EM 알고리즘에 관한 자세한 내용은 9.4.3절을 참조하라.

EMExpectation-Maximization **알고리즘**[Dempster et al., 1997]은 파라미터 은닉 변수를 계산할 때 가장 자주 사용되는 무기입니다. 이는 일종의 재귀적인 방법이며 기본 아이디어는 파라미터 Θ를 이미 알 때 훈련 데이터에 기반해 최적의 은닉 변수 $\mathbf{Z}$의 값(E 단계)을 계산할 수 있다는 것에 있습니다. 반대로, 만약 $\mathbf{Z}$값을 이미 알고 있을 때는 간편하게 파라미터 Θ에 대한 최대 우도 추정을 통하면(M 단계) 된다는 아이디어입니다.

따라서 초깃값 Θ^0을 시작으로 식 7.35에 대해 반복적으로 아래 단계를 수렴할 때까지 실행합니다.

- Θ^t에 기반해 은닉 변수 $\mathbf{Z}$의 기댓값을 추론하고, 이를 $\mathbf{Z}^t$로 나타냅니다.
- 이미 관측된 변수 $\mathbf{X}$와 $\mathbf{Z}^t$에 기반해 파라미터 θ에 대한 최대 우도 추정을 하고, 이를 Θ^{t+1}으로 나타냅니다.

이는 EM 알고리즘의 원리입니다.

더 나아가, 만약 우리가 $\mathbf{Z}$의 기댓값을 취하지 않고 Θ^t에 기반해 은닉 변수 $\mathbf{Z}$의 확률 분포 $P(\mathbf{Z} \mid \mathbf{X}, \Theta^t)$를 계산한다면, EM 알고리즘은 다음 두 단계로 설명할 수 있습니다.

- **E(Expectaion, 기대) 단계**: 현 단계의 파라미터 Θ^t로 은닉 변수 분포 $P(\mathbf{Z} \mid \mathbf{X}, \Theta^t)$를 추론하고, $\mathbf{Z}$에 관한 로그 우도 $LL(\Theta \mid \mathbf{X}, \mathbf{Z})$의 기댓값을 계산합니다.

$$Q(\Theta \mid \Theta^t) = \mathbb{E}_{\mathbf{Z} \mid \mathbf{X}, \Theta^t} LL(\Theta \mid \mathbf{X}, \mathbf{Z}) \ .$$

식 7.36

- **M(Maximization, 최대화) 단계**: 기대 우도를 최대화하는 파라미터를 찾습니다.

$$\Theta^{t+1} = \arg\max_{\Theta} Q(\Theta \mid \Theta^t) .$$

식 7.37

간단하게 말해 EM 알고리즘은 위 두 단계로 대체 계산이 가능합니다. 첫 단계는 기대(E) 단계로, 현 단계에서 계산한 파라미터값을 통해 로그 우도의 기댓값을 계산합니다. 두 번째 단계는 최대화(M) 단계로, E 단계를 통해 생성된 우도 기대를 최대화하는 파라미터값을 찾습니다. 그리고 새로 얻은 파라미터값을 E 단계에 다시 대입해서 국소 최적해에 수렴할 때까지 해당 과정을 계속 반복합니다.

사실, 은닉 변수 계산 문제는 경사하강법 등 최적화 알고리즘을 통해서도 계산할 수 있습니다. 그러나 은닉 변수의 수가 늘어남에 따라 계산량이 기하급수적으로 증가하기 때문에 어려움을 겪습니다. 그러나 EM 알고리즘은 일종의 비경사 최적화 방법으로 간주할 수 있는 장점이 있습니다.

EM 알고리즘의 수렴성 분석에 관해서는 [Wu, 1993]을 참조하라.

EM 알고리즘은 좌표하강법 (coordinate descent)을 사용해 로그 우도 하계(lower bound)를 최대화하는 방법으로 해석할 수 있다. 좌표하강법에 관해서는 부록 B.5를 참조하라.

7.7 더 읽을거리

베이즈 결정 이론은 머신러닝, 패턴인식 등의 데이터 분석 영역에서 매우 중요한 위치를 차지합니다. 베이즈 정리에 대해 근사해를 구하는 방법은 머신러닝 알고리즘의 설계에 매우 유용한 아이디어를 제공했습니다. 베이즈 정리의 해를 구할 때 조합의 수가 폭발하는 것과 샘플 희소문제를 해결하기 위해 나이브 베이즈 분류기는 조건독립 가설을 사용했습니다. 이 가설은 현실 응용 중에서 성립하기 매우 힘듭니다. 하지만 흥미로운 것은 나이브 베이즈 분류기가 많은 상황에서 비교적 좋은 성능을 내고 있다는 점입니다[Domingos and Pazzani, 1997; Ng and Jordan, 2002]. 이에 대한 한 가지 해석은 분류 문제에 대해 각 클래스의 조건 확률의 순서만 정확히 배열되었다면 정확한 확률값이 없어도 정확한 분류 결과를 얻을 수 있다는 것입니다[Domingos and Pazzani, 1997]. 다른 한 가지 해석은 만약 모든 클래스에 대한 속성 간의 의존 영향이 같다면, 혹은 의존관계의 영향이 서로 상쇄된다면, 속성 조건독립 가설은 계산량을 줄이는 동시에 성능에 대한 부작용도 없을 것이라는 해석입니다[Zhang, 2004]. 나이브 베이즈 분류기는 정보검색 영역에서 특히 자주 사용되고 있습니다[Lewis, 1998]. [McCallum and Nigam, 1998]은 텍스트 분류를 예로 두 종류에 대해 비교를 진행했습니다.

속성 간 의존성에 대한 정도를 기반으로 베이즈 분류기는 하나의 '족보'를 형성했습니다. 나이브 베이즈 분류기는 속성 간의 의존성을 고려하지 않고, 베이지안 네트워크는 임의의 속성 간 의존성을 표현할 수 있습니다. 이 둘은 '족보' 양극단에 놓여있다고 볼 수 있습니다. 이 두 가지 알고리즘 사이에 있는 것은 세미 나이브 베이즈 분류기이며, 이들은 각종 가설과 제약을 기반으로 속성 간의 부분 의존성을 모델링합니다. 일반적으로 세미 나이브 베이즈 분류기의 연구는 [Kononenko, 1991]로부터 시작되었다고 말합니다. ODE는 의존관계 중에서 부모 속성만 고려하고 TAN, AODE, LBR 같은 단독 의존 분류기들을 파생시켰습니다. kDE는 k개의 부모 속성을 고려하며 KDB, NBtree 등과 같은 알고리즘을 파생시켰습니다.

베이즈 분류기Bayes Classifier는 일반적인 의미의 베이지안 학습Bayesian Learning과 명확한 차이가 있습니다. 전자는 사후 확률의 최대화를 통해 단일 지점을 계산하고, 후자는 분포를 계산합니다. 베이지안 학습에 대한 내용은 [Bishop, 2006]을 참조하세요.

J.Pearl 교수는 이 분야에서의 공헌을 인정받아 2011년 튜링상을 받았다. 14장을 참조하라.

베이지안 네트워크는 비결정적 학습과 추론에 기본 프레임을 제공했습니다. 강력한 표현 능력과 무난한 해석력으로 많은 학자의 관심을 받고 있습니다[Pearl, 1988]. 베이지안 네트워크 학습은 구조 학습과 파라미터 학습 두 부분으로 나눌 수 있습니다. 파라미터 학습은 비교적 간단하지만, 구조 학습은 NP-hard 문제라는 것이 증명되었습니다[Cooper, 1990; Chickering et al., 2004]. 이에 대해 사람들은 다수의 스코어 탐색 방법을 내놓았습니다[Friedmand and Goldszmidt, 1996]. 베이지안 네트워크는 생성 모델로 간주되는데, 최근 들어 베이지안 네트워크 판별 학습에도 많은 연구가 이루어지고 있습니다[Grossman and Domingos, 2004]. 베이지안 네트워크의 더 많은 소개는 [Jensen, 1997; Heckerman, 1998]을 참조하세요.

베이지안 네트워크는 전형적인 확률 그래피컬 모델이다. 14장을 참조하라.

EM 알고리즘은 가장 흔한 은닉 변수 계산 방법이자 머신러닝에서 매우 중요하고 광범위하게 사용됩니다. 예를 들어, 가우스 혼합 모델Gaussian Mixture Model, GMM의 파라미터 학습에도 많이 사용되고, 9.4절에 소개할 k평균 클러스터링 알고리즘도 대표적인 EM 알고리즘입니다. EM 알고리즘에 대한 분석과 확장, 응용에 대해 더 알고 싶다면 [McLachlan and Krishnan, 2008]을 참조하세요.

'데이터 마이닝 10대 알고리즘'은 앞 장에서 설명한 C4.5, CART 의사결정 트리, 서포트 벡터 머신과 뒤에서 설명할 AdaBoost, k평균 클러스터링, KNN 알고리즘 등이 있다.

이번 장에서 소개한 나이브 베이즈 알고리즘과 EM 알고리즘은 '데이터 마이닝 10대 알고리즘'에 선정된 바 있습니다[Wu et al., 2007].

연습문제

수박 데이터 세트 3.0은 104쪽의 표 4.3을 참조하라.

7.1 최대 우도법으로 수박 데이터 세트 3.0에서 앞 3개 속성의 클래스 조건 확률을 구하라.

7.2* 다음을 증명하라. 조건독립 가설이 성립하지 않을 때 나이브 베이즈 분류기는 여전히 최적의 베이즈 분류기를 생성할 가능성이 있다.

7.3 라플라스 수정 나이브 베이즈 분류기의 코드를 작성하고, 수박 데이터 세트 3.0α를 훈련 데이터로 사용해 182쪽 '테스트1' 샘플에 대한 판별을 진행하라.

7.4 실전에서 식 7.15를 사용해 클래스를 분류할 때 만약 데이터의 차원수가 매우 높다면, 확률의 연속 곱 $\prod_{i=1}^{d} P(x_i \mid c)$의 결과는 0에 매우 근접해서 오버플로overflow가 발생할 것이다. 오버플로를 방지할 수 있는 방안을 논의하라.

3.4절을 참조하라.

7.5 다음을 증명하라. 이진 분류 문제에서 두 개의 클래스 데이터가 가우스 분포를 만족하고 분산이 같을 때, 선형 판별분석은 베이즈 최적 분류기를 생성한다.

7.6 AODE 분류기에 대한 코드를 작성하고, 수박 데이터 세트 3.0α를 훈련 데이터로 사용, 182쪽 '테스트1' 샘플에 대한 판별을 진행하라.

7.7 d개의 이산 속성의 이진 분류 문제에서 임의의 사전 확률 항의 계산에 대해 최소 30개의 샘플이 필요하다고 가정하면, 나이브 베이즈 분류기 식 7.15에 사전 확률 항 계산 $P(c)$는 $30 \times 2 = 60$개의 샘플이 필요하다. AODE 식 7.23에서 사전 확률 항 $P(c, x_i)$ 계산에 필요한 샘플 수를 계산하라. (가장 좋은 상황과 나쁜 상황, 둘 다 고려하라)

7.8 그림 7.3을 살펴보고 다음을 증명하라. 같은 부모 구조에서 만약 x_1의 값을 모른다면, $x_3 \perp\!\!\!\perp x_4$는 성립하지 않는다. 순차적 구조에서 $y \perp z \mid x$지만, $y \perp\!\!\!\perp z$는 성립하지 않는다.

수박 데이터 세트 2.0은 93쪽의 표 4.1을 참조하라.

7.9 수박 데이터 2.0을 훈련 데이터로 사용해서 BIC 기준에 기반해 베이지안 네트워크를 만들어 보아라.

7.10 수박 데이터 2.0에서 속성 '배꼽 모양'을 은닉 변수로 설정하여 EM 알고리즘에 기반한 베이지안 네트워크를 만들어 보아라.

참고문헌

[1] Bishop, C. M. (2006). *Pattern Recognition and Machine Learning.* Springer, New York, NY.

[2] Chickering, D. M., D. Heckerman, and C. Meek. (2004). "Large-sample learning of Bayesian networks is NP-hard." *Journal of Machine Learning Research*, 5:1287-1330.

[3] Chow, C. K. and C. N. Liu. (1968). "Approximating discrete probability distributions with dependence trees." *IEEE Transactions on Information Theory*, 14(3):462-467.

[4] Cooper, G. F. (1990). "The computational complexity of probabilistic inference using Bayesian belief networks." *Artificial Intelligence*, 42(2-3):393-405.

[5] Cowell, R. G., P. Dawid, S. L. Lauritzen, and D. J. Spiegelhalter. (1999). *Probabilistic Networks and Expert Systems.* Springer, New York, NY.

[6] Dempster, A. P., N. M. Laird, and D. B. Rubin. (1977). "Maximum likelihood from incomplete data via the EM algorithm." *Journal of the Royal Statistical Society - Series B*, 39(1):1-38.

[7] Domingos, P. and M. Pazzani. (1997). "On the optimality of the simple Bayesian classifier under zero-one loss." *Machine Learning*, 29(2-3):103-130.

[8] Efron, B. (2005). "Bayesians, frequentists, and scientists." *Journal of the American Statistical Association*, 100(469):1-5.

[9] Friedman, N., D. Geiger, and M. Goldszmidt. (1997). "Bayesian network classifiers." *Machine Learning*, 29(2-3):131-163.

[10] Friedman, N. and M. Goldszmidt. (1996). "Learning Bayesian networks with local structure." In *Proceedings of the 12th Annual Conference on Uncertainty in Artificial Intelligence (UAI)*, 252-262, Portland, OR.

[11] Grossman, D. and P. Domingos. (2004). "Learning Bayesian network classifiers by maximizing conditional likelihood." In *Proceedings of the 21st International Conference on Machine Learning (ICML)*, 46-53, Banff, Canada.

[12] Heckerman, D. (1998). "A tutorial on learning with Bayesian networks." In *Learning in Gmphical Models (M. I. Jordan, ed.)*, 301-354, Kluwer, Dordrecht, The Netherlands.

[13] Jensen, F. V. (1997). *An Introduction to Bayesian Networks.* Springer, NY.

[14] Kohavi, R. (1996). "Scaling up the accuracy of naive-Bayes classifiers: A decision-tree hybrid." In *Proceedings of the 2nd International Conference on Knowledge Discovery and Data Mining (KDD)*, 202-207, Portland, OR.

[15] Kononenko, I. (1991). "Semi-naive Bayesian classifier." In *Proceedings of the 6th European Working Session on Learning (EWSL)*, 206-219, Porto, Portugal.

[16] Lewis, D. D. (1998). "Naive (Bayes) at forty: The independence assumption in information retrieval." In *Proceedings of the 10th European Conference on Machine Learning (ECML)*, 4-15, Chemnitz, Germany.

[17] McCallum, A. and K. Nigam. (1998). "A comparison of event models for naive Bayes text classification." In *Working Notes of the AAAI'98 Workshop on Learning for Text Cagegorization*, Madison, WI.

[18] McLachlan, G. and T. Krishnan. (2008). The EM *Algorithm and Extensions*, 2nd edition. John Wiley & Sons, Hoboken, NJ.

[19] Ng, A. Y. and M. I. Jordan. (2002). "On discriminative vs. generative classifiers: A comparison of logistic regression and naive Bayes." In *Advances in Neuml Information Processing Systems 14 (NIPS)* (T. G. Dietterich, S. Becker, and Z. Ghahramani, eds.), 841–848, MIT Press, Cambridge, MA.

[20] Pearl, J. (1988). *Probabilistic Reasoning in Intelligent Systems: Networks of Plausible Inference.* Morgan Kaufmann, San Francisco, CA.

[21] Sahami, M. (1996). "Learning limited dependence Bayesian classifiers." In *Proceedings of the 2nd International Conference on Know ledge Discovery and Data Mining (KDD)*, 335–338, Portland, OR.

[22] Samaniego, F. J. (2010). *A Comparison of the Bayesian and Jilrequentist Approaches to Estimation.* Springer, New York, NY.

[23] Webb, G., J. Boughton, and Z. Wang. (2005). "Not so naive Bayes: Aggregating one-dependence estimators." *Machine Learning*, 58(1):5–24.

[24] Wu, C. F. J. (1983). "On the convergence properties of the EM algorithm." *Annals of Statistics*, 11(1):95–103.

[25] Wu, X., V. Kumar, J. R. Quinlan, J. Ghosh, Q. Yang, H. Motoda, G. J. McLachlan, A. Ng, B. Liu, P. S. Yu, Z.-H. Zhou, M. Steinbach, D. J. Hand, and D. Steinberg. (2007). "Top 10 algorithms in data mining." *Knowledge and Information Systems*, 14(1):1–37.

[26] Zhang, H. (2004). "The optimality of naive Bayes." In *Proceedings of the 17th International Florida Artificial Intelligence Research Society Conference (FLAIRS)*, 562–567 , Miami, FL.

[27] Zheng, Z. and G. I. Webb. (2000). "Lazy learning of Bayesian rules." *Machine Learning*, 41(1):53–84.

머신러닝 쉼터

베일에 쌓인 베이즈

영국왕립학회는 영국과학원에 해당한다.

1763년 12월 23일 토마스 베이즈Thomas Bayes, 1701~1761의 유산 상속자인 프라이스R.Price 목사가 영국왕립학회에서 베이즈의 유작 《An Essay towards solving a Problem in the Doctrine of Chances》를 발표하면서 베이즈 정리가 처음 세상에 알려졌습니다. 이날이 바로 베이즈 정리의 탄생일입니다. 비록 베이즈 정리가 오늘날까지 확률통계에서 가장 전통적인 내용으로 자리 잡았지만, 베이즈라는 사람은 아직 베일에 싸인 것이 많습니다.

자료에 따르면 베이즈는 성직자였습니다. 장기간 영국 턴브리지 웰스 지역에서 목사를 했고, 그가 수학을 연구했던 이유는 신의 존재를 증명하기 위해서였다고 합니다. 그는 1742년 영국왕립학회 회원이 되었으나, 그전까지 그가 남긴 어떠한 과학, 수학 논문도 찾을 수가 없었습니다. 어떠한 거물급 인물이 그를 왕립학회에 추천하고 선택했으나, 그가 누구인지와 그 이유에 대해서는 여전히 알려지지 않았습니다. 베이즈의 연구작업과 사생활 또한 사람들의 주목을 거의 받지 못했는데, 베이즈 정리 역시 그가 죽은 후 빠르게 사람들로부터 잊혔습니다. 후에 대수학자인 라플라스 덕분에 베이즈는 과학계에서 유명해졌으며, 20세기 통계학의 발전과 광범위한 응용 덕분에 사람들에게 주목받게 되었습니다. 베이즈의 출생연도 역시 정확하지 않으며, 그의 초상화 역시 상상도라는 주장이 있습니다.

CHAPTER

08 앙상블 학습

객체와 앙상블

앙상블 학습ensemble learning은 다수의 학습기를 생성하고 결합해서 학습을 시도합니다. 어떤 경우에는 단순히 다중 분류 시스템multi-classifier system이라고도 불리고, 위원회 기반 학습committee-based learning 등으로도 불리고 있습니다.

그림 8.1은 앙상블 학습의 일반적인 구조를 나타냅니다. 먼저, 한 그룹의 **객체 학습기**individual learner들을 생성한 후 하나의 전략을 사용해서 결합합니다. 일반적으로 하나의 기존 학습 알고리즘이 훈련 세트를 통해 객체 학습기로 생성됩니다. 예를 들면, C4.5 의사결정 트리 알고리즘, 오차 역전파 신경망 알고리즘 등이 있고, 이때 만약 앙상블에 같은 형태의 객체 학습기만 있다면 해당 앙상블은 **동질적**homogeneous이라고 말할 수 있습니다. 예를 들면, 의사결정 트리 학습기로만 구성된 앙상블, 신경망 모델로만 이루어진 앙상블 등이 있을 수 있습니다. 동질적 앙상블에서 객체 학습기는 **기초 학습기**base learner라고 부르며, 이러한 학습 알고리즘을 **기초 학습 알고리즘**base learning algorithm이라고 부릅니다. 앙상블에는 서로 다른 유형의 객체 학습기를 포함할 수도 있습니다. 위 예와는 반대로 트리 알고리즘과 신경망 알고리즘을 함께 사용하는 예가 있습니다. 이러한 앙상블은 **이질적**heterogenous 앙상블이라고 부르고, 동질적 앙상블과는 반대로 기초 학습 알고리즘이 존재하지 않습니다. 따라서 이질적 앙상블 내의 객체 학습기는 기초 학습기가 아닌 **요소 학습기**component learner 혹은 그냥 객체 학습기라고 부릅니다.

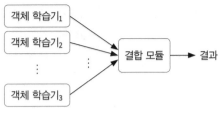

그림 8.1 \ 앙상블 학습 그래프

일반적으로 앙상블 학습은 다수의 학습기가 결합해 단일 학습기보다 우수한 일반화 성능을 얻습니다. 이는 **약한 학습기**weak learner를 통한 실험에서 명확히 드러나는데, 많은 앙상블 학습의 이론 연구들이 약한 학습기를 대상으로 진행되었기 때문입니다. 하지만 주의해야 할 점은 이론상으로는 약한 학습기의 앙상블이 충분히 좋은 성능을 낼 수 있다 할지라도 현실에서는 여러 가지 이유로 그렇지 못한 경우도 종종 생긴다는 것입니다. 왜냐하면, 사람들이 비교적 적은 수의 객체 학습기만 사용하길 원할 때도 있고, 혹은 어떠한 특정 학습기에 대한 선호 때문에 약한 학습기 대신 강한 학습기를 사용하려 한다는 것입니다.

> 약한 학습기는 일반화 성능이 랜덤 예측 학습기보다 조금 더 좋은 학습기를 뜻한다. 예를 들어 이진 분류 문제에서 정확도가 50%보다 약간 더 높은 분류기를 뜻한다.

경험적으로 만약 나쁜 물건들을 한번에 모아놓으면 결과적으로는 가장 나쁜 것보다는 좋지만, 가장 좋은 것보단 나쁜 경우가 많다는 것입니다. 이러한 경험적 관점에서 봤을 때 앙상블 학습은 어떻게 다수의 학습기를 결합해 가장 좋은 단일 학습기보다 더 좋은 성능을 낸다는 것일까요?

하나의 간단한 예제를 통해 알아봅시다. 먼저, 이진 분류 문제에서 세 분류기가 세 개의 테스트 샘플에서 보인 성능이 그림 8.2와 같다고 가정해 봅시다. 여기서 $\sqrt{}$는 정확한 분류를, ×는 잘못 분류되었다는 것을 뜻하고 앙상블 학습의 결과는 다수결 투표 방법voting을 통해 생성됩니다. 그림 8.2 (a)에서 각 분류기의 정확도는 약 66.6% 정도밖에 안 됩니다. 하지만 앙상블 학습 결과는 100%입니다. 그림 8.2 (b)에서 세 분류기의 정확도는 차이가 없습니다. 하지만 앙상블 학습 결과도 향상되지 못했습니다. 그림 8.2 (c)에서 각 분류기의 정확도는 33.3%밖에 되지 않습니다. 그리고 앙상블 학습의 결과는 더 참담하네요. 이 간단한 예제를 통해 전달하고자 하는 메시지는 분명합니다. 만약 좋은 앙상블 모델을 얻고 싶다면 객체 학습기는 '최대한 좋은 성능을 갖는 동시에 다양해야 한다'는 것입니다. 다른 말로, 객체 학습기는 일정 수준의 '정확성'이 있어야 하고, 동시에 **다양성**diversity도 보여야 한다는 것입니다.

> 객체 학습기는 약한 학습기보다는 성능이 좋아야 한다.

	테스트 샘플$_1$	테스트 샘플$_2$	테스트 샘플$_3$		테스트 샘플$_1$	테스트 샘플$_2$	테스트 샘플$_3$		테스트 샘플$_1$	테스트 샘플$_2$	테스트 샘플$_3$
h_1	√	√	×	h_1	√	√	×	h_1	√	×	×
h_2	×	√	√	h_2	√	√	×	h_2	×	√	×
h_3	√	×	√	h_3	√	√	×	h_3	×	×	√
앙상블	√	√	√	앙상블	√	√	×	앙상블	×	×	×

(a) 앙상블 성능 향상   **(b) 앙상블 효과 없음**   **(c) 앙상블 부작용**

그림 8.2 ＼ 앙상블 모델의 객체 학습기는 좋으면서 다양해야 한다

(h_i는 i번째 분류기를 뜻함)

이어서 간단한 분석을 해보겠습니다. 이진 분류 문제 $y \in \{-1, +1\}$과 함수 f에서 기초 분류기의 오차율을 ϵ라고 가정합니다. 그러면 각 기본 분류기 h_i는 식 8.1과 같습니다.

$$P\left(h_i\left(\boldsymbol{x}\right) \neq f\left(\boldsymbol{x}\right)\right) = \epsilon \ .$$

식 8.1

쉬운 논의를 위해 T는 홀수라고 가정한다.

만약 앙상블이 간단한 투표 방법으로 T개의 기초 분류기를 결합하고, 과반수 이상의 기초 분류기가 정답을 맞히면 앙상블 분류기가 정답을 맞힌 것으로 가정합니다.

$$F\left(\boldsymbol{x}\right) = \mathrm{sign}\left(\sum_{i=1}^{T} h_i\left(\boldsymbol{x}\right)\right) \ .$$

식 8.2

연습문제 8.1을 참조하라.

만약 기초 분류기의 오차율은 서로 독립적이라고 가정한다면, 호에프딩Hoeffding 부등식에 의해 앙상블의 오차율을 알 수 있습니다.

$$P\left(F\left(\boldsymbol{x}\right) \neq f\left(\boldsymbol{x}\right)\right) = \sum_{k=0}^{\lfloor T/2 \rfloor} \binom{T}{k}(1-\epsilon)^k \epsilon^{T-k}$$
$$\leqslant \exp\left(-\frac{1}{2}T\left(1-2\epsilon\right)^2\right) \ .$$

식 8.3

위 식에서 알 수 있듯이 앙상블 내의 객체 분류기 수 T가 증가할수록 앙상블의 오차율은 기하급수적으로 하락하고 최종적으로는 0에 가까워집니다.

하지만 반드시 주의해야 할 점이 있습니다. 위 분석은 하나의 중요한 가정을 바탕으로 하고 있습니다. 바로 기초 학습기 사이의 오차가 상호 독립적이라는 것입니다. 현실에서 객체 학습기는 같은 문제를 해결하기 위해 훈련됩니다. 결코 상호 독립적일 수 없다는 뜻입니다. 사실상 객체 학습기의 정확성과 독립성은 근본적으로 모순됩니다. 일반적으로 매우 높은 정확도를 달성한 후 다양성을 늘리려 한다면,

정확도는 희생될 수밖에 없습니다. 결국, '좋지만 다른' 객체 학습기를 어떻게 생성하고 결합하느냐에 대한 것이 앙상블 학습 연구의 핵심입니다.

현재 앙상블 학습법은 객체 학습기의 생성 방식을 기준으로 크게 두 갈래로 나뉩니다. 객체 학습기 사이에 강한 의존관계가 있고 시리얼serial로 생성되는 연속화serialization 방법과 객체 학습기 사이에 의존관계가 약하고 동시에 생성이 가능한 병렬화 방법이 그것입니다. 전자의 대표적인 방법으로는 부스팅Boosting이, 후자로는 배깅Bagging과 **랜덤 포레스트**Random Forest가 있습니다.

8.2 부스팅

부스팅Boositng은 약한 학습기를 강한 학습기로 향상할 수 있는 알고리즘 계열입니다. 이 알고리즘 계열의 작동 메커니즘은 유사합니다. 먼저, 초기 훈련 세트로부터 기초 학습기를 훈련시키고, 기초 학습기가 학습한 표현을 기반으로 훈련 샘플 분포를 조정합니다. 이때 앞선 기초 학습기에서 오류를 범했던 훈련 샘플에 대해서 주의하도록 설정합니다. 그리고 조정 후의 샘플 분포를 기반으로 다음 기초 학습기를 훈련시킵니다. 이러한 과정을 사전에 설정해 놓은 기초 학습기 개수 T에 도달할 때까지 계속해서 반복합니다. 최종적으로 이렇게 얻은 T개의 기초 학습기들에 대해 가중 결합을 실행합니다.

부스팅 계열 알고리즘 중에 가장 유명한 것은 AdaBoost[Freund and Schapire, 1997]입니다. 해당 알고리즘에 관한 설명은 그림 8.3에 자세히 나와 있습니다. 여기서 $y_i \in \{-1, +1\}$이고, f는 함수입니다.

AdaBoost 알고리즘은 많은 유도 방식이 있는데, 비교적 이해하기 쉬운 것은 **가법 모델**additive model에 기반한 유도 방식입니다.

다음은 기초 학습기의 선형 조합입니다.

$$H(\boldsymbol{x}) = \sum_{t=1}^{T} \alpha_t h_t(\boldsymbol{x})$$

식 8.4

이를 이용해 지수 손실 함수exponential loss function[Friedman et al., 2000]를 최소화합니다.

$$\ell_{\exp}(H \mid \mathcal{D}) = \mathbb{E}_{\boldsymbol{x} \sim \mathcal{D}}[e^{-f(\boldsymbol{x})H(\boldsymbol{x})}] \ . \qquad \boxed{\text{식 8.5}}$$

입력: 훈련 세트 $D = \{(\boldsymbol{x}_i, y_1), (\boldsymbol{x}_2, y_2), \ldots, (\boldsymbol{x}_m, y_m)\}$
　　　기초 학습 알고리즘 $\mathfrak{L}$
　　　훈련 횟수 T

과정:

샘플 가중치 분포를 초기화한다.

1: $\mathcal{D}_1(\boldsymbol{x}) = 1/m$

2: **for** $t = 1, 2, \ldots, T$ **do**

3: 　 $h_t = \mathfrak{L}(D, \mathcal{D}_t)$ 　 분포 $\mathcal{D}_t$를 기반으로 데이터 세트 D로부터 분류기 h_t를 훈련한다.

4: 　 $\epsilon_t = P_{\boldsymbol{x} \sim \mathcal{D}_t}(h_t(\boldsymbol{x}) \neq f(\boldsymbol{x}))$ 　 h_t의 오차를 계산한다.

5: 　 **if** $\epsilon_t > 0.5$ **then break**

6: 　 $\alpha_t = \frac{1}{2} \ln\left(\frac{1-\epsilon_t}{\epsilon_t}\right)$ 　 분류기 h_t의 가중치를 결정한다.

7: 　 $\mathcal{D}_{t+1}(\boldsymbol{x}) = \frac{\mathcal{D}_t(\boldsymbol{x})}{Z_t} \times \begin{cases} \exp(-\alpha_t), & \text{if } h_t(\boldsymbol{x}) = f(\boldsymbol{x}) \\ \exp(\alpha_t), & \text{if } h_t(\boldsymbol{x}) \neq f(\boldsymbol{x}) \end{cases}$ 　 샘플 분포를 갱신한다. Z_t는 정규화 인수이며, $D_t + 1$가 하나의 분포가 되게 한다.

　　　$= \frac{\mathcal{D}_t(\boldsymbol{x})\exp(-\alpha_t f(\boldsymbol{x})h_t(\boldsymbol{x}))}{Z_t}$

8: **end for**

출력: $F(\boldsymbol{x}) = \text{sign}\left(\sum_{t=1}^{T} \alpha_t h_t(\boldsymbol{x})\right)$

그림 8.3 ＼ AdaBoost 알고리즘

만약 $H(\boldsymbol{x})$가 지수 손실 함수를 최소화할 수 있다면, $H(\boldsymbol{x})$에 대한 식 8.5의 편미분을 고려합니다.

$$\frac{\partial \ell_{\exp}(H \mid \mathcal{D})}{\partial H(\boldsymbol{x})} = -e^{-H(\boldsymbol{x})}P(f(\boldsymbol{x}) = 1 \mid \boldsymbol{x}) + e^{H(\boldsymbol{x})}P(f(\boldsymbol{x}) = -1 \mid \boldsymbol{x}) \ , \qquad \boxed{\text{식 8.6}}$$

식 8.6을 0으로 만들면, 다음과 같은 해를 얻을 수 있습니다.

$$H(\boldsymbol{x}) = \frac{1}{2} \ln \frac{P(f(\boldsymbol{x}) = 1 \mid \boldsymbol{x})}{P(f(\boldsymbol{x}) = -1 \mid \boldsymbol{x})} \ , \qquad \boxed{\text{식 8.7}}$$

따라서 다음과 같은 식을 얻습니다.

여기서는 $P(f(\boldsymbol{x}) = 1 \mid \boldsymbol{x}) = P(f(\boldsymbol{x}) = -1 \mid \boldsymbol{x})$과 같은 상황을 고려하지 않는다.

$$\begin{aligned}
\text{sign}\left(H\left(\boldsymbol{x}\right)\right) &= \text{sign}\left(\frac{1}{2} \ln \frac{P(f(\boldsymbol{x}) = 1 \mid \boldsymbol{x})}{P(f(\boldsymbol{x}) = -1 \mid \boldsymbol{x})}\right) \\
&= \begin{cases} 1, & P(f(\boldsymbol{x}) = 1 \mid \boldsymbol{x}) > P(f(\boldsymbol{x}) = -1 \mid \boldsymbol{x}) \\ -1, & P(f(\boldsymbol{x}) = 1 \mid \boldsymbol{x}) < P(f(\boldsymbol{x}) = -1 \mid \boldsymbol{x}) \end{cases} \\
&= \arg\max_{y \in \{-1,1\}} P(f(\boldsymbol{x}) = y \mid \boldsymbol{x}) \ , \qquad \boxed{\text{식 8.8}}
\end{aligned}$$

이는 sign($H(x)$)가 베이즈 최적 오차에 도달했다는 것을 뜻합니다. 바꿔 말하면, 만약 지수 손실 함수가 최소화된다면, 분류 오차율도 최소화될 것입니다. 이는 지수 손실 함수가 분류 문제에서 0/1 손실 함수와 일치하는consistent 대체 손실 함수라는 의미입니다. 이 대체 함수가 더 좋은 수학적인 성질이 있기 때문에(예를 들면, 연속 미분 가능한 함수), 우리는 지수 손실 함수로 0/1 손실 함수를 대체합니다.

대체 손실 함수의 '일치성'에 관해서는 6.7절을 참조하라.

AdaBoost 알고리즘에서 첫 번째 기초 학습기 h_1은 기초 학습 알고리즘을 초기 데이터상에서 직접 학습하여 얻습니다. 그 후에는 반복적으로 h_t와 α_t를 생성하게 되는데, 기초 학습기 h_t가 분포 $\mathcal{D}_t$에 기반해 생성된 후, 해당 기초 학습기의 가중치 α_t는 $\alpha_t h_t$가 지수 손실 함수를 최소화할 수 있게 해야 합니다.

$$
\begin{aligned}
\ell_{\exp}\left(\alpha_t h_t \mid \mathcal{D}_t\right) &= \mathbb{E}_{\boldsymbol{x} \sim \mathcal{D}_t}\left[e^{-f(\boldsymbol{x}) \alpha_t h_t(\boldsymbol{x})}\right] \\
&= \mathbb{E}_{\boldsymbol{x} \sim \mathcal{D}_t}\left[e^{-\alpha_t} \mathbb{I}\left(f(\boldsymbol{x}) = h_t(\boldsymbol{x})\right) + e^{\alpha_t} \mathbb{I}\left(f(\boldsymbol{x}) \neq h_t(\boldsymbol{x})\right)\right] \\
&= e^{-\alpha_t} P_{\boldsymbol{x} \sim \mathcal{D}_t}\left(f(\boldsymbol{x}) = h_t(\boldsymbol{x})\right) + e^{\alpha_t} P_{\boldsymbol{x} \sim \mathcal{D}_t}\left(f(\boldsymbol{x}) \neq h_t(\boldsymbol{x})\right) \\
&= e^{-\alpha_t}\left(1 - \epsilon_t\right) + e^{\alpha_t} \epsilon_t \ ,
\end{aligned}
$$
식 8.9

여기서 $\epsilon_t = P_{\boldsymbol{x} \sim \mathcal{D}_t}(h_t(\boldsymbol{x}) \neq f(\boldsymbol{x}))$입니다. 지수 손실 함수의 도함수를 생각해 보면 다음 식과 같습니다.

$$
\frac{\partial \ell_{\exp}(\alpha_t h_t \mid \mathcal{D}_t)}{\partial \alpha_t} = -e^{-\alpha_t}(1 - \epsilon_t) + e^{\alpha_t} \epsilon_t \ ,
$$
식 8.10

이를 0으로 만들면 다음과 같은 식을 얻을 수 있습니다.

$$
\alpha_t = \frac{1}{2} \ln \left(\frac{1 - \epsilon_t}{\epsilon_t}\right) \ ,
$$
식 8.11

이것이 바로 그림 8.3의 6행에서 설명한 분류기 가중치 갱신 공식입니다.

AdaBoost 알고리즘은 H_{t-1}을 얻은 후 다음 기초 학습기 h_t가 H_{t-1}의 오류를 수정할 수 있도록 샘플 분포를 조정합니다. 이상적인 h_t는 H_{t-1}의 모든 오류를 수정할 수 있어야 합니다. 즉, 다음 식을 최소화하면 $\ell_{\exp}(H_{t-1} + \alpha_t h_t \mid D)$를 최소화하는 것으로 축소됩니다.

$$
\begin{aligned}
\ell_{\exp}(H_{t-1} + h_t \mid \mathcal{D}) &= \mathbb{E}_{\boldsymbol{x} \sim \mathcal{D}}[e^{-f(\boldsymbol{x})(H_{t-1}(\boldsymbol{x}) + h_t(\boldsymbol{x}))}] \\
&= \mathbb{E}_{\boldsymbol{x} \sim \mathcal{D}}[e^{-f(\boldsymbol{x}) H_{t-1}(\boldsymbol{x})} e^{-f(\boldsymbol{x}) h_t(\boldsymbol{x})}] \ .
\end{aligned}
$$
식 8.12

$f^2(\boldsymbol{x}) = h_t^2(\boldsymbol{x}) = 1$이므로 식 8.12에서 $e^{-f(\boldsymbol{x})h_t(\boldsymbol{x})}$의 테일러 전개로 다음과 같은 근삿값을 얻을 수 있습니다.

$$\ell_{\exp}(H_{t-1} + h_t \mid \mathcal{D}) \simeq \mathbb{E}_{\boldsymbol{x} \sim \mathcal{D}} \left[e^{-f(\boldsymbol{x})H_{t-1}(\boldsymbol{x})} \left(1 - f(\boldsymbol{x})h_t(\boldsymbol{x}) + \frac{f^2(\boldsymbol{x})h_t^2(\boldsymbol{x})}{2} \right) \right]$$

$$= \mathbb{E}_{\boldsymbol{x} \sim \mathcal{D}} \left[e^{-f(\boldsymbol{x})H_{t-1}(\boldsymbol{x})} \left(1 - f(\boldsymbol{x})h_t(\boldsymbol{x}) + \frac{1}{2} \right) \right] \cdot \quad \boxed{\text{식 8.13}}$$

따라서 이상적인 분류기는 다음과 같습니다.

$$h_t(\boldsymbol{x}) = \underset{h}{\arg\min} \, \ell_{\exp}(H_{t-1} + h \mid \mathcal{D})$$

$$= \underset{h}{\arg\min} \, \mathbb{E}_{\boldsymbol{x} \sim \mathcal{D}} \left[e^{-f(\boldsymbol{x})H_{t-1}(\boldsymbol{x})} \left(1 - f(\boldsymbol{x})h(\boldsymbol{x}) + \frac{1}{2} \right) \right]$$

$$= \underset{h}{\arg\max} \, \mathbb{E}_{\boldsymbol{x} \sim \mathcal{D}} \left[e^{-f(\boldsymbol{x})H_{t-1}(\boldsymbol{x})} f(\boldsymbol{x})h(\boldsymbol{x}) \right]$$

$$= \underset{h}{\arg\max} \, \mathbb{E}_{\boldsymbol{x} \sim \mathcal{D}} \left[\frac{e^{-f(\boldsymbol{x})H_{t-1}(\boldsymbol{x})}}{\mathbb{E}_{\boldsymbol{x} \sim \mathcal{D}}[e^{-f(\boldsymbol{x})H_{t-1}(\boldsymbol{x})}]} f(\boldsymbol{x})h(\boldsymbol{x}) \right] , \quad \boxed{\text{식 8.14}}$$

$\mathbb{E}_{\boldsymbol{x} \sim \mathcal{D}}[e^{-f(\boldsymbol{x})H_{t-1}(\boldsymbol{x})}]$는 상수이므로 $\mathcal{D}_t$를 식 8.15와 같은 하나의 분포로 가정합시다.

$$\mathcal{D}_t(\boldsymbol{x}) = \frac{\mathcal{D}(\boldsymbol{x})e^{-f(\boldsymbol{x})H_{t-1}(\boldsymbol{x})}}{\mathbb{E}_{\boldsymbol{x} \sim \mathcal{D}}[e^{-f(\boldsymbol{x})H_{t-1}(\boldsymbol{x})}]} , \quad \boxed{\text{식 8.15}}$$

그러면 아래 등식을 푸는 것과 같게 됩니다.

$$h_t(\boldsymbol{x}) = \underset{h}{\arg\max} \, \mathbb{E}_{\boldsymbol{x} \sim \mathcal{D}} \left[\frac{e^{-f(\boldsymbol{x})H_{t-1}(\boldsymbol{x})}}{\mathbb{E}_{\boldsymbol{x} \sim \mathcal{D}}[e^{-f(\boldsymbol{x})H_{t-1}(\boldsymbol{x})}]} f(\boldsymbol{x})h(\boldsymbol{x}) \right]$$

$$= \underset{h}{\arg\max} \, \mathbb{E}_{\boldsymbol{x} \sim \mathcal{D}_t} \left[f(\boldsymbol{x})h(\boldsymbol{x}) \right] . \quad \boxed{\text{식 8.16}}$$

$f(\boldsymbol{x}), h(\boldsymbol{x}) \in \{-1, +1\}$이므로 다음과 같은 식을 얻습니다.

$$f(\boldsymbol{x})h(\boldsymbol{x}) = 1 - 2\,\mathbb{I}\big(f(\boldsymbol{x}) \neq h(\boldsymbol{x})\big) , \quad \boxed{\text{식 8.17}}$$

즉, 이상적인 기초 학습기는 식 8.18과 같습니다.

$$h_t(\boldsymbol{x}) = \underset{h}{\arg\min} \, \mathbb{E}_{\boldsymbol{x} \sim \mathcal{D}_t} \left[\mathbb{I}\big(f(\boldsymbol{x}) \neq h(\boldsymbol{x})\big) \right] . \quad \boxed{\text{식 8.18}}$$

이를 통해 알 수 있는 것은 이상적인 h_t는 분포 $\mathcal{D}_t$하에서 분류 오차를 최소화합니다. 따라서 약한 분류기는 분포 $\mathcal{D}_t$를 통해 훈련되며, $\mathcal{D}_t$에 대한 분류 오차도 0.5보다 작을 것입니다. 따라서 $\mathcal{D}_t$와 $\mathcal{D}_{t+1}$의 관계를 생각해 보면, 다음과 같은 식을 얻을 수 있습니다.

$$
\begin{aligned}
\mathcal{D}_{t+1}(\boldsymbol{x}) &= \frac{\mathcal{D}(\boldsymbol{x})\, e^{-f(\boldsymbol{x})H_t(\boldsymbol{x})}}{\mathbb{E}_{\boldsymbol{x}\sim\mathcal{D}}\left[e^{-f(\boldsymbol{x})H_t(\boldsymbol{x})}\right]} \\
&= \frac{\mathcal{D}(\boldsymbol{x})\, e^{-f(\boldsymbol{x})H_{t-1}(\boldsymbol{x})} e^{-f(\boldsymbol{x})\alpha_t h_t(\boldsymbol{x})}}{\mathbb{E}_{\boldsymbol{x}\sim\mathcal{D}}\left[e^{-f(\boldsymbol{x})H_t(\boldsymbol{x})}\right]} \\
&= \mathcal{D}_t(\boldsymbol{x})\cdot e^{-f(\boldsymbol{x})\alpha_t h_t(\boldsymbol{x})} \frac{\mathbb{E}_{\boldsymbol{x}\sim\mathcal{D}}\left[e^{-f(\boldsymbol{x})H_{t-1}(\boldsymbol{x})}\right]}{\mathbb{E}_{\boldsymbol{x}\sim\mathcal{D}}\left[e^{-f(\boldsymbol{x})H_t(\boldsymbol{x})}\right]} \;,
\end{aligned}
$$

식 8.19

이것이 바로 그림 8.3의 7행에서 설명된 샘플 분포 갱신 공식입니다.

따라서 식 8.11과 8.19를 통해 알 수 있듯이, 우리는 가법 모델에 기반해 반복적으로 지수 손실 함수를 최소화하는 관점에서 그림 8.3의 AdaBoost 알고리즘을 유도했습니다.

부스팅Boosting **알고리즘**은 특정한 데이터 분포에 대해 기초 학습기를 학습시키고, 이러한 학습은 **재가중**re-weighting 방법을 통해 진행됩니다. 즉, 매번 훈련 과정에서 데이터 분포에 기초하여 각 훈련 데이터에 가중치를 부여하는 방법입니다. 가중치를 가질 수 없는 샘플의 기본 학습 알고리즘은 **리샘플링**re-sampling을 통해 처리합니다. 즉, 매번 훈련 과정에서 데이터 분포에 기초하여 훈련 샘플에 대한 샘플링을 실행하고 다시 리샘플링으로 얻은 데이터 세트에서 기초 학습기 훈련을 진행합니다. 일반적으로 이 두 가지 방법에 큰 차이점은 없습니다. 특별히 주의해야 할 것은 부스팅 알고리즘이 훈련을 진행할 때 각 라운드에서 생성한 기초 학습기가 기본 조건(그림 8.3의 5항, 해당 기초 학습기가 랜덤 예측보다 좋아야 한다)을 만족해야 한다는 것입니다. 만약 해당 조건을 만족하지 못한다면 해당 기초 학습기는 버려질 것이고 학습 과정은 중지될 것입니다. 이때 초기에 설정한 학습 횟수 T번도 영원히 달성할 수 없게 되는데, 따라서 최종 앙상블이 적은 개수의 기초 학습기만 포함하고 있어 성능이 떨어집니다. 만약 리샘플링 방법을 쓴다면 재가동 기회를 사용해서 훈련이 초기에 종료되는 것을 방지할 수 있습니다[Kohavi and Wolpert, 1996]. 즉, 조건을 만족하지 못한 기초 학습기를 모두 버린 후 현재 분포에 기반해 훈련 샘플을 추출

다양성

8.5.1 오차-불확실성 분해

8.1절에서 언급한 것처럼 일반화 능력이 뛰어난 앙상블을 만들려면 객체 학습기가 '좋으면서 서로 달라야'합니다. 이번 절에서는 이에 대한 간단한 이론을 분석해 보겠습니다.

먼저, 객체 학습기 $h_1, h_2, \ldots, h_T$를 사용하여 평균 가중법(식 8.23)을 통해 하나의 앙상블을 만들어 회귀 학습 과업 $f : \mathbb{R}^d \mapsto \mathbb{R}$을 진행했다고 가정해 봅시다. 샘플 $\boldsymbol{x}$에 대해 학습기 h_i의 불확실성ambiguity은 다음처럼 정의할 수 있습니다.

$$A(h_i \mid \boldsymbol{x}) = \big(h_i(\boldsymbol{x}) - H(\boldsymbol{x})\big)^2 , \qquad \boxed{\text{식 8.27}}$$

따라서 앙상블의 '불확실성'은 식 8.28로 정의됩니다.

$$\begin{aligned} \overline{A}(h \mid \boldsymbol{x}) &= \sum\nolimits_{i=1}^{T} w_i A(h_i \mid \boldsymbol{x}) \\ &= \sum\nolimits_{i=1}^{T} w_i \big(h_i\left(\boldsymbol{x}\right) - H\left(\boldsymbol{x}\right)\big)^2 . \qquad \boxed{\text{식 8.28}} \end{aligned}$$

여기서 말하는 '불확실성' 항은 샘플 $\boldsymbol{x}$에 대한 객체 학습기들의 불일치성을 상징합니다. 즉, 일정한 정도로 객체 학습기의 다양성을 반영했다고 볼 수 있습니다. 객체 학습기 h_i와 앙상블 H의 평균 오차는 각각 식 8.29와 8.30입니다.

$$E(h_i \mid \boldsymbol{x}) = \big(f(\boldsymbol{x}) - h_i(\boldsymbol{x})\big)^2 , \qquad \boxed{\text{식 8.29}}$$

$$E(H \mid \boldsymbol{x}) = \big(f(\boldsymbol{x}) - H(\boldsymbol{x})\big)^2 . \qquad \boxed{\text{식 8.30}}$$

$\overline{E}(h \mid \boldsymbol{x}) = \sum_{i=1}^{T} w_i \cdot E(h \mid \boldsymbol{x})$으로 객체 학습기 오차의 가중 평균을 나타내면 식 8.31을 가집니다.

$$\begin{aligned} \overline{A}(h \mid \boldsymbol{x}) &= \sum_{i=1}^{T} w_i E(h_i \mid \boldsymbol{x}) - E(H \mid \boldsymbol{x}) \\ &= \overline{E}(h \mid \boldsymbol{x}) - E(H \mid \boldsymbol{x}) . \qquad \boxed{\text{식 8.31}} \end{aligned}$$

식 8.31은 모든 샘플 $\boldsymbol{x}$에 대해 균일하게 성립합니다. $P(\boldsymbol{x})$로 샘플의 확률밀도를 나타낸다면, 모든 샘플상에서 다음과 같습니다.

부분만 사용하여 훈련되므로 효율적인 학습을 기대하기 힘듭니다. 이러한 문제를 해결하고자 우리는 상호 교차하는 부분집합의 추출을 고려해 볼 수 있습니다.

8.3.1 배깅

Bagging은 Bootstrap AGGregat-ING의 줄임말이다.

배깅Bagging[Breiman, 1996a]은 병렬식 앙상블 학습법 중 가장 유명한 알고리즘입니다. 이름에서 알 수 있듯이 이 알고리즘은 2.2.3절에서 소개했던 부트스트랩 샘플링 bootstrap sampling에 기반해 만들어졌습니다. 먼저, m개 샘플을 포함한 데이터 세트에서 랜덤으로 하나의 샘플을 추출하고 다시 돌려놓습니다. 그리고 같은 프로세스를 반복하는데, 기존에 추출되었던 샘플도 다시 추출이 가능합니다. 이렇게 m번의 랜덤 샘플링을 하면 우리는 m개의 샘플이 있는 데이터 세트를 얻을 수 있습니다. 초기 훈련 세트에 있던 샘플 중 반복해서 추출된 샘플이 있을 것이고 완전히 추출되지 않은 샘플도 있을 것입니다. 식 2.1을 통해 우리는 초기 훈련 데이터 세트에서 약 63.2%의 샘플만이 해당 데이터 세트에 추출되었을 것으로 예상할 수 있습니다.

즉, 각 기초 학습기는 동일한 가중치를 가진 투표를 진행해 평균을 낸다.

이런 방식으로 우리는 m개 훈련 샘플이 있는 데이터 세트 T개를 추출할 수 있고, 각 샘플에 기반해 기초 학습기를 훈련시키고 결합해서 앙상블을 만들 수 있습니다. 이것이 배깅의 기본 프로세스입니다. 예측값에 대해 결합을 진행할 때 배깅은 일반적으로 단순 투표 방법을 사용합니다(회귀 문제에 대해서는 단순 평균 방법을 사용함). 만약 분류 예측 시에 두 클래스가 같은 득표수를 얻었다면, 가장 간단한 해결법은 랜덤으로 하나를 선택하는 것입니다. 혹은 학습기 투표의 신뢰도로 최종 승자를 결정할 수도 있습니다. 배깅 알고리즘에 대한 자세한 설명은 그림 8.5에 나와 있습니다.

$\mathcal{D}_{bs}$는 부트스트랩이 생성한 샘플 분포다.

입력: 훈련 세트 $D = \{(\boldsymbol{x}_1, y_1), (\boldsymbol{x}_2, y_2), \ldots, (\boldsymbol{x}_m, y_m)\}$
기초 학습 알고리즘 $\mathfrak{L}$
훈련 횟수 T
과정:
  1: **for** $t = 1, 2, \ldots, T$ **do**
  2:     $h_t = \mathfrak{L}(D, \mathcal{D}_{bs})$
  3: **end for**
출력: $H(\boldsymbol{x}) = \arg\max_{y \in \mathcal{Y}} \sum_{t=1}^{T} \mathbb{I}(h_t(\boldsymbol{x}) = y)$

그림 8.5 \ **배깅 알고리즘**

만일, 기초 학습기의 계산 복잡도가 $O(m)$이라면, 배깅의 복잡도는 대략 $T(O(m) + O(s))$입니다. 샘플링과 투표/평균 과정의 복잡도가 $O(s)$로 매우 작은 것과 T는 일반적으로 크지 않은 상수임을 고려하면 배깅 앙상블을 훈련하는 것과 하나의 기초 학습 알고리즘으로 학습기를 훈련시키는 것은 비슷한 수준의 계산 복잡도를 보인다는 것을 알 수 있습니다. 이는 배깅이 효율적인 앙상블 학습 알고리즘이라는 것을 뜻합니다. 그 외에도 기본 AdaBoost 알고리즘이 이진 분류 문제에만 사용되는 것과는 달리 배깅 알고리즘은 별다른 수정 없이 다항 분류, 회귀 문제에서도 사용됩니다.

AdaBoost로 다중 분류나 회귀 문제를 처리하려면 약간의 수정이 필요하다. [Zhou, 2012]를 참조하라.

[역주] 책을 쓴 시점에는 새로운 방법이었으나, 최근에는 Ada-Boost를 활용한 다중 분류, 회귀 문제 처리 방법이 많이 나왔다.

2.2.3절을 참조하라.

부트스트래핑 방법은 배깅 알고리즘의 장점을 하나 더해줍니다. 바로 각 기초 학습기가 초기 훈련 데이터의 63.2%밖에 사용하지 않기 때문에 남은 36.8%의 샘플을 검증 세트로 활용해 일반화 성능을 측정하는 **OOB**Out-Of-Bag 평가estimate를 진행할 수 있게 해준다는 것입니다[Breiman, 1996a; Wolpert and Macready, 1999]. 따라서 각 기초 학습기가 사용했던 훈련 샘플을 기록해야 합니다. D_t로 h_t가 실제로 사용했던 훈련 샘플 세트를 나타내고, $H^{oob}(\boldsymbol{x})$로 샘플 $\boldsymbol{x}$의 OOB 평가를 나타냅니다. 사용되지 않은 $\boldsymbol{x}$만을 고려해 학습기의 예측값을 나타내면 식 8.20이 되고, 따라서 배깅의 일반화 오차는 식 8.21이 됩니다.

$$H^{oob}(\boldsymbol{x}) = \arg\max_{y \in \mathcal{Y}} \sum_{t=1}^{T} \mathbb{I}(h_t(\boldsymbol{x}) = y) \cdot \mathbb{I}(\boldsymbol{x} \notin D_t) \ , \qquad \text{식 8.20}$$

$$\epsilon^{oob} = \frac{1}{|D|} \sum_{(\boldsymbol{x}, y) \in D} \mathbb{I}(H^{oob}(\boldsymbol{x}) \neq y) \ . \qquad \text{식 8.21}$$

사실상 OOB는 기타 용도도 가질 수 있습니다. 예를 들어, 기초 학습기가 의사결정 트리일 때, OOB 샘플을 활용해 가지치기pruning를 도울 수 있고, 기초 학습기가 신경망일 때는 OOB 샘플을 활용해 조기 종료를 도와 과소적합 위험을 줄이는 데 도움을 줄 수 있습니다.

편향–분산에 관해서는 2.5절을 참조하라.

샘플 서플링(shuffling)에 관해서는 8.5.3절을 참조하라.

편향–분산 분해의 관점에서 보면, 배깅은 분산을 줄이는 데 초점을 맞춥니다. 따라서 배깅은 가지치기를 하지 않은 의사결정 트리, 신경망 등 샘플 변화에 민감한 학습기에서 좋은 성능을 발휘합니다. 표 4.5 수박 데이터 세트 3.0α에 대해 정보 이득에 따라 분할한 의사결정 트리를 기초 학습기로 설정하고 배깅 알고리즘을 적용한 결과는 그림 8.6과 같습니다.

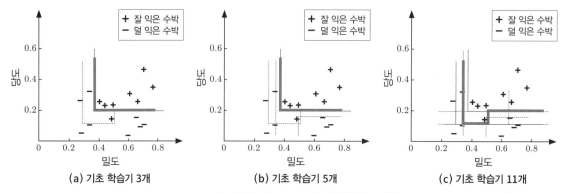

그림 8.6 ＼ **수박 데이터 세트 3.0α에서 배깅 앙상블을 규모 각각 3, 5, 11로 설정한 결과**
(앙상블(초록)과 기초 학습기(검정)는 분류 경계를 나타냄)

8.3.2 랜덤 포레스트

랜덤 포레스트 Random Forest, RF[Breiman, 2001a]는 배깅의 확장된 파생 알고리즘으로 볼수 있습니다. 랜덤 포레스트는 의사결정 트리를 기초 학습기로 배깅 앙상블을 기반에 둔 훈련 과정에서 랜덤 속성 선택이라는 요소를 넣은 알고리즘입니다. 구체적으로 설명하면, 전통적인 의사결정 트리의 분할 속성 선택 시에는 해당 노드의 속성 집합(만약 d개의 속성이 있다면) 중 최적의 속성 하나만 선택하는 것이었습니다. 그러나 랜덤 포레스트에서는 기초 의사결정 트리의 각 노드에 대해 각 노드의 속성 집합 중 랜덤으로 k개의 속성 부분집합을 선택하고, 그다음 해당 부분집합에서 최적의 속성을 선택해 분할하는 방법을 사용합니다. 여기서 파라미터 k가 임의성을 조절하는 역할을 하고, $k = d$일 때는 기초 의사결정 트리의 구조가 전통적인 의사결정 트리와 같게 됩니다. 만약 $k = 1$이라면 하나의 속성만 랜덤으로 사용하여 분할할 것입니다. 일반적으로 추천하는 k값은 $\log_2 d$입니다[Breiman, 2001a].

랜덤 포레스트는 간단하고 구현하기 쉬우며 계산량이 적습니다. 특히, 놀라운 것은 많은 문제에서 좋은 성능을 보이며 '앙상블 학습의 수준을 대표하는 알고리즘'이라고 불리고 있습니다. 랜덤 포레스트는 사실 배깅에서 조금만 수정했을 뿐인데도 성능에서 큰 개선을 보여줍니다. 이는 배깅은 학습기의 다양성을 샘플링 테크닉을 통해서 증가시키려 했지만, 랜덤 포레스트는 다양성을 샘플링 테크닉뿐만 아니라 속성 선택 테크닉을 개선해 증가시켰습니다. 이는 최종 앙상블 모델의 일반화 성능은 개별 학습 기간의 차이를 증가함으로써 향상시킬 수 있다는 것을 보여줍니다.

서플링에 관해서는 8.5.3절을 참조하라.

랜덤 포레스트의 수렴성은 배깅과 비슷합니다. 그림 8.7에 보이는 것처럼 랜덤 포레스트의 초기 성능은 비교적 낮습니다. 특히, 앙상블에 하나의 학습기만 포함되어 있을 때는 더 좋지 않습니다. 이는 속성 선택 테크닉을 사용했을 때 객체 학습기의 성능은 다소 낮아진다는 것을 보여줍니다. 그러나 객체 학습기의 숫자가 늘어남에 따라 랜덤 포레스트는 일반적으로 더 낮은 일반화 오차율에 수렴합니다. 한 가지 더 언급하고 싶은 것은 랜덤 포레스트의 훈련 효율은 배깅보다 좋다는 것입니다. 그 이유는 객체 의사결정 트리가 만들어지는 과정에서 배깅은 결정형 의사결정 트리를 사용하고 분할 속성 선택 시에 모든 속성을 고려하기 때문입니다. 반면, 랜덤 포레스트는 랜덤형 의사결정 트리를 사용하고 의사결정 트리는 하나의 속성 집합만을 고려하므로 더 효율이 좋습니다.

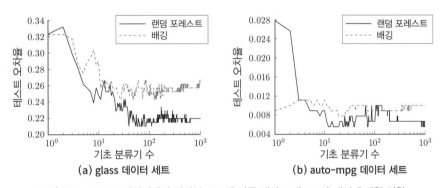

(a) glass 데이터 세트 (b) auto-mpg 데이터 세트

그림 8.7 ＼ 두 UCI 데이터에서 앙상블 규모에 따른 랜덤 포레스트와 배깅에 대한 영향

8.4 결합 전략

학습기를 결합하면 좋은 이유는 세 가지 관점에서 설명할 수 있습니다[Dietterich, 200]. 먼저, 통계적인 시각에서 보면 학습 문제의 가설 공간이 매우 커서 여러 가설이 훈련 세트 내에서 같은 성능을 가질 확률이 있습니다. 이런 상황에서 단일 학습기만 사용한다면 잘못된 선택으로 인해 일반화 성능 저하가 생길 수 있습니다. 반대로, 다양한 학습기를 결합한다면 이러한 위험을 줄일 수 있습니다. 두 번째로 계산의 관점에서 보면 학습 알고리즘이 로컬 미니멈local minimum에 빠지는 경우가 있습니다. 어떤 로컬 미니멈 포인트는 매우 나쁜 일반화 성능의 원인이 됩니다. 여러 번의 계산 후에 결합을 진행하면 이러한 나쁜 로컬 미니멈에 빠지는 위험을 줄

일 수 있습니다. 마지막으로 표현의 관점에서 본다면 어떤 학습 문제의 진실 가설이 해당 학습 알고리즘이 고려할 수 있는 가설 공간 범위 밖에 위치할 때도 있습니다. 이때 단일 학습기는 무용지물일 것입니다. 하지만 다수의 학습기를 결합하면 조금이라도 진실 가설 공간에 근사한 값을 얻을 수 있습니다. 해당 내용은 그림 8.8을 통해 다시 한번 이해하면 좋을 것 같습니다.

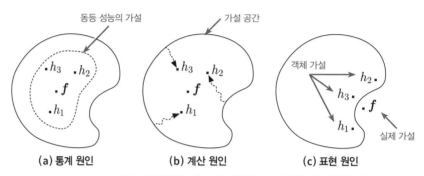

그림 8.8 ＼ **학습기의 결합은 세 가지 관점에서 그 장점을 설명할 수 있다**

예를 들어, T개의 학습기 $\{h_1, h_2, \ldots, h_T\}$를 포함한 앙상블을 가정하고 샘플 $\boldsymbol{x}$에서 h_i의 출력을 $h_i(\boldsymbol{x})$로 표기합니다. 그리고 다음 절에서 h_i를 결합하는 몇 가지 일반적인 전략을 소개합니다.

8.4.1 평균법

수치형 출력 $h_i(\boldsymbol{x}) \in \mathbb{R}$에서 가장 자주 사용하는 결합 전략은 **평균법**averaging입니다.

- **단순 평균법**simple averaging

$$H(\boldsymbol{x}) = \frac{1}{T} \sum_{i=1}^{T} h_i(\boldsymbol{x}) .$$ 식 8.22

- **가중 평균법**weighted averaging

$$H(\boldsymbol{x}) = \sum_{i=1}^{T} w_i h_i(\boldsymbol{x}) .$$ 식 8.23

Breiman[1996b]이 스태킹(Stacking) 회귀 방법을 연구할 때 음수가 아닌 가중치를 사용해야 앙상블 성능이 단일 객체 학습기보다 좋다는 사실을 발견했다. 따라서 앙상블 학습에서는 가중치를 설정할 때 음수로 설정하지 않는다.

여기서 w_i는 객체 학습기 h_i의 가중치입니다. 일반적으로 $w_i \geqslant 0$, $\sum_{i=1}^{T} w_i = 1$을 만족해야 합니다.

단순 평균법은 가중 평균법에서 $w_i = 1/T$인 특수한 경우라고 할 수 있습니다. 가중 평균법은 1950년대에 이미 광범위하게 사용되고 있었습니다[Markowitz, 1952]. 그리고 [Perrone and Cooper, 1993]가 본격적으로 앙상블 학습에 사용하기 시작했습니다. 이는 앙상블 학습에서 매우 특별한 의미가 있습니다. 왜냐하면 앙상블 방법 내의 각종 결합 방법은 이 방법의 특수한 사례나 변형이라고 볼 수 있기 때문입니다. 사실상 가중 평균법은 앙상블 학습 연구의 기본 출발점이라고 볼 수 있습니다. 왜냐하면 다양한 앙상블 학습법은 서로 다른 방식으로 가중 평균법 중의 기초 학습기 가중치를 결정하는 것으로 볼 수 있기 때문입니다.

예를 들면 객체 학습기 오차를 계산하고, 가중치의 크기와 오차 크기를 반비례하게 한다.

가중 평균법의 가중치란, 일반적으로 훈련 데이터를 통해 학습하여 얻습니다. 현실 문제에서는 훈련 데이터가 충분하지 않거나 노이즈를 많이 포함하고 있으므로 학습된 가중치에 대한 신뢰도를 떨어뜨립니다. 특히, 규모가 비교적 큰 앙상블에서는 학습해야 하는 가중치가 많아서 쉽게 과적합 문제가 발생합니다. 따라서 실험과 응용을 통해 가중 평균법이 반드시 단순 평균법보다 뛰어나지는 않다는 것을 보여줍니다[Xu et al., 1992: Ho et al., 1994: Kittler et al., 1998]. 일반적으로 객체 학습기 사이의 성능 차이가 클 때는 가중 평균법을, 성능이 비슷할 때는 단순 평균법을 사용합니다.

8.4.2 투표법

분류 문제는 학습기 h_i가 클래스 레이블 집합 $\{c_1, c_2, ..., c_N\}$에서 하나의 레이블을 예측해 내는 것으로 표현할 수 있습니다. 이때 가장 많이 쓰는 결합 전략은 **투표법**voting입니다. 쉬운 논의를 위해 h_i가 샘플 $\boldsymbol{x}$에서 예측한 값을 N차원의 벡터 $(h_i^1(\boldsymbol{x}); h_i^2(\boldsymbol{x}); ...; h_i^N(\boldsymbol{x}))$로 표현하고, 여기서 $h_i^j(\boldsymbol{x})$는 h_i의 분류 레이블 c_j에서의 출력으로 표현합니다.

- **절대다수 투표법**majority voting

$$H(\boldsymbol{x}) = \begin{cases} c_j, & \text{if } \sum_{i=1}^{T} h_i^j(\boldsymbol{x}) > 0.5 \sum_{k=1}^{N} \sum_{i=1}^{T} h_i^k(\boldsymbol{x}); \\ \text{reject}, & \text{otherwise.} \end{cases}$$

식 8.24

만약 어떤 레이블의 득표수가 절반을 넘으면 해당 값으로 예측하고, 반대일 때는 예측하지 않습니다.

- **상대다수 투표법**plurality voting

$$H(\boldsymbol{x}) = c_{\underset{j}{\arg\max} \sum_{i=1}^{T} h_i^j(\boldsymbol{x})} .$$

식 8.25

최다 득표한 레이블로 예측하고, 다수의 레이블이 최고 득표를 기록하면 랜덤으로 하나를 고릅니다.

- **가중 투표법**weighted voting

$$H(\boldsymbol{x}) = c_{\underset{j}{\arg\max} \sum_{i=1}^{T} w_i h_i^j(\boldsymbol{x})} .$$

식 8.26

가중 평균법과 유사하게 w_i는 h_i의 가중치입니다. 일반적으로 $w_i \geqslant 0$, $\sum_{i=1}^{T} w_i = 1$입니다.

> 다수결 방법은 majority voting 이라고 하며, 그냥 voting이라 고도 부른다.

표준 절대다수 투표법(식 8.24)은 '예측 거부'라는 선택사항이 포함됩니다. 이는 신뢰도에 대한 요구사항이 비교적 높은 학습 문제에서 좋은 기재가 될 수 있습니다. 하지만 학습 문제에서 반드시 하나의 예측 결과를 요구할 경우 절대다수 투표법은 상대다수 투표법으로 퇴화할 수밖에 없습니다. 따라서 예측 거부를 실행할 수 없는 문제에서는 절대다수, 상대다수 투표법은 모두 '다수 투표법'으로 부릅니다.

식 8.24~8.26에서는 객체 학습기의 결괏값 유형에 대한 제약이 없습니다. 하지만 현실에서는 다양한 유형의 객체 학습기가 서로 다른 유형의 $h_i^j(\boldsymbol{x})$값을 생성합니다. 자주 보이는 유형은 다음과 같습니다.

- **클래스형**: $h_i^j(\boldsymbol{x}) \in \{0, 1\}$, 만약 h_i가 샘플 $\boldsymbol{x}$에서 클래스 c_j라고 예측한다면 1이라는 값을 취하고 반대면 0을 취합니다. 이러한 클래스를 이용한 투표를 **하드 보팅**hard voting이라고 부릅니다.

- **확률형**: $h_i^j(\boldsymbol{x}) \in [0, 1]$, 사후 확률 $P(c_j \mid \boldsymbol{x})$에 대한 예측입니다. 확률형을 사용한 투표는 **소프트 보팅**soft voting이라고 부릅니다.

서로 다른 유형의 $h_i^j(\boldsymbol{x})$는 혼합해 사용할 수 없습니다. 하지만 클래스 예측 시 동시에 분류 신뢰도를 계산하는 학습기 같은 경우에는 분류 신뢰도를 확률형으로 변환해서 사용할 수 있습니다. 이러한 값은 정규화를 진행하지 않으면, 예를 들어 서포트 벡터 머신의 분류 문제의 경우 반드시 플랫 스케일링Platt scaling[Platt, 2000], 등위 회귀isotonic regression[Zadrozny and Elkan, 2001] 등의 기법을 사용해 교정calibration 후 확률형으로 사용할 수 있습니다. 재미있는 것은 분류기가 계산해 내는 확률값은 일반적으이질 앙상블은 다른 유형의 객체 학습기를 앙상블하는 것을 뜻한다.

로 아주 정확하지는 않으나 확률형을 결합한 앙상블이 클래스형 앙상블을 결합한 것보다 좋은 성능을 낸다는 것입니다. 한 가지 주의해야 할 것은 만약 기초 학습기의 종류가 다르다면, 기초 학습기 간의 확률을 직접적으로 비교해서는 안 된다는 것입니다. 이때는 일반적으로 해당 확률값을 클래스형 결괏값으로 바꿔서 투표를 진행합니다.

8.4.3 학습법

훈련 데이터가 많을 때 더 강력한 결합 전략은 '학습법'을 사용하는 것입니다. 즉, 하나의 다른 학습기로 결합하는 것입니다. 스태킹Stacking[Wolpert, 1992; Breiman 1996b]은 학습법의 대표주자입니다. 여기서 우리는 객체 학습기를 초급 학습기라 부르고, 결합하려고 사용하는 학습기는 '차등 학습기' 혹은 **메타 학습기**meta-learner라 부르겠습니다.

스태킹(Stacking)은 유명한 앙상블 학습 방법이다. 많은 앙상블 방법이 스태킹의 변형 혹은 특이 케이스다. 스태킹은 일종의 특수한 결합 전략이다.

기초 학습기는 같은 성질의 학습기를 사용할 수도 있다.

스태킹은 먼저 초기 훈련 세트를 통해 초급 학습기를 훈련시킵니다. 그리고 하나의 새로운 데이터 세트를 생성하여 메타 학습기를 훈련시킵니다. 이 새로운 데이터 세트에서 초급 학습기의 결괏값은 샘플의 입력 특성이 되고, 초기 샘플의 레이블은 그대로 정답 데이터로 둡니다. 스태킹 알고리즘은 그림 8.9에 잘 묘사되어 있습니다. 여기서 우리는 초급 학습기로 다양한 학습 알고리즘을 사용한다고 가정합니다. 즉, 초급 앙상블은 이질적입니다.

기초 학습기 알고리즘 $\mathfrak{L}_t$를 사용해 기초 학습기 h_t를 생성한다.

이차 훈련 세트를 생성한다.

D'에서 이차 학습 알고리즘 $\mathfrak{L}$을 사용해 기초 학습기 h'를 생성한다.

입력: 훈련 세트 $D = \{(\boldsymbol{x}_1, y_1), (\boldsymbol{x}_2, y_2), \dots, (\boldsymbol{x}_m, y_m)\}$
　　　 초급 학습 알고리즘 $\mathfrak{L}_1, \mathfrak{L}_2, \dots, \mathfrak{L}_T$
　　　 메타 학습 알고리즘 $\mathfrak{L}$
과정:
　1: for $t = 1, 2, \dots, T$ do
　2: 　　$h_t = \mathfrak{L}_t(D)$
　3: end for
　4: $D' = \varnothing$
　5: for $i = 1, 2, \dots, m$ do
　6: 　　for $t = 1, 2, \dots, T$ do
　7: 　　　　$z_{it} = h_t(\boldsymbol{x}_i)$
　8: 　　end for
　9: 　　$D' = D' \cup ((z_{i1}, z_{i1}, \dots, z_{iT}), y_i)$
10: end for
11: $h' = \mathfrak{L}(D')$
출력: $H(\boldsymbol{x}) = h'(h_1(\boldsymbol{x}), h_2(\boldsymbol{x}), \dots, h_T(\boldsymbol{x}))$

그림 8.9 ＼ 스태킹 알고리즘

훈련 단계에서 메타 학습기 훈련 세트는 초급 학습기를 통해 생성된 것입니다. 만약 초급 학습기의 훈련 세트로 메타 학습기의 훈련 세트를 만들려 했다면 과적합 위험이 비교적 클 것입니다. 따라서 일반적으로 교차 검증법이나 홀드아웃 같은 방법을 사용해서 초급 학습기 훈련에 사용되지 않은 샘플로 메타 학습기의 훈련 샘플을 생성합니다. k겹 교차 검증을 예로 들면, 초기 훈련 세트 D는 k개의 크기가 비슷한 집합 D_1, D_2, ..., D_k로 랜덤하게 나뉩니다. 총 T개의 초급 학습 알고리즘을 설정한다면, 초급 학습기 $h_t^{(j)}$은 $\bar{D}_j$에서 t번째 학습 알고리즘을 사용해 얻을 수 있습니다. D_j에서 각 샘플 $\boldsymbol{x}_i$는 $z_{it} = h_t^{(j)}(\boldsymbol{x}_i)$라면, $\boldsymbol{x}_i$에 의해 생성된 메타 훈련 샘플은 $\boldsymbol{z}_i = (z_{i1}; z_{i2}; ...;z_{iT})$가 될 것이고, 레이블은 y_i가 될 것입니다. 따라서 모든 교차 검증이 끝난 후 T개 초급 학습기가 생성한 메타 훈련 세트는 $D' = \{(\boldsymbol{z}_i, y_i)\}_{i=1}^{m}$이 되고, D'는 메타 학습기를 훈련하는 데 사용됩니다.

MLR은 선형 회귀에 기반한 분류기다. 이 분류기는 클래스별로 선형 회귀를 진행하고, 해당 클래스에 속하는 샘플에 대응하는 출력을 1로, 그 외의 클래스는 0으로 설정한다. 테스트 샘플은 출력값이 가장 큰 클래스로 분류된다. WEKA의 StackingC 알고리즘이 바로 이렇게 실현되었다.

메타 학습기의 입력 속성 표현과 메타 학습 알고리즘은 스태킹 앙상블 일반화 성능에 큰 영향을 끼칩니다. 연구 결과에 의하면, 만약 초급 학습기의 확률형 결괏값을 메타 학습기의 입력 속성으로 설정한다면 다항응답 선형 회귀multi-response linear regression, MLR를 메타 학습 알고리즘으로 사용하는 것이 효과가 좋다고 합니다[Ting and Witten, 1999]. 그리고 MLR에서 시로 다른 속성을 사용하는 것이 더 좋은 성능을 낸다고 알려져 있습니다[Seewald, 2002].

베이즈 모델 평균Bayes Model Averaging, BMA은 사후 확률에 기반해 서로 다른 모델의 가중치를 부여합니다. 따라서 가중 평균법의 특수한 경우라고도 볼 수 있습니다. [Clarke, 2003]는 스태킹과 BMA를 비교하는 연구를 진행했습니다. 이론상으로는 데이터를 통해 생성된 모델이 현재 고려하고 있는 모델 범위에 들어가거나 데이터에 노이즈가 매우 적다면 BMA는 스태킹과 비슷한 성능을 낸다고 합니다. 하지만 현실에서 데이터를 통해 생성된 모델이 고려 중인 모델 내에 포함된다고 보장할 수 없고, 심지어 현재 고려 중인 모델로 근사를 진행하기도 힘들기 때문에 일반적으로 스태킹이 BMA보다 우월하다고 판단합니다. 왜냐하면 스태킹이 BMA보다 견고robust하고 BMA는 모델 근사 오차에 매우 민감하기 때문입니다.

8.5 다양성

8.5.1 오차-불확실성 분해

8.1절에서 언급한 것처럼 일반화 능력이 뛰어난 앙상블을 만들려면 객체 학습기가 '좋으면서 서로 달라야' 합니다. 이번 절에서는 이에 대한 간단한 이론을 분석해 보겠습니다.

먼저, 객체 학습기 h_1, h_2, ..., h_T를 사용하여 평균 가중법(식 8.23)을 통해 하나의 앙상블을 만들어 회귀 학습 과업 $f : \mathbb{R}^d \mapsto \mathbb{R}$을 진행했다고 가정해 봅시다. 샘플 $\boldsymbol{x}$에 대해 학습기 h_i의 **불확실성**ambiguity은 다음처럼 정의할 수 있습니다.

$$A(h_i \mid \boldsymbol{x}) = \big(h_i(\boldsymbol{x}) - H(\boldsymbol{x})\big)^2 ,$$

식 8.27

따라서 앙상블의 '불확실성'은 식 8.28이 됩니다.

$$\overline{A}(h \mid \boldsymbol{x}) = \sum_{i=1}^{T} w_i A(h_i \mid \boldsymbol{x})$$
$$= \sum_{i=1}^{T} w_i \big(h_i(\boldsymbol{x}) - H(\boldsymbol{x})\big)^2 .$$

식 8.28

여기서 말하는 '불확실성' 항은 샘플 $\boldsymbol{x}$에 대한 객체 학습기들의 불일치성을 상징합니다. 즉, 일정한 정도로 객체 학습기의 다양성을 반영했다고 볼 수 있습니다. 객체 학습기 h_i와 앙상블 H의 평균 오차는 각각 식 8.29와 8.30입니다.

$$E(h_i \mid \boldsymbol{x}) = \big(f(\boldsymbol{x}) - h_i(\boldsymbol{x})\big)^2 ,$$

식 8.29

$$E(H \mid \boldsymbol{x}) = \big(f(\boldsymbol{x}) - H(\boldsymbol{x})\big)^2 .$$

식 8.30

$\overline{E}(h \mid \boldsymbol{x}) = \sum_{i=1}^{T} w_i \cdot E(h \mid \boldsymbol{x})$으로 객체 학습기 오차의 가중 평균을 나타내면 식 8.31을 가집니다.

$$\overline{A}(h \mid \boldsymbol{x}) = \sum_{i=1}^{T} w_i E(h_i \mid \boldsymbol{x}) - E(H \mid \boldsymbol{x})$$
$$= \overline{E}(h \mid \boldsymbol{x}) - E(H \mid \boldsymbol{x}) .$$

식 8.31

식 8.31은 모든 샘플 $\boldsymbol{x}$에 대해 균일하게 성립합니다. $P(\boldsymbol{x})$로 샘플의 확률밀도를 나타낸다면, 모든 샘플상에서 다음과 같습니다.

$$\sum_{i=1}^{T} w_i \int A(h_i \mid \boldsymbol{x})p(\boldsymbol{x})d\boldsymbol{x} = \sum_{i=1}^{T} w_i \int E(h_i \mid \boldsymbol{x})p(\boldsymbol{x})d\boldsymbol{x} - \int E(H \mid \boldsymbol{x})p(\boldsymbol{x})d\boldsymbol{x} .$$

식 8.32

여기서 우리는 E_i와 A_i를 이용해 $E(h_i)$와 $A(h_i)$와 같이 간략히 표현했다.

이와 유사하게 모든 샘플상에서 객체 학습기 h_i의 일반화 오차와 불확실성 항은 각각 식 8.33과 8.34이고, 앙상블의 일반화 오차는 식 8.35입니다.

$$E_i = \int E(h_i \mid \boldsymbol{x})p(\boldsymbol{x})d\boldsymbol{x} ,$$

식 8.33

$$A_i = \int A(h_i \mid \boldsymbol{x})p(\boldsymbol{x})d\boldsymbol{x} .$$

식 8.34

$$E = \int E(H \mid \boldsymbol{x})p(\boldsymbol{x})d\boldsymbol{x} .$$

식 8.35

여기서 우리는 E를 이용해 $E(H)$와 같이 간략히 표현했다.

식 8.33~8.35를 식 8.32에 대입하고, $\overline{E} = \sum_{i=1}^{T} w_i E_i$로 객체 학습기 일반화 오차의 가중 평균을, $\overline{A} = \sum_{i=1}^{T} w_i A_i$로 객체 학습기의 가중 불확실성 값을 나타낸다면, 다음을 얻습니다.

$$E = \overline{E} - \overline{A} .$$

식 8.36

식 8.36은 다음과 같은 사실을 증명합니다. '객체 학습기의 정확성이 높고 다양성이 높을수록 앙상블은 좋다.' 이 분석은 [Krogh and Vedelsby, 1995]로부터 나왔고, **오차-불확실성 분해**error-ambiguity decomposition라고 부릅니다.

어떤 독자들은 $\overline{E} - \overline{A}$를 최적화 목표로 놓고 해를 구하면 쉽게 최적의 앙상블을 구할 수 있다고 생각할 수 있습니다. 하지만 안타깝게도 실제로 $\overline{E} - \overline{A}$에 대한 최적화를 진행하는 것은 어렵습니다. 이들이 모든 샘플 공간상에서 정의되었기 때문이고, 또한 $\overline{A}$가 직접적인 다양성 척도가 아니어서 앙상블이 구성된 후에야 평가할 수 있습니다. 이외에 주의해야 할 것은 상기 추론 과정은 회귀 학습에만 국한되며, 분류 학습 문제로 확장하기 어렵다는 점입니다.

8.5.2 다양성 척도

차별적 척도라고도 부른다.

이름에서 알 수 있듯이 **다양성 척도**diversity measure는 앙상블 객체 학습기의 다양성을 측정하는 데 사용됩니다. 즉, 객체 학습기의 다양성 정도를 계산합니다. 전통적인 방법은 객체 학습기를 쌍쌍으로 유사성/비유사성을 측정합니다.

데이터 세트 $D = \{(\boldsymbol{x}_1, y_1), (\boldsymbol{x}_2, y_2), \ldots, (\boldsymbol{x}_m, y_m)\}$이 주어졌을 때 이진 분류 문제 $y_i \in \{-1, +1\}$에서 분류기 h_i와 h_j의 예측 결과 테이블contingency table은 다음과 같습니다.

2.3.2절의 혼동행렬을 참조하라.

	$h_i = +1$	$h_i = -1$
$h_j = +1$	a	c
$h_j = -1$	b	d

여기서 a는 h_i와 h_j가 양성 샘플로 예측한 샘플의 수를 뜻하고, b, c, d도 각각 표에 나타난 것과 같습니다. 그리고 이들의 합은 $a + b + c + d = m$입니다. 위 테이블에 기반해 자주 사용하는 다양성 척도를 소개하겠습니다.

- **불일치 척도**disagreement measure

$$dis_{ij} = \frac{b + c}{m} .$$

식 8.37

Dis_{ij}의 값 영역은 $[0, 1]$이고, 값이 클수록 다양성이 높습니다.

- **상관계수**correlation coefficient

$$\rho_{ij} = \frac{ad - bc}{\sqrt{(a+b)(a+c)(c+d)(b+d)}} .$$

식 8.38

ρ_{ij}의 값 영역은 $[-1, 1]$입니다. 만약 h_i와 h_j가 관련이 없다면 값은 0이 됩니다. 만약 h_i와 h_j가 양의 관계가 있다면 양수가 되고, 음의 관계라면 음수가 됩니다.

- Q**-통계량**Q-Statistic

$$Q_{ij} = \frac{ad - bc}{ad + bc} .$$

식 8.39

Q_{ij}는 상관계수 ρ_{ij}의 부호와 같습니다. 그리고 $|Q_{ij}| \geqslant |\rho_{ij}|$입니다.

- κ**-통계량**κ-Statistic

$$\kappa = \frac{p_1 - p_2}{1 - p_2} .$$

식 8.40

여기서 p_1은 두 분류기가 일치할 확률이며, p_2는 두 분류기가 우연히 일치할 확률입니다. 이들은 모두 데이터 세트 D에서 계산될 수 있습니다.

$$p_1 = \frac{a+d}{m},$$

식 8.41

$$p_2 = \frac{(a+b)(a+c) + (c+d)(b+d)}{m^2}.$$

식 8.42

만약 분리기 h_i와 h_j가 D상에서 완전히 일치한다면, $\kappa = 1$이 됩니다. 만약 이들이 우연히 일치한다면 $\kappa = 0$이 됩니다. 일반적으로 κ는 음수가 아니며, h_i와 h_j가 일치하는 확률이 우연성에 의해 일치하는 확률보다 낮다면 음수입니다.

위에서 소개한 방법들은 모두 **쌍별**pairwise 다양성 척도입니다. 이들은 모두 2차원 그래프를 통해 쉽게 시각화할 수 있습니다. 예를 들어, 유명한 'κ-오차 그래프'가 있습니다. 즉, 각 쌍의 분류기를 그래프상의 한 점으로 놓고, 가로 좌표를 각 쌍의 분류기의 κ값, 세로 좌표를 이들의 평균 오차로 설정합니다. 그림 8.10은 하나의 예를 보여줍니다. 데이터 포인트 집합의 위치가 높을수록 객체 분류기의 정확성은 낮습니다. 그리고 데이터 포인트 집합의 위치가 오른쪽으로 갈수록 객체 학습기의 다양성은 줄어듭니다.

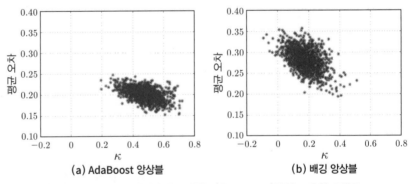

(a) AdaBoost 앙상블   **(b)** 배깅 앙상블

그림 8.10 ＼ UCI 데이터 세트 틱택토(tic-tac-toe)상의 κ-오차 그래프

8.5.3 다양성 증가

다양성이 높은 객체 학습기를 만들려면 어떤 방법을 사용해야 할까요? 간단하게 초기 데이터에서 객체 학습기를 훈련시키는 것 외에 어떤 방법으로 다양성을 증가시킬 수 있을까요? 일반적인 아이디어는 학습 과정에 임의성을 도입하는 것인데, 자주 사용되는 방법으로는 데이터 샘플, 입력 속성, 출력 표현, 알고리즘 파라미터 등을 교란시키는 방법이 있습니다.

■ 데이터 샘플 교란법

매번 서로 다른 데이터의 하위 집합을 생성하고, 매번 다른 데이터 집합을 훈련에 사용하면서 여러 개의 객체 학습기를 만드는 방법입니다. 이러한 방법은 샘플링 방법에 기반하고 있는데, 배깅에서 사용하는 부트스트래핑이나 AdaBoost에서 사용하는 순차적 샘플링이 바로 그것입니다. 이 방법의 효과는 매우 좋아서 광범위하게 사용되고 있습니다. 자주 사용되는 의사결정 트리, 신경망 학습 등의 훈련 샘플에 약간의 변화로 학습기를 매우 다르게 만들 수가 있습니다. 이러한 방법은 '데이터에 민감한 학습기'에 매우 효과적입니다. 그러나 어떤 기초 학습기들은 데이터 변동에 민감하지 않습니다. 예를 들면, 선형 학습기, 서포트 벡터 머신, 나이브 베이즈 분류기, k-최근접 이웃 분류기 등이 있습니다. 이러한 기초 학습기들을 안정된 기초 학습기stable base learner라고 부릅니다.

■ 입력 속성 교란법

하위 공간은 일반적으로 원래의 고차원 속성 공간에서 투영되어 생성된 저차원 속성 공간을 뜻한다. 저차원 공간의 속성은 원래 속성의 투영으로 변환되며 반드시 원래 속성은 아니다. 10장을 참조하라.

훈련 샘플은 일반적으로 한 그룹의 속성에 의해 묘사됩니다. 서로 다른 **부분공간** subspace(즉, 속성의 부분집합)은 데이터를 관찰하는 여러 시각을 제공합니다. 서로 다른 부분공간에서 훈련된 객체 학습기는 다를 수밖에 없습니다. 유명한 랜덤 부분공간 알고리즘random subspace[Ho, 1998]은 바로 입력 속성 교란법을 사용한 알고리즘입니다. 이 알고리즘은 초기 속성 집합에서 몇 개의 속성 부분집합만 선택하여 기초 학습기를 훈련시킵니다. 구체적인 알고리즘은 그림 8.11에 나와 있습니다.

d'는 원래 속성 개수 d보다 작다.

$\mathcal{F}_t$는 d'개의 임의로 선택된 속성을 포함한다. D_t는 $\mathcal{F}_t$ 중의 속성만 보류한다.

> **입력:** 훈련 세트 $D = \{(\boldsymbol{x}_1, y_1), (\boldsymbol{x}_2, y_2), \ldots, (\boldsymbol{x}_m, y_m)\}$
> 　　　기초 학습 알고리즘 $\mathfrak{L}$
> 　　　기초 학습기 개수 T
> 　　　부분공간 속성 개수 d'
> **과정:**
> 　1: **for** $t = 1, 2, \ldots, T$ **do**
> 　2:　　$\mathcal{F}_t = \mathrm{RS}(D, d')$
> 　3:　　$D_t = \mathrm{Map}_{\mathcal{F}_t}(D)$
> 　4:　　$h_t = \mathfrak{L}(D_t)$
> 　5: **end for**
> **출력:** $H(\boldsymbol{x}) = \underset{y \in \mathcal{Y}}{\arg\max} \sum_{t=1}^{T} \mathbb{I}(h_t(\mathrm{Map}_{\mathcal{F}_t}(\boldsymbol{x})) = y)$

그림 8.11 ＼ 랜덤 부분공간 알고리즘

잉여 속성을 아주 많이 포함하는 데이터는 부분공간에서 훈련시킨 객체 학습기가 다양성이 높은 객체를 생성할 뿐만 아니라, 계산량도 줄이는 효과를 가져옵니다. 동시에 잉여 속성이 많을 때는 속성을 줄인다고 해서 학습기의 성능이 떨어지는 것은 아니므로 큰 문제가 없습니다. 하지만 데이터가 포함하는 속성이 매우 적다면 입력 속성 교란법은 사용할 수 없습니다.

■ 출력 표현 교란법

이 방법의 기본적인 아이디어는 출력 표현을 변경하여 다양성을 증가시키는 것입니다. 훈련 샘플의 클래스 레이블을 조금 바꿔주는 방법을 사용할 수가 있는데, **플리핑 아웃풋**flipping output[Breiman, 2000]은 임의로 일정 훈련 샘플의 레이블을 변경합니다. 그리고 출력 표현을 전환할 수도 있는데, **아웃풋 스미어링**Output Smearing[Breiman, 2000] 방법은 분류 출력을 회귀 출력으로 전환한 후 기초 학습기를 만듭니다. 그리고 원래의 과업을 동시에 해를 구할 수 있는 여러 개의 부분 과업으로 나누는 방법도 존재하는데, ECOC 방법[Dietterich and Bakiri, 1995]이 대표적입니다. 이 방법은 코드 수정 방법을 사용해 다중 분류 문제를 이진 분류 문제로 분해해 기초 학습기를 훈련시킵니다.

ECOC에 관해서는 3.5절을 참조하라.

■ 알고리즘 파라미터 교란법

기초 학습기들은 일반적으로 설정해야 하는 파라미터들을 가지고 있습니다. 예를 들어, 신경망 학습에서의 은닉 뉴런 개수, 초기 연결 가중치 등이 있습니다. 임의로 서로 다른 파라미터를 설정하는 방법을 통해 차이가 큰 객체 학습기들을 만들어 낼 수 있습니다. 예를 들어, **네거티브 연관 방법**negative correlation[Liu and Yao, 1999]은 정규화 항을 통해 객체 신경망이 서로 다른 파라미터를 사용하도록 만듭니다. 파라미터 수가 적은 알고리즘은 학습 프로세스를 세분하여 다른 유사한 방법으로 치환하는 방식도 사용합니다. 예를 들어, 의사결정 트리에서 사용하는 특성 선택 메커니즘으로 다른 특성 선택 메커니즘을 치환할 수 있습니다. 한 가지 말하고 싶은 것은 단일 학습기에서 교차 검증법 등을 통해 파라미터를 설정하는 방법은 이미 파라미터 교란법을 사용한 것과 마찬가지라는 점입니다. 다만, 이 방법은 최종적으로 하나의 학습기만 선택하고, 앙상블 학습에서는 검증을 통해 학습한 모든 학습기를 사용한다는 차이가 있습니다. 이로써 앙상블 학습의 연산량이 단일 학습기를 사용할 때보다 훨씬 크다는 것을 알 수 있습니다.

서로 다른 다양성 증가 메커니즘을 동시에 사용할 수도 있습니다. 예를 들어, 8.3.2절에서 소개한 랜덤 포레스트 샘플 교란법과 입력 속성 교란법을 동시에 사용하고 심지어 더 많은 방법을 혼합해서 사용하기도 합니다[Zhou 2012].

8.6 더 읽을거리

앙상블 학습에서 추천할 만한 도서는 [Zhou, 2012]가 있습니다. 이 장에서 설명한 내용도 포함하고 있고 더 깊고 상세한 내용도 포함하고 있습니다. [Kuncheva, 2004; Rokach, 2010b]도 참고할 만한 서적입니다. [Schapire and Freund, 2012]는 부스팅에 관한 전문서입니다.

부스팅은 [Schapire, 1990]이 [Kearns and Valiant, 1989]에 대해 제안한 '약한 학습기도 강한 학습기만 한 가치가 있다'라는 중요한 이론 문제에 대한 구조적 증명을 기원으로 하고 있습니다. 최초의 부스팅 알고리즘은 이론적인 의미뿐이었습니다. 몇 년의 노력 끝에 [Freund and Schapire, 1997]이 AdaBoost 알고리즘을 개발해 냈고, 이를 통해 이론 컴퓨터 과학 분야의 중요한 상인 괴델상을 수상합니다. 서로 다른 앙상블 학습법의 이론 성질은 때로 매우 다른 경향을 보이는데, 평향-분산의 관점에서 보면 부스팅은 평향을 낮추는 데 초점을 맞췄고 배깅은 분산을 낮추는 데 초점을 맞췄습니다. 부스팅과 배깅에 관한 이론 연구 결과는 매우 많은데, 관심이 있다면 [Zhou, 2012]의 2~3장을 참조 바랍니다.

8.2절에서 언급한 AdaBoost의 유도식은 **통계 관점**statistical view[Friedman et al., 2000]에서 가져온 것입니다. 이 이론은 AdaBoost가 실제로는 가법 모델additive model에 기반해 뉴턴 반복법을 사용해 지수 손실 함수를 최적화하는 방법이라고 주장하고 있습니다. 이 주장에 영감을 받아 반복적인 최적화 과정을 기타 다른 최적화 방법으로 대체한 것이 GradientBoosting[Friedman, 2001], LPBoost[Demiriz et al., 2008] 등입니다. 그러나 이런 이론들의 추론은 AdaBoost와는 조금 차이가 있습니다[Mease and Wyner, 2008]. 특히, 이런 이론들은 AdaBoost가 왜 과적합 현상이 없는지를 설명하지 못합니다. 따라서 어떤 사람들은 통계적 관점은 아주 중요한 의미가 있지만, 그가 해석한 것은 AdaBoost와 비슷한 학습 과정일 뿐이지 AdaBoost 알고리즘 그 자체를 설명하진 못했다고 주장합니다. 마진 이론margin theory[Schapire et al., 1998]은

이 현상은 엄격하게 말하자면 '왜 AdaBoost는 훈련 오차가 0에 도달한 후에도 훈련을 진행하여 일반화 성능을 향상시킬 수 있는가?'에 대한 것이다. 만약 계속해서 훈련해 나간다면, 과적합 현상이 나타날 것이다.

직관적으로 이 현상에 관해 설명할 수 있습니다. 관련 내용은 [Zhou, 2014]를 참조하세요.

이번 장에서는 가장 기본적인 몇 가지 결합 방법에 관해서만 설명했습니다. 자주 보이는 다른 방법으로는 D-S 증거 이론에 기반한 방법, 동적 분류기 선택, 전문가 혼합mixture of experts 등이 있습니다. 그리고 이번 장에서는 **쌍별**pairwise 다양성 척도에 대해서만 설명했습니다. [Kuncheva and Whitaker, 2003; Tang et al. 2006]은 현존하는 다양성 척도 방법들에는 명확한 함정이 있다고 주장합니다. 다양성에 대한 이해 문제는 앙상블 학습에서 독이 든 성배와 같습니다. 결합 방법과 다양성 방면의 내용은 [Zhou, 2012]의 4~5장을 참조하세요.

병렬화 앙상블의 가지치기는 '선택적 앙상블(selective ensemble)'이라고 부른다. 하지만 일반적으로 선택적 앙상블은 앙상블 가지치기와 동의어로 사용된다. 혹은 앙상블 선택(ensemble selection)이라고도 부른다.

앙상블 생성 후에 일부 객체 학습기 제거를 통해 규모가 작은 앙상블을 얻는 방법을 앙상블 가지치기ensemble pruning라고 합니다. 이 알고리즘은 모델의 저장공간을 줄이고 예측 시간을 줄이는 데 도움이 됩니다. [Zhou et al., 2002]는 병렬 앙상블에 대해 가지치기를 진행하면 규모를 줄이는 동시에 일반화 성능을 높일 수 있다는 것을 밝혀냈습니다. 또한, 최적화에 기반한 앙상블 가지치기 방법을 개발했습니다. 이에 관련된 내용은 [Zhou, 2012]의 6장을 참조하세요.

클러스터링, 준지도 학습, 비용민감 학습 등의 문제에 대한 앙상블 학습법은 [Zhou, 2012]의 7~8장을 참조하세요. 사실상 앙상블 학습은 거의 모든 학습 문제에서 다룹니다. 유명한 데이터 마이닝 경쟁 시합인 KDDCup의 역대 우승자들도 대부분 앙상블 학습을 사용했습니다.

앙상블은 여러 개의 학습기를 포함하므로 객체 학습기가 매우 좋은 해석력을 가졌다고 해도 앙상블 자체는 여전히 블랙박스 모델로 간주합니다. 앙상블의 해석능력에 대한 개선작업도 이뤄지고 있습니다. 예를 들어, 앙상블을 단일 모델로 전환하는 방법, 앙상블에서 부호 규칙을 추출하는 방법 등을 비롯해 앙상블의 성능을 뛰어넘는 단일 학습기를 생성하는 '2차 학습twice-learning 기술까지 파생하고 있습니다. 예를 들어, NeC4.5 알고리즘[Zhou and Jiang, 2004]이 있습니다. 시각화 기술의 발전 역시 해석력을 개선하는 데 도움을 줍니다. 이에 관한 내용은 [Zhou, 2012]의 8장을 참조하세요.

연습문제

수박 데이터 세트 3.0α은 110
쪽 표 4.5를 참조하라.

8.1 동전 던지기에서 앞면이 나올 확률을 p, 뒷면이 나올 확률을 $1-p$로 가정
한다. $H(n)$을 n번을 던져 앞면이 나온 횟수라고 한다면, 최대 k번의 앞면이
나올 확률은 식 8.43이고, $\delta > 0$에 대해 $k = (p-\delta)n$이며 호에프딩 부등
식은 식 8.44다.

$$P\big(H(n) \leqslant k\big) = \sum_{i=0}^{k} \binom{n}{i} p^i (1-p)^{n-i} \ . \qquad \text{식 8.43}$$

$$P\big(H(n) \leqslant (p-\delta)n\big) \leqslant e^{-2\delta^2 n} \ . \qquad \text{식 8.44}$$

식 8.3을 유도하라.

8.2 0/1 손실 함수에 대해서 지수 손실 함수는 유일한 일치 대체 함수가 아
니다. 식 8.5를 생각하고 증명하라. 임의의 손실 함수 $\ell(-f(\boldsymbol{x})H(\boldsymbol{x}))$, 만약
$H(\boldsymbol{x})$가 구간 $[-\infty, \delta]$ $(\delta > 0)$에서 단조 감소한다면, l은 0/1 손실 함수의
일치 대체 함수다.

8.3 AdaBoost 알고리즘 코드를 작성하라. 그리고 가지치기를 하지 않는 의사
결정 트리를 기초 학습기로 하여, 수박 데이터 세트 3.0α상에서 AdaBoost
앙상블을 훈련시키고 그림 8.4와 비교하라.

8.4 GradientBoosting[Friedman, 2001]은 자주 사용되는 부스팅 알고리즘이다.
AdaBoost와의 차이를 분석하고 설명하라.

8.5 배깅에 대한 코드를 작성하라. 그리고 의사결정 트리를 기초 학습기로 하여,
수박 데이터 세트 3.0α상에서 배깅 앙상블을 훈련시키고 그림 8.6과 비교
하라.

8.6 배깅이 (일반적으로) 나이브 베이즈 분류기의 성능을 높일 수 없는 이유를
분석하고 설명하라.

8.7 랜덤 포레스트가 왜 의사결정 트리 배깅 앙상블의 훈련 속도보다 빠른지
설명하라.

8.8 멀티 부스팅 알고리즘[Webb, 2000]은 AdaBoost를 배깅의 기초 학습기로 사
용한다. 반복적인 배깅 알고리즘[Breiman, 2001b]은 배깅을 AdaBoost의 기초
학습기로 사용한다. 양자의 장단점을 비교하라.

8.9* 시각화 가능한 다양성 측도를 만들어 연습문제 8.3과 8.5에서 얻은 앙상블에 대해 평가를 진행하고, κ-오차 그래프와 비교하라.

8.10* k-최근접 이웃 분류기의 성능을 향상시킬 수 있는 앙상블 학습 알고리즘을 만들어라.

참고문헌

1 Breiman, L. (1996a). "Bagging predictors." *Machine Learning*, 24(2):123-140.

2 Breiman, L. (1996b). "Stacked regressions." Machine Learning, 24(1):49-64.

3 Breiman, L. (2000). "Randomizing outputs to increase prediction accuracy." *Machine Learning*, 40(3):113-120.

4 Breiman, L. (2001a). "Random forests." *Machine Learning*, 45(1):5-32.

5 Breiman, L. (2001b). "Using iterated bagging to debias regressions." *Machine Learning*, 45(3):261-277.

6 Clarke, B. (2003). "Comparing Bayes model averaging and stacking when model approximation error cannot be ignored." *Journal of Machine Learning Research*, 4:683-712.

7 Demiriz, A., K. P. Bennett, and J. Shawe-Taylor. (2008). "Linear programming Boosting via column generation." *Machine Learning*, 46(1-3):225-254.

8 Dietterich, T. G. (2000). "Ensemble methods in machine learning." In *Proceedings of the 1st International Workshop on Multiple Classifier Systems (MCS)*, 1-15, Cagliari, Italy.

9 Dietterich, T. G. and G. Bakiri. (1995). "Solving multiclass learning problems via error-correcting output codes." *Journal of Artificial Intelligence Research*, 2:263-286.

10 Freund, Y. and R. E. Schapire. (1997). "A decision-theoretic generalization of on-line learning and an application to boosting." *Journal of Computer and System Sciences*, 55(1):119-139.

11 Friedman, J., T. Hastie, and R. Tibshirani. (2000). "Additive logistic regression: A statistical view of boosting (with discussions)." *Annals of Statistics*, 28(2):337-407.

12 Friedman, J. H. (2001). "Greedy function approximation: A gradient Boosting machine." *Annals of Statistics*, 29(5):1189-1232.

13 Ho, T. K. (1998). "The random subspace method for constructing decision forests." *IEEE Transactions on Pattern Analysis and Machine Intelligence*, 20(8):832-844.

14 Ho, T. K., J. J. Hull, and S. N. Srihari. (1994). "Decision combination in multi-ple classifier systems." *IEEE Transaction on Pattern Analysis and Machine Intelligence*, 16(1):66-75.

15 Kearns, M. and L. G. Valiant. (1989). "Cryptographic limitations on learning Boolean formulae and finite automata." In *Proceedings of the 21st Annual ACM Symposium on Theory of Computing (STOC)*, 433-444, Seattle, WA.

16 Kittler, J., M. Hatef, R. Duin, and J. Matas. (1998). "On combining classifiers." *IEEE Transactions on Pattern Analysis and Machine Intelligence*, 20(3): 226-239.

17 Kohavi, R. and D. H. Wolpert. (1996). "Bias plus variance decomposition for zero-one loss functions." In *Proceedings of the 13th International Conference on Machine Learning (ICML)*, 275-283, Bari, Italy.

18 Krogh, A. and J. Vedelsby. (1995). "Neural network ensembles, cross validation, and active learning." In *Advances in Neural Information Processing Systems 7 (NIPS)* (G. Tesauro, D.S. Touretzky, and T. K. Leen, eds.), 231-238, MIT Press, Cambridge, MA.

19 Kuncheva, L. I. (2004). *Combining Pattern Classifiers: Methods and Algorithms.* John Wiley & Sons, Hoboken, NJ.

[20] Kuncheva, L. I. and C. J. Whitaker. (2003). "Measures of diversity in classifier ensembles and their relationship with the ensemble accuracy." *Machine Learning*, 51(2):181-207.

[21] Liu, Y. and X. Yao. (1999). "Ensemble learning via negative correlation." *Neural Networks*, 12(10):1399-1404.

[22] Markowitz, H. (1952). "Portfolio selection." *Journal of Finance*, 7(1):77-91.

[23] Mease, D. and A. Wyner. (2008). "Evidence contrary to the statistical view of boosting (with discussions)." *Journal of Machine Learning Research*, 9: 131-201.

[24] Perrone, M. P. and L. N. Cooper. (1993). "When networks disagree: Ensemble method for neural networks." In *Artificial Neural Networks for Speech and Vision* (R. J. Mammone, ed.), 126-142, Chapman & Hall, New York, NY.

[25] Platt, J.C. (2000). "Probabilities for SV machines." In *Advances in Large Margin Classifiers* (A. J. Smola, P. L. Bartlett, B. Scholkopf, and D. Schuurmans, eds.), 61-74, MIT Press, Cambridge, MA.

[26] Rokach, L. (2010a). "Ensemble-based classifiers." *Artificial Intelligence Review*, 33(1):1-39.

[27] Rokach, L. (2010b). *Pattern Classification Using Ensemble Methods*. World Scientific, Singapore.

[28] Schapire, R. E. (1990). "The strength of weak learnability." *Machine Learning*, 5(2):197-227.

[29] Schapire, R. E. and Y. Freund. (2012). Boosting: Foundations and Algorithms. MIT Press, Cambridge, MA.

[30] Schapire, R. E., Y. Freund, P. Bartlett, and W. S. Lee. (1998). "Boosting the margin: A new explanation for the effectiveness of voting methods." *Annals of Statistics*, 26(5):1651-1686.

[31] Seewald, A. K. (2002). "How to make Stacking better and faster while also taking care of an unknown weakness." In *Proceedings of the 19th International Conference on Machine Learning (ICML)*, 554-561, Sydney, Australia.

[32] Tang, E. K., P. N. Suganthan, and X. Yao. (2006). "An analysis of diversity measures." *Machine Learning*, 65(1):247-271.

[33] Ting, K. M. and I. H. Witten. (1999). "Issues in stacked generalization." *Journal of Artificial Intelligence Research*, 10:271-289.

[34] Webb, G. I. (2000). "MultiBoosting: A technique for combining boosting and wagging." *Machine Learning*, 40(2):159-196.

[35] Wolpert, D. H. (1992). "Stacked generalization." Neuml Networks, 5(2):241-260.

[36] Wolpert, D. H. and W. G. Macready. (1999). "An efficient method to estimate Bagging's generalization error." *Machine Learning*, 35(1):41-55.

[37] Xu, L., A. Krzyzak, and C. Y. Suen. (1992). "Methods of combining multiple classifiers and their applications to handwriting recognition." *IEEE Transactions on Systems, Man, and Cybernetics*, 22(3):418-435.

[38] Zadrozny, B. and C. Elkan. (2001). "Obtaining calibrated probability estimates from decision trees and na:ive Bayesian classifiers." In *Proceedings of the 18th International Conference on Machine Learning (ICML)*, 609-616, Williamstown, MA.

[39] Zhou, Z.-H. (2012). *Ensemble Methods: Foundations and Algorithms*. Chapman & Hall/CRC, Boca Raton, FL.

40   Zhou, Z.-H. (2014). "Large margin distribution learning." In *Proceedings of the 6th !APR International Workshop on Artificial Neural Networks in Pattern Recognition (ANNPR)*, 1-11, Montreal, Canada.

41   Zhou, Z.-H. and Y. Jiang. (2004). "NeC4.5: Neural ensemble based C4.5." *IEEE Transactions on Knowledge and Data Engineering*, 16(6):770-773.

42   Zhou, Z.-H., J. Wu, and W. Tang. (2002). "Ensembling neural networks: Many could be better than all." *Artificial Intelligence*, 137(1-2):239-263.

머신러닝 쉼터

노익장을 과시한 레오 브레이만

 레오 브레이만Leo Breiman, 1928~2005은 **20세기 위대한 통계학자입니다.** 그는 20세기 말 "통계학계는 통계학을 추상적인 학문으로 만들었으며, 이는 처음 뜻에 어긋난다. 통계학은 예측, 해석, 그리고 데이터 처리를 위한 학문이다."라는 통찰력 담긴 발언을 했습니다. 그는 통계학은 데이터 처리 문제를 연구하기 때문에 머신러닝에 더 가까워져야 한다고 주장했습니다. 사실 브레이만은 걸출한 머신러닝 학자입니다. 그는 CART 의사결정 트리 알고리즘의 창시자일 뿐만 아니라, 앙상블 학습에서도 지대한 세 가지 공헌을 했습니다. 배깅, 랜덤 포레스트, 부스팅에 관한 연구가 바로 그것입니다. 재미있는 사실은 이러한 연구들은 그가 버클리 대학교 통계학과를 그만둔 1993년 이후에 이루어졌다는 점입니다.

브레이만은 캘리포니아 공과대학에서 물리학 학사 학위를 받았습니다. 그리고 원래는 컬럼비아 대학교 철학과로 진학하려 했으나, 철학과 교수로부터 자신의 가장 뛰어난 두 명의 제자가 모두 직장을 찾지 못하고 있다는 충고를 듣고 컬럼비아 대학교 수학과와 UC버클리에서 수학 석박사 학위를 받는 것을 선택하였습니다. 그는 초기에는 확률론을 연구했으나 UCLA 시절 교수 생활을 하며 확률론에 싫증을 느끼게 되었고, 자진해서 교수의 자리에서 물러났습니다. 확률론과 완전한 고별을 위해, 그는 반년 동안 자신을 집안에 가둬두며 확률론에 관한 책을 쓰기도 했습니다. 그 후 컨설팅 업계에서 13년 동안 일했으며, 후에 UC버클리로 돌아가 통계학과 교수를 역임했습니다. 브레이만의 경력은 매우 다양하고 풍부했는데, UCLA에서 교수로 일하던 시절엔 유네스코와 함께 일하며 아프리카 라이베리아로 가서 미취학 아동 수에 대한 통계작업을 직접 진행하기도 했습니다. 그는 시간제 조각가이기도 했으며, 심지어 멕시코에서 얼음 제조공장을 열기도 했습니다. 더 놀라운 것은 그가 말하는 그의 가장 중요한 업적 중 하나인 랜덤 포레스트 알고리즘이 그의 나이 70세에 만들어졌다는 사실입니다.

09 클러스터링

9.1 클러스터링 학습 문제

그 외에 자주 사용되는 비지도 학습법으로는 밀도 예측(density estimation), 이상 탐지(anomaly detection) 등이 있다.

비지도 학습unsupervised learning에서 훈련 샘플의 레이블 정보는 알 수가 없습니다. 목표는 레이블이 없는 훈련 샘플의 학습을 통해 데이터에 내재된 특성과 규칙을 찾아 다음 단계의 데이터 분석을 위한 기초를 다지는 것입니다. 이러한 학습에서 가장 광범위하고 많은 연구가 진행되는 것이 클러스터링clustering입니다.

클러스터링은 데이터 세트의 샘플들을 교차하지 않는 여러 개의 부분집합으로 분할하고, 이 부분집합들을 하나의 클러스터cluster라고 칭합니다. 이러한 분할을 통해 하나의 클러스터는 '잘 익은 수박', '덜 익은 수박', '씨 없는 수박', '씨 많은 수박' 같은 잠재적인 개념(클래스)에 대응하게 됩니다. 클러스터링 알고리즘은 이러한 개념에 대해서 사전에 알지 못합니다. 클러스터링을 통해 자동으로 클러스터가 구성되고, 클러스터가 대응하는 개념은 사용자가 명명하고 작성해야 합니다.

클러스터링 분석 문제에서 레이블된 훈련 샘플을 사용해도 된다. 예를 들어, 9.4.2절과 13.6절의 예처럼 말이다. 그러나 샘플의 레이블은 생성된 클러스터에 따라 다르다.

식으로 다시 표현하면, 먼저 데이터 세트 $D = \{x_1, x_2, \ldots, x_m\}$은 m개의 레이블이 없는 샘플을 가졌고, 각 샘플 $x_i = (x_{i1}; x_{i2}; \ldots; x_{in})$은 n차원 특성 벡터라고 가정합니다. 그러면 클러스터링 알고리즘은 데이터 세트 D를 k개의 서로 교차하지 않는 클러스터 $\{c_l \mid l = 1, 2, \ldots, k\}$로 분할합니다. 여기서 $C_{l'} \bigcap_{l' \neq l} C_l = \varnothing$ 그리고 $D = \bigcup_{l=1}^{k} C_l$이 성립합니다. 마찬가지로 우리는 $\lambda_j \in \{1, 2, \ldots, k\}$를 이용해 x_j 샘플의 클러스터 레이블cluster label을 표현합니다. 즉, $x_j \in C_{\lambda_j}$가 됩니다. 따라서 클러스터링의 결과는 클러스터 레이블 벡터를 포함한 m개 원소로 $\lambda = (\lambda_1; \lambda_2; \ldots; \lambda_m)$으로 표현됩니다.

클러스터링은 하나의 단독 프로세스로서 데이터 내의 분포구조를 찾는 데 사용되기도 하고, 하나의 사전 프로세스로서 다른 학습 문제 해결의 전 단계에서만 사용되기도 합니다. 예를 들어, 비즈니스 문제에서 새로운 사용자의 유형에 대해 분류를 진행해야 한다고 가정해 봅시다. '사용자 유형'에 대한 분류는 쉽지만은 않습니다. 먼저, 사용자 데이터를 클러스터링하고 결과에 따라 각 클러스터를 하나의 클래스로 정의한 후 해당 정의에 따라 분류 모델을 훈련시켜 새로운 사용자의 유형을 판별할 수도 있습니다.

학습 전략에 따라 많은 유형의 클러스터링 알고리즘이 있습니다. 이번 장 후반부에는 여러 가지 대표적인 알고리즘을 소개하겠습니다. 하지만 그전에 우리는 클러스터링 알고리즘에 관련한 기본적인 두 가지 문제를 다루려고 합니다. 그것은 바로 성능 척도와 거리 계산법입니다.

9.2 성능 척도

지도 학습의 성능평가는 2.3절을 참조하라.

클러스터링의 성능 척도는 다른 말로 클러스터링의 유효성 지표validity index라고 부릅니다. 지도 학습에서 성능 측정과 비슷하게 우리는 어떠한 성능 척도를 통해 클러스터링 결과에 대한 평가를 내려야 합니다. 또 다른 면에서는 사용할 성능 척도를 확실하게 정해야 해당 지표를 클러스터링 과정의 최적화 목표로 설정하고 요구에 부합하는 클러스터링 결과를 낼 수 있을 것입니다.

클러스터링은 데이터 세트 D를 서로 교차하지 않는 여러 개의 부분집합(샘플 클러스터)으로 분할합니다. 그렇다면 어떠한 클러스터링 결과가 좋은 것일까요? 직관적으로 보면 비슷한 샘플끼리 함께 클러스터링 되는 것이 가장 바람직할 것입니다. 바꿔 말하면 클러스터링 결과의 클러스터 내 유사도intra-cluster similarity는 높고 클러스터 간 유사도inter-cluster similarity는 낮은 것이 이상적일 것입니다.

예를 들어 도메인 전문가가 분할한 결과를 참고 모델로 삼을 수 있다.

클러스터링의 성능 척도에는 대략 두 가지가 있습니다. 첫 번째는 클러스터링 결과와 어떠한 참고 모델reference model을 비교하는 것이며, 이를 외부 지표external index라고 부릅니다. 두 번째는 다른 참고 모델을 사용하지 않는 것인데, 이를 내부 지표internal index라고 부릅니다.

일반적으로 $k \neq s$다.

먼저, 데이터 세트 $D = \{\boldsymbol{x}_1, \boldsymbol{x}2, \ldots, \boldsymbol{x}_m\}$에 대해 클러스터링을 통해 분할된 클러스터가 $C = \{C_1, C_2, \ldots, C_k\}$이고 참고 모델의 분할 클러스터는 $C^* = \{C_1^*, C_2^*, \ldots, C_s^*\}$이라고 가정합니다. 이와 비슷하게, $\boldsymbol{\lambda}$와 $\boldsymbol{\lambda}^*$은 각각 C와 C^*에 대응하는 클러스터 레이블 벡터입니다. 샘플을 둘씩 짝지어 고려한다면 식은 다음과 같습니다.

$$a = |SS|, \quad SS = \{(\boldsymbol{x}_i, \boldsymbol{x}_j) \mid \lambda_i = \lambda_j, \lambda_i^* = \lambda_j^*, i < j\}, \qquad \text{식 9.1}$$

$$b = |SD|, \quad SD = \{(\boldsymbol{x}_i, \boldsymbol{x}_j) \mid \lambda_i = \lambda_j, \lambda_i^* \neq \lambda_j^*, i < j\}, \qquad \text{식 9.2}$$

$$c = |DS|, \quad DS = \{(\boldsymbol{x}_i, \boldsymbol{x}_j) \mid \lambda_i \neq \lambda_j, \lambda_i^* = \lambda_j^*, i < j\}, \qquad \text{식 9.3}$$

$$d = |DD|, \quad DD = \{(\boldsymbol{x}_i, \boldsymbol{x}_j) \mid \lambda_i \neq \lambda_j, \lambda_i^* \neq \lambda_j^*, i < j\}, \qquad \text{식 9.4}$$

여기서 집합 SS는 C에서 같은 클러스터에 속하고 C^*에서도 같은 클러스터에 속하는 샘플 쌍을 포함합니다. 집합 SD는 C에서 같은 클러스터에 속하지만, C^*에서 다른 클러스터에 속하는 샘플 쌍을 포함합니다. 각 샘플 쌍 $(\boldsymbol{x}_i, \boldsymbol{x}_j)$ $(i < j)$는 하나의 집합에만 나타나므로 식 $a + b + c + d = m(m-1)/2$가 성립합니다.

식 9.1~9.4에 기반해 아래의 클러스터링 성능 척도의 외부 지표들을 도출해 낼 수 있습니다.

- **Jaccard 계수**Jaccard Coefficient, JC

$$\mathrm{JC} = \frac{a}{a + b + c} . \qquad \text{식 9.5}$$

- **FM 지수**Fowlkes and Mallows Index, FMI

$$\mathrm{FMI} = \sqrt{\frac{a}{a + b} \cdot \frac{a}{a + c}} . \qquad \text{식 9.6}$$

- **Rand 지수**Rand Index, RI

$$\mathrm{RI} = \frac{2(a + d)}{m(m - 1)} . \qquad \text{식 9.7}$$

위에서 기술한 성능 척도의 결괏값은 모두 $[0, 1]$ 구간에 있고 클수록 좋습니다.

클러스터링 결과의 클러스터 분할 $C = \{C_1, C_2, \ldots, C_k\}$를 고려하면 다음을 정의할 수 있습니다.

$$\mathrm{avg}(C) = \frac{2}{|C|(|C| - 1)} \sum_{1 \leqslant i < j \leqslant |C|} \mathrm{dist}(\boldsymbol{x}_i, \boldsymbol{x}_j) , \qquad \text{식 9.8}$$

$$\mathrm{diam}(C) = \max_{1 \leqslant i < j \leqslant |C|} \mathrm{dist}(\boldsymbol{x}_i, \boldsymbol{x}_j) , \qquad \text{식 9.9}$$

$$d_{\min}(C_i, C_j) = \min_{\boldsymbol{x}_i \in C_i, \boldsymbol{x}_j \in C_j} \text{dist}(\boldsymbol{x}_i, \boldsymbol{x}_j) \ , \qquad \text{식 9.10}$$

$$d_{\text{cen}}(C_i, C_j) = \text{dist}(\boldsymbol{\mu}_i, \boldsymbol{\mu}_j) \ , \qquad \text{식 9.11}$$

거리가 멀수록 샘플의 유사도가 낮다. 거리 계산에 관해서는 다음 절을 참조하라.

여기서 $\text{dist}(\cdot, \cdot)$는 두 샘플 간의 거리를 계산하는 데 사용됩니다. $\boldsymbol{\mu}$는 C의 중심점 $\boldsymbol{\mu} = \frac{1}{|C|} \sum_{1 \leqslant i \leqslant |C|} \boldsymbol{x}_i$를 나타냅니다. $\text{Avg}(C)$는 클러스트 C 내 샘플들의 평균 거리를 나타내고, $\text{diam}(C)$는 클러스터 C 내 샘플 간의 최대 거리를, $d_{\min}(C_i, C_j)$는 클러스터 C_i와 C_j 간 샘플의 최단 거리를 나타냅니다. $d_{cen}(C_i, C_j)$는 클러스터 C_i와 클러스터 C_j 중심점 간의 거리를 나타냅니다.

식 9.8~9.11을 기반으로 우리는 클러스터링 성능 척도의 내부 지표를 도출할 수 있습니다.

- **DB 지수**Davies-Bouldin Index, DBI

$$\text{DBI} = \frac{1}{k} \sum_{i=1}^{k} \max_{j \neq i} \left(\frac{\text{avg}(C_i) + \text{avg}(C_j)}{d_{\text{cen}}(C_i, C_j)} \right) \ . \qquad \text{식 9.12}$$

- **Dunn 지수**Dunn Index, DI

$$\text{DI} = \min_{1 \leqslant i \leqslant k} \left\{ \min_{j \neq i} \left(\frac{d_{\min}(C_i, C_j)}{\max_{1 \leqslant l \leqslant k} \text{diam}(C_l)} \right) \right\} \ . \qquad \text{식 9.13}$$

DBI값은 작을수록 좋고, DI는 반대로 클수록 좋습니다.

9.3 거리 계산법

만약 함수 $\text{dist}(\cdot, \cdot)$가 **계산척도**distance measure라면 아래 기본 성질들을 만족해야 합니다.

- **비음수성**non-negativity: $\text{dist}(\boldsymbol{x}_i, \boldsymbol{x}_j) \geqslant 0$ 식 9.14
- **동일성**: $\boldsymbol{x}_i = \boldsymbol{x}_j$일 때만, $\text{dist}(\boldsymbol{x}_i, \boldsymbol{x}_j) = 0$ 식 9.15
- **대칭성**: $\text{dist}(\boldsymbol{x}_i, \boldsymbol{x}_j) = \text{dist}(\boldsymbol{x}_j, \boldsymbol{x}_i)$ 식 9.16
- **삼각부등식 성질**: $\text{dist}(\boldsymbol{x}_i, \boldsymbol{x}_j) \leqslant \text{dist}(\boldsymbol{x}_i, \boldsymbol{x}_k) + \text{dist}(\boldsymbol{x}_k, \boldsymbol{x}_j)$ 식 9.17

샘플을 $\boldsymbol{x}_i = (x_{i1}; x_{i2}; ...; x_{in})$과 $\boldsymbol{x}_j = (x_{j1}; x_{j2}; ...; x_{jn})$처럼 정의하면, 가장 자주 사용하는 것은 **민코프스키 거리**Minkowski distance입니다.

식 9.18은 $x_i - x_j$인 L_p 노름 $||x_i - x_j||_p$이다.

$$\text{dist}_{\text{mk}}(\boldsymbol{x}_i, \boldsymbol{x}_j) = \left(\sum_{u=1}^{n} |x_{iu} - x_{ju}|^p \right)^{\frac{1}{p}} . \qquad \boxed{\text{식 9.18}}$$

$p \geqslant 1$일 때, 식 9.18은 식 9.14~9.17의 거리 척도 기본 성질들을 만족하게 됩니다.

$p \mapsto \infty$일 때 체비셰프 거리를 얻는다.

$p = 2$일 때, 민코프스키 거리는 유클리디안 거리Euclidean distance가 됩니다.

$$\text{dist}_{\text{ed}}(\boldsymbol{x}_i, \boldsymbol{x}_j) = ||\boldsymbol{x}_i - \boldsymbol{x}_j||_2 = \sqrt{\sum_{u=1}^{n} |x_{iu} - x_{ju}|^2} . \qquad \boxed{\text{식 9.19}}$$

또는 시가지 거리(city block distance)라고 한다.

$p = 1$일 때, 민코프스키 거리는 맨해튼 거리Manhattan distance가 됩니다.

$$\text{dist}_{\text{man}}(\boldsymbol{x}_i, \boldsymbol{x}_j) = ||\boldsymbol{x}_i - \boldsymbol{x}_j||_1 = \sum_{u=1}^{n} |x_{iu} - x_{ju}| . \qquad \boxed{\text{식 9.20}}$$

연속 속성은 수치적 속성 (numerical attribute), 이산 속성은 명목적 속성(nominal attribute)이라고도 부른다.

우리는 일반적으로 속성을 **연속 속성**continuous attribute과 **이산 속성**categorical attribute 으로 나눕니다. 전자는 정의역 내 취할 수 있는 값이 무한개가 존재하고, 후자는 정의역 내에서 유한한 값만을 취할 수 있습니다. 그러나 거리 계산 시에 속성값에 순서가 존재하는지를 정의하는 것도 중요합니다. 예를 들어, 정의역이 {1, 2, 3}인 이산 속성은 연속 속성과 성질이 비슷하여 속성값에서 바로 거리를 계산할 수 있 습니다. '1'은 '2'와 비교적 가깝고 '3'과는 비교적 멀다는 식으로 말이죠. 이러한 속 성을 **순서형 속성**ordinal attribute이라고 부릅니다. 만약 정의역이 {비행기, 기차, 배} 인 이산 속성이 있다면 직접적으로 속성값을 바탕으로 거리를 계산하는 것이 불 가능합니다. 이러한 속성을 **무순서형 속성**non-ordinal attribute이라고 합니다. 당연하 게도 민코프스키 거리는 순서형 속성에 사용할 수 있습니다.

순서가 없는 속성에는 VDMValue Difference Metirc[Stanfill and Waltz, 1986]을 사용할 수 있 습니다. $m_{u,a}$로 속성 u에서 값이 a인 샘플 수를, $m_{u,a,i}$로 i번째 샘플 클러스터 중 에 속성 u에서 값이 a인 샘플 수를, k로 샘플 클러스터 수를 나타낸다고 가정하면,

샘플 클래스를 이미 알고 있을 때, 일반적으로 k는 클래스의 수와 같게 설정한다.

속성 u 위의 두 이산값 a와 b 사이의 VDM 거리는 식 9.21입니다.

$$\text{VDM}_p(a, b) = \sum_{i=1}^{k} \left| \frac{m_{u,a,i}}{m_{u,a}} - \frac{m_{u,b,i}}{m_{u,b}} \right|^p . \qquad \boxed{\text{식 9.21}}$$

따라서 민코프스키 거리와 VDM을 결합하면 혼합 속성을 바로 처리할 수 있습니 다. 만약 n_c개의 순서형 속성이 있고, $n - n_c$개의 무순서형 속성이 있다면 전자를

후자 앞에 둡니다. 즉, 식 9.22처럼 나타냅니다.

$$\text{MinkovDM}_p(\boldsymbol{x}_i, \boldsymbol{x}_j) = \left(\sum_{u=1}^{n_c} |x_{iu} - x_{ju}|^p + \sum_{u=n_c+1}^{n} \text{VDM}_p(x_{iu}, x_{ju}) \right)^{\frac{1}{p}}$$ 식 9.22

샘플 공간 내에 각 속성의 중요성이 서로 다를 때는 **가중 거리**weighted distance를 사용할 수도 있습니다. 식 9.23은 가중 민코프스키 거리의 예입니다.

$$\text{dist}_{\text{wmk}}(\boldsymbol{x}_i, \boldsymbol{x}_j) = \left(w_1 \cdot |x_{i1} - x_{j1}|^p + \ldots + w_n \cdot |x_{in} - x_{jn}|^p \right)^{\frac{1}{p}}$$ 식 9.23

가중치 $w_i \geqslant 0$ $(i = 1, 2, \ldots, n)$은 서로 다른 속성의 중요도를 표현합니다. 일반적으로는 $\sum_{i=1}^{n} w_i = 1$입니다.

한 가지 주의해야 할 것은 우리는 일반적으로 어떠한 형식의 거리로 **유사도 측정**similarity measure을 정의합니다. 즉, 거리가 클수록 유사도가 적다고 판단합니다. 그러나 유사도 측정에 사용되는 거리는 반드시 거리 척도의 모든 성질을 만족하진 않습니다. 특히, 식 9.17이 그렇습니다. 예를 들어, 어떤 학습에서 우리는 다음과 같은 유사도를 측정하고 싶다고 가정합니다. "'사람'과 '말'은 각각 '인마(켄타우로스)'와 비슷하지만, '인간'과 '말'은 다르다." 이러한 목적을 달성하기 위해 '사람'과 '말'과 '인마' 사이의 거리를 비교적 가깝게 하고, '사람'과 '말' 사이의 거리를 멀게 할 수 있습니다. 하지만 이렇게 하면 그림 9.1에 나타나는 것처럼 식 9.17을 만족하지 못합니다. 이러한 거리를 **비척도 거리**non-metric distance라고 부릅니다. 이외에 이번 절에서 소개한 거리 계산식은 모두 사전에 정의된 것입니다. 하지만 많은 현실 문제에서 데이터 샘플에 기반해 적당한 거리 계산식을 사용해야 할 때가 많습니다. 이것은 **거리 척도 학습**distance metric learning을 통해 할 수 있습니다.

10.6절을 참조하라.

이 예제에서 수학적으로는 $d_3 = 3$ 조건만 만족하면 되지만, 언어적 의미에서 볼 때는 d_3은 d_1, d_2보다 훨씬 더 큰 값이어야 한다.

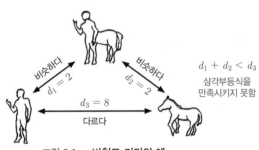

비슷하다 $d_1 = 2$ 비슷하다 $d_2 = 2$ $d_1 + d_2 < d_3$ 삼각부등식을 만족시키지 못함

$d_3 = 8$ 다르다

그림 9.1 \ 비척도 거리의 예

프로토타입 클러스터링

프로토타입이란, 샘플 공간에서 대표성을 가진 점들을 일컫는다.

프로토타입 클러스터링은 프로토타입 기반 클러스터링prototype-based clustering이라고도 불립니다. 이 알고리즘은 클러스터 구조가 프로토타입을 통해 형상화될 수 있다고 가정합니다. 일반적인 상황에서 알고리즘은 먼저 프로토타입에 대한 초기화를 진행하고 프로토타입에 대해 반복적으로 갱신하며 해를 구합니다. 서로 다른 프로토타입 표현과 해를 구하는 방식을 사용한다면 서로 다른 여러 가지 알고리즘을 생성하게 됩니다. 이러한 종류의 클러스터링 알고리즘을 몇 가지 소개하겠습니다.

9.4.1 k평균 클러스터링 알고리즘

샘플 $D = \{\boldsymbol{x}_1, \boldsymbol{x}_2, ..., \boldsymbol{x}_m\}$에서 k평균k-means 클러스터링 알고리즘은 클러스터링을 통해 분할한 클러스터 $\mathcal{C} = \{C_1, C_2, ..., C_k\}$에 대해 평균 오차를 최소화합니다.

$$E = \sum_{i=1}^{k} \sum_{\boldsymbol{x} \in C_i} \|\boldsymbol{x} - \boldsymbol{\mu}_i\|_2^2 \;,$$

식 9.24

여기서 $\boldsymbol{\mu}_i = \sum_{\boldsymbol{x} \in C_i}$이고, $\boldsymbol{x}$는 클러스터 C_i의 평균 벡터입니다. 직관적으로 볼 때 식 9.24는 클러스터 내의 샘플들이 클러스터 평균 벡터를 중심으로부터 밀집된 정도를 나타내고 있다고 볼 수 있습니다. E값이 작을수록 클러스터 내 샘플들의 유사도가 높을 것입니다.

식 9.24를 최소화하는 것은 쉽지 않습니다. 해당 값의 최적해를 구하려면 샘플 세트 D의 가능한 모든 클러스터 분할을 생각해야 하고, 이것은 NP-hard 문제입니다 [Aloise et al., 2009]. 따라서 k평균 알고리즘은 그리디 전략을 사용합니다. 반복적인 최적화를 통해 식 9.24의 근사치를 구합니다. 알고리즘의 자세한 과정이 그림 9.2에 나와 있습니다. 여기서 1행은 평균 벡터에 대한 초기화입니다. 그리고 4~8행과 9~16행은 클러스터 분할과 평균 벡터에 대한 반복적인 갱신입니다. 만약 반복적으로 갱신하다 클러스터링 결과가 바뀌지 않는다면 18행처럼 결괏값을 반환해 줍니다.

다음의 표 9.1 수박 데이터 세트 4.0을 활용해 k평균 알고리즘에 대해 자세히 알아보도록 합시다. 쉬운 설명을 위해 인덱스 i의 샘플을 $\boldsymbol{x}_i$로 놓고 '밀도'와 '당도' 두 속성을 가진 이차원 벡터라고 가정합니다.

110쪽 수박 데이터 세트 3.0α는 수박 데이터 세트 4.0의 부분집합이다.

표 9.1 \ **수박 데이터 세트 4.0**

번호	밀도	당도	번호	밀도	당도	번호	밀도	당도
1	0.697	0.460	11	0.245	0.057	21	0.748	0.232
2	0.774	0.376	12	0.343	0.099	22	0.714	0.346
3	0.634	0.264	13	0.639	0.161	23	0.483	0.312
4	0.608	0.318	14	0.657	0.198	24	0.478	0.437
5	0.556	0.215	15	0.360	0.370	25	0.525	0.369
6	0.403	0.237	16	0.593	0.042	26	0.751	0.489
7	0.481	0.149	17	0.719	0.103	27	0.532	0.472
8	0.437	0.211	18	0.359	0.188	28	0.473	0.376
9	0.666	0.091	19	0.339	0.241	29	0.725	0.445
10	0.243	0.267	20	0.282	0.257	30	0.446	0.459

샘플 9~21의 클래스는 '잘 익은 수박 = ×'이고, 다른 샘플의 클래스는 '잘 익은 수박 = ○'이다. 이 절에서는 레이블이 없는 샘플을 사용하므로 클래스 정보를 제공하고 있지 않다.

입력: 샘플 세트 $D = \{x_1, x_2, ..., x_m\}$
클러스터 k

과정:

1: D에서 랜덤으로 k개의 샘플을 선택해 초기 평균 벡터mean vector $\{\mu_1, \mu_2, ..., \mu_k\}$로 정한다

2: **repeat**

3: 　 $C_i = \varnothing \ (1 \leqslant i \leqslant k)$로 설정한다

4: 　 **for** $j = 1, 2, ..., m$ **do**

5: 　　 샘플 x_j와 각 평균 벡터 $\mu_i \ (1 \leqslant i \leqslant k)$ 간의 거리를 계산한다: $d_{ji} = \|x_j - \mu_i\|_2$

6: 　　 거리가 가장 가까운 평균 벡터를 기반으로 x_j의 클러스터 레이블을 정한다: $\lambda_j = \text{argmin}_{i \in \{1, 2, ..., k\}} \ d_{ji}$

7: 　　 샘플 x_j를 상응하는 클러스터에 포함한다 $C_{\lambda_j} = C_{\lambda_j} \bigcup \{x_j\}$

8: 　 **end for**

9: 　 **for** $i = 1, 2, ..., k$ **do**

10: 　　 새로운 평균 벡터 $\mu'_i = \frac{1}{|C_i|} \sum_{x \in C_i} x$를 계산한다

11: 　　 **if** $\mu'_i \neq \mu_i$ **then**

12: 　　　 평균 벡터 μ_i를 μ'_i로 갱신한다

13: 　　 **else**

14: 　　　 현재 평균 벡터를 변하지 않도록 보존한다

15: 　　 **end if**

16: 　 **end for**

17: **until** 평균 벡터가 갱신되지 않을 때까지

출력: 클러스터 분할 $\mathcal{C} = \{C_1, C_2, ..., C_k\}$

그림 9.2 \ **k평균 알고리즘**

실행 시간이 너무 길어지는 것을 방지하고자 일반적으로 최대 반복 횟수와 튜닝 정도를 정해 놓는다. 만약 반복 횟수와 튜닝 정도가 임계치에 도달한다면 훈련을 멈춘다.

만약 클러스터 수를 3개로 가정한다면, 알고리즘이 작동할 때 랜덤으로 3개의 샘플 x_6, x_{12}, x_{24}를 초기 평균 벡터로 설정합니다.

$$\mu_1 = (0.403; 0.237), \quad \mu_2 = (0.343; 0.099), \quad \mu_3 = (0.478; 0.437) .$$

샘플 $x_1 = (0.697; 0.460)$을 살펴보면, 해당 샘플은 현재 평균 벡터인 μ_1, μ_2, μ_3과의 거리가 각각 0.369, 0.506, 0.220이고, 따라서 x_1은 가장 거리가 가까운 C_3 클러스터에 속하게 됩니다. 이와 비슷하게 데이터 세트의 모든 샘플에 대해 같은 작업을 진행해 보면 다음과 같은 분할 결과를 얻을 수 있습니다.

$$C_1 = \{x_3, x_5, x_6, x_7, x_8, x_9, x_{10}, x_{13}, x_{14}, x_{17}, x_{18}, x_{19}, x_{20}, x_{23}\};$$
$$C_2 = \{x_{11}, x_{12}, x_{16}\};$$
$$C_3 = \{x_1, x_2, x_4, x_{15}, x_{21}, x_{22}, x_{24}, x_{25}, x_{26}, x_{27}, x_{28}, x_{29}, x_{30}\}.$$

따라서 C_1, C_2, C_3은 각각 새로운 평균 벡터를 구할 수 있습니다.

$$\mu_1' = (0.493; 0.207), \quad \mu_2' = (0.394; 0.066), \quad \mu_3' = (0.602; 0.396) .$$

평균 벡터를 갱신한 후 위 과정을 계속해서 반복합니다. 5번을 반복해 생성된 결과와 그림 9.3에서 4번을 반복해 생성된 결과는 비슷합니다. 따라서 알고리즘은 멈추고 최종 클러스터들을 얻게 됩니다.

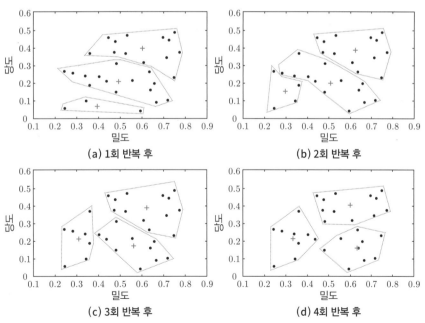

(a) 1회 반복 후

(b) 2회 반복 후

(c) 3회 반복 후

(d) 4회 반복 후

그림 9.3 ＼ 수박 데이터 세트 4.0에서 k클러스터링 알고리즘($k = 3$)을 실행한 결과
(샘플과 평균 벡터는 각각 '●'과 '+'로 표시했고 초록색 점선으로 클러스터를 나타냈다)

9.4.2 학습 벡터 양자화

k평균 알고리즘과 비슷하게 학습 벡터 양자화Learning Vector Quantization, LVQ도 원형 벡터 prototype vector를 찾아 클러스터 구조를 형상화하는 방법입니다. 일반적인 클러스터링 알고리즘과 다른 것은 LVQ는 데이터 샘플이 클래스 레이블을 갖고 있다고 가정하고 학습 과정에서 샘플의 이러한 지도적 정보를 사용하여 클러스터링을 돕습니다.

클러스터링을 통해 클래스의 '부분집합'을 구성한다고 볼 수 있다. 각 부분집합은 하나의 클러스터링에 대응한다.

샘플 세트 $D = \{(\boldsymbol{x}_1, y_1), (\boldsymbol{x}_2, y_2), \ldots, (\boldsymbol{x}_m, y_m)\}$가 주어지면, 각 샘플 벡터는 n개의 속성으로 구성된 특성 벡터$(x_{j1}; x_{j2}; \ldots; x_{jn})$이고, $y_i \in \mathcal{Y}$는 샘플 벡터의 클래스 레이블입니다. LVQ의 목표는 n차원 원형 벡터 $\{\boldsymbol{p}_1, \boldsymbol{p}_2, \ldots, \boldsymbol{p}_q\}$를 학습하는 것이고 각 원형 벡터는 하나의 클러스터를 대표합니다. 클러스터의 레이블은 $t_i \in \mathcal{Y}$로 나타냅니다.

그림 9.4에 LVQ 알고리즘이 설명되어 있습니다.

입력: 샘플 세트 $D = \{(\boldsymbol{x}_1, y_1), (\boldsymbol{x}_2, y_2), \ldots, (\boldsymbol{x}_m, y_m)\}$
원형 벡터prototype vector의 개수 q, 각 원형 벡터가 미리 설정한 클래스 레이블
$\{t_1, t_2, \ldots, t_q\}$
학습률 $\eta \in (0, 1)$

과정:
1: 한 그룹의 원형 벡터 $\{\boldsymbol{p}_1, \boldsymbol{p}_2, \ldots, \boldsymbol{p}_q\}$를 초기화
2: **repeat**
3:     샘플 세트 D에서 랜덤으로 샘플$(\boldsymbol{x}_j, y_j)$ 선택
4:     샘플 $\boldsymbol{x}_j$와 $\boldsymbol{p}_i(1 \leqslant i \leqslant q)$의 거리를 계산: $d_{ji} = \|\boldsymbol{x}_j - \boldsymbol{p}_i\|_2$
5:     샘플 $\boldsymbol{x}_j$와의 거리가 가장 가까운 원형 벡터 $\boldsymbol{p}_{i^*}$를 찾는다:
        $i^* = \operatorname{argmin}_{i \in \{1,2,\ldots,q\}} d_{ji}$
6:     **if** $y_i = t_{i^*}$ **then**
7:         $\boldsymbol{p}' = \boldsymbol{p}_{i^*} + \eta \cdot (\boldsymbol{x}_j - \boldsymbol{p}_{i^*})$
8:     **else**
9:         $\boldsymbol{p}' = \boldsymbol{p}_{i^*} + \eta \cdot (\boldsymbol{x}_j - \boldsymbol{p}_{i^*})$
10:    **end if**
11:    원형 벡터 $\boldsymbol{p}_{i^*}$를 $\boldsymbol{p}'$로 갱신
12: **until** 종료 조건을 만족시킬 때까지

출력: 원형 벡터 $\{\boldsymbol{p}_1, \boldsymbol{p}_2, \ldots, \boldsymbol{p}_q\}$

$\boldsymbol{x}_j$와 $\boldsymbol{p}_{i^*}$의 클래스는 같다.

$\boldsymbol{x}_j$와 $\boldsymbol{p}_{i^*}$의 클래스는 다르다.

예를 들면 최대 반복 횟수에 도달할 때

그림 9.4 \ **학습 벡터 양자화 알고리즘**

1행은 먼저 원형 벡터에 대한 초기화를 진행합니다. 예를 들어, 9번째 클러스터는 클러스터 레이블이 t_q인 샘플에서 랜덤으로 추출되어 하나의 원형 벡터가 됩니다.

2~12행은 원형 벡터에 대해 반복적으로 최적화를 진행합니다. 각 반복마다 알고리즘은 랜덤으로 레이블이 있는 훈련 샘플 하나를 추출하고 그와 거리가 가장 가까운 원형 벡터를 찾습니다. 그리고 해당 클래스 레이블이 일치하는지에 따라 원형 벡터를 갱신합니다. 12행에서 만약 알고리즘의 정지 조건이 만족한다면(예를 들어, 최대 반복 횟수에 도달했거나 원형 벡터의 갱신값에 차이가 거의 없을 때) 해당 원형 벡터가 최종 결과로서 반환됩니다.

5행에서 경쟁 학습의 '승자독식' 전략이 나왔다. SOM은 레이블이 없는 샘플에 기반한 클러스터링 알고리즘이다. 반면, LVQ는 지도 정보에 기반한 SOM의 확장 버전이라고 볼 수 있다. 경쟁 학습과 SOM에 관해서는 5.5.2절과 5.5.3절을 참조하라.

LVQ의 관건은 6~10행에 나와 있는 원형 벡터를 갱신하는 방법입니다. 직관적으로 샘플 x_j에 대해 가장 가까운 원형 벡터 p_{i*}와 x_j의 클래스 레이블이 같다면, p_{i*}를 x_j의 방향에 가까이 합니다. 이때 원형 벡터는 7행에 나와 있는 것처럼 식 9.25가 되고, P'와 x_j 사이의 거리는 식 9.26이 됩니다.

$$p' = p_{i*} + \eta \cdot (x_j - p_{i*}) \, , \qquad \text{식 9.25}$$

$$\|p' - x_j\|_2 = \|p_{i*} + \eta \cdot (x_j - p_{i*}) - x_j\|_2$$
$$= (1 - \eta) \cdot \|p_{i*} - x_j\|_2 \, . \qquad \text{식 9.26}$$

학습율을 $\mu \in (0, 1)$로 둔다면 원형 벡터 p_{i*}은 p'로 갱신된 후 x_j에 더 가깝게 됩니다.

이와 비슷하게 p_{i*}와 x_j의 클래스 레이블이 다르다면 갱신 후의 원형 벡터와 x_j 사이의 거리는 $(1 + \mu) \cdot \|p_{i*} - x_j\|_2$이 되고, 따라서 x_j와 더 멀어집니다.

만약 R_i 샘플들을 모두 원형 벡터 p_i로 나타낼 수 있다면, 데이터는 비가역 압축(lossy compression)될 수 있다. 이는 벡터 양자화(vector quantization)라고도 부른다. LVQ 이름의 유래도 여기서 온 것이다.

원형 벡터$\{p_1, p_2, \ldots, p_q\}$를 학습한 후 샘플 공간 $\mathcal{X}$의 클러스터 분할을 바로 실현할 수 있습니다. 임의의 샘플 x에 대해 해당 샘플이 거리가 가장 가까운 원형 벡터가 대표하는 클러스터로 분할되어 속해집니다. 바꿔 말하면 각 원형 벡터 p_i는 관련 구역 R_i을 정의하고, 해당 구역 내의 각 샘플과 p_i의 거리는 해당 샘플과 기타 원형 벡터 $p_{i'}$ $(i' \neq i)$의 거리보다 가깝습니다. 즉, 식 9.27로 표현할 수 있습니다.

$$R_i = \{x \in \mathcal{X} \mid \|x - p_i\|_2 \leqslant \|x - p_{i'}\|_2, \, i' \neq i\} \, . \qquad \text{식 9.27}$$

이렇게 샘플 공간 $\mathcal{X}$의 클러스터 분할 $\{R_1, R_2, \ldots, R_q\}$가 형성되고, 해당 분할은 **Voronoi 분할**Voronoi tessellation이라고 부릅니다.

표 9.1의 수박 데이터 세트 4.0을 이용해 LVQ의 학습 과정을 설명해 보겠습니다. 먼저, 표에서 9~21번 샘플의 클래스 레이블을 c_2라고 하고, 기타 샘플의 클래스 레이블을 c_1이라고 가정합니다. 만약 $q = 5$라면, 학습 목표는 5개의 원형 벡터 $p_1 \sim p_5$를 찾는 것이 됩니다. 그리고 이에 대응하는 클래스 레이블은 각각 c_1, c_2, c_2, c_1, c_1이라고 가정합니다.

즉, '잘 익은 수박' 3개 클러스터링과, '덜 익은 수박' 2개 클러스터링을 찾는 것이다.

알고리즘은 샘플의 클래스 레이블과 클러스터의 사전 정의 클래스 레이블에 기반해 원형 벡터를 랜덤으로 초기화하는 것으로 시작합니다. 여기서는 샘플이 x_5, x_{12}, x_{18}, x_{23}, x_{29}로 초기화되었다고 가정합니다. 첫 번째 반복 과정에서 랜덤으로 추출된 샘플이 x_1이라고 가정한다면 해당 샘플과 현재의 원형 벡터 $p_1 \sim p_5$와의 거리는 각각 0.283, 0.506, 0.434, 0.260, 0.032가 됩니다. p_5와 x_1 사이의 거리가 가장 가깝고 공통된 클래스 레이블 c_1을 가지고 있으므로 학습율을 $\eta = 0.1$로 가정한다면 LVQ가 p_5를 갱신해 얻는 새로운 원형 벡터는 다음처럼 계산됩니다.

$$p' = p_5 + \eta \cdot (x_1 - p_5)$$
$$= (0.725; 0.445) + 0.1 \cdot \big((0.697; 0.460) - (0.725; 0.445)\big)$$
$$= (0.722; 0.447) .$$

p_5를 p'로 갱신한 후 계속해서 상기 과정을 반복합니다. 반복 횟수에 따른 클러스터링 결과의 변화는 그림 9.5를 보면 알 수 있습니다.

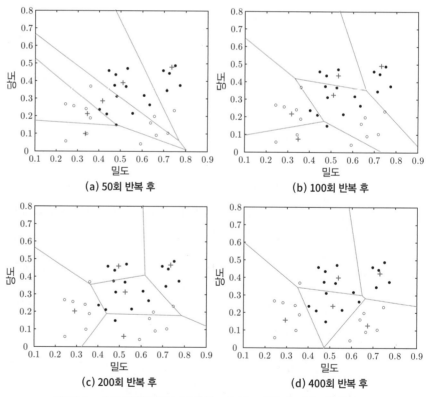

(a) 50회 반복 후   (b) 100회 반복 후

(c) 200회 반복 후   (d) 400회 반복 후

그림 9.5 ＼ 수박 데이터 세트 4.0에서 LVQ 알고리즘($q = 5$)을 실행했을 때,
다른 반복 횟수에 따른 클러스터링 결과

(c_1, c_2 클래스 샘플의 포인트와 원형 벡터는 각각 'o', '●'과 '+'로 표시했다.
초록색 점선으로 클러스터링된 Voronoi 분할을 나타냈다)

9.4.3 가우시안 혼합 클러스터링

k평균, LVQ처럼 원형 벡터를 이용해 클러스터링 구조에 대해 형상화하는 알고리즘과는 달리, **가우시안 혼합**Mixture-of-Gaussian 클러스터링은 확률 모델을 이용해 클러스터의 프로토타입을 표현합니다.

먼저, (다중) 가우시안 분포에 대한 정의를 다시 생각해 봅시다. n차원 샘플 공간 $\mathcal{X}$에서의 확률 벡터random vector $\boldsymbol{x}$가 가우시안 분포를 따르면 확률밀도 함수는 식 9.28이 됩니다.

$\boldsymbol{x} \sim \mathcal{N}(\boldsymbol{\mu}, \boldsymbol{\Sigma})$과 같이 나타낸다.

$$p(\boldsymbol{x}) = \frac{1}{(2\pi)^{\frac{n}{2}} |\boldsymbol{\Sigma}|^{\frac{1}{2}}} e^{-\frac{1}{2}(\boldsymbol{x}-\boldsymbol{\mu})^{\mathrm{T}} \boldsymbol{\Sigma}^{-1}(\boldsymbol{x}-\boldsymbol{\mu})} \ , \qquad \text{식 9.28}$$

$\boldsymbol{\mu}$는 n차원 평균 벡터이고, $\boldsymbol{\Sigma}$는 $n \times n$의 공분산 행렬입니다. 위 식에서 볼 수 있듯이 가우시안 분포는 평균 벡터 $\boldsymbol{\mu}$와 공분산 행렬 $\boldsymbol{\Sigma}$ 등 두 파라미터에 의해 결정됩니다. 가우시안 분포와 상응하는 파라미터들의 관계를 명확히 하기 위해 확률밀도 함수를 $p(\boldsymbol{x} \mid \boldsymbol{\mu}, \boldsymbol{\Sigma})$으로 기입합니다.

우리는 가우시안 분포를 다음처럼 정의할 수 있습니다.

$p_{\mathcal{M}}(\cdot)$도 확률밀도 함수다.
$\int p_{\mathcal{M}}(\boldsymbol{x}) d\boldsymbol{x} = 1$

$$p_{\mathcal{M}}(\boldsymbol{x}) = \sum_{i=1}^{k} \alpha_i \cdot p(\boldsymbol{x} \mid \boldsymbol{\mu}_i, \boldsymbol{\Sigma}_i) \ , \qquad \text{식 9.29}$$

이 분포는 k개의 혼합 성분으로 구성되어 있습니다. 각 혼합 성분은 하나의 가우시안 분포에 대응합니다. $\boldsymbol{\mu}_i$와 $\boldsymbol{\Sigma}_i$는 i번째 가우시안 혼합 성분의 파라미터이고, $\alpha_i > 0$은 상응하는 **혼합 계수**mixture coefficient, $\sum_{i=1}^{k} \alpha_i = 1$입니다.

샘플의 생성 과정은 가우시안 혼합분포에 의해 이뤄진다고 가정해 봅시다. 먼저, $\alpha_1, \alpha_2, \ldots, \alpha_k$로 정의하는 사전분포에 기반해 가우시안 혼합 성분을 선택합니다. 여기서 α_i는 i번째 혼합 성분을 선택할 확률입니다. 그다음으로 선택된 혼합 성분의 확률밀도 함수에 기반해 샘플링을 진행하여 상응하는 샘플들을 생성합니다.

만약 훈련 세트 $D = \{\boldsymbol{x}_1, \boldsymbol{x}_2, \ldots, \boldsymbol{x}_m\}$이 위 과정을 통해 생성되었다면 확률 변수 $z_j \in \{1, 2, \ldots, k\}$로 생성된 샘플 $\boldsymbol{x}_j$의 가우시안 혼합 성분을 나타내고, 그 값들은 미정의 상태로 둡니다. z_j의 사전 확률 $P(z_j = i)$는 $\alpha_i (i = 1, 2, \ldots, k)$에 대응합니다. 베이즈의 정리에 따라 z_j의 사후분포는 식 9.30에 대응합니다.

9.4 프로토타입 클러스터링 \ 247

$$p_{\mathcal{M}}(z_j = i \mid \boldsymbol{x}_j) = \frac{P(z_j = i) \cdot p_{\mathcal{M}}(\boldsymbol{x}_j \mid z_j = i)}{p_{\mathcal{M}}(\boldsymbol{x}_j)}$$

$$= \frac{\alpha_i \cdot p(\boldsymbol{x}_j \mid \boldsymbol{\mu}_i, \boldsymbol{\Sigma}_i)}{\sum\limits_{l=1}^{k} \alpha_l \cdot p(\boldsymbol{x}_j \mid \boldsymbol{\mu}_l, \boldsymbol{\Sigma}_l)} \ . \qquad \boxed{\text{식 9.30}}$$

바꿔 말하면, $p_{\mathcal{M}}(z_i = i \mid \boldsymbol{x}_j)$는 샘플 $\boldsymbol{x}_j$가 i번째 가우시안 혼합 성분으로 생성될 사후 확률을 나타냅니다. 쉬운 논의를 위해 $\gamma_{ji}(i = 1, 2, \ldots, k)$로 간단히 나타냅니다.

가우시안 혼합분포(식 9.29)를 이미 알고 있을 때, 가우시안 혼합 클러스터링은 샘플 세트 D를 k개의 클러스터 $\mathcal{C} = \{C_1, C_2, \ldots, C_k\}$로 분할하고 각 샘플 $\boldsymbol{x}_j$의 클러스터 레이블 λ_i는 아래와 같이 정의합니다.

$$\lambda_j = \mathop{\arg\max}_{i \in \{1,2,\ldots,k\}} \gamma_{ji} \ . \qquad \boxed{\text{식 9.31}}$$

따라서 프로토타입 기반의 클러스터링 시각에서 봤을 때 가우시안 혼합 클러스터링은 확률 모델(가우시안 분포)을 사용해 프로토타입에 대해 형상화하고, 클러스터 분할은 프로토타입이 사후 확률에 대응해 결정됩니다.

그렇다면 식 9.29에 대해 모델 파라미터 $\{(\alpha_i, \boldsymbol{\mu}_i, \boldsymbol{\Sigma}_i) \mid 1 \leqslant i \leqslant k\}$은 어떻게 구할까요? 데이터 세트 D가 주어진다면 최대 우도 추정법을 이용해 (로그) 우도를 최대화합니다.

최대 우도에 관해서는 7.2절을 참조하라.

$$LL(D) = \ln\left(\prod_{j=1}^{m} p_{\mathcal{M}}(\boldsymbol{x}_j)\right)$$

$$= \sum_{j=1}^{m} \ln\left(\sum_{i=1}^{k} \alpha_i \cdot p(\boldsymbol{x}_j \mid \boldsymbol{\mu}_i, \boldsymbol{\Sigma}_i)\right) \ , \qquad \boxed{\text{식 9.32}}$$

EM 알고리즘에 관해서는 7.6절을 참조하라.

자주 EM 알고리즘을 이용해 반복적으로 최적해를 구합니다. 간단하게 유도 과정을 살펴봅시다.

만약 파라미터 $\{(\alpha_i, \boldsymbol{\mu}_i, \boldsymbol{\Sigma}_i) \mid 1 \leqslant i \leqslant k\}$이 식 9.32를 최대화할 수 있다면 $\frac{\partial LL(D)}{\partial \boldsymbol{\mu}_i} = 0$에 따라 식 9.33이 됩니다.

$$\sum_{j=1}^{m} \frac{\alpha_i \cdot p(\boldsymbol{x}_j \mid \boldsymbol{\mu}_i, \boldsymbol{\Sigma}_i)}{\sum\limits_{l=1}^{k} \alpha_l \cdot p(\boldsymbol{x}_j \mid \boldsymbol{\mu}_l, \boldsymbol{\Sigma}_l)}(\boldsymbol{x}_j - \boldsymbol{\mu}_i) = 0 ,$$ 식 9.33

식 9.30과 $\gamma_{ji} = p_{\mathcal{M}}(z_j = i \mid \boldsymbol{x}_j)$에 의해 식 9.34가 됩니다.

$$\boldsymbol{\mu}_i = \frac{\sum\limits_{j=1}^{m} \gamma_{ji} \boldsymbol{x}_j}{\sum\limits_{j=1}^{m} \gamma_{ji}} ,$$ 식 9.34

즉, 각 혼합 성분의 평균값은 샘플의 가중 평균으로 구할 수가 있고, 샘플의 가중치는 각 샘플이 해당 성분에 속할 사후 확률입니다. 유사하게, $\frac{\partial LL(D)}{\partial \boldsymbol{\Sigma}_i} = 0$에 의해 식 9.35를 얻을 수 있습니다.

$$\boldsymbol{\Sigma}_i = \frac{\sum\limits_{j=1}^{m} \gamma_{ji}(\boldsymbol{x}_j - \boldsymbol{\mu}_i)(\boldsymbol{x}_j - \boldsymbol{\mu}_i)^{\mathrm{T}}}{\sum\limits_{j=1}^{m} \gamma_{ji}} .$$ 식 9.35

혼합 계수 α_i에 대해 $LL(\mathrm{D})$를 최대화하는 것 외에, $\alpha_i \geqslant 0$, $\sum_{i=1}^{k} \alpha_i = 1$을 만족해야 합니다. $LL(\mathrm{D})$의 라그랑주 식을 생각해 보면, 식 9.36에서 λ는 라그랑주 승수입니다.

$$LL(D) + \lambda \left(\sum_{i=1}^{k} \alpha_i - 1 \right) ,$$ 식 9.36

α_i의 도함수가 0이면 식 9.37이 됩니다.

$$\sum_{j=1}^{m} \frac{p(\boldsymbol{x}_j \mid \boldsymbol{\mu}_i, \boldsymbol{\Sigma}_i)}{\sum\limits_{l=1}^{k} \alpha_l \cdot p(\boldsymbol{x}_j \mid \boldsymbol{\mu}_l, \boldsymbol{\Sigma}_l)} + \lambda = 0 ,$$ 식 9.37

양변에 α_i를 곱하고 모든 혼합 성분의 합을 구하면 $\lambda = -m$임을 알 수 있고 식 9.38이 됩니다.

$$\alpha_i = \frac{1}{m} \sum_{j=1}^{m} \gamma_{ji} ,$$ 식 9.38

즉, 각 가우시안 분포의 혼합 계수는 샘플이 해당 성분에 속하는 평균 사후 확률에 따라 결정됩니다.

위의 유도 과정을 통해 가우시안 혼합 모델의 EM 알고리즘을 얻을 수 있습니다. 각 반복 과정에서 먼저 해당 파라미터를 이용해 각 샘플이 각 가우시안 성분에 속할 사후 확률 γ_{ji}(E 단계)를 계산합니다. 그리고 식 9.34, 9.35, 9.38을 갱신해 새로운 모델 파라미터 $\{(\alpha_i, \boldsymbol{\mu}_i, \boldsymbol{\Sigma}_i) \mid 1 \leqslant i \leqslant k\}$(M 단계)를 얻습니다.

그림 9.6은 가우시안 혼합 클러스터링 알고리즘을 설명합니다. 알고리즘은 1행에서 가우시안 혼합분포의 모델 파라미터를 초기화하는 것으로 시작합니다. 그런 다음 2~12행은 EM 알고리즘에 기반해 모델 파라미터를 반복적으로 갱신합니다. 만약 EM 알고리즘이 정지 조건을 만족할 때(예를 들어, 이미 최대 반복 횟수에 도달했거나 우도 함수 $LL(D)$의 증가량이 매우 작을 때) 14~17행은 가우시안 혼합분포에 따라 클러스터 분할을 결정하고 18행에서 최종 결과를 반환합니다.

입력: 샘플 세트 $D = \{\boldsymbol{x}_1, \boldsymbol{x}_2, ..., \boldsymbol{x}_m\}$
　　　가우시안 혼합 성분 개수 k.
과정:
1: 가우시안 혼합분포의 모델 파라미터 $\{(\alpha_i, \boldsymbol{\mu}_i, \boldsymbol{\Sigma}_i) \mid 1 \leqslant i \leqslant k\}$를 초기화
2: **repeat**

> EM 알고리즘의 E 단계다.

3: 　**for** $j = 1, 2, ..., m$ **do**
4: 　　식 9.30에 따라 $\boldsymbol{x}_j$가 각 혼합 성분에 의해 생성될 사후확률을 계산, 즉 $\gamma_{ji}\,p_{\mathcal{M}}(z_j = i \mid \boldsymbol{x}_j)\ (1 \leqslant i \leqslant k)$
5: 　**end for**

> EM 알고리즘의 M 단계다.

6: 　**for** $i = 1, 2, ..., k$ **do**
7: 　　새로운 평균 벡터 $\boldsymbol{\mu}_i' = \frac{\sum_{j=1}^{m} \gamma_{ji}\boldsymbol{x}_j}{\sum_{j=1}^{m} \gamma_{ji}}$; 을 계산
8: 　　새로운 공분산 행렬 $\boldsymbol{\Sigma}_i' = \frac{\sum_{j=1}^{m} \gamma_{ji}(\boldsymbol{x}_j - \boldsymbol{\mu}_i')(\boldsymbol{x}_j - \boldsymbol{\mu}_i')^{\mathrm{T}}}{\sum_{j=1}^{m} \gamma_{ji}}$ 을 계산
9: 　　새로운 혼합 계수 $\alpha_i' = \frac{\sum_{j=1}^{m} \gamma_{ji}}{m}$; 을 계산
10: 　**end for**
11: 　모델 파라미터 $\{(\alpha_i, \boldsymbol{\mu}_i, \boldsymbol{\Sigma}_i) \mid 1 \leqslant i \leqslant k\}$를 $\{(\alpha_i', \boldsymbol{\mu}_i', \boldsymbol{\Sigma}_i') \mid 1 \leqslant i \leqslant k\}$로 갱신

> 예를 들어 최대 반복 횟수에 도달할 때

12: **until** 종료 조건을 만족할 때까지
13: $C_i = \varnothing\ (1 \leqslant i \leqslant k)$
14: **for** $j = 1, 2, ..., m$ **do**
15: 　식 9.31에 따라 $\boldsymbol{x}_j$의 클러스터 레이블 λ_j를 정한다;
16: 　$\boldsymbol{x}_j$를 상응하는 클러스터에 귀속한다: $C_{\lambda_j} = C_{\lambda_j} \bigcup \{\boldsymbol{x}_j\}$
17: **end for**
출력: 클러스터 분할 $\mathcal{C} = \{C_1, C_2, ..., C_k\}$

그림 9.6 ＼ 가우시안 혼합 클러스터링 알고리즘

표 9.1의 수박 데이터 세트 4.0을 예로 들어 가우시안 혼합 클러스터링 알고리즘에 대해 쉽게 설명해 보겠습니다. 먼저, 가우시안 혼합 성분의 개수를 $k = 3$이라고 정의하면, 알고리즘 시작 시 가우시안 혼합의 모델 파라미터를 $\alpha_1 = \alpha_2 = \alpha_3 = \frac{1}{3}$, $\boldsymbol{\mu}_1 = \boldsymbol{x}_6, \boldsymbol{\mu}_2 = \boldsymbol{x}_{22}, \boldsymbol{\mu}_3 = \boldsymbol{x}_{27}; \boldsymbol{\Sigma}_1 = \boldsymbol{\Sigma}_2 = \boldsymbol{\Sigma}_3 = \begin{pmatrix} 0.1 & 0.0 \\ 0.0 & 0.1 \end{pmatrix}$으로 초기화합니다.

첫 번째 반복에서 먼저 각 혼합 성분으로 생성된 샘플의 사후 확률을 계산합니다. $\boldsymbol{x}_1$을 예로 들면, 식 9.30에 의해 계산된 사후 확률은 $\gamma_{11} = 0.219$, $\gamma_{12} = 0.404$, $\gamma_{13} = 0.377$입니다. 모든 샘플의 사후 확률을 계산한 후 아래와 같은 새로운 모델 파라미터를 얻게 됩니다.

$$\alpha_1' = 0.361, \ \alpha_2' = 0.323, \ \alpha_3' = 0.316$$

$$\boldsymbol{\mu}_1' = (0.491; 0.251), \ \boldsymbol{\mu}_2' = (0.571; 0.281), \ \boldsymbol{\mu}_3' = (0.534; 0.295)$$

$$\boldsymbol{\Sigma}_1' = \begin{pmatrix} 0.025 & 0.004 \\ 0.004 & 0.016 \end{pmatrix}, \ \boldsymbol{\Sigma}_2' = \begin{pmatrix} 0.023 & 0.004 \\ 0.004 & 0.017 \end{pmatrix}, \ \boldsymbol{\Sigma}_3' = \begin{pmatrix} 0.024 & 0.005 \\ 0.005 & 0.016 \end{pmatrix}$$

모델 파라미터가 갱신된 후 계속해서 위의 과정을 반복합니다. 서로 다른 반복 횟수를 시행한 후의 클러스터링 결과는 그림 9.7에 나와 있는 것과 같습니다.

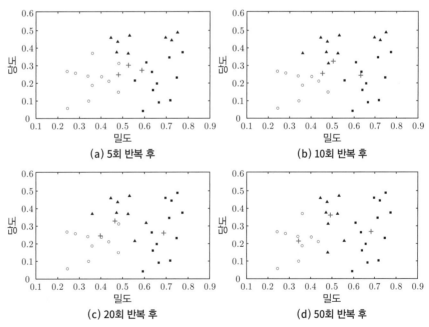

그림 9.7 ＼ 가우시안 혼합 클러스터링($k = 3$)이 다른 반복을 시행한 후 클러스터링 결과
(클러스터 c_1, c_2, c_3 샘플의 포인트는 각각 'ㅇ', '■'과 '▲'로 표시했다.
각 가우시안 혼합 성분의 평균 벡터는 '+'로 표시했다)

밀도 클러스터링

밀도 클러스터링은 **밀도 기반 클러스터링**density-based clustering이라고도 합니다. 이러한 알고리즘은 클러스터 구조가 샘플 분포의 밀집된 정도로 결정된다고 가정합니다. 일반적으로 밀도 클러스터링 알고리즘은 샘플의 밀도 관점에서 샘플 간의 연결성을 고려하고, 연결 가능한 샘플을 기반으로 클러스터링을 확장해 최종 클러스터링 결과를 얻습니다.

정식 명칭은 'Density-Based Spatial Clustering of Applications with Noise(노이즈가 있는 애플리케이션의 밀도 기반 공간 클러스터링)'다.

DBSCAN은 일종의 유명한 밀도 클러스터링 알고리즘입니다. 이 알고리즘은 **이웃**neighborhood 지역 파라미터(ϵ, $MinPts$)에 기반해 샘플 분포의 밀집 정도를 형상화합니다. 데이터 세트 $D = \{x_1, x_2, ..., x_m\}$이 주어졌다고 가정하고, 아래와 같은 몇 가지 개념을 정의하고 설명을 시작하겠습니다.

다음 장에서 설명할 거리 함수 dist($\cdot$)는 특별한 언급이 없는 한 유클리드 거리로 설정한다.

- **ϵ-이웃 지역**: $x_j \in D$에 대해, ϵ-이웃 지역은 샘플 데이터 D에서 x_j와의 거리가 ϵ보다 작은 샘플들을 포함합니다. 즉, $N_\epsilon(x_j) = \{x_i \in D \mid \text{dist}(x_i, x_j) \leqslant \epsilon\}$입니다.

- **핵심 대상**core object: 만약 x_j의 ϵ-이웃 지역이 최소 $MinPts$개의 샘플을 포함하고 있다면, 즉 $|N\epsilon(x_j)| \geqslant MinPts$라면, x_j는 하나의 핵심 대상이 됩니다.

직접 접근 가능한 관계는 일반적으로 대칭성을 만족하시 못한다.

- **직접 접근 가능한**directly density-reachable: 만약 x_j가 x_i의 ϵ-이웃 지역에 위치하고 x_i가 핵심 대상이라면, x_j는 x_i의 직접 접근 가능한 밀도가 됩니다.

접근 가능한 관계는 삼각부등식 성질을 만족하지만, 대칭성은 만족하지 못한다.

- **접근 가능한**density-reachable: x_i와 x_j에 대해, 만약 샘플 수열 $p_1, p_2, ..., p_n$ 중 $p_1 = x_i$, $p_n = x_j$이고 p_{i+1}은 p_i의 직접 접근 가능한 밀도라면, x_j는 x_i의 접근 가능 밀도입니다.

연결된 관계는 대칭성을 만족한다.

- **연결된**density-connected: x_i와 x_j에 대해, 만약 x_i와 x_j가 x_k의 접근 가능한 밀도가 되게 하는 x_k가 존재한다면, x_i는 x_j와 연결되었다고 표현합니다.

위 개념들에 대한 설명은 아래 그림 9.8을 참조합니다.

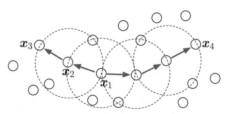

그림 9.8 \ **DBSCAN에서 정의하는 기본 개념**($MinPts = 3$)
(점선은 ϵ-이웃 지역이고 x_1은 핵심 대상이다. x_2는 x_1의 직접 연결 가능이고,
x_3은 x_1에 의한 연결 가능이다. x_3과 x_4는 연결되었다)

이러한 개념을 바탕으로 DBSCAN은 클러스터를 다음과 같이 정의합니다.

접근 가능 관계로 유도해 낸 최대의 밀도 연결 샘플 집합

조금 더 구체화하면 이웃 영역 파라미터$(\epsilon,\ MinPts)$가 주어졌을 때 클러스터 $C \subseteq D$는 다음 성질을 만족하는 공집합이 아닌 샘플 부분집합이라고 말할 수 있습니다.

D 중에 어떤 클러스터에도 속하지 않은 샘플을 노이즈(noise) 혹은 특잇값(anomaly) 샘플이라고 부른다.

연결성connectivity: $x_i \in C,\ x_j \in C \Rightarrow x_i$와 x_j의 밀도 연결 식 9.39

최대성maximality: $x_i \in C,\ x_j$는 x_i에 의해 밀도 접근 가능density-reachable하다
$$\Rightarrow x_j \in C$$

식 9.40

그렇다면 어떻게 데이터 세트 D에서 위 성질을 만족하는 클러스터링을 찾아낼 수 있을까요? 사실 x가 핵심 대상이라면 x에 의해 접근 가능한 모든 샘플들로 이뤄진 집합은 $X = \{x' \in D \mid x'$는 x 접근 가능$\}$이고, X가 연결성과 최대성을 만족하는 클러스터라는 것을 어렵지 않게 증명할 수 있습니다.

따라서 DBSCAN 알고리즘은 먼저 데이터 세트 중 하나의 핵심 대상을 임의로 선택해 시드seed로 설정합니다. 그런 다음 해당 시드에서 출발해 적당한 클러스터를 정합니다. 알고리즘에 대한 자세한 순서는 그림 9.9에서 설명합니다. 1~7행에서 알고리즘은 먼저 이웃 영역 파라미터$(\epsilon,\ MinPts)$에 기반해 모든 핵심 대상을 탐색합니다. 그다음으로 10~24행에서 임의의 핵심 대상을 출발점으로 해당 핵심 대상에 접근 가능한density-reachable 샘플들로 클러스터를 생성합니다. 이 과정은 모든 핵심 대상에 대해 진행합니다.

마찬가지로 표 9.1의 수박 데이터 세트 4.0을 예제로 쉽게 설명하겠습니다. 먼저, 이웃 영역 파라미터$(\epsilon,\ MinPts)$를 각각 $\epsilon = 0.11$, $MinPts = 5$로 설정합니다. DBSCAN 알고리즘은 먼저 각 샘플의 ϵ-이웃 영역을 찾아내고 핵심 대상 집합 $\Omega = \{x_3,\ x_5,\ x_6,\ x_8,\ x_9,\ x_{13},\ x_{14},\ x_{18},\ x_{19},\ x_{24},\ x_{25},\ x_{28},\ x_{29}\}$를 결정합니다. 그런 다음, Ω에서 임의로 하나의 핵심 대상을 시드로 정하고 해당 시드로 접근 가능한 모든 샘플을 찾습니다. 이렇게 첫 번째 클러스터가 구성됩니다. 만약 핵심 대상 x_8이 시드로 선택되었다면 DBSCAN 알고리즘이 생성한 첫 번째 클러스터는 $C_1 = \{x_6,\ x_7,\ x_8,\ x_{10},\ x_{12},\ x_{18},\ x_{19},\ x_{20},\ x_{23}\}$이 될 것입니다.

입력: 샘플 세트 $D = \{x_1, x_2, \ldots, x_m\}$
이웃 영역 파라미터 $(\epsilon, MinPts)$

과정:

1: 핵심 대상 집합을 초기화: $\Omega = \varnothing$
2: **for** $j = 1, 2, \ldots, m$ **do**
3:     샘플 x_j의 ϵ-이웃영역 $N_\epsilon(x_j)$를 정한다
4:     **if** $|N_\epsilon(x_j)| \geqslant MinPts$ **then**
5:         샘플 x_j를 핵심 대상 집합에 포함한다: $\Omega = \Omega \bigcup \{x_j\}$
6:     **end if**
7: **end for**
8: 클러스터 개수를 초기화한다 $k = 0$
9: 방문하지 않은 샘플 집합을 초기화한다: $\Gamma = D$
10: **while** $\Omega \neq \varnothing$ **do**
11:     방문하지 않은 샘플 집합을 기록해둔다 $\Gamma_{old} = \Gamma$
12:     하나의 핵심 대상 $o \in \Omega$을 랜덤으로 선택하고, $Q = <o>$을 초기화한다
13:     $\Gamma = \Gamma \setminus \{o\}$
14:     **while** $Q \neq \varnothing$ **do**
15:         Q에서 가장 첫 번째 샘플 q를 추출한다
16:         **if** $|N_\epsilon(q)| \geqslant MinPts$ **then**
17:             $\Delta = N_\epsilon(q) \bigcap \Gamma$이 되게 한다
18:             Δ에서의 샘플을 Q에 더한다
19:             $\Gamma = \Gamma \setminus \Delta$
20:         **end if**
21:     **end while**
22:     $k = k + 1$, 클러스터 $C_k = \Gamma_{old} \setminus \Gamma$를 생성한다
23:     $\Omega = \Omega \setminus C_k$
24: **end while**

출력: 클러스터 분할 $\mathcal{C} = \{C_1, C_2, \ldots, C_k\}$

그림 9.9 \ **DBSCAN 알고리즘**

그리고서 DBSCAN은 C_1에 포함된 핵심 대상을 Ω에서 제거합니다. $\Omega = \Omega \setminus C_1 = \{x_3, x_5, x_9, x_{13}, x_{14}, x_{24}, x_{25}, x_{28}, x_{29}\}$. 그리고 갱신한 집합 Ω에서 임의로 하나의 핵심 대상을 선택해 시드로 설정하고 다음 클러스터를 생성합니다. 이런 과정을 C_1이 텅 빌 때까지 계속 반복합니다. 그림 9.10에 DBSCAN이 클러스터를 생성하는 과정이 묘사되어 있습니다.

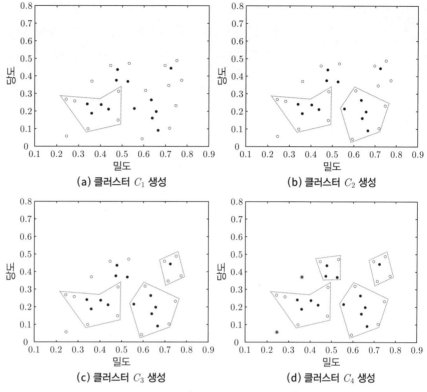

그림 9.10 ＼ **DBSCAN 알고리즘($e = 0.11$, $MinPts = 5$)로 생성한 클러스터**
(핵심 대상, 비핵심 대상, 노이즈는 각각 'o', '●'과 '✱'로 표시했다.
초록색 점선은 각 클러스터의 분할을 나타냄)

C_1 이후에 생성된 클러스터는 각각 다음과 같습니다.

$$C_2 = \{\boldsymbol{x}_3, \boldsymbol{x}_4, \boldsymbol{x}_5, \boldsymbol{x}_9, \boldsymbol{x}_{13}, \boldsymbol{x}_{14}, \boldsymbol{x}_{16}, \boldsymbol{x}_{17}, \boldsymbol{x}_{21}\} \; ;$$

$$C_3 = \{\boldsymbol{x}_1, \boldsymbol{x}_2, \boldsymbol{x}_{22}, \boldsymbol{x}_{26}, \boldsymbol{x}_{29}\} \; ;$$

$$C_4 = \{\boldsymbol{x}_{24}, \boldsymbol{x}_{25}, \boldsymbol{x}_{27}, \boldsymbol{x}_{28}, \boldsymbol{x}_{30}\} \; .$$

9.6 ｜ 계층 클러스터링

계층 클러스터링hierarchical clustering은 단계별로 데이터를 분할하여 트리 형태의 클러스터링 구조를 형성합니다. 데이터 세트의 분할은 상향식bottom-up의 클러스터링 전략을 사용할 수도 있고, 하향식top-down의 분해 전략을 사용할 수도 있습니다.

AGNES는 AGglomerative NES-ting의 약칭이다.

AGNES는 상향식 클러스터링 전략을 이용하는 계층 클러스터링 알고리즘의 하나입니다. 이 알고리즘은 데이터 세트의 각 샘플을 하나의 초기 클러스터라고 생각합니다. 그리고 단계마다 거리가 가장 가까운 두 개의 클러스터를 병합합니다. 이 과정은 사전에 정해둔 클러스터 개수에 달할 때까지 계속해서 반복됩니다. 여기서 관건은 어떻게 클러스터 간의 거리를 계산하느냐에 달렸습니다. 실제로 각 클러스터는 하나의 샘플 집합이므로 집합과 관련된 어떠한 거리를 사용하면 됩니다. 예를 들어, 클러스터 C_i와 C_j가 주어졌을 때 아래의 식을 사용해 거리를 계산할 수 있습니다.

집합 간의 거리 계산은 하우스 도르프 거리(Hausdorff distance)로 계산한다. 연습문제 9.2를 참조하라.

$$\text{최소 거리: } d_{\min}(C_i, C_j) = \min_{\boldsymbol{x} \in C_i, \boldsymbol{z} \in C_j} \text{dist}(\boldsymbol{x}, \boldsymbol{z}) \,, \qquad \text{식 9.41}$$

$$\text{최대 거리: } d_{\max}(C_i, C_j) = \max_{\boldsymbol{x} \in C_i, \boldsymbol{z} \in C_j} \text{dist}(\boldsymbol{x}, \boldsymbol{z}) \,, \qquad \text{식 9.42}$$

$$\text{평균 거리: } d_{\text{avg}}(C_i, C_j) = \frac{1}{|C_i||C_j|} \sum_{\boldsymbol{x} \in C_i} \sum_{\boldsymbol{z} \in C_j} \text{dist}(\boldsymbol{x}, \boldsymbol{z}) \,. \qquad \text{식 9.43}$$

최소 거리는 두 클러스터의 가장 가까운 샘플이 결정합니다. 최대 거리는 두 클러스터의 샘플 중 가장 거리가 먼 샘플의 거리로 결정되고, 평균 거리는 두 클러스터의 모든 샘플에 의해 결정됩니다. 클러스터의 거리 d_{min}, d_{max}, d_{ave}를 계산할 때 AGNES 알고리즘은 각각 **단일 연결**single-linkage, **완전 연결**complete-linkage, **평균 연결**average-linkage이라고 합니다.

그림 9.11은 AGNES 알고리즘에 대한 설명입니다. 1~9행에서 알고리즘은 먼저 한 개의 샘플만을 포함한 초기 클러스터와 이에 상응하는 거리 행렬을 초기화합니다. 그리고 11~23행에서 ANGES는 계속해서 가장 거리가 가까운 클러스터들을 병합하고, 병합을 통해 얻은 클러스터들의 거리 행렬을 갱신합니다. 이런 과정은 미리 설정해 놓은 클러스터 수에 도달할 때까지 반복해서 진행됩니다.

일반적으로 d_{min}, d_{max}, 혹은 d_{avg}로 표기한다.

단일 샘플 클러스터를 초기화 한다.

입력: 샘플 세트 $D = \{\boldsymbol{x}_1, \boldsymbol{x}_2, \dots, \boldsymbol{x}_m\}$
      클러스터 거리 척도 함수 d
      클러스터 개수 k
과정:
  1: **for** $j = 1, 2, \dots, m$ **do**
  2:    $C_j = \{\boldsymbol{x}_j\}$
  3: **end for**
  4: **for** $i = 1, 2, \dots, m$ **do**

클러스터 거리 행렬을 초기화
한다.

```
 5:     for j = i + 1, …, m do
 6:         M(i, j) = d(C_i, C_j)
 7:         M(j, i) = M(i, j)
 8:     end for
 9: end for
10: 클러스터 개수 q = m을 설정
11: while q > k do
12:     거리가 가장 가까운 두 개의 클러스터 C_{i*}와 C_{j*}를 찾는다
13:     C_{i*}와 C_{j*}를 병합한다: C_{i*} = C_{i*} ⋃ C_{j*}
14:     for j = j* + 1, j* + 2, …, q do
15:         클러스터 C_j를 C_{j−1}로 재표기한다
16:     end for
17:     거리 행렬 M의 j*번째 행과 j*번째 열을 제거한다
18:     for j = 1, 2, …, q − 1 do
19:         M(i*, j) = d(C_{i*}, C_j)
20:         M(j, i*) = M(i*, j)
21:     end for
22:     q = q − 1
23: end while
출력: 클러스터 분할 C = {C_1, C_2, …, C_k}
```

$i^* < j^*$

그림 9.11 ＼ AGNES 알고리즘

수박 데이터 세트 4.0은 242쪽
의 표 9.1을 참조하라.

수박 데이터 세트 4.0을 예로 들어 설명하면, AGNES 알고리즘을 모든 샘플이 같은 클러스터에 나타날 때까지(즉, $k = 1$) 실행합니다. 이렇게 하면 그림 9.12의 계통도dendrogram를 얻을 수 있는데, 여기서 각 층은 한 그룹의 클러스터를 연결하고 있습니다.

계통도의 특정 층에서 분할을 진행한다면, 이에 상응하는 클러스터 분할 결과를 얻게 됩니다. 예를 들어, 그림 9.12에 나오는 것처럼 점선으로 계통도를 분할한다면 다음과 같은 7개의 클러스터를 얻습니다.

$$C_1 = \{\boldsymbol{x}_1, \boldsymbol{x}_{26}, \boldsymbol{x}_{29}\};\ C_2 = \{\boldsymbol{x}_2, \boldsymbol{x}_3, \boldsymbol{x}_4, \boldsymbol{x}_{21}, \boldsymbol{x}_{22}\};$$

$$C_3 = \{\boldsymbol{x}_{23}, \boldsymbol{x}_{24}, \boldsymbol{x}_{25}, \boldsymbol{x}_{27}, \boldsymbol{x}_{28}, \boldsymbol{x}_{30}\};\ C_4 = \{\boldsymbol{x}_5, \boldsymbol{x}_7\};$$

$$C_5 = \{\boldsymbol{x}_9, \boldsymbol{x}_{13}, \boldsymbol{x}_{14}, \boldsymbol{x}_{16}, \boldsymbol{x}_{17}\};\ C_6 = \{\boldsymbol{x}_6, \boldsymbol{x}_8, \boldsymbol{x}_{10}, \boldsymbol{x}_{15}, \boldsymbol{x}_{18}, \boldsymbol{x}_{19}, \boldsymbol{x}_{20}\};$$

$$C_7 = \{\boldsymbol{x}_{11}, \boldsymbol{x}_{12}\}.$$

분할 층을 계속해서 위로 올리면, 얻을 수 있는 클러스터의 수도 줄어듭니다. 그림 9.13은 그림 9.12에서 생성한 7개에서 4개의 클러스터 분할 결과를 보여줍니다.

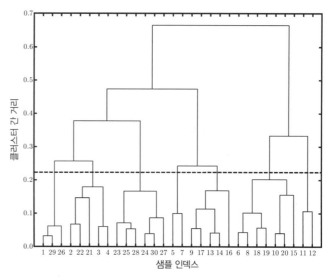

그림 9.12 ╲ **수박 데이터 세트 4.0에서 AGNES 알고리즘을 이용해 생성한 계통도(d_{max}를 이용)**
(가로축은 샘플 인덱스 번호를, 세로축은 클러스터링 간의 거리를 나타냄)

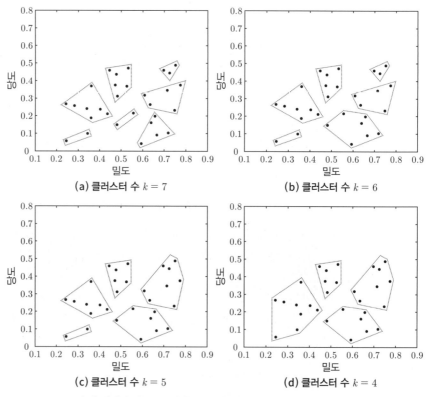

그림 9.13 ╲ **수박 데이터 세트 4.0에서 AGNES 알고리즘을 이용해 서로 다른 클러스터 수**
($k = 7, 6, 5, 4$)를 설정했을 때의 분할 결과
(샘플은 '●'을 이용해 표시했고 초록색 점선으로 클러스터를 나타냄)

더 읽을거리

같은 과일 집단에서도 크기, 색깔, 심지어 생산지에 따라서 클러스터링을 진행할 수 있다.

클러스터링은 머신러닝에서 새로운 알고리즘이 가장 많이, 그리고 빠르게 나오는 영역입니다. 중요한 이유는 클러스터링에는 객관적인 기준이 없기 때문입니다. 데이터 세트가 주어지면 어떤 각도에서든 예전의 알고리즘들이 대응하지 못하는 모종의 기준을 통해 새로운 알고리즘을 만들어 낼 수 있습니다[Estivill-Castro, 2002]. 다른 머신러닝 학습법과 비교해 클러스터링에 대한 지식은 아직 체계화되지 못했습니다. 그래서 유명한 교과서[Mitchell, 1997]에 클러스터링에 대한 언급이 없는 경우도 있습니다. 하지만 클러스터링 기술은 매우 중요합니다. 따라서 이번 장에서 알고리즘마다 상세한 예를 보여주며 조금 더 쉽고 자세히 기술하려 노력했습니다. 다른 장보다 더 많은 내용과 서술이 들어갔지만, 더 참고할 만한 전문서적과 논문으로는 [Jain and Dubes, 1988; Jain et al., 1999; Xu and Wunsch II, 2005; Jain, 2009] 등이 있습니다.

9.2절에서 언급한 클러스터링의 성능 척도 방법 외에도 자주 보이는 방법으로는 F값, 상호정보mutual information, 평균 실루엣 너비average silhouette width[Rousseeuw, 1987] 등이 있습니다. 더 자세한 내용을 알고 싶다면 [Jain and Dube, 1988; Halkidi et al., 2001; Maulik and Bandyopadhyay, 2002] 등을 참조합니다.

거리 척도 학습에 관해서는 10.6절을 참조하라.

거리 계산은 많은 학습 문제에서 핵심 기술입니다. 민코프스키 거리는 거리 계산의 일반적인 식을 제공합니다. 민코프스키 거리 외에도 내적 거리, 코사인 거리 등도 자주 사용합니다[Deza and Deza, 2009]. MinkovDM에 관해서는 [Zhou and Yu, 2005]를 참조합니다. 패턴인식, 이미지 검색 등 복잡한 맥락을 가진 응용 환경에서는 비척도non-metric 거리를 자주 접합니다[Jacobs et al., 2000; Tan et al., 2009]. 거리 척도 학습은 클러스터링 학습 과정의 한 분야라고 보는 견해도 있습니다[Xing et al., 2003].

k평균 클러스터링 알고리즘은 가우시안 혼합 클러스터링의 혼합 성분 분산이 같고, 각 샘플에 대해 하나의 샘플만 할당하는 특별한 경우라고 생각할 수 있습니다. 이 알고리즘은 역사적으로 서로 다른 영역의 학자들이 발견했습니다. 예를 들어, 1956년에 스테인하우스Steinhaus, 1957년에 로이드Lloyd, 1967년에 매퀸McQueen 등이 있습니다[Jain and Dubes, 1988; Jain, 2009]. k평균 알고리즘은 몇 가지 변형이 있습니다. 예를 들어, k-medoids 알고리즘[Kaufman and Rousseeuw, 1987]과, 이산 속성을 처리할 수 있는 k-modes 알고리즘[Huang, 1998], 각 샘플이 동시에 여러 개의 원형에 속하게 하는 소프트 클러스터링이라 부르는 Fuzzy C-means 알고리즘[Bezdek, 1981]

볼록한 형태의 클러스터 구조
는 타원형 클러스터 구조와 유
사하다.

브레그먼 거리는 Bregman
divergence라고도 부른다. 하나
의 대칭성과 삼각부등식 성질
을 만족하지 않는 거리다.

차원 축소에 관해서는 10장을
참조하라.

등이 있습니다. 주의해야 할 점은 k평균 알고리즘은 볼록한 형태의 클러스터 구조
에서만 효과가 좋다는 것입니다. 최근의 연구에 따르면 모종의 브레그먼Bregman 거
리를 사용하면 이 알고리즘이 다른 형태의 클러스터 구조에서도 활용 가능하다는
것이 밝혀졌습니다[Banerjee et al., 2005]. 커널 트릭을 활용한다면 커널 k평균kernel
k-means 알고리즘을 얻을 수 있습니다[Scholkopf al.,1998]. 이는 스펙트럼 클러스터링
spectral clustering과 깊은 연관이 있습니다[Dhilon et al., 2004]. 후자는 라플라스 특성 투
영Laplacian Eigenmap 차원 축소 후 실행한 k평균 클러스터링이라고 볼 수 있습니다.
클러스터 개수 k는 보통 사용자가 지정하게 되는데, 휴리스틱한 방법을 사용해 자
동으로 k를 정하는 방법도 있습니다[Pelleg and Moore, 2000; Tibshirani et al., 2001]. 하지만
역시 자주 사용되는 방법은 서로 다른 k를 사용해 알고리즘을 테스트해 보고 가
장 좋은 결과를 선택하는 것입니다.

LVQ 알고리즘은 각 반복 과정 중 해당 단계의 샘플 거리와 가장 가까운 원형 벡
터만을 갱신합니다. 동시에 여러 개의 원형 벡터를 갱신한다면 수렴 속도를 빠른
속도로 높일 수 있습니다. 이에 대한 개선 알고리즘으로는 LVQ2, LVQ3 등이 있
습니다[Kohoene, 2001]. [Mclachlan and Peel, 2000]에서 가우시안 혼합 클러스터링에
관해 자세히 설명하고 있습니다. 해당 알고리즘의 EM 반복 최적화 유도 과정은
[Bilmes, 1998; Jain and Dubes, 1988]을 참고하기 바랍니다.

다른 방식의 샘플 분포의 밀집 정도에 대한 표형적 분류를 선택함에 따라 다양한
밀도 클러스터링 알고리즘을 디자인할 수 있습니다. DBSCAN[Ester et al., 1996]을 제외
하고 비교적 자주 사용하는 알고리즘으로는 OPTICS[Ankerst et al., 1999],
DENCLUE[Hinneburg and Keim, 1998] 등이 있습니다. AGNES[Kaufman and Rousseeuw, 1990]
는 상향식 클러스터링 전략으로 계층 클러스터링 구조를 생성합니다. 이와 다르게
DIANA[Kaufman and Rousseeuw, 1990]는 하향식 분해 전략을 사용합니다. AGNES와
DIANA는 이미 병합이나 분해를 진행한 클러스터로 되돌아가 조정할 수 없습니다.
자주 사용하는 계층 클러스터링 알고리즘으로는 BIRCH[Zhang et al., 1996],
ROCK[Guha et al., 1999] 등이 이런 단점을 개선했습니다.

[역주] DIANA 클러스터링은
Divisive Analysis의 약자다.

[역주] BIRCH는 Balanced Iterative
Reducing and Clustering using
Hierarchies의 약자다.

[역주] ROCK은 Robust Clustering
using Links의 약자다.

클러스터링 앙상블은 여러 개의 클러스터링 학습기를 앙상블해 클러스터링 가설
과 실제 클러스터링 구조 사이의 차이을 좁히고 클러스터링 과정에서 임의성 같은
요소가 가져오는 나쁜 영향을 줄여줍니다. 더 자세한 내용은 [Zhou, 2012]의 제7
장을 참조하세요.

혹은 outlier detection이라고도 부른다.

비정상 탐지anomaly detection[Hodge and Austin, 2004; Chandola et al., 2009]에서도 클러스터링이나 거리 계산 방법의 도움을 많이 받습니다. 예를 들어, 클러스터 중심에서 멀리 떨어진 샘플을 이상점으로 간주하거나 밀도가 극히 낮은 지역에서 발견되는 샘플을 이상점으로 간주하는 등의 방법이 있습니다. 최근에는 고립isolation에 기반해 빠른 속도로 이상점을 찾아내는 연구도 발표되었습니다[Liu et al., 2012].

연습문제

수박 데이터 세트 4.0은 242쪽
의 표 9.1을 참조하라.

9.1 다음을 증명하라. $p \geqslant 1$일 때 민코프스키 거리는 거리 척도의 네 가지 기본 성질을 만족한다. $0 \leqslant p < 1$일 때 민코프스키 거리는 삼각부등식을 만족하지 못하지만, 비음수성non-negativity, 동일성, 대칭성은 만족시킨다. P가 무한대로 커질 때 민코프스키 거리는 대응하는 컴포넌트의 최대 절대 거리와 같아진다. 즉, 다음 수식과 같다.

$$\lim_{p \to +\infty} \left(\sum_{u=1}^{n} |x_{iu} - x_{ju}|^p \right)^{\frac{1}{p}} = \max_{u} |x_{iu} - x_{ju}| .$$

9.2 같은 샘플 공간에서 집합 X와 Z 사이의 거리는 하우스도르프 거리Hausdorff distance를 통해 계산된다.

$$\text{dist}_{\text{H}}(X, Z) = \max \left(\text{dist}_{\text{h}}(X, Z), \text{dist}_{\text{h}}(Z, X) \right) , \qquad \text{식 9.44}$$

식 9.44에서 $\text{dist}_{\text{h}}(X, Z)$는 다음과 같다.

$$\text{dist}_{\text{h}}(X, Z) = \max_{\boldsymbol{x} \in X} \min_{\boldsymbol{z} \in Z} ||\boldsymbol{x} - \boldsymbol{z}||_2 . \qquad \text{식 9.45}$$

하우스도르프 거리가 거리 척도의 네 가지 기본 성질을 만족한다는 사실을 증명하라.

9.3 k평균 알고리즘이 식 9.24를 최소화하는 최적해를 찾을 수 있을지 분석해 보아라.

9.4 k평균 알고리즘의 코드를 작성해 보고, 3개의 서로 다른 k값, 초기 중심점을 설정해 수박 데이터 세트 4.0상에서 비교 실험해 보아라. 그리고 어떤 초기 중심값이 결과를 좋게 만드는지 논해 보아라.

9.5 DBSCAN의 기본 정의에 기반해, $\boldsymbol{x}$가 핵심 대상이라면 $\boldsymbol{x}$ 밀도에 의해 커버되는 모든 샘플로 구성된 집합을 X라 한다. X는 연속성(식 9.39)과 최대성(식 9.40)을 만족한다는 사실을 증명하라.

9.6 AGNES 알고리즘에서 최소 거리와 최대 거리를 사용하는 차이점을 분석하라.

9.7 클러스터링 결과에서 만약 모든 클러스터가 모두 컨벡스 헐convex hull이 있고 컨벡스 헐들이 서로 교차하지 않으면, 컨벡스 클러스터라고 부른다. 이번 장에서 소개한 어떤 알고리즘이 컨벡스 클러스터만을 생성하고 어떤 알고리즘이 비컨벡스 클러스터를 생성하는지 분석해 보아라.

9.8 클러스터링 성능 척도 지표를 만들고 9.2절에서의 지표와 비교해 보아라.

9.9* 혼합 속성에 사용 가능한 비척도 거리를 만들어 보아라.

9.10* 자동으로 클러스터링 수를 결정하는 개선된 k평균 알고리즘을 만들고, 수박 데이터 세트 4.0상에서 실험해 보아라.

참고문헌

1 Aloise, D., A. Deshpande, P. Hansen, and P. Popat. (2009). "NP-hardness of Euclidean sum-of-squares clustering." *Machine Learning*, 75(2):245-248.

2 Ankerst, M., M. Breunig, H.-P. Kriegel, and J. Sander. (1999). "OPTICS: Ordering points to identify the clustering structure." In *Proceedings of the ACM SIGMOD International Conference on Management of Data (SIGMOD)*, 49-60, Philadelphia, PA.

3 Banerjee, A., S. Merugu, I. Dhillon, and J. Ghosh. (2005). "Clustering with Bregman divergences." *Journal of Machine Learning Research*, 6: 1705-1749.

4 Bezdek, J. C. (1981). *Pattern Recognition with Fuzzy Objective Function Algorithms*. Plenum Press, New York, NY.

5 Bilmes, J. A. (1998). "A gentle tutorial of the EM algorithm and its applications to parameter estimation for Gaussian mixture and hidden Markov models." Technical Report TR-97-021, Department of Electrical Engineering and Computer Science, University of California at Berkeley, Berkeley, CA.

6 Chandola, V., A. Banerjee, and V. Kumar. (2009). "Anomaly detection: A survey." *ACM Computing Surveys*, 41(3):Article 15.

7 Deza, M. and E. Deza. (2009). *Encyclopedia of Distances*. Springer, Berlin.

8 Dhillon, I. S., Y. Guan, and B. Kulis. (2004). "Kernel k-means: Spectral clustering and normalized cuts." In *Proceedings of the 10th ACM SIGKDD International Conference on Knowledge Discovery and Data Mining (KDD)*, 551-556, Seattle, WA.

9 Ester, M., H. P. Kriegel, J. Sander, and X. Xu. (1996). "A density-based algorithm for discovering clusters in large spatial databases." In *Proceedings of the 2nd International Conference on Knowledge Discovery and Data Mining (KDD)*, 226-231, Portland, OR.

10 Estivill-Castro, V. (2002). "Why so many clustering algorithms - a position paper." *SIGKDD Explorations*, 1(4):65-75.

11 Guha, S., R. Rastogi, and K. Shim. (1999). "ROCK: A robust clustering algorithm for categorical attributes." In *Proceedings of the 15th International Conference on Data Engineering (ICDE)*, 512-521, Sydney, Australia.

12 Halkidi, M., Y. Batistakis, and M. Vazirgiannis. (2001). "On clustering valida-tion techniques." *Journal of Intelligent Information Systems*, 27(2-3):107-145.

13 Hinneburg, A. and D. A. Keim. (1998). "An efficient approach to clustering in large multimedia databases with noise." In *Proceedings of the 4th International Conference on Knowledge Discovery and Data Mining (KDD)*, 58-65, New York, NY.

14 Hodge, V. J. and J. Austin. (2004). "A survey of outlier detection methodologies." *Artificial Intelligence Review*, 22(2):85-126.

15 Huang, Z. (1998). "Extensions to the k-means algorithm for clustering large data sets with categorical values." *Data Mining and Knowledge Discovery*, 2(3) :283-304.

16 Jacobs, D. W., D. Weinshall, and Y. Gdalyahu. (2000). "Classification with non-metric distances: Image retrieval and class representation." *IEEE Transactions on Pattern Analysis and Machine Intelligence*, 6(22):583-600.

17 Jain, A. K. (2009). "Data clustering: 50 years beyond k-means." *Pattern Recognition Letters*, 31(8):651-666.

18 Jain, A. K. and R. C. Dubes. (1988). *Algorithms for Clustering Data. Prentice Hall*, Upper Saddle River, NJ.

[19] Jain, A. K., M. N. Murty, and P. J. Flynn. (1999). "Data clustering: A review." *ACM Computing Surveys*, 3(31):264-323.

[20] Kaufman, L. and P. J. Rousseeuw. (1987). "Clustering by means of medoids." In *Statistical Data Analysis Based on the L1 -Norm and Related Methods (Y. Dodge, ed.)*, 405-416, Elsevier, Amsterdam, The Netherlands.

[21] Kaufman, L. and P. J. Rousseeuw. (1990). *Finding Groups in Data: An Introduction to Cluster Analysis.* John Wiley & Sons, New York, NY.

[22] Kohonen, T. (2001). *Self-Organizing Maps*, 3rd edition. Springer, Berlin.

[23] Liu, F. T., K. M. Ting, and Z.-H. Zhou. (2012). "Isolation-based anomaly detection." *ACM Transactions on Knowledge Discovery from Data*, 6(1):Article 3.

[24] Maulik, U. and S. Bandyopadhyay. (2002). "Performance evaluation of some clustering algorithms and validity indices." *IEEE Transactions on Pattern Analysis and Machine Intelligence*, 24(12):1650-1654.

[25] McLachlan, G. and D. Peel. (2000). *Finite Mixture Models.* John Wiley & Sons, New York, NY.

[26] Mitchell, T. (1997). *Machine Learning.* McGraw Hill, New York, NY.

[27] Pelleg, D. and A. Moore. (2000). "X-means: Extending k-means with efficient estimation of the number of clusters." In *Proceedings of the 17th International Conference on Machine Learning* (ICML), 727-734, Stanford, CA.

[28] Rousseeuw, P. J. (1987). "Silhouettes: A graphical aid to the interpretation and validation of cluster analysis." *Journal of Computational and Applied Mathematics*, 20:53-65.

[29] Schölkopf, B., A. Smola, and K.-R. Muller. (1998). "Nonliear component analysis as a kernel eigenvalue problem." *Neural Computation*, 10(5):1299-1319.

[30] Stanfill, C. and D. Waltz. (1986). "Toward memory-based reasoning." *Communications of the ACM*, 29(12):1213-1228.

[31] Tan, X., S. Chen, Z.-H. Zhou, and J. Liu. (2009). "Face recognition under occlusions and variant expressions with partial similarity." *IEEE Transactions on Information Forensics and Security*, 2(4):217-230.

[32] Tibshirani, R., G. Walther, and T. Hastie. (2001). "Estimating the number of clusters in a data set via the gap statistic." *Journal of the Royal Statistical Society - Series B*, 63(2):411-423.

[33] von Luxburg, U. (2007). "A tutorial on spectral clustering." *Statistics and Computing*, 17(4):395-416.

[34] Xing, E. P., A. Y. Ng, M. I. Jordan, and S. Russell. (2003). "Distance metric learning, with application to clustering with side-information." In *Advances in Neural Information Processing Systems 15 (NIPS)* (S. Becker, S. Thrun, and K. Obermayer, eds.), 505-512, MIT Press, Cambridge, MA.

[35] Xu, R. and D. Wunsch II. (2005). "Survey of clustering algorithms." *IEEE Transactions on Neural Networks*, 3(16):645-678.

[36] Zhang, T., R. Ramakrishnan, and M. Livny. (1996). "BIRCH: An efficient data clustering method for very large databases." In *Proceedings of the ACM SIG MOD International Conference on Management of Data (SIGMOD)*, 103-114, Montreal, Canada.

[37] Zhou, Z.-H. (2012). *Ensemble Methods: Foundations and Algorithms.* Chap-man & Hall/CRC, Boca Raton, FL.

[38] Zhou, Z.-H. and Y. Yu. (2005). "Ensembling local learners through multimodal perturbation." *IEEE Transactions on Systems, Man, and Cybernetics - Part B: Cybernetics*, 35(4):725-735.

머신러닝 쉼터

맨해튼 거리와 헤르만 민코프스키

맨해튼 거리Manhattan distance는 **택시 기하학**Taxicab geometry 이라고도 불리는데, 이는 독일의 대수학자 헤르만 민코프스키Hermann Minkowski, 1864~1909가 만든 단어입니다. 이런 이름을 갖게 된 이유는, 맨해튼 거리가 기하 척도 공간 두 점의 표준좌표계상의 절대 축 거리 총합이 사각형 모양의 도시 내의 두 지점 사이의 최소 거리를 찾는 것과 같기 때문입니다. 예를 들어 맨해튼의 5번대로 33번 거리에서 3번대로 23번 거리로 가려면 $(5-3)+(33-23) = 12$개의 블록을 거쳐야 합니다.

민코프스키는 러시아 알렉소타스Alexotas의 유대인 가정에서 태어났습니다. 당시 러시아 정부는 유대인을 박해했기 때문에, 민코프스키 가족은 8살 때 프로이센 쾨니히스베르크에 이민을 떠났습니다. 민코프스키는 어렸을 때부터 신동으로 유명했는데, 셰익스피어, 실러, 괴테의 작품을 즐겨 읽을 뿐만 아니라《파우스트》는 거의 외우다시피 했습니다. 그는 8살에 예과학교에 들어가 5년 반 만에 8년 치의 학업을 끝냈습니다. 17살에는 n차원 2차 형식의 완전한 이론 체계를 설계했고, 프랑스 과학원이 내놓은 수학 난제를 풀었습니다. 1908년 9월 그는 쾰른에서 열린 학술회의에서 '공간과 시간'이라는 명연설을 통해 사차시공간 이론을 제안하기도 했습니다. 이는 후에 상대성 이론에 영향을 끼쳤습니다. 하지만 안타깝게도 그는 3개월 후 급성 충수염으로 세상을 떠났습니다.

민코프스키가 1986년 취리히 대학교에서 교수로 재직하고 있을 당시, 그는 아인슈타인의 수학 교수였습니다. 노벨 물리학상을 받은 보른Born은, 민코프스키가 상대성 이론 발전에 크게 기여했다고 말했습니다. 그가 세상을 떠난 후, 생전 그의 친한 친구였던 힐베르트Hilbert가 그의 유작을 정리해 1911년《Mathematical Treasure: Minkowski's Collected Papers》란 이름으로 출판했습니다. 그의 집안에서 유명 학자가 많이 배출되었는데, 민코프스키의 형인 오스카Oskar는 '인슐린의 아버지'로 불리고 있으며, 그의 조카 루돌프Rudolph는 미국의 저명한 천문학자입니다.

지금의 리투아니아의 카우나스다.

쾨니히스베르크는 '7개의 다리' 문제^{역주}의 근원지다. 현재는 러시아의 칼리닌그라드다.

역주 '쾨니히스베르크 다리 건너기 문제'라고도 부른다. 일종의 한 붓 그리기 문제다.

4차원 시공간을 '민코프스키 공간'이라고도 부른다.

CHAPTER

10

차원 축소와 척도 학습

10.1 k-최근접 이웃 기법

k-최근접 이웃k-Nearest Neighbor, kNN 학습은 자주 사용되는 지도 학습법 중 하나이고, 그 메커니즘은 매우 간단합니다. 테스트 샘플들이 주어진다면 어떤 거리 척도metric 에 기반해 훈련 세트에 인접한 k개의 훈련 샘플을 찾아, 이 k개 이웃의 정보를 바탕으로 예측을 진행합니다. 일반적으로 분류 문제 중에서는 k개 샘플 중 출현 빈도가 가장 높은 클래스를 선택해 예측 결과로 보는 투표법을 사용합니다. 반면, 회귀 문제에는 k개 샘플의 실질적인 출력의 평균값을 예측 결과로 보는 평균법을 사용합니다. 그리고 거리를 바탕으로 가중 평균이나 가중 투표법을 사용하기도 합니다. 즉, 거리가 짧을수록 샘플에 부여하는 가중치는 커집니다.

'근주자적'이라는 사자성어와 같다.
[역주] 근주자적이란, 붉은빛에 가까이하면 반드시 붉게 된다는 뜻으로, 주위 환경이 중요하다는 것을 이르는 말

8.4절을 참조하라.

앞서 설명한 학습법들과 비교했을 때 k-최근접 이웃 학습은 명확히 다른 부분이 있습니다. 이 학습법은 마치 명확한 학습 과정이 존재하지 않는 것처럼 보입니다. 사실 k-최근접 이웃 학습은 게으른 학습lazy learning의 대표주자입니다. 이런 종류의 학습 기술은 훈련 단계에서 샘플을 보존하기만 합니다. 따라서 훈련 시간이 0이고, 테스트 샘플이 올 때까지 기다렸다 받은 후 처리합니다. 이에 반대되는 개념으로는 열정적 학습eager learning이 있고 샘플을 훈련 단계에서 학습하는 방법입니다.

그림 10.1은 k-최근접 이웃 분류기를 그림으로 설명합니다. 당연해 보이지만, k가 가장 중요한 파라미터입니다. k가 다른 값을 취하면 분류 결과는 크게 달라질 수 있습니다. 또 한편으로는 거리 계산법(척도법)을 다르게 한다면, 찾을 수 있는 이웃이 달라질 것이고, 이 또한 다른 결과를 출력하게 됩니다.

먼저, 거리 계산이 합당하다고 가정하고 최근접 이웃 분류기(1NN, 즉 $k = 1$)의 이진 분류 문제의 성능에 대해 간단하게 논의해 봅시다.

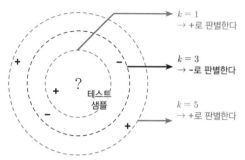

그림 10.1 \ **k-최근접 이웃 분류기. 점선은 등거리(isometric) 선이다**
(테스트 샘플은 $k = 1$이나 $k = 5$일 때 양수라고 판별하고, $k = 3$일 때는 음수라고 판별한다)

테스트 샘플 x에 대해 만약 해당 샘플에 최근접한 이웃 샘플이 z라고 가정한다면, 최근접 이웃 분류기가 오분류할 확률은 x와 z의 클래스가 다를 확률입니다. 즉, 식 10.1이 됩니다.

$$P(err) = 1 - \sum_{c \in \mathcal{Y}} P(c \mid \boldsymbol{x}) P(c \mid \boldsymbol{z}).$$ 식 10.1

만약 샘플이 독립항등분포independent identically distributed이고 임의의 x와 정수 δ에 대해 x 인근의 δ 거리 범위 내에서 언제나 훈련 샘플을 찾을 수 있다고 가정해 봅시다. 다른 말로, 임의의 테스트 샘플에 대해 임의의 거리 범위 내에서 언제나 식 10.1의 훈련 샘플 z를 찾을 수 있다는 가정입니다. 만약 $c^* = \text{argmax}_{c \in \mathcal{Y}} P(c \mid \boldsymbol{x})$으로 베이즈 최적 분류기의 결과를 나타낸다면 식 10.2가 됩니다.

<aside>베이지안 분류기에 관해서는 7.1절을 참조하라.</aside>

$$
\begin{aligned}
P(err) &= 1 - \sum_{c \in \mathcal{Y}} P(c \mid \boldsymbol{x}) P(c \mid \boldsymbol{z}) \\
&\simeq 1 - \sum_{c \in \mathcal{Y}} P^2(c \mid \boldsymbol{x}) \\
&\leqslant 1 - P^2(c^* \mid \boldsymbol{x}) \\
&= \big(1 + P\left(c^* \mid \boldsymbol{x}\right)\big)\big(1 - P\left(c^* \mid \boldsymbol{x}\right)\big) \\
&\leqslant 2 \times \big(1 - P\left(c^* \mid \boldsymbol{x}\right)\big).
\end{aligned}
$$ 식 10.2

초보 학습자들의 이해를 돕고
자 이번 장에서는 간단한 논의
만 진행했다. 더 자세한 내용의
토론은 [Cover and Hart, 1967]
을 참조하라.

여기서 우리는 놀랄 만한 결과를 얻게 됩니다. 최근접 이웃 분류기는 매우 단순하지만, 일반 오차율은 베이즈 최적 분류기 오차율의 2배를 넘지 않는다는 것입니다.

10.2 임베딩

위 논의는 '모든 테스트 샘플 x는 임의의 거리(δ) 내에서 항상 훈련 샘플을 찾을 수 있다'라는 중요한 가정에 기반을 두고 있습니다. 즉, 훈련 샘플의 샘플링 밀도가 충분히 크다는 뜻으로, **밀도 샘플링**dense sampling이라고 부릅니다. 그러나 이는 현실에서 만족하기 쉽지 않은 가정입니다. 예를 들어, $\delta = 0.001$이면, 단일 속성만을 고려했을 때 1,000개의 정규화된 속성값 범위 내에 균등 분포된 샘플만 있으면 됩니다. 하지만 이는 속성 차원이 1인 경우에 해당합니다. 만약 더 많은 속성이 있다면 상황은 크게 달라집니다. 만약 차원의 수가 20개라면 샘플이 밀도 샘플링 가정을 만족하는 데 최소한 $(10^3)^{20} = 10^{60}$개의 샘플이 필요합니다. 실제로 머신러닝 응용문제에서 속성의 차원은 천 개, 만 개를 넘는 경우가 많습니다. 따라서 밀도 샘플링 가정을 만족하기란 현실적으로 불가능합니다. 이외에도 많은 학습법이 거리 계산과 관련되어 있는데, 고차원 공간에서 거리를 계산하려면 매우 복잡할 수밖에 없습니다. 예를 들어, 차원이 매우 높으면 내적을 계산하는 것도 매우 어렵습니다.

참고로 설명하면 우주에 기본
소립자 수는 10^{80}개라고 한다.

실질적으로 차원이 높으면 데이터 샘플들은 희소하게 되고, 거리 계산이 어려워진다는 문제가 있습니다. 이는 머신러닝 학습법이 공통적으로 극복해야 하는 장애물입니다. 이것이 바로 **차원의 저주**curse of dimensionality입니다.

[Bellman, 1957]이 가장 먼저 주
장했다. '차원의 저주' 혹은 '차
원의 위기'라고도 한다.

다른 한 가지 중요한 방법은 특
성 선택이다. 11장을 참조하라.

차원의 저주를 완화해 주는 중요한 방법이 바로 **차원 축소**dimension reduction입니다. 어떤 수학적 변환을 통해 고차원의 속성 공간을 저차원의 **부분공간**subspace으로 변환합니다. 부분공간에서 샘플들의 밀도는 대폭 증가하고 거리 계산 또한 쉬워집니다. 그렇다면 차원 축소를 할 수 있는 이유는 무엇일까요? 그 이유는 사람이 관측하거나 수집하는 데이터 샘플의 차원이 높더라도 학습 문제와 관련이 있는 것은 대부분 저차원 분포에 불과하기 때문입니다. 즉, 고차원 공간 속 하나의 저차원 **임베딩**embedding인 것입니다. 그림 10.2는 비교적 직관적으로 이에 대해 설명합니다.

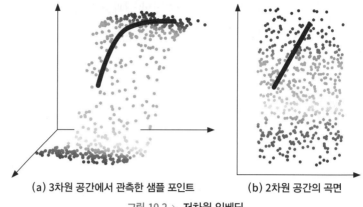

(a) 3차원 공간에서 관측한 샘플 포인트 (b) 2차원 공간의 곡면

그림 10.2 ╲ **저차원 임베딩**

만약 원래 있던 공간에서의 샘플 간 거리를 저차원 공간에서도 유지하고 싶다면, 그림 10.2에 나타난 것처럼 **다차원 스케일링**Multiple Dimensional Scaling, MDS[Cox and Cox, 2001] 같은 클래식한 차원 축소 방법을 써야 합니다. 이에 대해 간단히 소개하겠습니다.

m개 샘플의 원시 공간에서의 거리 행렬이 $\mathbf{D} \in \mathbb{R}^{m \times m}$이고, i번째 행 j번째 열인 원소 $dist_{ij}$를 샘플 $\boldsymbol{x}_i$에서 $\boldsymbol{x}_j$까지의 거리라고 가정해 봅시다. 우리의 목표는 샘플의 d'차원 공간에서의 표현 $\mathbf{Z} \in \mathbb{R}^{d' \times m}$, $d' \leqslant d$와 d'차원 공간에서 임의의 두 개 샘플의 유클리드 거리가 원시 공간에서의 거리와 같다는 것, 즉 $\|\boldsymbol{z}_i - \boldsymbol{z}_j\| = dist_{ij}$를 얻는 것입니다.

$\mathbf{B} = \mathbf{Z}^{\mathrm{T}}\mathbf{Z} \in \mathbb{R}^{m \times m}$이라면, $\mathbf{B}$를 차원 축소 후 샘플의 내적 행렬이고, $b_{ij} = \boldsymbol{z}_i^{\mathrm{T}}\boldsymbol{z}_j$이라면 식 10.3입니다.

$$dist_{ij}^2 = \|\boldsymbol{z}_i\|^2 + \|\boldsymbol{z}_j\|^2 - 2\boldsymbol{z}_i^{\mathrm{T}}\boldsymbol{z}_j$$
$$= b_{ii} + b_{jj} - 2b_{ij} \ . \qquad \text{식 10.3}$$

$\mathbf{0} \in \mathbb{R}^{d'}$은 모두 0인 벡터다.

간단한 논의를 위해 차원 축소 후 $\mathbf{Z}$에 대해 $\sum_{i=1}^{m} \boldsymbol{z}_i = \mathbf{0}$으로 변환한다면, 행렬 $\mathbf{B}$의 행과 열의 합은 0이 됩니다. 즉, $\sum_{i=1}^{m} b_{ij} = \sum_{j=1}^{m} b_{ij} = 0$이 되고, 다음을 쉽게 알 수 있습니다.

$$\sum_{i=1}^{m} dist_{ij}^2 = \operatorname{tr}(\mathbf{B}) + mb_{jj} \ , \qquad \text{식 10.4}$$

$$\sum_{j=1}^{m} dist_{ij}^2 = \operatorname{tr}(\mathbf{B}) + mb_{ii} \ , \qquad \text{식 10.5}$$

$$\sum_{i=1}^{m}\sum_{j=1}^{m} dist_{ij}^2 = 2m \operatorname{tr}(\mathbf{B}) \ , \qquad \text{식 10.6}$$

여기서 $\mathrm{tr}(\cdot)$은 행렬의 대각합trace를 나타내고, $\mathrm{tr}(\mathbf{B}) = \sum_{i=1}^{m} \|\mathbf{z}_i\|^2$입니다.

$$dist_{i\cdot}^2 = \frac{1}{m} \sum_{j=1}^{m} dist_{ij}^2 \ , \qquad \text{식 10.7}$$

$$dist_{\cdot j}^2 = \frac{1}{m} \sum_{i=1}^{m} dist_{ij}^2 \ , \qquad \text{식 10.8}$$

$$dist_{\cdot\cdot}^2 = \frac{1}{m^2} \sum_{i=1}^{m} \sum_{j=1}^{m} dist_{ij}^2 \ , \qquad \text{식 10.9}$$

식 10.3과 식 10.4~10.9를 통해 식 10.10을 얻을 수 있습니다.

$$b_{ij} = -\frac{1}{2}(dist_{ij}^2 - dist_{i\cdot}^2 - dist_{\cdot j}^2 + dist_{\cdot\cdot}^2) \ , \qquad \text{식 10.10}$$

따라서 차원 축소 전후가 같은 거리 행렬 $\mathbf{D}$를 통해 내적 행렬 $\mathbf{B}$를 구할 수 있습니다.

행렬 $\mathbf{B}$에 대해 고윳값 분해eigenvalue decompsotion를 한다면, $\mathbf{B} = \mathbf{VAV}^{\mathrm{T}}$, $\mathbf{\Lambda} = \mathrm{diag}(\lambda_1, \lambda_2, \dots, \lambda_d)$는 고윳값으로 이뤄진 대각 행렬이 되고, $\lambda_1 \geqslant \lambda_2 \geqslant \dots \geqslant \lambda_d$, $\mathbf{V}$는 고유 벡터가 됩니다. 만약 d^*개의 0이 아닌 고윳값이 있고, 이들이 대각 행렬 $\mathbf{\Lambda}_* = \mathrm{diag}(\lambda_1, \lambda_2, \dots, \lambda_{d^*})$을 구성한다고 가정하고, $\mathbf{V}_*$로 상응하는 고유 벡터 행렬을 나타낸다면, $\mathbf{Z}$는 다음처럼 표현될 수 있습니다.

$$\mathbf{Z} = \mathbf{\Lambda}_*^{1/2} \mathbf{V}_*^{\mathrm{T}} \in \mathbb{R}^{d^* \times m} \ . \qquad \text{식 10.11}$$

현실 응용에서는 차원 축소의 효율성을 위해 차원 축소 후의 거리와 원시 공간 내의 거리가 근사하는 정도만을 요구하고 반드시 같아야 한다고는 요구하지 않습니다. 이때, $d' \ll d$개 최대 고윳값으로 구성된 대각 행렬 $\tilde{\mathbf{\Lambda}} = \mathrm{diag}(\lambda_1, \lambda_2, \dots, \lambda_{d'})$를 취할 수 있으며, $\tilde{\mathbf{V}}$로 상응하는 고유 벡터 행렬을 나타낸다면 $\mathbf{Z}$는 다음처럼 나타낼 수 있습니다.

$$\mathbf{Z} = \tilde{\mathbf{\Lambda}}^{1/2} \tilde{\mathbf{V}}^{\mathrm{T}} \in \mathbb{R}^{d' \times m} \ . \qquad \text{식 10.12}$$

그림 10.3은 MDS 알고리즘을 보여줍니다.

입력: 거리 행렬 $\mathbf{D} \in \mathbb{R}^{m \times m}$, 원소 $dist_{ij}$는 샘플 $\boldsymbol{x}_i$에서 $\boldsymbol{x}_j$까지의 거리
저차원 공간 차원수 d'

과정:

1: 식 10.7~10.9에 따라 $dist_{i.}^2$, $dist_{.j}^2$, $dist_{..}^2$을 계산
2: 식 10.10에 따라 행렬 $\mathbf{B}$를 계산
3: 행렬 $\mathbf{B}$에 대해 고윳값 분해 실행
4: $\tilde{\mathbf{\Lambda}}$ d'개 최대 고윳값으로 구성된 대각 행렬로,
$\tilde{\mathbf{V}}$에 상응하는 고유 벡터 행렬로 하여 값을 구한다

출력: 행렬 $\tilde{\mathbf{\Lambda}}\tilde{\mathbf{V}}^{1/2} \in \mathbb{R}^{m \times d'}$, 각 행은 한 샘플의 저차원 좌표

그림 10.3 \ MDS 알고리즘

일반적으로 저차원의 부분공간을 얻기 위한 가장 간단한 방법은 원시 데이터의 고차원 공간을 선형 변환하는 것입니다. d차원의 샘플 $\mathbf{X} = (\boldsymbol{x}_1, \boldsymbol{x}_2, \ldots, \boldsymbol{x}_m) \in \mathbb{R}^{d \times m}$이 주어진다면, 변환 후 얻는 $d' \leqslant d$차원의 샘플은 식 10.13입니다.

일반적으로 $d' \ll d$로 설정한다.

$$\mathbf{Z} = \mathbf{W}^{\mathrm{T}}\mathbf{X}, \quad \text{식 10.13}$$

여기서 $\mathbf{W} \in \mathbb{R}^{d \times d'}$는 변환 행렬이고, $\mathbf{Z} \in \mathbf{R}^{d' \times m}$은 새로운 공간에서의 샘플 표현입니다.

변환 행렬 $\mathbf{W}$는 d'개의 d차원 기저 벡터로 볼 수도 있습니다. $\boldsymbol{z}_i = \mathbf{W}^{\mathrm{T}}\boldsymbol{x}_i$는 i번째 샘플과 d'개 기저 벡터가 각각 내적해 얻은 d'차원 속성 벡터입니다. 다른 말로, $\boldsymbol{z}_i$는 새로운 좌표계 $\{\boldsymbol{w}_1, \boldsymbol{w}_2, \ldots, \boldsymbol{w}_{d'}\}$에서 원 속성 벡터 $\boldsymbol{x}_i$의 좌표 벡터입니다. 만약 $\boldsymbol{w}_i$와 $\boldsymbol{w}_j (i \neq j)$가 직교한다면 새로운 좌표계는 하나의 직교 좌표계가 됩니다. 이때, $\mathbf{W}$는 직교 변환됩니다. 따라서 우리는 새로운 공간의 속성들은 원시 공간 속성의 선형 조합임을 알 수 있습니다.

선형 변환에 기반해 차원 축소하는 방법을 '선형 차원 축소법'이라고 부르고, 이들은 모두 식 10.13의 기본 형식에 부합합니다. 다른 점이라면 저차원 부분공간의 속성에 대해 다른 요구를 한다는 것이고, 이는 $\mathbf{W}$에 대해 다른 제약을 추가했다는 것을 뜻합니다. 이후 절에서 우리는 이런 방법들을 알아볼 것입니다.

차원 축소 효과로는 일반적으로 차원 축소 전후 학습기의 성능을 비교하는 방법을 많이 사용합니다. 만약 성능이 향상된다면 차원 축소가 효과적이라고 판단합니다. 만약 차원을 2차원이나 3차원까지 줄일 수 있다면, 시각화를 통해 차원 축소 효과를 판단할 수도 있습니다.

주성분 분석

주성분 분석Principal Component Analysis, PCA은 가장 자주 사용하는 차원 축소법입니다. PCA를 소개하기 전에 다음과 같은 한 가지 문제를 생각해 보겠습니다. '직교 속성 공간 내의 샘플들에 대해서 어떻게 하나의 초평면(직선의 고차원 확장)을 사용해 모든 샘플을 적절하게 표현할 수 있을까?'

만약 이러한 초평면이 존재한다면 아마도 다음과 같은 성질이 있을 것입니다.

- **최근접 재구성 성질**: 샘플 포인트와 초평면의 거리가 충분히 가까워야 함
- **최대 가분 성질**: 샘플 포인트가 초평면상의 투영과 분리 가능해야 함

재미있는 사실은 상기 두 가지 성질에 기반해 주성분 분석에 대한 두 가지 등가 추론을 할 수 있다는 점입니다. 먼저, 우리는 최근접 재구성에 대해 이야기해 보겠습니다.

먼저, 모든 데이터 샘플을 0 중심zero-centered으로 처리했다고 가정합니다(즉, $\sum_i \boldsymbol{x}_i = 0$). 그리고 투영 변환 후 얻은 새로운 좌표계를 $\{\boldsymbol{w}_1, \boldsymbol{w}_2, \ldots, \boldsymbol{w}_d\}$, $\boldsymbol{w}_i$는 정규직교기저 벡터 $\|\boldsymbol{w}_i\|_2 = 1$, $\boldsymbol{x}_i^{\mathrm{T}} \boldsymbol{w}_j = 0 (i \neq j)$이라고 가정합니다. 만약 새로운 좌표계 중에서 부분좌표를 잃었다면, 곧바로 차원은 $d' < d$로 줄어들며, 샘플 $\boldsymbol{x}_i$의 저차원 좌표계상에 $\boldsymbol{z}_i = (z_{i1}; z_{i2}; \ldots; z_{id'})$로 투영되고 $z_{ij} = \boldsymbol{w}_j^{\mathrm{T}} \boldsymbol{x}_i$은 저차원 좌표계에서 $\boldsymbol{x}_i$의 j번째 차원의 좌표가 됩니다. 만약 $\boldsymbol{z}_i$를 기반으로 다시 $\boldsymbol{x}_i$를 구성한다면 $\hat{\boldsymbol{x}}_i = \sum_{j=1}^{d'} z_{ij} \boldsymbol{w}_j$을 얻습니다.

모든 훈련 데이터 세트에서 원래의 샘플 $\boldsymbol{x}_i$와 투영에 기반해 재구성된 샘플 $\hat{\boldsymbol{x}}_i$ 사이의 거리는 식 10.14입니다.

> const는 상수를 뜻한다.

$$\sum_{i=1}^{m} \left\| \sum_{j=1}^{d'} z_{ij} \boldsymbol{w}_j - \boldsymbol{x}_i \right\|_2^2 = \sum_{i=1}^{m} \boldsymbol{z}_i^{\mathrm{T}} \boldsymbol{z}_i - 2 \sum_{i=1}^{m} \boldsymbol{z}_i^{\mathrm{T}} \mathbf{W}^{\mathrm{T}} \boldsymbol{x}_i + \mathrm{const}$$

$$\propto -\mathrm{tr}\left(\mathbf{W}^{\mathrm{T}} \left(\sum_{i=1}^{m} \boldsymbol{x}_i \boldsymbol{x}_i^{\mathrm{T}} \right) \mathbf{W} \right), \qquad \text{식 10.14}$$

여기서 $\mathbf{W} = (\boldsymbol{w}_1, \boldsymbol{w}_2, \ldots, \boldsymbol{w}_d)$입니다. 최근접 재구성 성질에 의해 식 10.14는 최소화되어야 하며, $\boldsymbol{w}_j$가 정규직교기저이므로 $\sum_i \boldsymbol{x}_i \boldsymbol{x}_i^{\mathrm{T}}$는 공분산 행렬입니다. 따라서 식 10.15입니다.

> 엄격히 말하면, 공분산 행렬은 $\frac{1}{m-1} \sum_{i=1}^{m} \boldsymbol{x}_i \boldsymbol{x}_i^{\mathrm{T}}$이다. 그러나 앞의 상수 항에는 변화가 발생하지 않는다.

$$\min_{\mathbf{W}} \quad -\text{tr}\left(\mathbf{W}^T\mathbf{X}\mathbf{X}^T\mathbf{W}\right)$$

$$\text{s.t.} \quad \mathbf{W}^T\mathbf{W} = \mathbf{I}.$$

식 10.15

이것이 바로 주성분 분석의 최적화 목표입니다.

최대 가분성 관점에서도 주성분 분석을 다르게 해석할 수 있습니다. 우리는 샘플 $\boldsymbol{x}_i$의 새로운 공간 중 초평면상에서의 투영이 $\mathbf{W}^T\boldsymbol{x}_i$라는 것을 알고 있습니다. 만약 모든 샘플의 투영이 최대한으로 분리된다면, 그림 10.4처럼 투영된 후 샘플들의 분산을 최대화할 수 있을 것입니다.

투영 후 샘플들의 공분산 행렬은 $\sum_i \mathbf{W}^T\boldsymbol{x}_i\boldsymbol{x}_i^T\mathbf{W}$이고, 최적화 목표는 다음과 같이 쓸 수 있습니다.

$$\max_{\mathbf{W}} \quad \text{tr}\left(\mathbf{W}^T\mathbf{X}\mathbf{X}^T\mathbf{W}\right)$$

$$\text{s.t.} \quad \mathbf{W}^T\mathbf{W} = \mathbf{I} ,$$

식 10.16

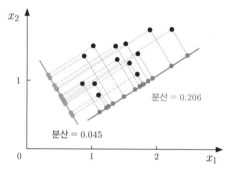

그림 10.4 ＼ 모든 샘플의 투영을 최대한 분리
(초록색 선에 나타난 것처럼 하고자 투영점의 분산을 최대화해야 함)

당연히, 식 10.16과 10.15는 같습니다.

식 10.15와 식 10.16에 대해 라그랑주 승수를 사용하면 다음을 얻습니다.

$$\mathbf{X}\mathbf{X}^T\boldsymbol{w}_i = \lambda_i\boldsymbol{w}_i ,$$

식 10.17

실제로 $\mathbf{X}$에 대한 특잇값 분해를 진행하는 것으로 공분산 행렬의 고윳값 분해를 대체할 수 있다.

PCA는 분산이 가장 큰 방향을 찾는 것이라고 할 수 있다.

따라서 공분산 행렬 $\mathbf{X}\mathbf{X}^T$에 대해서만 고윳값 분해를 진행하면 특잇값 배열 순서 $\lambda_1 \geq \lambda_2 \geq \ldots \geq \lambda_d$를 얻을 수 있습니다. 그런 다음 앞에서부터 d'개 특잇값에 대응하는 고윳값들로 $\mathbf{W}^* = (\boldsymbol{w}_1, \boldsymbol{w}_2, \ldots, \boldsymbol{w}_{d'})$을 구성합니다. 이것이 바로 주성분 분석의 해입니다. 다음의 그림 10.5에서 PCA 알고리즘에 대해 다시 정리해 설명합니다.

> **입력:** 샘플 세트 $D = \{x_1, x_2, \ldots, x_m\}$
>   저차원 공간 차원수 d'
> **과정:**
>   1: 모든 샘플에 대해 정규화 진행: $x_i \leftarrow x_i - \frac{1}{m} \sum_{i=1}^{m} x_i$
>   2: 샘플의 공분산 행렬 $\mathbf{XX}^{\mathrm{T}}$ 계산
>   3: 공분산 행렬 $\mathbf{XX}^{\mathrm{T}}$에 대하여 고윳값 분해 진행
>   4: 최대 크기의 d'개 고윳값에 대응하는 특징 벡터 $w_1, w_2, \ldots, w_{d'}$를 취한다
> **출력:** 투영 행렬 $\mathbf{W}^* = (w_1, w_2, \ldots, w_{d'})$

그림 10.5 \ **PCA 알고리즘**

일반적으로 차원 축소 후 저차원 공간의 차원수 d'는 데이터 과학자가 직접 사전에 정하거나 교차 검증 등의 방법을 거쳐 비교적 좋은 d'값을 선택합니다. 그리고 PCA에 대해 재구성의 시각으로 접근해서 재구성 임곗값에 대한 설정을 추가할 수도 있습니다. 예를 들어, $t = 95\%$라고 한다면 아래 식을 만족하는 최소 d'값을 선택합니다.

$$\frac{\sum_{i=1}^{d'} \lambda_i}{\sum_{i=1}^{d} \lambda_i} \geqslant t \ .$$

식 10.18

> 평균 벡터를 보존하는 이유는 벡터 뺄셈을 통해 새로운 샘플에 대해 0으로 표준화하기 위함이다.

PCA는 $\mathbf{W}^*$와 샘플의 평균 벡터mean vector만 보존하여, 간단한 벡터 뺄셈과 행렬-벡터 곱셈법을 통해 새로운 샘플을 저차원 공간으로 투영합니다. 당연하게도 저차원 공간과 원시 고차원 공간은 다를 수밖에 없습니다. 왜냐하면, 최소 $d - d'$개 고윳값의 고유 벡터가 버려지기 때문입니다. 이는 차원 축소로 인해 생기는 결과입니다. 하지만 부분적인 정보를 버리는 것은 필요합니다. 먼저, 일부 정보를 버림으로써 샘플의 샘플링 밀도를 높일 수 있습니다. 이는 차원 축소의 중요한 동기 중 하나입니다. 다른 면에서는 데이터가 노이즈의 영향을 받을 때 최소 고윳값에 대응하는 고유 벡터는 노이즈와 연관이 있습니다. 때문에 이를 버리는 것은 어느 정도의 노이즈 제거 효과를 볼 수 있습니다.

10.4 커널 선형 차원 축소

선형 차원 축소 방법은 고차원 공간에서 저차원 공간으로 매핑하는 함수가 선형이라고 가정합니다. 그러나 많은 현실 문제는 비선형 매핑을 통해야만 적당한 저차원

임베딩을 찾을 수 있습니다. 그림 10.6의 예제를 보면, 2차원 공간의 직사각형 모양의 구역에서 샘플링한 결과를 S형 곡면으로 3차원 공간에 임베딩합니다. 만약 선형 차원 축소법을 3차원 공간에서 관측되는 샘플들에 사용한다면 많은 저차원 구조들이 유실될 것입니다. 원래 샘플링된 저차원 공간과 차원 축소 후의 저차원 공간을 구별하고자 전자를 고유instrinsic 저차원 공간이라고 부르겠습니다.

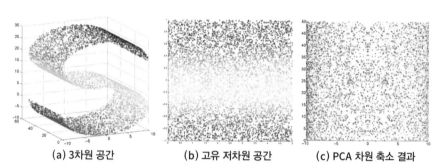

| (a) 3차원 공간 | (b) 고유 저차원 공간 | (c) PCA 차원 축소 결과 |

그림 10.6 〉 (b)의 샘플을 3차원 공간으로 임베딩시켜(a) PCA를 사용한 결과(c). 이렇게 된다면 많은 저차원 구조를 잃게 된다

비선형 차원 축소는 매우 자주 사용하는 방법으로 커널 트릭에 기반해 선형 차원 축소법에 대해 커널화kernelized를 진행합니다. 아래 예제를 통해 커널 주성분 분석 Kernelized PCA, KPCA[Schokopf et al., 1998]에 대해 알아봅시다.

6.6절을 참조하라.

고차원 특성 공간의 데이터를 $\mathbf{W} = (\boldsymbol{w}_1, \boldsymbol{w}_2, \ldots, \boldsymbol{w}_d)$로 된 초평면상으로 투영시킨다고 가정하면, 식 10.17에 의해 $\boldsymbol{w}_j$는 식 10.19입니다.

$$\left(\sum_{i=1}^{m} \boldsymbol{z}_i \boldsymbol{z}_i^{\mathrm{T}} \right) \boldsymbol{w}_j = \lambda_j \boldsymbol{w}_j \ , \qquad \text{식 10.19}$$

$\boldsymbol{z}_i$는 샘플 $\boldsymbol{x}_i$의 고차원 특성 공간에서의 형상입니다.

$$\boldsymbol{w}_j = \frac{1}{\lambda_j} \left(\sum_{i=1}^{m} \boldsymbol{z}_i \boldsymbol{z}_i^{\mathrm{T}} \right) \boldsymbol{w}_j = \sum_{i=1}^{m} \boldsymbol{z}_i \frac{\boldsymbol{z}_i^{\mathrm{T}} \boldsymbol{w}_j}{\lambda_j}$$
$$= \sum_{i=1}^{m} \boldsymbol{z}_i \alpha_i^j \ , \qquad \text{식 10.20}$$

여기서 $\alpha_i^j = \frac{1}{\lambda_j} \boldsymbol{z}_i^{\mathrm{T}} \boldsymbol{w}_j$은 $\boldsymbol{\alpha}_i$의 j번째 컴포넌트입니다. 그리고 $\boldsymbol{z}_i$는 원시 속성 공간 내의 샘플 $\boldsymbol{x}_i$가 매핑 ϕ을 통해 생성된 것으로 가정합니다(즉, $\boldsymbol{z}_i = \phi(\boldsymbol{x}_i)$, $i = 1, 2, \ldots, m$). 만약 ϕ의 표현식을 확실히 알 수 있다면, 이를 통해 샘플을 고차원 특성

공간으로 매핑시키고, 특성 공간에서 PCA 차원 축소를 실행하면 됩니다. 식 10.19
는 10.21로 변환됩니다.

$$\left(\sum_{i=1}^{m} \phi(\boldsymbol{x}_i)\phi(\boldsymbol{x}_i)^{\mathrm{T}} \right) \boldsymbol{w}_j = \lambda_j \boldsymbol{w}_j \ , \qquad \text{식 10.21}$$

식 10.20은 10.22로 변환됩니다.

$$\boldsymbol{w}_j = \sum_{i=1}^{m} \phi(\boldsymbol{x}_i)\alpha_i^j \ . \qquad \text{식 10.22}$$

일반적인 상황에서 우리는 ϕ의 구체적인 형식은 알지 못합니다. 따라서 커널 함수
를 사용합니다.

$$\kappa(\boldsymbol{x}_i, \boldsymbol{x}_j) = \phi(\boldsymbol{x}_i)^{\mathrm{T}}\phi(\boldsymbol{x}_j) \ . \qquad \text{식 10.23}$$

식 10.22와 식 10.23을 식 10.21에 대입한 후 간략하게 표현하면 식 10.24를 얻을
수 있습니다.

$$\mathbf{K}\boldsymbol{\alpha}^j = \lambda_j \boldsymbol{\alpha}^j \ , \qquad \text{식 10.24}$$

여기서 $\mathbf{K}$는 κ에 상응하는 커널 행렬 $(\mathbf{K})_{ij} = \kappa(\boldsymbol{x_i}, \boldsymbol{x_j})$, $\boldsymbol{\alpha}^j = (\alpha_1^j; \alpha_2^j; \ldots; \alpha_m^j)$입
니다. 식 10.24는 특잇값 분해 문제이고, $\mathbf{K}$를 최대로 하는 d'개 고윳값에 대응하
는 고윳값 벡터를 찾기만 하면 됩니다.

새로운 샘플 $\boldsymbol{x}$에 대해 투영 후의 j번째 차원 좌표는 식 10.25입니다.

$$z_j = \boldsymbol{w}_j^{\mathrm{T}}\phi(\boldsymbol{x}) = \sum_{i=1}^{m} \alpha_i^j \phi(\boldsymbol{x}_i)^{\mathrm{T}}\phi(\boldsymbol{x})$$
$$= \sum_{i=1}^{m} \alpha_i^j \kappa(\boldsymbol{x}_i, \boldsymbol{x}) \ , \qquad \text{식 10.25}$$

여기서 $\boldsymbol{\alpha}_i$는 표준화standardization가 진행된 것입니다. 식 10.25에 나온 것처럼, 투영
후의 좌표를 얻고자 KPCA는 모든 샘플에 대한 합을 구해야 합니다. 따라서 계산
량이 비교적 많습니다.

매니폴드 학습

매니폴드 학습manifold learning은 위상학 개념을 빌린 차원 축소 방법입니다. '매니폴드'는 국소적으로 유클리드 공간과 동형인 공간입니다. 즉, 국소적으로 유클리드 공간의 성질이 있고, 유클리드 거리를 통해 거리를 계산할 수 있습니다. 이는 차원 축소 방법에 엄청난 아이디어를 제공합니다. 만약 저차원 매니폴드가 고차원 공간으로 임베딩된다면 고차원 공간에서 분포된 데이터 샘플은 매우 복잡해 보일 수 있지만, 국소적으로는 유클리드 공간의 성질이 있습니다. 따라서 국소적으로 차원 축소 투영 관계를 만들고 이 관계를 전역으로 확장할 수 있습니다. 차원의 수가 2차원이나 3차원으로 줄어들 때 데이터에 대한 시각화 작업도 할 수 있으며, 따라서 매니폴드 학습은 시각화를 통한 데이터 파악에도 많이 사용됩니다. 이번 절에서는 유명한 매니폴드 학습법 두 가지를 소개하겠습니다.

10.5.1 Isomap

Isomap[Tenenbaum et al., 2000]의 기본 출발점은 저차원 매니폴드를 고차원 공간으로 임베딩한 후 직접 고차원 공간 내에서 직선 거리를 계산하는 것이 적절하지 않다고 여기는 것입니다. 왜냐하면 고차원 공산에서 직선 거리는 저차원 매니폴드상에서 얻기 어려울 것이기 때문입니다. 그림 10.7 (a)에 나타난 것처럼, 저차원 임베딩 매니폴드상에서 두 점 간의 거리는 측지선geodesic 거리입니다. 벌레 한 마리가 한 점에서 다른 한 점까지 기어가는 것을 상상해 보면, 곡면 위를 벗어날 수 없는 상황에서는 빨간색 선이 최단 거리가 될 것입니다(즉, S곡면 위의 측지선). 측지선 거리는 두 점 사이의 실제intrinsic 거리입니다. 당연하게도, 고차원 공간에서 이 직선 거리를 계산하는 것은 적절하지 않습니다.

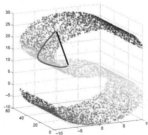

(a) 측지선 거리와 고차원 직선 거리 **(b) 측지선 거리와 최근접 이웃 거리**

그림 10.7 ＼ 저차원 임베딩 매니폴드상의 측지선 거리(빨간색)는 고차원 공간에서 직선 거리 계산을 사용할 수 없다. 하지만 최근접 이웃 거리를 이용해 근삿값을 계산할 수 있다

그렇다면 우리는 어떻게 측지선 거리를 계산해야 할까요? 이때 우리는 매니폴드가 국소적으로 유클리드 공간과 동형인 성질이 있다는 것을 이용하면 됩니다. 각 점에 대해 유클리드 거리에 기반해 최근접 이웃 점들을 찾아 최근접 이웃 그래프 nearest neighbor graph를 구축합니다. 그래프에서 최근접 점들 사이에는 연결이 존재하고, 비최근접 점들 사이에는 연결이 존재하지 않습니다. 따라서 두 점 간의 측지선 거리를 계산하는 문제는 최근접 이웃 연결 그래프상의 두 점 간의 최단 거리를 계산하는 문제로 변환됩니다. 그림 10.7 (b)에서 볼 수 있듯이, 최근접 이웃 거리에 가까우면 저차원 매니폴드상의 측지선 거리의 근삿값을 얻을 수 있습니다.

1972년 튜링상을 수상한 E.W. Dijkstra와 1978년 튜링상 수상자 R.Floyd가 제안한 유명한 알고리즘들이다.

최근접 이웃 연결 그래프상에서 두 점 사이의 최단 거리를 계산하는 방법은 유명한 다익스트라Dijkstra나 플로이드Floyd 알고리즘을 사용할 수 있습니다. 임의의 두 점 사이의 거리를 얻은 후, 10.2절에 소개한 MDS 방법을 통해 저차원 공간에서의 샘플 좌표를 얻을 수 있습니다. 그림 10.8은 Isomap을 설명합니다.

입력: 샘플 세트 $D = \{x_1, x_2, ..., x_m\}$
      근접 이웃 파라미터 k
      저차원 공간 차원수 d'
과정:
  1: **for** $i = 1, 2, ..., m$ **do**
  2:    x_i의 근접 이웃 k를 설정
  3:    x_i와 k-최근접 이웃 사이의 거리를 유클리드 거리로 설정
      다른 점들과의 거리는 무한대로 설정
  4: **end for**
  5: 최단거리 알고리즘을 사용하여 임의의 두 샘플 포인트 사이의 거리 (x_i, x_j)를 계산
  6: $\text{dist}(x_i, x_j)$를 MDS 알고리즘의 입력으로 설정
  7: **return** MDS 알고리즘의 출력
출력: 샘플 세트 D의 저차원 공간에서의 투영 $Z = \{z_1, z_2, ..., z_m\}$

그림 10.8 \ **Isomap 알고리즘**

MDS에 관해서는 10.2절을 참조하라.

Isomap을 이용하면 저차원 공간에서 훈련 샘플의 좌표만 얻을 수 있습니다. 그렇다면 새로운 샘플은 저차원 공간에 어떻게 매핑할 수 있을까요? 이 문제를 해결하는 데 가장 자주 사용하는 방법으로는 훈련 샘플의 고차원 공간 좌표를 입력으로 하고, 저차원 공간 좌표를 출력으로 설정해서 회귀 학습기를 훈련시킴으로써 새로운 샘플의 저차원 공간 좌표를 예측하는 방법이 있습니다. 이 방법은 임시방편에 불과하지만, 안타깝게도 현재로서는 더 좋은 방법이 없습니다.

최근접 이웃 그래프를 구축하는 데는 일반적으로 두 가지 방법이 있습니다. 먼저, 이웃 수를 정하는 방법이 있는데 예를 들어 유클리드 거리가 가장 가까운 k개의 샘플을 이웃 샘플로 설정합니다. 이렇게 얻은 최근접 이웃 그래프는 'k-최근접 이웃 그래프'라고 부릅니다. 또 다른 방법으로는 거리 임곗값 ϵ을 정하는 것입니다. 거리가 임곗값 ϵ 내에 있다면 이웃 샘플로 취급하고, 이렇게 얻은 최근접 이웃 그래프는 'ϵ최근접 이웃 그래프'라고 부릅니다. 위에 설명한 두 방법 모두 단점이 있습니다. 예를 들어, 이웃 범위 설정을 너무 크게 만들면 거리가 아주 먼 샘플도 이웃 샘플에 포함될 가능성이 있습니다. 반대로 근접 범위 설정을 너무 작게 하면 그래프 중의 어떤 구역이 다른 기타 구역과 연결되지 못하는 '단절' 문제가 발생하기도 합니다. 이 두 가지 문제 모두 계산에서 잘못된 결론을 유발합니다.

10.5.2 LLE

Isomap 방법이 근접 샘플 사이의 거리를 보존하려는 것과 다르게, **국소적 선형 임베딩**Locally Linear Embedding, LLE[Roweis and Saul, 2000]은 영역 내 샘플이 선형 관계를 유지시키려 합니다.

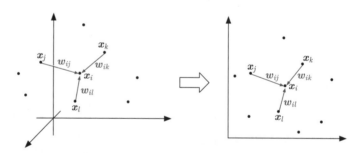

그림 10.9 ＼ **고차원 공간에서의 샘플 구조 관계가 저차원 중에서도 보존되어야 한다**

그림 10.9처럼 샘플 $\boldsymbol{x}_i$의 좌표가 다른 영역 내의 샘플 $\boldsymbol{x}_j$, $\boldsymbol{x}_k$, $\boldsymbol{x}_l$의 좌표를 통한 선형 조합으로 구축된다고 가정하면 식 10.26입니다.

$$\boldsymbol{x}_i = w_{ij}\boldsymbol{x}_j + w_{ik}\boldsymbol{x}_k + w_{il}\boldsymbol{x}_l \;,$$
식 10.26

LLE(식 10.26)의 관계는 저차원 공간에서 유지됩니다.

LLE는 먼저 각 샘플 $\boldsymbol{x}_i$의 최근접 인덱스 집합 Q_i를 찾아, Q_i 샘플의 $\boldsymbol{x}_i$에 대한 선형 구축 계수 $\boldsymbol{w}_i$를 계산합니다.

$$\min_{\boldsymbol{w}_1, \boldsymbol{w}_2, \ldots, \boldsymbol{w}_m} \sum_{i=1}^{m} \left\| \boldsymbol{x}_i - \sum_{j \in Q_i} w_{ij} \boldsymbol{x}_j \right\|_2^2$$

$$\text{s.t.} \sum_{j \in Q_i} w_{ij} = 1, \qquad \text{식 10.27}$$

여기서 $\boldsymbol{x}_i$와 $\boldsymbol{x}_j$는 모두 알고 있는 상태이며, $C_{jk} = (\boldsymbol{x}_i - \boldsymbol{x}_j)^\mathrm{T}(\boldsymbol{x}_i - \boldsymbol{x}_k)$라 한다면 w_{ij}는 닫힌 해인 식 10.28과 같습니다.

$$w_{ij} = \frac{\displaystyle\sum_{k \in Q_i} C_{jk}^{-1}}{\displaystyle\sum_{l,s \in Q_i} C_{ls}^{-1}} \cdot \qquad \text{식 10.28}$$

LLE는 저차원 공간에서 $\boldsymbol{w}_{ij}$를 변하지 않게 유지하므로 $\boldsymbol{x}_i$에 대응하는 저차원 공간 좌표 $\boldsymbol{z}_i$는 다음 식으로 구할 수 있습니다.

$$\min_{\boldsymbol{z}_1, \boldsymbol{z}_2, \ldots, \boldsymbol{z}_m} \sum_{i=1}^{m} \left\| \boldsymbol{z}_i - \sum_{j \in Q_i} w_{ij} \boldsymbol{z}_j \right\|_2^2 \cdot \qquad \text{식 10.29}$$

식 10.27과 식 10.29의 최적화 목표는 같은 형식입니다. 유일하게 다른 점이라면 식 10.27에서 정해야 하는 값은 $\boldsymbol{w}_i$이지만, 식 10.29에서는 $\boldsymbol{x}_i$에 대응하는 저차원 공간 좌표 $\boldsymbol{z}_i$라는 것입니다.

$\mathbf{Z} = (\boldsymbol{z}_1, \boldsymbol{z}_2, \ldots, \boldsymbol{z}_m) \in \mathbb{R}^{d' \times m}$, $(\mathbf{W})_{ij} = w_{ij}$이면 식 10.30이 됩니다.

$$\mathbf{M} = (\mathbf{I} - \mathbf{W})^\mathrm{T}(\mathbf{I} - \mathbf{W}) , \qquad \text{식 10.30}$$

따라서 식 10.29는 다음처럼 다시 작성될 수 있습니다.

$$\min_{\mathbf{Z}} \ \mathrm{tr}(\mathbf{Z}\mathbf{M}\mathbf{Z}^\mathrm{T}),$$

$$\text{s.t.} \ \mathbf{Z}\mathbf{Z}^\mathrm{T} = \mathbf{I} . \qquad \text{식 10.31}$$

식 10.31은 고윳값 분해로 값을 구할 수 있습니다. 최소 $\mathbf{M}$값을 갖는 d'개 고윳값에 대응하는 고유 벡터로 구성된 행렬이 $\mathbf{Z}^\mathrm{T}$입니다.

LLE 알고리즘은 그림 10.10과 같습니다. 알고리즘 4행에 설명된 것처럼 샘플 $\boldsymbol{x}_i$ 이웃 구역에 있지 않는 샘플 $\boldsymbol{x}_j$는 어떻게 변화하든지 $\boldsymbol{x}_i$와 $\boldsymbol{z}_i$에 대해 아무런 영향을 끼치지 않습니다. 이렇게 변동성을 국소적으로 제한하는 아이디어는 많은 곳에서 사용되고 있습니다.

입력: 샘플 세트 $D = \{\boldsymbol{x}_1, \boldsymbol{x}_2, \ldots, \boldsymbol{x}_m\}$
　　　최근접 이웃 파라미터 k
　　　저차원 공간 차원수 d'
과정:
　1: **for** $i = 1, 2, \ldots, m$ **do**
　2: 　　$\boldsymbol{x}_i$의 최근접 이웃 k를 설정
　3: 　　식 10.27로부터 $w_{ij}, j \in Q_i$을 구한다
　4: 　　$j \notin Q_i$에 대해 $w_{ij} = 0$으로 설정한다
　5: **end for**
　6: 식 10.30으로부터 $\mathbf{M}$을 얻는다
　7: $\mathbf{M}$에 대해 고윳값 분해를 진행한다
　8: **return** $\mathbf{M}$의 최소 d'개 고윳값에 대응하는 특성 벡터
출력: 샘플 세트 D의 저차원 공간에서의 투영 $Z = \{\boldsymbol{z}_1, \boldsymbol{z}_2, \ldots, \boldsymbol{z}_m\}$

그림 10.10 ＼ LLE 알고리즘

10.6　척도 학습

거리 척도 학습(distance metric learning)이라고도 부른다.

머신러닝에서 고차원 데이터를 차원 축소하는 주요 목적은 적합한 저차원 공간을 찾는 것인데, 해당 공간에서 학습하면 원시 공간에서 학습하는 것보다 성능이 좋기 때문입니다. 실제로 각 공간은 샘플 속성 위에서 정의한 하나의 거리 척도에 대응합니다. 따라서 적합한 공간을 찾는 것은 적합한 거리 척도를 찾는 문제와 같다고 할 수 있습니다. 그렇다면 직접 적합한 거리 척도를 학습하는 방법을 배워보는 것은 어떨까요? 이 아이디어가 바로 **척도 학습**metric learning의 기본적인 동기입니다.

먼저, 거리 척도를 학습하기에 쉬운 표현 형식이 필요합니다. 9.3절에서 우리는 몇 가지 거리 척도 표현식을 배웠습니다. 하지만 모두 고정된 것이지 조절 가능한 파라미터는 없었습니다. 따라서 배웠던 표현식들은 데이터 샘플에 대한 학습으로 개선될 여지가 없습니다. 따라서 우리는 이에 대한 확장이 필요합니다.

즉, 유클리드 거리의 제곱이다.

두 개의 d차원 샘플 $\boldsymbol{x}_i$와 $\boldsymbol{x}_j$에 대해, 두 거리의 유클리드 제곱 거리는 식 10.32입니다.

$$\text{dist}^2_{\text{ed}}(\boldsymbol{x}_i, \boldsymbol{x}_j) = \|\boldsymbol{x}_i - \boldsymbol{x}_j\|^2_2 = dist^2_{ij,1} + dist^2_{ij,2} + \ldots + dist^2_{ij,d} ,$$ 식 10.32

여기서 $dist_{i,j,k}$는 $\boldsymbol{x}_i$와 $\boldsymbol{x}_j$의 k번 차원상에서의 거리를 나타냅니다. 만약 속성마다 중요성이 다르다고 가정한다면 속성 가중치 $\boldsymbol{w}$를 통해 식 10.33을 얻을 수 있습니다.

$$\text{dist}^2_{\text{wed}}(\boldsymbol{x}_i, \boldsymbol{x}_j) = \|\boldsymbol{x}_i - \boldsymbol{x}_j\|^2_2 = w_1 \cdot dist^2_{ij,1} + w_2 \cdot dist^2_{ij,2} + \ldots + w_d \cdot dist^2_{ij,d}$$
$$= (\boldsymbol{x}_i - \boldsymbol{x}_j)^{\mathrm{T}} \mathbf{W} (\boldsymbol{x}_i - \boldsymbol{x}_j) ,$$ 식 10.33

여기서 $w_i \geqslant 0$이고, $\mathbf{W} = \text{diag}(\boldsymbol{w})$는 대각 행렬입니다. $(\mathbf{W})_{ii} = w_i$

식 10.33에서 $\mathbf{W}$는 학습으로 정할 수 있습니다. 그러나 아직 한 단계가 더 필요합니다. $\mathbf{W}$의 비대각 원소는 모두 0입니다. 이는 좌표축이 직교하는 것을 뜻하고 더불어 속성 간에 관계가 없다는 것을 뜻합니다. 하지만 현실 문제에 적용하기 조금 힘든 부분이 있습니다. 예를 들어, 수박의 무게와 부피라는 두 속성을 고려해 본다면, 이 두 속성은 당연히 관계가 있는 속성일 수밖에 없습니다. 따라서 대응하는 좌표축이 직교가 아니게 되고, 식 10.33의 $\mathbf{W}$는 하나의 일반적인 양의 준정부호 대칭 행렬positive semi-definite symmetric matrices $\mathbf{M}$이 됩니다. 따라서 마할라노비스 거리Mahalanobis distance를 얻습니다.

$$\text{dist}^2_{\text{mah}}(\boldsymbol{x}_i, \boldsymbol{x}_j) = (\boldsymbol{x}_i - \boldsymbol{x}_j)^{\mathrm{T}} \mathbf{M} (\boldsymbol{x}_i - \boldsymbol{x}_j) = \|\boldsymbol{x}_i - \boldsymbol{x}_j\|^2_{\mathbf{M}} ,$$ 식 10.34

여기서 $\mathbf{M}$을 '척도 행렬'이라고 합니다. 그리고 척도 학습은 $\mathbf{M}$에 대한 학습입니다. 거리가 음수가 아니면서 대칭이도록 유지하려면 $\mathbf{M}$은 반드시 양의 준정부호 대칭 행렬이어야 합니다. 즉, $\mathbf{M} = \mathbf{P}\mathbf{P}^{\mathrm{T}}$이 되어야 합니다.

$\mathbf{M}$에 대한 학습을 진행할 때 당연히 하나의 목표를 세워야 합니다. 만약 우리가 최근접 분류기의 성능을 향상시키고자 한다면, $\mathbf{M}$을 최근접 분류기의 평가 지표에 임베딩하여 해당 성능 지표를 최적화하는 $\mathbf{M}$을 구하면 될 것입니다. 그렇다면 근접 성분 분석Neighbourhood Component Analysis, NCA[Goldberger et al., 2005]에 대해 간단히 알아보도록 합시다.

최근접 분류기는 판별을 진행할 때 일반적으로 투표법을 사용합니다. 최근접 이웃 내의 샘플들이 1표씩 투표하고, 최근접 이웃 외의 샘플이 0표를 투표합니다. 그렇다면 이를 확률 투표법으로 치환해도 무방할 것입니다. 임의의 샘플 $\boldsymbol{x}_j$에 대해 해당 샘플이 $\boldsymbol{x}_i$ 분류 결과에 영향을 줄 확률은 식 10.35로 나타낼 수 있습니다.

$$p_{ij} = \frac{\exp\left(-\|\boldsymbol{x}_i - \boldsymbol{x}_j\|_{\mathbf{M}}^2\right)}{\sum_l \exp\left(-\|\boldsymbol{x}_i - \boldsymbol{x}_l\|_{\mathbf{M}}^2\right)}\ , \qquad \text{식 10.35}$$

LOO 방법에 관해서는 2.2.2절을 참조하라.

$i = j$일 때 p_{ij}는 가장 큰 값을 가집니다. $\boldsymbol{x}_j$의 $\boldsymbol{x}_i$에 대한 영향은 이들의 거리가 멀어짐에 따라 줄어듭니다. 만약 LOO Leave-One-Out 정확도의 최대화를 목표로 한다면, $\boldsymbol{x}_i$의 LOO 정확도를 계산할 수 있습니다. 즉, 자신을 제외한 모든 샘플을 정확히 분류할 확률은 식 10.36이 됩니다.

$$p_i = \sum_{j \in \Omega_i} p_{ij}\ , \qquad \text{식 10.36}$$

여기서 Ω_i는 $\boldsymbol{x}_i$와 같은 클래스의 샘플 인덱스 집단에 속하는 것을 표현합니다. 따라서 모든 샘플 세트에서의 LOO 정확도는 식 10.37이 됩니다.

$$\sum_{i=1}^m p_i = \sum_{i=1}^m \sum_{j \in \Omega_i} p_{ij}\ . \qquad \text{식 10.37}$$

식 10.35를 식 10.37에 대입하고 $\mathbf{M} = \mathbf{P}\mathbf{P}^{\mathrm{T}}$를 고려하면 NCA의 최적화 목표는 식 10.38이 됩니다.

$$\min_{\mathbf{P}}\ \ 1 - \sum_{i=1}^m \sum_{j \in \Omega_i} \frac{\exp\left(-\|\mathbf{P}^{\mathrm{T}}\boldsymbol{x}_i - \mathbf{P}^{\mathrm{T}}\boldsymbol{x}_j\|_2^2\right)}{\sum_l \exp\left(-\|\mathbf{P}^{\mathrm{T}}\boldsymbol{x}_i - \mathbf{P}^{\mathrm{T}}\boldsymbol{x}_l\|_2^2\right)}\ . \qquad \text{식 10.38}$$

스토캐스틱 경사하강법 해를 구할 수가 있다[Goldberger et al., 2005].

식 10.38의 해를 구하면 인접 분류기 LOO 정확도를 최대화하는 거리 척도 행렬 $\mathbf{M}$을 얻을 수 있습니다.

실제로 우리는 오차율 같은 지도 학습 목표를 척도 학습의 최적화 목표로 삼을 수 있을 뿐만 아니라, 도메인 지식을 활용할 수도 있습니다. 예를 들어, 도메인 전문가가 이미 어떤 속성의 샘플들이 유사하고 많이 다른지 알 수 있다면, **필수 연결**must-link 제약 집합 $\mathcal{M}$과 **연결 불가**cannot-link 제약 집합 $\mathcal{C}$를 통해 $\boldsymbol{x}_i$와 $\boldsymbol{x}_j$의 유사도와 비유사도를 나타낼 수 있습니다. 당연히 우리는 비슷한 샘플 간의 거리가 짧고, 비유사한 샘플 간의 거리가 멀기를 바랄 것입니다. 따라서 다음의 컨벡스 최적화convex optimization 문제를 통해 적당한 척도 행렬 $\mathcal{M}$을 구할 수 있습니다[Xing et al., 2003].

$$\min_{\mathbf{M}} \quad \sum_{(\boldsymbol{x}_i, \boldsymbol{x}_j) \in \mathcal{M}} \|\boldsymbol{x}_i - \boldsymbol{x}_j\|_{\mathbf{M}}^2$$

$$\text{s.t.} \quad \sum_{(\boldsymbol{x}_i, \boldsymbol{x}_k) \in \mathcal{C}} \|\boldsymbol{x}_i - \boldsymbol{x}_k\|_{\mathbf{M}} \geqslant 1 \,,$$

$$\mathbf{M} \succeq 0 \,, \qquad \text{식 10.39}$$

여기서 제약 조건 $\mathbf{M} \succeq 0$은 $\mathbf{M}$이 반드시 반정형이어야 한다는 것을 뜻합니다. 식 10.39는 유사하지 않은 샘플 간의 거리는 1보다 크다는 제약 조건이 있어, 유사한 샘플 간의 거리를 더 짧게 만듭니다.

서로 다른 척도 학습법은 서로 다른 목표에 대해 좋은 반정형 대칭 거리 척도 행렬 $\mathbf{M}$을 얻습니다. 만약 $\mathbf{M}$이 저순위 행렬low-rank matrix이라면, $\mathbf{M}$을 이용한 특잇값 분해를 통해 항상 직교 기저를 찾을 수 있고, 직교 기저의 수는 행렬 $\mathbf{M}$의 $\text{rank}(\mathbf{M})$이 되어 원래의 속성 수 d보다 작습니다. 따라서 척도 학습이 학습한 결과는 하나의 차원 축소 행렬 $\mathbf{P} \in \mathbb{R}^{d \times \text{rank}(\mathbf{M})}$으로 파생될 수 있으며, 차원 축소 목표를 위해 사용될 수 있습니다.

10.7 더 읽을거리

게으른 학습법으로는 k-최근접 이웃 학습기, 의사결정 트리[Freidman et al., 1996]가 있습니다. 나이브 베이즈 분류기도 게으른 학습법으로 사용될 수 있고 열정 학습법으로도 사용될 수 있습니다. 게으른 학습에 대해서 더 알고 싶다면 [Aha, 1997]을 참조하세요.

주성분 분석은 일종의 비지도 선형 차원 축소 방법입니다. 지도 선형 차원 축소 방법에서 가장 유명한 것은 선형 판별분석LDA[Fisher, 1936]이 있으며, 3.4절을 참조바랍니다. LDA의 커널화 버전인 KLDA[Baudat and Anouar, 200]에 대해서는 6.6절을 참조하세요. 두 변수 집합 사이의 관계성을 최대화해서 **정준상관분석**Canonical Correlation Analysis[Hotelling, 1936]을 얻을 수도 있습니다. 이에 대한 커널화 버전인 KCCA[Harden et al., 2004]도 있으며, 이 방법은 다시점 학습multi-view learning에 광범위하게 사용되고 있습니다. 패턴인식 영역에서 사람들은 직접 행렬 대상에 대해 차원을 축소하는 것이 이를 바로 벡터로 늘려 차원을 축소하는 것보다 성능이 더 좋다는 것을 발견했습니다. 따라서 2DPCA[Yang et al., 2004], 2DLDA[Ye et al., 2005], (2D)²PCA[Zhang and Zhou, 2005] 등과 텐서tensor에 기초한 방법[Kolda and Bader, 2009]까지 개발됩니다.

Isomap과 LLE 외에도 자주 보이는 매니폴드 학습법으로는 Laplacian Eigenmaps LE[Belkin and Niyogi, 2003], 국소 탄젠트 공간 정렬Local Tangent Space Alignment, LTSA[Zhang and Zha, 2004] 등이 있습니다. Locality Preserving Projections LPP[He and Niyogi, 2004]은 LE의 선형 차원 축소 방법에 기반을 두고 있습니다. 지도 학습에 관해서는 클래스 정보를 왜곡한 저차원 공간이 진짜 저차원 공간보다 더 낫다는 의견이 있습니다[Geng et al., 2005]. 주의해야 할 것은 매니폴드 학습이 근접 영역을 보존하려면 밀도 샘플링이 필요한데, 이는 고차원 상황에서 큰 문제가 되고 있습니다. 따라서 실전에서 매니폴드 학습법을 활용한 차원 축소 성능은 기대에 미치지 못할 때가 많습니다. 그러나 이웃 영역 보존에 대한 아이디어는 머신러닝의 여러 계파에 큰 영향을 끼쳤습니다. 예를 들어, 반지도 학습법에서 유명한 매니폴드 가설, 매니폴드 정규화[Belkin et al., 2006]가 있습니다. [Yan et al., 2007]은 그래프를 임베딩하는 관점에서 차원 축소 방법에 대한 프레임을 제시했습니다.

13장을 참조하라.

준지도 클러스터링에 관해서는 13.6절을 참조하라.

필수 연결과 연결 불가 등을 제약 조건으로 사용하는 방법은 반지도 클러스터링 학습에서 이미 연구가 이뤄졌습니다[Wagstaff et al., 2001]. 척도 학습에서 이런 제약은 모든 샘플에 대해 동일하게 작용합니다[Xing et al., 2003]. 따라서 이러한 방법은 글로벌 척도 학습법이라 칭합니다. 사람들은 국소적 제약을 사용하려고 시도했는데, 이 때문에 국소적 거리 척도 학습법도 생겨났습니다[Weinberger and Saul, 2009]. 심지어 어떤 연구들은 샘플마다 적합한 거리 척도를 생성하려고 시도하기도 합니다[Frome et al., 2007; Zhan et al., 2009]. 구체적인 학습과 최적화 방법은 서로 다른 척도 학습법들이 다양한 기술을 사용하고 있습니다. 예를 들어, [Yang et al., 2006]에서는 척도 학습을 판별 확률 모델 프레임에서 샘플의 이진 분류 문제에 대한 해를 구했습니다. [Davis et al., 2007]은 척도 학습을 정보 이론 프레임에서 브레그먼Bregman 최적화 문제로 변환하고 온라인 학습에 쉽게 만들었습니다.

연습문제

수박 데이터 세트 3.0α은 110 쪽의 표 4.5를 참조하라.

10.1 k-최근접 분류기의 코드를 작성하고, 수박 데이터 세트 3.0α상에서 그들의 분류 경계와 의사결정 트리 분류 경계의 차이를 비교해 보아라.

10.2 err와 err^*를 각각 최근접 분류기와 베이즈 최적 분류기의 기대 오차율로 설정하고 다음을 증명하라.

$$err^* \leqslant err \leqslant err^* \left(2 - \frac{|\mathcal{Y}|}{|\mathcal{Y}| - 1} \times err^* \right) .$$ `식 10.40`

10.3 고차원 데이터 차원 축소 전에 먼저 전처리가 필요하다. 자주 보이는 방법은 공분산 행렬 $\mathbf{XX}^T$를 $\mathbf{XHH}^T\mathbf{X}^T$로 전환하는 것인데, 여기서 $\mathbf{H} = \mathbf{I} - \frac{1}{m}\mathbf{11}^T$이다. 이에 대한 효과를 분석하라.

10.4 실전에서 공분산 행렬 $\mathbf{XX}^T$의 특잇값 분해는 전처리 후의 샘플 행렬 $\mathbf{X}$의 특잇값 분해로 대체된다. 이 이유에 대해 설명하라.

10.5 차원 축소에서 접하는 투영 행렬은 직교를 요구한다. 직교와 비직교 투영 행렬을 차원 축소에 이용했을 때의 장단점을 서술하라.

princomp 함수를 사용하라.

Yale 안면 데이터는 http://vision.ucsd.edu/content/ yale-face-database를 참조하라.

10.6 매트랩MATLAB의 PCA 함수를 사용해서 Yale 얼굴인식 데이터를 차원 축소하라. 그리고 20개의 특성 벡터에 대응하는 이미지를 관찰해 보아라.

10.7 커널 선형 차원 축소와 매니폴드 학습 사이의 관계와 장단점을 서술하라.

10.8* k-최근접 그래프와 ϵ최근접 그래프는 '단축 길'과 '절단 길' 문제가 존재해 Isomap 학습을 어렵게 한다. 이에 대한 해결 방안을 논의하라.

10.9* 새로운 샘플을 위해, LEE 차원 축소 후의 저차원 좌표를 찾을 수 있는 방법을 만들어 보아라.

9.3절을 참조하라.

10.10 척도 학습이 생성한 거리가 거리 척도의 네 가지 성질을 만족하게 만드는 방법을 기술하라.

참고문헌

1 Aha, D., ed. (1997). *Lazy Learning*. Kluwer, Norwell, MA.

2 Baudat, G. and F. Anouar. (2000). "Generalized discriminant analysis using a kernel approach." *Neural Computation*, 12(10):2385-2404.

3 Belkin, M. and P. Niyogi. (2003). "Laplacian eigenmaps for dimensionality reduction and data representation." *Neural Computation*, 15(6):1373-1396.

4 Belkin, M., P. Niyogi, and V. Sindhwani. (2006). "Manifold regularization: A geometric framework for learning from labeled and unlabeled examples." *Journal of Machine Learning Research*, 7:2399-2434.

5 Bellman, R. E. (1957). Dynamic Programming. Princeton University Press, Princeton, NJ.

6 Cover, T. M. and P. E. Hart. (1967). "Nearest neighbor pattern classification." IEEE Transactions on Information Theory, 13(1):21-27.

7 Cox, T. F. and M. A. Cox. (2001). Multidimensional Scaling. Chapman & Hal-1/CRC, London, UK.

8 Davis, J. V., B. Kulis, P. Jain, S. Sra, and I. S. Dhillon. (2007). "Informationtheoretic metric learning." In *Proceedings of the 24th International Conference on Machine Learning (ICML)*, 209-216, Corvalis, OR.

9 Fisher, R. A. (1936). "The use of multiple measurements in taxonomic problems." *Annals of Eugenics*, 7(2):179-188.

10 Friedman, J. H., R. Kohavi, and Y. Yun. (1996). "Lazy decision trees." In *Proceedings of the 13th National Conference on Aritificial Intelligence (AAAI)*, 717-724, Portland, OR.

11 Frome, A., Y. Singer, and J. Malik. (2007). "Image retrieval and classification using local distance functions." In *Advances in Neural Information Processing Systems 19 (NIPS)* (B. Scholkopf, J. C. Platt, and T. Hoffman, eds.), 417-424, MIT Press, Cambridge, MA.

12 Geng, X., D.-C. Zhan, and Z.-H. Zhou. (2005). "Supervised nonlinear dimensionality reduction for visualization and classification." *IEEE Transactions on Systems, Man, and Cybernetics - Part B: Cybernetics*, 35(6):1098-1107.

13 Goldberger, J., G. E. Hinton, S. T. Roweis, and R. R. Salakhutdinov. (2005). "Neighbourhood components analysis." In *Advances in Neural Information Processing Systems 17 (NIPS)* (L. K. Saul, Y. Weiss, and L. Bottou, eds.), 513-520, MIT Press, Cambridge, MA.

14 Harden, D. R., S. Szedmak, and J. Shawe-Taylor. (2004). "Canonical correlation analysis: An overview with application to learning methods." *Neural Computation*, 16(12) :2639-2664.

15 He, X. and P. Niyogi. (2004). "Locality preserving projections." In *Advances in Neural Information Processing Systems 16 (NIPS)* (S. Thrun, L. K. Saul, and B. Scholkopf, eds.), 153-160, MIT Press, Cambridge, MA.

16 Hotelling, H. (1936). "Relations between two sets of variates." *Biometrika*, 28(3-4):321-377.

17 Kolda, T. G. and B. W. Bader. (2009). "Tensor decompositions and applications." *SIAM Review*, 51(3):455-500.

18 Roweis, S. T. and L. K. Saul. (2000). "Nonlinear dimensionality reduction by locally linear embedding." *Science*, 290(5500):2323-2326.

19 Scholkopf, B., A. Smola, and K.-R. Miiller. (1998). "Nonlinear component analysis as a kernel eigenvalue problem." *Neural Computation*, 10(5):1299-1319.

20 Tenenbaum, J.B., V. de Silva, and J. C. Langford. (2000). "A global geometric framework for nonlinear dimensionality reduction." *Science*, 290(5500): 2319-2323.

21 Wagstaff, K., C. Cardie, S. Rogers, and S. Schrodl. (2001). "Constrained k-means clustering with background knowledge." In *Proceedings of the 18th International Conference on Machine Learning (ICML)*, 577-584, Williamstown, MA.

22 Weinberger, K. Q. and L. K. Saul. (2009). "Distance metric learning for large margin nearest neighbor classification." *Journal of Machine Learning Research*, 10:207-244.

23 Xing, E. P., A. Y. Ng, M. I. Jordan, and S. Russell. (2003). "Distance metric learning, with application to clustering with side-information." In *Advances in Neural Information Processing Systems 15 (NIPS)* (S. Becker, S. Thrun, and K. Obermayer, eds.), 505-512, MIT Press, Cambridge, MA.

24 Yan, S., D. Xu, B. Zhang, and H.-J. Zhang. (2007). "Graph embedding and extensions: A general framework for dimensionality reduction." *IEEE Trans-actions on Pattern Analysis and Machine Intelligence*, 29(1):40-51.

25 Yang, J., D. Zhang, A. F. Frangi, and J.-Y. Yang. (2004). "Two-dimensional PCA: A new approach to appearance-based face representation and recognition." *IEEE Transactions on Pattern Analysis and Machine Intelligence*, 26(1):131-137.

26 Yang, L., R. Jin, R. Sukthankar, and Y. Liu. (2006). "An efficient algorithm for local distance metric learning." In *Proceedings of the 21st National Conference on Artificial Intelligence (AAAI)*, 543-548, Boston, MA.

27 Ye, J., R. Janardan, and Q. Li. (2005). "Two-dimensional linear discriminant analysis." In *Advances in Neuml Information Processing Systems 17 (NIPS)* (L. K. Saul, Y. Weiss, and L. Bottou, eds.), 1569-1576, MIT Press, Cambridge, MA.

28 Zhan, D.-C., Y.-F. Li, and Z.-H. Zhou. (2009). "Learning instance specific distances using metric propagation." In *Proceedings of the 26th International Conference on Machine Learning (ICML)*, 1225-1232, Montreal, Canada.

29 Zhang, D. and Z.-H. Zhou. (2005). "(2D)^{2}PCA: 2-directional 2-dimensional PCA for efficient face representation and recognition." *Neurocomputing*, 69 (1-3):224-231.

30 Zhang, Z. and H. Zha. (2004). "Principal manifolds and nonlinear dimension reduction via local tangent space alignment." *SIAM Journal on Scientific Computing*, 26(1):313-338.

머신러닝 쉼터

주성분 분석과 칼 피어슨

주성분 분석은 오늘날까지 가장 많이 사용되는 차원 축소 방법의 하나입니다. 주성분 분석은 많은 이름을 가졌는데, 예를 들어 선형대수의 특잇값 분해SVD, 통계학의 팩터 분석factor analysis, 신호처리의 이산 Karhunen-Loeve 변환, 이미지 분석의 Hotelling 변환, 텍스트 분석의 잠재적 의미 분석LSA, 기계공학의 적합직교 분해법Proper Orthogonal Decomposition, 기상학의 경험직교 함수EOF, 구조동력학의 경험모델 분석EMA, 심리측정학의 Schmidt-Mirsky 정리 등이 있습니다.

칼 피어슨Karl Pearson, 1857~1936은 1901년 PCA를 발명했습니다. 피어슨은 보기 드문 백과사전식 학자였는데, 그는 통계학자이자 응용수학자였으며, 동시에 철학자, 역사학자, 민속학자, 종교학자, 인류학자, 언어학자이기도 했습니다. 또한, 사회활동가, 교육개혁가, 작가로도 활동했습니다. 그는 1879년 케임브리지 대학교 수학과를 졸업했으며, 이후 독일 하이델베르크 대학교, 베를린 대학교 등에서 공부했습니다. 1884년부터 런던 대학교에서 응용수학 교수를 역임했고, 39세에 영국왕립학회 회원이 되었습니다. 그가 1892년에 출판한 과학철학 명저《The Grammar of Science》는 아인슈타인의 상대성 이론에 큰 영감을 주었습니다. 피어슨은 특히 통계학에서 뛰어난 업적을 많이 쌓았는데, 상관계수, 표준오차, 카이제곱검정 등을 만들었고, 가설검정 이론과 통계 의사결정 이론을 위해서도 초석을 다졌습니다. 그래서 그는 '통계학의 아버지'라고도 불립니다.

Galton은 다윈의 사촌동생이다. 우생학의 창시자이기도 하다.

피어슨이 통계학 연구를 시작한 것은 생물학자인 골턴F.Galton과 웰턴W.Welton의 영향 때문이었는데, 진화론에 대해 더욱 정량적인 묘사와 분석을 진행하기 위함이었습니다. 1901년 그들은 저명한 통계학 저널인《Biometrika》를 창간했고, 피어슨은 그가 세상을 떠날 때까지 편집장을 맡았습니다. 피어슨의 외아들인 이건Egon도 유명한 통계학자였는데, 바로 '네이만-피어슨 정리'를 만든 피어슨입니다. 그는 아버지를 이어 UCL 통계학 교수를 역임했으며 바이오메트리카의 편집장도 맡았습니다. 또한, 영국왕실학회 통계학회 의장을 맡기도 했습니다.

11

특성 선택과
희소 학습

11.1 부분집합 탐색과 평가

우리는 색깔, 꼭지 모양, 소리, 줄무늬, 촉감 등 여러 속성으로 수박을 묘사할 수 있습니다. 하지만 경험이 많은 사람이라면 꼭지 모양이나 두드려 나는 소리만으로도 잘 익은 수박인지 아닌지를 판단할 수 있습니다. 즉, 학습 목표에 대해 여러 속성이 있더라도 속성별로 담고 있는 정보나 중요도는 다른 것과 같습니다. 어떤 속성은 매우 중요해서 학습 목표를 달성하는 데 관건이 될 수도 있고, 어떤 속성은 오히려 필요 없을 수가 있습니다. 우리는 이러한 속성을 **특성**feature이라고 합니다. 현재 학습과 관련 있는 속성을 **관련 특성**relevant feature이라고 하며, 별 필요 없는 속성을 **비관련 특성**irrelevant feature이라고 부릅니다. 정해진 특성 집합 중에서 관련 특성을 찾아내는 과정을 **특성 선택**feature selection이라고 부릅니다.

특성 선택은 **데이터 전처리**data preprocessing에서 매우 중요한 과정입니다. 현실의 데이터 과학 문제에서 일반적으로 데이터를 획득한 후 특성 선택을 진행하고 학습기를 훈련합니다. 그렇다면 특성 선택은 왜 해야 하는 것일까요?

두 가지 중요한 이유가 있습니다. 먼저, 앞서 논의했던 차원의 저주 문제는 자주 일어날 수 있는 현상인데, 이는 속성이 너무 많아서 발생합니다. 만약 중요한 특성만 선택할 수 있다면 학습 과정에서도 일부 특성상에서만 모델링하면 되고, 이는 차원의 저주 문제를 줄입니다. 이런 의미에서 특성 선택은 제10장에서 소개했던 차원 축소 문제와 비슷한 동기가 있다고 말할 수 있습니다. 차원 축소와 특성 선택은 고차원 데이터를 처리하는 두 가지 주요한 방법입니다. 두 번째 이유는 관련이 없는 특성들을 삭제함으로써 학습의 난이도를 낮출 수 있기 때문입니다.

주의해야 할 것은 특성 선택 과정에서 중요한 특성을 잃어버리지 않도록 조심해야 한다는 것입니다. 그렇지 않으면 학습 과정에서 중요한 정보의 손실로 인해 학습기의 성능을 향상시킬 수 없을지도 모릅니다. 데이터 세트가 주어졌을 때 만약 학습 목표가 다르다면, 관련 특성도 다를 가능성이 큽니다. 따라서 특성 선택에서 말하는 비관련 특성은 학습마다 달라질 수 있습니다. 한 종류의 특성은 **잉여적 특성** redundant feature이라 불리는데, 해당 특성이 포함하는 정보는 기타 다른 특성으로부터 온 것입니다. 예를 들어, 정육면체라는 대상에 대해 '모서리 길이', '면 넓이', '겉넓이' 등은 잉여적 특성입니다. 왜냐하면 정육면체 자체가 '모서리 길이', '면 넓이' 등을 통해 구해지기 때문입니다. 잉여적 특성은 대부분 큰 작용을 하지 못합니다. 따라서 이들을 제거하는 것은 학습 과정에서 부담을 줄여 줍니다. 하지만 이런 잉여적 특성도 때로 학습의 난이도를 낮춰 줄 때가 있습니다. 예를 들어, 학습 목표가 정육면체의 부피를 계산하는 것이라면, '밑변 면적'이라는 잉여적 특성이 존재함으로써 부피 계산을 더 쉽게 만들어 줍니다. 더 자세히 설명하면, 만약 어떤 잉여적 특성이 학습에 필요한 '중간개념'에 대응한다면, 해당 잉여적 특성은 이로운 것입니다. 논의를 간단히 하고자 이번 장에서는 잉여적 특성을 포함하지 않는 데이터 세트를 가정하고, 초기의 특성 집합이 모든 중요한 정보를 포함하고 있다고 가정하겠습니다.

초기 특성 집합 중에서 모든 중요한 정보를 포함하고 있는 특성 부분집합을 선택하고자 할 때 어떠한 도메인 지식도 없다면 모든 가능한 부분집합을 두루 살펴볼 수밖에 없습니다. 그러나 이는 계산상에 큰 문제가 있습니다. 특성의 개수가 조금만 많아도 가능한 조합의 수가 무한대로 늘어서 모두 살펴보기 힘들기 때문입니다. 가능한 방법은 '후보 부분집합'을 생성하고 해당 부분집합의 우열을 비교합니다. 평가 결과에 기반해 다음 후보 부분집합을 선정하고 다시 평가합니다. 이런 과정을 반복해서 더 나은 후보 부분집합이 없을 때까지 실시합니다. 여기서 두 가지 매우 중요한 부분이 있는데, '어떻게 후보 부분집합을 평가할 것인가?'와 '평가 결과에 기반해 어떤 후보 부분집합을 선택할 것인가?'에 대한 해답입니다.

혹은 부분집합 '생성과 탐색'이라고도 부른다. 첫 번째 부분은 **부분집합 탐색**subset search 문제에 해당합니다. 특성 집합 $\{a_1, a_2, \ldots, a_d\}$가 주어졌을 때 우리는 각 특성을 하나의 후보 부분집합으로 간주할 수 있습니다. d개 후보 단일 특성 부분집합에 대해 평가했을 때 만약 $\{a_2\}$가 가장 우수한 경우, $\{a_2\}$를 첫 번째 라운드의 집합으로 선정합니다. 그리고 앞선 라운드에서 선정된 특성에 다른 하나의 특성을 더해 두 개의 특성으로 구성된 후보 부분집합을 만듭니다. 만약 총 $d-1$개의 후보 중에서 $\{a_2, a_4\}$가 가장 우수하고 $\{a_2\}$보다 우수하다면, $\{a_2, a_4\}$를 해당 라운드의 집합으로 선정합니다. 같은 프로세스를 반복해서 $k+1$번째 라운드에서 최적의 후보 $(k+1)$ 특성 부분집합이 앞선 라운드의 선택된 집합보다 성능이 좋지 않을 때, 더는 후보 부분집합을 생성하지 않습니다. 그리고 앞선 라운드에서 선택된 k특성 부분집합을 특성 선택의 결과로 정합니다. 이렇게 점진적으로 상관 특성을 늘려 가는 전략을 **순방향 탐색**forward search이라고 부릅니다. 이와 유사하게, 만약 완전한 특성 집합에서 시작해서 라운드마다 무관한 특성들을 제거해 나가는 전략이라면, 우리는 이를 **역방향 탐색**backward search이라고 부릅니다. 이 두 가지 전략을 혼합한 전략도 존재하는데, 라운드마다 점진적으로 상관 특성을 더하는 동시에 비상관 특성을 제거해 나가는 전략입니다. 이러한 전략을 우리는 **양방향 탐색**bidirectional search이라고 부릅니다.

명확하게도 앞서 논의한 전략들은 모두 탐욕스러운 전략입니다. 왜냐하면 이들은 라운드별로 최적의 집합만 고려하기 때문입니다. 예를 들어, 세 번째 라운드에서 a_5가 a_6보다 우수하다고 가정한다면, 선택된 집합은 $\{a_2, a_4, a_5\}$가 될 것입니다. 하지만 네 번째 라운드에서 집합 $\{a_2, a_4, a_6, a_8\}$가 $\{a_2, a_4, a_5, a_i\}$보다 더 우수할 가능성도 분명 존재합니다. 안타까운 것은 탐색 작업을 무한대로 진행하지 않는 이상 이러한 문제는 피할 수 없다는 것입니다.

두 번째 부분은 **부분집합 평가**subset evaluation 문제입니다. 데이터 세트 D가 주어졌고, D에서 i번째 클래스가 차지하는 비율이 $p_i(i = 1, 2, \ldots, |\mathcal{Y}|)$라고 가정해 봅시다. 간단한 논의를 위해 샘플의 속성은 모두 이산 속성이라고 가정합니다. 속성 부분집합 A에 대해 취하는 값에 따라 D를 V개의 부분집합으로 나눈다면 $\{D^1, D^2, \ldots, D^V\}$이고, 각 부분집합 중의 샘플은 A상에서 취하는 값이 같을 것입니다. 따라서 우리는 속성 집합 A의 정보 이득을 계산할 수 있습니다.

만약 각 속성이 취할 수 있는 값이 v개 있다고 한다면, $V = v^{|A|}$가 된다. 이는 매우 큰 숫자이며, 따라서 우리는 부분집합 탐색을 통해 전 단계의 속성 부분집합에 대한 평가부터 계산을 진행한다.

$$\text{Gain}(A) = \text{Ent}(D) - \sum_{v=1}^{V} \frac{|D^v|}{|D|} \text{Ent}(D^v) \, , \qquad \text{식 11.1}$$

4.2.1절을 참조하라.

여기서 정보 엔트로피는 다음과 같이 정의됩니다.

$$\text{Ent}(D) = - \sum_{k=1}^{|\mathcal{Y}|} p_k \log_2 p_k \, , \qquad \text{식 11.2}$$

정보 이득 Gain(A)가 클수록, 특성 부분집합 A가 포함하는 유용한 정보들이 많다는 의미입니다. 따라서 각 후보 특성 부분집합에 대해 우리는 훈련 데이터 세트 D에 기반해 정보 이득을 계산하고 이를 평가 기준으로 삼을 수 있습니다.

더 일반적으로는 특성 부분집합 A는 데이터 세트 D의 분할을 결정합니다. 사실상 각 분할구역은 A상에서 취할 수 있는 값에 대응하며, 샘플 레이블 정보 Y는 D의 분할에 대응합니다. 이 두 분할의 차이를 계산하면 A를 평가할 수 있습니다. Y에 대응하는 분할과의 차이가 작을수록 A가 더 좋다는 의미입니다. 정보 엔트로피는 이런 차이를 계산하는 하나의 방법에 불과합니다. 만약 다른 메커니즘이 이 두 분할의 차이를 판단할 수 있다면 어떤 방법을 쓰든지 상관없습니다.

특성 부분집합 탐색 메커니즘과 부분집합 평가 메커니즘이 결합하면 특성 선택 방법을 얻을 수 있습니다. 예를 들어, 순방향 탐색 방식과 정보 엔트로피가 결합하면, 이는 의사결정 트리 알고리즘과 매우 유사해집니다. 사실 의사결정 트리 역시 특성 선택에 사용할 수 있습니다. 노드의 분할 속성으로 조합된 집합이 바로 선택된 특성 부분집합입니다. 기타 특성 선택 방법은 반드시 의사결정 트리처럼 명확해야 하는 것은 아닙니다. 그러나 본질적으로 다른 방법도 모두 여러 종류의 부분집합 탐색 메커니즘과 부분집합 평가 메커니즘을 결합한 방법입니다.

자주 보이는 특성 선택 방법은 대략 ① 필터식filter, ② 포괄식wrapper, ③ 임베딩embedding 등 세 가지가 있습니다.

많은 '다양성 척도'가 존재한다. 예를 들면 부적합 정도, 상관관계 등이 있다. 자세한 내용은 8.5.2절을 참조하라.

11.2 필터식 선택

필터식 방법은 먼저 데이터 세트를 대상으로 특성 선택을 진행하고 학습기를 훈련합니다. 특성 선택 과정은 학습기와 무관합니다. 이는 먼저 특성 선택 과정을 통해 초기 특성들로부터 '필터링'을 진행한 것에 해당하며, 필터링된 특성들을 모델 훈련에 사용하는 것입니다.

Reliefrelevant features[Kira and Rendell, 1992]는 유명한 필터식 특성 선택 방법입니다. 이 방법은 하나의 '관련 통계량'을 척도로 사용해 특성의 중요도를 파악합니다. 이 통계량은 하나의 벡터로, 각 컴포넌트component는 모두 하나의 초기 특성에 대응합니다. 그리고 특성 부분집합의 중요도는 부분집합 중 각 특성에 대응하는 상관 통계량의 합으로 결정됩니다. 따라서 최종적으로 하나의 임곗값 τ만 결정해주면 되고, τ보다 큰 관련 통계량에 대응하는 특성만 선택하면 됩니다. 혹은 선택하려는 특성 개수 k를 정하고 관련 통계량이 가장 큰 k개의 특성들을 선택하면 됩니다.

당연한 이야기이겠지만, Relief의 관건은 어떻게 상관 통계량을 결정하느냐에 달렸습니다. 훈련 집합 $\{(\boldsymbol{x}_1, y_1), (\boldsymbol{x}_2, y_2), \ldots, (\boldsymbol{x}_m, y_m)\}$이 주어진다면 각 샘플 $\boldsymbol{x}_i$에 대해 Relief는 먼저 $\boldsymbol{x}_i$의 같은 클래스 샘플 중에서 가장 인접한 $\boldsymbol{x}_{i,\text{nh}}$를 찾고, 이를 **near-hit**이라 부릅니다. 그리고 $\boldsymbol{x}_i$와 다른 클래스의 샘플 중에서 가장 인접한 $\boldsymbol{x}_{i,\text{nm}}$을 찾고, 이를 **near-miss**라고 부릅니다. 그런 다음 상관 통계량에 대응하는 속성 j의 컴포넌트를 다음 식으로 계산합니다.

$$\delta^j = \sum_i -\text{diff}(x_i^j, x_{i,\text{nh}}^j)^2 + \text{diff}(x_i^j, x_{i,\text{nm}}^j)^2 \;, \qquad \boxed{\text{식 11.3}}$$

여기서 x_a^j는 샘플 $\boldsymbol{x}_a$가 속성 j상에서 취하는 값을 나타내고, $\text{diff}(x_a^j, x_b^j)$는 속성 j의 클래스에 따라 결정됩니다. 만약 속성 j가 이산형이라면, $x_a^j = x_b^j$일 때 $\text{diff}(x_a^j, x_b^j)$는 0이 되고, 반대이면 1이 됩니다. 만약 속성 j가 연속형이라면, $\text{diff}(x_a^j, x_b^j) = |x_a^j - x_b^j|$입니다. 여기서 주의할 것은 x_a^j, x_b^j는 모두 정규화되어 [0, 1] 구간에 속한다는 것입니다.

Relief에서 통계량 계산과 관련된 부분은 은연중에 거리 척도 학습의 의미를 담고 있다. 거리 척도 학습에 대해서는 10.6절을 참조하라.

식 11.3을 통해 알 수 있는 것은 $\boldsymbol{x}_i$와 near-hit의 속성 j상에서의 거리가 $\boldsymbol{x}_i$와 near-miss와의 거리보다 짧다면 속성 j는 같은 클래스와 다른 클래스를 구별하는 데 도움이 된다는 것입니다. 따라서 속성 j가 대응하는 통계량을 증가시킵니다. 반대로, 만약 $\boldsymbol{x}_i$와 near-hit의 속성 j상의 거리가 $\boldsymbol{x}_i$와 near-hit 간의 거리보다 길다면 속성 j는 반대로 작용하고 있다는 뜻입니다. 따라서 속성 j와 대응하는 통계량을 줄이게 됩니다. 마지막으로, 서로 다른 샘플이 얻는 예측 결과에 기반해 평균을 내면 각 속성의 상관 통계량을 얻을 수 있습니다. 컴포넌트가 클수록 대응하는 속성의 분류 능력이 더 좋다는 의미입니다.

식 11.3에서 i는 평균된 샘플 인덱스를 나타내는 데 사용되었습니다. 사실 Relief는 샘플링된 데이터 세트상에서만 필요하지 모든 데이터 세트상에서 상관 통계량을 계산할 필요는 없습니다[Kira and Rendell, 1992]. Relief의 계산 시간은 샘플링 횟수와 특성 수에 따라 선형적으로 증가합니다. 따라서 효율이 좋은 필터식 특성 선택 알고리즘이라고 할 수 있습니다.

Relief는 이진 분류 문제를 위해 설계되었습니다. 해당 알고리즘의 확장 버전은 Relief-F[Kononenko, 1994]이고, 다항 분류 문제를 처리할 수 있습니다. 데이터 세트 D에 샘플이 $|\mathcal{Y}|$개 클래스를 가졌다고 가정하고, 샘플 x_i가 k번째 클래스에 속하면 ($k \in \{1, 2, ..., |\mathcal{Y}|\}$) Relief-F는 먼저 k 클래스 샘플에서 x_i와 근접한 이웃 샘플 $x_{i,\mathrm{nh}}$를 찾아 이를 near-hit으로 설정합니다. 그리고 k 클래스 이외의 각 클래스에서 x_i와 근접한 이웃 샘플을 찾아 near-miss로 설정하고, $x_{i,l,\mathrm{nm}}$ ($l = 1, 2, ...,$ $|\mathcal{Y}|;\ l \neq k$)처럼 표기합니다. 따라서 속성 j에 대한 상관 통계량은 다음 식입니다.

$$\delta^j = \sum_i -\mathrm{diff}(x_i^j, x_{i,\mathrm{nh}}^j)^2 + \sum_{l \neq k} \left(p_l \times \mathrm{diff}(x_i^j, x_{i,l,\mathrm{nm}}^j)^2 \right) , \quad \boxed{\text{식 11.4}}$$

여기서 p_l은 데이터 세트 D에서 l 클래스 샘플이 차지하는 비율을 나타냅니다.

11.3 포괄식 선택

필터식 특성 선택 방법이 뒤에 따라오는 학습기를 고려하지 않는 것과 다르게, 포괄식 특성 선택 방법은 최종적으로 사용할 학습기의 성능을 특성 부분집합 선택의 평가 기준으로 설정합니다. 즉, 포괄식 특성 선택의 목적은 학습기 성능을 최적화하는 맞춤형 특성 부분집합을 선택하는 것입니다.

일반적으로 포괄식 특성 선택 방법은 직접적으로 학습기 최적화를 진행하므로 최종 학습기 성능의 관점에서 본다면 포괄식 특성 선택이 필터식 특성 선택보다 좋습니다. 그러나 다른 한편으로 특성 선택 과정에서 학습기를 여러 번 훈련해야 하므로 포괄식 특성 선택은 필터식 특성 선택보다 계산량이 많습니다.

LVW와 몬테카를로는 모두 유명한 도박 도시의 이름에서 따온 랜덤화 방법이다. 두 방법의 주요 차이점은, 만약 시간에 제한이 있다면 LVW는 조건을 만족하는 해를 구할 수도 있고 구하지 못할 수도 있다. 반면, 몬테카를로 방법은 (내놓은 해가 조건을 만족하지 못하더라도) 반드시 해를 내놓는다. 만약 시간 제한이 없다면 두 방법 모두 조건을 만족하는 해를 내놓는다.

LVW Las Vegas Wrapper[Liu and Setiono, 1996]는 매우 전형적인 포괄식 특성 선택 방법입니다. 이 방법은 라스베이거스법Las Vegas method 구조에서 랜덤 전략을 통해 부분집합을 탐색합니다. 그리고 최종 분류기의 오차를 특성 부분집합 선택의 기준으로 삼습니다. 알고리즘에 대한 부분은 그림 11.1에 설명되어 있습니다.

그림 11.1의 8행은 데이터 세트 D상에서 교차 검증법을 통해 학습기 $\mathfrak{L}$의 오차를 계산한 것입니다. 주의해야 할 것은 이 오차는 특성 부분집합 A'만을 고려했을 때

얻은 값이라는 것입니다. 즉, 특성 부분집합 A'상에서의 오차입니다. 만약 이것이 특성 부분집합 A^*상의 오차보다 작다면, 혹은 오차는 비슷하지만 A'가 포함하는 특성 수가 더 작다면 A'를 남겨둡니다.

초기화

A'에서 교차 검증 방법을 통해 학습기 오차를 측정한다.

만약 T번의 반복 동안 업데이트하지 못하면 조기 종료한다.

입력: 샘플 세트 D
　　　 특성 집합 A
　　　 학습 알고리즘 $\mathfrak{L}$
　　　 조기 종료 조건 파라미터 T
과정:
　1: $E = \infty$
　2: $d = |A|$
　3: $A^* = A$
　4: $t = 0$;
　5: **while** $t < T$ **do**
　6: 　 랜덤으로 특성 부분집합 A'를 생성
　7: 　 $d' = |A'|$
　8: 　 $E' = \text{CrossValidation}(\mathfrak{L}(D^{A'}))$
　9: 　 **if** $(E' < E) \vee ((E' = E) \wedge (d' < d))$ **then**
　10: 　　 $t = 0$
　11: 　　 $E = E'$
　12: 　　 $d = d'$
　13: 　　 $A^* = A'$
　14: 　 **else**
　15: 　　 $t = t + 1$
　16: 　 **end if**
　17: **end while**
출력: 특성 부분집합 A^*

그림 11.1 ＼ LVW 알고리즘

LVW 알고리즘에서 특성 부분집합 탐색 부분은 랜덤 전략을 취했기 때문에 매번 특성 부분집합을 평가할 때마다 훈련 학습기가 필요하고 계산량이 매우 큽니다. 따라서 알고리즘은 종료 조건을 설정해서 파라미터 T를 조정합니다. 그러나 모든 LVW 알고리즘은 라스베이거스법에 기반을 두고 있으므로, 만약 초기 특성 개수가 많을 때($|A|$가 매우 클 때), T가 크게 설정된다면 알고리즘은 아마도 설정된 종료 조건을 계속해서 만족하지 못할 확률이 큽니다. 즉, 시간에 제약이 있다면 해를 구할 수 없다는 뜻입니다.

11.4 임베딩식 선택과 L_1 정규화

필터식과 포괄식 특성 선택 방법에서 특성 선택 과정은 학습기 훈련 과정과 명확한 차이점이 있습니다. 이와 다르게 임베딩식 특성 선택은 특성 선택 과정을 학습기 훈련 과정에 녹여 하나가 되게 하여, 특성 선택과 학습기 훈련이 하나의 과정만으로 최적화를 완료할 수 있습니다. 즉, 학습기 훈련 진행 중에 자동으로 특성 선택을 진행합니다.

훈련 데이터 세트 $D = \{(\boldsymbol{x}_1, y_1), (\boldsymbol{x}_2, y_2), \ldots, (\boldsymbol{x}_m, y_m)\}$이 주어지고, $\boldsymbol{x} \in \mathbb{R}^d$, $y \in \mathbb{R}$이라고 가정해 봅시다. 먼저, 가장 간단한 제곱 오차를 손실 함수로 하는 선형 회귀 모델을 생각해 본다면 최적화 목표는 다음 식이 될 것입니다.

$$\min_{\boldsymbol{w}} \sum_{i=1}^{m}(y_i - \boldsymbol{w}^{\mathrm{T}}\boldsymbol{x}_i)^2 .$$

식 11.5

정규화에 관해서는 6.4절을 참조하라.

만약 샘플 특성이 매우 많고 샘플 수가 상대적으로 적을 경우, 식 11.5는 비교적 쉽게 과적합 함정에 빠지게 됩니다. 과적합 문제를 완화하고자 식 11.5에 정규화 항을 추가할 수 있습니다. 만약 L_2 노름norm 정규화를 사용한다면 다음 식이 됩니다.

$$\min_{\boldsymbol{w}} \sum_{i=1}^{m}(y_i - \boldsymbol{w}^{\mathrm{T}}\boldsymbol{x}_i)^2 + \lambda\|\boldsymbol{w}\|_2^2 .$$

식 11.6

능형 회귀는 A.Tikhonov가 1943년에 발표한 논문에서 유래되었으며, 따라서 'Tikhonov 회귀'라고도 불린다. 혹은 L_2 정규화를 'Tikhonov 정규화'라고 부른다.

여기서 정규화 파라미터는 $\lambda > 0$이 됩니다. 식 11.6을 **능형 회귀**ridge regression[Tikhonov and Arsenin, 1977]라 부릅니다. L_2 노름 정규화를 통해 과적합 위험을 눈에 띄게 줄일 수 있습니다.

그렇다면 정규화 항 L_2를 L_p 노름으로 대체할 수 있을까요? 답은 당연히 가능합니다. 만약 $p = 1$, 즉 L_1 노름을 사용한다면 다음 식이 됩니다.

$$\min_{\boldsymbol{w}} \sum_{i=1}^{m}(y_i - \boldsymbol{w}^{\mathrm{T}}\boldsymbol{x}_i)^2 + \lambda\|\boldsymbol{w}\|_1 .$$

식 11.7

여기서 정규화 파라미터는 $\lambda > 0$이 됩니다. 식 11.7은 LASSOLeast Absolute Shrinkage and Selection Operator[Tibshirani, 1996]라 부릅니다.

사실 w에 대해 '희소성 제약'을 가하는 가장 자연스러운 방법은 L_0 노름을 사용하는 것이다. 그러나 L_0 노름은 비연속적이므로 최적해를 구하기 어렵다. 따라서 L_1 노름을 사용해 근사하는 방법을 많이 사용한다.

L_1 노름과 L_2 노름 정규화는 모두 과적합 위험을 줄여줍니다. 그러나 전자는 또 다른 장점이 있습니다. 바로, 후자보다 **희소해**sparse solution를 얻기 쉽다는 것입니다.

이 부분을 이해하고자 하나의 직관적인 예제를 살펴보겠습니다. x는 두 가지 속성만을 가졌다고 가정한다면, 식 11.6과 식 11.7의 w는 모두 두 가지(w_1과 w_2)밖에 없을 것입니다. 만약 두 개의 좌표로 만들고 식 11.6과 11.7을 그린다면 첫 번째 항은 '등치선'이 됩니다. 즉, (w_1, w_2) 공간에서 제곱 오차 항이 취하는 값들을 이은 선이 됩니다. 그리고 L_1 노름과 L_2 노름의 등치선을 각각 그려주면(즉, (w_1, w_2) 공간에서 L_1 노름과 L_2 노름이 취할 수 있는 값들을 이은 선), 그림 11.2와 같이 됩니다.

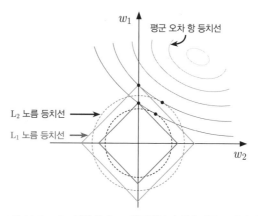

그림 11.2 ＼ L_1 정규화가 L_2 정규화보다 희소해를 구하기 쉽다

식 11.6과 11.7의 해는 제곱 오차 항과 정규화 항 사이의 절충입니다. 즉, 그림에 나타나는 제곱 오차 항 등치선과 정규화 항 등치선의 교차점이 됩니다. 그림 11.2에 묘사된 것처럼, L_1 노름을 사용했을 때 제곱 오차 항 등치선과 정규화 항 등치선의 교차점은 좌표축을 지나게 됩니다. 즉, w_1이나 w_2가 0이 됩니다. 그러나 L_2 노름을 사용했을 때 둘의 교차점에는 0이 존재하지 않습니다. 즉, L_1 노름은 L_2 노름보다 희소해sparse solution를 얻기 쉽습니다.

즉, w에 대응하는 0이 아닌 성분의 특성을 선택하는 것이다.

w가 희소해를 가졌다는 의미는 초기 d개 특성 중에서 w에 대응하는 0이 아닌 요소non-zero component 특성들만 최종 모델에 포함된다는 것입니다. 따라서 L_1 노름 정규화의 해를 얻은 결과는 초기 특성의 일부분만 사용한 모델입니다. 바꿔 말하면, L_1 정규화의 학습법은 일종의 임베딩식 특성 선택 방법이고, 이 특성 선택 과정은 학습기 훈련 과정과 하나인 동시에 함께 완성됩니다.

L_1 정규화 문제의 해를 구하는 방식으로는 근위 경사하강법Proximal Gradient Descent, PGD을 사용할 수 있습니다[Combettes and Wajs, 2005]. 구체적으로 말하자면, ∇로 미분 연산자를 나타낸다면, 최적화 목표는 다음 식이 됩니다.

$$\min_{\boldsymbol{x}} f(\boldsymbol{x}) + \lambda\|\boldsymbol{x}\|_1 , \qquad \text{식 11.8}$$

만약 $f(\boldsymbol{x})$를 유도할 수 있고 ∇f가 L-립시츠Lipschitz 조건을 만족한다면, 상수 $L > 0$ 이며, 다음과 같은 식을 얻을 수 있습니다.

$$\left\|\nabla f(\boldsymbol{x}') - \nabla f(\boldsymbol{x})\right\|_2 \leqslant L\left\|\boldsymbol{x}' - \boldsymbol{x}\right\|_2 \quad (\forall \boldsymbol{x}, \boldsymbol{x}') , \qquad \text{식 11.9}$$

$\boldsymbol{x}_k$ 근처에서 2차 테일러 전개를 통해 $f(\boldsymbol{x})$를 다음에 근사할 수 있습니다.

$$\hat{f}(\boldsymbol{x}) \simeq f(\boldsymbol{x}_k) + \langle \nabla f(\boldsymbol{x}_k), \boldsymbol{x} - \boldsymbol{x}_k \rangle + \frac{L}{2}\|\boldsymbol{x} - \boldsymbol{x}_k\|^2$$
$$= \frac{L}{2}\left\|\boldsymbol{x} - \left(\boldsymbol{x}_k - \frac{1}{L}\nabla f(\boldsymbol{x}_k)\right)\right\|_2^2 + \text{const}, \qquad \text{식 11.10}$$

여기서 const는 $\boldsymbol{x}$와 무관한 상수입니다. $\langle \cdot, \cdot \rangle$는 내적을 나타내고, 식 11.10의 최솟 값은 $\boldsymbol{x}_k + 1$에서 다음을 얻습니다.

$$\boldsymbol{x}_{k+1} = \boldsymbol{x}_k - \frac{1}{L}\nabla f(\boldsymbol{x}_k) . \qquad \text{식 11.11}$$

따라서 경사하강법을 통해 $f(\boldsymbol{x})$를 최소화한다면, 매 단계의 경사하강 반복은 실질 적으로 2차 함수 $\hat{f}(\boldsymbol{x})$의 최소화와 같습니다. 이런 아이디어를 식 11.8로 확장한다 면 유사하게 다음 식을 얻을 수 있습니다.

$$\boldsymbol{x}_{k+1} = \underset{\boldsymbol{x}}{\arg\min} \frac{L}{2}\left\|\boldsymbol{x} - \left(\boldsymbol{x}_k - \frac{1}{L}\nabla f(\boldsymbol{x}_k)\right)\right\|_2^2 + \lambda\|\boldsymbol{x}\|_1 , \qquad \text{식 11.12}$$

즉, 단계별로 $f(\boldsymbol{x})$에 대해 경사하강 반복을 진행하는 동시에 L_1 노름의 최소화를 고려합니다.

$$\boldsymbol{x}_{k+1} = \underset{\boldsymbol{x}}{\arg\min} \frac{L}{2}\|\boldsymbol{x} - \boldsymbol{z}\|_2^2 + \lambda\|\boldsymbol{x}\|_1 . \qquad \text{식 11.13}$$

연습문제 11.8을 참조하라.

x^i로 x의 i번째 컴포넌트component를 나타내고, 식 11.13을 컴포넌트에 따라 전개하면 $x^i x^j (i \neq j)$ 항이 존재하지 않는다는 것을 보게 됩니다. 즉, x의 각 컴포넌트는 서로 영향을 끼치지 않고, 따라서 식 11.13은 닫힌 해를 갖게 됩니다.

$$
x^i_{k+1} = \begin{cases} z^i - \lambda/L, & \lambda/L < z^i \, ; \\ 0, & |z^i| \leqslant \lambda/L \, ; \\ z^i + \lambda/L, & z^i < -\lambda/L \, , \end{cases}
$$

식 11.14

여기서 $x^i{}_{k+1}$과 z^i는 각각 x_{k+1}과 z의 i번째 컴포넌트입니다. 따라서 PGD를 통해 LASSO와 L_1 노름 최소화에 기반한 방법들의 해를 빠르게 구할 수 있습니다.

11.5 희소 표현과 사전 학습

데이터 세트 D는 하나의 행렬로 봐도 무방합니다. 여기서 각 행은 하나의 샘플에 해당하고, 각 열은 하나의 특성에 해당합니다. 특성 선택에서 고려해야 하는 문제는 특성에 희소성이 있냐는 것입니다. 즉, 행렬 중에 많은 열이 하고자 하는 학습과 상관이 없다면 특성 선택을 통해 이런 열을 제거해 학습기 훈련이 최대한 작은 행렬 내에서 진행될 수 있도록 해야 합니다. 그래야만 학습의 난이도가 낮아지고, 관련된 계산량과 데이터 보관 비용을 줄일 수 있으며 학습한 모델의 해석력이 높아집니다.

모델과 관계되는 입력 요소가 줄어들면 모델이 만들려는 '입력-출력' 관계가 더욱 명확해진다.

지금 우리가 살펴보는 것은 다른 종류의 희소성입니다. D에 대응하는 모든 행렬 중에는 값이 0인 원소가 많습니다. 하지만 모든 행이나 열에 대해 일괄적으로 존재한다기보다는 산발적으로 존재합니다. 우리는 실제로 데이터를 다루며 이런 현상을 자주 목격합니다. 텍스트 분류 문제를 예로 들면, 일반적으로 각 글자(단어)는 하나의 특성이 되고 글자가 문서에서 출현하는 빈도나 횟수를 특성값으로 설정합니다. 바꿔 말하자면 D가 대응하는 행렬의 각 행은 하나의 텍스트이고, 각 열은 하나의 글자입니다. 행과 열이 교차하는 곳이 바로 어떤 글자가 어떤 텍스트에서 출현하는 빈도 혹은 횟수가 됩니다. 그렇다면 이 행렬에는 몇 개의 열이 존재할까요? 중국어 사전을 예로 들면, 《강희사전》에 총 47,035개의 한자가 있고 이는 해당 행렬에 4만 개가 넘는 열이 존재한다는 뜻입니다. 《현대한어상용자표》만 보더라도 해당 행렬에는 3,500개의 열이 존재합니다. 그러나 하나의 특정한 텍스트에서 많은 글자는 출현하지 않아 행렬에는 원솟값이 0인 열이 대량으로 존재하게 됩니다.

[역주] 우리나라에서는 《강희자전》으로 불리며, 청나라 강희제의 명에 따라 장옥서 등 30명의 학자가 편찬한 중국 최대의 자전이다.

6.3절과 12.4절을 참조하라.

샘플에 이런 희소 표현 형식이 존재할 때, 학습에는 좋은 점들이 몇 가지 있습니다. 예를 들어, 선형 서포트 벡터 머신이 텍스트 데이터에서 좋은 성능을 발휘하는 이유는 텍스트 데이터에 비교적 고도의 희소성이 존재해 대다수의 문제를 선형 분리할 수 있게 해주기 때문입니다. 동시에, 이미 많은 희소 행렬에 대한 효과적인 저장 방법이 존재하므로 희소 샘플은 데이터 저장공간에도 큰 부담을 주지 않습니다.

만약 데이터 세트 D가 보통의 비희소 데이터라면, 이를 **희소 표현**sparse representation 형식으로 변환해 희소성이 있는 장점들을 누릴 수 있게 하는 방법이 있을까요? 주의해야 할 것은 우리가 원하는 희소 표현은 적당한 희소지 과도한 희소가 아니라는 점입니다. 중국어 텍스트를 예로 들면, 《현대한어상용자표》에 기반해서 얻을 수 있는 것은 아마도 적당한 희소일 것입니다. 즉, 희소성이 학습을 더 단순화하는 효과가 있습니다. 그러나 《강희사전》 같은 경우는 과도한 희소일 가능성이 매우 큽니다. 전자와 비교했을 때 아마도 학습에 큰 도움이 되지 못할 것입니다.

사전은 '코드북(codebook)'이라고도 부른다.

사전 학습은 '코드북 학습(code book learning)'이라고도 부른다.

하지만 일반적인 현실 학습 문제에서(이미지 분류 등)는 사용 가능한 《현대한어상용자표》 같은 것이 없습니다. 우리는 비슷한 것을 만들어 학습해서 만들어 내야 합니다. 일반적인 조밀한 표현의 샘플을 위해 사전을 찾고, 샘플을 적합한 희소 표현식으로 전환해 주어 학습을 조금 더 간단하게 만들고 모델의 복잡도를 줄이는 방법을 **사전 학습**dictionary learning, 혹은 **희소 학습**sparse learning이라고 부릅니다. 이 둘은 사실 약간의 차이가 있습니다. '사전 학습'은 사전을 학습하는 과정에 치중한 반면, '희소 학습'은 샘플에 대해 희소 표현을 하는 과정에 중점을 둡니다. 두 가지 방법 모두 하나의 최적화 과정에서 완성되므로 이 책에서는 굳이 구별하지 않고 모두 '사전 학습'으로 통일하겠습니다.

데이터 세트 $\{x_1, x_2, \ldots, x_m\}$이 주어졌을 때 가장 간단한 사전 학습의 형식은 다음 식으로 나타낼 수 있습니다.

$$\min_{\mathbf{B}, \boldsymbol{\alpha}_i} \sum_{i=1}^{m} \|\boldsymbol{x}_i - \mathbf{B}\boldsymbol{\alpha}_i\|_2^2 + \lambda \sum_{i=1}^{m} \|\boldsymbol{\alpha}_i\|_1 \ , \qquad \text{식 11.15}$$

여기서 $\mathbf{B} \in \mathbb{R}^{d \times k}$은 사전의 행렬이며 k로 사전의 단어량을 나타내고, 일반적으로 사용자가 지정해줍니다. $\boldsymbol{\alpha}_i \in \mathbb{R}^k$은 샘플 $\boldsymbol{x}_i \in \mathbb{R}^k$의 희소 표현이 됩니다. 식 11.15의 첫 번째 항은 $\boldsymbol{\alpha}_i$를 통해 $\boldsymbol{x}_i$를 효과적으로 재구성해 주길 바라며, 두 번째 항은 $\boldsymbol{\alpha}_i$를 최대한 희소하게 만듭니다.

LASSO와 비교하면 식 11.15는 매우 복잡합니다. 왜냐하면, 식 11.7에서 w의 α_i를 제외하고도 사전 행렬 $\mathbf{B}$를 학습해야 하기 때문입니다. 그러나 LASSO 아이디어에 기반해, 우리는 변수를 치환하며 최적화하는 전략을 통해 식 11.15의 해를 구할 수 있습니다.

첫 번째 단계는 사전 B를 고정시키는 것입니다. 만약 식 11.15가 컴포넌트에 따라 전개된다면, $\alpha_i^u \alpha_i^v \ (u \neq v)$ 같은 교차 항을 사용하지 않는다는 것을 알 수 있습니다. 따라서 LASSO 방법을 참조해 아래 식을 풀어 각 샘플 x_i에 상응하는 α_i를 찾을 수 있습니다.

$$\min_{\boldsymbol{\alpha}_i} \|x_i - \mathbf{B}\boldsymbol{\alpha}_i\|_2^2 + \lambda\|\boldsymbol{\alpha}_i\|_1 .$$ 〔식 11.16〕

두 번째 단계로 α_i를 초깃값으로 사전 $\mathbf{B}$를 갱신합니다. 이때, 식 11.15는 다음과 같이 바꿔 쓸 수 있습니다.

$$\min_{\mathbf{B}} \|\mathbf{X} - \mathbf{B}\mathbf{A}\|_F^2,$$ 〔식 11.17〕

여기서 $\mathbf{X} = (x_1,\, x_2,\, \ldots,\, x_m) \in \mathbb{R}^{d \times m}$, $\mathbf{A} = (\boldsymbol{\alpha}_1,\, \boldsymbol{\alpha}_2,\, \ldots,\, \boldsymbol{\alpha}_m) \in \mathbb{R}^{k \times m}$이고, $\|\cdot\|_F$는 행렬의 프로베니우스Frobenius 노름입니다. 식 11.17에 대해서는 많은 풀이 방법이 존재합니다. 자주 사용되는 것으로는 점진적으로 전략을 갱신하는 KSVD[Aharon et al., 2006] 방법이 있습니다. 만약 b_i로 사전 행렬 $\mathbf{B}$의 i번째 열을 나타내고 $\boldsymbol{\alpha}^i$로 희소 행렬 $\mathbf{A}$의 i번째 행을 나타낸다면 식 11.17은 다음과 같이 쓸 수 있습니다.

$$
\begin{aligned}
\min_{\mathbf{B}} \|\mathbf{X} - \mathbf{B}\mathbf{A}\|_F^2 &= \min_{b_i} \left\| \mathbf{X} - \sum_{j=1}^{k} b_j \boldsymbol{\alpha}^j \right\|_F^2 \\
&= \min_{b_i} \left\| \left(\mathbf{X} - \sum_{j \neq i} b_j \boldsymbol{\alpha}^j \right) - b_i \boldsymbol{\alpha}^i \right\|_F^2 \\
&= \min_{b_i} \left\| \mathbf{E}_i - b_i \boldsymbol{\alpha}^i \right\|_F^2 .
\end{aligned}
$$ 〔식 11.18〕

사전의 i번째 열을 갱신할 때 다른 기타 열들은 고정됩니다. 따라서 $\mathbf{E}_i = \mathbf{X} - \sum_{j \neq i} b_j \boldsymbol{\alpha}^j$은 고정이고, 최소화 식 11.18의 원칙상 $\mathbf{E}_i$에 대해서만 특잇값 분해를 진행해서 최대 특잇값에 대응하는 직교 행렬을 구하면 됩니다. 그러나 직접적으로 $\mathbf{E}_i$에 대해 특잇값 분해를 진행한다면 동시에 b_i와 $\boldsymbol{\alpha}^i$도 수정될 수 있어 $\mathbf{A}$

의 희소성에 영향을 줍니다. 이런 상황을 막기 위해 KSVD는 $\mathbf{E}_i$와 α^i만을 다룹니다. α^i가 0이 아닌 원소만 보류한다면 $\mathbf{E}_i$는 b_i와 α^i의 0이 아닌 원소의 곱셈 항만 보류하게 됩니다. 그런 후 특잇값 분해를 진행해 첫 번째 단계에서 얻은 희소성을 잃지 않게 됩니다.

사전 행렬 $\mathbf{B}$를 초기화한 후 반복해서 위 두 가지 단계를 진행하면 최종적으로 사전 $\mathbf{B}$와 샘플 $\boldsymbol{x}_i$의 희소 표현 $\boldsymbol{\alpha}_i$를 얻을 수 있습니다. 위에서 설명한 사전 학습 과정에서 사용자는 단어량 k의 크기를 설정해 사전의 규모를 조절하고 희소성에 영향을 줍니다.

11.6 압축 센싱

나이퀴스트 샘플링 정리는 신호 회복의 충분조건을 제공한다.

현실 과제에서 우리는 부분 정보에 기반해 전체 정보를 복원하길 원할 때가 있습니다. 예를 들어, 디지털 통신에서 아날로그 신호를 디지털 신호로 전환하려고 할 때 나이퀴스트Nyquist 이론에 기반해 샘플 주파수를 아날로그 신호 최고 주파수의 두 배로 만듭니다. 이렇게 하면 샘플링 후의 디지털 신호는 아날로그 신호의 모든 정보를 보존하게 됩니다. 바꿔 말하면, 이렇게 얻게 되는 디지털 신호는 원래 아날로그 신호를 정확하게 복원합니다. 그러나 전송과 저장의 편의를 위해 실제로 사람들은 샘플의 디지털 신호를 압축합니다. 이때 일부 정보가 손실될 우려가 있습니다. 그리고 신호 전송 과정에서 패킷 손실 등의 문제 때문에 또 한 번의 정보 손실이 일어날 가능성이 큽니다. 그렇다면 받은 신호를 정확히 원래의 신호로 복원할 수는 없을까요? **압축 센싱**compressed sensing[Donoho, 2006; Candes et al., 2006]은 이런 문제를 해결하기 위한 새로운 아이디어 중 하나입니다.

compressive sensing이라고도 한다.

길이가 m인 이산 신호 $\boldsymbol{x}$가 있다고 가정하고, 나이퀴스트 이론에서 언급한 표본 추출 비율보다 많이 작게 샘플링했다고 가정해 봅시다. 길이가 n인 샘플 후 신호가 $\boldsymbol{y}$이고 $n \ll m$이라면 식은 다음과 같습니다.

y는 '측정값'이다.

$$\boldsymbol{y} = \boldsymbol{\Phi}\boldsymbol{x} , \qquad \text{식 11.19}$$

$\boldsymbol{\Phi} \in \mathbb{R}^{n \times m}$은 신호 $\boldsymbol{x}$의 측정 행렬measurement matrix이고, 이는 어떤 빈도로 샘플링할 것인지와 샘플들로 샘플링 후 어떻게 신호를 만들 것인지를 결정합니다.

이산 신호 x와 측정 행렬 Φ를 이미 알고 있을 때는 매우 쉽게 측정값 y를 구할 수 있습니다. 그러나 측정값과 측정 행렬이 전송되어 나간다면, 원래의 신호 x를 복원할 수 있을까요?

일반적인 대답은 '없다'입니다. 왜냐하면, $n \ll m$이기 때문에 y, x, Φ로 만들어진 식 11.19는 부정under-determined 방정식이 되고, 따라서 쉽게 수치 해를 구할 수 없습니다.

x는 원래 희소하지 않다고 가정한다.

이제 어떤 선형 변환 $\Psi \in \mathbb{R}^{m \times m}$이 있다고 가정하고 Ψs로 x를 나타냅니다. 따라서 y는 다음 식처럼 나타낼 수 있습니다.

$$y = \Phi\Psi s = \mathbf{A}s ,$$

식 11.20

여기서 $\mathbf{A} = \Phi\Psi$가 됩니다. 따라서 만약 y에 기반해 s를 복원할 수 있다면 $x = \Psi s$를 통해 신호 x를 복원할 수도 있습니다.

대충 봤을 때 식 11.20은 아무런 문제도 해결하지 못한 것처럼 보입니다. 왜냐하면, 식 11.20의 역문제 복원 신호 s는 여전히 부정under-determined이기 때문입니다. 그러나 재미있는 사실은 만약 s가 희소성을 가진다면 이 문제는 해답을 가질 수가 있게 됩니다. 왜냐하면, 희소성은 미지 요소의 영향을 줄여주고, 이때 식 11.20의 Ψ는 희소 기저가 됩니다. 그리고 $\mathbf{A}$는 사전과 같은 역할을 해 신호를 희소 표현으로 전환해 줍니다.

사실 많은 응용사례에서 희소성을 가진 s를 얻을 수 있습니다. 예를 들어, 그림이나 음악의 디지털 신호는 일반적으로 시간 영역에서는 희소성이 없지만, 푸리에 변환, 코사인 변환, 웨이블릿wavelet 변환 등의 처리를 거치면 주파수 영역에서의 희소 신호로 변환됩니다.

특성 선택, 희소 표현과 다르게 압축 센싱은 '어떻게 신호 본연이 가진 희소성을 이용할 것인가?'와 '부분 관측 샘플을 통해 원래 신호를 복원하는 것'에 초점을 맞추고 있습니다. 일반적으로 압축 센싱은 '센싱 측정'과 '복원'이라는 두 가지 단계로 나뉩니다. 센싱 측정은 '원신호에 대해 어떤 방법을 사용해 처리해야 희소 샘플 표현을 얻을 수 있는가?'에 초점을 맞추고 있습니다. 이 부분에서 관련 있는 방법들로는 푸리에 변환, 웨이블릿 변환 그리고 11.5절에서 소개했던 사전 학습, 희소 코딩 등이 있고, 적지 않은 기술이 압축 센싱이 나오기 전에 신호처리 등의 영역에서 많은 연구가 있었습니다. 복원은 "어떻게 희소성에 기반해 소량의 관측값으로부터 원신호를 회복하는가?"에 초점을 맞추고 있습니다. 이는 압축 센싱의 핵심이며, 우리가 압축 센싱을 논할 때 언급하는 부분은 대부분 이에 해당합니다.

압축 센싱과 관련 있는 이론들은 비교적 복잡합니다. 하지만 간단하게 '제한 등거리 성질Restricted Isometry Property, RIP[Candes, 2008]에 대해 알아보고 넘어가도록 합시다.

크기가 $n \times m(n \ll m)$인 행렬 $\mathbf{A}$에 대해 상수 $\delta_k \in (0, 1)$이 존재한다면 임의의 벡터 s와 $\mathbf{A}$의 모든 부분행렬 $\mathbf{A}_k \in \mathbb{R}^{n \times k}$는 다음 식이 됩니다.

$$(1 - \delta_k)\|s\|_2^2 \leqslant \|\mathbf{A}_k s\|_2^2 \leqslant (1 + \delta_k)\|s\|_2^2 \ ,$$

식 11.21

따라서 $\mathbf{A}$가 k-RIP을 만족한다고 말할 수 있습니다. 이때 아래의 최적화 문제를 통해 y 중에서 희소 신호 s를 복원합니다. 그리고 다시 x를 복원합니다.

$$\min_{s} \ \|s\|_0$$
$$\text{s.t.} \ \ y = \mathbf{A}s \ .$$

식 11.22

그러나 식 11.22는 L_0 노름 최소화와 관련되어 있고, 이는 NP-hard 문제가 됩니다. 하지만 다행인 것은 L_1 노름의 최소화는 일정한 조건에서 L_0 노름의 최소화 문제와 공통 해를 가지고 있습니다[Candes et al., 2006].

따라서 실제로는 다음 식에만 초점을 맞추면 됩니다.

$$\min_{s} \ \|s\|_1$$
$$\text{s.t.} \ \ y = \mathbf{A}s \ .$$

식 11.23

이렇게 압축 센싱 문제는 L_1 노름 최소화 문제를 통해 해를 구할 수 있습니다. 예를 들어, 식 11.23을 LASSO의 등가 형식으로 전환하고, PGA를 통해 해를 구하면 Basis Pursuit De-Noising을 사용하는 것과 같습니다.

부분 정보에 기반해 모든 정보를 복원하는 기술은 많은 현실 과제에 응용되고 있습니다. 온라인 서점을 예로 들면, 독자들의 평가를 수집함으로써 독자의 독서 취향에 기반해 새로운 서적을 추천할 수 있습니다. 많은 업체가 이런 식으로 표적 마케팅을 진행하기도 합니다. 그러나 온라인 서점에 등록된 모든 책을 읽은 사람은 없을 것이며, 모든 사람이 읽은 책 또한 없을 것입니다. 따라서 온라인 서점에서 수집할 수 있는 것은 부분적인 정보뿐입니다. 표 11.1은 네 명의 독자가 온라인 서점에 남긴 평가를 기록한 것입니다(5점 만점 기준). 독자는 자신이 읽은 책만 평가했으므로 표에는 많은 결측값이 존재합니다.

이는 전형적인 협업 필터링 (collaborative filtering) 문제다.

표 11.1 ＼ 독자들의 서평 데이터

	《해리포터》	《조선왕조실록》	《신곡》	《반지의 제왕》	《한국현대사》
기환	5	?	?	3	2
준호	?	5	3	?	5
태헌	5	3	?	?	?
우현	3	?	5	4	?

그렇다면 표 11.1에서 독자들의 서평을 통해 얻은 데이터를 부분신호로 간주하고, 압축 센싱의 아이디어를 통해 완전한 신호를 복원할 수 있을까요?

우리는 압축 센싱 기술을 통해 언더샘플링된 신호를 복원하는 전제 조건 중 하나가 신호에 희소 표현이 존재해야 한다는 것임을 알고 있습니다. 독자의 취향 데이터에는 희소 표현이 존재하는 것일까요? 답은 '당연히 존재한다'입니다. 일반적인 상황에서 독자들의 책에 대한 평가는 주제, 작가, 표지 등 여러 요소에 의해 결정됩니다. 가령, 표 11.1 중에서 독자의 평가는 오직 주제하고만 연관이 있다고 가정해 봅시다. 《해리포터》와 《반지의 제왕》은 판타지 소설, 《조선왕조실록》과 《한국현대사》는 역사책, 그리고 《신곡》은 고전 시집에 속할 것입니다. 일반적으로 비슷한 취향을 가진 독자들은 비슷한 주제의 책을 좋아합니다. 만약 책을 주제별로 분류할 수 있다면 주제의 총 개수는 서적의 총 개수보다 많이 적을 것입니다. 따라서 주제라는 관점에서 본다면 표 11.1에 나타난 신호는 희소한 것입니다. 따라서 압축 센싱 아이디어와 유사한 방법으로 처리할 수 있습니다.

혹은 '로랭크 행렬 회복'이라고 부른다.

행렬 완성matrix completion 기술[Candes and Recht, 2009]은 이런 문제에 적당한 방법입니다. 식은 아래와 같습니다.

$$\min_{\mathbf{X}} \; \mathrm{rank}(\mathbf{X})$$
$$\text{s.t.} \quad (\mathbf{X})_{ij} = (\mathbf{A})_{ij}, \quad (i,j) \in \Omega,$$

식 11.24

여기서 $\mathbf{X}$는 복원해야 하는 희소 신호를 나타내며, $\text{rank}(\mathbf{X})$는 행렬 $\mathbf{X}$의 순위를 나타냅니다. $\mathbf{A}$는 표 11.1에 독자평가 행렬 같은 관측된 신호를 나타냅니다. Ω는 $\mathbf{A}$에서 '?'가 아닌 원소 $(\mathbf{A})_{ij}$의 인덱스 (i, j)의 집합을 뜻합니다. 식 11.24의 제약 항은 복원된 행렬 중 $(\mathbf{X})_{ij}$는 이미 관측된 대응 원소와 같아야 한다는 것을 나타냅니다.

식 11.22와 비슷하게 식 11.24도 하나의 NP-hard 문제입니다. 잘 살펴보면 $\text{rank}(\mathbf{X})$의 집합 $\{\mathbf{X} \in \mathbf{R}^{m \times n} : \|\mathbf{X}\|_F^2 \leqslant 1\}$상의 컨벡스 헐convex hulls은 $\mathbf{X}$의 **뉴클리어 노름** nuclear norm, 핵 노름인 것을 알 수 있습니다.

뉴클리어 노름(nuclear norm)은 '트레이스 노름(trace norm)'이라고도 불린다.

$$\|\mathbf{X}\|_* = \sum_{j=1}^{\min\{m,n\}} \sigma_j(\mathbf{X}) , \qquad \text{식 11.25}$$

여기서 $\sigma_j(\mathbf{X})$는 $\mathbf{X}$의 특잇값을 나타냅니다. 즉, 행렬의 뉴클리어 노름은 행렬 특잇값의 합이고, 따라서 행렬 뉴클리어 노름을 최소화함으로써 식 11.24의 근사해를 구합니다.

$$\min_{\mathbf{X}} \ \|\mathbf{X}\|_*$$
$$\text{s.t.} \quad (\mathbf{X})_{ij} = (\mathbf{A})_{ij}, \quad (i, j) \in \Omega. \qquad \text{식 11.26}$$

SDP에 관해서는 부록 B.3을 참조하라.

식 11.26은 컨벡스 최적화 문제입니다. 따라서 SDP를 통해 해를 구할 수 있습니다. 이론적으로는 일정한 조건을 만족할 때 만약 $\mathbf{A}$의 순위가 r, $n \ll m$이라면, $O(mr \log^2 m)$개의 원소만 통해 $\mathbf{A}$를 완벽하게 복원할 수 있다는 것을 증명했습니다[Recht, 2011].

11.7 더 읽을거리

특성 선택은 머신러닝에서 연구가 가장 빨랐던 영역 중 하나였습니다. 초기 연구는 주로 특성 부분집합에 따라 '생성과 탐색–평가' 과정을 진행하는 것이었습니다. 부분집합의 생성과 탐색에 대해서는 많은 인공지능 기술이 접목되었습니다. 예를 들어, 분기한정법Branch and Bound Method[Narendra and Fukunaga, 1997], 부동 순차적 탐색법Floating Sequential Search Method[Pudil et al., 1994] 등이 있습니다. 부분집합 평가에 대해서도 많은 정보 이론 규칙을 사용했습니다. 예를 들어, 정보 엔트로피, AICAkaike Information Criterion[Akaike, 1974] 등이 있습니다. [Blum and Langley, 1997]은 부분집합 평가 기준에 대해 논의했고, [Forman, 2003]은 많은 비교실험을 진행했습니다.

초기에 특성 선택 방법은 주로 필터식이었습니다. 포괄식 방법은 비교적 늦게 발전했습니다[Kohavi and John, 1997]. 임베딩식 방법은 더 나중에 나왔습니다[Weston et al., 2003]. 그러나 의사결정 트리 알고리즘이 트리를 만드는 과정에서 특성 선택을 진행하기 때문에 임베딩식 방법은 ID3까지 거슬러 올라갈 수도 있습니다[Quinlan, 1986]. 많은 논문이 특성 선택 방법의 성능에 대해 비교 실험을 진행했습니다[Yang And Pederson, 1997; Jain and Zongker, 1997]. 특성 선택에 대해 더 자세히 알고 싶다면 [Guyon and Elisseeff, 2003; Liu et al., 2010]나 특성 선택에 관한 전문서적인 [Liu and Motoda, 1998, 2007]을 참고하세요.

'최소각 회귀'라고도 번역하는데, 그냥 LARS라고 부르자.

LARS Least Angle RegreSsion[Efron et al., 2004]는 일종의 임베딩식 특성 선택 방법입니다. LARS는 선형 회귀 제곱 오차 최소화에 기반해 매번 잔차residual와 상관성이 가장 큰 특성을 선택합니다. 여기에 조금의 수정만 가하면 LASSO[Tibshirani, 1996]의 구현도 가능합니다. LASSO를 기초로 하여 발전한 Group LASSO[Yuan and Lin, 2006], Fused LASSO[Tibshirani et al., 2005] 등의 변형도 있습니다. 볼록성convexity이 명확하지 않기 때문에 LASSO류의 방법은 다수의 해를 가질 가능성이 있습니다. 이 문제는 엘라스틱넷Elastic Net 방법을 통해 해결 가능합니다[Zou and Hastie, 2005].

사전 학습과 희소 코딩에 대해서는[Aharon et al., 2006] 사전의 규모를 조절해 희소성에 영향을 주는 방법 외에도 사전의 구조를 조절하는 방법도 있습니다. 예를 들면, 사전에 그룹 구조가 있다고 가정하는 것인데, 이러한 성질을 **그룹 희소성**group sparsity 이라고 부릅니다. 이에 해당하는 희소 코딩 방법은 그룹 희소 코딩group sparse coding[Bengio et al., 2009]이라고 부릅니다. 희소 코딩과 그룹 희소 코딩은 그래픽 특성 추출에 많이 사용됩니다[Mairal et al., 2008; Wang et al., 2010].

압축 센싱[Donoho, 2006; Candes et al., 2006]은 얼굴 인식의 로버스트 주성분 분석[Candes et al., 2011]과 행렬 완성의 협동 필터링[Recht et al., 2010]의 탄생을 앞당겼습니다. [Baraniuk, 2007]은 압축 센싱을 간단하게 소개하고 있습니다. L_0 노름 최소화를 L_1 노름 최소화로 전환한 후, 자주 사용하는 솔루션으로는 LASSO의 Basis Pursuit De-Nosing으로 전환하는 것 외에, Basis Pursuit[Chen et al., 1998]나 Matching Pursuit[Mallat and Zhang, 1993] 방법도 사용 가능합니다. [Liu and Ye, 2009]는 투영법을 사용해 희소 학습 문제의 해를 빠르게 구했습니다. 그리고 희소 학습 프로그램 라이브러리인 SLEP을 제공합니다.

연습문제

수박 데이터 세트 3.0은 104쪽
표 4.3을 참조하라.

11.1 Relief 알고리즘에 대한 코드를 작성하고, 수박 데이터 세트 3.0상에서 결과를 얻어 보아라.

11.2 Relief-F의 알고리즘에 대해 서술하라.

11.3 Relief 알고리즘은 각 속성의 중요성을 고려하고 있다. 각 속성의 중요성을 고려하는 다른 개선 알고리즘을 만들어 보아라.

11.4 LVW를 위해 개선 알고리즘을 만들고, 제한 시간에 상관없이 해를 구하도록 설정하라.

11.5 그림 11.2와 결합해 L_1 정규화가 어떤 상황에서 희소해를 생성할 수 없는지 예를 들어 설명하라.

11.6 능형 회귀와 서포트 벡터 머신 사이의 관계에 대해 분석하라.

11.7 L_0 노름 정규화의 해를 직접 구할 때 부딪칠 수 있는 어려움을 설명하라.

11.8 L_1 노름 최소화 문제에서 닫힌 형태(식 11.14)의 해를 구하는 상세한 유도 과정을 서술하라.

11.9 사전 학습과 압축 센싱의 희소성 사용에 대한 차이점을 설명하라.

11.10* 식 11.15를 개선해서 그룹 분리 희소성을 가진 사전을 학습하라.

참고문헌

1 Aharon, M., M. Elad, and A. Bruckstein. (2006). "K-SVD: An algorithm for designing overcomplete dictionaries for sparse representation." *IEEE Transactions on Image Processing*, 54(11) :4311-4322.

2 Akaike, H. (1974). "A new look at the statistical model identification." *IEEE Transactions on Automatic Control*, 19(6):716-723.

3 Baraniuk, R. G. (2007). "Compressive sensing." *IEEE Signal Processing Magazine*, 24(4):118-121.

4 Bengio, S., F. Pereira, Y. Singer, and D. Strelow. (2009). "Group sparse coding." In *Advances in Neural Information Processing Systems 22 (NIPS)* (Y. Bengio, D. Schuurmans, J. D. Lafferty, C. K. I. Williams, and A. Culotta, eds.), 82-89, MIT Press, Cambridge, MA.

5 Blum, A. and P. Langley. (1997). "Selection of relevant features and examples in machine learning." *Artificial Intelligence*, 97(1-2):245-271.

6 Boyd, S. and L. Vandenberghe. (2004). *Convex Optimization. Cambridge University Press*, Cambridge, UK.

7 Candes, E. J. (2008). "The restricted isometry property and its implications for compressed sensing." *Comptes Rendus Mathematique*, 346(9-10):589-592.

8 Candes, E. J., X. Li, Y. Ma, and J. Wright. (2011). "Robust principal component analysis?" *Journal of the ACM*, 58(3):Article 11.

9 Candes, E. J. and B. Recht. (2009). "Exact matrix completion via convex optimization." *Foundations of Computational Mathematics*, 9(6):717-772.

10 Candes, E. J., J. Romberg, and T. Tao. (2006). "Robust uncertainty principles: Exact signal reconstruction from highly incomplete frequency information." *IEEE Transactions on Information Theory*, 52(2):489-509.

11 Chen, S. S., D. L. Donoho, and M. A. Saunders. (1998). "Atomic decomposition by basis pursuit." *SIAM Journal on Scientific Computing*, 20(1):33-61.

12 Combettes, P. L. and V. R. Wajs. (2005). "Signal recovery by proximal forwardbackward splitting." *Mutiscale Modeling & Simulation*, 4(4):1168-1200.

13 Donoho, D. L. (2006). "Compressed sensing." *IEEE Transactions on Information Theory*, 52(4):1289-1306.

14 Efron, B., T. Hastie, I. Johnstone, and R. Tibshirani. (2004). "Least angle regression." *Annals of Statistics*, 32(2):407-499.

15 Forman, G. (2003). "An extensive empirical study of feature selection metrics for text classification." *Journal of Machine Learning Research*, 3:1289-1305.

16 Guyon, I. and A. Elisseeff. (2003). "An introduction to variable and feature selection." *Journal of Machine Learning Research*, 3:1157-1182.

17 Jain, A. and D. Zongker. (1997). "Feature selection: Evaluation, application, and small sample performance." *IEEE Transactions on Pattern Analysis and Machine Intelligence*, 19(2):153-158.

18 Kira, K. and L. A. Rendell. (1992). "The feature selection problem: Traditional methods and a new algorithm." In *Proceedings of the 10th National Conference on Artificial Intelligence (AAAI)*, 129-134, San Jose, CA.

19 Kohavi, R. and G. H. John. (1997). "Wrappers for feature subset selection." *Artificial Intelligence*, 97(1-2):273-324.

20 Kononenko, I. (1994). "Estimating attributes: Analysis and extensions of RELIEF." In *Proceedings of the 7th European Conference on Machine Learning (ECML)*, 171-182, Catania, Italy.

21 Liu, H. and H. Motoda. (1998). *Feature Selection for Knowledge Discovery and Data Mining*. Kluwer, Boston, MA.

22 Liu, H. and H. Motoda. (2007). *Computational Methods of Feature Selection*. Chapman & Hall/CRC, Boca Raton, FL.

23 Liu, H., H. Motoda, R. Setiono, and Z. Zhao. (2010). "Feature selection: An ever evolving frontier in data mining." In *Proceedings of the 4th Workshop on Feature Selection in Data Mining (FSDM)*, 4-13, Hyderabad, India.

24 Liu, H. and R. Setiono. (1996). "Feature selection and classification – a probabilistic wrapper approach." In *Proceedings of the 9th International Conference on Industrial and Engineering Applications of Artificial Intelligence and Expert Systems (IEA/AIE)*, 419-424, Fukuoka, Japan.

25 Liu, J. and J. Ye. (2009). "Efficient Euclidean projections in linear time." In *Proceedings of the 26th International Conference on Machine Learning (ICML)*, 657-664, Montreal, Canada.

26 Mairal, J., M. Elad, and G. Sapiro. (2008). "Sparse representation for color image restoration." *IEEE Transactions on Image Processing*, 17(1):53-69.

27 Mallat, S. G. and Z. F. Zhang. (1993). "Matching pursuits with time-frequency dictionaries." *IEEE Transactions on Signal Processing*, 41(12):3397-3415.

28 Narendra, P. M. and K. Fukunaga. (1977). "A branch and bound algorithm for feature subset selection." *IEEE Transactions on Computers*, C-26(9): 917-922.

29 Pudil, P., J. Novovicova, and J. Kittler. (1994). "Floating search methods in feature selection." *Pattern Recognition Letters*, 15(11):1119-1125.

30 Quinlan, J. R. (1986). "Induction of decision trees." Machine Learning, 1(1):81-106.

31 Recht, B. (2011). "A simpler approach to matrix completion." *Journal of Machine Learning Research*, 12:3413-3430.

32 Recht, B., M. Fazel, and P. Parrilo. (2010). "Guaranteed minimum-rank solutions of linear matrix equations via nuclear norm minimization." *SIAM Review*, 52(3):471-501.

33 Tibshirani, R. (1996). "Regression shrinkage and selection via the LASSO." *Journal of the Royal Statistical Society - Series B*, 58(1):267-288.

34 Tibshirani, R., M. Saunders, S. Rasset, J. Zhu, and K. Knight. (2005). "Sparsity and smoothness via the fused LASSO." *Journal of the Royal Statistical Society - Series B*, 67(1):91-108.

35 Tikhonov, A. N. and V. Y. Arsenin, eds. (1977). *Solution of Ill-Posed Problems*. Winston, Washington, DC.

36 Wang, J., J. Yang, K. Yu, F. Lv, T. Huang, and Y. Gong. (2010). "Localityconstrained linear coding for image classification." In *Proceedings of the IEEE Computer Society Conference on Computer Vision and Pattern Recognition (CVPR)*, 3360-3367, San Francisco, CA.

37 Weston, J., A. Elisseff, B. Scholkopf, and M. Tipping. (2003). "Use of the zero norm with linear models and kernel methods." *Journal of Machine Learning Research*, 3:1439-1461.

38 Yang, Y. and J. 0. Pederson. (1997). "A comparative study on feature selection in text categorization." In *Proceedings of the 14th International Conference on Machine Learning (ICML)*, 412-420, Nashville, TN.

39 Yuan, M. and Y. Lin. (2006). "Model selection and estimation in regression with grouped variables." *Journal of the Royal Statistical Society - Series B*, 68(1):49-67.

40 Zou, H. and T. Hastie. (2005). "Regularization and variable selection via the elastic net." *Journal of the Royal Statistical Society - Series B*, 67(2):301–320.

머신러닝 쉼터

몬테카를로와 스타니스와프 울람

스타니스와프 울람Stanislaw Ulam, 1909~1984은 저명한 폴란드 유대인 수학자이며, 에르고드 이론, 수론, 집합론 등 다양한 방면에서 중요한 공헌을 했습니다. 유명한 '울람 나선'이 그의 이름을 따서 만들어졌습니다.

울람은 헝가리 리비우에서 태어나 1933년 폴란드 리비우 이공대학에서 수학박사 학위를 받았습니다. 그리고 1935년 노이만의 초청에 응해 프린스턴 고등 연구원에서 방문 연구를 진행했으며, 1940년 위스콘신 매디슨 대학교에서 교수직을 받은 후 1년 뒤 미국 국적을 취득했습니다. 1943년 그는 '맨해튼 계획'에 참여하게 되어 지대한 공헌을 하게 됩니다. 당시 세계 대부분의 핵무기 설계에 사용된 테일러-울람 도안 Teller-Ulam design이 바로 그와 '수소폭탄의 아버지'라고 불리는 에드워드 테일러의 이름을 따 만들어진 것입니다.

세계 최초의 상용 컴퓨터였던 에니악ENIAC이 발명된 후 바로 맨해튼 계획에 사용되었는데, 울람은 에니악을 활용해 수백 번 반복 실험이 필요한 확률 변수에 대한 통계 예측을 실행했습니다. 노이만은 울람 연구의 중요성을 깨닫고 전폭적으로 지원해 주었으며, 1947년 울람이 제안한 이 통계 방법은 핵분열의 연쇄반응을 계산하는 데 사용되었습니다. 울람이 자주 그의 삼촌이 몬테카를로 도박장에서 돈을 잃었다고 말하고 다녔기 때문에, 그의 동료 니콜라스 메트로폴리스Nicolas Metropolis 는 그가 발견한 방법을 '몬테카를로'라고 놀리고 다녔습니다. 후에 사람들을 통해 이 이야기가 전해지며 정식 명칭이 되었습니다.

리비우(Lviv)는 역사상으로 먼저 폴란드에 속했다가 1867~1918년 헝가리제국에 속하게 된다. 세계 1차대전 이후 다시 폴란드로 귀속되었다가 1939년 우크라이나에 속하게 된다. 지금은 우크라이나 리비우주의 주도다.

모두 헝가리 출신이다.

몬테카를로 방법의 유명한 대표 알고리즘인 메트로폴리스 헤이스팅스(Metropolis-Hastings)가 바로 그의 이름을 따서 만들어졌다.

12

계산 학습 이론

기초 지식

계산 학습 이론computational learning theory 연구는 계산을 통해 학습하는 이론입니다. 머신러닝의 이론 기초가 되고 목적은 학습 문제의 본질적인 난이도를 분석하고 학습 알고리즘을 위해 이론 보증을 제공하는 것입니다. 또한, 분석 결과를 기반으로 알고리즘 설계에 대한 지침을 제시합니다.

데이터 세트 $D = \{(\boldsymbol{x}_1, y_1), (\boldsymbol{x}_2, y_2), \ldots, (\boldsymbol{x}_m, y_m)\}$, $\boldsymbol{x}_i \in \mathcal{X}$가 주어졌을 때 특별한 설명이 없다면 이번 장에서 논의하는 내용은 주로 이진 분류 문제 $y_i \in \mathcal{Y} = \{-1, +1\}$입니다. $\mathbf{X}$의 모든 샘플이 알 수 없는 분포 D를 따르고, D의 모든 샘플은 독립적으로 해당 분포에서 샘플링된 것으로 가정합니다. 즉, 독립항등분포independent and identically distributed, i.i.d 샘플을 뜻합니다.

h를 $\mathcal{X}$에서 $\mathcal{Y}$까지의 매핑mapping이라고 한다면, 일반화 오차는 다음 식입니다.

$$E(h; \mathcal{D}) = P_{\boldsymbol{x} \sim \mathcal{D}}\big(h(\boldsymbol{x}) \neq y\big) \;,$$

식 12.1

D상에서 h의 경험 오차는 다음 식입니다.

$$\widehat{E}(h; D) = \frac{1}{m} \sum_{i=1}^{m} \mathbb{I}\big(h(\boldsymbol{x}_i) \neq y_i\big) \;.$$

식 12.2

D는 $\mathcal{D}$의 독립항등분포(i.i.d) 샘플이기 때문에 h의 경험 오차의 기댓값은 일반화 오차와 같습니다. 문맥 상하 관계가 명확하다면, 우리는 $E(h; \mathcal{D})$와 $\widehat{E}(h; \mathcal{D})$를 각각 $E(h)$와 $\widehat{E}(h)$로 간략히 표기합니다. 그리고 ϵ을 $E(h)$의 상한the upper limit으로

둡니다($E(h) \leqslant \epsilon$). 일반적으로 사전에 설정한 학습으로 얻을 모델이 만족시켜야 할 오차를 ϵ으로 표현하고, 이를 '오차 파라미터'라고 부릅니다.

이번 장 후반부에서는 경험 오차와 일반화 오차 사이의 근사 정도를 연구할 것입니다. 만약 데이터 세트 D에서 h의 경험 오차가 0이라면, h와 D가 일치한다고 말하고, 반대면 h와 D가 불일치하다고 말합니다. 두 개의 임의 매핑 h_1, $h_2 \in \mathcal{X} \rightarrow \mathcal{Y}$에 대해, 불일치disagreement를 기준으로 둘 사이의 차이를 측정할 수 있습니다.

$$d(h_1, h_2) = P_{\boldsymbol{x} \sim \mathcal{D}}(h_1(\boldsymbol{x}) \neq h_2(\boldsymbol{x})) \ . \qquad \text{식 12.3}$$

우리는 몇 가지 부등식을 자주 사용할 것입니다.

- **젠센**Jensen **부등식**: 모든 컨벡스 함수convex function에 대해 다음 식과 같습니다.

$$f\big(\mathbb{E}(x)\big) \leqslant \mathbb{E}\big(f(x)\big) \ . \qquad \text{식 12.4}$$

- **호에프딩 부등식**[Hoeffding, 1963]: 만약 $\boldsymbol{x}_1$, $\boldsymbol{x}_2$, ..., $\boldsymbol{x}_m$이 m개의 독립 랜덤 변수이고 $0 \leqslant x_i \leqslant 1$을 만족한다면, 모든 $\epsilon > 0$에 대해 다음 두 식과 같습니다.

$$P\left(\frac{1}{m}\sum_{i=1}^{m} x_i - \frac{1}{m}\sum_{i=1}^{m}\mathbb{E}(x_i) \geqslant \epsilon \right) \leqslant \exp(-2m\epsilon^2) \ , \qquad \text{식 12.5}$$

$$P\left(\left|\frac{1}{m}\sum_{i=1}^{m} x_i - \frac{1}{m}\sum_{i=1}^{m}\mathbb{E}(x_i)\right| \geqslant \epsilon \right) \leqslant 2\exp(-2m\epsilon^2) \ . \qquad \text{식 12.6}$$

- **맥더미드 부등식**[McDiarmid, 1989]: 만약 $\boldsymbol{x}_1$, $\boldsymbol{x}_2$, ..., $\boldsymbol{x}_m$이 m개의 독립 랜덤 변수이고, 모든 $1 \leqslant i \leqslant m$에 대해 함수 f가 다음을 만족한다면,

$$\sup_{x_1,\ldots,x_m,\, x_i'} |f(x_1,\ldots,x_m) - f(x_1,\ldots,x_{i-1},x_i',x_{i+1},\ldots,x_m)| \leqslant c_i \ ,$$

모든 $\epsilon > 0$에 대해 다음 두 식과 같습니다.

$$P\left(f(x_1,\ldots,x_m) - \mathbb{E}(f(x_1,\ldots,x_m)) \geqslant \epsilon\right) \leqslant \exp\left(\frac{-2\epsilon^2}{\sum_i c_i^2}\right) \ , \qquad \text{식 12.7}$$

$$P\left(|f(x_1,\ldots,x_m) - \mathbb{E}(f(x_1,\ldots,x_m))| \geqslant \epsilon\right) \leqslant 2\exp\left(\frac{-2\epsilon^2}{\sum_i c_i^2}\right) \qquad \text{식 12.8}$$

12.2 PAC 학습

계산 학습 이론 중에서 가장 기초가 되는 것이 Probably Approximately Correct PAC 학습 이론입니다[Valiant, 1984]. 이름이 조금 특이한데, 이에 대해서는 잠시 후 자세히 알아보도록 하겠습니다.

c로 개념concept을 나타내고, 이는 샘플 공간 $\mathcal{X}$에서 레이블 공간label space $\mathcal{Y}$로의 매핑입니다. 이는 인스턴스 $\boldsymbol{x}$의 실제 레이블 y를 결정합니다. 모든 샘플 $(\boldsymbol{x}, y)$에 대해 $c(\boldsymbol{x}) = y$가 성립한다면 c는 목표 개념입니다. 우리가 학습을 통해 얻으려는 모든 목표 개념들로 구성된 집합을 개념 클래스concept class라고 부르고, 부호 $\mathcal{C}$로 표기합니다.

학습 알고리즘 $\mathfrak{L}$이 주어졌을 때 해당 알고리즘이 고려하는 모든 가능한 개념의 집합을 가설 공간hypothesis space이라 부르고 부호 $\mathcal{H}$로 표기합니다. 학습 알고리즘은 사전에 개념 클래스의 존재를 알지 못합니다. 따라서 일반적으로 $\mathcal{H}$와 $\mathcal{C}$는 다릅니다. 학습 알고리즘은 자신이 생각했을 때 가능한 목표 개념들로 $\mathcal{H}$를 구성하지만 ($h \in \mathcal{H}$), 이것들이 진짜 목표 개념인지는 알 수 없으므로 이를 가설hypothesis이라고 부릅니다. 쉽게 알 수 있듯이 가설 h도 샘플 공간 $\mathcal{X}$에서 레이블 공간 $\mathcal{Y}$로의 매핑입니다.

목표 개념이 $c \in \mathcal{H}$라면 $\mathcal{H}$ 중에 모든 인스턴스를 실제 레이블과 일치하는 방식으로 완전히 분리할 수 있는 가설이 존재합니다. 우리는 이를 알고리즘 $\mathfrak{L}$에 대해 해당 문제가 분리 가능separable 혹은 일치consistent라고 말합니다. 만약 $c \notin \mathcal{H}$이라면, $\mathcal{H}$ 중에는 모든 인스턴스를 완전 정확히 분리할 수 있는 가설이 존재하지 않는 것이고, 이를 알고리즘 $\mathfrak{L}$에 대해 해당 문제가 분리 불가능non-separable 혹은 불일치non-consistent라고 부릅니다.

훈련 세트 D가 주어졌을 때 우리는 학습 알고리즘 $\mathfrak{L}$이 학습해서 얻는 모델이 대응하는 가설 h가 목표 개념 c에 최대한 가까워지길 바랍니다. 어떤 독자들은 "왜 정확하게 목표 개념 c를 학습하는 것이 아닌 근사를 목표로 하는 것인가?"라고 질문할 수 있습니다. 이에 대한 답은 학습 과정에서 많은 요소의 제약을 받을 수 있기 때문입니다. 예를 들어, 우리가 얻는 훈련 세트 D는 유한한 수량의 샘플을 포함하고 있을 뿐입니다. 또한, 분포 $\mathcal{D}$에서 샘플링해 D를 얻는 과정에서 일정한 우연성이 존재합니다. 예를 들어, 같은 크기의 다른 훈련 세트에서 학습한 결과가 다

학습 알고리즘 $\mathfrak{L}$의 가설 공간은 1.3절에서 언급한 학습 문제 자체에 대응하는 가설 공간과 다르다.

1.4절을 참조하라.

를 수 있습니다. 따라서 우리는 완벽한 모델이 아닌 '비교적 높은 확률로 오차가 예상 범위를 만족하는 모델'을 찾는 것을 목표로 합니다. 이것이 바로 '확률' 혹은 '근사'라는 단어들이 내포하는 의미입니다. $1-\delta$를 통해 신뢰도를 나타내고, 이에 대한 것을 수식화한다면 다음을 정의할 수 있습니다.

정의 12.1 **PAC 식별**PAC Identify: $0 < \epsilon, \delta < 1$, 모든 $c \in C$와 분포 $\mathcal{D}$에 대해 학습 알고리즘 $\mathfrak{L}$이 존재한다면 출력 가설 $h \in \mathcal{H}$는 다음을 만족합니다.

$$P(E(h) \leqslant \epsilon) \geqslant 1 - \delta ,$$ 식 12.9

따라서 학습 알고리즘 $\mathfrak{L}$은 가설 공간 $\mathcal{H}$에서 개념 클래스 C를 PAC 식별한다고 말합니다.

이러한 학습 알고리즘 $\mathfrak{L}$은 비교적 높은 확률(최소 $1 - \delta$)로 목표 개념 c의 근사(최대 오차 ϵ)를 학습할 수 있습니다. 이를 기반으로 다음을 정의할 수 있습니다.

정의 12.2 **PAC 학습가능**PAC learnable: m으로 분포 $\mathcal{D}$에서 독립항등분포 샘플링을 통해 얻은 샘플 수를 나타내고, $0 < \epsilon, \delta - 1$ 모든 분포 $\mathcal{D}$에 대해 학습 알고리즘 $\mathfrak{L}$과 다항식 함수 $\mathrm{poly}(\cdot, \cdot, \cdot, \cdot)$가 존재한다면, 모든 $m \geqslant \mathrm{poly}(1/\epsilon, 1/\delta, \mathrm{size}(\boldsymbol{x}),$ $\mathrm{size}(c))$에 대해 $\mathfrak{L}$은 가설 공간 $\mathcal{H}$ 중의 개념 클래스 C를 PAC 식별합니다. 즉, 개념 클래스 C가 가설 공간 $\mathcal{H}$에 대해서 PAC 학습가능이라고 하고 간단하게 '개념 클래스 C는 PAC 학습가능이다'라고 말합니다.

이때 컴퓨터를 통한 계산 복잡도를 계산해야 하므로 다음과 같은 정의를 도출할 수 있습니다.

정의 12.3 **PAC 학습 알고리즘**PAC Learning Algorithm: 학습 알고리즘 $\mathfrak{L}$이 개념 클래스 C를 PAC 학습할 수 있게 하고, $\mathfrak{L}$의 (계산) 운행시간이 다항식 함수 $\mathrm{poly}(1/\epsilon, 1/\delta,$ $\mathrm{size}(\boldsymbol{x}), \mathrm{size}(c))$라면, 개념 클래스 C는 고효율efficiently PAC 학습가능이라 말하고, $\mathfrak{L}$은 개념 클래스 C의 PAC 학습 알고리즘이라 말합니다.

학습 알고리즘 $\mathfrak{L}$이 각 샘플을 처리하는 시간을 상수라고 가정한다면, $\mathfrak{L}$의 시간 복잡도는 샘플 복잡도와 같습니다. 따라서 알고리즘 시간 복잡도 문제는 샘플 복잡도에 대한 문제로 전환됩니다.

정의 12.4 **샘플 복잡도**Sample Complexity: PAC 학습 알고리즘 $\mathfrak{L}$에 필요한 $m \geqslant$ poly($1/\epsilon$, $1/\delta$, size($\boldsymbol{x}$), size(c)) 중 최소 m값을 만족한다면, 학습 알고리즘 $\mathfrak{L}$의 샘플 복잡도가 됩니다.

PAC 학습은 머신러닝 능력의 프레임을 추상적으로 보여주고 있습니다. 이러한 프레임에 기반해서 많은 중요한 문제에 대해 이론적인 탐색을 진행할 수 있습니다. 예를 들어, '어떤 과업task이 어떤 조건에서 비교적 좋은 모델을 학습할 수 있는가?', '어떤 알고리즘이 어떤 조건에서 효율적인 학습을 진행할 수 있는가?', '어느 정도의 훈련 샘플이 있어야만 비교적 좋은 모델을 얻을 수 있는가?' 등의 문제들이 있습니다.

PAC 학습 중 관건인 요소는 가설 공간 $\mathcal{H}$의 복잡도입니다. $\mathcal{H}$는 학습 알고리즘 $\mathfrak{L}$의 모든 출력 가능한 가설들이 포함되어 있습니다. 만약 PAC 학습의 가설 공간과 개념 클래스가 완전히 같다면 (즉, $\mathcal{H} = \mathcal{C}$), 이를 **정확한 PAC 학습가능**properly PAC learnable이라 칭합니다. 직관적으로 이는 학습 알고리즘의 능력과 학습 문제가 정확하게 매칭되었음을 뜻합니다. 그러나 이렇게 모든 후보 가설들을 개념 클래스에서 가져오는 것은 합리적으로 보일 수 있지만, 현실적인 것은 아닙니다. 왜냐하면, 현실 응용에서 우리는 개념 클래스 $\mathcal{C}$에 대해 알지 못하기 때문입니다. 따라서 가설 공간과 개념 클래스가 완벽하게 매치되는 학습 알고리즘을 찾는 일도 어렵습니다. 더욱 중요한 것은 가설 공간과 개념 클래스가 일치하지 않는 상황(즉, $\mathcal{H} \neq \mathcal{C}$)을 연구하는 것입니다. 일반적으로 $\mathcal{H}$가 클수록 포함하는 목표 개념의 가능성이 커집니다. 그러나 해당 공간에서 구체적인 목표 개념을 찾는 난이도는 더욱 높아집니다. $|\mathcal{H}|$가 유한할 때 우리는 $\mathcal{H}$를 '유한 가설 공간'이라 부릅니다. 반대의 경우는 '무한 가설 공간'이라 부릅니다.

12.3 유한 가설 공간

12.3.1 분리 가능한 상황

분리 가능한 상황이란 목표 개념 c가 가설 공간 $\mathcal{H}$에 속하는 것(즉, $c \in \mathcal{H}$)을 뜻합니다. m개의 샘플을 포함하고 있는 훈련 세트 D를 가정한다면 어떻게 오차 파라미터를 만족하는 가설을 찾아낼 수 있을까요?

먼저, 간단한 학습 전략을 생각해 볼 수 있습니다. D의 샘플 레이블은 모두 목표 개념 c가 부여한 것이고, c는 가설 공간 $\mathcal{H}$에 존재하므로 모든 훈련 세트 D상에 레이블 오류가 나타나는 가설은 목표 개념 c가 아닐 것입니다. 따라서 우리는 D와 일치하는 가설만 보류하고 D와 일치하지 않는 가설들을 제거하기만 하면 됩니다. 만약 훈련 세트 D가 충분히 크다면 지속적으로 D 샘플 중에서 $\mathcal{H}$에 하나의 가설이 남을 때까지 불일치한 가설들을 제거하면, 남은 하나의 가설이 목표 개념 c가 될 것입니다. 일반적인 상황에서 훈련 데이터 규모가 유한하므로 가설 공간 $\mathcal{H}$ 중에 D와 일치하는 '동등성' 가설이 한 개만 존재하진 않을 것입니다. 이러한 동등성 가설들에 대해 D에 근거해서 그들의 우열을 가리는 것은 불가능합니다.

그렇다면 어느 정도의 샘플이 있어야 목표 개념 c의 유효 근사를 구할 수 있을까요? PAC 학습에 대해서는 훈련 세트 D의 규모가 학습 알고리즘 $\mathfrak{L}$을 $1 - \delta$의 확률로 목표 가설의 ϵ에 근사할 수 있으면 됩니다.

우리는 먼저 일반화 오차가 ϵ보다 크지만, 훈련 세트상에서 완벽한 가설이 나타날 확률을 계산합니다. H의 일반화 오차가 ϵ보다 크다고 가정하면 분포 $\mathcal{D}$상에서 임의로 샘플링해서 얻은 샘플$(\boldsymbol{x}, y)$에 대해 다음 식을 가집니다.

$$
\begin{aligned}
P\big(h(\boldsymbol{x}) = y\big) &= 1 - P\big(h(\boldsymbol{x}) \neq y\big) \\
&= 1 - E(h) \\
&< 1 - \epsilon \, .
\end{aligned}
$$

식 12.10

D에는 $\mathcal{D}$에서 i.i.d로 샘플링된 m개의 샘플이 포함되어 있으므로 h와 D가 일치할 확률은 다음 식과 같습니다.

$$
\begin{aligned}
P\big((h(\boldsymbol{x}_1) = y_1) \wedge \ldots \wedge (h(\boldsymbol{x}_m) = y_m) \big) &= \big(1 - P\left(h\left(\boldsymbol{x}\right) \neq y\right)\big)^m \\
&< (1 - \epsilon)^m \, .
\end{aligned}
$$

식 12.11

우리는 학습 알고리즘 $\mathfrak{L}$이 $\mathcal{H}$에서 어떤 가설을 출력할 것인지 사전에 알지 못합니다. 그러나 일반화 오차가 ϵ보다 큰 것과 훈련 세트상에서 완벽한 표현을 보이는 가설이 출현할 확률의 합이 δ보다 큰 것만 보장된다면 다음 식이 됩니다.

$$
\begin{aligned}
P\big(h \in \mathcal{H} : E(h) > \epsilon \wedge \widehat{E}(h) = 0\big) &< |\mathcal{H}|(1 - \epsilon)^m \\
&< |\mathcal{H}|e^{-m\epsilon} \, ,
\end{aligned}
$$

식 12.12

식 12.12가 δ보다 작다면 다음 식이 됩니다.

$$|\mathcal{H}|e^{-m\epsilon} \leqslant \delta ,$$

식 12.13

이어서 다음 식을 얻습니다.

$$m \geqslant \frac{1}{\epsilon}\left(\ln |\mathcal{H}| + \ln \frac{1}{\delta} \right).$$

식 12.14

상기 식들을 통해 알 수 있는 것은 유한 공간 $\mathcal{H}$는 모두 PAC 학습가능이라는 것입니다. 그리고 필요한 샘플 수는 식 12.12에 나타난 것과 같고, 출력 가설 h의 일반화 오차는 샘플 수가 커짐에 따라 0에 수렴하고 수렴 속도는 $O(\frac{1}{m})$이 됩니다.

12.3.2 분리 불가능한 상황

비교적 어려운 학습 문제에서 목표 개념 c가 가설 공간 $\mathcal{H}$에 존재하지 않을 때가 많습니다. 모든 $h \in \mathcal{H}$에 대해 $\widehat{E}(h) \neq 0$을 가정한다면, 즉 $\mathcal{H}$ 중 모든 임의의 가설이 훈련 세트상에서 오차가 발생한다고 가정한다면, 호에프딩 부등식에 의해 다음을 쉽게 알 수 있습니다.

보조 정의 12.1 만약 훈련 세트 D에 분포 D상에서 i.i.d 샘플링을 통해 얻은 샘플이 m개 존재하고, $0 < \epsilon < 1$이라면 임의의 $h \in \mathcal{H}$에 대해 다음 식이 됩니다.

$$P\left(\widehat{E}(h) - E(h) \geqslant \epsilon\right) \leqslant \exp(-2m\epsilon^2) ,$$

식 12.15

$$P\left(E(h) - \widehat{E}(h) \geqslant \epsilon\right) \leqslant \exp(-2m\epsilon^2) ,$$

식 12.16

$$P\left(\left|E(h) - \widehat{E}(h)\right| \geqslant \epsilon\right) \leqslant 2\exp(-2m\epsilon^2) .$$

식 12.17

추론 12.1 만약 훈련 세트 D에 분포 D상에서 i.i.d 샘플링을 통해 얻은 샘플이 m개 존재하고 $0 < \epsilon < 1$이라면, 임의의 $h \in \mathcal{H}$에 대해 식 12.18은 최소 $1 - \delta$의 확률로 성립합니다.

$$\widehat{E}(h) - \sqrt{\frac{\ln\left(2/\delta\right)}{2m}} \leqslant E(h) \leqslant \widehat{E}(h) + \sqrt{\frac{\ln\left(2/\delta\right)}{2m}} .$$

식 12.18

추론 12.1은 샘플 수 m이 비교적 클 때 h의 경험 오차는 해당 일반화 오차의 근사치임을 알려줍니다. 유한 가설 공간 $\mathcal{H}$에 대해 다음의 정리theorem를 가집니다.

정리 12.1 만약 $\mathcal{H}$가 유한 가설 공간이고 $0 < \epsilon < 1$이라면 임의의 $h \in \mathcal{H}$에 대해 다음 식을 가집니다.

$$P\left(\left|E(h) - \widehat{E}(h)\right| \leqslant \sqrt{\frac{\ln|\mathcal{H}| + \ln(2/\delta)}{2m}}\right) \geqslant 1 - \delta .\qquad \boxed{\text{식 12.19}}$$

증명 $h_1, h_2, \ldots, h_{|\mathcal{H}|}$를 가설 공간 $\mathcal{H}$ 내의 가설이라 한다면,

$$P(\exists h \in \mathcal{H} : \left|E(h) - \widehat{E}(h)\right| > \epsilon)$$
$$= P\left(\left(\left|E_{h_1} - \widehat{E}_{h_1}\right| > \epsilon\right) \vee \ldots \vee \left(\left|E_{h_{|\mathcal{H}|}} - \widehat{E}_{h_{|\mathcal{H}|}}\right| > \epsilon\right)\right)$$
$$\leqslant \sum_{h \in \mathcal{H}} P\left(\left|E(h) - \widehat{E}(h)\right| > \epsilon\right) ,$$

식 12.17을 통해 다음을 얻을 수 있습니다.

$$\sum_{h \in \mathcal{H}} P\left(\left|E(h) - \widehat{E}(h)\right| > \epsilon\right) \leqslant 2|\mathcal{H}| \exp(-2m\epsilon^2) ,$$

따라서 $\delta = 2|\mathcal{H}|\exp(-2m\epsilon^2)$이면, 식 12.19를 얻을 수 있습니다.

즉, $\mathcal{H}$의 모든 가설 중에서 가장 좋은 하나를 찾는 것이다.

$c \notin \mathcal{H}$일 때 학습 알고리즘 $\mathfrak{L}$은 목표 개념 c의 ϵ 근사를 학습할 수 없습니다. 그러나 가설 공간 $\mathcal{H}$가 주어졌을 때 해당 공간에는 하나의 최소 일반화 오차를 가진 가설이 존재하게 됩니다. 이러한 가설의 ϵ 근사를 찾는 것도 하나의 좋은 목적이라고 간주할 수 있습니다. $\mathcal{H}$ 내의 최소 일반화 오차를 가진 가설은 $\arg\min_{h \in \mathcal{H}} E(h)$이고, 따라서 이를 목표로 하면 PAC 학습을 $c \notin \mathcal{H}$의 상황으로 확장할 수 있습니다. 이를 **불가지 학습**agnostic learning이라고 합니다. 따라서 우리는 다음을 얻습니다.

정의 12.5 **불가지 PAC 학습**: m으로 분포 $\mathcal{D}$에서 i.i.d 샘플링한 샘플의 수를 나타내고, $0 < \epsilon, \delta < 1$인 동시에 모든 분포 $\mathcal{D}$에 대해 학습 알고리즘 $\mathfrak{L}$과 다항식 함수 $\text{poly}(\cdot, \cdot, \cdot, \cdot)$이 존재한다면, 모든 $m \geqslant \text{poly}(1/\epsilon, 1/\delta, \text{size}(\boldsymbol{x}), \text{size}(c))$에 대해 학습 알고리즘 $\mathfrak{L}$은 가설 공간 $\mathcal{H}$에서 식 12.20을 만족하는 가설 h를 출력할 수 있습니다.

$$P\left(E(h) - \min_{h' \in \mathcal{H}} E(h') \leqslant \epsilon\right) \geqslant 1 - \delta ,\qquad \boxed{\text{식 12.20}}$$

따라서 가설 공간 $\mathcal{H}$는 불가지 PAC 학습가능이 됩니다.

PAC 학습가능과 비슷하게 만약 학습 알고리즘 $\mathfrak{L}$의 운행시간이 다항식 함수 $\mathrm{poly}(1/\epsilon,\ 1/\delta,\ \mathrm{size}(\boldsymbol{x}),\ \mathrm{size}(c))$라면, 가설 공간 $\mathcal{H}$는 고효율 불가지 학습성이라 부르고 학습 알고리즘 $\mathfrak{L}$은 가설 공간 $\mathcal{H}$의 불가지 PAC 학습 알고리즘이라 부릅니다. 상기 요구사항을 만족하는 최소 m값은 학습 알고리즘 $\mathfrak{L}$의 샘플 복잡도가 됩니다.

12.4 VC 차원

현실 학습 문제에서 만나는 것은 대부분 무한 가설 공간입니다. 예를 들어, 실수에서 모든 구역이나, $\mathbb{R}^d$ 공간에서 모든 선형 초평면 등이 있습니다. 이러한 상황에 대한 학습가능성을 연구하려면 가설 공간의 복잡도를 측정해야 합니다. 가장 자주 보이는 방법은 가설 공간의 **VC 차원**Vapnik-Chervonenkis dimension[Vapnik and Chervonenkis, 1971]을 확인하는 것입니다.

VC 차원을 소개하기 전에 증가 함수growth function, 이분dichotomy, 섀터링shattering 등 몇 가지 개념에 대해 먼저 살펴봅시다.

예를 들어, 이진 분류 문제에서 D에 2개의 샘플밖에 없다면, 모든 가능한 레이블 분류 결과는 4가지밖에 없을 것이다. 만약 3개의 샘플이 있다면 8가지가 된다.

가설 공간 $\mathcal{H}$와 샘플 집합 $D = \{\boldsymbol{x}_1,\ \boldsymbol{x}_2,\ \ldots,\ \boldsymbol{x}_m\}$이 주어진다면, $\mathcal{H}$ 중 각 가설 h는 모든 D 내의 인스턴스에 레이블을 부여합니다. 레이블 결과는 다음과 같이 표현할 수 있습니다.

$$h|_D = \left\{ \left(h\left(\boldsymbol{x}_1\right), h\left(\boldsymbol{x}_2\right), \ldots, h\left(\boldsymbol{x}_m\right) \right) \right\}.$$

m이 증가함에 따라 $\mathcal{H}$의 모든 가설이 D의 인스턴스에 대해 부여하는 레이블의 결과 수도 증가합니다.

$\mathbb{N}$은 자연수다.

정의 12.6 모든 $m \in \mathbb{N}$에 대해 가설 공간 $\mathcal{H}$의 증가 함수 $\Pi_{\mathcal{H}}(m)$은 다음과 같습니다.

$$\Pi_{\mathcal{H}}(m) = \max_{\{\boldsymbol{x}_1,\ldots,\boldsymbol{x}_m\} \subseteq \mathcal{X}} \left| \left\{ \left(h\left(\boldsymbol{x}_1\right), \ldots, h\left(\boldsymbol{x}_m\right) \right) \mid h \in \mathcal{H} \right\} \right|. \quad \boxed{\text{식 12.21}}$$

증가 함수 $\Pi_{\mathcal{H}}(m)$은 가설 공간 $\mathcal{H}$가 m개의 인스턴스에 부여할 수 있는 레이블의 최대 가능 결과 수를 나타냅니다. 당연하게도 $\mathcal{H}$가 인스턴스에 부여할 수 있는 레이블의 가능 결과 수가 늘어남에 따라 $\mathcal{H}$의 표현 능력이 강해지고 학습 문제에 대한 적응력도 강해집니다. 따라서 증가 함수는 가설 공간 $\mathcal{H}$의 표현 능력을 나타내고, 이를 통해 가설 공간의 복잡도를 반영합니다. 우리는 증가 함수를 이용해서 경험 오차와 일반화 오차의 관계를 계산할 수 있습니다.

증명 과정은 [Vapnik and Chervonenkis, 1971]을 참조하라.

정리 12.2 가설 공간 $\mathcal{H}$에 대해 $m \in \mathbb{N}$, $0 < \epsilon < 1$과 임의의 $h \in \mathcal{H}$는 다음 식을 갖습니다.

$$P\big(|E(h) - \widehat{E}(h)| > \epsilon\big) \leqslant 4\Pi_{\mathcal{H}}(2m) \exp\big(-\frac{m\epsilon^2}{8}\big). \qquad \text{식 12.22}$$

가설 공간 $\mathcal{H}$에 서로 다른 가설이 D의 인스턴스에 부여할 수 있는 레이블의 결과는 같을 수도 있고 다를 수도 있습니다. $\mathcal{H}$가 무한개의 가설을 포함한다고 해도 D의 인스턴스에 부여할 수 있는 레이블의 가능 결과 수는 유한합니다. m개의 인스턴스에 대해 최대 2^m개의 가능 결과가 존재합니다. 이진 분류 문제에 대해서 $\mathcal{H}$의 가설이 D의 인스턴스에 부여할 수 있는 레이블의 각종 가능 결과를 D에 대한 일종의 '이분'이라고 칭합니다. 만약 가설 공간 $\mathcal{H}$가 샘플 세트 D상의 모든 이분을 실현한다고 한다면, 즉, $\Pi_{\mathcal{H}}(m) = 2^m$이라면 샘플 세트 D는 가설 공간 $\mathcal{H}$에서 **섀터링**shattering된다고 표현합니다.

각 가설은 D의 샘플들을 두 부류로 나눌 것이다. 따라서 이분법이라고 부른다.

이제 우리는 정식으로 VC 차원에 대해 정의할 수 있습니다.

정의 12.7 가설 공간 $\mathcal{H}$의 VC 차원은 $\mathcal{H}$에 의해 섀터링될 수 있는 최대 샘플 세트의 크기입니다. 즉, 다음 식과 같습니다.

$$\text{VC}(\mathcal{H}) = \max\{m : \Pi_{\mathcal{H}}(m) = 2^m\}. \qquad \text{식 12.23}$$

$\text{VC}(\mathcal{H}) = d$는 크기가 d인 샘플 세트가 가설 공간 $\mathcal{H}$에 의해 섀터링될 수 있다는 것을 뜻합니다. 여기서 주의할 것은 이것이 모든 d 크기를 가진 샘플 데이터가 가설 공간 $\mathcal{H}$에 의해 섀터링된다는 뜻이 아니라는 것입니다. 신중한 독자라면 이미 알아챘겠지만, VC 차원의 정의는 데이터 분포 D와 무관합니다! 따라서 데이터 분포가 알려지지 않은 상태에서도 가설 공간 $\mathcal{H}$의 VC 차원을 계산할 수 있습니다.

일반적으로 $\mathcal{H}$의 VC 차원은 다음처럼 계산합니다. 만약 크기가 d인 샘플 세트가 $\mathcal{H}$에 의해 섀터링되지만, $d + 1$ 크기의 샘플 세트에서 $\mathcal{H}$에 의해 섀터링되지 않는다면, $\mathcal{H}$의 VC 차원은 d가 됩니다. 다음의 예를 통해 VC 차원의 계산법을 자세히 알아봅시다.

예제 12.1 **실수 영역에서의 구간** $[a, b]$: $\mathcal{H}$를 실수 영역에서 모든 닫힌 구간으로 구성된 집합 $\{h_{[a,b]} : a, b \in \mathbb{R}, a \leqslant b\}$, $\mathcal{X} = \mathbb{R}$이라고 가정한다면, $x \in \mathcal{X}$에 대해 $x \in [a, b]$라면 $h_{[a,b]}(x) = +1$이고, 아니라면 $h_{[a,b]}(x) = -1$이 됩니다. $x_1 = 0.5$, $x_2 = 1.5$라고 한다면 가설 공간 $\mathcal{H}$에 가설$\{h_{[0,1]}, h_{[0,2]}, h_{[1,2]}, h_{[2,3]}\}$이 존재하고 $\{x_1, x_2\}$를 섀터링합니다. 따라서 가설 공간 $\mathcal{H}$의 VC 차원은 최소 2가 됩니다. 크기가 3인 임의의 샘플 세트(x_3, x_4, x_5)에 대해 $x_3 < x_4 < x_5$라면 $\mathcal{H}$에는 '이분' 결과를 실현할 $h_{[a,b]}$ 어떠한 가설도 존재하지 않게 됩니다. 따라서 $\mathcal{H}$의 VC 차원은 2가 됩니다.

예제 12.2 **이차원 평면상에서의 선형 분할**: $\mathcal{H}$로 이차원 평면상의 모든 선형 분할로 구성된 집합, $\mathcal{X} = \mathbb{R}^2$을 나타낸다면, 그림 12.1을 통해 알 수 있듯이 크기가 3인 샘플 세트는 $\mathcal{H}$에 의해 섀터링될 수 있습니다. 하지만 크기가 4인 샘플 세트는 $\mathcal{H}$에 의해 섀터링될 수 없다는 것을 확인할 수 있습니다. 따라서 이차원 평면상의 모든 선형 분할로 이루어진 가설 공간 $\mathcal{H}$의 VC 차원은 3이 됩니다.

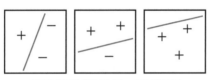
이러한 집합이 있을 때, $2^3 = 8$의 이분화가 선형 분할에 의해 실현될 수 있다

(a) 샘플 세트의 크기가 3

모든 집합에 대해 $2^4 = 16$종의 이분할 방법 중에서 한 종류도 선형 분할에 의해 실현될 수 없다

(b) 샘플 세트의 크기가 4

그림 12.1 ＼ **이차원 평면상에 모든 선형 분할로 구성된 가설 공간의 VC 차원은 3이다**

정의 12.7에 의해 VC 차원과 증가 함수 간의 밀접한 관계를 알 수 있습니다. 보조 정리 12.2는 양자 간의 정량적인 관계를 보여줍니다[Sauer, 1972].

'자우어(Sauer) 보조 정리'라고 도 부른다.

보조 정리 12.2 만약 가설 공간 $\mathcal{H}$의 VC 차원이 d라면, 임의의 $m \in \mathbb{N}$에 대하여 다음 식이 됩니다.

$$\Pi_{\mathcal{H}}(m) \leqslant \sum_{i=0}^{d} \binom{m}{i} .$$

식 12.24

증명 수학 귀납법 증명에 의해 $m = 1$, $d = 0$ 혹은 $d = 1$일 때 정리는 성립합니다. $(m - 1, d - 1)$과 $(m - 1, d)$에 대해 정리가 성립한다고 가정하면, $D = \{\boldsymbol{x}_1, \boldsymbol{x}_2, \ldots, \boldsymbol{x}_m\}$, $D' = \{\boldsymbol{x}_1, \boldsymbol{x}_2, \ldots, \boldsymbol{x}_{m-1}\}$일 때 다음과 같습니다.

$$\mathcal{H}_{|D} = \left\{ (h(\boldsymbol{x}_1), h(\boldsymbol{x}_2), \ldots, h(\boldsymbol{x}_m)) \mid h \in \mathcal{H} \right\},$$
$$\mathcal{H}_{|D'} = \left\{ (h(\boldsymbol{x}_1), h(\boldsymbol{x}_2), \ldots, h(\boldsymbol{x}_{m-1})) \mid h \in \mathcal{H} \right\}.$$

$\boldsymbol{x}_m$에 대한 가설 $h \in \mathcal{H}$의 분류 결과가 $+1$이나 -1이므로 $\mathcal{H}_{|D'}$에 출현하는 열이 $\mathcal{H}_{|D}$에서도 한두 번은 나타납니다. $\mathcal{H}_{D'|D}$로 $\mathcal{H}_{|D}$에 두 번 출현하는 $\mathcal{H}_{|D'}$의 열로 구성된 집합을 나타낸다면 다음과 같습니다.

$$\mathcal{H}_{D'|D} = \Big\{ (y_1, y_2, \ldots, y_{m-1}) \in \mathcal{H}_{|D'} \mid \exists h, h' \in \mathcal{H},$$
$$\big(h(\boldsymbol{x}_i) = h'(\boldsymbol{x}_i) = y_i\big) \wedge \big(h(\boldsymbol{x}_m) \neq h'(\boldsymbol{x}_m)\big), 1 \leqslant i \leqslant m-1 \Big\}.$$

$\mathcal{H}_{D'|D}$의 열이 $\mathcal{H}_{|D}$에서 두 번 나타나고 $\mathcal{H}_{|D'}$에서 한 번만 나타났다면 다음과 같습니다.

$$|\mathcal{H}_{|D}| = |\mathcal{H}_{|D'}| + |\mathcal{H}_{D'|D}|. \qquad \text{식 12.25}$$

D'의 크기가 $m-1$이라면 가설에 의해 다음 식이 성립합니다.

$$|\mathcal{H}_{|D'}| \leqslant \Pi_{\mathcal{H}}(m-1) \leqslant \sum_{i=0}^{d} \binom{m-1}{i}. \qquad \text{식 12.26}$$

Q로 $\mathcal{H}_{D'|D}$에 의해 섀터링되는 집합을 나타낸다면, $\mathcal{H}_{D'|D}$의 정의에 의해 $Q \cup \{\boldsymbol{x}_m\}$은 $\mathcal{H}_{|D}$에 의해 섀터링될 것을 알 수 있습니다. $\mathcal{H}$의 VC 차원이 d이므로 $\mathcal{H}_{D'|D}$의 VC 차원의 크기는 $d-1$입니다. 따라서 다음 식이 됩니다.

$$|\mathcal{H}_{D'|D}| \leqslant \Pi_{\mathcal{H}}(m-1) \leqslant \sum_{i=0}^{d-1} \binom{m-1}{i}. \qquad \text{식 12.27}$$

식 12.25~12.27에 의해 다음과 같은 식을 얻습니다.

$$\binom{m-1}{-1} = 0.$$

$$\begin{aligned}
|\mathcal{H}_{|D}| &\leqslant \sum_{i=0}^{d} \binom{m-1}{i} + \sum_{i=0}^{d-1} \binom{m-1}{i} \\
&= \sum_{i=0}^{d} \left(\binom{m-1}{i} + \binom{m-1}{i-1} \right) \\
&= \sum_{i=0}^{d} \binom{m}{i},
\end{aligned}$$

집합 D의 임의성에 의해 보조 정리 12.2가 증명됩니다. ∎

보조 정리 12.2에서 증가 함수의 상계upper bound를 계산할 수 있습니다.

추론 12.2 만약 가설 공간 $\mathcal{H}$의 VC 차원이 d라면, 임의의 정수 $m \geqslant d$는 다음 식과 같습니다.

e는 자연상수다.

$$\Pi_{\mathcal{H}}(m) \leqslant \left(\frac{e \cdot m}{d}\right)^d . \qquad \text{식 12.28}$$

증명

$m \geqslant d$

$$\begin{aligned}
\Pi_{\mathcal{H}}(m) &\leqslant \sum_{i=0}^{d} \binom{m}{i} \\
&\leqslant \sum_{i=0}^{d} \binom{m}{i} \left(\frac{m}{d}\right)^{d-i} \\
&= \left(\frac{m}{d}\right)^d \sum_{i=0}^{d} \binom{m}{i} \left(\frac{d}{m}\right)^i \\
&\leqslant \left(\frac{m}{d}\right)^d \sum_{i=0}^{m} \binom{m}{i} \left(\frac{d}{m}\right)^i \\
&= \left(\frac{m}{d}\right)^d \left(1 + \frac{d}{m}\right)^m \\
&\leqslant \left(\frac{e \cdot m}{d}\right)^d
\end{aligned}$$

∎

추론 12.2와 정리 12.2에 의해 VC 차원의 일반화 오차 바운드를 얻을 수 있습니다.

정리 12.3 만약 가설 공간 $\mathcal{H}$의 VC 차원이 d라면, 임의의 $m > \mathrm{d}$, $0 < \delta < 1$과 $h \in \mathcal{H}$에 대해 다음 식이 성립합니다.

$$P\left(\left|E(h) - \hat{E}(h)\right| \leqslant \sqrt{\frac{8d \ln \frac{2em}{d} + 8 \ln \frac{4}{\delta}}{m}}\right) \geqslant 1 - \delta . \qquad \text{식 12.29}$$

증명

$$4\,\Pi_{\mathcal{H}}(2m) \exp\left(-\frac{m\epsilon^2}{8}\right) \leqslant 4\left(\frac{2em}{d}\right)^d \exp\left(-\frac{m\epsilon^2}{8}\right) = \delta,$$

위 수식이라면 해를 구해 아래 수식을 얻을 수 있습니다.

$$\epsilon = \sqrt{\frac{8d \ln \frac{2em}{d} + 8 \ln \frac{4}{\delta}}{m}},$$

정리 12.2에 대입하면 정리 12.3에 대한 증명을 얻을 수 있습니다. ■

정리 12.3에 의해 알 수 있는 것은 식 12.29의 일반화 오차 바운드는 오직 샘플 수 m과 연관이 있다는 것입니다. 그리고 수렴 속도는 $O(\frac{1}{\sqrt{m}})$이고, 데이터 분포 $\mathcal{D}$와는 무관하다는 것입니다. 따라서 VC 차원의 일반화 오차 바운드는 분포와 무관하고distribution-free, 데이터에 독립적data-independent입니다.

h로 학습 알고리즘 $\mathfrak{L}$이 출력한 가설을 나타낸다면 h는 다음을 만족합니다.

$$\widehat{E}(h) = \min_{h' \in \mathcal{H}} \widehat{E}(h') \ , \qquad \text{식 12.30}$$

따라서 $\mathfrak{L}$을 경험 리스크 최소화 원칙을 만족하는 알고리즘이라고도 부릅니다.

정리 12.4 모든 VC 차원의 유한한 가설 공간 $\mathcal{H}$는 모두 (불가지) PAC 학습가능입니다.

증명 $\mathfrak{L}$을 경험 리스크 최소화 원칙을 만족하는 알고리즘으로, h를 학습 알고리즘 $\mathfrak{L}$이 출력한 가설로 가정합니다. g로 $\mathcal{H}$에서 최소 일반화 오차를 가진 가설을 나타낸다면 다음 식과 같습니다.

$$E(g) = \min_{h \in \mathcal{H}} E(h) \ . \qquad \text{식 12.31}$$

만약 다음 식이라고 한다면,

$$\delta' = \frac{\delta}{2} \ ,$$

$$\sqrt{\frac{(\ln 2/\delta')}{2m}} = \frac{\epsilon}{2} \ , \qquad \text{식 12.32}$$

추론 12.1에 의해 다음 식이 됩니다.

$$\widehat{E}(g) - \frac{\epsilon}{2} \leqslant E(g) \leqslant \widehat{E}(g) + \frac{\epsilon}{2} \qquad \text{식 12.33}$$

최소 $1 - \delta/2$의 확률로 성립하는 것을 알 수 있습니다.

만약 다음 식이라고 한다면,

$$\sqrt{\frac{8d\ln\frac{2em}{d} + 8\ln\frac{4}{\delta}}{m}} = \frac{\epsilon}{2} \ , \qquad \text{식 12.34}$$

정리 12.3에 의해 다음 식이 되는 것을 알 수 있습니다.

$$P\left(E(h) - \widehat{E}(h) \leqslant \frac{\epsilon}{2}\right) \geqslant 1 - \frac{\delta}{2} \ .$$

식 12.35

이를 통해 다음 식이 최소 $1 - \delta$의 확률로 성립된다는 것을 알 수 있습니다.

$$E(h) - E(g) \leqslant \widehat{E}(h) + \frac{\epsilon}{2} - \left(\widehat{E}(g) - \frac{\epsilon}{2}\right)$$

$$= \widehat{E}(h) - \widehat{E}(g) + \epsilon$$

$$\leqslant \epsilon$$

식 12.32와 12.34를 통해 m을 구할 수 있고, $\mathcal{H}$의 임의성에 의해 정리 12.4가 증명됩니다. ∎

12.5 라데마허 복잡도

12.4절에서 언급한 것처럼 VC 차원에 기반한 일반화 오차 바운드는 분포와 무관하고 데이터에 대해 독립적입니다. 다시 말해, 모든 데이터 분포에 대해 성립한다고 말할 수 있습니다. 이 점은 VC 차원에 기반한 학습가능learnable 분석 결과가 '보편성'을 갖도록 만듭니다. 하지만 다른 측면에서는 데이터에 대한 고민이 없기 때문에 일반적으로 VC 차원에 기반해서 얻는 일반화 오차 바운드는 정밀하지 못합니다. 특히, 데이터가 나쁜 분포를 가졌을 때 이러한 현상이 두드러집니다.

<aside>이 이름은 독일의 수학자 H. Rademacher(1892-1969)를 기념하기 위해 지어졌다.</aside>

라데마허Rademacher **복잡도**는 가설 공간이 복잡도를 나타내는 또 다른 수단입니다. VC 차원과 다른 점은 일정한 수준에서 데이터의 분포를 고려한다는 점입니다.

훈련 세트 $D = \{(\boldsymbol{x}_1, y_1), (\boldsymbol{x}_2, y_2), \dots, (\boldsymbol{x}_m, y_m)\}$이 주어지고 가설 h의 경험 오차가 다음 식과 같다면,

$$\widehat{E}(h) = \frac{1}{m} \sum_{i=1}^{m} \mathbb{I}(h(\boldsymbol{x}_i) \neq y_i)$$

$$= \frac{1}{m} \sum_{i=1}^{m} \frac{1 - y_i h(\boldsymbol{x}_i)}{2}$$

$$= \frac{1}{2} - \frac{1}{2m} \sum_{i=1}^{m} y_i h(\boldsymbol{x}_i) \ ,$$

식 12.36

여기서 $\frac{1}{m}\sum_{i=1}^{m}y_{i}h(\boldsymbol{x}_{i})$은 예측값 $h(\boldsymbol{x}_{i})$와 샘플의 실제 레이블 y_{i} 간의 일치성을 나타냅니다. 만약 모든 $i \in \{1, 2, \ldots, m\}$에 대해 $h(\boldsymbol{x}_{i}) = y_{i}$가 있다면 $\frac{1}{m}\sum_{i=1}^{m}y_{i}h(\boldsymbol{x}_{i})$이 취할 수 있는 최댓값은 1입니다. 다른 말로, 최솟값을 가지는 경험 오차의 가설은 다음 식이 됩니다.

$$\arg\max_{h \in \mathcal{H}} \frac{1}{m}\sum_{i=1}^{m}y_{i}h(\boldsymbol{x}_{i}) \ . \qquad \text{식 12.37}$$

그러나 현실에서 샘플의 레이블은 노이즈의 영향을 받습니다. 즉, 어떤 샘플 $(\boldsymbol{x}_{i}, y_{i})$에 대해 y_{i}는 이미 어떤 임의의 요소에 의해 영향을 받아 $\boldsymbol{x}_{i}$의 실제 레이블이 아닌 경우가 존재합니다. 이러한 경우에는 가설 공간 $\mathcal{H}$에서 훈련 데이터상에서 표현이 가장 좋은 가설을 선택한다 해도 어떤 경우에는 사전에 미리 $\mathcal{H}$에서 임의의 노이즈 영향을 고려한 가설을 선택하는 것만 못합니다.

먼저, 0.5의 확률로 -1의 값을 가지고 0.5의 확률로 $+1$의 값을 가지는 랜덤 변수 σ_{i}를 생각해 봅시다. 이를 라데마허 랜덤 변수라고 부릅니다. σ_{i}에 기반해 식 12.37을 다음과 같이 다시 작성할 수 있습니다.

$\mathcal{H}$는 무한 가설 공간이므로 최댓값을 얻지 못할 가능성도 있다. 따라서 상한(supremum)으로 최댓값을 대체한다.

$$\sup_{h \in \mathcal{H}} \frac{1}{m}\sum_{i=1}^{m}\sigma_{i}h(\boldsymbol{x}_{i}) \ . \qquad \text{식 12.38}$$

$\mathcal{H}$에서의 모든 가설을 고려했을 때 식 12.39의 기댓값은 다음과 같습니다.

$$\mathbb{E}_{\boldsymbol{\sigma}}\left[\sup_{h \in \mathcal{H}} \frac{1}{m}\sum_{i=1}^{m}\sigma_{i}h(\boldsymbol{x}_{i}) \right] , \qquad \text{식 12.39}$$

여기서 $\boldsymbol{\sigma} = \{\sigma_{1}, \sigma_{2}, \ldots, \sigma_{m}\}$입니다. 식 12.39에서 값의 범위는 $[0, 1]$이고, 이는 가설 공간 $\mathcal{H}$의 표현 능력을 나타냅니다. 예를 들어, $|\mathcal{H}| = 1$일 때 $\mathcal{H}$에 단 하나의 가설만 있다면 계산해 낸 식 12.39의 값은 0이 됩니다. $|\mathcal{H}| = 2^{m}$이고 $\mathcal{H}$가 D를 섀터링할 수 있을 때는 임의의 $\boldsymbol{\sigma}$에 대해 항상 하나의 가설은 $h(\boldsymbol{x}_{i}) = \sigma_{i}$ $(i = 1, 2, \ldots, m)$을 만족시킵니다. 이때, 식 12.39의 값은 1이 됩니다.

실숫값 함수 공간 $\mathcal{F}: \mathcal{Z} \to \mathbb{R}$을 생각해 봅시다. $Z = \{\boldsymbol{z}_{1}, \boldsymbol{z}_{2}, \ldots, \boldsymbol{z}_{m}\}$이라 하고 $\boldsymbol{z}_{i} \in \mathcal{Z}$라면, 식 12.39에서 $\mathcal{X}$와 $\mathcal{H}$를 $\mathcal{Z}$와 $\mathcal{F}$로 치환해 다음을 얻을 수 있습니다.

정의 12.8 함수 공간 $\mathcal{F}$에서 $\mathcal{Z}$에 관련한 경험 라데마허 복잡도는 다음과 같습니다.

$$\widehat{R}_Z(\mathcal{F}) = \mathbb{E}_{\boldsymbol{\sigma}}\left[\sup_{f\in\mathcal{F}}\frac{1}{m}\sum_{i=1}^{m}\sigma_i f(\boldsymbol{z}_i)\right].$$

식 12.40

경험 라데마허 복잡도는 집합 Z에서 함수 공간 $\mathcal{F}$와 랜덤 노이즈 간의 상관성을 고려합니다. 일반적으로 우리는 함수 공간 $\mathcal{F}$와 $\mathcal{Z}$상의 분포 $\mathcal{D}$와의 상관성을 알고 싶어합니다. 따라서 모든 $\mathcal{D}$에서 i.i.d 샘플링해서 얻은 크기 m를 가지는 집합 Z의 기댓값을 얻을 수 있습니다.

정의 12.9 함수 공간 $\mathcal{F}$의 $\mathcal{Z}$상의 분포 $\mathcal{D}$에 관한 라데마허 복잡도는 다음과 같습니다.

$$R_m(\mathcal{F}) = \mathbb{E}_{Z\subseteq\mathcal{Z}:|Z|=m}\left[\widehat{R}_Z(\mathcal{F})\right].$$

식 12.41

라데마허 복잡도에 기반해 함수 공간 $\mathcal{F}$의 일반화 오차 바운드를 얻을 수 있습니다[Mohri et al., 2012].

정리 12.5 실수 함수 공간 $\mathcal{F}: \mathcal{Z} \to [0, 1]$에 대해 분포 $\mathcal{D}$에 기반해 $\mathcal{Z}$에서 i.i.d 샘플링해 얻은 샘플 집합 $Z = \{\boldsymbol{z}_1, \boldsymbol{z}_2, \ldots, \boldsymbol{z}_m\}$은 $\boldsymbol{z}_i \in \mathcal{Z}$, $0 < \delta < 1$이고, 임의의 $f \in \mathcal{F}$에 대해 최소 $1 - \delta$의 확률로 다음 두 식이 성립합니다.

$$\mathbb{E}\left[f(\boldsymbol{z})\right] \leqslant \frac{1}{m}\sum_{i=1}^{m}f(\boldsymbol{z}_i) + 2R_m(\mathcal{F}) + \sqrt{\frac{\ln(1/\delta)}{2m}},$$

식 12.42

$$\mathbb{E}\left[f(\boldsymbol{z})\right] \leqslant \frac{1}{m}\sum_{i=1}^{m}f(\boldsymbol{z}_i) + 2\widehat{R}_Z(\mathcal{F}) + 3\sqrt{\frac{\ln(2/\delta)}{2m}}.$$

식 12.43

증명

$$\widehat{E}_Z(f) = \frac{1}{m}\sum_{i=1}^{m}f(\boldsymbol{z}_i),$$

$$\Phi(Z) = \sup_{f\in\mathcal{F}}\mathbb{E}\left[f\right] - \widehat{E}_Z(f),$$

위처럼 설정하고 동시에 Z'를 오직 Z와 비교했을 때 단 하나의 인스턴스만 다른 훈련 세트라고 가정합니다. 혹은 $\boldsymbol{z}_m \in Z$와 $\boldsymbol{z}'_m \in Z'$를 다른 인스턴스라고 설정해도 무방합니다. 그렇다면 다음 수식을 얻습니다.

$$\Phi(Z') - \Phi(Z) = \left(\sup_{f \in \mathcal{F}} \mathbb{E}[f] - \widehat{E}_{Z'}(f) \right) - \left(\sup_{f \in \mathcal{F}} \mathbb{E}[f] - \widehat{E}_{Z}(f) \right)$$

$$\leqslant \sup_{f \in \mathcal{F}} \widehat{E}_{Z}(f) - \widehat{E}_{Z'}(f)$$

$$= \sup_{f \in \mathcal{F}} \frac{f(\boldsymbol{z}_m) - f(\boldsymbol{z}'_m)}{m}$$

$$\leqslant \frac{1}{m} .$$

같은 원리로 다음 수식도 얻습니다.

$$\Phi(Z) - \Phi(Z') \leqslant \frac{1}{m} ,$$

$$|\Phi(Z) - \Phi(Z')| \leqslant \frac{1}{m} .$$

맥더미드 부등식 12.7에 의해서, 임의의 $\delta \in (0, 1)$에 대해 다음 식이 최소 $1 - \delta$의 확률로 성립한다는 것을 알 수 있습니다.

$$\Phi(Z) \leqslant \mathbb{E}_Z[\Phi(Z)] + \sqrt{\frac{\ln(1/\delta)}{2m}}$$

식 12.44

아래에서 $\mathbb{E}_Z[\Phi(Z)]$의 상계upper bound를 계산해 봅시다.

$$\mathbb{E}_Z[\Phi(Z)] = \mathbb{E}_Z \left[\sup_{f \in \mathcal{F}} \mathbb{E}[f] - \widehat{E}_Z(f) \right]$$

$$= \mathbb{E}_Z \left[\sup_{f \in \mathcal{F}} \mathbb{E}_{Z'} \left[\widehat{E}_{Z'}(f) - \widehat{E}_Z(f) \right] \right]$$

$$\leqslant \mathbb{E}_{Z,Z'} \left[\sup_{f \in \mathcal{F}} \widehat{E}_{Z'}(f) - \widehat{E}_Z(f) \right]$$

$$= \mathbb{E}_{Z,Z'} \left[\sup_{f \in \mathcal{F}} \frac{1}{m} \sum_{i=1}^{m} (f(\boldsymbol{z}'_i) - f(\boldsymbol{z}_i)) \right]$$

젠센(Jensen) 부등식(식 12.4)과 상한 함수의 볼록성(convexity)을 이용한다.

$$= \mathbb{E}_{\boldsymbol{\sigma},Z,Z'} \left[\sup_{f \in \mathcal{F}} \frac{1}{m} \sum_{i=1}^{m} \sigma_i (f(\boldsymbol{z}'_i) - f(\boldsymbol{z}_i)) \right]$$

$$\leqslant \mathbb{E}_{\boldsymbol{\sigma},Z'} \left[\sup_{f \in \mathcal{F}} \frac{1}{m} \sum_{i=1}^{m} \sigma_i f(\boldsymbol{z}'_i) \right] + \mathbb{E}_{\boldsymbol{\sigma},Z} \left[\sup_{f \in \mathcal{F}} \frac{1}{m} \sum_{i=1}^{m} -\sigma_i f(\boldsymbol{z}_i) \right]$$

σ_i와 $-\sigma_i$의 분포는 같다.

$$= 2\mathbb{E}_{\boldsymbol{\sigma},Z} \left[\sup_{f \in \mathcal{F}} \frac{1}{m} \sum_{i=1}^{m} \sigma_i f(\boldsymbol{z}_i) \right]$$

$$= 2R_m(\mathcal{F}) .$$

이로써 식 12.42는 증명되었습니다. 그리고 정의 12.9에 의해, Z에서 하나의 인스턴스를 바꾸면 $\widehat{R}_Z(\mathcal{F})$의 값에 생기는 변화는 최대 $1/m$임을 알 수 있습니다. 맥더미드 부등식에 의해 다음 식이 최소 $1 - \delta/2$의 확률로 성립된다는 것을 알 수 있습니다.

$$R_m(\mathcal{F}) \leqslant \widehat{R}_Z(\mathcal{F}) + \sqrt{\frac{\ln(2/\delta)}{2m}} \qquad \text{식 12.45}$$

다시 식 12.44에 의해 다음 식이 최소 $1 - \delta/2$의 확률로 성립되는 것을 알 수 있습니다.

$$\Phi(Z) \leqslant \mathbb{E}_Z[\Phi(Z)] + \sqrt{\frac{\ln(2/\delta)}{2m}}$$

따라서 다음 식은 최소 $1 - \delta$의 확률로 성립됩니다.

$$\Phi(Z) \leqslant 2\widehat{R}_Z(\mathcal{F}) + 3\sqrt{\frac{\ln(2/\delta)}{2m}} \qquad \text{식 12.46}$$

이로써 식 12.43은 증명되었습니다. ■

한 가지 주의해야 할 점은 정리 12.5의 함수 공간 $\mathcal{F}$는 $[0, 1]$ 구간상의 실숫값 함수이므로 정리 12.5는 회귀 문제에만 사용할 수 있다는 것입니다. 이진 분류 문제에 대해서는 아래 정리를 참고하면 됩니다.

정리 12.6 가설 공간 $\mathcal{H} : \mathcal{X} \rightarrow \{-1, +1\}$에 대해, 분포 $\mathcal{D}$에 기반해 $\mathcal{X}$에서 i.i.d 샘플링한 샘플 세트 $D = \{\boldsymbol{x}_1, \boldsymbol{x}_2, \ldots, \boldsymbol{x}_m\}$, $\boldsymbol{x}_i \in \mathcal{X}$, $0 < \delta < 1$일 때, 임의의 $h \in \mathcal{H}$에 대해 최소 $1 - \delta$의 확률로 다음 두 식이 됩니다.

$$E(h) \leqslant \widehat{E}(h) + R_m(\mathcal{H}) + \sqrt{\frac{\ln(1/\delta)}{2m}} \;, \qquad \text{식 12.47}$$

$$E(h) \leqslant \widehat{E}(h) + \widehat{R}_D(\mathcal{H}) + 3\sqrt{\frac{\ln(2/\delta)}{2m}} \;. \qquad \text{식 12.48}$$

증명 이진 분류 문제의 가설 공간 $\mathcal{H}$에 대해, $\mathcal{Z} = \mathcal{X} \times \{-1, +1\}$이면 $\mathcal{H}$의 가설 h는 다음처럼 변형됩니다.

$$f_h(\boldsymbol{z}) = f_h(\boldsymbol{x}, y) = \mathbb{I}(h(\boldsymbol{x}) \neq y) \;, \qquad \text{식 12.49}$$

따라서 치역이 $\{-1, +1\}$인 가설 공간 $\mathcal{H}$는 치역이 $[0, 1]$인 함수 공간 $\mathcal{F}_{\mathcal{H}} = \{f_h : h \in \mathcal{H}\}$으로 전환됩니다. 그리고 식 12.8에 의해 다음 식이 됩니다.

$$
\begin{aligned}
\widehat{R}_Z(\mathcal{F}_{\mathcal{H}}) &= \mathbb{E}_{\boldsymbol{\sigma}}\Big[\sup_{f_h \in \mathcal{F}_{\mathcal{H}}} \frac{1}{m} \sum_{i=1}^{m} \sigma_i f_h(\boldsymbol{x}_i, y_i)\Big] \\
&= \mathbb{E}_{\boldsymbol{\sigma}}\Big[\sup_{h \in \mathcal{H}} \frac{1}{m} \sum_{i=1}^{m} \sigma_i \mathbb{I}(h(\boldsymbol{x}_i) \neq y_i)\Big] \\
&= \mathbb{E}_{\boldsymbol{\sigma}}\Big[\sup_{h \in \mathcal{H}} \frac{1}{m} \sum_{i=1}^{m} \sigma_i \frac{1 - y_i h(\boldsymbol{x}_i)}{2}\Big] \\
&= \frac{1}{2}\mathbb{E}_{\boldsymbol{\sigma}}\Big[\frac{1}{m} \sum_{i=1}^{m} \sigma_i + \sup_{h \in \mathcal{H}} \frac{1}{m} \sum_{i=1}^{m} \big(-y_i \sigma_i h(\boldsymbol{x}_i)\big)\Big] \\
&= \frac{1}{2}\mathbb{E}_{\boldsymbol{\sigma}}\Big[\sup_{h \in \mathcal{H}} \frac{1}{m} \sum_{i=1}^{m} \big(-y_i \sigma_i h(\boldsymbol{x}_i)\big)\Big] \\
&= \frac{1}{2}\mathbb{E}_{\boldsymbol{\sigma}}\Big[\sup_{h \in \mathcal{H}} \frac{1}{m} \sum_{i=1}^{m} \big(\sigma_i h(\boldsymbol{x}_i)\big)\Big] \\
&= \frac{1}{2}\widehat{R}_D(\mathcal{H}) \,.
\end{aligned}
$$

$y_i\sigma_i$와 σ_i의 분포는 같다.

식 12.50

식 12.50에 대해 기댓값을 구하면 다음과 같습니다.

$$
R_m(\mathcal{F}_{\mathcal{H}}) = \frac{1}{2} R_m(\mathcal{H}) \,.
$$

식 12.51

정리 12.5와 식 12.50~12.51에 의해 정리 12.6을 증명할 수 있습니다. ∎

정리 12.6은 라데마허 복잡도에 기반한 일반화 오차 바운드를 보여줍니다. 정리 12.3과 비교해 알 수 있는 것은 VC 차원에 기반한 일반화 오차 바운드는 분포와 무관하고 데이터에 독립적인 반면, 라데마허 복잡도에 기반한 일반화 오차 바운드 (식 12.47)는 분포 $\mathcal{D}$와 관련이 있고 식 12.48은 데이터 D와 관련이 있습니다. 바꿔 말하면, 라데마허 복잡도에 기반한 일반화 오차 바운드는 구체적인 학습 데이터의 분포에 의존한다는 것입니다. 따라서 이 방법은 VC 차원에 기반한 일반화 오차 바운드보다 조금 더 정밀한 부분이 있습니다.

한 가지 더 언급해야 할 부분은 라데마허 복잡도와 증가 함수에 대해서 아래 정리가 있다는 것입니다.

증명 과정은 [Mohri et al., 2012]을 참조하라.

정리 12.7 가설 공간 $\mathcal{H}$의 라데마허 복잡도 $R_m(\mathcal{H})$와 증가 함수 $\Pi_{\mathcal{H}}(m)$은 다음을 만족합니다.

$$R_m(\mathcal{H}) \leqslant \sqrt{\frac{2 \ln \Pi_{\mathcal{H}}(m)}{m}} .$$

식 12.52

식 12.47과 식 12.52, 그리고 추론 12.2에 의해 다음을 얻을 수 있습니다.

$$E(h) \leqslant \widehat{E}(h) + \sqrt{\frac{2d \ln \frac{em}{d}}{m}} + \sqrt{\frac{\ln(1/\delta)}{2m}} ,$$

식 12.53

즉, 우리는 라데마허 복잡도와 증가 함수를 통해 VC 차원에 기반한 일반화 오차 바운드를 유도할 수 있습니다.

12.6 안정성

VC 차원에 기반하거나 라데마허 복잡도를 통해 유도한 일반화 오차 바운드는 결과가 구체적인 학습 알고리즘과 무관하며, 모든 학습 알고리즘에 사용할 수 있습니다. 이는 사람들이 구체적인 학습 알고리즘의 설계에서 벗어나 학습 문제의 본질에 대해 생각할 수 있게 만듭니다. 하지만 다른 한편으로는 학습 알고리즘과 관련 있는 분석 결과를 얻고 싶을 때 다른 방법이 필요하게 됩니다. **안정성**stability 분석은 이런 관점에서 눈여겨볼 방법입니다.

이름에서 알 수 있듯이 알고리즘의 '안정성'이 고찰하는 것은 알고리즘에 대한 입력의 변화가 발생할 때 출력이 이에 따라 어느 정도의 변화를 보이는지에 대한 부분입니다. 학습 알고리즘의 입력은 훈련 세트이고, 따라서 우리는 먼저 훈련 세트에 대한 두 가지 변화에 대해 정의해 보고자 합니다.

$D = \{z_1 = (x_1, y_1), z_2 = (x_2, y_2), \ldots, z_m = (x_m, y_m)\}$, $x_i \in \mathcal{X}$는 분포 $\mathcal{D}$에서 온 i.i.d 인스턴스입니다. $y_i \in \{-1, +1\}$. 가설 공간 $\mathcal{H} : \mathcal{X} \rightarrow \{-1, +1\}$과 학습 알고리즘 $\mathfrak{L}$에 대해 $\mathfrak{L}_D \in \mathcal{H}$로 훈련 세트 D에 기반해 가설 공간 $\mathcal{H}$에서 학습된 가설을 나타냅니다. D에 대한 아래와 같은 변화를 생각해 볼 수 있습니다.

- $D^{/i}$로 D에서 i번째 샘플을 제거한 집합을 표기합니다.

$$D^{\backslash i} = \{z_1, z_2, \ldots, z_{i-1}, z_{i+1}, \ldots, z_m\},$$

- D^i로 i번째 샘플을 치환해 얻은 집합을 표기합니다.

$$D^i = \{z_1, z_2, \ldots, z_{i-1}, z_i', z_{i+1}, \ldots, z_m\},$$

여기서 $z_i' = (x_i', y_i')$이고, x_i'는 분포 $\mathcal{D}$를 따르며 D와는 독립적입니다.

손실 함수 $\ell(\mathfrak{L}_D(x), y) : \mathcal{Y} \times \mathcal{Y} \to \mathbb{R}^+$는 가설 $\mathfrak{L}_D$의 예측 레이블 $\mathfrak{L}_D(\mathcal{X})$와 실제 레이블 y 사이의 차이를 나타내고, 간략히 $\ell(\mathfrak{L}_D, z)$으로 표기합니다. 아래는 가설 $\mathfrak{L}_D$의 몇 가지 손실에 대해 정의합니다.

- **일반화 손실**

$$\ell(\mathfrak{L}, \mathcal{D}) = \mathbb{E}_{x \in \mathcal{X}, z=(x,y)} \big[\ell(\mathfrak{L}_D, z) \big] .$$ 식 12.54

- **경험 손실**

$$\widehat{\ell}(\mathfrak{L}, D) = \frac{1}{m} \sum_{i=1}^{m} \ell(\mathfrak{L}_D, z_i) .$$ 식 12.55

- **Leave-one-out 손실**

$$\ell_{loo}(\mathfrak{L}, D) = \frac{1}{m} \sum_{i=1}^{m} \ell(\mathfrak{L}_{D \backslash i}, z_i) .$$ 식 12.56

다음은 균일 안정성uniform stability에 대한 정의입니다.

정의 12.10 임의의 $x \in \mathcal{X}$, $z = (x, y)$에 대해 학습 알고리즘 $\mathfrak{L}$이 다음을 만족한다면,

$$\big| \ell(\mathfrak{L}_D, z) - \ell(\mathfrak{L}_{D \backslash i}, z) \big| \leqslant \beta , \quad i = 1, 2, \ldots, m,$$ 식 12.57

$\mathfrak{L}$은 손실 함수 ℓ에 관해 β-균일 안정성을 만족한다고 말할 수 있습니다.

당연하게도 알고리즘 $\mathfrak{L}$이 손실 함수 ℓ에 관해 β-균일 안정성을 만족한다면 다음 식이 됩니다.

$$\big| \ell(\mathfrak{L}_D, z) - \ell(\mathfrak{L}_{D^i}, z) \big|$$
$$\leqslant \big| \ell(\mathfrak{L}_D, z) - \ell(\mathfrak{L}_{D \backslash i}, z) \big| + \big| \ell(\mathfrak{L}_{D^i}, z) - \ell(\mathfrak{L}_{D \backslash i}, z) \big|$$
$$\leqslant 2\beta ,$$

즉, 인스턴스를 제거한 안정성이 인스턴스를 치환한 안정성을 포함하게 됩니다.

만약 손실 함수 ℓ에 바운드가 있다면, 즉 모든 D와 $z = (x, y)$에 대해 $0 \leqslant \ell(\mathcal{L}_D, z) \leqslant M$이라면, 다음 정리를 유도할 수 있습니다[Bousquet and Elisseeff, 2002].

증명 과정은 [Bousquet and Elisseeff, 2002]를 참조하라.

정리 12.8 분포 $\mathcal{D}$상에서 i.i.d를 샘플링해서 얻은 크기가 m인 샘플 세트 D가 주어졌을 때 학습 알고리즘 $\mathcal{L}$이 손실 함수 l에 관한 β-균일 안정성을 만족하고, 손실 함수 ℓ의 상계를 M으로 놓고 $0 < \delta < 1$이 성립하면, 임의의 $m \geqslant 1$에 대해 최소 $1 - \delta$의 확률로 다음 두 식이 성립합니다.

$$\ell(\mathcal{L}, \mathcal{D}) \leqslant \widehat{\ell}(\mathcal{L}, D) + 2\beta + (4m\beta + M)\sqrt{\frac{\ln(1/\delta)}{2m}} , \qquad \text{식 12.58}$$

$$\ell(\mathcal{L}, \mathcal{D}) \leqslant \ell_{loo}(\mathcal{L}, D) + \beta + (4m\beta + M)\sqrt{\frac{\ln(1/\delta)}{2m}} . \qquad \text{식 12.59}$$

정리 12.8은 안정성 분석에 기반해 학습 알고리즘 $\mathcal{L}$이 학습해 얻은 가설의 일반화 오차 바운드를 유도했습니다. 식 12.58에서 알 수 있듯이, 경험 손실과 일반화 손실 사이의 차이는 $\beta\sqrt{m}$으로 수렴합니다. 만약 $\beta = O(\frac{1}{m})$이라면, 수렴률이 $O(\frac{1}{m})$임을 보장할 수 있습니다. 정리 12.3과 정리 12.6을 비교하면, 이는 VC 차원에 기반한 방법과 라데마허 복잡도를 통해 얻은 수렴률과 일치한다는 것을 알 수 있습니다.

주의해야 할 점은 학습 알고리즘의 안정성 분석이 중점으로 보는 것은 $|\widehat{\ell}(\mathcal{L}, D) - \ell(\mathcal{L}, D)|$이고, 가설 공간 복잡도 분석이 중점으로 보는 것은 $\sup_{h \in \mathcal{H}} |\widehat{E}(h) - E(h)|$입니다. 즉, 안정성 분석은 가설 공간에서의 모든 가설들을 고려하지 않아도 됩니다. 알고리즘 특성(안정성)에 기반해 출력 가설 $\mathcal{L}_D$의 일반화 오차 바운드만 고려하면 됩니다. 그렇다면 안정성과 학습가능learnable 사이에는 어떤 관계가 있을까요?

먼저, $\beta\sqrt{m} \to 0$을 필히 가정해야 합니다. 이렇게 해야만 안정적으로 학습 알고리즘 $\mathcal{L}$이 일정한 일반화 능력을 갖추는 것을 보장합니다. 즉, 경험 손실이 일반화 손실로 수렴합니다. 그렇지 않으면 학습가능에 대해 논할 수 없습니다. 쉽게 계산하고자 $\beta = \frac{1}{m}$이라 가정하고 식 12.58에 대입하겠습니다.

경험 오차를 최소화하는 것과 경험 손실을 최소화하는 것은 다를 수 있다. 이는 어떤 이상 상태가 존재하는 손실 함수 l이 경험 손실을 최소화할 때 경험 오차를 최소화하지 못하기 때문이다. 간단한 논의를 위해 이번 장에서는 경험 손실을 최소화하는 동시에 경험 오차도 최소화할 수 있다고 가정하겠다.

$$\ell(\mathcal{L}, \mathcal{D}) \leqslant \widehat{\ell}(\mathcal{L}, D) + \frac{2}{m} + (4 + M)\sqrt{\frac{\ln(1/\delta)}{2m}} . \qquad \text{식 12.60}$$

손실 함수 ℓ에 대해 학습 알고리즘 $\mathcal{L}$이 출력한 가설이 경험 손실 최소화에 만족한다면, 알고리즘 $\mathcal{L}$은 경험 리스크 최소화Empirical Risk Minimization 원칙을 만족시켰다고 말할 수 있습니다. 이 알고리즘은 간략히 ERM이라고 부르겠습니다. 학습 알고리즘의 안정성과 학습가능에 대해 다음처럼 정리가 있습니다.

정리 12.9 학습 알고리즘 $\mathfrak{L}$이 ERM이고 안정적이라면, 가설 공간 $\mathcal{H}$는 학습가능 learnable하다.

증명 g로 $\mathcal{H}$에서 최소 일반화 손실을 가진 가설을 나타내면 다음과 같습니다.

$$\ell(g, \mathcal{D}) = \min_{h \in \mathcal{H}} \ell(h, \mathcal{D}).$$

다시 다음과 같은 식으로 설정하면,

$$\epsilon' = \frac{\epsilon}{2} ,$$
$$\frac{\delta}{2} = 2 \exp\left(-2m(\epsilon')^2\right) ,$$

호에프딩 부등식(식 12.6)에 의해 $m \geqslant \frac{2}{\epsilon^2} \ln \frac{4}{\delta}$일 때, 다음 식은 최소 $1 - \delta/2$의 확률로 성립된다는 것을 알 수 있습니다.

$$\left| \ell(g, \mathcal{D}) - \widehat{\ell}(g, D) \right| \leqslant \frac{\epsilon}{2}$$

식 12.60에서 다음 식의 해를 구하면 $m = O\left(\frac{1}{\epsilon^2} \ln \frac{1}{\delta}\right)$이 됩니다.

$$\frac{2}{m} + (4 + M) \sqrt{\frac{\ln(2/\delta)}{2m}} = \frac{\epsilon}{2} ,$$

그리고 다음 식은 최소 $1 - \delta/2$의 확률로 성립된다는 것을 알 수 있습니다.

$$\ell(\mathfrak{L}, \mathcal{D}) \leqslant \widehat{\ell}(\mathfrak{L}, D) + \frac{\epsilon}{2}$$

이를 통해 다음 식은 최소 $1 - \delta$의 확률로 성립된다는 것을 알 수 있습니다.

$$\ell(\mathfrak{L}, \mathcal{D}) - \ell(g, \mathcal{D}) \leqslant \widehat{\ell}(\mathfrak{L}, D) + \frac{\epsilon}{2} - \left(\widehat{\ell}(g, D) - \frac{\epsilon}{2} \right)$$
$$\leqslant \widehat{\ell}(\mathfrak{L}, D) - \widehat{\ell}(g, D) + \epsilon$$
$$\leqslant \epsilon$$

이를 통해 정리 12.9를 증명합니다. ∎

위 정리는 독자들의 마음을 조금 답답하게 할 수도 있습니다. 왜 학습 알고리즘의 안정성은 가설 공간의 학습가능을 유도할 수 있는 것일까요? 학습 알고리즘과 가설 공간은 서로 다른 이야기이기 때문입니다. 사실상 안정성과 가설 공간이 관계가 없음을 발견한다면, 안정성 정의에 의해 양자가 손실 함수 ℓ을 통해 연결될 수 있다는 것을 알 수 있습니다.

12.7 더 읽을거리

[Valiant, 1984]가 PAC 학습에 대한 논의를 시작하며 머신러닝의 하위 분야인 '계산 학습 이론'이 발전하게 되었습니다. [Kearns and Vazirani, 1994]는 아주 훌륭한 입문 교재입니다. 해당 영역에서 가장 중요한 콘퍼런스는 국제계산학습이론 콘퍼런스COLT가 있습니다.

VC 차원의 이름이 바로 이 두 사람의 이름에서 유래했다.

VC 차원은 [Vapnik and Chervonenkis, 1971]에 의해 발전했고, 이는 무한 가설 공간의 복잡도 연구에 대한 이정표를 제시했습니다. 자우어Sauer 보조 정리는 [Sauer, 1972]의 이름을 따 만들어졌습니다. 하지만 [Vapnik and Chervonenkis, 1971]과 [Shelah, 1972]도 각각 독립적으로 해당 결과를 유도해 냈습니다. 이번 장에서 주로 이진 분류 문제에 대해 다뤘지만, 다항 분류 문제도 VC 차원을 나타라얀Natarajan 차원으로 확장할 수 있습니다[Natarajan, 1989; Ben-David et al., 1995].

라데마허 복잡도는 [Koltchinskii and Panchenko, 2000]에 의해 최초로 머신러닝에 도입되었습니다. 그리고 [Bartlett and Mendelson, 2003]에 의해 중시되었습니다. [Barlett et al., 2002]은 국소적 라데마허 복잡도를 제안했습니다.

기계 학습 알고리즘 안정성 분석 분야의 연구는 [Bousquet and Elisseeff, 2002]로부터 시작되었습니다. 이후 많은 학자가 안정성과 학습가능 사이의 관계에 대해 논의하기 시작했고, [Mukherjee et al., 2006]과 [Shalev-Shwartz et al., 2010]이 ERM 안정성과 ERM 학습가능 간의 등가 관계를 증명했습니다. 그러나 모든 학습 알고리즘이 ERM인 것은 아닙니다. 따라서 [Shalev-Shwartz et al., 2010]은 더 나아가 AERMAsymptotical Empirical Risk Minimization의 안정성과 학습가능 간의 관계를 연구했습니다.

이번 장에서 소개한 내용은 모두 결정론적인deterministic 학습 문제에 관한 것이었습니다. 즉, 각 샘플 x가 상응하는 레이블 y를 가지고 있는 것입니다. 대다수 지도 학습은 모두 결정론적 학습 문제에 속합니다. 하지만 확률론적인stochastic 학습 문제도 존재하는데, 샘플의 레이블이 속성의 사후 확률 함수인 것입니다. 이는 더 간단하게 부모 클래스에 속한다는 개념이 아닙니다. 확률론적 학습 문제의 일반화 오차 바운드 분석은 [Devroye et al., 1996]을 참조하세요.

연습문제

12.1 젠센Jensen 부등식(식 12.4)을 증명하라.

12.2 보조 정리 12.1을 증명하라.

힌트: $\delta = 2e^{-2m\epsilon^2}$

12.3 유도식 12.1을 정리하라.

12.4 다음을 증명하라. $\mathbb{R}^d$ 공간에서 선형 초평면으로 구성된 가설 공간의 VC 차원은 $d + 1$이다.

12.5 의사결정 트리 스텀프stump의 가설 공간에서의 VC 차원을 계산하라.

12.6 다음을 증명하라. 의사결정 트리 분류기의 가설 공간 VC 차원은 무한대일 수 있다.

12.7 다음을 증명하라. 최근접 이웃 분류기의 가설 공간 VC 차원은 무한대다.

12.8 다음을 증명하라. 상수 함수 c의 라데마허 복잡도는 0이다.

12.9 함수 공간 $\mathcal{F}_1$, $\mathcal{F}_2$가 주어졌을 때 라데마허 복잡도 $R_m(\mathcal{F}_1 + \mathcal{F}_2) = \langle R_m(\mathcal{F}_1) + R_m(\mathcal{F}_2)$를 증명하라.

12.10* 정리 12.8을 살펴보고 교차 검증법을 통해 학습 알고리즘의 일반화 성능을 예측하는 것에 대한 합리성을 논하라.

참고문헌

[1] Bartlett, P. L., 0. Bousquet, and S. Mendelson. (2002). "Localized Rademacher complexities." In *Proceedings of the 15th Annual Conference on Learning Theory (COLT)*, 44–58, Sydney, Australia.

[2] Bartlett, P. L. and S. Mendelson. (2003). "Rademacher and Gaussian complexities: Risk bounds and structural results." *Journal of Machine Learning Research*, 3:463–482.

[3] Ben-David, S., N. Cesa-Bianchi, D. Haussler, and P. M. Long. (1995). "Characterizations of learnability for classes of $\{0, \ldots, n\}$-valued functions." *Journal of Computer and System Sciences*, 50(1):74–86.

[4] Bousquet, 0. and A. Elisseeff. (2002). "Stability and generalization." *Journal of Machine Learning Research*, 2:499–526.

[5] Devroye, L., L. Gyorfi, and G. Lugosi, eds. (1996). A *Probabilistic Theory of Pattern Recognition*. Springer, New York, NY.

[6] Hoeffding, W. (1963). "Probability inequalities for sums of bounded random variables." *Journal of the American Statistical Association*, 58(301):13–30.

[7] Kearns, M. J. and U. V. Vazirani. (1994). *An Introduction to Computational Learning Theory*. MIT Press, Cambridge, MA.

[8] Koltchinskii, V. and D. Panchenko. (2000). "Rademacher processes and bounding the risk of function learning." In *High Dimensional Probability II (E. Gine, D. M. Mason, and J. A. Wellner, eds.)*, 443–457, Birkhiiuser Boston, Cambridge, MA.

[9] McDiarmid, C. (1989). "On the method of bounded differences." *Surveys in Combinatorics*, 141(1):148–188.

[10] Mohri, M., A. Rostamizadeh, and A. Talwalkar. (2012). *Foundations of Machine Learning*. MIT Press, Cambridge, MA.

[11] Mukherjee, S., P. Niyogi, T. Poggio, and R. M. Rifkin. (2006). "Learning theory: Stability is sufficient for generalization and necessary and sufficient for consistency of empirical risk minimization." *Advances in Computational Mathematics*, 25(1–3):161–193.

[12] Natarajan, B. K. (1989). "On learning sets and functions." *Machine Learning*, 4(1):67–97.

[13] Sauer, N. (1972). "On the density of families of sets." *Journal of Combinatorial Theory - Series A*, 13(1):145–147.

[14] Shalev-Shwartz, S., 0. Shamir, N. Srebro, and K. Sridharan. (2010). "Learnability, stability and uniform convergence." Journal of Machine Learning Research, 11:2635–2670.

[15] Shelah, S. (1972). "A combinatorial problem; stability and order for models and theories in infinitary languages." *Pacific Journal of Mathematics*, 41 (1):247–261.

[16] Valiant, L. G. (1984). "A theory of the learnable." *Communications of the ACM*, 27(11):1134–1142.

[17] Vapnik, V. N. and A. Chervonenkis. (1971). "On the uniform convergence of relative frequencies of events to their probabilities." *Theory of Probability and Its Applications*, 16(2):264–280.

머신러닝 쉼터

계산 학습 이론의 아버지 레슬리 밸리언트

 컴퓨터과학의 대다수 하위 분야에는 이론 연구와 응용 연구가 공존합니다. 하지만 사람들이 '이론 컴퓨터 과학'을 말할 때는 일반적으로 TCS_Theoretical Computer Science_를 지칭하는데, 이는 컴퓨터 과학과 수학의 교차점 정도로 생각할 수 있으며, 해당 분야에서 가장 유명한 문제는 'P? = NP' 문제입니다.

계산 학습 이론은 머신러닝의 한 분파라고 볼 수 있는데, 머신러닝과 이론 컴퓨터 과학의 교차점에 있습니다. 계산 학습 이론을 이야기할 때 빼놓을 수 없는 사람이 바로 영국의 컴퓨터 과학자 레슬리 밸리언트_Leslie G. Valiant, 1949~_입니다. 밸리언트는 케임브리지에서 공부했고, 1974년 하와이 대학교에서 컴퓨터과학 박사 학위를 받습니다. 이후 카네기 멜론, 리즈, 에든버러 대학교 등에서 교수를 역임했으며 1982년에는 하버드 대학교 컴퓨터공학과 응용수학 교수로 일했습니다. 1984년 그는 ACM 통신에서 〈A theory of the learnable〉이란 제목의 논문을 발표했습니다. 이 논문에서 처음 PAC 학습이라는 단어를 사용했고, 이때부터 계산 학습 이론 연구가 본격적으로 시작되었습니다. 2010년 ACM은 밸리언트에게 튜링상을 수여하며 그의 PAC 학습에 대한 공로와, 열거 알고리즘_enumeration_, 대수 복잡성 계산 등 기타 이론 컴퓨터과학 분야에 대한 중요한 업적을 인정해 주었습니다. 밸리언트가 1984년에 발표한 논문은 계산 학습 이론 연구 영역 자체를 만들고, 머신러닝에 견고한 수학적 기초를 더했으며 나아가 머신러닝 발전에 장애물을 치워줬다는 평가까지 받고 있습니다. ACM 신문은 'ACM Turning Award Goes to Innovator in Machine Learning'이라는 제목으로 그의 수상을 높이 평가하기도 했습니다.

CHAPTER

13 준지도 학습

13.1 언레이블된 데이터

수박을 딸 시기에 수박밭에 왔다고 가정해 봅시다. 농부가 와서 3~4통의 수박을 주어 잘 익은 수박이라고 말합니다. 그리고 땅에 있는 대여섯 통의 수박을 가리키며 10일은 더 있어야 익을 수박이라고 말합니다. 이런 정보에 기반해 우리는 하나의 모델을 만들어 땅에 있는 수박 중에서 어떤 수박을 따야 하는지 판단할 수 있을까요? 앞서 배운 것처럼 농부가 알려준 잘 익은 수박과 덜 익은 수박을 각각 양성 샘플positive example, 음성 샘플negative sample로 나눠 분류기를 훈련할 수 있습니다. 그러나 10개도 안 되는 샘플로 훈련하기엔 턱없이 부족해 보입니다. 그렇다면 땅에 있는 다른 언레이블된unlabeled 수박들을 사용할 수는 없을까요?

이를 형식화하면 우리는 훈련 데이터 세트 $D_l = \{(\boldsymbol{x}_1,\ y_1),\ (\boldsymbol{x}_2,\ y_2),\ \ldots,\ (\boldsymbol{x}_m,\ y_m)\}$에서 l개 샘플의 클래스 레이블을 미리 알고 있다고 볼 수 있습니다. 이를 레이블된labled, 정답이 있는 샘플이라고 부르겠습니다. 이외에 $D_u = \{\boldsymbol{x}_{l+1},\ \boldsymbol{x}_{l+2},\ \ldots,\ \boldsymbol{x}_{l+u}\}$, $l \ll u$인 데이터도 있습니다. 여기서 u개 샘플의 클래스 레이블은 알려지지 않았습니다(잘 익은 수박인지 여부). 따라서 이를 언레이블된unlabled, 정답이 없는 샘플이라 하겠습니다. 만약 전통적인 지도 학습법을 사용한다면 D_l 데이터만을 사용해서 모델링할 것입니다. D_u에 포함된 정보는 모두 쓸모가 없는 것이 되겠지요. 다른 한편으로는 D_l가 비교적 작을 때 훈련 샘플이 부족하여 학습된 모델의 일반화 성능이 매우 저조할 것으로 예상할 수 있습니다. 그렇다면 모델링 과정에서 D_u의 데이터를 사용할 수는 없을까요?

하나의 간단한 방법은 D_u의 샘플을 모두 레이블링한 후 학습에 사용하는 것입니다. 이는 농부가 밭의 수박을 모두 한 번씩 검사해 보고, 어떤 수박이 잘 익은 수박이고 어떤 수박이 덜 익은 수박인지 하나하나 알려줘야 하는 것에 해당합니다. 명백히 이는 많은 시간과 노력이 필요한 값비싼 방법입니다. 혹시 더 저렴한 방법은 없을까요?

예를 들어 D_l에 기반해서 하나의 SVM을 훈련시킨다면, 분류 초평면 가장 가까이 있는 레이블이 없는 샘플부터 탐색한다.

먼저, D_l를 사용해 하나의 모델을 만듭니다. 그리고 이 모델을 사용해 땅에 있는 수박 한 통을 골라 농부에게 잘 익었는지를 물어봅니다. 그리고 이렇게 새로 얻은 샘플을 D_l에 포함해 다시 모델을 훈련시킵니다. 이러한 과정을 반복한다고 했을 때 매번 모델 성능 개선에 도움이 될 만한 수박을 고를 수만 있다면, 농부에게 찾아가 묻는 횟수가 줄어들므로 앞선 방법과 비교했을 때 짧은 시간에 더 강력한 모델을 만들 수가 있습니다. 이러한 학습 방식을 **능동 학습**active learning이라고 부릅니다. 이 학습의 목표는 최대한 적은 **쿼리**query를 사용해 최대한 좋은 성능을 얻는 것입니다. 하지만 능동 학습은 전문가 지식에 의존합니다. 즉, 외부와 교류를 통해 부분적으로 언레이블된 샘플을 레이블된 샘플로 전환해 줍니다. 만약 전문가가 존재하지 않거나 외부에서 정보를 가져올 수 없는 상황에서도 언레이블된 샘플들을 활용해 일반화 성능을 향상할 방법이 존재할까요?

즉, 최대한 농부에게 찾아가 묻는 횟수를 줄여야 한다.

답은 '있다'입니다.

사실 언레이블된 샘플들이 직접적으로 레이블(혹은 정답)에 대한 정보를 가지고 있지 않더라도, 이들과 레이블된 샘플들은 모두 같은 데이터에서 독립항등분포i.i.d 샘플링을 통해 얻은 것입니다. 따라서 이들이 포함하는 데이터 분포에 관한 정보는 모델링에 도움을 줄 수 있습니다. 그림 13.1은 이에 대한 직관적인 예를 보여줍니다. 만약 그림에서 하나의 양성 샘플과 음성 샘플에 기반해 한가운데 놓인 샘플에 대한 판별을 진행하라고 한다면, 대략 임의로 선택하는 정도의 판별, 예측밖에 할 수가 없을 것입니다. 만약 주변에 언레이블된 샘플들을 관측할 수 있다면, 대략적으로 양성값을 가진 샘플로 판단할 수 있을 것입니다.

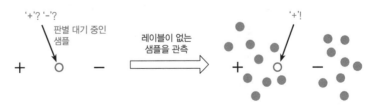

그림 13.1 ＼ 언레이블된 샘플

(오른쪽의 회색 점은 언레이블된 샘플을 나타냄)

학습기가 외부 정보에 의존하지 않고, 자동으로 언레이블된 샘플들을 이용해 학습 성능을 향상시키는 방법을 **준지도 학습**semi-supervised learning이라고 부릅니다. 준지도 학습에 대한 현실적인 수요는 매우 많습니다. 왜냐하면 현실 응용 환경에서 대량의 언레이블된 데이터를 다룰 때가 많으며, 레이블된 데이터는 많은 인적, 물리적 비용이 들어가기 때문입니다. 예를 들어, 의학 영상 분석에 적용되는 머신러닝에서 대량의 영상을 구하는 것은 어렵지 않지만, 이에 대해 전문가들이 분류하는 작업은 매우 큰 인적 자원이 들어가게 됩니다. 이러한 현상은 온라인이나 모바일 상품 분석에서도 마찬가지로 명확합니다. 추천 시스템을 예로 들면, 사용자들이 좋아하는 상품이나 페이지에 레이블이 자동으로 붙으면 편하겠지만, 실제로는 사용자가 시간과 노력을 쏟아야 하는 경우가 대부분입니다. 따라서 대부분 레이블이 없는 데이터가 수집됩니다. 따라서 어떤 의미에서 준지도 학습은 값싼 데이터를 활용할 수 있는 방법을 제시하고 있습니다.

언레이블된 데이터를 이용하려면 먼저 반드시 언레이블된 샘플 내에 명시된 데이터 분포에 대한 정보와 클래스 레이블 사이의 연계에 대한 가설을 세워야 합니다. 가장 자주 보이는 방법으로는 **클러스터 가설**cluster assumption이 있습니다. 즉, 데이터에 클러스터링 구조가 존재한다고 가정하고 같은 클러스터링에 속하는 샘플을 같은 클래스로 배분하는 방법입니다. 그림 13.1은 클러스터링 가설에 기반해 언레이블된 샘플을 분류한 예라고 볼 수 있습니다. 준지도 학습법에서 자주 보이는 가설 중 또 하나는 **매니폴드 가설**manifold assumption이 있습니다. 즉, 데이터 분포가 하나의 매니폴드 구조로 되어 있다고 가정하고, 이웃 되는 샘플들이 비슷한 출력값을 가진다고 가정합니다. '이웃 되는' 정도는 일반적으로 '비슷한' 정도로 측정하며, 따라서 매니폴드 가설은 클러스터링 가설의 확장판이라고도 볼 수 있습니다. 하지만 매니폴드 가설은 출력값에 대한 제한이 없으며, 따라서 클러스터링 가설보다 활용 범위가 넓어 다양한 분류 문제에 적용할 수 있습니다. 사실 클러스터링 가설이든 매니폴드 가설이든 본질은 "비슷한 샘플은 비슷한 출력값을 가진다"라는 기본 가설에 의존합니다.

준지도 학습은 더 나아가 순수한pure 준지도 학습과 전환적 학습transductive learning으로 분리될 수 있습니다. 전자는 훈련 데이터에 언레이블된 샘플들을 예측하려 하지 않고, 반대로 후자는 학습 과정에서 고려되는 모든 언레이블된 샘플을 예측하려 합니다. 즉, 학습 목표가 언레이블된 데이터들을 통해 더 우수한 일반화 성능

'매니폴드(manifold)' 개념은 매니폴드 학습의 기초다. 10.5절을 참조하라.

클러스터링 가설에서 고려해야 할 것은 클래스의 레이블이다.

을 얻는 것입니다. 다른 말로 바꿔 이야기하면, 순수 준지도 학습은 '개방적인 세계' 가설에 기반해 학습한 모델이 훈련 과정 중에 관측되지 않은 데이터에 활용되길 바랍니다. 전환적 학습은 '폐쇄적 세계' 가설에 기반해 학습 과정 중에 관측된 언레이블된 데이터에 대한 예측만을 목적으로 삼습니다. 그림 13.2에 조금 더 직관적으로 그림을 통해 액티브 러닝active learning, 순수 준지도 학습, 전환적 학습에 대한 구별을 설명하고 있습니다. 주의해야 할 점은 일반적으로 순수 준지도 학습과 전환적 학습을 그냥 준지도 학습이라 아울러 부른다는 것입니다. 따라서 이번 장에서도 특별한 경우가 아닌 이상 구분해서 부르진 않겠습니다.

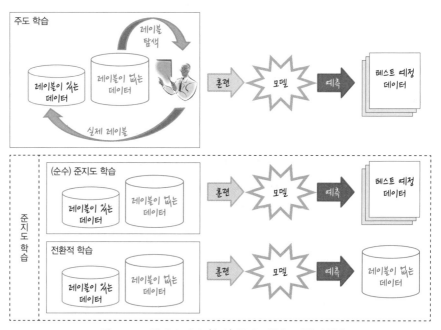

그림 13.2 ＼ 액티브 러닝, (순수) 준지도 학습, 전환적 학습

13.2 생성적 방법

생성적 방법generative methods은 직접적으로 생성 모델에 기반한 방법입니다. 이런 종류의 방법은 모든 데이터(레이블의 유무와 관계없는)는 모두 같은 잠재적 모델에 의해 생성되었다고 가정합니다. 이와 같은 가설은 잠재적인 모델의 파라미터를 통해 언레이블된 데이터와 학습 목표를 연결하는 역할을 합니다. 그리고 언레이블된

EM 알고리즘에 관해서는 7.6절을 참조하라.

데이터의 레이블(정답)을 손실된 파라미터로 간주하고 EM 알고리즘에 기반해 로그 우도 계산을 통해 해를 구합니다. 이런 방법들의 주요 차이점은 생성 모델의 가설에 있습니다. 서로 다른 모델의 가설은 다른 방법을 생성합니다.

샘플 x가 주어졌을 때 x의 실제 클래스 레이블을 $y \in \mathcal{Y}$로 나타내고 $\mathcal{Y} = \{1, 2, \ldots, N\}$로 설정합니다. 샘플이 가우스 혼합 모델로부터 생성되었고, 각 클래스는 하나의 가우스 혼합 성분에 대응한다고 가정합니다. 즉, 데이터 샘플은 다음 확률 밀도로 생성된 것입니다.

이 가설이 뜻하는 것은 혼합 성분과 클래스 사이가 하나하나 대응된다는 것이다.

$$p(\boldsymbol{x}) = \sum_{i=1}^{N} \alpha_i \cdot p(\boldsymbol{x} \mid \boldsymbol{\mu}_i, \boldsymbol{\Sigma}_i) ,$$

식 13.1

가우스 혼합 모델에 관해서는 9.4절을 참조하라.

여기서 혼합 계수 $\alpha_i \geqslant 0$, $\sum_{i=1}^{N} \alpha_i = 1$; $p(\boldsymbol{x} \mid \boldsymbol{\mu}_i, \boldsymbol{\Sigma}_i)$은 샘플 x가 i번째 가우스 혼합 성분에 속할 확률입니다. 그리고 $\boldsymbol{\mu}$와 $\boldsymbol{\Sigma}_i$는 해당 가우스 혼합 성분의 파라미터입니다.

$f(\boldsymbol{x}) \in \mathcal{Y}$로 x에 대한 모델 f의 예측 레이블을 나타내고, $\Theta \in \{1, 2, \ldots, N\}$으로 샘플 x가 속한 가우스 혼합 성분을 나타냅니다. 사후 확률을 최대화하면 다음을 얻을 수 있습니다.

$$
\begin{aligned}
f(\boldsymbol{x}) &= \arg\max_{j \in \mathcal{Y}} p(y = j \mid \boldsymbol{x}) \\
&= \arg\max_{j \in \mathcal{Y}} \sum_{i=1}^{N} p(y = j, \Theta = i \mid \boldsymbol{x}) \\
&= \arg\max_{j \in \mathcal{Y}} \sum_{i=1}^{N} p(y = j \mid \Theta = i, \boldsymbol{x}) \cdot p(\Theta = i \mid \boldsymbol{x}) ,
\end{aligned}
$$

식 13.2

여기서 샘플 x가 i번째 가우스 혼합 성분으로 생성될 사후 확률은 다음 식과 같습니다.

$$p(\Theta = i \mid \boldsymbol{x}) = \frac{\alpha_i \cdot p(\boldsymbol{x} \mid \boldsymbol{\mu}_i, \boldsymbol{\Sigma}_i)}{\sum\limits_{i=1}^{N} \alpha_i \cdot p(\boldsymbol{x} \mid \boldsymbol{\mu}_i, \boldsymbol{\Sigma}_i)}$$

식 13.3

그리고 $p(y = j \mid \Theta = i, \boldsymbol{x})$은 x가 i번째 가우스 혼합 성분으로 생성되고 클래스가 j일 확률입니다.

각 클래스는 하나의 가우스 혼합 성분에 대응한다고 가정하므로 $p(y = j \mid \Theta = i, \boldsymbol{x})$는 오직 샘플 $\boldsymbol{x}$가 속하는 가우스 혼합 성분 Θ와 관련이 있고, $p(y = j \mid \Theta = i)$로 대체해도 됩니다. 일반성을 잃지 않고, i번째 클래스가 i번째 가우스 혼합 성분에 대응한다고 가정한다면, 즉 $p(y = j \mid \Theta = i) = 1$은 $i = j$가 되고, 아니라면 $p(y = j \mid \Theta = i) = 0$입니다.

역주 '일반성을 잃지 않고'는 Without Loss of Generality (WLOG)를 뜻한다. 수학에서 무엇을 구하거나 증명할 때 문제에 없는 가정을 추가하면 모든 경우를 따질 수 없기 때문에 일반적으로는 배척한다. 하지만 특별한 경우에는 가정을 추가해도 문제가 되지 않는 경우가 있는데, 주로 이런 경우에 쓰인다.

식 13.2에서 $p(y = j \mid \Theta = i, \boldsymbol{x})$을 예측하기 위해서 샘플의 레이블을 알아야 한다는 것과 레이블된 데이터만 사용할 수밖에 없는 점을 어렵지 않게 알 수 있습니다. 그러나 $p(\Theta = i \mid \boldsymbol{x})$에는 샘플 레이블과 관련이 없고, 레이블이 없는 데이터와 있는 데이터 모두 사용할 수 있습니다. 그리고 대량의 레이블이 없는unlabeled 데이터가 있다면 데이터 수가 증가함에 따라 예측력도 증가하게 됩니다. 따라서 식 13.2의 전체적인 예측력도 높아질 가능성이 있습니다. 이 식은 어떻게 레이블이 없는 데이터가 분류 모델의 성능을 높일 수 있는지를 보여줍니다.

준지도 학습에서는 레이블이 없는 샘플의 수가 레이블이 있는 샘플의 수보다 훨씬 많다고 가정한다.

레이블이 있는 데이터 세트 $D_l = \{(\boldsymbol{x}_1, y_1), (\boldsymbol{x}_2, y_2), \ldots, (\boldsymbol{x}_l, y_l)\}$과 레이블이 없는 데이터 세트 $D_u = \{\boldsymbol{x}_{l+1}, \boldsymbol{x}_{l+2}, \ldots, \boldsymbol{x}_{l+u}\}$, $l \ll u$, $l + u = m$이 주어졌을 때 모든 샘플은 독립항등분포(i.i.d)이고 같은 가우스 혼합 모델에서 생성되었다고 가정합니다. 최대 우도 예측치maximum likelihood estimate를 사용해 가우스 혼합 모델의 파라미터 $\{(\alpha_i, \boldsymbol{\mu}_i, \boldsymbol{\Sigma}_i) \mid 1 \leqslant i \leqslant N\}$, $D_l \cup D_u$의 로그 우도를 계산하면 다음과 같습니다.

$$
\begin{aligned}
LL(D_l \cup D_u) = &\sum_{(\boldsymbol{x}_j, y_j) \in D_l} \ln \left(\sum_{i=1}^{N} \alpha_i \cdot p(\boldsymbol{x}_j \mid \boldsymbol{\mu}_i, \boldsymbol{\Sigma}_i) \cdot p(y_j \mid \Theta = i, \boldsymbol{x}_j) \right) \\
&+ \sum_{\boldsymbol{x}_j \in D_u} \ln \left(\sum_{i=1}^{N} \alpha_i \cdot p(\boldsymbol{x}_j \mid \boldsymbol{\mu}_i, \boldsymbol{\Sigma}_i) \right) .
\end{aligned}
$$

식 13.4

식 13.4는 두 항으로 구성되었습니다. 레이블된 데이터 세트 D_l에 기반한 지도 항과 언레이블된 데이터 세트 D_u에 기반한 비지도 항이 그것입니다. 가우스 혼합 모델의 파라미터 계산은 EM 알고리즘을 통해 진행될 수 있습니다. 반복 갱신 식은 다음과 같습니다.

가우스 혼합 모델 클러스터의 EM 알고리즘은 9.4절을 참조하라.

- **E단계**: 현재 모델 파라미터에 기반해 레이블이 없는 샘플 $\boldsymbol{x}_j$가 각 가우스 혼합 성분에 속할 확률을 계산합니다.

모델 파라미터에 대해 레이블이 있는 데이터 세트로 다시 초기 설정할 수 있다.

$$\gamma_{ji} = \frac{\alpha_i \cdot p(\boldsymbol{x}_j \mid \boldsymbol{\mu}_i, \boldsymbol{\Sigma}_i)}{\displaystyle\sum_{i=1}^{N} \alpha_i \cdot p(\boldsymbol{x}_j \mid \boldsymbol{\mu}_i, \boldsymbol{\Sigma}_i)} \; ; \qquad \text{식 13.5}$$

- **M단계**: γ_{ji}에 기반해 모델 파마리터를 갱신합니다. 여기서 l_i은 i번째 클래스의 정답 데이터 샘플 수를 나타냅니다.

$$\boldsymbol{\mu}_i = \frac{1}{\displaystyle\sum_{\boldsymbol{x}_j \in D_u} \gamma_{ji} + l_i} \left(\sum_{\boldsymbol{x}_j \in D_u} \gamma_{ji}\boldsymbol{x}_j + \sum_{(\boldsymbol{x}_j, y_j) \in D_l \wedge y_j = i} \boldsymbol{x}_j \right) , \qquad \text{식 13.6}$$

$$\boldsymbol{\Sigma}_i = \frac{1}{\displaystyle\sum_{\boldsymbol{x}_j \in D_u} \gamma_{ji} + l_i} \left(\sum_{\boldsymbol{x}_j \in D_u} \gamma_{ji}(\boldsymbol{x}_j - \boldsymbol{\mu}_i)(\boldsymbol{x}_j - \boldsymbol{\mu}_i)^{\mathrm{T}} \right.$$
$$\left. + \sum_{(\boldsymbol{x}_j, y_j) \in D_l \wedge y_j = i} (\boldsymbol{x}_j - \boldsymbol{\mu}_i)(\boldsymbol{x}_j - \boldsymbol{\mu}_i)^{\mathrm{T}} \right) , \qquad \text{식 13.7}$$

$$\alpha_i = \frac{1}{m} \left(\sum_{\boldsymbol{x}_j \in D_u} \gamma_{ji} + l_i \right) . \qquad \text{식 13.8}$$

위와 같은 과정을 수렴할 때까지 반복해서 진행합니다. 그러면 모델 파라미터를 얻을 수 있고, 식 13.3과 13.2에 따라 샘플을 분류할 수 있습니다.

위 과정에서 가우스 혼합 모델 부분을 혼합 전문가 모델[Miller and Uyar, 1997]이나 나이브 베이즈 모델[Nigam et al., 2000] 등으로 바꿔도 다른 준지도 학습 모델을 생성할 수 있습니다. 이러한 방법은 간단하고 현실적이며, 레이블된 데이터가 많지 않을 때 다른 방법보다 좋은 성능을 냅니다. 그러나 이러한 방법의 최대 단점은 모델 가설이 정확해야 한다는 것입니다. 즉, 가설로 세운 생성 모델이 실제 데이터 분포와 일치해야 한다는 것입니다. 그렇지 않은 상태에서 레이블이 없는 데이터를 사용한다면 반대로 성능이 저하될 것입니다[Cozman and Cohen, 2002]. 안타까운 점은 충분하고 믿을 만한 도메인 지식이 있을 때를 제외하고 현실에서 사전에 정확한 모델의 가설을 세우는 것이 몹시 어렵다는 점입니다.

준지도 SVM

SVM에 관해서는 6장을 참조하라.

준지도 서포트 벡터 머신 Semi-Supervised Support Vector Machine, S3VM은 준지도 학습에서 서포트 벡터 머신의 확장 버전입니다. 레이블이 없는 샘플들을 고려하지 않을 때 서포트 벡터 머신은 마진을 최대화하는 분할 초평면을 찾는 것을 목표로 합니다. 레이블이 없는 샘플들을 고려했을 때 S3VM은 두 클래스의 레이블된 샘플들을 분리할 수 있고, 데이터의 저밀도 구역을 통과하는 분할 초평면을 찾는 것을 목표로 합니다. 그림 13.3에 설명된 것처럼 기저에 깔린 기본 가설은 **저밀도 분할**low-density separation입니다. 이는 클러스터링 가설에 선형 초평면 분할을 고려한 확장 버전입니다.

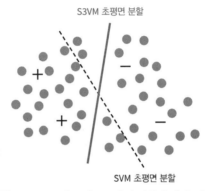

그림 13.3 \ 준지도 서포트 벡터 머신과 저밀도 분할
('+', '−' 표시는 각각 레이블의 양과 음성값을 나타내고 회색 점은 레이블이 없는 샘플을 나타냄)

준지도 서포트 벡터 머신 중에서 가장 유명한 것은 TSVMTransductive Support Vector Machine[Joachims, 1999]입니다. 일반 SVM처럼 TSVM도 이진 분류 문제에 대한 학습법입니다. TSVM은 레이블이 없는 샘플들을 대상으로 각종 가능한 레이블 배치label assignment를 시도합니다. 즉, 레이블이 없는 각 샘플을 양성 샘플, 음성 샘플로 놓고 결과(샘플)를 비교합니다. 그리고 그중에서 모든 샘플상에서 마진이 가장 큰 분할 초평면을 찾습니다. 일단 분할 초평면이 결정되면 레이블이 없는 샘플의 최종 레이블은 레이블 배치에 따라 결정됩니다.

이를 형식화해서 설명하면 다음과 같이 나타낼 수 있습니다. 데이터 $D_l = \{(\boldsymbol{x}_1, y_1), (\boldsymbol{x}_2, y_2), \ldots, (\boldsymbol{x}_l, y_l)\}$과 $D_u = \{\boldsymbol{x}_{l+1}, \boldsymbol{x}_{l+2}, \ldots, \boldsymbol{x}_{l+u}\}$이 주어졌고 $y_i \in \{-1, +1\}$, $l \ll u$, $l + u = m$이라고 한다면, TSVM의 학습 목표는 D_u 샘플을 위해 예측 레이블 $\hat{\boldsymbol{y}} = (\hat{y}_{l+1}, \hat{y}_{l+2}, \ldots, \hat{y}_{l+u})$, $\hat{y}_i \in \{-1, +1\}$을 찾는 것입니다.

$$\min_{\boldsymbol{w},b,\hat{\boldsymbol{y}},\boldsymbol{\xi}} \quad \frac{1}{2}\|\boldsymbol{w}\|_2^2 + C_l \sum_{i=1}^{l} \xi_i + C_u \sum_{i=l+1}^{m} \xi_i$$

$$\text{s.t.} \quad y_i(\boldsymbol{w}^{\mathrm{T}}\boldsymbol{x}_i + b) \geqslant 1 - \xi_i, \quad i = 1, 2, \ldots, l,$$

$$\hat{y}_i(\boldsymbol{w}^{\mathrm{T}}\boldsymbol{x}_i + b) \geqslant 1 - \xi_i, \quad i = l+1, l+2, \ldots, m,$$

$$\xi_i \geqslant 0, \quad i = 1, 2, \ldots, m, \qquad \boxed{\text{식 13.9}}$$

여기서 $(\boldsymbol{w},\ b)$가 하나의 분할 초평면을 결정합니다. $\boldsymbol{\xi}$는 여유 벡터slack vector고, $\xi_i\ (i = 1,\ 2,\ \ldots,\ l)$은 레이블된 샘플에 대응합니다. $\xi_i\ (i = l + 1,\ l + 2,\ \ldots,\ m)$은 레이블이 없는 샘플에 대응합니다. C_l과 C_u는 데이터 과학자가 지정하는 모델 복잡도, 레이블된 샘플과 없는 샘플의 중요도의 밸런스를 맞추는 절충 파라미터입니다.

하지만 레이블이 없는 샘플들을 대상으로 각종 레이블 배치를 시도하는 방법은 너무 무차별한 과정입니다. 이는 레이블이 없는 샘플들의 수가 적을 때만 직접적인 해를 구할 수 있습니다. 일반적인 상황에서는 조금 더 효율적인 최적화 전략을 찾아야 합니다.

TSVM은 국소적으로 탐색해 반복적으로 식 13.9의 근사해를 구합니다. 구체적으로 설명하면, 먼저 레이블된 샘플들만 활용해 SVM을 학습합니다. 즉, 식 13.9에서 C_u와 $\hat{\boldsymbol{y}}$에 관계된 항과 제약은 무시합니다. 그리고 해당 SVM을 이용해 레이블이 없는 데이터를 대상으로 레이블 배치label assignment를 진행하고 SVM이 예측한 결과를 허위 레이블pseudo-label로 설정합니다. 그리고 이 허위 레이블을 레이블이 없는 데이터에 부여합니다.

이때 $\hat{\boldsymbol{y}}$는 알려진 값이 되고, 해당 값을 식 13.9에 대입하면 하나의 표준 SVM 문제를 얻을 수 있습니다. 따라서 새로운 분할 초평면과 여유 벡터를 얻을 수 있습니다. 이때 주의해야 할 부분은 레이블이 없는 샘플의 허위 레이블이 정확하지 않을 수 있다는 것입니다. 따라서 C_u를 C_l보다 작은 값으로 설정해 레이블된 샘플이 더 크게 작용할 수 있도록 설정해야 합니다. 이어서 TSVM은 두 개의 레이블 배치가 이종이거나 오류 확률이 높은 레이블 없는 샘플을 찾아 내어, 해당 샘플의 레이블을 바꾸어 줍니다. 그리고 다시 식 13.9에 기반해 갱신 후의 분할 초평면과 여유 벡터를 찾습니다. 이러한 과정을 계속 반복합니다. 레이블 배치와 조정이 완료된 후 C_u를 점차 크게 만들어 레이블 없는 샘플이 최적화 목표를 잘 수행할 수 있게 끔 만듭니다. 이러한 과정은 $C_u = C_l$이 될 때까지 계속 반복됩니다. 이때 해를 구해 얻은 SVM은 레이블 없는 데이터에 레이블을 제공할 뿐만 아니라, 훈련 과정에서 만나지 못했던 샘플에 대해서도 예측할 수 있게 됩니다. TSVM 알고리즘에 대한 설명은 그림 13.4에 자세히 나와 있습니다.

레이블이 없는 샘플을 대상으로 레이블 배치와 조정을 하는 과정에서 클래스 불균형 문제를 만날 수 있습니다. 즉, 어떤 클래스의 샘플이 다른 한 종류의 클래스보다 월등히 많은 현상을 뜻하는데, 이는 SVM 훈련에 어려움을 줍니다. 클래스 불균형 문제가 가져오는 좋지 못한 영향을 줄이기 위해 그림 13.4의 알고리즘은 약간 수정했습니다. 최적화 목표에서 C_u 항을 C_u^+와 C_u^- 두 개의 항으로 분리해 각각 허위 레이블에 기반한 양성, 음성 샘플로 사용되는 레이블 없는 샘플에 대응하도록 하고, 초기화 시 다음 식으로 설정합니다.

클래스 불균형 문제와 식 13.10에 관해 자세히 알고 싶다면 3.6절을 참조하라.

$$C_u^+ = \frac{u_-}{u_+} C_u^- \ ,$$

식 13.10

여기서 u_+와 u_-는 각각 허위 레이블에 기반해 양성값이나 음성값으로 사용되는 레이블 없는 샘플 수를 뜻합니다.

입력: 레이블이 있는 샘플 세트 $D_l = \{(\boldsymbol{x}_1, y_1), (\boldsymbol{x}_2, y_2), ..., (\boldsymbol{x}_l, y_l)\}$
　　　　레이블이 없는 샘플 세트 $D_u = \{\boldsymbol{x}_{l+1}, \boldsymbol{x}_{l+2}, ..., \boldsymbol{x}_{l+u}\}$
　　　　절충 파라미터 C_l, C_u
과정:
　1: D_l를 사용해 SVM_l을 훈련시킨다
　2: SVM_l을 이용해 D_u 샘플에 대해 예측을 진행, $\hat{\boldsymbol{y}} = (\hat{y}_{l+1}, \hat{y}_{l+2}, ..., \hat{y}_{l+u})$을 얻는다
　3: $C_u \ll C_l$을 초기화한다
　4: **while** $C_u < C_l$ **do**
　5:　　$D_l, D_u, \hat{\boldsymbol{y}}, C_l, C_u$을 기반으로 식 13.9의 해를 구하고 $(\boldsymbol{w}, b)\boldsymbol{\xi}$를 얻는다
　6:　　**while** $\exists\{i,j \mid (\hat{y}_i\hat{y}_j < 0) \wedge (\xi_i > 0) \wedge (\xi_j > 0) \wedge (\xi_i + \xi_j > 2)\}$ **do**
　7:　　　$\hat{y}_i = -\hat{y}_i$
　8:　　　$\hat{y}_j = -\hat{y}_j$
　9:　　　$D_l, D_u, \hat{\boldsymbol{y}}, C_l, C_u$을 기반으로 식 13.9의 해를 다시 구하고, $(\boldsymbol{w}, b)\boldsymbol{\xi}$을 얻는다
　10:　　**end while**
　11:　　$C_u = \min\{2C_u, C_l\}$
　12: **end while**
출력: 레이블이 없는 샘플에 대한 예측 결과 $\hat{\boldsymbol{y}} = (\hat{y}_{l+1}, \hat{y}_{l+2}, ..., \hat{y}_{l+u})$

이때 $\hat{y}$는 기지수다.

$\hat{y}_i$와 $\hat{y}_j$에 대해 튜닝한다.

레이블이 없는 샘플의 영향을 향상시킨다.

그림 13.4 \ TSVM 알고리즘

그림 13.4 알고리즘의 6~10행에서 레이블 없는 샘플 $\boldsymbol{x}_i$와 $\boldsymbol{x}_j$가 존재하고, 이들의 레이블 배치가 $\hat{y}_i$, $\hat{y}_j$로 각각 다르며 대응하는 여유 변수가 $\xi_i + \xi_j > 2$를 만족한다면, 이는 $\hat{y}_i$와 $\hat{y}_j$가 틀렸을 가능성이 매우 높다는 의미입니다. 따라서 양자에 대해 교환 후 다시 식 13.9의 해를 구해야 합니다. 이렇게 하면 반복 때마다 목표 함숫값을 낮출 수 있습니다.

수렴성 증명에 관해서는 [Joachims, 1999]를 참조하라.

이런 과정은 너무 많은 계산량이 필요한 대규모 최적화 문제입니다. 따라서 준지도 SVM 연구의 핵심은 어떻게 고효율적인 최적화 전략을 세우는가에 있습니다. 이에 많은 방법이 개발되었고 그래프 커널graph kernel 함수 경사하강법에 기반한 LDS[Chapelle and Zien, 2005], 레이블 평균 예측값에 기반한 meanS3VM[Li et al., 2009] 등이 있습니다.

13.4 그래프 준지도 학습

하나의 데이터 세트가 주어졌을 때 우리는 해당 데이터를 하나의 그래프(그림)로 매핑할 수 있습니다. 데이터 세트에서 각 샘플은 그래프상에 하나의 노드에 대응할 것이고, 만약 두 샘플 간의 유사도가 높다면(연관성이 매우 강하다면), 대응하는 노드 사이엔 하나의 변side이 존재할 것입니다. 그리고 변의 강도strength는 샘플 사이의 유사도(상관성)와 정비례할 것입니다. 우리는 레이블된 샘플들에 대응하는 노드를 염색되었다고 상상할 수 있고, 반대로 레이블 없는 샘플들에 대응하는 노드는 염색되지 않은 것으로 생각할 수 있습니다. 따라서 준지도 학습은 그래프상에서 '색깔'에 대응하는 확장과 전파 과정이라고 볼 수 있습니다. 하나의 그래프는 하나의 행렬에 대응하므로 우리는 행렬 연산에 기반해 준지도 학습 알고리즘을 유도하고 분석할 수 있습니다.

먼저, $D_l = \{(\boldsymbol{x}_1, y_1), (\boldsymbol{x}_2, y_2), \dots, (\boldsymbol{x}_l, y_l)\}$과 $D_u = \{\boldsymbol{x}_{l+1}, \boldsymbol{x}_{l+2}, \dots, \boldsymbol{x}_{l+u}\}$, $l \ll u$, $l + u = m$이 주어졌다고 가정합니다. 그리고 $D_l \cup D_u$에 기반해 하나의 그래프 $G = (V, E)$를 만듭니다. 여기서 노드 집합 $V = \{\boldsymbol{x}_1, \dots, \boldsymbol{x}_l, \boldsymbol{x}_{l+1}, \boldsymbol{x}_{l+u}\}$이고, 변의 집합 E는 하나의 유사도 행렬affinity matrix로 나타낼 수 있습니다. 일반적으로 가우스 함수에 기반해 다음과 같이 정의합니다.

$$(\mathbf{W})_{ij} = \begin{cases} \exp\left(\frac{-\|\boldsymbol{x}_i - \boldsymbol{x}_j\|_2^2}{2\sigma^2}\right), & \text{if } i \neq j ; \\ 0, & \text{otherwise} , \end{cases}$$

식 13.11

여기서 $i, j \in \{1, 2, \ldots, m\}$, $\sigma > 0$은 데이터 과학자가 설정한 가우스 함수의 대역폭bandwidth 파라미터입니다.

그래프 $G = (V, E)$에서 실수 함수 $f : V \to \mathbb{R}$을 학습했고 이에 대응하는 분류 규칙이 $y_i = \text{sign}(f(\boldsymbol{x}_i))$, $y_i \in \{-1, +1\}$이라고 가정합니다. 직관적으로 봤을 때 유사한 샘플들은 유사한 레이블을 가지고 있습니다. 따라서 f에 관한 **에너지 함수**energy function를 정의할 수 있습니다[Zhu et al., 2003].

에너지 함수가 최소화될 때 최적의 결과를 얻는다.

$$\begin{aligned} E(f) &= \frac{1}{2} \sum_{i=1}^{m} \sum_{j=1}^{m} (\mathbf{W})_{ij} \big(f(\boldsymbol{x}_i) - f(\boldsymbol{x}_j)\big)^2 \\ &= \frac{1}{2} \left(\sum_{i=1}^{m} d_i f^2(\boldsymbol{x}_i) + \sum_{j=1}^{m} d_j f^2(\boldsymbol{x}_j) - 2 \sum_{i=1}^{m} \sum_{j=1}^{m} (\mathbf{W})_{ij} f(\boldsymbol{x}_i) f(\boldsymbol{x}_j) \right) \\ &= \sum_{i=1}^{m} d_i f^2(\boldsymbol{x}_i) - \sum_{i=1}^{m} \sum_{j=1}^{m} (\mathbf{W})_{ij} f(\boldsymbol{x}_i) f(\boldsymbol{x}_j) \\ &= \boldsymbol{f}^{\mathrm{T}} (\mathbf{D} - \mathbf{W}) \boldsymbol{f} , \end{aligned}$$

식 13.12

여기서 $\boldsymbol{f} = (\boldsymbol{f}_l; \boldsymbol{f}_u)$, $\boldsymbol{f}_l = (f(\boldsymbol{x}_1); f(\boldsymbol{x}_2); \ldots; f(\boldsymbol{x}_l))$, $\boldsymbol{f}_u = (f(\boldsymbol{x}_{l+1}); f(\boldsymbol{x}_{l+2}); \ldots; f(\boldsymbol{x}_{l+u}))$입니다. 각각 함수 f가 레이블된 샘플과 없는 샘플상에서 예측한 결과입니다. $D = \text{diag}(d_1, d_2, \ldots, d_{l+u})$는 하나의 대각 행렬이고, 대각 원소 $d_i = \sum_{j=1}^{l+u} (\mathbf{W})_{ij}$는 행렬 $\mathbf{W}$의 i행 원소의 합입니다.

$\mathbf{W}$는 대칭 행렬이다. 따라서 d_i는 $\mathbf{W}$의 i번째 열 원소의 합이다.

최소 에너지를 가진 함수 f는 레이블된 샘플상에서 $f(\boldsymbol{x}_i) = y_i$ $(i = 1, 2, \ldots, l)$을 만족하고, 언레이블된 샘플상에서 $\boldsymbol{\Delta} \boldsymbol{f} = \boldsymbol{0}$을 만족합니다. 여기서 $\boldsymbol{\Delta} = \mathbf{D} - \mathbf{W}$는 라플라시안 행렬Laplacian matrix입니다. l번째 행과 l번째 열을 바운드로 설정하면,

분할 매트릭스partitioned matrix 방식으로 $\mathbf{W} = \begin{bmatrix} \mathbf{W}_{ll} & \mathbf{W}_{lu} \\ \mathbf{W}_{ul} & \mathbf{W}_{uu} \end{bmatrix}, \mathbf{D} = \begin{bmatrix} \mathbf{D}_{ll} & \mathbf{0}_{lu} \\ \mathbf{0}_{ul} & \mathbf{D}_{uu} \end{bmatrix}$

으로 표현할 수 있고, 식 13.12는 다음과 같이 작성할 수 있습니다.

$$E(f) = (\boldsymbol{f}_l^{\mathrm{T}} \ \boldsymbol{f}_u^{\mathrm{T}}) \left(\begin{bmatrix} \mathbf{D}_{ll} & \mathbf{0}_{lu} \\ \mathbf{0}_{ul} & \mathbf{D}_{uu} \end{bmatrix} - \begin{bmatrix} \mathbf{W}_{ll} & \mathbf{W}_{lu} \\ \mathbf{W}_{ul} & \mathbf{W}_{uu} \end{bmatrix} \right) \begin{bmatrix} \boldsymbol{f}_l \\ \boldsymbol{f}_u \end{bmatrix}$$

식 13.13

$$= \boldsymbol{f}_l^{\mathrm{T}}(\mathbf{D}_{ll} - \mathbf{W}_{ll})\boldsymbol{f}_l - 2\boldsymbol{f}_u^{\mathrm{T}}\mathbf{W}_{ul}\boldsymbol{f}_l + \boldsymbol{f}_u^{\mathrm{T}}(\mathbf{D}_{uu} - \mathbf{W}_{uu})\boldsymbol{f}_u \ . \qquad \text{식 13.14}$$

$\frac{\partial E(f)}{\partial \boldsymbol{f}_u} = \mathbf{0}$에 의해 다음을 얻을 수 있습니다.

$$\boldsymbol{f}_u = (\mathbf{D}_{uu} - \mathbf{W}_{uu})^{-1}\mathbf{W}_{ul}\boldsymbol{f}_l \ . \qquad \text{식 13.15}$$

$$\mathbf{P} = \mathbf{D}^{-1}\mathbf{W} = \begin{bmatrix} \mathbf{D}_{ll}^{-1} & \mathbf{0}_{lu} \\ \mathbf{0}_{ul} & \mathbf{D}_{uu}^{-1} \end{bmatrix} \begin{bmatrix} \mathbf{W}_{ll} & \mathbf{W}_{lu} \\ \mathbf{W}_{ul} & \mathbf{W}_{uu} \end{bmatrix}$$

$$= \begin{bmatrix} \mathbf{D}_{ll}^{-1}\mathbf{W}_{ll} & \mathbf{D}_{ll}^{-1}\mathbf{W}_{lu} \\ \mathbf{D}_{uu}^{-1}\mathbf{W}_{ul} & \mathbf{D}_{uu}^{-1}\mathbf{W}_{uu} \end{bmatrix} , \qquad \text{식 13.16}$$

즉, $\mathbf{P}_{uu} = \mathbf{D}_{uu}^{-1}\mathbf{W}_{uu}$, $\mathbf{P}_{ul} = \mathbf{D}_{uu}^{-1}\mathbf{W}_{ul}$이고 식 13.15는 다음과 같이 작성할 수 있습니다.

$$\boldsymbol{f}_u = (\mathbf{D}_{uu}(\mathbf{I} - \mathbf{D}_{uu}^{-1}\mathbf{W}_{uu}))^{-1}\mathbf{W}_{ul}\boldsymbol{f}_l$$

$$= (\mathbf{I} - \mathbf{D}_{uu}^{-1}\mathbf{W}_{uu})^{-1}\mathbf{D}_{uu}^{-1}\mathbf{W}_{ul}\boldsymbol{f}_l$$

$$= (\mathbf{I} - \mathbf{P}_{uu})^{-1}\mathbf{P}_{ul}\boldsymbol{f}_l \ . \qquad \text{식 13.17}$$

따라서 D_l상의 레이블 정보를 $\boldsymbol{f}_l = (y_1; y_2; \ldots; y_l)$으로 놓고 식 13.17에 대입합니다. 즉, 구한 $\boldsymbol{f}_u$를 가지고 레이블 없는 샘플에 대한 예측을 진행할 수 있습니다.

위에서 설명한 내용은 이진 분류 문제에 대한 레이블 전파label propagation 방법입니다. 아래에서 우리는 다항 분류에도 적용할 수 있는 레이블 전파 방법에 대해 알아보겠습니다[Zhou et al., 2004].

$y_i \in \mathcal{Y}$를 가정하면, 여전히 $D_l \cup D_u$에 기반해 그래프 $G = (V, E)$를 만들 수 있습니다. 여기서 노드 집합은 $V = \{\boldsymbol{x}_1, \ldots, \boldsymbol{x}_l, \ldots, \boldsymbol{x}_{l+u}\}$이고, 변의 집합 E가 대응하는 $\mathbf{W}$는 여전히 식 13.11을 사용합니다. 대각 행렬 $D = \mathrm{diag}(d_1, d_2, \ldots, d_{l+u})$의 대각 원소는 $d_i = \sum_{j=1}^{l+u}(\mathbf{W})_{ij}$입니다. 하나의 $(l + u) \times |\mathcal{Y}|$인 음이 아닌 레이블 행렬 $\mathbf{F} = (\mathbf{F}_1^{\mathrm{T}}, \mathbf{F}_2^{\mathrm{T}}, \ldots, \mathbf{F}_{l+u}^{\mathrm{T}})^{\mathrm{T}}$를 정의하고, 해당 행렬의 i행 원소 $\mathbf{F}_i = ((\mathbf{F})_{i1}, (\mathbf{F})_{i2}, \ldots, (\mathbf{F})_{i|\mathcal{Y}|})$을 인스턴스 $\boldsymbol{x}_i$의 레이블 벡터라고 한다면, 상응하는 분류 규칙은 다음 식으로 나타낼 수 있습니다.

$$y_i = \arg\max_{1 \leqslant j \leqslant |\mathcal{Y}|}(\mathbf{F})_{ij} \ .$$

$i = 1, 2, \ldots, m, j = 1, 2, \ldots, |\mathcal{Y}|$에 대해 $\mathbf{F}$를 초기화하면 다음 식이 됩니다.

$$\mathbf{F}(0) = (\mathbf{Y})_{ij} = \begin{cases} 1, & \text{if } (1 \leqslant i \leqslant l) \land (y_i = j); \\ 0, & \text{otherwise.} \end{cases}$$

식 13.18

$\mathbf{Y}$의 앞 l행은 l개의 레이블된 샘플의 레이블 벡터입니다.

$\mathbf{W}$에 기반해 레이블 전파 행렬 $\mathbf{S} = \mathbf{D}^{-\frac{1}{2}} \mathbf{W} \mathbf{D}^{-\frac{1}{2}}$를 만듭니다. 여기서 $\mathbf{D}^{-\frac{1}{2}} = \text{diag}\left(\frac{1}{\sqrt{d_1}}, \frac{1}{\sqrt{d_2}}, \ldots, \frac{1}{\sqrt{d_{l+u}}}\right)$이고, 따라서 다음의 반복 계산식을 얻습니다.

$$\mathbf{F}(t+1) = \alpha \mathbf{S} \mathbf{F}(t) + (1 - \alpha)\mathbf{Y},$$

식 13.19

여기서 $\alpha \in (0, 1)$은 데이터 과학자가 지정한 파라미터이고, 레이블 전파 항 $\mathbf{S}\mathbf{F}(t)$와 초기화 항 $\mathbf{Y}$의 중요성에 대해 절충할 때 사용됩니다. 식 13.19에 기반해 수렴할 때까지 반복하면 다음 식을 얻습니다.

$$\mathbf{F}^* = \lim_{t \to \infty} \mathbf{F}(t) = (1 - \alpha)(\mathbf{I} - \alpha \mathbf{S})^{-1}\mathbf{Y},$$

식 13.20

$\mathbf{F}^*$을 통해 D_u 샘플의 레이블$(\hat{y}_{l+1}, \hat{y}_{l+2}, \ldots, \hat{y}_{l+u})$을 얻을 수 있습니다. 알고리즘에 대한 설명은 그림 13.5에 나와 있습니다.

입력: 레이블이 있는 샘플 세트 $D_l = \{(\boldsymbol{x}_1, y_1), (\boldsymbol{x}_2, y_2), \ldots, (\boldsymbol{x}_l, y_l)\}$
   레이블이 없는 샘플 세트 $D_u = \{\boldsymbol{x}_{l+1}, \boldsymbol{x}_{l+2}, \ldots, \boldsymbol{x}_{l+u}\}$
   구조 그래프 파라미터 σ
   절충 파라미터 α

과정:
1: 식 13.11과 파라미터 σ를 기반으로 $\mathbf{W}$를 얻는다
2: $\mathbf{W}$를 기반으로 $\mathbf{S} = \mathbf{D}^{-\frac{1}{2}} \mathbf{W} \mathbf{D}^{-\frac{1}{2}}$을 만든다
3: 식 13.18을 기반으로 $\mathbf{F}(0)$를 초기화한다
4: $t = 0$
5: **repeat**
6:   $\mathbf{F}(t+1) = \alpha \mathbf{S} \mathbf{F}(t) + (1 - \alpha)\mathbf{Y}$
7:   $t = t + 1$
8: **until** 반복하여 $\mathbf{F}^*$에 수렴할 때까지
9: **for** $i = l + 1, l + 2, \ldots, l + u$ **do**
10:   $\hat{y}_i = \arg\max_{1 \leqslant j \leqslant |\mathcal{Y}|} (\mathbf{F}^*)_{ij}$
11: **end for**
출력: 레이블이 없는 샘플에 대한 예측 결과 $\hat{\boldsymbol{y}} = (\hat{y}_{l+1}, \hat{y}_{l+2}, \ldots, \hat{y}_{l+u})$

그림 13.5 \ **반복적 레이블 전파 알고리즘**

사실상 그림 13.5의 알고리즘은 정규화 프레임에 대응합니다.

$$\min_{\mathbf{F}} \frac{1}{2} \left(\sum_{i,j=1}^{l+u} (\mathbf{W})_{ij} \left\| \frac{1}{\sqrt{d_i}} \mathbf{F}_i - \frac{1}{\sqrt{d_j}} \mathbf{F}_j \right\|^2 \right) + \mu \sum_{i=1}^{l} \| \mathbf{F}_i - \mathbf{Y}_i \|^2 , \qquad \boxed{\text{식 13.21}}$$

11.4절을 참조하라.

여기서 $\mu > 0$은 정규화 파라미터입니다. 일반적인 상황에서 레이블된 데이터의 수는 매우 적고, 없는 샘플은 많으므로 과적합 완화를 위해 식 13.21에 레이블이 없는 샘플에 대한 정규화 항 L_2 노름 $\mu \sum_{i=l+1}^{l+u} \| \mathbf{F}_i \|^2$을 넣습니다. $\mu = \frac{1-\alpha}{\alpha}$ 일 때, 식 13.21의 최적해는 그림 13.5 알고리즘의 반복 수렴해인 $\mathbf{F}^*$가 됩니다.

식 13.21에 우변 두 번째 항은 레이블이 있는 데이터상에서의 예측값과 실제 레이블이 최대한 같은 결과를 학습할 수 있도록 만듭니다. 그리고 첫 번째 항은 서로 유사한 샘플들이 유사한 레이블을 갖도록 만듭니다. 이는 식 13.12와 같이 준지도 학습의 기본 가설에 기반하고 있습니다. 다른 점은 식 13.21은 이산값의 클래스 레이블을 고려하지만, 식 13.12는 연속 출력값만 고려합니다.

준지도 학습법은 개념적인 측면에서 명확하고, 관련된 행렬 연산의 분석을 통해 쉽게 알고리즘 성질을 탐색할 수 있습니다. 그러나 이런 종류의 알고리즘은 명확한 단점도 있습니다. 먼저, 계산량 부분에서 샘플 수가 $O(m)$이라면 알고리즘에 관한 행렬 규모는 $O(m^2)$이 됩니다. 이는 직접적으로 처리하기에는 너무 큰 데이터입니다. 다른 한편으로는 그래프를 구성하는 과정에서 훈련 데이터 세트만 고려하므로 새로운 샘플의 위치를 파악하기 힘듭니다. 따라서 새로운 샘플을 받을 때 이를 본래의 데이터 세트에 포함해 그래프 구조를 짜고 새롭게 레이블 전파를 진행하거나 추가로 다른 예측 기재를 사용해야 합니다.

13.5 불일치에 기반한 방법

생성식 방법, 준지도 SVM, 그래프 준지도 학습 등 단일 학습기에 기반해 레이블 없는 데이터를 사용하는 방법들과 달리 **불일치에 기반한 방법**disagreement-based methods은 다수의 학습기를 사용해 학습 기간의 **불일치**disagreement를 통해 레이블이 없는 데이터들을 이용합니다.

disagreement는 diversity(상이) 라고도 한다.

협동 학습co-training[Blum and Mitchell, 1998]은 이런 부류의 방법 중 가장 중요한 대표주자입니다. 이 방법은 최초에 **멀티 뷰**multi-view 데이터를 대상으로 설계되었습니다. 그래서 **멀티 뷰 학습**multi-view learning의 대표라고도 여겨집니다. 협동 학습을 소개하기 전에 멀티 뷰 데이터에 대해 먼저 알아보도록 합시다.

많은 응용 상황에서 하나의 데이터는 동시에 여러 **속성 집합**attribute set을 가지고 있습니다. 각 속성 집합은 하나의 **뷰**view를 구성합니다. 영화 한 편의 여러 속성 집합을 가진 데이터를 예로 들면, 이미지와 음향, 자막, 심지어 온라인 홍보까지 각 정보에 대응하는 여러 가지 속성 집합으로 구성되었다는 것을 알 수 있습니다. 각 속성 집합은 모두 하나의 뷰로 볼 수 있습니다. 논의를 간단히 하고자 이미지 속성과 음향 속성 집합으로 구성된 뷰만 고려하겠습니다. 따라서 한 편의 영화는 샘플 $(\langle x_1, x_2 \rangle, y)$로 나타낼 수 있고, 여기서 x^i는 이미지 i에서의 인스턴스입니다(즉, 해당 이미지 속성에 기반해 묘사되어 나타난 속성 벡터). 여기서는 x^1을 이미지 뷰 중에서의 속성 벡터, x^2를 음향 뷰에서의 속성 벡터로 정의할 수 있습니다. y는 레이블이고, 영화의 종류를 뜻한다고 가정합니다(예를 들면 '액션물', '멜로물' 등). $(\langle x_1, x_2 \rangle, y)$ 이러한 데이터가 바로 멀티 뷰 데이터입니다.

서로 다른 뷰는 **호환성**compatibility을 가졌다고 가정해 봅시다. 즉, 해당 뷰가 포함하는 출력 공간 $\mathcal{Y}$에 대한 정보는 일치한다는 것을 뜻합니다. $\mathcal{Y}^1$을 이미지 정보에서 판별되는 레이블 공간으로, $\mathcal{Y}^2$를 음향 정보에서 판별되는 레이블 공간으로 설정하면, $\mathcal{Y} = \mathcal{Y}^1 = \mathcal{Y}^2$가 되고, 만약 양자가 {로맨스, 액션}이라면 $\mathcal{Y}^1 = $ {로맨스, 액션}, $\mathcal{Y}^2 = $ {다큐멘터리, 공포}가 될 수 없습니다. 이러한 가설하에서 멀티 뷰 방법의 좋은 점은 더욱 명확합니다. 계속해서 영화를 예로 들면, 어떤 장면에서 두 사람이 마주 보고 있다고 한다면, 이미지 정보만으로는 장르를 쉽게 판단할 수 없을 것입니다. 하지만 이때 "사랑해"라는 음향 정보가 들어온다면, 이 영화는 로맨스 장르라는 것을 판단할 수 있습니다. 다른 한편으로는 이미지 정보만으로 '액션물'이라 판단되는 장면에, 음향 정보도 비슷한 정보를 준다면 더 확신을 가지고 해당 장르를 구별할 수 있게 될 것입니다. 이러한 호환성에 기초해 서로 다른 뷰 정보의 상호보완성complementarity은 학습기 구축에 큰 편의를 제공합니다.

협동 학습은 바로 멀티 뷰의 호환 상보성을 잘 이용한 방법입니다. 먼저, 데이터가 두 개의 충분sufficient하고 조건독립인 뷰를 가졌다고 가정합니다. 여기서 '충분'이란 각 뷰가 모두 최적의 학습기를 생성해 낼 만한 정보를 가졌다는 것을 말합니다. 그리고 '조건독립'은 클래스 레이블이 주어진 조건에서 두 개의 뷰가 서로 독립이라는 것을 뜻합니다. 이러한 상황에서 간단한 방법으로 레이블 없는 데이터를 사용할 수 있습니다. 먼저, 각 뷰에서 레이블된 샘플에 기반해 분류기를 훈련시킵니다. 그리고 각 분류기에서 가장 자신 있게 분류 가능한 레이블 없는 샘플을 골라 허위 레이블을 부여합니다. 그리고 해당 허위 레이블이 부여된 데이터를 다른 분류기에 새로운 레이블된 샘플로서 훈련에 사용하게 합니다. 이렇게 서로 보완하며 함께 개선하는 과정은 두 개의 분류기가 더는 변화하지 않을 때까지, 혹은 미리 설정해 둔 횟수까지 반복해서 진행됩니다. 그림 13.6은 알고리즘에 대해 더 자세히 설명하고 있습니다. 만약 학습마다 분류기의 모든 레이블 없는 샘플상의 분류 신뢰도를 확인한다고 한다면 계산량이 매우 많아질 것입니다. 따라서 알고리즘에서 레이블 없는 샘플의 버퍼 풀buffer pool을 사용합니다[Blum and Mitchell, 1998]. 분류 신뢰도의 예측은 기초 학습 알고리즘 $\mathcal{L}$에 따라 달라집니다. 예를 들어, 나이브 베이즈 분류기를 사용한다면 사후 확률을 분류 신뢰도로 사용할 것이고, 서포트 벡터 머신을 사용한다면 마진의 크기를 분류 신뢰도로 전환해서 사용할 것입니다.

약한 학습기에 관해서는 8장을 참조하라.

예를 들어 영화 화면과 소리는 당연히 조건독립이 아니다.

놀라운 것은 협동 학습 과정은 간단해 보이지만, 이론적으로 두 개의 뷰가 충분하고 조건독립일 때 레이블 없는 샘플을 사용한 협동 학습을 통해 약한 분류기의 일반화 성능을 임의의 정도까지 향상할 수 있다는 것이 증명되었습니다[Blum and Mitchell, 1998]. 그러나 뷰의 조건독립성은 현실에서 만족하기 어렵습니다. 따라서 성능 향상의 정도가 실제로 크진 않습니다. 하지만 이런 환경에서도 협동 학습은 여전히 효과적으로 약한 분류기의 성능을 향상할 수 있다는 것이 연구를 통해 확인되었습니다[Zhou, 2013].

단일 뷰 데이터는 하나의 속성 집합만 있는 자주 볼 수 있는 데이터다.

협동 학습 알고리즘 자체는 멀티 뷰 데이터를 위해 설계된 것입니다. 그러나 이후에 단일 뷰 데이터상에서도 사용 가능한 변형 알고리즘이 등장했습니다. 이들은 서로 다른 학습 알고리즘을 사용하거나[Goldman and Zhou, 2000], 서로 다른 데이터 샘플을 사용하거나[Zhou and Li, 2005b], 심지어 서로 다른 파라미터 설정을 사용해[Zhou and Li, 2005a] 여러 개의 학습기를 생성하고 효율적으로 레이블 없는 데이터를 사용해 성능을 향상시킵니다. 후속 이론 연구에서 발견한 것은 이런 부류의 알고리즘은 사실상 데이터에 멀티 뷰가 없이 약한 학습기 사이에 명확한 불일치(혹은 차이)만 있어도 사용할 수 있다는 사실입니다. 즉, 상호 간에 허위 레이블 샘플을 제공

따라서 이런 방법을 '불일치에 기반한 방법'이라고 부른다.

하는 방식으로 일반화 성능을 향상시킬 수 있다는 것입니다[Zhou, 2013]. 즉, 다양한 뷰, 다양한 알고리즘, 다양한 데이터 샘플링, 다양한 파라미터 설정 등은 모두 차이를 만들어 내기 위한 수단이지 필수 조건은 아닙니다.

x_i상의 첨자는 두 가지 뷰를 나타내기 위해 사용되었지 순서 관계를 나타내는 것은 아니다. 즉, x_i^1와 x_i^2는 같은 샘플을 나타낸다.

$p, n \ll s$.

입력: 레이블이 있는 샘플 세트 $D_l = \{((\langle x_1^1, x_1^2 \rangle, y_1), \ldots, ((\langle x_l^1, x_l^2 \rangle, y_l)\}$
   레이블이 없는 샘플 세트 $D_u = \{\langle x_{l+1}^1, x_{l+1}^2 \rangle, \ldots, ((\langle x_{l+u}^1, x_{l+u}^2 \rangle)\}$
   버퍼 풀buffer pool 크기 s
   라운드마다 선택하는 양성 샘플 수 p
   라운드마다 선택하는 음성 샘플 수 n
   기초 학습 알고리즘 $\mathfrak{L}$
   학습 횟수 T

과정:

각 뷰상에 레이블이 있는 훈련 세트를 초기 설정한다.

1: D_u에서 랜덤으로 s개의 샘플을 뽑아 버퍼 풀 D_s를 구성한다
2: $D_u = D_u \setminus D_s$
3: **for** $j = 1, 2$ **do**
4:    $D_l^j = \{(x_i^j, y_i) \mid (\langle x_i^j, x_i^{3-j} \rangle, y_i) \in D_l\}$
5: **end for**
6: **for** $t = 1, 2, \ldots, T$ **do**
7:    **for** $j = 1, 2$ **do**

뷰 j상에서 레이블이 있는 훈련 세트 h_j를 사용한다.

8:       $h_j \leftarrow \mathfrak{L}(D_l^j)$
9:       $D_s^j = \{x_i^j \mid \langle x_i^j, x_i^{3-j} \rangle \in D_s\}$상에서의 h_j의 분류 신뢰도를 확인, p개의 양성 샘플 신뢰도가 가장 높은 샘플 $D_p \subset D_s$을 선택하고, n개의 음성 샘플 신뢰도가 가장 높은 샘플 $D_n \subset D_s$을 선택한다
10:       D_p^j로 가짜 양성 샘플 $\tilde{D}_p^{3-j} = \{(x_i^{3-j}, +1) \mid x_i^j \in D_p^j\}$을 생성한다
11:       D_n^j로 가짜 음성 샘플 $\tilde{D}_n^{3-j} = \{(x_i^{3-j}, -1) \mid x_i^j \in D_n^j\}$을 생성한다
12:       $D_s = D_s \setminus (D_p \bigcup D_n)$
13:    **end for**
14:    **if** h_1, h_2 모두 변화가 없다면 **then**
15:       **break**
16:    **else**

레이블이 있는 데이터 세트를 보충한다.

17:       **for** $j = 1, 2$ **do**
18:          $D_l^j = D_l^j \bigcup (\tilde{D}_p^j \bigcup \tilde{D}_n^j)$
19:       **end for**
20:       D_u에서 랜덤으로 $2_p + 2_n$개의 샘플을 뽑아 D_s에 추가
21:    **end if**
22: **end for**
출력: 분류기 h_1, h_2

그림 13.6 \ 협동 학습 알고리즘

불일치에 기반한 방법은 적합한 기초 학습기만 사용하여도 모델 가설이나 손실 함수의 넌컨벡스non-convexity, 데이터 규모 등의 영향을 덜 받고 간단하면서 유용합니다. 그리고 이론 기초가 탄탄하며 사용범위가 넓습니다. 이런 부류의 방법을 사용하려면 명확한 불일치와 성능이 그런대로 괜찮은 다수의 학습기를 생성해야 합니다. 하지만 레이블된 샘플의 수가 매우 적을 경우, 특히 데이터가 멀티 뷰를 포함하지 않을 경우 이러한 방법을 사용하는 것은 쉽지 않아 아주 교묘한 설계가 필요합니다.

13.6 준지도 클러스터링

클러스터링은 일종의 전형적인 비지도 학습법입니다. 그러나 현실에서 우리는 클러스터링을 진행하며 지도 학습 정보를 획득할 때가 많습니다. 따라서 **준지도 클러스터링**semi-supervised clustering 방법으로 지도 정보를 활용해 더 좋은 클러스터링 결과를 얻을 수 있습니다.

클러스터링 과정에서 얻는 지도 정보는 크게 다음 두 가지 종류가 있습니다. 첫 번째 종류로는 **필수 연결**must-link과 **연결 불가**cannot-link 제약이 있습니다. 전자는 샘플이 반드시 하나의 클러스터링에 속하는 것을 뜻하고, 후자는 샘플이 어떤 하나의 클러스터링에 절대 속하지 않는다는 뜻입니다. 지도 정보의 두 번째 종류로는 단순히 소량의 레이블된 데이터입니다.

10.6절을 참조하라.

제약된Constrained k-means 알고리즘[Wagstaff et al., 2001]은 첫 번째 종류의 지도 정보를 이용하는 대표주자입니다. 데이터 세트 $D = \{x_1, x_2, \ldots, x_m\}$와 연결 필수 관계 집합 $\mathcal{M}$, 연결 불가 관계 집합 $\mathcal{C}$가 주어졌을 때, $(x_i, x_j) \in \mathcal{M}$으로 x_i와 x_j가 반드시 같은 클러스터링에 속한다는 것을 뜻하고, $(x_i, x_j) \in \mathcal{C}$로 x_i와 x_j가 반드시 다른 클러스터링에 속한다는 것을 뜻한다고 가정합니다. 해당 알고리즘은

k평균 알고리즘에 관해서는 9.4.1절을 참조하라.

k-means 알고리즘의 확장으로서 클러스터링 과정에서 $\mathcal{M}$과 $\mathcal{C}$의 제약 조건을 만족시키며 계산을 진행합니다. 구체적인 알고리즘에 대해서는 그림 13.7에 자세하게 설명되어 있습니다.

입력: 샘플 세트 $D = \{\boldsymbol{x}_1, \boldsymbol{x}_2, \ldots, \boldsymbol{x}_m\}$
　　　Must-link 제약 집합 $\mathcal{M}$
　　　Cannot-link 제약 집합 $\mathcal{C}$
　　　클러스터 개수 k

과정:

1: D로부터 k개의 샘플을 랜덤으로 선택해 초기 평균 벡터 $\{\boldsymbol{\mu}_1, \boldsymbol{\mu}_2, \ldots, \boldsymbol{\mu}_k\}$로 설정한다

k개의 빈 클러스터로 초기 설정한다.

2: **repeat**
3: 　　$C_j = \varnothing \ (1 \leqslant j \leqslant k)$
4: 　**for** $i = 1, 2, \ldots, m$ **do**
5: 　　　샘플 $\boldsymbol{x}_i$와 각 평균벡터 $\boldsymbol{\mu}_j (1 \leqslant j \leqslant k)$와의 거리를 계산한다: $d_{ij} = \|\boldsymbol{x}_i - \boldsymbol{\mu}_j\|2$
6: 　　　$\mathcal{K} = \{1, 2, \ldots, k\}$
7: 　　　is_merged=false
8: 　　　**while** $\neg$ is_merged **do**
9: 　　　　$\mathcal{K}$를 기반으로 샘플 $\boldsymbol{x}_i$와 거리가 가장 가까운 클러스터를 찾는다: $r = \arg\min_{j \in \mathcal{K}} d_{ij}$
10: 　　　　$\boldsymbol{x}_i$를 클러스터 C_r에 넣었을 때 $\mathcal{M}$과 $\mathcal{C}$ 중 제약 위반인지 검증한다
11: 　　　　**if** $\neg$ is_violated **then**
12: 　　　　　$C_r = C_r \bigcup \{\boldsymbol{x}_i\}$
13: 　　　　　is_merged=true
14: 　　　　**else**
15: 　　　　　$\mathcal{K} = \mathcal{K} \setminus \{r\}$
16: 　　　　　**if** $\mathcal{K} = \varnothing$ **then**
17: 　　　　　　**break** 그리고 에러 경고를 띄운다
18: 　　　　　**end if**
19: 　　　　**end if**
20: 　　　**end while**
21: 　**end for**
22: 　**for** $j = 1, 2, \ldots, k$ **do**

평균 벡터를 갱신한다.

23: 　　$\boldsymbol{\mu}_j = \frac{1}{|C_j|} \sum_{\boldsymbol{x} \in C_j} \boldsymbol{x}$
24: 　**end for**
25: **until** 평균 벡터의 갱신이 더 발생하지 않을 때까지

출력: 클러스터 분할 $\{C_1, C_2, \ldots, C_k\}$

그림 13.7 ╲ 제약된 k평균 알고리즘

242쪽 표 9.1을 확인하라.

수박 데이터 세트 4.0을 예로 들면, 먼저 샘플 $\boldsymbol{x}_4$와 $\boldsymbol{x}_{25}$, $\boldsymbol{x}_{12}$와 $\boldsymbol{x}_{20}$, $\boldsymbol{x}_{14}$와 $\boldsymbol{x}_{17}$ 사이에 필수 연결 관계 제약이 존재하고, $\boldsymbol{x}_2$와 $\boldsymbol{x}_{21}$, $\boldsymbol{x}_{13}$과 $\boldsymbol{x}_{23}$, $\boldsymbol{x}_{19}$와 $\boldsymbol{x}_{23}$ 사이에 연결 불가 관계 제약이 존재한다고 가정합니다. 즉, 다음 식으로 표현됩니다.

$$\mathcal{M} = \{(\boldsymbol{x}_4, \boldsymbol{x}_{25}), (\boldsymbol{x}_{25}, \boldsymbol{x}_4), (\boldsymbol{x}_{12}, \boldsymbol{x}_{20}), (\boldsymbol{x}_{20}, \boldsymbol{x}_{12}), (\boldsymbol{x}_{14}, \boldsymbol{x}_{17}), (\boldsymbol{x}_{17}, \boldsymbol{x}_{14})\},$$

$$\mathcal{C} = \{(\boldsymbol{x}_2, \boldsymbol{x}_{21}), (\boldsymbol{x}_{21}, \boldsymbol{x}_2), (\boldsymbol{x}_{13}, \boldsymbol{x}_{23}), (\boldsymbol{x}_{23}, \boldsymbol{x}_{13}), (\boldsymbol{x}_{19}, \boldsymbol{x}_{23}), (\boldsymbol{x}_{23}, \boldsymbol{x}_{19})\}.$$

클러스터링 수를 3개로 정하고($k = 3$), 임의로 샘플 $\boldsymbol{x}_6$, $\boldsymbol{x}_{12}$, $\boldsymbol{x}_{27}$을 초기 시작 평균 값 벡터로 설정한다면 그림 13.8에 나온 것처럼 클러스터링 과정이 진행될 것입니다.

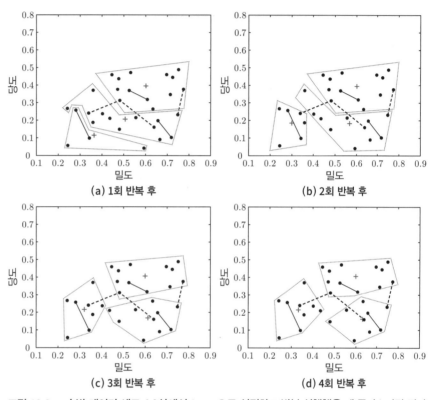

그림 13.8 ＼ **수박 데이터 세트 4.0상에서 $k = 3$으로 설정하고 반복 실행했을 때 클러스터링 결과**
(샘플 포인트와 평균 벡터는 각각 '●'과 '+' 기호로 표시. 필수 연결과 연결 불가는
각각 실선과 점선을 이용해 표시. 초록색 점선으로 클러스터링 분할을 나타냄)

그림 13.8은 k평균값을 설정한 후 반복 횟수에 따라 나타난 클러스터링 결과를 보여줍니다. 5회 반복을 거치면 4회 반복과 비교해 평균 벡터가 더 변화하지 않습니다. 따라서 우리가 얻은 최종 클러스터링 결과는 다음과 같습니다.

$$C_1 = \{\boldsymbol{x}_3, \boldsymbol{x}_5, \boldsymbol{x}_7, \boldsymbol{x}_9, \boldsymbol{x}_{13}, \boldsymbol{x}_{14}, \boldsymbol{x}_{16}, \boldsymbol{x}_{17}, \boldsymbol{x}_{21}\};$$

$$C_2 = \{\boldsymbol{x}_6, \boldsymbol{x}_8, \boldsymbol{x}_{10}, \boldsymbol{x}_{11}, \boldsymbol{x}_{12}, \boldsymbol{x}_{15}, \boldsymbol{x}_{18}, \boldsymbol{x}_{19}, \boldsymbol{x}_{20}\};$$

$$C_3 = \{\boldsymbol{x}_1, \boldsymbol{x}_2, \boldsymbol{x}_4, \boldsymbol{x}_{22}, \boldsymbol{x}_{23}, \boldsymbol{x}_{24}, \boldsymbol{x}_{25}, \boldsymbol{x}_{26}, \boldsymbol{x}_{27}, \boldsymbol{x}_{28}, \boldsymbol{x}_{29}, \boldsymbol{x}_{30}\}.$$

여기서 샘플 레이블은 클러스터 레이블(cluster label)을 뜻하지, 클래스 레이블(class label)을 뜻하는 것이 아니다.

두 번째 지도 정보는 소량의 레이블된 샘플입니다. 샘플 세트 $D = \{x_1, x_2, \ldots, x_m\}$이 주어졌을 때 소량의 레이블된 샘플 세트를 $S = \bigcup_{j=1}^{k} S_j \subset D$라고 하고, $S_j \neq \varnothing$를 j번째 클러스터링에 속하는 샘플이라고 가정합니다. 이런 지도 정보는 사용하기에 매우 용이합니다. 이들을 시드seed로 놓고 k평균 알고리즘의 k개 클러스터링 중심을 초깃값으로 사용하면 되기 때문입니다. 그리고 클러스터링 과정에서 이들 시드 샘플의 클러스터링 속성 관계를 변화시키지 않으면 됩니다. 이러한 방법을 제약된 시드 k-meansConstrained Seed k-means 알고리즘[Basu et al., 2002]이라고 합니다. 해당 알고리즘에 대한 자세한 절차는 그림 13.9에 나와 있습니다.

$S \subset D, |S| \ll |D|$

레이블이 있는 샘플을 사용해 클러스터 중심을 초기 설정한다.

레이블이 있는 샘플을 사용해 k개의 클러스터를 초기 설정한다.

평균 벡터를 갱신한다.

입력: 샘플 세트 $D = \{x_1, x_2, \ldots, x_m\}$
 소량의 레이블이 있는 샘플 $S = \bigcup_{j=1}^{k} S_j$
 클러스터 개수 k
과정:
 1: **for** $j = 1, 2, \ldots, k$ **do**
 2:   $\mu_j = \frac{1}{|S_j|} \sum_{x \in S_j} x$
 3: **end for**
 4: **repeat**
 5:   $C_j = \varnothing \ (1 \leqslant j \leqslant k)$
 6:   **for** $j = 1, 2, \ldots, k$ **do**
 7:     **for all** $x \in S_j$ **do**
 8:       $C_j = C_j \bigcup \{x\}$
 9:     **end for**
 10:   **end for**
 11:   **for all** $x_i \in D \backslash S$ **do**
 12:     샘플 x_i와 각 평균 벡터 $\mu_j (1 \leqslant j \leqslant k)$ 간의 거리를 계산한다:
       $d_{ij} = \|x_i - \mu_j\|2$
 13:     샘플 x_i와의 거리가 가장 가까운 클러스터를 찾는다:
       $r = \arg \min_{j \in \{1,2,\ldots,k\}} d_{ij}$
 14:     샘플 x_i를 상응하는 클러스터에 추가한다: $C_r = C_r \bigcup \{x_i\}$
 15:   **end for**
 16:   **for** $j = 1, 2, \ldots, k$ **do**
 17:     $\mu_j = \frac{1}{|C_j|} \sum_{x \in C_j} x$
 18:   **end for**
 19: **until** 평균 벡터의 갱신이 더 발생하지 않을 때까지
출력: 클러스터 분할 $\{C_1, C_2, \ldots, C_k\}$

그림 13.9 \ 제약된 시드 k-means 알고리즘

계속해서 수박 데이터 세트 4.0을 예로 설명하겠습니다. 먼저, 시드 샘플을 다음과 같이 정의합니다.

$$S_1 = \{\boldsymbol{x}_4, \boldsymbol{x}_{25}\}, \quad S_2 = \{\boldsymbol{x}_{12}, \boldsymbol{x}_{20}\}, \quad S_3 = \{\boldsymbol{x}_{14}, \boldsymbol{x}_{17}\}.$$

상기 세 그룹의 시드 샘플의 평균 벡터를 초기 평균 벡터로 설정합니다. 그림 13.10에 제약된 시드 k평균 알고리즘을 반복해서 실행했을 때의 클러스터링 결과가 나와 있습니다. 4번의 반복 과정을 거친 후 평균 벡터는 더 변화하지 않습니다(3번째 반복 결과와 같음). 따라서 우리가 얻은 최종 클러스터링 결과는 다음과 같습니다.

$$C_1 = \{\boldsymbol{x}_1, \boldsymbol{x}_2, \boldsymbol{x}_4, \boldsymbol{x}_{22}, \boldsymbol{x}_{23}, \boldsymbol{x}_{24}, \boldsymbol{x}_{25}, \boldsymbol{x}_{26}, \boldsymbol{x}_{27}, \boldsymbol{x}_{28}, \boldsymbol{x}_{29}, \boldsymbol{x}_{30}\};$$
$$C_2 = \{\boldsymbol{x}_6, \boldsymbol{x}_7, \boldsymbol{x}_8, \boldsymbol{x}_{10}, \boldsymbol{x}_{11}, \boldsymbol{x}_{12}, \boldsymbol{x}_{15}, \boldsymbol{x}_{18}, \boldsymbol{x}_{19}, \boldsymbol{x}_{20}\};$$
$$C_3 = \{\boldsymbol{x}_3, \boldsymbol{x}_5, \boldsymbol{x}_9, \boldsymbol{x}_{13}, \boldsymbol{x}_{14}, \boldsymbol{x}_{16}, \boldsymbol{x}_{17}, \boldsymbol{x}_{21}\}.$$

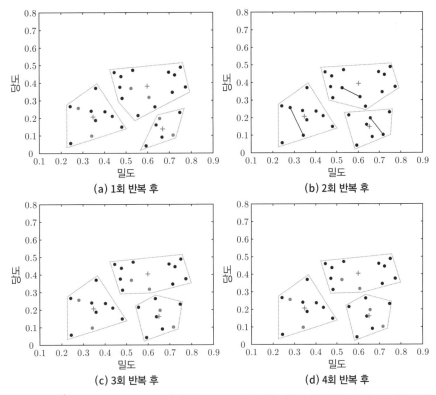

그림 13.10 ＼ **수박 데이터 세트 4.0상에서 $k = 3$으로 설정하고 반복 실행했을 때 클러스터링 결과**
(샘플 포인트와 평균 벡터는 각각 '●'과 '+' 기호로 표시. 시드 샘플은 초록색 점으로, 클러스터링 분할은 초록색 점선으로 표시)

더 읽을거리

준지도 학습의 연구는 일반적으로 [Shahshahani and Landgrebe, 1994]로부터 시작되었다고 여겨집니다. 해당 영역은 20세기 말, 21세기 초부터 실제 응용에서 레이블 없는 데이터 활용에 대한 수요가 많아지면서 폭발적으로 발전했습니다. 국제 머신러닝 콘퍼런스ICML는 2008년부터 '10대 최우수 논문'을 선정했는데, 최근 6년간 준지도 학습의 4대 패러다임 중 불일치에 기반한 방법, 준지도 SVM, 그래프 준지도 학습 등이 2008년[Blum and Mitchell], 2009년[Joachims, 1999], 2013년[Zhu et al., 2003] 상을 받았습니다.

생성식 준지도 학습법은 [Shahshahani and Landgrebe, 1994]로부터 최초로 시도되었습니다. 그러나 신뢰성과 수준이 높은 도메인 지식을 요구하는 방법이기 때문에 학습 프레임의 개발 이후 각 영역에서 도메인 지식과 접목되어 깊은 연구들이 이루어지고 있습니다.

준지도 SVM의 목표 함수는 넌컨벡스(비볼록)형입니다. 따라서 연속화continuation 방법 등을 비롯한 많은 방법으로 비볼록형이 가져오는 영향을 줄이려 하고 있습니다. 그리고 간단한 볼록 목표 함수를 최적화하려는 작업에서 시작해 점점 넌컨벡스 형태의 S3VM 목표 함수로 변형되었습니다[Chapelle et al., 2006]. 결정론적 어닐링deterministic annealing 과정을 사용해 비볼록형 문제를 컨벡스 최적화 문제로 전환하고 해를 구하는 방법도 있습니다[Sindhwani et al., 2006]. 그리고 CCCP 방법을 이용해 넌컨벡스 함수를 최적화하는 방법도 있습니다[Collobert et al., 2006].

최초의 그래프 준지도 학습법[Blum and Chawla, 2001]은 클러스터링 가설에 기반해 학습 목표를 그래프의 최소컷mincut을 찾는 것으로 설정했습니다. 이러한 방법은 그래프의 품질이 매우 중요합니다. 13.4절에 가우스 거리 그래프, k-최근접 그래프, ϵ최근접 그래프 등이 자주 사용됩니다. 이외에 다른 그래프 구조에 대한 연구는 [Wang and Zhang, 2006; Jebara et al., 2009] 그래프 커널graph kernel 방법에 기반한 방법과 매우 밀접한 관계가 있습니다[Chapelle et al., 2003].

kNN과 ϵ최근접 이웃 그래프에 관해서는 10.5.1절을 참조하라.

불일치에 기반한 방법은 협동 학습에서 그 기원을 찾을 수 있습니다. 최초 설계는 하나의 학습기만 선택해서 예측에 활용하는 것이었습니다[Blum and Mitchell, 1998]. Tri-training은 세 개의 학습기를 사용해 '다수결' 방법으로 허위 레이블을 생성합니다 많은 앙상블 학습 연구자는 여러 개의 학습기를 사용한다면 약한 학습기의 성능을 향상시킬 수 있으며 레이블이 없는 샘플을 사용하지 않아도 된다고 생각한다. 반면, 많은 준지도 학습법 연구자들은 레이블이 없는 샘플을 사용해야만 약한 학습기의 성능을 향상시킬 수 있으며, 다수의 학습기는 필요하지 않다고 생각한다. 하지만 두 관점 모두 한계점이 명확하다.

[Zhou and Li, 2005b]. 후속 연구들은 학습기를 앙상블해서 성능을 향상시키는 데 초점을 두고 더 많은 학습기를 사용하는 방법을 개발했습니다. 더 중요한 것은 이런 연구는 앙상블 학습과 준지도 학습이라는 두 개의 서로 독립된 연구 영역을 하나로 이어줬다는 것입니다[Zhou, 2009]. 이외에도 이러한 방법은 멀티 뷰 데이터 학습에도 활용 가능하며, 자연스럽게 액티브 러닝active learning과도 결합될 수 있습니다[Zhou, 2013].

[Belkin et al., 2006]은 준지도 학습에서 매니폴드 정규화manifold regularization 프레임 개념을 내놓았습니다. 국소적 평활성smoothness에 기반해 레이블된 샘플상에서의 손실 함수에 대해 정규화를 진행하고 학습한 예측 함수에 국소적 평활성을 갖도록 만듭니다.

여기에서 말하는 '안전'이란, 레이블이 없는 샘플을 사용한 후 일반화 성능에 최소한의 개선이라도 있어야 한다는 뜻이다. 즉, 사용하지 않은 것보다는 조금이라도 나아져야 한다는 뜻이다.

준지도 학습이 레이블 없는 데이터를 이용한다고 해서 반드시 일반화 성능을 향상시키는 것은 아닙니다. 상황에 따라 일반화 오차 성능을 저하시킬 가능성도 있습니다. 생성 방법이 실패하는 원인에 관해서는 모델의 가설이 옳지 않은 경우가 대부분입니다[Cozman and Cohen, 2002]. 따라서 충분하고 신뢰도 높은 도메인 지식을 기반으로 모델링해야 합니다. 준지도 SVM은 훈련 데이터에 다수의 '저밀도 분할'이 존재할 때 실패할 가능성이 크다고 여겨집니다. S3VM[Li and Zhou, 2015]은 최악의 경우를 최적화하는 방법을 통해 다수의 저밀도 분할을 종합적으로 이용해서 안정성을 향상시킵니다. 그러나 더 일반적인 **안전한**safe 준지도 학습은 여전히 미해결 문제로 남아있습니다.

이번 장에서는 주로 준지도 분류와 클러스터링에 대해 소개했지만, 준지도 학습은 이미 각종 머신러닝 프로젝트에 보편적으로 사용되고 있습니다. 예를 들면, 준지도 회귀[Zhou and Li, 2005a], 차원 축소[Zhang et al., 2007] 등 다방면에 관련 연구가 존재합니다. 더 자세한 준지도 학습법에 대한 내용은 [Chapelle et al., 2006b; Zhou 2006], [Zhou and Li, 2010; Zhou Zhihua, 2013]에서 전문적으로 불일치에 기반한 방법을, [Settles, 2009]에서 액티브 러닝에 대한 방법을 소개하고 있으니 참조하기 바랍니다.

연습문제

UCI 데이터 세트는
http://archive.ics.uci.edu/ml/을
참조하라.

13.1 식 13.5~13.8을 유도하라.

13.2 나이브 베이즈 모델을 기반으로 생성 비지도 학습 알고리즘을 유도하라.

13.3 데이터가 혼합 전문가mixture of experts 모델에 의해 생성되었다고 가정하면, 데이터는 k개의 성분 혼합으로 얻어진 확률밀도로 이루어졌다.

$$p(\boldsymbol{x} \mid \boldsymbol{\theta}) = \sum_{i=1}^{k} \alpha_i \cdot p(\boldsymbol{x} \mid \boldsymbol{\theta}_i) , \qquad \text{식 13.22}$$

여기서 $\boldsymbol{\theta} = \{\boldsymbol{\theta}_1, \boldsymbol{\theta}_2, ..., \boldsymbol{\theta}_k\}$는 모델 파라미터이고, $p(\boldsymbol{x} \mid \boldsymbol{\theta}_i)$는 i번째 혼합 성분의 확률 밀도다. 혼합 계수는 $\alpha_i \geqslant 0$, $\sum_{i=1}^{k} \alpha_i = 1$이다. 각 혼합 성분이 하나의 클래스에 대응한다고 가정하고, 각 클래스는 다수의 혼합 성분을 포함할 수 있다고 가정한다. 그렇다면 이에 상응하는 생성 준지도 학습 알고리즘을 유도하라.

13.4 TSVM 알고리즘의 코드를 작성하고, UCI 데이터 세트에서 두 개의 데이터 세트를 선택해 30%의 샘플은 테스트 샘플로, 10%의 샘플은 레이블된 샘플로, 60%의 샘플은 언레이블된 샘플로 설정한다. 그리고 각각 훈련시켜 언레이블된 샘플의 TSVM과 레이블된 샘플의 SVM에 사용해 보고, 성능을 비교해 보아라.

13.5 레이블이 없는 데이터에 대해 레이블 배치와 조정을 진행하는 과정에서 클래스 불균형 문제가 나타날 수 있다. 해당 문제를 고려했을 때 개선할 수 있는 TSVM 알고리즘에 대해 논의하라.

13.6* TSVM은 레이블 없는 데이터에 대해 레이블 배치와 조정을 진행하는 과정에서 굉장히 많은 계산량을 요구한다. 더 효율적인 개선 알고리즘에 대해 설명해 보아라.

13.7* 새로운 샘플을 대상으로 분류를 진행할 수 있는 그래프 준지도 학습법을 만들어 보아라.

13.8 자가훈련self-training은 비교적 원시적인 준지도 학습법이다. 이 알고리즘은 먼저 레이블이 있는 데이터에서 학습한 후, 학습된 분류기로 레이블이 없는 데이터를 판별해서 허위 레이블을 얻는다. 그리고 레이블과 허위 레이블 샘플 집합에서 다시 훈련을 진행하고, 이 과정을 계속해서 반복한다. 그렇다면 이 알고리즘의 단점에 대해 분석해 보아라.

13.9 하나의 데이터 세트가 주어졌을 때 속성 집합에 두 개의 뷰가 포함되었지만, 사전에는 어떤 속성이 어떤 뷰에 속하는지 알 수 없다고 가정한다. 알고리즘을 만들어 두 개의 뷰를 분리할 수 있게 하라.

13.10 그림 13.7 알고리즘의 10행을 위해 (제약 조건 만족 여부를 검증하는) 제약 위반 검증 알고리즘을 작성하라.

참고문헌

[1] 周志华. (2013). "基于分歧的半监督学习." 自动化学报, 39(11):1871-1978

[2] Basu, S., A. Banerjee, and R. J. Mooney. (2002). "Semi-supervised clustering by seeding." In *Proceedings of the 19th International Conference on Machine Learning (ICML)*, 19-26, Sydney, Australia.

[3] Belkin, M., P. Niyogi, and V. Sindhwani. (2006). "Manifold regularization: A geometric framework for learning from labeled and unlabeled examples." *Journal of Machine Learning Research*, 7:2399-2434.

[4] Blum, A. and S. Chawla. (2001). "Learning from labeled and unlabeled data using graph mincuts." In *Proceedings of the 18th International Conference on Machine Learning (ICML)*, 19-26, Williamston, MA.

[5] Blum, A. and T. Mitchell. (1998). "Combining labeled and unlabeled data with co-training." In *Proceedings of the 11th Annual Conference on Computational Learning Theory (COLT)*, 92-100, Madison, WI.

[6] Chapelle, 0., M. Chi, and A. Zien. (2006a). "A continuation method for semisupervised SVMs." In *Proceedings of the 23rd International Conference on Machine Learning (ICML)*, 185-192, Pittsburgh, PA.

[7] Chapelle, 0., B. Scholkopf, and A. Zien, eds. (2006b). *Semi-Supervised Learning*. MIT Press, Cambridge, MA.

[8] Chapelle, 0., J. Weston, and B. Scholkopf. (2003). "Cluster kernels for semisupervised learning." In *Advances in Neural Information Processing Systems 15 (NIPS)* (S. Becker, S. Thrun, and K. Obermayer, eds.), 585-592, MIT Press, Cambridge, MA.

[9] Chapelle, 0. and A. Zien. (2005). "Semi-supervised learning by low density separation." In *Proceedings of the 10th International Workshop on Artificial Intelligence and Statistics (AISTATS)*, 57-64, Savannah Hotel, Barbados.

[10] Collobert, R., F. Sinz, J. Weston, and L. Bottou. (2006). "Trading convexity for scalability." In *Proceedings of the 23rd International Conference on Machine Learning (ICML)*, 201-208, Pittsburgh, PA.

[11] Cozman, F. G. and I. Cohen. (2002). "Unlabeled data can degrade classification performance of generative classifiers." In *Proceedings of the 15th International Conference of the Florida Artificial Intelligence Research Society (FLAIRS)*, 327-331, Pensacola, FL.

[12] Goldman, S. and Y. Zhou. (2000). "Enhancing supervised learning with unlabeled data." In *Proceedings of the 17th International Conference on Machine Learning (ICML)*, 327-334, San Francisco, CA.

[13] Jebara, T., J. Wang, and S. F. Chang. (2009). "Graph construction and bmatching for semi-supervised learning." In *Proceedings of the 26th International Conference on Machine Learning (ICML)*, 441-448, Montreal, Canada.

[14] Joachims, T. (1999). "Transductive inference for text classification using support vector machines." In *Proceedings of the 16th International Conference on Machine Learning (ICML)*, 200-209, Bled, Slovenia.

[15] Li, Y.-F., J. T. Kwok, and Z.-H. Zhou. (2009). "Semi-supervised learning using label mean." In *Proceedings of the 26th International Conference on Machine Learning (ICML)*, 633-640, Montreal, Canada.

[16] Li, Y.-F. and Z.-H. Zhou. (2015). "Towards making unlabeled data never hurt." *IEEE Transactions on Pattern Analysis and Machine Intelligence*, 37(1):175-188.

[17] Miller, D. J. and H. S. Uyar. (1997). "A mixture of experts classifier with learning based on both labelled and unlabelled data." In *Advances in Neuml Information Processing Systems 9 (NIPS)* (M. Mozer, M. I. Jordan, and T. Petsche, eds.), 571-577, MIT Press, Cambridge, MA.

[18] Nigam, K., A. McCallum, S. Thrun, and T. Mitchell. (2000). "Text classification from labeled and unlabeled documents using EM." *Machine Learning*, 39(2-3): 103-134.

[19] Settles, B. (2009). "Active learning literature survey." Technical Report 1648, Department of Computer Sciences, University of Wisconsin at Madison, Wisconsin, WI. http://pages.cs.wisc.edu/~bsettles/pub/settles.activelearning. pdf.

[20] Shahshahani, B. and D. Landgrebe. (1994). "The effect of unlabeled samples in reducing the small sample size problem and mitigating the Hughes phenomenon." *IEEE Transactions on Geoscience and Remote Sensing*, 32(5): 1087-1095.

[21] Sindhwani, V., S. S. Keerthi, and 0. Chapelle. (2006). "Deterministic annealing for semi-supervised kernel machines." In *Proceedings of the 23rd International Conference on Machine Learning (ICML)*, 123-130, Pittsburgh, PA.

[22] Wagstaff, K., C. Cardie, S. Rogers, and S. Schrodl. (2001). "Constrained k-means clustering with background knowledge." In *Proceedings of the 18th International Conference on Machine Learning (ICML)*, 577-584, Williamstown, MA.

[23] Wang, F. and C. Zhang. (2006). "Label propagation through linear neighborhoods." In *Proceedings of the 23rd International Conference on Machine Learning (ICML)*, 985-992, Pittsburgh, PA.

[24] Zhang, D., Z.-H. Zhou, and S. Chen. (2007). "Semi-supervised dimensionality reduction." In *Proceedings of the 7th SIAM International Conference on Data Mining (SDM)*, 629-634, Minneapolis, MN.

[25] Zhou, D., 0. Bousquet, T. N. Lal, J. Weston, and B. Scholkopf. (2004). "Learning with local and global consistency." In *Advances in Neuml Information Processing Systems 16 (NIPS)* (S. Thrun, L. Saul, and B. Scholkopf, eds.), 284-291, MIT Press, Cambridge, MA.

[26] Zhou, Z.-H. (2009). "When semi-supervised learning meets ensemble learning." In *Proceedings of the 8th International Workshop on Multiple Classifier Systems*, 529-538, Reykjavik, Iceland.

[27] Zhou, Z.-H. and M. Li. (2005a). "Semi-supervised regression with co-training." In *Proceedings of the 19th International Joint Conference on Artificial Intelligence (IJCAI)*, 908-913, Edinburgh, Scotland.

[28] Zhou, Z.-H. and M. Li. (2005b). "Tri-training: Exploiting unlabeled data using three classifiers." *IEEE Transactions on Knowledge and Data Engineering*, 17(11):1529-1541.

[29] Zhou, Z.-H. and M. Li. (2010). "Semi-supervised learning by disagreement." *Knowledge and Information Systems*, 24(3):415-439.

[30] Zhu, X. (2006). "Semi-supervised learning literature survey." Technical Report 1530, Department of Computer Sciences, University of Wisconsin at Madison, Madison, WI. http://www.cs.wisc.edu/~jerryzhu/pub/ssLsurvey.pdf.

[31] Zhu, X., Z. Ghahramani, and J. Lafferty. (2003). "Semi-supervised learning using Gaussian fields and harmonic functions." In *Proceedings of the 20th International Conference on Machine Learning (ICML)*, 912-919, Washington, DC.

머신러닝 쉼터

매니폴드와 베른하르트 리만

매니폴드manifold라는 단어의 어원은 독일의 위대한 수학자인 베른하르트 리만Bernhard Riemann, 1826~1866이 언급한 독일어 Mannigfaltigkeit(다양체)입니다. 리만은 독일 하노버의 브레젤렌츠Breselenz에서 태어났으며 유년 시절부터 천부적인 수학적 재능을 뽐냈습니다. 1846년에 아버지는 그를 괴팅겐 대학교 신학과에 진학시켰지만, 가우스의 최소제곱법 강의를 청강하던 그는 그 후 수학과로 전공을 바꾸었습니다. 그리고 가우스의 지도 아래 1851년 박사 학위를 받게 됩니다. 박사 기간에 그는 베를린 대학교에서 2년 동안 공부할 기회가 주어졌는데, 이때 야코비, 디리클레 등 유명 수학자들과 교류하며 긍정적인 영향을 받았습니다. 1853년 가우스는 리만에게 기하학 기초에 대한 보고서를 준비시켰고, 그는 이 보고서를 기반으로 교수직을 얻게 됩니다. 1854년 리만은 '기하 기초의 가설을 논하다'라는 유명한 강연을 진행했고, 이 강연 후 리만 기하, 리만 적분이란 개념이 생겨났습니다. 그리고 이때 처음으로 mannigfaltigkeit라는 단어를 사용하기도 했습니다. 이후 리만은 괴팅겐 대학교에서 교수직을 역임했으며, 1859년 세상을 떠난 디리클레를 대신해 수학과 교수에 임명됩니다.

리만은 리만 기하학의 창시자이자 복소변수 함수의 기초를 다졌습니다. 그리고 미적분과 수론, 대수기하, 수학물리 방법 등 다양한 영역에서 획기적인 공헌을 했습니다. 그의 이러한 족적들은 근 백 년 가까이 수학 발전에 영향을 끼쳤고, 걸출한 수학자들이 앞다투어 리만이 단언했던 정리들을 증명하기도 했습니다. 1900년 힐베르트가 내놓은 23개의 세기적 수학 문제와 2000년 미국 클레이 수학 연구소가 지정한 7개 밀레니엄 수학 난제 중에서 하나의 문제가 중복되는데, 그것이 바로 1859년 리만이 제시한 '리만 가설'입니다. 이는 '제타 함수의 비자명적인 제로점은 모두 일직선상에 있다'라는 가설입니다. 현재 많은 수학분파와 천여 개가 넘는 수학 명제들이 리만 가설을 토대로 하고 있어, 만약 이 난제가 풀린다면 이들은 모두 하나의 정리로 승격될 것입니다. 하나의 가설이 이렇게 많은 수학분파와 연결된 것은 수학사적으로도 매우 보기 드문 일입니다. 따라서 리만 가설은 현재 가장 중요한 수학 난제라고 평가받고 있습니다.

전통적인 독일 대학교에서는 한 학과에 한 명의 '교수'만 존재했다. 가우스는 장기간 괴팅겐 대학교의 수학과 교수로 활동했고, 1855년 세상을 떠난 뒤에는 디리클레가 그 자리를 이어받았다.

세계 7대 수학 난제 중에서 이미 증명된 '푸앵카레 추측'은 매니폴드 학습과 직접적인 연관이 있다.

CHAPTER

14

확률 그래피컬 모델

14.1 은닉 마르코프 모델

머신러닝의 가장 중요한 목적은 이미 관찰된 데이터(훈련 샘플)를 기반으로 관심 있는 미지의 변수(예를 들면 클래스 레이블)에 대해 예측과 추측을 하는 것입니다. 확률 모델probabilistic model은 학습 목적을 변수의 확률 분포를 계산하는 문제로 귀결시키는 하나의 기술 프레임워크를 제공합니다. 확률 모델에서 이미 알고 있는 변수를 이용해 미지 변수의 분포를 추측하는 것을 **추론**inference이라고 합니다. 추론에서 핵심은 관측 가능한 변수를 기반으로 미지 변수의 조건분포를 추측하는 것입니다. 구체적으로 말하면 관심 있는 변수의 집합을 Y, 관측 가능한 변수의 집합을 O, 기타 변수의 집합을 R로 가정하면, **생성**generative 모델은 결합분포 $P(Y, R, O)$를 고려하고, **판별**discriminative 모델은 조건분포 $P(Y, R \mid O)$를 고려합니다. 관측 가능한 변숫값 한 세트가 주어졌을 때, 추론은 $P(Y, R, O)$ 혹은 $P(Y, R \mid O)$로부터 조건 확률 분포 $P(Y \mid O)$를 얻는 것입니다.

직접적으로 확률값을 합하는 법칙을 이용해 변수 R을 소거해 나가는 방법은 쓸 수 없습니다. 왜냐하면, 각 변수에 취할 수 있는 값은 두 가지뿐이더라도 복잡도는 최소 $O(2^{|Y|+|R|})$가 되기 때문입니다. 다른 한편으로는 속성 변수 사이에 복잡한 관계가 존재하므로 훈련 데이터에 기반해 변수분포의 파라미터를 계산하는 확률 모델의 학습이 쉽지만은 않습니다. 연구의 효율성을 높이는 추론과 학습 알고리즘을 위해 우리는 변수 사이의 관계를 표현할 더 간결하고 엄밀한 도구가 필요합니다.

확률 그래피컬 모델probabilistic graphical model은 그래프를 통해 변수 간의 상관관계를 표현합니다. 확률 그래피컬 모델은 표현 도구로서 그래프를 사용하는데, 가장 자주 변수 사이에 명확한 인과관계가 존재한다면 일반적으로 베이지안 네트워크를 사용한다. 만약 변수 사이에 상관성이 존재하지만 명확한 인과관계를 찾기 힘들다면 일반적으로 마르코프 네트워크를 사용한다.

보이는 형식은 노드로 하나 혹은 한 그룹의 확률 변수를 표현하고, 노드 사이의 에지edge를 통해 변수 사이의 확률 상관관계를 표현합니다. 즉, '변수 관계도'라고 할 수 있습니다. 에지의 성질에 따라 확률 그래피컬 모델은 두 분류로 나눌 수 있습니다. 첫 번째는 방향성 비순환 그래프Directed Acyclic Graph를 사용해 변수 간의 의존관계를 표현하는 방법으로, 방향성 그래프 모델 혹은 베이지안 네트워크Bayesian network라고 부릅니다. 두 번째는 무방향성 그래프를 사용해 변수 간의 상관관계를 표현하는 방법으로, 무방향성 그래프 모델 혹은 마르코프 네트워크Markov network라고 부릅니다.

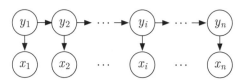

그림 14.1 \ 은닉 마르코프 모델의 구조 그래프

고정된(static) 베이지안 네트워크에 관해서는 7.5절을 참조하라.

은닉 마르코프 모델 Hidden Markov Model, HMM은 가장 단순한 구조를 가진 동적 베이지안 네트워크dynamic Bayesian network이자 가장 유명한 방향성 그래프 모델입니다. 주로 시계열 데이터 모델링, 음성인식, 자연어 처리 등 영역에서 광범위하게 사용됩니다.

그림 14.1에 설명된 것처럼 은닉 마르코프 모델에서 변수는 두 그룹으로 나눌 수 있습니다. 첫 번째 그룹은 동적 변수 $\{y_1, y_2, \ldots, y_n\}$이고, $y_i \in \mathcal{Y}$는 i번째 시간의 시스템 상태를 나타냅니다. 일반적으로 상태 변수는 관측되지 않는다고 가정하므로 이러한 상태 변수를 은닉 변수hidden variable라고 부릅니다. 두 번째 그룹은 관측 변수 $\{x_1, x_2, \ldots, x_n\}$으로 나타내고 $x_i \in \mathcal{X}$로 i 시간의 관측값을 표현합니다. 은닉 마르코프 모델에서 시스템은 일반적으로 다양한 상태 $\{s_1, s_2, \ldots, s_N\}$ 간에 전환되며, 상태 변수 y_i의 범위 $\mathcal{Y}$(상태 공간)는 N개의 값을 가진 이산 공간으로 정의됩니다. 관측 변수 x_i는 이산형일 수도 있고 연속형일 수도 있습니다. 쉬운 논의를 위해 앞으로 살펴볼 관측 변수는 이산형으로 설정하고 취할 수 있는 값의 범위 $\mathcal{X}$를 $\{o_1, o_2, \ldots, o_M\}$으로 설정합니다.

그림 14.1에서 화살표를 통해 변수 간의 의존관계를 나타냈습니다. 임의의 시각에서 관측 변숫값은 상태 변수에만 의존하게 됩니다. 즉, x_t는 y_t에 의해 결정되며 다른 상태 변수나 관측 변수와는 무관합니다. 동시에, t 시각에 상태 y_t는 $t-1$ 시각의 상태 y_{t-1}에만 의존하고 $t-2$개 상태와는 무관합니다. 이것이 바로 소위 말하는

일종의 '현재가 미래를 결정한다'라는 뜻이다.

마르코프 연쇄 Markov chain로서, 시스템에서 각 시각의 상태는 바로 이전 상태에 의해 결정되고, 그 전의 어떤 상태와도 연관되어 있지 않다는 것을 뜻합니다. 이러한 의존관계를 기반으로 모든 변수의 결합 확률 분포는 다음 식과 같습니다.

$$P(x_1, y_1, \ldots, x_n, y_n) = P(y_1)P(x_1 \mid y_1)\prod_{i=2}^{n} P(y_i \mid y_{i-1})P(x_i \mid y_i) \qquad \boxed{\text{식 14.1}}$$

구조에 대한 정보를 제외하고 은닉 마르코프 모델을 만들려면 아래 세 가지 파라미터가 필요합니다.

- **상태 전이 확률**: 각 상태 사이에 전환 확률을 나타내며 일반적으로 행렬 $\mathbf{A} = [a_{ij}]_{N \times N}$으로 표기된다. 여기서 $a_{ij} = P(y_{t+1} = s_j \mid y_t = s_i)$, $1 \leqslant i, j \leqslant N$은 임의의 시각 t에 대해 상태가 s_i라면 다음 시간의 상태는 s_j일 확률이라는 것을 나타낸다.

- **출력 관측 확률**: 모델이 현재 상태에서 얻은 각 관측값의 확률을 나타낸다. 일반적으로 행렬 $\mathbf{B} = [b_{ij}]_{N \times M}$으로 나타내며, $b_{ij} = P(x_t = o_j \mid y_t = s_i)$, $1 \leqslant i \leqslant N$, $1 \leqslant j \leqslant M$은 임의의 시각 t에 대해 상태 s_i에서 관측값 o_j가 얻어질 확률을 나타낸다.

- **초기 상태 확률**: 초기 상태에서 모델에 각 상태가 나타날 확률이다. 일반적으로 $\boldsymbol{\pi} = (\pi_1, \pi_2, \ldots, \pi_N)$으로 나타내고 $\pi_i = P(y_1 = s_i)$, $1 \leqslant i \leqslant N$은 모델의 초기 상태가 s_i일 확률을 나타낸다.

상태 공간 $\mathcal{Y}$, 관측 공간 $\mathcal{X}$, 그리고 위에서 기술한 세 가지 파라미터를 지정하는 것으로 하나의 은닉 마르코프 모델을 만들 수 있습니다. 일반적으로 파라미터는 $\lambda = [\mathbf{A}, \mathbf{B}, \boldsymbol{\pi}]$로 표기합니다. 은닉 마르코프 모델 λ가 주어졌다면 다음과 같은 과정을 거쳐 관측 수열 $\{\boldsymbol{x}_1, \boldsymbol{x}_2, \ldots, \boldsymbol{x}_n\}$을 생성하게 됩니다.

1. $t = 1$로 설정하고 초기 상태 확률 $\boldsymbol{\pi}$를 기반으로 초기 상태 y_1을 선택한다.

2. 상태 y_t와 출력 관측 확률 $\mathbf{B}$를 기반으로 관측 변숫값 x_t를 선택한다.

3. 상태 y_t와 상태 전이 행렬 $\mathbf{A}$를 기반으로 모델 상태를 전이한다. 즉, y_{t+1}을 결정한다.

4. 만약 $t < n$이라면 $t = t + 1$로 설정하고 2번째 단계로 돌아간다. 아니라면 중지한다.

여기서 $y_t \in \{s_1, s_2, \ldots, s_N\}$과 $x_t \in \{o_1, o_2, \ldots, o_M\}$은 각각 t번째 시간의 상태와 관측값입니다.

실제 응용에서 사람들은 은닉 마르코프 모델의 세 가지 기본 문제에 초점을 맞춥니다.

- **모델 $\lambda = [\mathbf{A}, \mathbf{B}, \boldsymbol{\pi}]$이 주어졌을 때**: 어떻게 하면 효과적으로 생성된 관측 열 $\mathbf{x} = \{x_1, x_2, \ldots, x_n\}$의 확률 $P(\mathbf{x} \mid \lambda)$을 계산할 수 있을까? 바꿔 말하면, 어떻게 모델과 관측 서열 사이의 매칭도를 평가할 것인가에 대한 질문입니다.

- **모델 $\lambda = [\mathbf{A}, \mathbf{B}, \boldsymbol{\pi}]$과 관측 열 $\mathbf{x} = \{x_1, x_2, \ldots, x_n\}$이 주어졌을 때**: 어떻게 해당 관측 열과 가장 매칭되는 상태 열 $\mathbf{y} = \{y_1, y_2, \ldots, y_n\}$을 찾을 수 있을까? 바꿔 말하면, 어떻게 관측 열을 기반으로 은닉된 모델의 상태를 추론할 수 있을까에 대한 질문입니다.

- **관측 열 $\mathbf{x} = \{x_1, x_2, \ldots, x_n\}$가 주어졌을 때**: 어떻게 모델 파라미터 $\lambda = [\mathbf{A}, \mathbf{B}, \boldsymbol{\pi}]$를 조정해 해당 관측 열에서 나타나는 확률 $P(\mathbf{x} \mid \lambda)$를 최대화할 수 있을까? 바꿔 말하면, 어떻게 모델을 훈련시켜야 관측 데이터를 잘 묘사할 수 있을까에 대한 질문입니다.

위에서 언급된 문제들은 현실 응용에서 매우 중요합니다. 예를 들면, 많은 프로젝트가 이전의 관측 열 $\{x_1, x_2, \ldots, x_{n-1}\}$을 기반으로 현재 시간에 출현 가능성이 가장 높은 관측값 x_n를 추론하는데, 이는 확률 $P(\mathbf{x} \mid \lambda)$을 구하는 문제로 전환될 수 있습니다. 즉, 이는 위에서 말한 첫 번째 문제에 해당합니다.

음성인식 문제에서 관측값을 음성신호로, 은닉 상태를 문자로 설정한다면, 목표는 관측신호를 기반으로 가장 가능성이 큰 상태 열(즉, 대응하는 문자)을 추론하는 것이 됩니다. 즉, 이는 위에서 언급한 두 번째 문제가 됩니다.

대다수의 현실 응용에서 사람이 인위적으로 모델의 파라미터를 지정하는 것은 갈수록 힘든 일이 되어가고 있습니다. 어떻게 훈련 샘플을 기반으로 최적의 모델 파라미터를 학습할 것인가는 정확히 위에서 언급한 세 번째 문제와 같습니다. 한 가지 다행인 점은 식 14.1의 조건독립성에 기반을 둔 은닉 마르코프 모델은 위 세 가지 문제 모두에 효율적으로 해답을 찾아줄 수 있다는 것입니다.

마르코프 랜덤 필드

마르코프 랜덤 필드 Markov Random Field, MRF는 전형적인 마르코프 네트워크이자 유명한 무방향성 그래프 모델의 한 종류입니다. 그래프의 각 노드는 하나 혹은 한 그룹의 변수를 나타내고, 노드 사이에 에지는 두 변수 사이의 의존관계를 나타냅니다. 마르코프 랜덤 필드에는 포텐셜 함수potential functions라는 것이 존재하는데, 이를 **팩터**factor라고도 부릅니다. 이는 변수 하위 집단에서 음이 아닌 실수 함수를 정의하며, 주로 확률 분포 함수를 정의하는 데 사용됩니다.

그림 14.2는 간단한 마르코프 랜덤 필드를 보여줍니다. 그래프 노드의 하위 집합에 대해, 만약 두 노드 사이가 에지로 연결되어 있다면 해당 노드의 하위 집합을 **클리크**clique라고 부릅니다. 만약 하나의 클리크에 다른 노드를 더했을 때 더 이상 클리크가 형성되지 않는다면 해당 클리크는 **극대 클리크**maximal clique라고 부릅니다. 다시 설명하면, 극대 클리크는 다른 클리크에 포함될 수 없습니다. 예를 들어, 그림 14.2에서 $\{x_1, x_2\}$, $\{x_1, x_3\}$, $\{x_2, x_4\}$, $\{x_2, x_5\}$, $\{x_2, x_6\}$, $\{x_3, x_5\}$, $\{x_5, x_6\}$ 그리고 $\{x_2, x_5, x_6\}$은 모두 클리크입니다. 그리고 $\{x_2, x_5\}$, $\{x_2, x_6\}$, $\{x_5, x_6\}$을 제외하고 모두 극대 클리크입니다. 그러나 x_2와 x_3 사이에는 연결되지 않아 $\{x_1, x_2, x_3\}$은 클리크를 형성하지 못합니다. 당연하게도 각 노드는 최소한 한 개의 극대 클리크에 나타나게 됩니다.

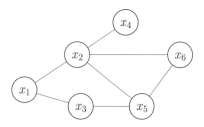

그림 14.2 〉 **간단한 마르코프 랜덤 필드 예**

마르코프 랜덤 필드에서 여러 변수 간의 결합 확률 분포는 클리크를 기반으로 여러 팩터의 곱으로 분해될 수 있습니다. 여기서 각 팩터는 오직 하나의 클리크와 관련이 있을 뿐입니다. 구체적으로 말하면, n개의 변수 $\mathbf{x} = \{x_1, x_2, \ldots, x_n\}$에 대해 모든 클리크로 구성된 집합을 $\mathcal{C}$, 클리크 $Q \in \mathcal{C}$에 대응하는 변수 집합을 $\mathbf{x}_Q$라고 한다면, 결합 확률 $P(\mathbf{x})$는 다음처럼 정의됩니다.

$$P(\mathbf{x}) = \frac{1}{Z} \prod_{Q \in \mathcal{C}} \psi_Q(\mathbf{x}_Q) \ ,$$

식 14.2

여기서 ψ_Q는 클리크 Q에 대응하는 포텐셜 함수이고, 클리크 Q에 변수 관계를 모델링하는 데 사용됩니다. $Z = \sum_{\mathbf{x}} \prod_{Q \in \mathcal{C}} \psi_Q(\mathbf{x}_Q)$는 정규화 팩터로 $P(\mathbf{x})$가 정확히 정의된 확률임을 확인하는 역할을 합니다. 실제 응용에서 정확한 Z값을 계산하는 것은 어렵지만, 대부분 상황에서 아주 정밀한 Z값을 요구하진 않습니다.

만약 변수의 개수가 많다면 클리크의 수도 많아질 것입니다(모든 상호 연결된 두 개의 변수는 클리크가 되므로). 이는 식 14.2에 많은 곱셈 항이 존재한다는 것을 뜻하고 계산량이 많아지는 것을 의미합니다. 만약 클리크 Q가 극대 클리크가 아니라면, 해당 클리크는 하나의 극대 클리크 Q^*에 포함될 수밖에 없고, 이는 $\mathbf{x}_Q \subseteq \mathbf{x}_{Q^*}$으로 나타냅니다. 이는 변수 $\mathbf{x}_Q$ 사이의 관계가 포텐셜 함수 ψ_Q에서만 나타나는 것이 아니라, ψ_{Q^*} 중에서도 나타남을 뜻합니다. 따라서 결합 확률 $P(\mathbf{x})$는 극대 클리크로 정의될 수 있습니다. 모든 극대 클리크로 구성된 집합을 $\mathcal{C}^*$라고 가정한다면 다음 식이 됩니다.

$$P(\mathbf{x}) = \frac{1}{Z^*} \prod_{Q \in \mathcal{C}^*} \psi_Q(\mathbf{x}_Q) \ ,$$

식 14.3

여기서 $Z^* = \sum_{\mathbf{x}} \prod_{Q \in \mathcal{C}^*} \psi_Q(\mathbf{x}_Q)$는 정규화 팩터입니다. 그림 14.2 $\mathbf{x} = \{x_1,\ x_2,\ \ldots,\ x_6\}$에서 결합 확률 분포 $P(\mathbf{x})$는 다음 식으로 정의됩니다.

$$P(\mathbf{x}) = \frac{1}{Z} \psi_{12}(x_1, x_2)\psi_{13}(x_1, x_3)\psi_{24}(x_2, x_4)\psi_{35}(x_3, x_5)\psi_{256}(x_2, x_5, x_6) \ ,$$

여기서 포텐셜 함수 $\psi_{256}(x_2,\ x_5,\ x_6)$은 극대 클리크$(x_2,\ x_5,\ x_6)$상에서 정의됩니다. 이 존재 때문에 우리는 더 이상 포텐셜 함수를 구성함에 있어 클리크 $\{x_2,\ x_5\}$, $\{x_2,\ x_6\}$, $\{x_5,\ x_6\}$이 필요하지 않게 됩니다.

7.5.1절을 참조하라.

그렇다면 마르코프 랜덤 필드에서 어떻게 '조건독립성'을 얻을 수 있을까요? 그림 14.3에 설명된 것처럼 '분리'의 개념을 빌려 설명해 보겠습니다. 만약 노드 집합 A의 노드에서 B의 노드로 가는데 노드 집합 C의 노드를 거쳐가야 한다면, 노드 집합 A와 B는 C에 의해 분리된다고 말합니다. 이때, C는 **분리 집합**separating set이라고 부르며, 마르코프 랜덤 필드에 대해 다음의 성질이 있습니다.

- **전역 마르코프 성질**global Markov property: 두 변수 하위 집합의 분리 집합은 두 변수 하위 집합의 조건독립이다.

즉, 그림 14.3에서 만약 A, B, C에 대응하는 변수 집합을 각각 $\mathbf{x}_A$, $\mathbf{x}_B$, $\mathbf{x}_C$로 설정했을 때 $\mathbf{x}_A$와 $\mathbf{x}_B$는 $\mathbf{x}_C$의 조건에서 독립이라는 뜻으로, $\mathbf{x}_A \perp \mathbf{x}_B \mid \mathbf{x}_C$로 나타냅니다.

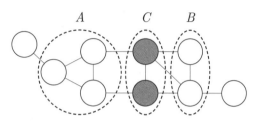

그림 14.3 ＼ 노드 집합 A와 B는 노드 집합 C에 의해 분리됨

아래에서 우리는 간단한 검증을 해보도록 합시다. 논의를 간단히 하고자 그림 14.3에 A, B, C를 각각 변수 x_A, x_B, x_C에 대응하게 설정합니다. 즉, 그림 14.3을 그림 14.4처럼 간략히 나타낼 수 있습니다.

그림 14.4 ＼ 그림 14.3의 간략화 버전

그림 14.4를 바탕으로 식 14.2를 적용하면 결합 확률을 구할 수 있습니다.

$$P(x_A, x_B, x_C) = \frac{1}{Z}\psi_{AC}(x_A, x_C)\psi_{BC}(x_B, x_C) \ . \qquad \boxed{\text{식 14.4}}$$

조건 확률의 정의에 의해 다음 두 식을 얻을 수 있습니다.

$$
\begin{aligned}
P(x_A, x_B \mid x_C) &= \frac{P(x_A, x_B, x_C)}{P(x_C)} = \frac{P(x_A, x_B, x_C)}{\sum_{x'_A}\sum_{x'_B} P(x'_A, x'_B, x_C)} \\
&= \frac{\frac{1}{Z}\psi_{AC}(x_A, x_C)\psi_{BC}(x_B, x_C)}{\sum_{x'_A}\sum_{x'_B} \frac{1}{Z}\psi_{AC}(x'_A, x_C)\psi_{BC}(x'_B, x_C)} \\
&= \frac{\psi_{AC}(x_A, x_C)}{\sum_{x'_A}\psi_{AC}(x'_A, x_C)} \cdot \frac{\psi_{BC}(x_B, x_C)}{\sum_{x'_B}\psi_{BC}(x'_B, x_C)} \ . \qquad \boxed{\text{식 14.5}}
\end{aligned}
$$

$$P(x_A \mid x_C) = \frac{P(x_A, x_C)}{P(x_C)} = \frac{\sum_{x'_B} P(x_A, x'_B, x_C)}{\sum_{x'_A} \sum_{x'_B} P(x'_A, x'_B, x_C)}$$

$$= \frac{\sum_{x'_B} \frac{1}{Z} \psi_{AC}(x_A, x_C) \psi_{BC}(x'_B, x_C)}{\sum_{x'_A} \sum_{x'_B} \frac{1}{Z} \psi_{AC}(x'_A, x_C) \psi_{BC}(x'_B, x_C)}$$

$$= \frac{\psi_{AC}(x_A, x_C)}{\sum_{x'_A} \psi_{AC}(x'_A, x_C)}. \qquad \boxed{\text{식 14.6}}$$

그리고 식 14.5와 14.6으로 인해 다음을 알 수 있습니다.

$$P(x_A, x_B \mid x_C) = P(x_A \mid x_C)P(x_B \mid x_C) , \qquad \boxed{\text{식 14.7}}$$

즉, x_A와 x_B는 x_C일 때 조건독립입니다.

우리는 전역 마르코프 성질에 의해 유용한 두 가지 추론을 얻을 수 있습니다.

어떤 변수의 부모 변수, 하위 변수, 하위 변수의 다른 부모 변수로 만들어진 집합을 해당 변수의 '마르코프 블랭킷(Markov blanket)'이라고 부른다.

- **국소 마르코프 성질**local Markov property: 어떤 변수의 인접 변수가 정해졌을 때 해당 변수가 다른 변수로부터 조건독립이다. 형식화해서 말하면, V를 그래프의 노드 집합, $n(v)$를 노드 v의 그래프상 인접 노드라 한다면, $n^*(v) = n(v) \cup \{v\}$ 그리고 $\mathbf{x}_v \perp \mathbf{x}_{V \setminus n^*(v)} \mid \mathbf{x}_{n(v)}$이다.

- **페어와이즈 마르코프 성질**pairwise Markov property: 모든 기타 변수가 정해졌을 때 두 개의 인접하지 않은 변수는 조건독립이다. 형식화해서 말하면, 그래프의 노드 집합과 에지 집합을 각각 V, E라 한다면, 그래프의 두 개 노드 u와 v에 대해 $\langle u, v \rangle \notin E$이면, $\mathbf{x}_u \perp \mathbf{x}_v \mid \mathbf{x}_{V \setminus \{u,v\}}$이다.

지금부터 마르코프 랜덤 필드에 포텐셜 함수에 대해 알아봅시다. 포텐셜 함수 $\psi_Q(\mathbf{x}_Q)$의 활용은 변수 집합 $\mathbf{x}_Q$에서 변수 사이의 상관관계를 정량화해 나타내는 것입니다. 따라서 음이 아닌 함수이어야 하며, 변숫값은 비교적 큰 함숫값이 좋습니다. 예를 들면, 그림 14.4의 변수가 이진 변수라고 하고, 포텐셜 함수를 다음 식으로 나타낸다고 가정합시다.

$$\psi_{AC}(x_A, x_C) = \begin{cases} 1.5, & \text{if } x_A = x_C; \\ 0.1, & \text{otherwise} , \end{cases}$$

$$\psi_{BC}(x_B, x_C) = \begin{cases} 0.2, & \text{if } x_B = x_C; \\ 1.3, & \text{otherwise} , \end{cases}$$

해당 모델은 변수 x_A와 x_C가 같은 값을 가지는 것을, x_B와 x_C는 다른 값을 가지는 것을 선호하는 것으로 설명할 수 있습니다. 바꿔 말하면, 해당 모델에서 x_A와 x_C는 양의 관계를, x_B와 x_C는 음의 관계를 가집니다. 식 14.2를 통해 알 수 있는 것은 x_A와 x_C가 같고, x_B와 x_C가 다른 변숫값은 비교적 높은 결합 확률을 얻을 수 있다는 사실입니다.

비음수non-negativity 성질을 만족시키기 위해 포텐셜 함수 정의에 지수 함수가 자주 사용됩니다.

$$\psi_Q(\mathbf{x}_Q) = e^{-H_Q(\mathbf{x}_Q)} \ .$$

식 14.8

$H_Q(\mathbf{x}_Q)$는 변수 $\mathbf{x}_Q$상의 실수 함수로 정의되고 자주 보이는 형식은 다음과 같습니다.

$$H_Q(\mathbf{x}_Q) = \sum_{u,v \in Q, u \neq v} \alpha_{uv} x_u x_v + \sum_{v \in Q} \beta_v x_v \ ,$$

식 14.9

여기서 α_{uv}와 β_v는 모두 파라미터입니다. 위 식에서 두 번째 항은 단일 노드만을 고려하고 첫 번째 항은 각 쌍의 노드 관계를 고려합니다.

14.3 조건 랜덤 필드

조건 랜덤 필드 Conditional Random Field, CRF는 일종의 판별식 무방향성 모델입니다. 14.1절에서 이미 언급했듯이 생성 모델은 결합분포를 직접적으로 모델링하지만, 판별식 모델은 조건분포를 모델링합니다. 앞에서 소개한 마르코프 모델과 마르코프 랜덤 필드는 모두 생성식 모델이지만, 조건 랜덤 필드는 판별 모델입니다.

조건 랜덤 필드는 관측값이 주어졌을 때 여러 변수의 조건 확률을 모델링합니다. 구체적으로 설명하면, $\mathbf{x} = \{x_1, x_2, \ldots, x_n\}$을 관측 열로, $\mathbf{y} = \{y_1, y_2, \ldots, y_n\}$을 이에 상응하는 레이블 열로 설정했을 때 조건 랜덤 필드의 목표는 조건 확률 모델 $P(\mathbf{y} \mid \mathbf{x})$를 모델링하는 것입니다. 여기서 주의해야 할 것은 레이블 변수 $\mathbf{y}$는 구조화 변수가 될 수도 있습니다(즉, 구성요소 간에 어떤 관계성이 있음). 예를 들어, 자연어 처리의 품사 태그 문제에서 그림 14.5 (a)에 나온 것처럼 관측 데이터는 구절(단어 열), 레이블은 상응하는 품사 열이고 선형 시퀀스 구조입니다. 문법 분석 문제에서는 그림 14.5 (b)에 나온 것처럼 출력 레이블이 문법 트리가 되고 트리형 구조입니다.

조건 랜덤 필드는 관측값을 정해둔 마르코프 랜덤 필드라고 볼 수 있다. 혹은 로지스틱 회귀의 확장이라고 볼 수도 있다. 로지스틱 회귀에 관해서는 3.3절을 참조하라.

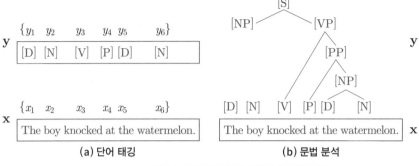

(a) 단어 태킹 **(b) 문법 분석**

그림 14.5 ╲ 자연어 처리에서의 품사 태킹과 문법 분석

$G = \langle V, E \rangle$로 노드와 레이블 변수 **y** 중의 원소가 일대일로 대응하는 무방향성 그래프를, y_v로 노드 v에 대응하는 레이블 변수를, $n(v)$로 노드 v의 인접 노드를 나타내고, 그래프 G의 각 변수 y_v가 모두 마르코프 성질을 만족한다면, 즉 다음 식이라면 (y, x)는 하나의 조건 랜덤 필드를 구성하게 됩니다.

$$P(y_v \mid \mathbf{x}, \mathbf{y}_{V \setminus \{v\}}) = P(y_v \mid \mathbf{x}, \mathbf{y}_{n(v)}) \quad , \qquad \boxed{\text{식 14.10}}$$

이론상으로 그래프 G는 레이블 변수 사이에 조건독립성 관계를 표현할 수 있다면 임의의 구조일 수 있습니다. 하지만 현실 응용에서 특히 레이블 열에 대한 모델링 시 가장 자주 사용하는 그래프는 그림 14.6에 보이는 체인 구조, 즉 **체인식 조건 랜덤 필드**chain-structured CRF입니다. 아래에서 우리는 주로 체인식 조건 랜덤 필드에 대해 논할 것입니다.

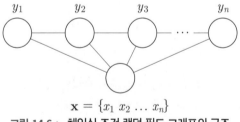

$$\mathbf{x} = \{x_1\ x_2 \dots x_n\}$$

그림 14.6 ╲ 체인식 조건 랜덤 필드 그래프의 구조

마르코프 랜덤 필드가 결합 확률을 정의하는 방식과 유사하게 조건 랜덤 필드는 포텐셜 함수와 그래프상의 클리크를 사용해 조건 확률 $P(\mathbf{y} \mid \mathbf{x})$를 정의합니다. 관측 열 **x**가 주어졌을 때 그림 14.6에 그려진 체인식 조건 랜덤 필드는 주로 두 종류의 레이블 변수에 대한 클리크를 포함합니다. 즉, 단일 레이블 변수 $\{y_i\}$와 서로 이웃하는 레이블 변수 $\{y_{i-1}, y_i\}$입니다. 적당한 포텐셜 함수를 선택하면, 식 14.2와 같은

형식의 조건 확률 정의를 얻을 수 있습니다. 조건 랜덤 필드에서 지수 포텐셜 함수를 사용해서 특성 함수feature function에 도입하면 조건 확률은 다음처럼 정의됩니다.

$$P(\mathbf{y} \mid \mathbf{x}) = \frac{1}{Z} \exp \left(\sum_{j} \sum_{i=1}^{n-1} \lambda_j t_j(y_{i+1}, y_i, \mathbf{x}, i) + \sum_{k} \sum_{i=1}^{n} \mu_k s_k(y_i, \mathbf{x}, i) \right),$$

식 14.11

여기서 $(y_{i+1}, y_i, \mathbf{x}, i)$는 관측 열의 서로 이웃하는 레이블 위치상의 두 가지 전이 특성 함수transition feature function로 정의되고, 서로 이웃하는 레이블 변수 사이의 상관관계나 관측 열이 이들에게 미치는 영향을 나타내는 데 사용됩니다. $s_k(y_i, \mathbf{x}, i)$는 관측 열의 레이블 위치 i상의 상태 특성 함수status feature function로 정의되고, 레이블 변수에 대한 관측 열의 영향을 나타내는 데 사용됩니다. 그리고 λ_j와 μ_k는 파라미터이고, Z는 정규화 팩터이며, 식 14.11이 정확히 정의된 확률인지 확인하는 데 사용됩니다.

조건 랜덤 필드를 사용하려면 당연히 특성 함수를 적절하게 정의해야 합니다. 특성 함수는 일반적으로 실제 가치 함수real-valued function며, 데이터의 성립 가능성이 높은 혹은 성립되길 희망하는 경험 특성을 나타냅니다. 그림 14.5 (a)의 품사 태그 문제를 예로 들어보겠습니다. 만약 다음과 같은 전이 특성 함수를 사용하고, i번째 관측값 x_i를 단어 'knock'라고 나타낸다면, 상응하는 레이블 y_i와 y_{i+1}은 [V]와 [P]일 가능성이 매우 큽니다.

$$t_j(y_{i+1}, y_i, \mathbf{x}, i) = \begin{cases} 1, & \text{if } y_{i+1} = [\text{P}], \; y_i = [\text{V}] \text{ and } x_i = \text{"knock"}; \\ 0, & \text{otherwise}, \end{cases}$$

만약 다음과 같은 상태 특성 함수를 사용하고 관측값 x_i가 단어 'knock'를 나타낸다면, 이에 대응하는 레이블은 [V]일 가능성이 매우 큽니다.

$$s_k(y_i, \mathbf{x}, i) = \begin{cases} 1, & \text{if } y_i = [\text{V}] \text{ and } x_i = \text{"knock"}; \\ 0, & \text{otherwise}, \end{cases}$$

식 14.11과 14.2에서 알 수 있는 것은 조건 랜덤 필드와 마르코프 랜덤 필드는 모두 클리크상의 포텐셜 함수를 사용해서 확률을 정의한다는 것입니다. 둘 다 형식상으로는 큰 차이가 없지만, 조건 랜덤 필드는 조건 확률을 다루는 반면, 마르코프 랜덤 필드는 결합 확률을 다루는 차이가 있습니다.

14.4 학습과 추론

확률 그래피컬 모델이 정의한 결합 확률 분포를 기반에 둔 목표 변수의 주변분포 marginal distribution나 어떠한 관측 가능한 변수를 조건으로 하는 조건분포에 대해 추론할 수 있습니다. 조건분포는 우리가 이미 여러 번 접했던 개념입니다. 예를 들면, 은닉 마르코프 모델에서 파라미터 λ가 주어진 상태에서 관측열 $\mathbf{x}$의 조건 확률 분포를 예측하는 것입니다. 주변분포는 무관한 변수를 합산해 얻은 결과를 뜻합니다. 예를 들어, 마르코프 네트워크에서 변수의 결합분포는 극대 클리크의 포텐셜 함수의 곱으로 표현됩니다. 따라서 파라미터 Θ를 정해 놓고 어떤 변수 x의 분포를 구한다면, 결합분포에서 기타 무관한 변수를 적분하는 과정과 같습니다. 이를 **주변화**marginalization라고 합니다.

베이지안 학파는 미지의 파라미터도 다른 변수처럼 랜덤 변수라고 생각한다. 따라서 파라미터 계산과 변수 추론을 하나의 프레임에서 진행할 수 있다. 그러나 빈도주의 학파들은 이에 대해 동의하지 않는다.

또한, 확률 그래피컬 모델에서 구체적인 분포의 파라미터를 정해줘야 하는데, 이를 파라미터 예측 혹은 파라미터 학습 문제라고 부릅니다. 일반적으로는 최대 우도 예측이나 최대 사후 확률을 사용해서 해를 계산합니다. 그러나 파라미터를 하나의 추측할 변수로 간주한다면 파라미터 예측 과정은 추론 과정과 매우 비슷하게 추론 문제로 흡수될 수 있습니다. 따라서 우리는 확률 그래피컬 모델의 추론 방법에 대해서만 논하겠습니다.

구체적으로 설명하면 그래프 모델에 대응하는 변수 집합 $\mathbf{x} = \{x_1, x_2, \ldots, x_n\}$이 두 개의 교차하지 않는 변수 집합 $\mathbf{x}_E$와 $\mathbf{x}_F$로 나뉠 수 있다면, 추론 문제의 목표는 바로 주변 확률 $P(\mathbf{x}_F)$나 조건 확률 $P(\mathbf{x}_F \mid \mathbf{x}_E)$를 계산하는 것이 됩니다. 조건 확률 정의로 인해 다음 식을 얻을 수 있습니다.

$$P(\mathbf{x}_F \mid \mathbf{x}_E) = \frac{P(\mathbf{x}_E, \mathbf{x}_F)}{P(\mathbf{x}_E)} = \frac{P(\mathbf{x}_E, \mathbf{x}_F)}{\sum_{\mathbf{x}_F} P(\mathbf{x}_E, \mathbf{x}_F)} , \qquad \text{식 14.12}$$

여기서 결합 확률 $P(\mathbf{x}_E, \mathbf{x}_F)$는 확률 그래피컬 모델을 기반으로 얻을 수 있습니다. 따라서 추론 문제의 관건은 바로 어떻게 효율적으로 주변분포를 계산하는가에 달렸습니다.

$$P(\mathbf{x}_E) = \sum_{\mathbf{x}_F} P(\mathbf{x}_E, \mathbf{x}_F) . \qquad \text{식 14.13}$$

확률 그래피컬 모델의 추론 방법은 대략 두 종류가 있습니다. 첫 번째는 정확한 추론 방법으로, 목표 변수의 주변분포나 조건분포의 정확한 값을 계산하길 원합니다. 안타까운 것은 일반적인 상황에서 이런 알고리즘의 시간 복잡도는 극대 클리크 규모의 증가와 더불어 기하급수로 증가하므로 활용범위가 매우 제한적입니다. 두 번째는 근사 추론 방법으로, 비교적 낮은 시간 복잡도에서 원 문제의 근사해를 구합니다. 이런 방법은 많이 사용되고 있으며, 이번 절에서는 정확추론의 대표적인 두 가지 방법을 소개하고, 다음 절에서 근사추론 방법을 소개하겠습니다.

14.4.1 변수 소거

정확추론은 실질적으로 하나의 동적 프로그래밍 알고리즘Dynamic Programming Algorithm 입니다. 정확추론은 그래프 모델이 보여주는 조건독립성으로 목표 확률값을 계산하는 컴포넌트를 줄입니다. 변수 소거법은 가장 직관적인 정확추론 알고리즘이며, 다른 기타 정확추론 알고리즘 방법을 구성하는 기초입니다.

우리는 먼저 그림 14.7 (a)에 방향성 그래프 모델을 예로 해당 알고리즘의 작동 프로세스를 소개하겠습니다.

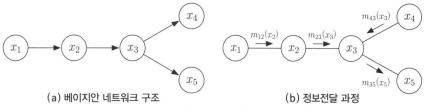

(a) 베이지안 네트워크 구조   (b) 정보전달 과정

그림 14.7 \ 변수 소거법과 그에 대응하는 정보전달 과정

추론의 목표를 주변확률 $P(x5)$를 계산하는 것으로 가정한다면, 덧셈으로 변량 $\{x_1,\ x_2,\ x_3,\ x_4\}$만 소거하면 해당 목표를 달성합니다.

방향 그래프 모델에 기반해 묘사된 조건독립성

$$
\begin{aligned}
P(x_5) &= \sum_{x_4}\sum_{x_3}\sum_{x_2}\sum_{x_1} P(x_1, x_2, x_3, x_4, x_5) \\
&= \sum_{x_4}\sum_{x_3}\sum_{x_2}\sum_{x_1} P(x_1)P(x_2 \mid x_1)P(x_3 \mid x_2)P(x_4 \mid x_3)P(x_5 \mid x_3)\ .
\end{aligned}
$$

식 14.14

우리는 어렵지 않게 $\{x_1,\ x_2,\ x_4,\ x_3\}$의 순서로 덧셈을 계산하면 다음 식이 되는 것을 알 수 있습니다.

$$P(x_5) = \sum_{x_3} P(x_5 \mid x_3) \sum_{x_4} P(x_4 \mid x_3) \sum_{x_2} P(x_3 \mid x_2) \sum_{x_1} P(x_1) P(x_2 \mid x_1)$$

$$= \sum_{x_3} P(x_5 \mid x_3) \sum_{x_4} P(x_4 \mid x_3) \sum_{x_2} P(x_3 \mid x_2) m_{12}(x_2) \,, \qquad \text{식 14.15}$$

여기서 $m_{ij}(x_j)$는 덧셈 과정의 중간 결과입니다. i는 해당 항이 x_i에 대한 합산 결과임을 나타냅니다. j는 해당 항에 남은 기타 변수를 나타냅니다. 따라서 $m_{ij}(x_j)$는 x_j에 대한 함수입니다. 계속해서 위 과정을 실행하면 다음 식을 얻을 수 있습니다.

$$P(x_5) = \sum_{x_3} P(x_5 \mid x_3) \sum_{x_4} P(x_4 \mid x_3) m_{23}(x_3)$$

$$= \sum_{x_3} P(x_5 \mid x_3) m_{23}(x_3) \sum_{x_4} P(x_4 \mid x_3)$$

$$= \sum_{x_3} P(x_5 \mid x_3) m_{23}(x_3) m_{43}(x_3)$$

$$= m_{35}(x_5) \,. \qquad \text{식 14.16}$$

확실하게, 마지막의 $m_{35}(x_5)$는 x_5에 관한 함수이고 단지 변수 x_5의 값과 연관이 있습니다.

사실 위에서 기술한 방법은 무방향성 그래프 모델에도 똑같이 적용될 수 있습니다. 그림 14.7 (a)의 화살표를 무시한다면 하나의 무방향성 그래프로 볼 수 있습니다.

$$P(x_1, x_2, x_3, x_4, x_5) = \frac{1}{Z} \psi_{12}(x_1, x_2) \psi_{23}(x_2, x_3) \psi_{34}(x_3, x_4) \psi_{35}(x_3, x_5) \,, \qquad \text{식 14.17}$$

여기서 Z는 정규화 팩터입니다. 주변분포 $P(x_5)$는 다음처럼 계산될 수 있습니다.

$$P(x_5) = \frac{1}{Z} \sum_{x_3} \psi_{35}(x_3, x_5) \sum_{x_4} \psi_{34}(x_3, x_4) \sum_{x_2} \psi_{23}(x_2, x_3) \sum_{x_1} \psi_{12}(x_1, x_2)$$

$$= \frac{1}{Z} \sum_{x_3} \psi_{35}(x_3, x_5) \sum_{x_4} \psi_{34}(x_3, x_4) \sum_{x_2} \psi_{23}(x_2, x_3) m_{12}(x_2)$$

$$= \cdots$$

$$= \frac{1}{Z} m_{35}(x_5) \,. \qquad \text{식 14.18}$$

변수 소거법은 곱셈과 덧셈의 배분율을 이용해서 여러 변수의 곱과 합 문제를 부분 변수에 대해 번갈아가며 곱셈과 덧셈하는 문제로 전환할 수 있습니다. 이러한 전환은 각 덧셈과 곱셈의 연산을 국소적으로 제한하고 오직 부분 변수와만 연관해서 계산을 단순화합니다.

변수 소거법은 한 가지 명확한 단점이 있습니다. 만약 여러 개의 주변분포를 계산한다면 반복적으로 사용하는 것은 대량의 잉여 계산을 하게 됩니다. 예를 들어, 그림 14.7 (a)의 베이지안 네트워크에서 $P(x_5)$ 외에 $P(x_4)$도 계산하고 싶다고 한다면, $\{x_1, x_2, x_5, x_3\}$와 같은 순서를 사용했을 때 $m_{12}(x_2)$와 $m_{23}(x_3)$의 계산은 중복될 것입니다.

14.4.2 신뢰 전파

혹은 Sum-Product 알고리즘이라고 부른다.

신뢰 전파 Belief Propagation 알고리즘은 변수 소거법 중 덧셈에 대한 부분을 정보전달 과정으로 간주하고, 비교적 적당한 방법으로 여러 주변분포의 중복 계산 문제를 해결했습니다. 구체적으로 변수 소거법은 다음의 합을 구해 변수 x_i를 소거합니다.

$$m_{ij}(x_j) = \sum_{x_i} \psi(x_i, x_j) \prod_{k \in n(i) \setminus j} m_{ki}(x_i) \qquad \text{식 14.19}$$

여기서 $n(i)$는 노드 x_i의 근접 노드를 뜻합니다. 이렇게 식 14.15와 식 14.16이 보여주는 변수 소거법 과정은 그림 14.7 (b)에 나온 정보전달 과정을 나타낼 수 있습니다. 우리는 어렵지 않게 각 정보전달 과정이 오직 변수 x_i, 그리고 근접 노드와 직접적인 관련이 있다는 것을 알 수 있습니다. 바꿔 말하면, 정보전달에 관련된 계산은 그래프의 국소적인 부분에 제한되어 진행된다는 것입니다.

신뢰 전파 알고리즘에서 하나의 노드는 다른 모든 노드로부터 오는 정보를 받은 후에야 다른 노드로 정보를 발송합니다. 그리고 노드의 주변분포는 그가 받은 정보의 곱에 정비례합니다.

$$P(x_i) \propto \prod_{k \in n(i)} m_{ki}(x_i) . \qquad \text{식 14.20}$$

예를 들어, 그림 14.7 (b)에서 노드 x_3이 x_5로 정보를 보내려면, 반드시 노드 x_2와 x_4에서 오는 정보를 받은 후에야 가능합니다. 그리고 x_5에 전달된 정보 $m_{35}(x_5)$는 확률 $P(x_5)$가 됩니다.

만약 그래프 구조에 고리가 없다면 신뢰 전파 알고리즘은 두 번의 단계를 거쳐 모든 정보의 전달을 완료할 수 있고, 더 나아가 모든 변수상의 주변분포를 계산할 수 있습니다.

- 하나의 루트 노드를 지정하고, 모든 리프 노드에서 시작해 루트 노드가 모든 근접 노드의 정보를 받을 때까지 루트 노드 방향으로 정보를 전달한다.
- 루트 노드에서 시작해서 모든 리프 노드들이 정보를 받을 때까지 리프 노드 방향으로 정보를 전달한다.

그림 14.7 (a) 그래프에서 x_1을 루트 노드, x_4와 x_5을 리프 노드라고 한다면, 위에서 설명한 정보전달 과정은 그림 14.8에 나온 것과 같습니다. 이때 그래프의 각 에지상에는 모두 방향이 다른 두 개의 정보가 있습니다. 해당 정보와 식 14.20을 기반으로 모든 변수의 주변확률을 구할 수 있습니다.

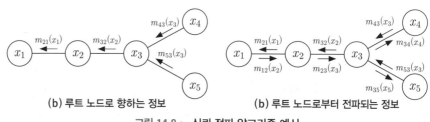

(b) 루트 노드로 향하는 정보 **(b) 루트 노드로부터 전파되는 정보**

그림 14.8 ＼ 신뢰 전파 알고리즘 예시

14.5 근사추론

일반적으로 정확추론법은 계산량이 많습니다. 따라서 현실 응용 환경에서는 근사추론법을 더 자주 사용합니다. **근사추론법**에는 대략 두 가지가 있는데, 첫 번째는 임의화randomization 방법을 사용해 근사를 완성하는 샘플링sampling이고, 두 번째는 정확성 근사를 사용해 근사추론을 완성하는 변분 추론variational inference과 같은 방법이 있습니다.

14.5.1 MCMC 샘플링

많은 과업task 중 우리는 확률 분포 자체에 대한 관심보다는 확률 분포를 기반으로 어떤 기대치를 계산하고 더 나아가 이러한 기대치에 통해 어떠한 결정을 내리길 원하기 때문에 확률 분포에 관심을 가집니다. 예를 들어, 그림 14.7 (a)의 베이지안 네트워크에서 추론하는 목적은 아마도 변수 x_5의 기댓값을 구하기 위해서일 것입니다. 만약 직접적으로 이 기댓값을 계산 혹은 근사할 수 있다면 확률 분포를 추론하는 것보다 더 쉬울 것입니다. 그렇다면 당연히 직접 구하는 것이 추론 문제의 해를 구하는 데 더 효과적일 것입니다. 구체적으로 우리의 목표가 확률밀도 함수 $p(x)$에서의 함수 $f(x)$의 기댓값을 계산하는 것이라고 가정한다면 다음 식과 같습니다.

만약 x가 이산 변수라면 적분을 합(summation)으로 변경해도 된다.

$$\mathbb{E}_p[f] = \int f(x)p(x)\mathrm{d}x \,, \qquad \text{식 14.21}$$

혹은 $p(x)$의 상관분포다.

그렇다면 $P(x)$에 기반해 샘플 그룹 $\{x_1, x_2, \ldots, x_N\}$을 추출할 수 있습니다. 그리고 이 샘플상에서의 $f(x)$의 평균값을 계산하면 다음과 같습니다.

$$\hat{f} = \frac{1}{N} \sum_{i=1}^{N} f(x_i) \,, \qquad \text{식 14.22}$$

이를 기반으로 목표 기댓값 $\mathbb{E}[f]$를 근사할 수 있습니다. 만약 샘플 $\{x_1, x_2, \ldots, x_N\}$이 독립이라면, 대수의 법칙에 의해 이렇게 대량으로 샘플링하는 방법은 비교적 높은 근사 정밀도를 얻을 수 있습니다. 문제의 관건은 어떻게 샘플링하느냐에 달렸습니다. 결국, 확률 그래피컬 모델은 어떻게 그래프 모델이 그리는 확률 분포를 바탕으로 효율적으로 샘플링할 것인지에 대한 문제입니다.

확률 그래피컬 모델에서 가장 자주 사용하는 샘플링 기법은 **마르코프 연쇄 몬테카를로**Markov Chain Monte Carlo, MCMC 방법입니다. 연속 변수 $x \in X$의 확률밀도 함수 $p(x)$가 주어졌을 때 구간 A에서 x의 확률은 다음처럼 계산됩니다.

$$P(A) = \int_A p(x)\mathrm{d}x \,. \qquad \text{식 14.23}$$

만약 $f : X \mapsto \mathbb{R}$이면, $f(x)$의 기댓값을 계산할 수 있습니다.

$$p(f) = \mathbb{E}_p\left[f(X)\right] = \int_x f(x)p(x)\mathrm{d}x \,. \qquad \text{식 14.24}$$

만약 x가 단일 변수가 아닌 고차원의 다중 변수 $\mathbf{x}$고, 아주 복잡한 분포를 따른다면 식 14.24를 적분하는 것은 매우 힘듭니다. 따라서 MCMC 방법은 먼저 p분포를 따르는 독립항등분포 랜덤 변수 $x_1, x_2, \ldots, x_N$을 만들어 식 14.24의 비편향 추정값을 얻습니다.

$$\tilde{p}(f) = \frac{1}{N} \sum_{i=1}^{N} f(\mathbf{x}_i) \,.$$ 식 14.25

그러나 만약 확률밀도 함수 $p(\mathbf{x})$가 매우 복잡하다면 p분포의 독립항등분포 샘플을 만드는 것도 매우 어려울 것입니다. MCMC 방법의 관건은 '정상 확률 분포가 p인 마르코프 연쇄'를 만들어 샘플을 생성하는 것에 달렸습니다. 만약 마르코프 연쇄의 연산 시간이 충분히 길다면(즉, 정상 상태로 수렴한다면), 이때 생성되는 샘플 $\mathbf{x}$는 분포 p를 근사하게 따르게 됩니다. 그렇다면 어떻게 마르코프 연쇄가 정상 상태에 달했다고 판단할까요? 정상 마르코프 연쇄 T의 상태 전이 확률을 $T(\mathbf{x}' \mid \mathbf{x})$로, t시간의 상태 분포를 $p(\mathbf{x}^t)$로 가정하고, 만약 어떤 시간에 마르코프 연쇄가 정상 조건을 만족한다면 다음 식이 됩니다.

$$p(\mathbf{x}^t)T(\mathbf{x}^{t-1} \mid \mathbf{x}^t) = p(\mathbf{x}^{t-1})T(\mathbf{x}^t \mid \mathbf{x}^{t-1}),$$ 식 14.26

$P(\mathbf{x})$는 해당 마르코프 연쇄의 정상 분포이고, 마르코프 연쇄가 해당 조건을 만족할 때 이미 정상 상태에 수렴했다고 말합니다.

즉, MCMC 방법은 먼저 하나의 마르코프 연쇄를 만들고, 정상 분포가 파라미터 계산을 기다리는 사후분포에 해당할 때까지 수렴시켜 해당 마르코프 연쇄를 통해 사후분포에 부합하는 샘플을 생성합니다. 그리고 해당 샘플에 기반해 예측을 실행합니다. 여기서 마르코프 연쇄 전이 확률의 설계가 매우 중요합니다. 서로 다른 설계 방법은 서로 다른 MCMC 알고리즘을 만들어 냅니다.

메트로폴리스 헤이스팅스 알고리즘은 메트로폴리스(N.Metropolis) 등이 1953년 제안했다 [Metropolis et al., 1953]. 이후 헤이스팅스(W.K.Hastings)가 일반적인 형식으로 확장시켰다 [Hastings, 1970].

메트로폴리스 헤이스팅스 Metropolis-Hastings, MH는 MCMC 방법의 중요하고 대표적인 알고리즘입니다. MH는 **기각 샘플링**reject sampling 방법을 기반으로 정상 분포 p에 근사합니다. 그림 14.9에 나타난 것처럼, 알고리즘은 매번 앞 단계의 샘플 결과 $\mathbf{x}^{t-1}$에 기반해 후보 상태 샘플 $\mathbf{x}^*$를 얻습니다. 그러나 해당 후보 샘플은 일정한 확률로 '기각' 당하게 됩니다. 만약 상태 $\mathbf{x}^{t-1}$에서 상태 $\mathbf{x}^*$으로 가는 전이 확률이 $Q(\mathbf{x}^* \mid \mathbf{x}^{t-1})A(\mathbf{x}^* \mid \mathbf{x}^{t-1})$이라고 가정하고, $Q(\mathbf{x}^* \mid \mathbf{x}^{t-1})$은 사용자가 지정한 사전 확률이라 한다면 $A(\mathbf{x}^* \mid \mathbf{x}^{t-1})$은 $\mathbf{x}^*$가 받아들여질 확률입니다. 만약 $\mathbf{x}^*$가 최종적으로 정상 상태에 수렴한다면, 식 14.26에 기반해 다음 식이 됩니다.

$$p(\mathbf{x}^{t-1})Q(\mathbf{x}^* \mid \mathbf{x}^{t-1})A(\mathbf{x}^* \mid \mathbf{x}^{t-1}) = p(\mathbf{x}^*)Q(\mathbf{x}^{t-1} \mid \mathbf{x}^*)A(\mathbf{x}^{t-1} \mid \mathbf{x}^*) \,,$$ 식 14.27

충분한 반복을 거친 후 정상
확률 분포(stationary distribu
tion)에 도달한다.

식 14.28에 기반한다.

입력: 사전 확률 $Q(\mathbf{x}^* \mid \mathbf{x}^{t-1})$
과정:
   1: $\mathbf{x}^0$을 초기화
   2: **for** $t = 1, 2, \ldots,$ **do**
   3:    $Q(\mathbf{x}^* \mid \mathbf{x}^{t-1})$을 기반으로 후보 샘플 $\mathbf{x}^*$를 샘플링한다
   4:    균일 분포에 근거해 $(0, 1)$ 범위 내에서 임곗값 u를 샘플링한다
   5:    **if** $u \leqslant A(\mathbf{x}^* \mid \mathbf{x}^{t-1})$ **then**
   6:       $\mathbf{x}^t = \mathbf{x}^*$
   7:    **else**
   8:       $\mathbf{x}^t = \mathbf{x}^{t-1}$
   9:    **end if**
10: **end for**
11: **return** $\mathbf{x}^1, \mathbf{x}^2, \ldots$
출력: 샘플링된 하나의 수열 $\mathbf{x}^1, \mathbf{x}^2, \ldots$

그림 14.9 \ 메트로폴리스 헤이스팅스 알고리즘

실전에서 계산할 때는 앞에 몇
개 샘플을 버리게 된다. 정상
확률 분포에 도달한 후 생성된
것만이 얻고자 하는 샘플이기
때문이다.

따라서 정상 상태에 달하기 위해서 채택률을 다음과 같이 설정하기만 하면 됩니다.

$$A(\mathbf{x}^* \mid \mathbf{x}^{t-1}) = \min\left(1, \frac{p(\mathbf{x}^*)Q(\mathbf{x}^{t-1} \mid \mathbf{x}^*)}{p(\mathbf{x}^{t-1})Q(\mathbf{x}^* \mid \mathbf{x}^{t-1})}\right).$$

식 14.28

7.5.3절을 참조하라.

깁스 샘플링 Gibbs sampling은 MH 알고리즘의 특례로 여겨지기도 합니다. 깁스 샘플링은 마르코프 연쇄를 통해 샘플을 얻고, 해당 마르코프 연쇄의 정상 분포는 샘플링의 목표 분포 $p(\mathbf{x})$가 됩니다. 구체적으로 말해, $\mathbf{x} = (x_1, x_2, \ldots, x_N)$을 가정하고 목표 분포가 $p(\mathbf{x})$라면 $\mathbf{x}$의 값을 초기화한 후 순환적으로 다음 단계를 실행해 샘플링을 완성합니다.

1. 랜덤 혹은 정해진 어떤 순서대로 변수 x_i를 추출한다.

2. $\mathbf{x}$ 중에서 x_i 외 변수의 현재 값을 기반으로 조건 확률 $p(x_i \mid \mathbf{x}_{\bar{i}})$를 계산한다. 여기서 $\mathbf{x}_{\bar{i}} = \{x_1, x_2, \ldots, x_{i-1}, x_{i+1}, \ldots, x_N\}$이다.

3. $p(x_i \mid \mathbf{x}_{\bar{i}})$를 기반으로 변수 x_i에 대해 샘플링한다. 샘플링값으로 원래 값을 대체한다.

14.5.2 변분 추론

변분 추론은 이미 알고 있는 간단한 분포를 통해 추론해야 하는 복잡한 분포를 근사하고, 근사 분포의 유형을 제한해 일종의 국소 최적해를 얻는 방법입니다.

변분 추론에 대해 알아보기 전에, 먼저 확률 그래피컬 모델에 간결한 표현 방식인 **판 표기법**plate notation에 대해 소개하겠습니다[Buntine, 1994]. 그림 14.10에 간단한 예제가 나와 있습니다. 그림 14.10의 (a)는 N개의 변수 $\{x_1, x_2, \ldots, x_N\}$가 일괄적으로 의존하는 기타 변수 $\mathbf{z}$를 표현하고 있습니다. 그림 14.10의 (b)에서는 상호 독립적이고 같은 메커니즘에 의해 생성된 여러 변수가 하나의 직사각 판 내에 놓여 있고, 판 안에 비슷한 변수가 반복해서 출현하는 개수 N을 표기하고 있습니다. 판은 일반적으로 그림 14.10에서의 변수 x처럼 직사각형 내의 음영으로 표기해 이미 알고 있고, 관측할 수 있는 변수를 표기합니다.

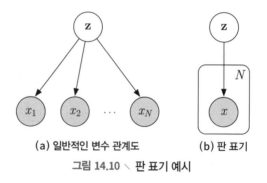

(a) 일반적인 변수 관계도 **(b) 판 표기**

그림 14.10 ＼ **판 표기 예시**

변분 추론이 사용한 근사 분포는 훌륭한 수학적 성질이 있다. 일반적으로 연속형 변수의 확률밀도 함수를 사용한다.

그림 14.10의 (b)에서 관측될 수 있는 변수 $\boldsymbol{x}$의 결합확률의 확률밀도 함수는 다음과 같습니다.

$$p(\mathbf{x} \mid \Theta) = \prod_{i=1}^{N} \sum_{\mathbf{z}} p(x_i, \mathbf{z} \mid \Theta), \qquad \text{식 14.29}$$

이에 대응하는 로그 우도 함수는 다음과 같습니다.

$$\ln p(\mathbf{x} \mid \Theta) = \sum_{i=1}^{N} \ln \left\{ \sum_{\mathbf{z}} p(x_i, \mathbf{z} \mid \Theta) \right\}, \qquad \text{식 14.30}$$

여기서 $\{x_1, x_2, \ldots, x_N\}$이고, Θ는 $\mathbf{x}$와 $\mathbf{z}$가 따르는 분포 파라미터입니다.

일반적으로 그림 14.10에 대응하는 추론과 학습의 목적은 주로 관측한 변수 $\mathbf{x}$를 통해 은닉 변수 $\mathbf{z}$와 분포 파라미터 변수 Θ를 계산하는 것입니다. 즉, $p(\mathbf{z} \mid \mathbf{x}, \Theta)$와 Θ의 해를 구하는 것입니다.

EM 알고리즘에 관해서는 7.6절을 참조하라.

확률 모델의 파라미터 계산은 로그 우도 함수를 최대화하는 것을 그 주요 수단으로 삼습니다. 식 14.30에 대해 우리는 EM 알고리즘을 사용할 수도 있습니다. E 단계에서는 t시간의 파라미터 Θ^t를 기반으로 $p(\mathbf{z} \mid \mathbf{x}, \Theta)$에 대해 추론하고, 결합 우도 함수 $p(\mathbf{x}, \Theta \mid \mathbf{z})$를 계산합니다. M 단계에서는 E 단계의 결과를 기반으로 변수 Θ의 함수 $\mathcal{Q}(\Theta; \Theta^t)$에 대해 최대화하고 다음을 구합니다.

$$
\begin{aligned}
\Theta^{t+1} &= \arg\max_{\Theta} \mathcal{Q}(\Theta; \Theta^t) \\
&= \arg\max_{\Theta} \sum_{\mathbf{z}} p(\mathbf{z} \mid \mathbf{x}, \Theta^t) \ln p(\mathbf{x}, \mathbf{z} \mid \Theta) \ .
\end{aligned}
\qquad \text{식 14.31}
$$

식 14.31에서 $\mathcal{Q}(\Theta; \Theta^t)$는 실질적으로 분포 $p(\mathbf{z} \mid \mathbf{x}, \Theta^t)$에서 로그 결합 우도 함수 $\ln p(\mathbf{x}, \mathbf{z} \mid \Theta)$의 기댓값과 같습니다. 분포 $p(\mathbf{z} \mid \mathbf{x}, \Theta^t)$와 변수 $\mathbf{z}$의 실제 사후분포가 같을 때 $\mathcal{Q}(\Theta; \Theta^t)$는 로그 우도 함수에 근사하게 됩니다. 따라서 EM 알고리즘은 최종적으로 안정적인 파라미터 Θ를 얻을 수 있고, 은닉 변수 $\mathbf{z}$의 분포 또한 해당 파라미터를 통해 얻을 수 있습니다.

하지만 주의해야 할 점은 $p(\mathbf{z} \mid \mathbf{x}, \Theta^t)$가 반드시 은닉 변수 $\mathbf{z}$가 따르는 실제 분포가 아닐 수도 있다는 점입니다. 만약 해당 근사 분포를 $q(\mathbf{z})$로 나타낸다면 다음 식을 어렵지 않게 검증할 수 있습니다.

$$
\ln p(\mathbf{x}) = \mathcal{L}(q) + \mathrm{KL}(q \parallel p),
\qquad \text{식 14.32}
$$

여기서 다음 두 식이 됩니다.

$$
\mathcal{L}(q) = \int q(\mathbf{z}) \ln \left\{ \frac{p(\mathbf{x}, \mathbf{z})}{q(\mathbf{z})} \right\} d\mathbf{z} \ ,
\qquad \text{식 14.33}
$$

KL 발산에 관해서는 부록 C.3을 참조하라.

$$
\mathrm{KL}(q \parallel p) = - \int q(\mathbf{z}) \ln \frac{p(\mathbf{z} \mid \mathbf{x})}{q(\mathbf{z})} d\mathbf{z} \ .
\qquad \text{식 14.34}
$$

그러나 현실 문제에서 E 단계의 $p(\mathbf{z} \mid \mathbf{x}, \Theta^t)$에 대한 추론은 $\mathbf{z}$ 모델 복잡도로 인해 진행되기 어려울 때가 있습니다. 이때 변분 추론의 힘을 빌려 해결할 수 있는데, 일반적으로 $\mathbf{z}$가 다음 분포를 따른다고 가정합니다.

$$q(\mathbf{z}) = \prod_{i=1}^{M} q_i(\mathbf{z}_i),$$

식 14.35

즉, 복잡한 다중 변수 $\mathbf{z}$는 상호 독립적인 다중 변수 $\mathbf{z}_i$로 분해될 수 있다고 가정하는 것입니다. 더 중요한 것은 q_i를 분포가 상대적으로 단순하고 구조가 좋다고 가정할 수 있는데, 예를 들면 q_i를 지수족exponential family 분포로 가정하는 것입니다. 이때, 다음과 같은 식이 됩니다.

표현을 간단히 하고자 여기서는 $q_i(\mathbf{z}_i)$을 q_i라고 표기한다.

const는 하나의 상수다.

$$
\begin{aligned}
\mathcal{L}(q) &= \int \prod_i q_i \left\{ \ln p(\mathbf{x}, \mathbf{z}) - \sum_i \ln q_i \right\} \mathrm{d}\mathbf{z} \\
&= \int q_j \left\{ \int \ln p(\mathbf{x}, \mathbf{z}) \prod_{i \neq j} q_i \mathrm{d}\mathbf{z}_i \right\} \mathrm{d}\mathbf{z}_j - \int q_j \ln q_j \mathrm{d}\mathbf{z}_j + \mathrm{const} \\
&= \int q_j \ln \tilde{p}(\mathbf{x}, \mathbf{z}_j) \mathrm{d}\mathbf{z}_j - \int q_j \ln q_j \mathrm{d}\mathbf{z}_j + \mathrm{const} ,
\end{aligned}
$$

식 14.36

여기서 다음처럼 전개할 수 있습니다.

$$\ln \tilde{p}(\mathbf{x}, \mathbf{z}_j) = \mathbb{E}_{i \neq j} \left[\ln p(\mathbf{x}, \mathbf{z}) \right] + \mathrm{const} ,$$

식 14.37

$$\mathbb{E}_{i \neq j} \left[\ln p(\mathbf{x}, \mathbf{z}) \right] = \int \ln p(\mathbf{x}, \mathbf{z}) \prod_{i \neq j} q_i \mathrm{d}\mathbf{z}_i .$$

식 14.38

우리가 관심 있어 하는 것은 q_j인데, $q_{i \neq j}$로 고정시켜 놓고 $\mathcal{L}(q)$를 최대화합니다. 그러면 식 14.36이 $-\mathrm{KL}(q_j \| \tilde{p}(\mathbf{x}, \mathbf{z}_j))$과 같아짐을 알 수 있는데, 즉 $q_j = \tilde{p}(\mathbf{x}, \mathbf{z}_j)$일 때 $\mathcal{L}(q)$가 최댓값을 갖는 것을 의미합니다. 따라서 변수 부분집합 $\mathbf{z}_j$가 따르는 최적분포 q_j^*는 다음 식을 만족해야 합니다.

$$\ln q_j^*(\mathbf{z}_j) = \mathbb{E}_{i \neq j} \left[\ln p(\mathbf{x}, \mathbf{z}) \right] + \mathrm{const} ,$$

식 14.39

즉, 다음 식으로 나타낼 수 있습니다.

$$q_j^*(\mathbf{z}_j) = \frac{\exp \left(\mathbb{E}_{i \neq j} \left[\ln p(\mathbf{x}, \mathbf{z}) \right] \right)}{\int \exp \left(\mathbb{E}_{i \neq j} \left[\ln p(\mathbf{x}, \mathbf{z}) \right] \right) \mathrm{d}\mathbf{z}_j} .$$

식 14.40

바꿔 말하면, 식 14.35의 가정하에서 변수 부분집합 $\mathbf{z}_j$가 실제 분포에 가장 가까울 수 있는지는 식 14.40에 의해 계산됩니다.

식 14.35의 가설에 기반해 적당히 독립변수 부분집합 $\mathbf{z}_j$를 분할해 q_i가 따르는 분포를 선택하면 $\mathbb{E}_{i \neq j}[\ln p(\mathbf{x}, \mathbf{z})]$은 항상 닫힌 형태를 갖게 됩니다. 이는 식 14.40에 기반해 효율적으로 은닉 변수 $\mathbf{z}$에 대한 추론을 진행할 수 있게 만들어 줍니다. 사실상 식 14.38에 의해 변수 $\mathbf{z}_j$의 분포 q_j^*에 대해 계산할 때 $\mathbf{z}_j$ 이외의 기타 $\mathbf{z}_{i \neq j}$의 정보를 융합했습니다. 이는 $\mathbf{z}_j$ 이외의 은닉 변수 분포상의 결합 우도 함수 $\ln p(\mathbf{x}, \mathbf{z})$ 기댓값을 구해 얻은 것입니다. 따라서 **평균 필드**mean field 방법이라고 부릅니다.

mean은 기댓값을, field는 분포를 뜻한다.

실전 응용 중에서 변분법을 사용할 때 가장 중요한 것은 어떻게 은닉 변수에 대해 분해하고 각 변수 부분집합이 어떤 분포를 따를지 가정하는 것입니다. 이 기초 위에서 식 14.40의 결론을 더하고 다시 EM 알고리즘을 사용하면 확률 그래피컬 모델에 대해 추론하고 파라미터를 계산할 수 있습니다. 당연한 이야기이지만, 은닉 변수의 분해나 변수 부분집합의 분포 가설이 맞지 않을 때 변분법의 효율은 낮아지고 좋은 효과도 보지 못합니다.

14.6 토픽 모델

토픽 모델topic model은 일종의 생성 방향 그래프 모델입니다. 주로 이산형 데이터(**CD**, 텍스트 집합)를 처리하는 데 사용되며, 정보검색, 자연어 처리를 비롯해 광범위하게 사용되고 있습니다. 잠재적 디리클레 할당Latent Dirichlet Allocation, LDA은 토픽 모델의 대표적인 알고리즘입니다.

먼저, 토픽 모델에서 자주 사용되는 단어word, 문서document, 토픽topic이라는 개념에 대해 알아봅시다. 구체적으로, '단어'란 데이터 처리에서 기본적인 이산 단위입니다. 예를 들어, 텍스트 처리 문제에서 하나의 단어는 하나의 영어단어나 독립적인 의미를 가진 글자가 됩니다. '문서'는 여러 개의 단어로 구성되어 있습니다. 해당 단어들은 순서를 따지지 않습니다. 예를 들어, 한 편의 논문, 하나의 홈페이지 등을 하나의 문서로 볼 수 있습니다. 이러한 표현 방식을 **단어 주머니**bag-of-words라고 부릅니다. 대상 데이터가 단어 주머니를 통해 표현될 수 있다면, 토픽 모델을 사용할 수 있습니다. '토픽'은 하나의 개념을 표현합니다. 구체적으로는 관련 있는 단어 내지 그들이 해당 개념하에 나타나는 확률을 뜻합니다.

예를 들어, 이미지 중에 작은 부분을 하나의 '단어'라고 본다면, 이미지 또한 하나의 단어 주머니로 표현될 수 있다. 따라서 토픽 모델에서도 이미지 데이터를 사용할 수 있는 것이다.

형식화해서 설명하면 그림 14.11처럼 나타낼 수 있습니다. 하나의 토픽은 하나의 상자와 같습니다. 상자 안에 이런 개념하에 출현 확률이 비교적 높은 단어들을 담습니다. 데이터 세트에 총 K개의 토픽과 T개의 문서를 포함하고, 문서 중에 단어는 d개의 단어를 포함하는 사전에서 왔다고 가정해 봅시다. 우리는 T개의 d차원 벡터 $\mathbf{W} = \{w_1, w_2, \dots, w_T\}$로 데이터 세트(문서 집합)를, K개의 d차원 벡터 $\beta_k(k = 1, 2, \dots, K)$로 토픽을 나타낸다고 가정합니다. 그리고 $w_t \in \mathbb{R}^d$의 n번째 컴포넌트 $w_{t,n}$으로 문서 t에서 단어 n이 출현하는 빈도를 나타내고, $\beta_k \in \mathbb{R}^d$의 n번째 컴포넌트 $\beta_{k,n}$으로 토픽 k에서 단어 n이 나올 빈도를 나타냅니다.

일반적으로 단어의 빈도를 전처리해야 한다.

현실 프로젝트에서 문서 중 출현하는 단어의 통계를 통해 단어 빈도 벡터 $w_i(i = 1, 2, \dots, T)$를 얻을 수 있습니다. 그러나 일반적으로 해당 문서에서 어떤 토픽을 다루는지, 각 문서와 어떤 토픽들이 연관이 있는지 알지 못합니다. LDA는 생성 모델의 시각에서 문서와 토픽을 바라봅니다. 구체적으로 말하자면, LDA는 각 편의 문서가 다수의 토픽을 포함하고 있다고 간주합니다. 벡터 $\Theta_t \in \mathbb{R}^K$로 문서 t에 포함된 각 토픽의 비율을 나타낸다고 해봅시다. 즉, 문서 t에 포함된 토픽 k의 비율을 나타낸다고 볼 수 있고, 더 나아가 아래에 설명된 단계에 따라 토픽으로부터 문서 t를 '생성'합니다.

디리클레 분포에 관해서는 부록 C1.6을 참조하라.

1. 파라미터가 α인 디리클레 분포에 기반해 하나의 토픽 분포 Θ_t를 랜덤 샘플링합니다.

2. 다음 단계에 맞춰 문서 중의 N개 단어를 생성합니다.

   a. Θ_t에 기반해 토픽을 배분하고 문서 t의 단어 n의 토픽 $z_{t,n}$을 얻습니다.
   b. 배분한 토픽에 대응하는 단어 빈도 분포 β_k에 기반해 랜덤 샘플링을 통해 단어를 생성합니다.

그림 14.11은 상기 과정을 따라 문서를 생성하는 과정을 보여줍니다. 이렇게 생성된 문서는 자연스럽게 다른 비율로 다수의 토픽을 포함하게 됩니다(단계 1). 문서 중에 각 단어는 하나의 주제에서 왔고(단계 2b), 해당 토픽은 토픽 비율에 따라 생성되었습니다(단계 2a).

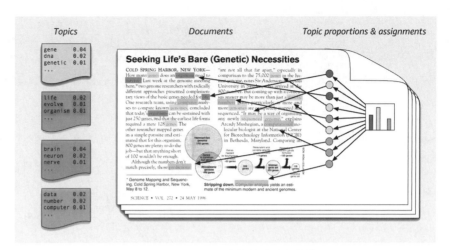

그림 14.11 ＼ **LDA의 문서 생성 과정 예**

그림 14.12는 LDA의 변수 관계를 보여줍니다. 여기서 문서 중의 단어 빈도 $w_{t,n}$은 유일하게 이미 관측된 변수입니다. 해당 변수는 해당 단어에 대해 진행된 토픽 배분 $z_{t,n}$과 토픽에 대응하는 단어 빈도 β_k에 의존합니다. 동시에 토픽 배분 $z_{t,n}$은 토픽 분포 Θ_t에 의존하고, Θ_t는 디리클레 분포의 파라미터 α에 의존합니다. 그리고 토픽 단어 빈도는 파라미터 η에 의존합니다.

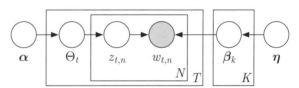

그림 14.12 ＼ **LDA의 판 표기법 그래프**

따라서 LDA 모델에 대응하는 확률 분포는 다음과 같습니다.

$$p(\mathbf{W}, \mathbf{z}, \beta, \Theta \mid \alpha, \eta) =$$

$$\prod_{t=1}^{T} p(\Theta_t \mid \alpha) \prod_{k=1}^{K} p(\beta_k \mid \eta) \left(\prod_{n=1}^{N} p(w_{t,n} \mid z_{t,n}, \beta_k) \, p(z_{t,n} \mid \Theta_t) \right), \quad \boxed{\text{식 14.41}}$$

여기서 $p(\Theta_t \mid \alpha)$와 $p(\beta_t \mid \eta)$는 일반적으로 각각 α와 η를 파라미터로 하는 K차원과 d차원의 디리클레 분포로 설정됩니다. 예를 들면 다음 식과 같습니다.

$$p(\Theta_t \mid \boldsymbol{\alpha}) = \frac{\Gamma(\sum_k \alpha_k)}{\prod_k \Gamma(\alpha_k)} \prod_k \Theta_{t,k}^{\alpha_k - 1} ,$$ 식 14.42

부록 C1.5를 참조하라.

여기서 $\Gamma(\cdot)$은 감마gamma 함수입니다. $\boldsymbol{\alpha}$와 $\boldsymbol{\eta}$는 식 14.41에서 결정하는 파라미터입니다.

문서 집합에 대응하는 단어 빈도를 훈련한다.

훈련 데이터 $\mathbf{W} = \{\boldsymbol{w}_1, \boldsymbol{w}_2, \ldots, \boldsymbol{w}_T\}$가 주어졌을 때 LDA의 모델 파라미터는 최대 우도법을 통해 계산됩니다. 즉, 로그 우도를 최대화하는 $\boldsymbol{\alpha}$와 $\boldsymbol{\eta}$를 찾습니다.

$$LL(\boldsymbol{\alpha}, \boldsymbol{\eta}) = \sum_{t=1}^{T} \ln p(\boldsymbol{w}_t \mid \boldsymbol{\alpha}, \boldsymbol{\eta}) .$$ 식 14.43

그러나 $p(\boldsymbol{w}_t \mid \boldsymbol{\alpha}, \boldsymbol{\eta})$의 계산이 어렵기 때문에 식 14.43은 해를 얻기가 힘듭니다. 따라서 실전에서는 변분법을 통해 근사해를 구합니다.

만약 모델을 이미 아는 상태라면, 즉 파라미터 $\boldsymbol{\alpha}$와 $\boldsymbol{\eta}$를 이미 정했다면, 단어 빈도 $\boldsymbol{w}_{t,n}$을 통해 문서 집합이 대응하는 토픽 구조(즉, Θ_t, $\boldsymbol{\beta}_k$, $z_{t,n}$)를 추론할 수 있습니다.

$$p(\mathbf{z}, \boldsymbol{\beta}, \Theta \mid \mathbf{W}, \boldsymbol{\alpha}, \boldsymbol{\eta}) = \frac{p(\mathbf{W}, \mathbf{z}, \boldsymbol{\beta}, \Theta \mid \boldsymbol{\alpha}, \boldsymbol{\eta})}{p(\mathbf{W} \mid \boldsymbol{\alpha}, \boldsymbol{\eta})} .$$ 식 14.44

그러나 분모상의 $p(\mathbf{W} \mid \boldsymbol{\alpha}, \boldsymbol{\eta})$는 구하기 어렵기 때문에 식 14.44의 해는 구하기 어렵습니다. 따라서 실전에서는 깁스 샘플링을 사용하거나 변분법을 사용해서 근사추론을 합니다.

14.7 더 읽을거리

확률 그래피컬 모델에 관한 유명한 전문 서적은 [Koller and Friedman, 2009]가 있습니다.

[Pearl, 1982]은 베이지안 네트워크 연구를 선도했습니다. [Pearl, 1988]은 해당 분야의 초기연구에 대해 잘 정리했습니다. 마르코프 랜덤 필드는 [Geman and Geman, 1984]에 의해 제기되었습니다. 현실 응용에서 사용하는 모델은 일반적으로 베이지안 네트워크와 마르코프 랜덤 필드의 결합으로 볼 수 있습니다. 은닉 마르코프 모델과 음

성인식에서의 응용은 [Rabiner, 1989]를 참조하세요. 조건 랜덤 필드는 [Lafferty et al., 2001]에 의해 제기되었고, 더 많은 내용을 알고 싶다면 [Sutton and McCallum, 2012]을 참조하세요.

신뢰 전파 알고리즘은 [Pearl, 1986]에 의해 정확추론 기술로서 소개되었고, 후에 많은 파생 근사추론 알고리즘이 나왔습니다. 일반적인 순환 그래프에 대해 신뢰 전파 알고리즘은 초기화, 정보전달 등의 고리에 대해 조정을 진행했고, 이를 통해 반복적 신뢰 전파 알고리즘Loopy Belief Propagation이 만들어졌습니다[Murphy et al., 1999]. 그러나 해당 이론은 아직 모호한 상태이며, 해당 분야의 진전을 확인하고 싶다면 [Mooij and Kappen, 2007; Weiss, 2000]을 참고하세요. 어떤 순환 그래프는 팩터 그래프factor graph를 사용해서 표현하고[Kschischang et al., 2001], 다시 팩터 트리factor tree로 전환해서 신뢰 전파를 진행할 수 있습니다. 임의의 그래프 구조에서 신뢰 전파는 이미 몇 개의 연구가 이루어졌습니다[Lauritzen and Spiegelhalter, 1988]. 최근 들어 병렬 계산 기술이 발전하며 신뢰 전파의 병렬 가속이 주목받고 있습니다[Gonzalez et al., 2009].

확률 그래피컬 모델의 모델링과 추론, 특히 변분 추론은 1990년대 중반부터 많은 발전을 이루었습니다. [Jordan, 1998]은 이 단계에서의 주요 성과에 대해 잘 정리하고 있습니다. 변분 초론에 관해 더 많은 내용을 알고 싶다면 [Wainwright and Jordan, 2008]을 참조하세요.

그래프 모델이 가져온 가장 큰 장점은 사람들로 하여금 직관적이고 빠르게 구체적인 문제에 대한 모델을 정의할 수 있도록 했다는 것입니다. LDA[Blei et al., 2003]는 해당 영역에 중요한 알고리즘이며 많은 변형 알고리즘이 있습니다[Blei, 2012]. 확률 그래피컬 모델의 발전 방향 중 하나는 데이터에 대해 일정한 적응 능력을 가진 모델의 구조를 갖게 만드는 것입니다. 즉, **비모수화**non-parameteric 방법이며 계층적 디리클레 프로세스 모델[The et al., 2006], 무한 은닉 특성 모델[Ghahramani and Griffiths, 2006] 등이 있습니다.

토픽 모델은 다양한 모델을 포함하고 있습니다. 이 중 어떤 방법들은 베이지안 학습법을 사용하지 않습니다. 예를 들면, PLSAProbabilistic Latent Semantic Analysis [Hofmann, 2001]가 있는데, 이는 LSALatent Semantic Analysis의 확률적 확장 모델입니다.

'비모수화'란, 파라미터의 숫자를 사전에 정의할 필요가 없다는 뜻이다. 베이지안 학습방법의 중요한 발전이라고 할 수 있다.

베이지안 학습에 관해서는 191쪽을 참조하라.

LSA는 SVD의 텍스트 데이터에서의 변형이다.

315쪽을 참조하라.

몬테카를로 방법은 1940년대에 확률 통계에 기반해 탄생한 이론입니다. 랜덤 수를 사용해 문제의 수치 계산 방법을 해결했는데, MCMC는 마르코프 연쇄와 몬테카를로 방법의 결합입니다. 가장 먼저 [Pearl, 1987]에 의해 베이지안 네트워크가 적용되었습니다. 확률 추론에서 MCMC의 응용은 [Neal, 1993]을 참조하세요. MCMC에 대해 더 많은 내용이 궁금하다면 [Andrieu et al., 2003, Gilks et al., 1996]도 좋은 자료입니다.

연습문제

14.1 판 표기법plate notation을 사용해서 조건 랜덤 필드와 나이브 베이즈 분류기를 표현하라.

14.2 그래피컬 모델에서의 국소 마르코프 성질을 증명하라.

14.3 그래피컬 모델에서의 페어와이즈Pairwise 마르코프 성질에 대해 증명하라.

14.4 마르코프 랜덤 필드에서 왜 극대 클리크에 대해 포텐셜 함수를 정의해 줘야 하는지에 대해 서술하라.

14.5 조건 랜덤 필드와 로그 회귀를 비교하고 차이점에 대해 설명하라.

14.6 변수 소거법의 계산 복잡도는 그래피컬 모델에서 극대 클리크 규모의 증가와 함께 지수적으로 증가하지만, 노드 수가 증가함에 따라서는 지수적으로 증가하지 않는다는 것을 증명하라.

14.7 깁스 샘플링은 MH 알고리즘의 특수한 예로 간주할 수 있다. 그러나 깁스 샘플링에서는 '기각 샘플링' 전략을 쓰지 않는다. 이러한 방법의 장점에 대해 기술하라.

14.8 평균 필드는 일종의 근사추론법이다. 식 14.22를 생각하고 평균 필드법으로 해를 구하는 근사 문제와 원 문제의 차이, 그리고 실제로 어떻게 변수가 따르는 사전분포를 선택하는지에 대해 설명하라.

14.9* LDA에 대한 코드를 작성하고, 문학작품의 토픽 변환 상황에 대해 분석하라.

14.10* 사전에 토픽 개수를 지정해 주지 않아도 되는 LDA 개량 모델을 만들어 보아라.

참고문헌

1 Andrieu, C., N. De Freitas, A. Doucet, and M. I. Jordan. (2003). "An introduction to MCMC for machine learning." *Machine Learning*, 50(1–2):5–43.

2 Blei, D. M. (2012). "Probabilisitic topic models." *Communications of the ACM*, 55(4):77–84.

3 Blei, D. M., A. Ng, and M. I. Jordan. (2003). "Latent Dirichlet allocation." *Journal of Machine Learning Research*, 3:993–1022.

4 Buntine, W. (1994). "Operations for learning with graphical models." *Journal of Artificial Intelligence Research*, 2:159–225.

5 Geman, S. and D. Geman. (1984). "Stochastic relaxation, Gibbs distributions, and the Bayesian restoration of images." *IEEE Transactions on Pattern Analysis and Machine Intelligence*, 6(6):721–741.

6 Ghahramani, Z. and T. L. Griffiths. (2006). "Infinite latent feature models and the Indian buffet process." In *Advances in Neural Information Processing Systems 18 (NIPS)* (Y. Weiss, B. Schölkopf, and J. C. Platt, eds.), 475–482, MIT Press, Cambridge, MA.

7 Gilks, W. R., S. Richardson, and D. J. Spiegelhalter. (1996). *Markov Chain Monte Carlo in Practice*. Chapman & Hall/CRC, Boca Raton, FL.

8 Gonzalez, J.E., Y. Low, and C. Guestrin. (2009). "Residual splash for optimally parallelizing belief propagation." In *Proceedings of the 12th International Conference on Artificial Intelligence and Statistics (AISTATS)*, 177–184, Clearwater Beach, FL.

9 Hastings, W. K. (1970). "Monte Carlo sampling methods using Markov chains and their applications." *Biometrica*, 57(1):97–109.

10 Hofmann, T. (2001). "Unsupervised learning by probabilistic latent semantic analysis." *Machine Learning*, 42(1):177–196.

11 Jordan, M. I., ed. (1998). *Learning in Graphical Models*. Kluwer, Dordrecht, The Netherlands.

12 Koller, D. and N. Friedman. (2009). *Probabilistic Graphical Models: Principles and Techniques*. MIT Press, Cambridge, MA.

13 Kschischang, F. R., B. J. Frey, and H.-A. Loeliger. (2001). "Factor graphs and the sum-product algorithm." *IEEE Transactions on Information Theory*, 47 (2):498–519.

14 Lafferty, J. D., A. McCallum, and F. C. N. Pereira. (2001). "Conditional random fields: Probabilistic models for segmenting and labeling sequence data." In *Proceedings of the 18th International Conference on Machine Learning (ICML)*, 282–289, Williamstown, MA.

15 Lauritzen, S. L. and D. J. Spiegelhalter. (1988). "Local computations with probabilities on graphical structures and their application to expert systems." *Journal of the Royal Statistical Society - Series B*, 50(2):157–224.

16 Metropolis, N., A. W. Rosenbluth, M. N. Rosenbluth, A.H. Teller, and E. Teller. (1953). "Equations of state calculations by fast computing machines." *Journal of Chemical Physics*, 21(6):1087–1092.

17 Mooij, J.M. and H.J. Kappen. (2007). "Sufficient conditions for convergence of the sum-product algorithm." *IEEE Transactions on Information Theory*, 53(12):4422–4437.

18 Murphy, K. P., Y. Weiss, and M. I. Jordan. (1999). "Loopy belief propagation for approximate inference: An empirical study." In *Proceedings of the 15th Conference on Uncertainty in Artificial Intelligence (UAI)*, 467–475, Stockholm, Sweden.

[19] Neal, R. M. (1993). "Probabilistic inference using Markov chain Monte Carlo methods." Technical Report CRG-TR-93-1, Department of Computer Science, University of Toronto.

[20] Pearl, J. (1982). "Asymptotic properties of minimax trees and game-searching procedures." In *Proceedings of the 2nd National Conference on Artificial Intelligence (AAAI)*, Pittsburgh, PA.

[21] Pearl, J. (1986). "Fusion, propagation and structuring in belief networks." *Artificial Intelligence*, 29(3):241-288.

[22] Pearl, J. (1987). "Evidential reasoning using stochastic simulation of causal models." *Artificial Intelligence*, 32(2):245-258.

[23] Pearl, J. (1988). Probabilistic Reasoning in Intelligent Systems: Networks of Plausible Inference. Morgan Kaufmann, San Francisco, CA.

[24] Rabiner, L. R. (1989). "A tutorial on hidden Markov model and selected applications in speech recognition." *Proceedings of the IEEE*, 77(2):257-286.

[25] Sutton, C. and A. McCallum. (2012). "An introduction to conditional random fields." *Foundations and Trends in Machine Learning*, 4(4):267-373.

[26] Teh, Y. W., M. I. Jordan, M. J. Beal, and D. M. Blei. (2006). "Hierarchical Dirichlet processes." *Journal of the American Statistical Association*, 101(476):1566-1581.

[27] Wainwright, M. J. and M. I. Jordan. (2008). "Graphical models, exponential families, and variational inference." *Foundations and Trends in Machine Learning*, 1(1-2):1-305.

[28] Weiss, Y. (2000). "Correctness of local probability propagation in graphical models with loops." *Neural Computation*, 12(1):1-41.

머신러닝 쉼터

확률 그래피컬 모델의 창시자 주데아 펄

 확률 그래피컬 모델을 얘기할 때 빼놓을 수 없는 사람이 바로 유대인 계열의 미국 컴퓨터 과학자 주데아 펄Judea Pearl, 1936~입니다. 그는 텔아비브에서 태어나 1960년 이스라엘 이공대학에서 전자공학과를 졸업하고 미국으로 건너갔습니다. 그곳에서 러거츠 대학교와 브루클린 공대에서 물리학 석사와 전자공학 박사 학위를 받습니다. 1965년 박사 학위를 마치고 RCA 연구소에 들어가 초전도 스토리지에 관한 일을 했으며, 1970년 UCLA의 교수로 임명되어 지금까지 많은 연구를 진행했습니다.

1.5절을 참조하라.

초기 주류 인공지능 연구들은 논리를 기초로 하여 형식화하고 추론하는 데 집중했지만, 정량적으로 불확실성이 있는 사건들을 표현하고 처리하는 데 어려움을 겪었습니다. 펄은 20세기 70년대에 확률 방법을 인공지능 영역으로 가져와 베이지안 네트워크 연구를 진행했습니다. 그리고 빌리프(신념) 전파 알고리즘을 만들고 확률 그래피컬 모델을 발전시켰습니다. 인공지능 분야에서 확률과 인과 추론에 대한 지대한 공헌으로 그는 2011년에 튜링상을 수상합니다. 그 이전에도 그는 ACM이 AAAI와 연합해 수여하는 앨런 뉴얼상을 받았습니다. ACM은 펄의 인공지능 영역에서의 지대한 공헌이 다른 학문으로까지 퍼져나가고 있다고 평했고, '통계학, 심리학, 의학 그리고 사회과학의 인과성에 대한 이해에 혁명적 변화를 가져왔다'라고 덧붙였습니다. 2001년 펄은 과학철학 영역에 최고권위 상인 라카토슈상까지 받았습니다.

앨런 뉴얼상은 컴퓨터과학 영역을 확장하는 데 공을 세우거나, 컴퓨터과학과 기타 다른 학문 간의 가교 역할을 훌륭하게 해낸 과학자들에게 주는 상이다. 이 상은 튜링상을 받은 앨런 뉴얼(Allen Newell, 1927-1992)의 이름을 따 만들어졌다. 머신러닝 영역에서 유명한 또 한 명의 과학자 마이클 조던(Michael Jordan)은 2009년에 이 상을 받았다.

펄의 아들인 다니엘은 워싱턴 포스트의 동남아시아 주재원으로 근무 중이었는데, 9.11 사건 이후 파키스탄에서 무장조직을 취재하던 중 무장조직에 잡혀 잔인하게 살해되었습니다. 이 사건은 세계를 놀라게 했고, 펄은 그의 아들 다니엘 펄을 기념해 다니엘 펄 재단을 만들어 세계평화를 위한 사회적 활동에 열심히 참여하고 있습니다.

15

규칙 학습

기본 개념

모든 예측 모델은 넓은 의미에서 하나의 '규칙'이라고 부를 수 있다. 그러나 규칙 학습에서 말하는 규칙은 좁은 의미를 가졌다. 사실상 앞에 '논리'라는 단어가 빠졌다고 볼 수 있다. (즉, 논리 규칙을 뜻한다)

머신러닝에서 **규칙**rule이란, 일반적으로 뜻이 명확하고 데이터 분포에 내포된 객관 규칙이나 도메인 개념을 잘 표현(묘사)할 수 있는, '만약… 그러면…' 형식의 논리 규칙입니다[Furnkranz et al., 2012]. **규칙 학습**rule learning은 훈련 데이터에서 새로 만나는 데이터를 판별할 수 있는 규칙 그룹을 학습하는 것입니다.

형식화해서 말하면, 하나의 규칙은 다음과 같은 식으로 나타낼 수 있습니다.

$$\oplus \leftarrow \mathbf{f}_1 \wedge \mathbf{f}_2 \wedge \cdots \wedge \mathbf{f}_L ,$$

식 15.1

여기서 논리 포함 부호 '←'의 우변을 규칙 **본체**body라고 하며 해당 규칙의 전제를 표현합니다. 그리고 좌변은 규칙 **머리**head이며 해당 규칙의 결과를 나타냅니다. 규칙 본체는 논리 문자literal로 구성된 논리곱conjunction이고, 연결사 '∧'는 '또한, 그리고'의 뜻을 표현합니다. 각 문자 $\mathbf{f}_k$는 모두 샘플 속성에 대해 검증을 진행하는 부울 표현식입니다. 예를 들어, '(색깔 = 진녹색)' 혹은 '¬(꼭지 = 곧음)'처럼 말입니다. L은 규칙 본체 중 논리 문자의 개수며 규칙의 길이라고 부릅니다. 규칙 머리의 '⊕'도 똑같은 논리 문자입니다. 일반적으로 규칙이 판정하는 모든 목표 클래스 혹은 개념을 표현하는 데 사용합니다(예를 들면, '잘 익은 수박' 등). 이러한 논리 규칙을 'if-then 규칙'이라고도 부릅니다.

수리 논리에서 '문자'는 원자식(atom) 및 이에 대한 부정을 뜻한다.

신경망, 서포트 벡터 머신 같은 '블랙박스 모델'과 비교하면, 규칙 학습은 더 좋은 해석력을 가지고 있어 데이터 과학자로 하여금 더 직관적으로 판별 과정에 대해 이해할 수 있도록 돕습니다. 다른 한편으로는 수리 논리학은 매우 강한 표현 능력이 있어 인류 지식의 절대다수가 수리 논리학을 통해 간결한 묘사와 표현이 가능합니다. 예를 들어, '아버지의 아버지는 할아버지'라는 지식은 함수식을 통해 묘사하기가 힘들지만, 1차 논리first order logic를 사용하면 이를 '할아버지(X, Y) ← 아버지(X, Z) ∧ 아버지(Z, Y)'라는 형식으로 표현할 수 있습니다. 따라서 규칙 학습은 자연스럽게 학습 과정 중에 도메인 지식을 융합합니다. 그 외에, 논리 규칙의 추상적 묘사 능력은 고도로 복잡한 AI 과업을 처리하는 데 확실한 이점이 있습니다. 예를 들어, 질의응답question answering 시스템에서 가끔 아주 많고 심지어 무한대의 가능성이 있는 답변을 가질 때가 있는데, 이때 논리 규칙을 기반으로 추상적 표현이나 추론을 한다면 편리할 것입니다.

만약 수박 데이터 세트에서 규칙 집합 $\mathcal{R}$을 학습했다고 가정한다면 다음처럼 나타낼 수 있습니다.

> 규칙1: 잘 익은 수박 ← (꼭지 = 말림) ∧ (배꼽 = 움푹 패임);
> 규칙2: ㄱ 잘 익은 수박 ← (줄무늬 = 희미함).

수박 데이터 세트 2.0은 93쪽 표 4.1을 참조하라.

규칙1의 길이는 2이고, 두 개의 논리 문자를 평가해서 샘플을 판별할 수 있습니다. 해당 규칙에 부합하는 샘플(예를 들면 수박 데이터 세트 2.0의 샘플1)을 해당 규칙에 의해 커버cover되었다고 말합니다. 주의해야 할 것은 규칙1에 커버된 샘플은 잘 익은 수박이지만, 규칙1에 의해 커버되지 않으면 반드시 잘 익은 수박은 아닙니다. 규칙2처럼 'ㄱ 잘 익은 수박'으로 시작하는 규칙에 의해 커버될 때만 잘 익은 수박이 아니라고 말할 수 있습니다.

앙상블 학습에 관해서는 8장을 참조하라.

규칙 학습에서 각 규칙은 모두 하나의 하위 모델sub model이고, 규칙 집합은 하위 모델들의 앙상블입니다. 하나의 같은 샘플이 판별 결과가 서로 다른 여러 개의 규칙에 커버되었을 때 **충돌**conflict이 발생합니다. 출동을 해결하는 방법을 **충돌 해소**conflict resolution라고 부릅니다. 일반적으로 충돌 해소 전략에는 투표법, 배열법, 메타 규칙meta-rule 등이 있습니다. 투표법은 판별이 같은 규칙 수가 가장 많은 결과를 최종 결과로 삼는 것입니다. 배열법은 규칙 집합상에 하나의 순서를 정의해 충돌이 발생했을 때 순서에서 가장 앞에 있는 규칙을 사용합니다. 이에 상응하는 규칙 학습 과정을 **순서 규칙**ordered rule 학습 혹은 **우선순위 규칙**priority rule 학습이라 부릅니다. 메타 규칙 방법은 도메인 지식을 기반으로 사전에 어떠한 **메타 규칙**meta-rule 을 정해 놓는 방법입니다. 즉, 규칙에 관한 규칙으로, 예를 들면 '충돌이 발생했을 때 길이가 가장 짧은 규칙을 사용하라'와 같은 메타 규칙을 세워놓고, 메타 규칙에 따라 규칙 집합을 사용합니다.

이외에, 훈련 집합으로부터 학습한 규칙 집합이 모든 새로 만나게 되는 샘플들을 커버할 수 없을지도 모릅니다. 예를 들어, 앞서 서술한 규칙 집합 $\mathcal{R}$은 '꼭지 = 말림', '배꼽 = 약간 패임' 그리고 '줄무늬 = 선명함'과 같은 샘플에 대한 판별을 진행할 수 없을 것입니다. 이러한 상황은 속성의 개수가 매우 많을 때 자주 나타납니다. 따라서 규칙 학습 알고리즘은 일반적으로 하나의 **디폴트 규칙**default rule을 설정해서 이로 하여금 규칙 집합이 커버하지 못하는 샘플을 처리하도록 합니다. 예를 들면, R을 위해 '규칙1, 2에 의해 커버되지 않는 것들은 모두 잘 익은 수박이다'와 같은 디폴트 규칙을 추가할 수 있습니다.

형식 언어formal language 표현 능력으로 보면 규칙은 **명제 규칙**propositional rule과 **1차 규칙**first-order rule 두 분류로 나눌 수 있습니다. 전자는 원자 명제propositional atom와 논리 연결어인 '그리고($\wedge$)', '혹은($\vee$)', '아닌($\neg$)'과 '포함($\leftarrow$)'으로 구성된 간단한 평서문입니다. 예를 들어, 규칙 집합 R은 하나의 명제 규칙 집합입니다. '꼭지 = 말림', '배꼽 = 움푹 패임' 모두 원자 명제입니다. 후자의 기본 성분은 사물의 속성이나 관계를 묘사할 수 있는 **원자식**atomic formula입니다. 예를 들어, 부자 관계를 표현하는 술어predicate '아버지(X, Y)'는 원자식입니다. 그리고 1을 더하는 함수 '$\sigma(X) = X + 1$'의 '$\sigma(X)$' 역시 원자식입니다. 만약 더 나아가 술어 '자연수(X)'로 X는 자연수임을, '$\forall X$'로 '임의의 X에 대해 성립함'을, '$\exists Y$'로 '이를 성립하게 하는 Y가 존재함'을 표현한다고 가정한다면, '모든 자연수에 1을 더한 수는 자연수다'는 '$\forall X \exists Y$(자연수$(Y) \leftarrow$ 자연수$(X) \wedge (Y = \sigma(X))$)' 혹은 더 간결하게 '$\forall X$(자연수$(\sigma(X)) \leftarrow$ 자연수(X)))'와 같이 작성할 수 있습니다. 이러한 규칙을 일차 규칙이라 부르고, 여기서 X와 Y는 논리 변수입니다. 그리고 '$\forall$', '$\exists$'는 각각 '임의'와 '존재'를 표현하고 변숫값의 범위를 한정하는 데 사용되며, **양화사**quantifier라고 부릅니다. 일차 규칙은 복잡한 관계를 표현할 수 있어 **관계형 규칙**relational rule이라고 부릅니다. 수박 데이터를 예로 들면, 만약 우리가 간단하게 속성을 술어로 간주해 샘플과 속성값 사이의 관계를 정의한다면 명제 규칙 집합 $\mathcal{R}$은 일차 규칙 집합 $\mathcal{R}'$로 바꿔 쓸 수 있습니다.

규칙1: 잘 익은 수박$(X) \leftarrow$ 꼭지$(X, 말림) \wedge$ 배꼽$(X, 움푹 패임)$;
규칙2: $\neg$잘 익은 수박$(X) \leftarrow$ 줄무늬$(X, 흐림)$.

형식 언어 시스템의 관점에서 보면 명제 규칙은 일차 규칙의 특별한 경우입니다. 따라서 일차 규칙 학습은 명제 규칙보다 훨씬 더 복잡합니다.

15.2 순차적 커버링

규칙 학습의 목표는 최대한 많은 샘플을 커버할 수 있는 규칙 집합을 만드는 것입니다. 가장 직접적인 방법은 **순차적 커버링**sequential covering입니다. 훈련 집합상에서 하나의 규칙을 학습할 때마다 해당 규칙이 커버하는 훈련 샘플을 제거하고, 남은 훈련 샘플로 다시 훈련 집합을 구성해 상기 과정을 반복합니다. 한번에 일부 데이터만 처리할 수 있기 때문에 **분할 정복**divide-and-conquer 전략이라고도 부릅니다.

우리는 명제 규칙 학습을 예제로 사용해 순차적 커버링 방법에 대해 알아보겠습니다. 명제 규칙의 규칙 본체는 샘플 속성값에 대해 평가를 진행하는, 예를 들면 '색깔 = 청록색', '당도 ≤ 0.2' 등과 같은 부울 함수입니다. 그리고 규칙 머리는 샘플의 클래스입니다. 순차적 커버링 방법의 관건은 어떻게 학습 데이터 세트에서 단일 규칙을 학습하느냐에 달렸습니다. 규칙 학습의 목표 ⊕에 대해 하나의 규칙을 만드는 것은 최적의 논리 문자로 구성된 규칙 본체를 찾는 문제와도 같습니다. 따라서 이것은 하나의 탐색 문제입니다. 형식화해서 설명하면, 양의 샘플 집합과 음의 샘플 집합이 주어졌을 때 학습 목표는 후보 문자 집합 $\mathcal{F} = \{f_k\}$에 기반해 최적의 규칙 $\mathbf{r}$을 만드는 것입니다. 명제 규칙 학습에서 후보 문자는 '$R($속성$_i$, 속성값$_{i,j})$'과 같은 형식의 부울 표현식으로 나타내고, 여기서 속성 i는 샘플의 i번째 속성을 표현하고, 속성값$_{i,j}$는 속성 i의 j번째 후보 값을 표현합니다. 따라서 $R(x, y)$는 x, y가 관계 R을 만족하는 이진 부울 함수인지 아닌지를 판단합니다.

가장 간단한 방법은 빈 규칙 '⊕ ←'부터 시작해 양성 클래스를 규칙 머리로 설정하고, 훈련 세트에서 각 속성과 값을 하나씩 두루 살피며 해당 논리 문자를 규칙 본체에 추가하려는 시도를 합니다. 만약 규칙 본체가 양성 클래스만 커버한다면, 이로써 하나의 규칙이 만들어집니다. 그리고 이미 커버된 양성 클래스 샘플을 제거하고 남은 샘플들을 기반으로 다음 규칙을 만듭니다.

99쪽 표 4.2의 상반부에서 찾을 수 있다.

수박 데이터 세트 2.0을 훈련 세트로 설정하고 예로 들어 설명하겠습니다. 먼저, 첫 번째 샘플을 기반으로 문자 '잘 익은 수박'과 '색깔 = 청록색'을 규칙에 추가해 다음을 얻습니다.

$$\text{잘 익은 수박} \leftarrow (\text{색깔} = \text{청록색})$$

이 규칙은 샘플 1, 6, 10 그리고 17을 커버합니다. 이 중 두 개는 양성 클래스이고 두 개는 음성 클래스이기 때문에 '규칙은 양성 클래스만 커버한다'라는 조건에 부합하지 않습니다. 따라서 우리는 해당 명제를 속성 '색깔'에 기반해 만든 다른 원자 명제(예 '색깔 = 진녹색')로 교체해서 시도합니다. 그러나 이 데이터 세트에서 이러한 작업으로 조건에 부합하는 규칙을 만들 수 없습니다. 따라서 우리는 다시 '색깔 = 청록색'으로 돌아가 기타 속성에 기반한 원자 명제를 추가합니다(예 '꼭지 = 말림').

$$\text{잘 익은 수박} \leftarrow (\text{색깔} = \text{청록색}) \wedge (\text{꼭지} = \text{말림})$$

이 규칙은 여전히 음성 클래스 17을 커버하고 있습니다. 따라서 우리는 두 번째 명제를 다른 속성에 기반한 원자 명제로 다시 바꾸어 봅니다(예 '꼭지 = 약간 말림').

$$\text{잘 익은 수박} \leftarrow (\text{색깔} = \text{청록색}) \wedge (\text{꼭지} = \text{약간 말림})$$

이 규칙은 어떠한 음성 클래스도 커버하지 않습니다. 비록 이 규칙이 하나의 양성 클래스만 커버하지만, '규칙은 양성 클래스만 커버한다'라는 조건을 이미 만족시켰습니다. 따라서 우리는 이 규칙을 보존하고 이 규칙이 커버하는 샘플 6을 삭제합니다. 그리고 남은 9개의 샘플을 훈련 샘플로 사용합니다. 계속해서 이렇게 프로세스를 진행한다면, 우리는 다음 규칙들을 얻을 수 있습니다.

규칙1: 잘 익은 수박 ← (색깔 = 청록색) ∧ (꼭지 = 약간 말림)

규칙2: 잘 익은 수박 ← (색깔 = 청록색) ∧ (소리 = 혼탁)

규칙3: 잘 익은 수박 ← (색깔 = 진녹색) ∧ (꼭지 = 말림)

규칙4: 잘 익은 수박 ← (색깔 = 진녹색) ∧ (줄무늬 = 약간 흐림)

이 규칙 집합은 모든 양성 클래스 샘플을 커버하며 어떠한 음성 클래스 샘플도 커버하고 있지 않습니다. 이것이 바로 순차적 커버링 학습을 통해 얻은 결과입니다.

위의 방법은 끝없이 탐색하는 방법이므로 속성과 후보 값이 비교적 많을 때는 가능한 조합이 무한대로 늘어나서 실행이 불가능합니다. 현실 과업에서는 일반적으로 두 가지 전략으로 규칙을 생성합니다. 첫 번째는 **하향식**top-down으로 비교적 일반적인 규칙에서 시작해 점차 새로운 문자를 추가함으로써 규칙이 커버하는 범위

간략한 논의를 위해 부정 형식의 논리 텍스트는 고려하지 않기로 한다.

예를 들어 어떠한 속성도 없는 규칙이 모든 샘플을 포괄한다면, 비교적 일반적인 규칙이라고 볼 수 있다.

를 사전에 설정한 조건에 만족할 때까지 좁히는 방법입니다. 이는 규칙이 점점 **특화**specialization하는 과정이며, **생성-테스트**generate-then-test 방법이라고도 부릅니다. 두 번째 전략은 **상향식**bottom-up으로 비교적 특수한 규칙에서 시작해 점차 문자를 삭제하며 규칙 커버 범위를 조건을 만족할 때까지 확장해 나가는 방법입니다. 이는 규칙을 점진적으로 **일반화**generalization하는 과정이며, **데이터 주도**data-driven 방법이라고도 부릅니다. 첫 번째 전략은 커버 범위를 서서히 작게 만다는 탐색 규칙이고, 두 번째 전략은 이와 반대입니다. 일반적으로 전자는 비교적 쉽게 일반화 성능이 좋은 규칙을 생성하지만, 후자는 훈련 데이터가 비교적 적을 때 적합합니다. 이 밖에도, 전자는 노이즈에 대해 후자보다 훨씬 더 견고합니다. 따라서 명제 규칙 학습에서는 일반적으로 첫 번째 방법을 사용하고, 두 번째 전략은 일차 규칙 학습 같은 공간이 매우 복잡한 과업에서 비교적 많이 사용됩니다.

아래에서 수박 데이터 세트 2.0을 예제로 하향식의 규칙 생성법을 설정하겠습니다. 먼저, 빈 규칙 '잘 익은 수박 ←'에서부터 출발해 점차 '속성 = 값'을 원자 명제로 빈 규칙에 추가해 탐색을 진행합니다. 훈련 세트의 정확도를 기반으로 규칙의 우열을 평가한다고 가정하고, n/m으로 어떤 명제를 추가한 후 새로운 규칙이 훈련 데이터상에서 얻는 정확도를 표시합니다. 여기서 m은 커버하는 총 샘플의 개수이고, n은 커버하는 양성 샘플 수입니다. 그림 15.1에 니다난 것처럼 첫 라운드의 평가를 거쳐 '색깔 = 진녹색'과 '배꼽 = 움푹 패임'이 가장 높은 정확도 3/4을 달성했습니다.

예를 들어, 어떠한 샘플의 속성 값으로 규칙을 만든다면, 해당 규칙은 해당 샘플밖에 포함하지 못할 것이다. 이때는 비교적 특수한 규칙이라고 볼 수 있다.

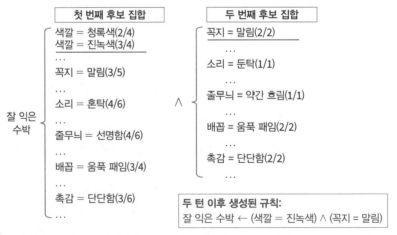

수박 데이터 세트 2.0의 훈련 세트는 99쪽 표 4.2의 상반부를 참조하라.

그림 15.1 ＼ 수박 데이터 세트 2.0 훈련 세트상에서 '하향식'으로 단일 규칙 생성

속성 순서 중 가장 앞에 있는 논리 문자 '색깔 = 진녹색'을 빈 집합에 추가하면 다음처럼 됩니다.

잘 익은 수박 ← (색깔 = 진녹색)

그리고 위 규칙이 커버하는 샘플을 대상으로 두 번째 라운드 평가를 통해 그림 15.1에서 5개의 논리 문자가 규칙에 추가된 후 100%의 정확도를 달성하는 것을 확인할 수 있습니다. 우리는 커버하는 샘플의 수가 가장 많고 속성 순서가 가장 앞에 위치한 논리 문자 '꼭지 = 말림'을 규칙에 추가하고 다음 결과를 얻습니다.

잘 익은 수박 ← (색깔 = 진녹색) ∧ (꼭지 = 말림)

규칙 생성 과정 중 규칙의 우열을 평가하는 기준이 중요한 역할을 합니다. 위 예제에서 사용된 기준은 먼저 규칙의 정확도를 고려하고 정확도가 같을 때 커버하는 샘플의 수를 고려하는 방법입니다. 만약 이것조차 같다면 속성의 순서를 고려합니다. 현실 응용에서 구체적인 과업에 따라 적합한 평가 기준을 세워야 합니다.

이외에, 위 예제에서 매번 '최적'의 문자 하나만 고려했는데, 이러한 방법은 지나치게 탐욕스러운greedy 면이 있어 국소 최적에 빠지기 쉽습니다. 이런 문제를 완화하고자 상대적으로 온화한 방법을 사용할 수도 있습니다. 예를 들어, **빔 서치**beam search 방법이 있는데 라운드마다 최적의 b개 논리 문자를 보존하고, 이들을 다음 라운드에서 후보 집합을 만들 때 사용합니다. 그리고 후보 집합 중에서 최적의 b개를 보존해 다시 다음 라운드에 사용합니다. 그림 15.1에서 만약 $b = 2$의 빔 서치를 사용한다면, 첫 번째 라운드에서 정확도가 3/4인 두 개의 논리 문자를 보존하고 두 번째 평가 후 다음과 같은 규칙을 얻을 수 있을 것입니다. 이 규칙은 정확도가 100%이지만, 3개의 양성 샘플을 커버합니다.

잘 익은 수박 ← (배꼽 = 움푹 패임) ∧ (꼭지 = 말림)

순차적 커버링 방법이 간단하고 효율적이므로 일반적으로 모든 규칙 학습은 순차적 커버링 방법을 기본 프레임으로 삼고 있습니다. 이는 손쉽게 다른 다중 분류 문제로도 확장할 수 있습니다. 예를 들어, (a, b 이외에) c 클래스의 규칙을 학습한다고 했을 때 속성 클래스가 c인 모든 샘플을 양성 클래스로 만들고 다른 클래스에 속하는 샘플들을 음성 클래스로 설정하면 됩니다.

15.3 가지치기 최적화

의사결정 트리의 가지치기에 관해서는 4.3절을 참조하라.

규칙 생성은 기본적으로 하나의 탐욕스러운 탐색 과정이므로 과적합의 위험을 완화하기 위해서는 특정 메커니즘이 필요합니다. 가장 일반적인 방법은 가지치기pruning입니다. 의사결정 트리와 비슷하게, 가지치기는 규칙 성장 과정에 발생할 수 있습니다. 이를 '사전 가지치기'라고 부르고, 반대로 규칙이 생성된 후 발생하는 가지치기를 '사후 가지치기'라고 부릅니다. 일반적으로 어떠한 성능 측정 지표를 통해 논리 문자의 추가/삭제 전후의 규칙 성능, 혹은 규칙 집합 성능을 평가해 가지치기 진행 여부를 판단합니다.

통계적 유의성 검증에 관해서는 2.4절을 참조하라.

가지치기는 통계 유의성 검정의 힘을 빌려 진행될 수도 있습니다. 예를 들어, CN2 알고리즘[Clark and Niblett, 1989]은 사전 가지치기를 할 때 규칙 집합을 사용해 예측하는 것이 직접적으로 훈련 샘플 세트의 사후 확률 분포를 기반으로 예측하는 것보다 유의하게 뛰어나야 한다고 가정합니다. 계산의 편의를 위해 CN2 알고리즘은 우도 비율 통계량Likelihood Ratio Statistics, LRS을 사용합니다. m_+, m_-가 각각 훈련 샘플 세트의 양성, 음성 샘플 수를 표현한다고 하고, $\hat{m}_+$, $\hat{m}_-$는 각각 규칙(집합)이 커버하는 양성, 음성 샘플 수라고 가정합니다. 그러면 다음 식이 됩니다.

$$\text{LRS} = 2 \cdot \left(\hat{m}_+ \log_2 \frac{\left(\frac{\hat{m}_+}{\hat{m}_+ + \hat{m}_-} \right)}{\left(\frac{m_+}{m_+ + m_-} \right)} + \hat{m}_- \log_2 \frac{\left(\frac{\hat{m}_-}{\hat{m}_+ + \hat{m}_-} \right)}{\left(\frac{m_-}{m_+ + m_-} \right)} \right) , \quad \boxed{\text{식 15.2}}$$

이는 사실상 일종의 정보량 지표이며 규칙(집합)이 커버하는 샘플의 분포와 훈련 세트 경험 분포의 차이를 가늠합니다. LRS가 클수록 규칙(집합)을 사용해 예측을 진행했을 때와 훈련 세트의 양성, 음성 샘플의 비율을 사용해 예측했을 때의 차이가 크다는 것을 설명합니다. LRS가 작을수록 규칙(세트의) 효과가 우연에 의해 발생하는 현상일 가능성이 커진나는 것을 뜻합니다. 데이터가 비교직 근 과입일 때 일반적으로 LRS가 아주 크면(예를 들면 0.99) CN2 알고리즘이 규칙(집합)의 성장을 종료하도록 설정됩니다.

규칙 학습에서는 '생성 세트 (growing set)'와 '가지치기 세트 (pruning set)'라고 불린다.

사후 가지치기에서 가장 자주 사용되는 전략은 **REP**Reduced Error Pruning[Brunk and Pazzani, 1991]입니다. 이 전략의 기본적인 방법은 샘플 세트를 훈련 세트와 검정 세트로 분할해서 훈련 세트상에서 규칙 집합 $\mathcal{R}$을 학습한 후 여러 차례 가지치기를 진행합니다. 라운드마다 규칙 중의 어떤 문자나 규칙 말미의 문자, 규칙 말미의 다수의 문자, 모든 규칙 등 철저하게 모든 가능한 가지치기 작업을 진행한 후 검정 세트를 사용해 가지치기로 생성한 모든 후보 규칙 집합에 대해 평가를 진행합니다. 그리고 가장 좋은 규칙을 보존시키고 다음 라운드 가지치기를 진행합니다. 이렇게 가지치기를 반복해서 성능을 더 향상시킬 수 없을 때까지 진행합니다.

일반적으로 REP 가지치기는 매우 효과적입니다[Brunk and Pazzani, 1991]. 그러나 복잡도가 $O(m^4)$이며, 여기서 m은 훈련 샘플 숫자입니다. IREP[Incremental REP[Furnkranz and Widmer, 1994] 방법은 복잡도를 $O(m \log^2 m)$까지 낮췄습니다. 이 방법은 각 규칙을 생성하기 전에 먼저 샘플 세트를 훈련 세트와 검정 세트로 분할하고 훈련 세트상에서 규칙 **r**을 생성합니다. 생성 후 바로 검정 세트에서 REP 가지치기를 진행하고 규칙 **r′**을 얻게 됩니다. 그리고 **r′**이 커버하는 샘플을 제거하고 새로 갱신된 샘플 세트상에서 위 과정을 반복합니다. 당연한 이야기지만, REP는 규칙 집합에 대한 가지치기이고 IREP는 단일 규칙에 대한 가지치기이므로 후자가 전자보다 효율적입니다.

만약 가지치기 메커니즘과 기타 다른 후처리 방법을 함께 결합해서 규칙 집합에 대한 최적화를 진행한다면 더 좋을 효과를 얻을 수 있습니다. 유명한 규칙 학습 알고리즘인 RIPPER[Cohen, 1995]을 예로 들면, 해당 알고리즘의 일반화 성능은 다른 의사결정 트리 알고리즘을 능가하고, 학습 속도 또한 대다수의 의사결정 트리 알고리즘보다 빠릅니다.

RIPPER의 정식 명칭은 'Repeated Incremental Pruning to Produce Error Reduction(오류 감소를 생성하기 위한 반복적인 중분 제거)'이다.

RIPPER 알고리즘에 대한 설명은 그림 15.2에 나와 있습니다.

IREP*를 기반으로 규칙 세트를 생성하라.

후처리
이미 포괄하는 샘플들을 삭제하라.

입력: 훈련 세트 D
　　　중복 횟수 k
과정:
　1: $\mathcal{R} = \text{IREP}^*(D)$
　2: $i = 0$
　3: **repeat**
　4:　　$\mathcal{R}' = \text{PostOpt}(\mathcal{R})$
　5:　　$D_i = \text{NotCovered}(\mathcal{R}', D)$
　6:　　$\mathcal{R}_i = \text{IREP}^*(D_i)$
　7:　　$\mathcal{R} = \mathcal{R}' \cup \mathcal{R}_i$
　8:　　$i = i + 1$
　9: **until** $i = k$
출력: 규칙 집합 $\mathcal{R}$

그림 15.2 ＼ RIPPER 알고리즘

그림 15.2에서 중복 횟수가 k일 때 RIPPERk라고 칭한다. 예를 들면, RIPPER5는 $k=5$라는 뜻이다.

먼저, IREP* 가지치기 메커니즘을 사용해 규칙 집합 $\mathcal{R}$을 생성합니다. IREP*[Cohen, 1995]는 IREP의 개선 버전입니다. 여기서는 $\frac{\hat{m}_+ + (m_- - \hat{m}_-)}{m_+ + m_-}$을 사용해 IREP에서 사용된 정확도를 대체하고 규칙 성능 측정 지표로 설정합니다. 가지치기할 때 규칙 말미의 여러 문자를 제거하고 최종적으로 규칙 집합을 얻은 후 다시 IREP 가지치기를 한 번 더 진행합니다. RIPPER 중 후처리 메커니즘은 가지치기의 성능을 한 단계 더 향상시킵니다. $\mathcal{R}$ 중의 각 규칙 $\mathbf{r}_i$에 대해 RIPPER는 두 개의 변형 규칙을 만듭니다.

- $\mathbf{r}'_i$: $\mathbf{r}_i$가 커버하는 샘플을 기반으로 IREP*를 사용해 새롭게 하나의 규칙 $\mathbf{r}'_i$를 생성합니다. 해당 규칙은 치환 규칙replacement rule이라고 부릅니다.

- $\mathbf{r}''_i$: $\mathbf{r}_i$가 추가한 문자를 특화하고, 다시 IREP* 가지치기를 사용해 하나의 규칙 $\mathbf{r}''_i$를 생성합니다. 해당 규칙은 수정 규칙revised rule이라고 부릅니다.

이어서 $\mathbf{r}'_i$와 $\mathbf{r}''_i$를 각각 $\mathcal{R}$ 중에서 $\mathbf{r}_i$ 이외의 규칙과 함께 놓아 규칙 집합 $\mathcal{R}'$과 $\mathcal{R}''$을 만듭니다. 그리고 이들을 $\mathcal{R}$와 함께 비교해 최적의 규칙 집합을 선택하고 보존합니다. 이것이 바로 그림 15.2 알고리즘 4행에서 수행한 계산입니다.

그렇다면 RIPPER의 최적화 전략은 왜 효과가 있을까요? 원인은 간단합니다. 최초에 $\mathcal{R}$을 생성할 때 규칙은 순서에 맞춰 생성됩니다. 각 규칙은 모두 자신 뒤에 생성되는 규칙을 고려하지 않습니다. 이러한 그리디(탐욕스러운) 알고리즘은 본질적으로 국소 최적의 함정에 빠지기 쉽습니다. RIPPER의 후처리 최적화 과정은 $\mathcal{R}$에 모든 규칙을 함께 놓고 새로 최적화합니다. 즉, 전역적으로 고려해 그리디 알고리즘의 국소성을 완화해서 더 좋은 효과를 가져옵니다[Furnkranz et al., 2012].

15.4 ## 일차 규칙 학습

명제 규칙 학습은 명제 논리 표현 능력에 한계가 있어서 대상 간의 **관계**relation를 처리하는 데 어려움을 겪습니다. 하지만 관계 정보는 매우 중요합니다. 예를 들어, 우리가 수박을 선택할 때 과일 가게에 있는 모든 수박의 특징을 특성값으로 묘사해 내는 것은 매우 어려운 일입니다. 왜냐하면, 우리는 색깔이 얼마나 짙어야 '진녹색'인지, 소리가 얼마나 저음이어야 '둔탁'인지 판단하기 어렵기 때문입니다. 비교적 현실적인 방법은 수박끼리 비교해 보는 것입니다. 예를 들어, '수박1의 색깔은 수박

2의 색깔보다 짙고, 수박1의 꼭지는 수박2의 꼭지보다 말려 있다' 따라서 '수박1은 수박2보다 더 잘 익은 수박이다'처럼 비교를 통해 결론을 내리는 것입니다. 그러나 이는 이미 명제 논리의 표현 능력을 벗어났습니다. 따라서 일차 논리로 표현해야 하며, 일차 규칙 학습을 사용해야 합니다.

수박 데이터에 대해 다음처럼 정의해도 무방할 것입니다.

- 색깔의 짙은 정도: 진녹색 > 청록색 > 연녹색

- 꼭지가 말린 정도: 말림 > 약간 말림 > 곧음

- 소리가 탁한 정도: 둔탁 > 혼탁 > 맑음

- 줄무늬 선명도: 선명함 > 약간 흐림 > 흐림

- 배꼽이 패인 정도: 움푹 패임 > 약간 패임 > 평평함

- 촉감: 단단함 > 물렁함

따라서 수박 데이터 세트 2.0 훈련 세트를 표 15.1의 수박 데이터 세트 5.0으로 전환할 수 있습니다. 이러한 데이터는 직접적으로 샘플 간의 관계를 묘사했으므로 **관계 데이터**relational data라고 부릅니다. 여기서 원본 샘플 속성에서 전환되어 온 '색깔이 더 짙다' '꼭지가 더 말렸다' 등의 원자식을 **배경지식**background knowledge이라 부르고, 샘플 클래스에서 전환되어 온 '더 좋다', '¬더 좋다'에 관한 원자식을 관계 데이터 샘플examples이라고 부릅니다. 수박 데이터 세트 5.0에서 아래와 같은 일차 규칙을 학습할 수 있습니다.

$$(\forall X, \forall Y)(\text{더 좋음}(X, Y) \leftarrow \text{꼭지가 더 말림}(X, Y) \wedge \text{배꼽이 더 패임}(X, Y))$$

일차 규칙은 식 15.1의 형식과 같습니다. 하지만 규칙 머리, 규칙 본체는 모두 일차 논리 표현식입니다. '더 좋음$(\cdot, \cdot)$', '꼭지가 더 말림$(\cdot, \cdot)$', '배꼽이 더 패임$(\cdot, \cdot)$'은 관계 묘사에 대응하는 술어이며, 객체 대상 '수박1', '수박2'는 논리 변수 'X', 'Y'로 치환됩니다. 양사quantifier '$\forall$'는 해당 규칙에 대응하는 모든 객체 대상에 대해 성립한다는 것을 표현합니다. 일반적으로 일차 규칙에 등장하는 변수는 $\forall$에 의해 제한됩니다. 따라서 이해를 해치지 않는 선에서 앞으로는 양사 '$\forall$'를 생략하고 설명하겠습니다.

표 15.1 ╲ 수박 데이터 세트 5.0

색이 더 진함(2, 1)	색이 더 진함(2, 6)	색이 더 진함(2, 10)	색이 더 진함(2, 14)
색이 더 진함(2, 16)	색이 더 진함(2, 17)	색이 더 진함(3, 1)	색이 더 진함(3, 6)
...	...	...	...
색이 더 진함(15, 16)	색이 더 진함(15, 17)	색이 더 진함(17, 14)	색이 더 진함(17, 16)
꼭지가 더 말림(1, 6)	꼭지가 더 말림(1, 7)	꼭지가 더 말림(1, 10)	꼭지가 더 말림(1, 14)
...	...	...	...
꼭지가 더 말림(17, 7)	꼭지가 더 말림(17, 10)	꼭지가 더 말림(17, 14)	꼭지가 더 말림(17, 15)
소리가 더 탁함(2, 1)	소리가 더 탁함(2, 3)	소리가 더 탁함(2, 6)	소리가 더 탁함(2, 7)
...	...	...	...
소리가 더 탁함(17, 7)	소리가 더 탁함(17, 10)	소리가 더 탁함(17, 14)	소리가 더 탁함(17, 15)
줄무늬가 더 선명함(1, 7)	줄무늬가 더 선명함(1, 14)	줄무늬가 더 선명함(1, 16)	줄무늬가 더 선명함(1, 17)
...	...	...	...
줄무늬가 더 선명함(15, 14)	줄무늬가 더 선명함(15, 16)	줄무늬가 더 선명함(15, 17)	줄무늬가 더 선명함(17, 16)
배꼽이 더 패임(1, 6)	배꼽이 더 패임(1, 7)	배꼽이 더 패임(1, 10)	배꼽이 더 패임(1, 15)
...	...	...	...
배꼽이 더 패임(15, 10)	배꼽이 더 패임(15, 16)	배꼽이 더 패임(15, 17)	배꼽이 더 패임(17, 16)
촉감이 더 단단함(1, 6)	촉감이 더 단단함(1, 7)	촉감이 더 단단함(1, 10)	촉감이 더 단단함(1, 15)
...	...	...	...
촉감이 더 단단함(17, 6)	촉감이 더 단단함(17, 7)	촉감이 더 단단함(17, 10)	촉감이 더 단단함(17, 15)
더 좋음(1, 10)	더 좋음(1, 14)	더 좋음(1, 15)	더 좋음(1, 16)
...	...	...	...
더 좋음(7, 14)	더 좋음(7, 15)	더 좋음(7, 16)	더 좋음(7, 17)
더 좋음(10, 1)	더 좋음(10, 2)	더 좋음(10, 3)	더 좋음(10, 6)
...	...	...	...
더 좋음(17, 2)	더 좋음(17, 3)	더 좋음(17, 6)	더 좋음(17, 7)

일차 규칙은 아주 강력한 표현 능력이 있습니다. 예를 들어, 일차 규칙은 간단하게 귀납 개념을 다음과 같이 설명할 수 있습니다.

$$\text{더 좋음}(X, Y) \leftarrow \text{더 좋음}(X, Z) \wedge \text{더 좋음}(Z, Y)$$

일차 규칙 학습은 도메인 지식을 도입하기 쉽습니다. 이는 명제 규칙 학습과 비교했을 때 매우 큰 이점입니다. 명제 규칙 학습과 일반적인 통계 학습에서 도메인 지식을 활용하려면 두 가지 방법이 있습니다. 현재 있는 속성을 기초로 하여 도메인 지식에 기반해 새로운 속성을 만드는 것, 혹은 도메인 지식에 기반해 모종의 함수 메커니즘(예를 들면 정규화 같은)을 만들어 가설 공간에 제약을 가하는 것입니다. 그러나 현실 과업에서 모든 도메인 지식이 쉽게 속성 재구성과 함수 제약으로 표현되는 것은 아닙니다. 예를 들어, 모종의 알 수 없는 원소를 포함한 화합물 X를 얻었고, 실험으로 이 화합물과 이미 알려진 화합물 Y의 반응 방정식을 발견하려 한다고 가정해 보겠습니다. 우리는 미지의 원소 성질에 대해서는 아무것도 모르지만, 보편적으로 성립하는 화학 원리는 알고 있습니다. 그리고 이미 알고 있는 원소 간에 발생할 수 있는 반응도 알고 있습니다. 이러한 도메인 지식이 있다면, 몇 번의 중복되는 실험을 거쳐 어렵지 않게 X와 Y의 반응 방정식을 학습할 수 있고, X의 성질을 추측하고 심지어 새로운 분자와 원소를 발견하게 될 수도 있습니다. 이러한 도메인 지식은 일상 생활과 각 과업에 많이 존재합니다. 그러나 명제 표현에 기반한 학습에서 사용하기엔 어려움이 있습니다.

FOIL First-Order Inductive Learner[Quinlan, 1990]은 매우 유명한 일차 규칙 학습 알고리즘입니다. FOIL은 순차적 커버링 방법의 프레임을 따르고 하향식의 규칙 귀납 전략을 사용합니다. 15.2절에 소개한 명제 규칙 학습 과정과 매우 유사합니다. 그러나 FOIL은 논리 변수가 존재하므로 규칙을 생성할 때 서로 다른 변수 조합을 고려해야 합니다. 예를 들어, 수박 데이터 세트 5.0에서 '더 좋음(X, Y)'이라는 개념에 대해 최초의 빈 규칙은 다음과 같습니다.

$$더\ 좋음(X,\ Y) \leftarrow$$

이어서 데이터에 있는 모든 술어와 각종 변수의 조합을 후보 문자로 고려합니다. 새로 추가된 문자는 최소 하나의 이미 출현한 변수를 포함해야 합니다. 그렇지 않으면 어떤 의미도 없게 됩니다. 이 예제에서 하단의 후보 문자를 생각해 보면 다음과 같습니다.

색깔이 더 짙다(X, Y), 색깔이 더 짙다(Y, X), 색깔이 더 짙다(X, Z), 색깔이 더 짙다(Z, X),
색깔이 더 짙다(Y, Z), 색깔이 더 짙다(Z, Y), 색깔이 더 짙다(X, X), 색깔이 더 짙다(Y, Y),
꼭지가 더 말렸다(X, Y),　　　 …　　　　　 …　　　　　 …
소리가 더 둔탁하다(X, Y),　　 …　　　　　 …　　　　　 …
　　　 …　　　　　 …　　　　　 …　　　　　 …

FOIL은 **FOIL 이득** FOIL gain을 사용해 문자를 선택합니다.

$$\text{F\_Gain} = \hat{m}_+ \times \left(\log_2 \frac{\hat{m}_+}{\hat{m}_+ + \hat{m}_-} - \log_2 \frac{m_+}{m_+ + m_-} \right), \qquad \boxed{\text{식 15.3}}$$

여기서 $\hat{m}_+$와 $\hat{m}_-$는 각각 후보 문자가 추가된 새로운 규칙이 커버하는 양성, 음성 샘플 수입니다. m_+, m_-는 원 규칙이 커버하는 양성, 음성 샘플 수입니다. FOIL 이득과 의사결정 트리가 사용하는 정보 이득은 다릅니다. FOIL 이득은 양성 샘플의 정보량만 고려하고 새로운 규칙이 커버하는 양성 샘플 수를 가중치로 둡니다. 이는 관계 데이터에서 양성 샘플 수가 음성 샘플 수보다 적은 경향이 뚜렷하기 때문입니다.

의사결정 트리의 정보 이득에 관해서는 4.2.1절을 참조하라.

이는 실질적으로 클래스 불균형과 관련이 있다. 자세한 내용은 3.6절을 참조하라.

따라서 양성 샘플에 더 초점을 맞추는 것입니다.

수박 데이터 세트 5.0의 예제에서 초기의 빈 집합 본체에 '색깔이 더 짙음(X, Y)' 혹은 '배꼽이 더 패임(X, Y)'만 더 해준다면 새로운 규칙은 16개의 양성 샘플과 2개의 음성 샘플을 커버할 수 있습니다. 따라서 FOIL 이득은 후보 최댓값인 $16 \times (\log_2 \frac{16}{18} - \log_2 \frac{25}{50}) = 13.28$이 됩니다. 만약 전자가 선택되었다고 가정한다면, 다음을 얻을 수 있습니다.

$$더\ 좋음(X,\ Y) \leftarrow 색이\ 더\ 짙음(X,\ Y)$$

이 규칙은 여전히 2개의 음성 샘플을 커버합니다(더 좋음$(X, Y) \leftarrow$ 색이 더 짙음(X, Y)). 따라서 FOIL은 명제 규칙 학습과 같이 지속적으로 규칙 본체의 길이를 늘려나갑니다. 최종적으로는 적당한 단일 규칙을 생성해 규칙 집합에 추가합니다. 그리고 FOIL은 사후 가지치기를 사용해 규칙 집합에 대한 최적화를 진행합니다.

만약 규칙 본체에 후보 문자로 목표 술어를 추가한다면 FOIL은 재귀 규칙을 학습할 수 있습니다. 만약 후보 문자로 부정 형식의 문자 ¬**f**를 추가한다면, 더 간결한 규칙 집합을 만들 수 있습니다.

FOIL은 명제 규칙 학습과 귀납 논리 프로그래밍 사이의 과도_{transient} 징도로 간주할 수 있습니다. FOIL은 하향식 규칙 생성 과정은 함수와 논리 표현식의 임베딩을 지원할 수 없습니다. 따라서 규칙 표현 능력이 여전히 부족합니다. 그러나 FOIL은 명제 규칙 학습 과정을 변수 치환 등의 방법을 통해 직접적으로 일차 규칙 학습으로 전환했습니다. 따라서 일반 귀납 논리 프로그래밍 기술보다 더 효과적입니다.

15.5 귀납 논리 프로그래밍

귀납 논리 프로그래밍 Inductive Logic Programming, ILP은 일차 규칙 학습에 함수와 논리 표현식 임베딩을 도입했습니다. ILP는 한편으로는 머신러닝 시스템에 더 강력한 표현 능력을 부여했고, 다른 한편으로는 머신러닝 기술을 사용해 배경지식 기반의 논리 프로그램logic program 귀납을 해결했다고도 볼 수 있습니다. ILP가 학습해서 얻은 '규칙'은 PROLOG 등 논리 프로그램 언어에 직접적으로 사용할 수 있습니다.

그러나 함수와 논리 표현식 임베딩의 도입은 계산상에 큰 도전을 가져왔습니다. 예를 들어, 단일 술어 P와 단일 함수 f가 주어졌다면 이들이 구성할 수 있는 문자는 $P(X)$, $P(f(X))$, $P(f(f(X)))$ 등 무한개일 것입니다. 즉, 이는 규칙 학습 과정에서 가능한 후보 원자식 수가 무한대라는 것을 뜻합니다. 만약 명제 규칙 학습 혹은 FOIL 학습 같은 하향식의 규칙 생성 과정을 채택한다면 규칙 길이를 증가할 때 모든 후보 문자를 나열하기 힘들기 때문에 실패할 것입니다. 실제 어려움은 여기에 그치지 않습니다. 예를 들어, FOIL 이득을 계산할 때 규칙이 커버하는 모든 양성, 음성 샘플 수를 계산해야 하는데, 함수와 논리 표현식을 임베딩한 후에 이것이 불가능하기 때문입니다.

15.5.1 최소 일반 일반화

귀납 논리 프로그래밍은 상향식 규칙 생성 전략을 사용해 하나 혹은 다수의 양성 샘플에 대응하는 구체적인 사실grounded fact을 초기 규칙으로 설정합니다. 그리고 규칙을 점진적으로 일반화generalization하며 샘플에 대한 해당 규칙의 커버 범위를 늘려나갑니다. 일반화 과정은 규칙 내의 상수constant를 논리 변수로 치환하는 것일 수도 있고, 규칙 본체에 어떤 문자를 삭제하는 것이 될 수도 있습니다.

숫자는 수박의 인덱스를 뜻한다.

수박 데이트 세트 5.0을 예로, 간단한 논의를 위해 잠시 '더 좋음(X, Y)'는 (X, Y)의 값이 동일한 관계에 의해서만 결정된다고 가정한다면, 양성 샘플 '더 좋음$(1, 10)$'과 '더 좋음$(1, 15)$'가 대응하는 초기 규칙은 각각 다음과 같습니다.

더 좋음$(1, 10)$ ← 꼭지가 더 말림$(1, 10)$ ∧ 소리가 더 탁함$(1, 10)$
∧ 배꼽이 더 패임$(1, 10)$ ∧ 촉감이 더 단단함$(1, 10)$;

더 좋음$(1, 15)$ ← 꼭지가 더 말림$(1, 15)$ ∧ 배꼽이 더 패임$(1, 15)$
∧ 촉감이 더 단단함$(1, 15)$;

이 두 개의 규칙은 특수한 관계 데이터의 예제이므로 일반화 능력이 없습니다. 따라서 우리는 이러한 '특수' 규칙을 더 '일반'적인 규칙으로 바꾸길 원합니다. 이 목표를 달성하기 위한 가장 간단한 기술은 **최소 일반 일반화**Least General Generalization, LGG[Plotkin, 1970]입니다.

일차 공식 r_1과 r_2가 주어졌을 때 LGG는 먼저 동일한 술어에 관계된 문자를 찾습니다. 그리고 문자 각 자리의 상수를 고려하고 만약 상수가 두 개의 문자 중에서 동일하다면 보존하고 LGG(s, t) = t로 기록합니다. 반대라면 이들을 동일한 새로운 변수로 치환하고 해당 치환을 공식의 모든 기타 위치에 사용합니다. 즉, 두 개의 서로 다른 상수가 s, t라고 가정하고 새로운 변수를 V라고 가정한다면, s, t = V와 같이 기록할 수 있습니다. 그리고 이후에 출현하는 s, t의 위치는 V로 대체합니다. 예를 들어, 위의 예제 중 두 개의 규칙에서 '더 좋음(1, 10)'과 '더 좋음(1, 15)'를 비교합니다. 문자 중의 상수는 '10 $\neq$ 15'이므로 이들을 Y로 치환하고 r_1과 r_2 중 남은 자리에 쌍을 이뤄 출현하는 '10'과 '15'를 모두 Y로 치환하면 다음을 얻습니다.

$$\text{더 좋음}(1, Y) \leftarrow \text{꼭지가 더 말림}(1, Y) \wedge \text{소리가 더 탁함}(1, Y)$$
$$\wedge \text{배꼽이 더 패임}(1, Y) \wedge \text{촉감이 더 단단함}(1, Y);$$

$$\text{더 좋음}(1, Y) \leftarrow \text{꼭지가 더 말림}(1, Y) \wedge \text{배꼽이 더 패임}(1, Y)$$
$$\wedge \text{촉감이 더 단단함}(1, Y);$$

그리고 LGG는 r_1과 r_2 중에서 공통의 술어를 포함하지 않는 문자를 무시합니다. 따라서 만약 LGG가 어떤 공식에서도 없는 술어를 포함하고 있다면, LGG는 해당 공식을 특화할 수 없습니다. 이 예제에서는 '소리가 더 탁함(1, 10)' 이 문자를 무시해야 함을 쉽게 알 수 있습니다. 따라서 얻을 수 있는 LGG는 다음과 같습니다.

$$\text{더 좋음}(1, Y) \leftarrow \text{꼭지가 더 말림}(1, Y) \wedge \text{배꼽이 더 패임}(1, Y)$$
$$\wedge \text{촉감이 더 단단함}(1, Y) \qquad \boxed{\text{식 15.4}}$$

식 15.4는 수박1이 다른 수박보다 좋은지 아닌지만을 판단할 수 있습니다. 일반화 능력을 향상시키기 위해서 다음처럼 수박2에 관한 다른 초기 규칙이 있다고 가정합니다.

$$\text{더 좋음}(2, 10) \leftarrow \text{꼭지가 더 말림}(2, 10) \wedge \text{소리가 더 탁함}(2, 10)$$
$$\wedge \text{배꼽이 더 패임}(2, 10) \wedge \text{촉감이 더 단단함}(2, 10); \qquad \boxed{\text{식 15.5}}$$

따라서 식 15.4와 15.5의 LGG를 구할 수 있습니다. 문자 '더 좋음(2, 10)'과 '더 좋음(1, Y)'에 대응하는 위치에 동시에 상수 '10'과 변수 'Y'가 출현한 점을 살펴보면, LGG(10, Y) = Y_2로 설정하고 모든 '10'과 'Y'가 짝을 지어 등장하는 위치를 모두 Y_2로 치환합니다. 최종적으로 LGG(2, 1) = X로 설정하고 술어가 다른 문자를 모두 제거하면 아래와 같은 상수를 포함하지 않는 일반 규칙을 얻게 됩니다.

$$더 \ 좋음(X, \ Y_2) \leftarrow 꼭지가 \ 더 \ 말림(X, \ Y_2) \land 배꼽이 \ 더 \ 패임(X, \ Y_2)$$
$$\land \ 촉감이 \ 더 \ 단단함(X, \ Y_2)$$

위 예제에서는 긍정 문자만을 다뤘고, '¬' 부호를 사용하지 않았습니다. 실제로 LGG는 더 복잡한 일반화 작업도 가능합니다. 이외에도, 위에서 '더 좋음$(X, \ Y)$'의 초기 규칙은 변수가 모두 $(X, \ Y)$ 관계인 것만 포함한다고 가정했는데, 배경지식을 활용해 다른 유용한 관계를 표현할 수 있기 때문에 많은 ILP 시스템은 여러가지 초기 규칙 선택 방법을 채택하고 있습니다. 가장 자주 사용하는 방법은 RLGG~Relative Least General Generalization[Plotkin,1971]이며, LGG를 계산할 때 모든 배경지식을 고려하고 샘플 e의 초기 규칙을 $e \leftarrow K$와 같이 정의합니다. 여기서 K는 배경지식의 모든 원자의 논리곱~conjunction입니다.

[Lavac and Dzeroski, 1993]의 3장을 참고하라.

$\mathbf{r}_1$와 $\mathbf{r}_2$로 특화되고 LGG로 일반화되는 일차 공식 $\mathbf{r}'$는 존재하지 않기 때문에 LGG는 $\mathbf{r}_1$와 $\mathbf{r}_2$로 특화되는 모든 일차 공식 중 가장 특수한 경우라는 것을 증명할 수 있습니다.

귀납 논리 프로그래밍에서 LGG를 획득한 후, 이를 단일 규칙을 규칙 집합에 추가하고 최종적으로 앞 절에서 소개한 사후 가지치기 등의 기술을 통해 한 단계 더 최적화한 것으로 간주할 수도 있습니다.

15.5.2 역도출

논리학에서 **연역**deduction과 **귀납**induction은 인식 세계의 두 가지 기본 방법입니다. 대략적으로 설명하면 연역은 일반적인 규칙에서 시작해 구체적인 사물을 탐구하는 것이고, 귀납은 개별 사물에서 출발해 일반적인 규율을 개괄하는 작업을 뜻합니다. 일반 수학의 정리 증명은 연역의 분야라고 할 수 있고, 머신러닝은 귀납의 범위에 들어간다고 볼 수 있습니다. 1965년 논리학자 로빈슨J.A. Robinson은 일차 술어연산 중의 연역 추론은 하나의 간결한 규칙으로 묘사가 가능하다고 주장했습니다. 이것이 바로 수리 논리에서 유명한 도출 원리~resolution principle[Robinson, 1965]입니다. 20년이 지난 후 컴퓨터 과학자 머글턴S. Muggleton과 번틴W. Buntine은 귀납 추론

19세기 영국의 정치경제학자이자 철학자인 제번스(W.S. Jevons)는 수리방법 논증을 통해 최초로 귀납이 연역의 역과정임을 증명했다.

에 대해 **역도출**inverse resolution[Muggleton and Buntine, 1988]을 제안했습니다. 이 방법은 귀납 논리 프로그래밍 발전에 중요한 영향을 끼쳤습니다.

도출 원리를 이용하면 논리 규칙과 배경지식을 연결해 복잡한 것을 간단하게 만들 수가 있습니다. 반면, 역도출을 이용하면 배경지식을 바탕으로 새로운 개념과 관계를 만들어 낼 수 있습니다. 간단한 명제 연산을 예제로 도출과 역도출이 대체 어떤 개념인지 알아보겠습니다.

두 개의 논리 표현식 C_1와 C_2가 성립하고 각각 상호 보완항complementary term L_1과 L_2를 포함한다고 가정합니다. 일반성을 잃지 않고, $L = L_1 = \neg L_2$, $C_1 = A \vee L$, $C_2 = B \vee L$이라고 설정합니다. 도출 원리는 연역 추론을 통해 L을 소거하고 도출항 $C = A \vee B$를 얻을 수 있다는 것을 알려줍니다. 이를 정의하면 다음과 같습니다.

$$(A \vee B) - \{B\} = A \ , \qquad \text{식 15.6}$$

따라서 귀결 과정은 다음처럼 나타낼 수 있습니다.

$$C = (C_1 - \{L\}) \vee (C_2 - \{\neg L\}) \ , \qquad \text{식 15.7}$$

이를 간단히 표기하면 다음 식이 됩니다.

$$C = C_1 \cdot C_2 \ . \qquad \text{식 15.8}$$

그림 15.3은 도출 원리를 직관적으로 보여줍니다.

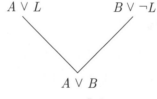

그림 15.3 ╲ **도출 원리 예시**

위 과정과 반대로 역도출은 이미 C와 C_i를 알고 있는 상황에서 어떻게 $C_j (i \neq j)$를 구할 것인가에 대해 연구합니다. 이미 C와 C_1, C_2를 알고 있다고 가정한다면 식 15.7로써 해당 과정은 다음처럼 표현할 수 있습니다.

$$C_2 = (C - (C_1 - \{L\})) \vee \{\neg L\}. \qquad \text{식 15.9}$$

그렇다면 실전 논리 추론에서 어떻게 역도출을 실현할 수 있을까요? [Muggleton, 1995]은 네 가지 역귀결 방법에 대해 정의했습니다. 만약 규칙 형식 $p \leftarrow q$가 똑같이 $p \lor \neg q$로 표현하고, 소문자로 논리 문자를, 대문자로 논리곱으로 구성된 논리 구절을 표현한다면 네 가지 방법은 다음과 같이 나타낼 수 있습니다.

- **흡수**absorption
$$\frac{p \leftarrow A \land B \qquad q \leftarrow A}{p \leftarrow q \land B \qquad q \leftarrow A}. \quad \text{식 15.10}$$

- **식별**identification
$$\frac{p \leftarrow A \land B \qquad p \leftarrow A \land q}{q \leftarrow B \qquad p \leftarrow A \land q}. \quad \text{식 15.11}$$

- **내부 구조**intra-construction
$$\frac{p \leftarrow A \land B \qquad p \leftarrow A \land C}{q \leftarrow B \qquad p \leftarrow A \land q \qquad q \leftarrow C}. \quad \text{식 15.12}$$

- **상호 구조**inter construction
$$\frac{p \leftarrow A \land B \qquad q \leftarrow A \land C}{p \leftarrow r \land B \qquad r \leftarrow A \qquad q \leftarrow r \land C}. \quad \text{식 15.13}$$

여기서 우리는 X/Y로 X가 Y를 포함하고 있다고 표현하고, 수리 논리에서는 $X \vdash Y$로 작성합니다. 위 규칙에서 X의 절은 Y의 도출항이거나 Y의 어떤 절의 등가항입니다. 그리고 Y에서 등장하는 새로운 논리 문자는 귀납을 통해 학습한 새로운 명제라고 간주할 수 있습니다.

도출, 역도출은 모두 쉽게 일차 논리 형식으로 확장될 수 있습니다. 명제 논리와의 가장 큰 차이점은 일차 논리의 도출, 역도출은 일반적으로 결합 치환을 한다는 것입니다.

치환substitution은 어떤 항을 사용해 논리 표현식의 변수를 바꾸는 것을 말합니다. 예를 들어, $\theta = \{1/X, 2/Y\}$를 사용해 '$C =$ 색깔이 더 짙음(X, Y) $\land$ 소리가 더 둔탁함(X, Y)'을 치환해 '$C = C\theta =$ 색깔이 더 짙음$(1, 2)$ $\land$ 소리가 더 둔탁함$(1, 2)$'을 얻을 수 있고, 여기서 $\{X, Y\}$는 θ의 도메인domain이라고 부릅니다. 대수에서의 치환과 비슷하게, 일차 논리에서도 '복합 치환'과 '역치환'이 존재합니다. 예를 들어, 먼저 $\theta = \{Y/X\}$를 사용해 X를 Y로 치환하고, $\lambda = \{1/Y\}$를 사용해 Y를 1로 치환한다면, 이러한 복합적인 조작을 $\theta \circ \lambda; \theta$으로 기록하고, θ의 역치환은 $\theta^{-1} = \{X/Y\}$와 같이 기록합니다.

결합unification은 일종의 변수 치환을 사용해 두 개 혹은 다수의 논리 표현식을 같게 만든 방법입니다. 예를 들어, '$A =$ 색깔이 더 짙음$(1, X)$'과 '$B =$ 색깔이 더 짙음(Y, 2)'에 $\theta = \{2/X, 1/Y\}$를 사용하여 '$A\theta = B\theta = $ 색깔이 더 짙음 (1, 2)'와 같이 만들 수 있습니다. 이때 A와 B를 **결합 가능한**unifiable이라 부르고, θ를 A와 B의 **결합자**unifier라고 부릅니다.

만약 δ가 한 그룹의 일차논리 표현식 W의 결합자이고, W에 대한 임의의 결합자 θ가 상응하는 치환 λ이 존재하여 $\theta = \delta \circ \lambda$를 만들 수 있다면, δ는 W의 '일반 결합 치환' 혹은 **최대 일반 결합자**Most General Unifier, MGU라고 부릅니다. 이는 귀납논리 프로그램에서 가장 중요한 개념입니다. 예를 들어, '색깔이 더 짙음(1, Y)'과 '색깔이 더 짙음(X, Y)'는 $\theta_1 = \{1/X\}$, $\theta_2 = \{1/X, 2/Y\}$, $\theta_3 = \{1/Z, Z/X\}$에 의해 결합되지만 오직 θ_1만이 이들의 MGU입니다.

일차 논리가 도출을 진행할 때 결합 방법을 이용해 상호 보완항 L_1과 L_2를 탐색합니다. 두 개의 일차논리 표현식 $C_1 = A \lor L_1$과 $C_2 = B \lor L_2$에 대해, 만약 $L_1\theta = \neg L_2\theta$를 만드는 결합자 θ가 존재한다면, 이에 대해 도출을 진행할 수 있습니다.

$$C = (C_1 - \{L_1\})\theta \lor (C_2 - \{L_2\})\theta .$$ 식 15.14

이와 유사하게, 식 15.9에 대해 결합자를 이용해 확장하여 일차 논리의 역도출을 얻을 수 있습니다. 식 15.8에 기반하여 $C_1 = C/C_2$와 $C_2 = C/C_1$을 **도출 몫** resolution quotient으로 정의합니다. 따라서 역도출의 목표는 이미 C와 C_1에 대해 알고 있을 때 도출 몫 C_2를 구하는 것이 됩니다. 어떤 $L_1 \in C_1$에 대해 ϕ_1이 하나의 치환이라고 가정한다면, 다음을 얻을 수 있습니다.

$C = $A $\lor$ B에 대해서, $A \vdash C$과 $\exists B(C = $A $\lor$ B)의 값은 같다.

$$(C_1 - \{L_1\})\phi_1 \vdash C ,$$ 식 15.15

여기서 ϕ_1은 C_1 중의 모든 변수에서 작용하고, $\mathrm{vars}(C_1)$으로 기록합니다. ϕ_1은 $C_1 - \{L_1\}$과 C 중에 대응하는 문자를 결합 가능하게 만듭니다. ϕ_2를 작용 범위가 $\mathrm{vars}(L_1) - \mathrm{vars}(C_1 - \{L_1\})$인 치환, L_2를 도출 몫 C_2에서 소거된 문자, θ_2를 $\mathrm{vars}(L_2)$를 작용 범위로 하는 치환이라고 설정한다면, ϕ_2와 ϕ_1은 공통적으로 L_1에 대해 작용할 것이고, $\neg L_1\phi_1 \circ \phi_2 = L_2\theta_2$이 되게 합니다. 따라서 $\phi_1 \circ \phi_2 \circ \theta_2$는 $\neg L_1$과 L_2의 MGU입니다. 만약 두 단계 앞에서의 복합 치환 $\phi_1 \circ \phi_2$를 θ_1로 나타낸다면, θ_2^{-1}로 θ_2의 역치환을 나타내고, 따라서 $(\neg L_1\theta_1)\theta_2^{-1} = L_2$가 됩니다. 결국, 식 15.9와 유사하게, 일차 역도출은 다음 식이 됩니다.

$$C_2 = (C - (C_1 - \{L_1\})\theta_1 \vee \{\neg L_1\theta_1\})\theta_2^{-1}.$$ 식 15.16

일차first order 상황에서 L_1, L_2, θ_1, θ_2는 일반적으로 유일한 선택을 하진 않습니다. 이때 커버 비율, 정확도, 정보 이득 등 다른 여러 판별 기준으로 취사 선택을 합니다.

수박 데이터 5.0을 예로, 우리는 어떤 단계를 통해 이미 다음의 규칙들을 얻었다고 가정해 봅시다.

$$C_1 = \text{더 좋음}(1, X) \leftarrow \text{꼭지가 더 말림}(1, X) \wedge \text{줄무늬가 더 선명함}(1, X);$$
$$C_2 = \text{더 좋음}(1, Y) \leftarrow \text{꼭지가 더 말림}(1, Y) \wedge \text{줄무늬가 더 선명함}(1, Y).$$

이들이 '$p \leftarrow A \wedge B$'와 '$p \leftarrow A \wedge C$' 형식이라는 것은 쉽게 알 수 있습니다. 따라서 내부 구조intra-construction 조작을 통해 역도출을 진행할 수 있습니다. C_1, C_2 중의 술어가 모두 이원성이기 때문에 새로운 규칙에서 묘사 정보의 완전성을 유지하기 위해 우리는 새로운 이원 술어 $q(M, N)$을 만들고 식 15.12를 기반으로 다음을 얻습니다.

$$C' = \text{더 좋음}(1, Z) \leftarrow \text{꼭지가 더 말림}(1, Z) \wedge q(M, N)$$

오컴의 면도날에 관해서는 1.4 절을 참조하라.

식 15.12에서 가로선 아래의 두 항은 각각 C_1/C'와 C_2/C'의 도출 몫입니다. C_1/C'에 대해, C'에서 도출을 통해 L_1을 소거한 선택이 '¬꼭지가 더 말림$(1, Z)$'과 '¬$q(M, N)$'이 남아있음을 쉽게 알 수 있습니다. q는 새롭게 발명한 술어이기 때문에 언젠가는 하나의 새로운 규칙 '$q(M, N) \leftarrow ?$'을 배워서 술어에 대한 정의를 내려야 합니다. 오컴의 면도날 원칙에 따르면, 동등한 표현 능력으로 학습된 규칙은 적을수록 좋습니다. 따라서 우리는 ¬$q(M, N)$을 L_1로 설정합니다. 식 15.16에 의해 $L_2 = q(1, S)$, $\phi_1\{X/Z\}$, $\phi_2 = \{1/M, X/N\}$, $\theta_2 = \{X/S\}$이란 해들이 존재하게 됩니다. 간단한 연산을 통해 도출 몫이 '$q(1, S) \leftarrow$ 줄무늬가 더 선명함$(1, S)$'임을 구할 수 있습니다. 이와 유사하게 C_2/C'의 도출 몫 '$q(1, T) \leftarrow$ 소리가 더 둔탁함$(1, T)$'도 구할 수 있습니다.

역도출의 가장 큰 특징은 자동으로 새로운 술어를 발명해 낼 수 있다는 것입니다. 이러한 새로운 술어들은 샘플 속성과 배경지식에 존재하지 않는 새로운 지식에 대응하기 때문에 지식의 발견이라는 관점에서 매우 중요합니다. 하지만 자동으로 새로운 술어를 발명한다는 것은 언어적으로 어떤 의미일까요? 예를 들어, 'q'는 '더 신선함'을 의미하는 것일까요? 아니면 '더 달콤함'을 의미하는 것일까요? 이러한 것은 해당 과업에 대한 이해를 통해서만 명확해질 수 있습니다.

위 예제에서 우리는 어떻게 두 규칙을 기반으로 역도출을 진행하는지 살펴보았습니다. 일반적으로 현실의 과업에서 ILP 시스템은 상향식으로 한 그룹의 규칙을 생성하고, 다시 최소 일반 일반화와 역도출을 결합해 학습을 진행합니다.

15.6 더 읽을거리

규칙 학습은 **기호주의 학습**symbolism learning의 대표주자로서 가장 일찍 머신러닝 기술을 연구한 분야 중 하나입니다[Michalski, 1983]. [Furnkranz et al., 2012]는 규칙 학습에 대해 비교적 전반적인 학술정리를 진행했습니다.

AQ는 Algorithm Quasi-optimal의 약칭이다.

순차적 커버링은 규칙 학습의 기본 프레임입니다. [Michalski, 1969]의 AQ에서 최초로 언급되었고, AQ 이후에 하나의 알고리즘으로 발전했습니다. 여기서 비교적 유명한 것은 AQ15[Michalski et al., 1986], AQ17-HCI[Wnek and Michalski, 1994] 등이 있습니다. 계산 능력의 한계에 부딪혀 초기 AQ는 학습 시 랜덤으로 한 쌍의 양성, 음성 샘플만을 골라 시드로 설정하고 훈련할 수밖에 없었습니다. 샘플 선택의 랜덤성은 AQ 학습 효과를 안정적이지 못하게 만들었습니다. PRISM[Cendrowska, 1987]은 이 문제를 해결했는데, 최초로 하향식 탐색 방법을 사용했고 규칙 학습과 의사결정 트리 사이에 비교도 진행했습니다. 그의 연구에 따르면, 의사결정 트리는 샘플 공간을 서로 겹치지 않는 등가 클래스로 분할하고, 규칙 학습은 이러한 분할 형식이 아니기 때문에 모델을 학습할 때 복잡도가 더 낮다고 주장했습니다. PRISM의 성능은 AQ보다 좋지 않아 당시에는 큰 주목을 받진 못했지만, 규칙 학습의 발전에 지대한 영향을 끼쳤습니다.

의사결정 트리의 각 노드는 하나의 등가 클래스에 대응한다.

WEKA에서 PRISM을 구현했다.

CN2[Clark and Niblett, 1989]는 빔 서치를 사용했고, 가장 일찍 과적합 문제를 고려한 규칙 학습 알고리즘이었습니다. [Furnkranz, 1994]는 사후 가지치기가 규칙 학습의 과적합 문제에 대해 이점이 있다고 주장했습니다. RIPPER[Cohen, 1995]는 명제 규칙 학습 기술의 최고봉이었는데, 해당 영역의 많은 기술을 융합해 규칙 학습이 의사결정 트리와의 장기적 경쟁 관계에서 우위를 갖게 하는 데 큰 공헌을 했습니다. 작가 홈페이지의 C 언어 RIPPER 버전은 오늘날까지 명제 규칙 학습의 최고 수

RIPPER는 C4.5 의사결정 트리보다 빠르고 좋은 효과를 보였다.

준으로서 많이 인용되고 있습니다.

관계 학습에 대한 연구는 일반적으로 [Winston, 1970]으로부터 시작되었다고 여겨집니다. 명제 규칙 학습으로는 이런 과업을 완성하기 어렵기 때문에 일차 규칙 학습이 발전하기 시작했습니다. FOIL은 변수 치환 등의 방법으로 명제 규칙 학습을 일차 규칙 학습으로 전환하며, 해당 기술은 오늘날까지도 사용되고 있습니다. 예를 들어, 2010년 카네기 멜론 대학에서 연 **Never-Ending Language Learning**NELL 계획은 FOIL을 사용해 자연어의 언어 관계를 학습하는 것이었습니다[Carlson et al., 2010]. 많은 문헌에서 모든 일차 규칙 학습법을 귀납 논리 프로그래밍의 범위로 간주하는데, 이 책에서는 더 엄격한 분류를 진행했습니다.

[Muggleton, 1991]은 **귀납 논리 프로그래밍**ILP이라는 단어를 가장 먼저 사용했습니다. GOLEM[Muggleton and Feng, 1990]에서는 명제 논리에서 일차 논리 학습으로 과도하는 어려움을 극복하고, 상향식 귀납의 ILP 프레임도 확립했습니다. 최소 일반 일반화LGG는 [Plotkin, 1970]이 가장 먼저 제안했고, GOLEM은 RLGG를 사용했습니다. PROGOL[Muggleton, 1995]은 역도출을 역함의inverse entailment로 개선하고 더 좋은 효과를 얻었습니다. 새로운 술어의 발명에 대해서는 근 몇 년간 새로운 발전이 있었습니다[Muggleton and Lin, 2013]. ILP가 학습한 규칙은 PROLOG 등의 논리 프로그램 해석기에서 바로 사용이 가능하고, PROLOG는 전문가 시스템에서 자주 사용되기 때문에 ILP는 머신러닝과 지식 엔지니어링을 연결하는 가교 역할을 했습니다. PROGOL[Muggleton, 1995]과 ALEPH[Srinivasan, 1999]는 활용 범위가 넓은 ILP 시스템입니다. 기본 아이디어는 이번 장의 ILP 부분에 설명되어 있습니다. Datalog[Ceri et al., 1989]는 데이터베이스 영역에 큰 영향을 끼쳤습니다. 크게는 SQL 1999 표준과 IBM DB에도 영향을 끼쳤습니다. ILP에 관한 중요한 저작물은 [Muggleton, 1992; Lavrac and Dzeroski, 1993]이 있습니다. 그리고 전문적인 국제 귀납 논리 프로그래밍 콘퍼런스도 존재합니다.

ILP의 복잡도는 매우 높습니다. 생물 데이터 마이닝과 자연어 처리 등의 과업에서 많은 성공을 거뒀지만[Bratko and Muggleton, 1995], 문제의 규모가 커지면 처리하기 힘들어지는 단점이 있습니다. 따라서 이 방면에 대한 연구는 통계학이 부흥한 후 제약을 받은 면이 조금 있습니다. 최근 들어서 머신러닝 기술이 더 많은 영역에 침투하며, 논리 표현의 중요성이 도출되고 있습니다. 따라서 많은 규칙 학습과 통계

지식 엔지니어링과 전문가 시스템에 관해서는 1.5절을 참조하라.

학습이 결합된 노력들이 나타났으며, 확률 귀납 논리 프로그래밍probabilistic ILP[De Raedt et al., 2008], 베이지안 네트워크의 최종 노드에 논리적 의미를 부여한 **관계 베이지안 네트워크**relational Bayesian network[Gaeger, 2002] 등이 그 대표주자입니다. 사실상 관계학습과 통계 학습이 결합된 머신러닝은 매우 빠르게 발전하고 있습니다. 그리고 확률 귀납 논리 프로그래밍 역시 그중 하나입니다. 다른 중요한 모델로는 확률 관계 모델[Friedman et al., 1999], 베이지안 논리 프로그램Bayesian Logic Program[Kersting et al., 2000], 마르코프 논리 네트워크Markov Logic Network[Richardson and Domingos, 2006] 등이 있고, 통칭 **통계 관계 학습**statistical relational learning[Getoor and Taskar, 2007]이라고 합니다.

연습문제

수박 데이터 세트 2.0은 93쪽
표 4.1을 참조하라.

15.1 수박 데이터 세트 2.0에 대해 부정 형식의 문자를 포함해 하향식 전략으로
명제 규칙 집합을 학습하라.

15.2 수박 데이터 세트 2.0에 대해 학습 과정에서 문자 제거, 규칙 일반화 등을
통해 상향식 전략으로 명제 규칙 집합을 학습하라.

15.3 RIPPER 알고리즘에 대한 코드를 작성하고, 수박 데이터 세트 2.0을 사용
해 규칙 데이터 세트를 학습하라.

15.4 규칙 학습은 결측 데이터에 대해서도 학습이 가능하다. 의사결정 트리의
결측값 처리 방식을 모방해, 순차적 커버링에 기반한 명제 규칙 집합을 수
박 데이터 세트 2.0α를 통해 학습하라.

수박 데이터 세트 2.0α는 106쪽
표 4.4를 참조하라.

15.5 RIPPER 알고리즘에 대한 코드를 작성하고, 부정 형식의 문자를 사용해
수박 데이터 세트 5.0상에서 일차 규칙 집합을 학습하라.

15.6 수박 데이터 세트 5.0에 대해, 귀납 논리 프로그래밍 학습 개념 '더 나쁨
(X, Y)'을 사용해 보아라.

15.7 다음을 증명하라. 일차 공식 $\mathbf{r}_1$과 $\mathbf{r}_2$에 대해, $\mathbf{r}_1$과 $\mathbf{r}_2$로 특화하거나 이들의
LGG를 일반화할 일차 공식 $\mathbf{r}'$이 존재하지 않는다.

15.8 수박 데이터 세트 5.0의 LGG 집합을 만들어 보아라.

15.9* 일차 원자식은 일종의 재귀 정의의 공식이다. $P(t_1, t_2, \ldots, t_n)$과 같이 생겼
고, 여기서 P는 술어 혹은 함수 부호다. t_i는 '항'이라 불리고, 논리상수, 변
수 혹은 기타 원자식이 될 수 있다. 일차 원자식 E_i의 집합 $S = \{E_1, E_2,
\ldots, E_n\}$에 대해, 알고리즘을 만들어 MGU를 구하라.

15.10* 순차적 커버링 규칙 학습 알고리즘을 기반으로 다음 규칙을 학습하기 전
에, 이미 현재 규칙 집합에 커버된 샘플은 훈련 집합에서 제거될 수 있다.
이러한 그리디 전략은 이후 학습 과정에서 커버되지 않았던 샘플에만 초점
을 맞추게 만들고, 규칙 커버 비율을 판정할 때 전후 규칙의 상관성을 무시
하게 만든다. 그렇지만 이 전략은 이후 학습 과정에서 참고해야 하는 샘플
의 수를 계속해서 줄이는 효과가 있다. 그렇다면 샘플을 제거하지 않는 규
칙 학습 알고리즘을 하나 만들어 보아라.

참고문헌

1   Bratko, I. and S. Muggleton. (1995). "Applications of inductive logic programming." *Communicantions of the ACM*, 38(11):65-70.

2   Brunk, C. A. and M. J. Pazzani. (1991). "An investigation of noise-tolerant relational concept learning algorithms." In *Proceedings of the 8th International Workshop on Machine Learning (IWML)*, 389-393, Evanston, IL.

3   Carlson, A., J. Betteridge, B. Kisiel, B. Settles, E. R. Hruschka, and T. M. Mitchell. (2010). "Toward an architecture for never-ending language learning." In *Proceedings of the 24th AAAI Conference on Artificial Intelligence (AAA!)*, 1306-1313, Atlanta, GA.

4   Cendrowska, J. (1987). "PRISM: An algorithm for inducing modular rules." *International Journal of Man-Machine Studies*, 27(4):349-370.

5   Ceri, S., G. Gottlob, and L. Tanca. (1989). "What you always wanted to know about Datalog(and never dared to ask)." *IEEE Transactions on Knowledge and Data Engineering*, 1(1):146-166.

6   Clark, P. and T. Niblett. (1989). "The CN2 induction algorithm." *Machine Learning*, 3(4):261-283.

7   Cohen, W. W. (1995). "Fast effective rule induction." In *Proceedings of the 12th International Conference on Machine Learning (ICML)*, 115-123, Tahoe, CA.

8   De Raedt, L., P. Frasconi, K. Kersting, and S. Muggleton, eds. (2008). *Probabilistic Inductive Logic Programming: Theory and Applications.* Springer, Berlin.

9   Friedman, N., L. Getoor, D. Koller, and A Pfeffer. (1999). "Learning probabilistic relational models." In *Proceedings of the 16th International Joint Conference on Artificial Intelligence (IJCAI)*, 1300-1307, Stockholm, Sweden.

10   Fürnkranz, J. (1994). "Top-down pruning in relational learning." In *Proceedings of the 11th European Conference on Artificial Intelligence (ECAI)*, 453-457, Amsterdam, The Netherlands.

11   Fürnkranz, J., D. Gamberger, and N. Lavrac. (2012). *Foundations of Rule Learning.* Springer, Berlin.

12   Fürnkranz, J. and G. Widmer. (1994). "Incremental reduced error pruning." In *Proceedings of the 11th International Conference on Machine Learning (ICML)*, 70-77, New Brunswick, NJ.

13   Getoor, L. and B. Taskar. (2007). *Introduction to Statistical Relational Learning.* MIT Press, Cambridge, MA.

14   Jaeger, M. (2002). "Relational Bayesian networks: A survey." *Electronic Transactions on Artificial Intelligence*, 6:Article 15.

15   Kersting, K., L. De Raedt, and S. Kramer. (2000). "Interpreting Bayesian logic programs." In *Proceedings of the AAAI'2000 Workshop on Learning Statistical Models from Relational Data*, 29-35, Austin, TX.

16   Lavrač, N. and S. Dzeroski. (1993). Inductive Logic Programming: *Techniques and Applications.* Ellis Horwood, New York, NY.

17   Michalski, R. S. (1969). "On the quasi-minimal solution of the general covering problem." In *Proceedings of the 5th International Symposium on Information Processing (FCIP)*, volume A3, 125-128, Bled, Yugoslavia.

18   Michalski, R. S. (1983). "A theory and methodology of inductive learning." In *Machine Learning: An Artificial Intelligence Approach (R. S. Michalski, J. Carbonell, and T. Mitchell, eds.)*, 111-161, Tioga, Palo Alto, CA.

[19] Michalski, R. S., I. Mozetic, J. Hong, and N. Lavrac. (1986). "The multi-purpose incremental learning system AQ15 and its testing application to three medical domains." In *Proceedings of the 5th National Conference on Artificial Intelligence (AAAI)*, 1041-1045, Philadelphia, PA.

[20] Muggleton, S. (1991). "Inductive logic programming." *New Generation Computing*, 8(4):295-318.

[21] Muggleton, S., ed. (1992). *Inductive Logic Programming*. Academic Press, London, UK.

[22] Muggleton, S. (1995). "Inverse entailment and Progol." *New Generation Computing*, 13(3-4):245-286.

[23] Muggleton, S. and W. Buntine. (1988). "Machine invention of first order predicates by inverting resolution." In *Proceedings of the 5th International Workshop on Machine Learning (IWML)*, 339-352, Ann Arbor, MI.

[24] Muggleton, S. and C. Feng. (1990). "Efficient induction of logic programs." In *Proceedings of the 1st International Workshop on Algorithmic Learning Theory (ALT)*, 368-381, Tokyo, Japan.

[25] Muggleton, S. and D. Lin. (2013). "Meta-interpretive learning of higher-order dyadic datalog: Predicate invention revisited." In *Proceedings of the 23rd International Joint Conference on Artificial Intelligence (IJCAI)*, 1551-1557, Beijing, China.

[26] Plotkin, G. D. (1970). "A note on inductive generalization." In *Machine Intelligence 5 (B. Meltzer and D. Mitchie, eds.)*, 153-165, Edinburgh University Press, Edinburgh, Scotland.

[27] Plotkin, G. D. (1971). "A further note on inductive generalization." In *Machine Intelligence 6 (B. Meltzer and D. Mitchie, eds.)*, 107-124, Edinburgh University Press, Edinburgh, Scotland.

[28] Quinlan, J. R. (1990). "Learning logical definitions from relations." *Machine Learning*, 5(3):239-266.

[29] Richardson, M. and P. Domingos. (2006). "Markov logic networks." *Machine Learning*, 62(1-2):107-136.

[30] Robinson, J. A. (1965). "A machine-oriented logic based on the resolution principle." *Journal of the ACM*, 12(1):23-41.

[31] Srinivasan, A. (1999). "The Aleph manual." http://www.cs.ox.ac.uk/activities/machlearn/Aleph/aleph.html.

[32] Winston, P. H. (1970). *Learning structural descriptions from examples*. Ph.D. thesis, Department of Electrical Engineering, MIT, Cambridge, MA.

[33] Wnek, J. and R. S. Michalski. (1994). "Hypothesis-driven constructive induction in AQl 7-HCI: A method and experiments." *Machine Learning*, 2(14): 139-168.

머신러닝 쉼터

머신러닝의 선구자 미할스키

AQ 알고리즘은 규칙 학습 연구 초기의 중요한 성과입니다. 머신러닝의 선구자로 불리는 미국 국적의 폴란드 과학자 미할스키Ryszard S. Michalski, 1937~2007가 이 알고리즘을 만든 장본인입니다.

미할스키는 폴란드 카루쉬Kalush에서 태어나 1969년 폴란드에서 컴퓨터공학 박사 학위를 받았습니다. 그리고 같은

카루쉬(Kalush)는 역사상 폴란드, 러시아, 독일, 우크라이나 등 국가에 속했었다.

해, 유고슬라비아 블레드Bled에서 열린 FCIP 콘퍼런스에서 AQ 알고리즘을 발표했습니다. 1970년 그는 미국 UIUC에서 교수를 역임했으며, 그후 계속해서 미국에서 AQ 알고리즘을 발전시켰습니다. 미할스키는 머신러닝 영역의 중요한 창시자 중 한 명입니다. 1980년 그는 카보넬J.G Carbonell, 미첼T.Mitchell과 함께 카네기 멜론 대학교에서 제1차 머신러닝 연구회를 개최했고, 83년과 85년에 2차, 3차 연구회를 개최했습니다. 이 연구회는 후에 국제적으로 유명한 국제 미신러닝 콘퍼런스ICML로까지 발전했습니다. 1983년 미할스키는 편집장으로서 《Machine Learning: An Artificial Intelligence Approach》라는 제목의 머신러닝 역사에서 기념

1.5절을 참조하라.

비적인 저작을 남기게 됩니다. 1986년 《Machine Learning》 저널이 창간될 때, 그는 최초 세 명의 편집장 중 한 명이었습니다. 1988년 그는 연구소를 조지메이슨 대학교로 옮겼고, 이곳을 머신러닝 발전의 중요기지로 만들었다는 평을 받고 있습니다.

CHAPTER

16 강화 학습

16.1 과업과 보상

우리는 먼저 수박을 심는 방법에 대해 생각해 봅시다. 수박을 심을 때는 여러 단계가 있을 것입니다. 종을 선택하는 것부터 시작해서 시기가 되면 물을 주고, 비료를 주고, 잡초도 뽑고, 살충제도 뿌려줘야 합니다. 그리고 수확할 때가 되면 수박을 얻습니다. 일반적으로는 수박을 수확한 후에야 심었던 수박이 잘 익은 수박인지 아닌지를 알 수 있습니다. 만약 잘 익은 수박을 얻은 것이 열심히 일한 것에 대한 보상이라고 한다면, 수박을 심고 키우는 과정에 어떤 행동(비료 주기 등)을 했다고 곧바로 보상이 주어지진 않을 것입니다. 심지어 각 행동을 할 때 최종 보상에 어떤 영향을 줄지조차 알지 못하고 다만 각 과정의 피드백(잘 자라는 새싹 등)을 얻을 뿐입니다. 비교적 잘 익은 수박을 심는 노하우를 터득하려면 많이 심고 키워봐야 하며, 이 과정에서 지속해서 탐색 작업을 수행해야 합니다. 이 과정을 추상화한다면, 바로 **강화 학습**reinforcement learning이 됩니다.

또는 '보상 학습'이라고도 부른다.

그림 16.1 ＼ **강화 학습 그래프**

그림 16.1은 강화 학습에 대한 간단한 그래프를 보여줍니다. 강화 학습 과업은 일반적으로 마르코프 결정 이론Markov Decision Process, MDP을 통해 나타냅니다. 에이전트는 환경 E 중에 놓여 있고, 상태 공간은 X, 그리고 각 상태 $x \in X$는 에이전트

가 느끼는 환경에 대한 묘사인데, 이는 수박심기 과업에서 싹이 자라는 모습에 대한 묘사라고 볼 수 있습니다. 에이전트가 취할 수 있는 액션들이 합쳐져 액션 공간 A가 되고, 수박심기 과업 예에서는 물이나 비료를 주는 과정, 혹은 비료나 농약을 선택하는 많은 선택 액션이 이에 해당합니다. 만약 어떤 액션 $a \in A$가 현재 상태 x상에서 작용했다면 잠재적인 전이 함수 P는 환경을 현재 상태에서 모종의 확률에 따라 다른 상태로 전이시킵니다. 예를 들어, 수박 새싹이 물이 부족한 상태에 놓여 있었다면, 물을 주는 행동을 선택했을 때 새싹의 성장에 변화가 발생합니다. 즉, 일정한 확률로 건강을 회복하거나, 또 다른 일정한 확률로 말라 죽는 것이죠. 다른 환경으로 전이하는 동시에, 환경은 잠재된 **보상**reward 함수 R에 기반해 에이전트에게 상벌을 부여합니다. 예를 들어, 새싹이 건강을 회복하면 +1점을, 말라 죽는다면 −10점을, 최종적으로 잘 익은 수박을 얻으면 +100점을 주는 식으로 말이죠. 종합해 보면 강화 학습은 네 가지 요소로 구성된 그룹 $E = \langle X, A, P, R \rangle$에 대응하고 있습니다. 여기서 $P : X \times A \times X \mapsto R$은 상태 전이 확률을 지정하고 있고, $R : X \times A \times X \mapsto \mathbb{R}$은 보상을 지정합니다. 어떤 응용 중에서는 보상 함수는 오직 상태 전이와만 연관이 있습니다(즉, $R : X \times X \mapsto \mathbb{R}$).

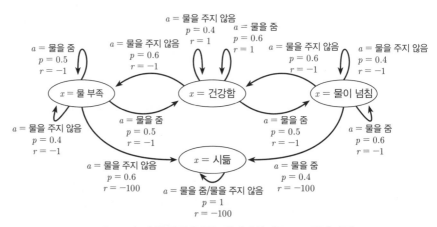

그림 16.2 ＼ **수박에 물을 주는 문제에서 마르코프 결정 과정**

그림 16.2는 수박에 물을 주는 마르코프 결정 과정에 대한 간단한 예제를 보여줍니다. 해당 과업에는 네 가지 상태(건강, 물 부족, 물이 넘침, 시듦)와 두 가지 액션(물을 줌, 물을 주지 않음)만 존재합니다. 각 단계의 전이 후, 만약 새싹이 건강함을 유지한다면 보상 1점을 얻고, 물이 부족하거나 넘치는 상태라면 −1점을 얻습니다. 이때 물을 주거나 주지 않는 액션을 취해 건강 상태를 회복할 수 있습니다. 그리고 새싹

이 시들어 버린다면 보상(벌점)으로 −100점을 받고 회복할 수 없습니다. 그림에서 화살표는 상태 전이를 나타냅니다. 화살표 옆에 있는 a, p, r은 각각 상태 전이를 일으키는 액션, 전이 확률 그리고 돌아오는 보상을 나타냅니다. 그림에서 어렵지 않게 확인할 수 있는 사실은 최적의 전략은 '건강' 상태일 때 액션 '물을 줌'을, '물이 넘침' 상태일 때 액션 '물을 주지 않음'을, '물 부족' 상태에서 액션 '물을 줌'을, '시듦' 상태일 때 임의의 액션을 취하는 것입니다.

여기서 '에이전트'와 '환경'의 경계를 주의해야 합니다. 수박심기 과업에서 환경은 수박이 성장하는 자연환경입니다. 바둑에서 환경은 바둑판과 상대 기수입니다. 로봇 조종에서 환경은 로봇의 본체와 물리적 세계입니다. 종합해 보면 환경에서 상태 전이, 상벌은 에이전트의 지배를 받지 않습니다. 에이전트는 액션을 선택하고 실행해 환경에 영향을 줄 뿐입니다. 그리고 전이 후의 상태를 관찰하거나 돌아오는 상점을 통해서만 환경을 감지합니다.

에이전트가 해야 할 것은 놓인 환경에서 계속해서 시도하며 **정책**policy π를 학습하는 것입니다. 해당 정책에 기반해 상태 x에서 실행해야 할 액션 $a = \pi(x)$를 알 수 있게 됩니다. 예를 들어, 새싹의 상태가 '물 부족'임을 보고 '물을 주는' 액션을 반환하는 것입니다. 정책에는 두 가지 표현 방법이 있습니다. 첫 번째는 정책을 함수 $\pi : X \mapsto A$로 나타내는 것입니다. 보통 결정론적 정책은 이런 형태로 많이 표현합니다. 다른 한 종류는 확률 표현 $\pi : X \times A \mapsto \mathbb{R}$입니다. 스토캐스틱 정책은 이렇게 표현할 때가 많습니다. $\pi(x, a)$는 상태 x에서 액션 a를 선택할 확률이며, 여기서 반드시 $\sum_a \pi(x, a) = 1$이 됩니다.

정책의 좋고 나쁨은 장기적으로 해당 정책을 실행해 본 후의 누적 보상 결과에 따라 결정됩니다. 예를 들어, 어떤 정책이 수박 새싹을 말라 죽게 했다면, 해당 정책이 얻는 누적 보상은 매우 적을 것입니다. 다른 정책이 잘 익은 수박을 얻었다면, 해당 정책의 누적 보상은 매우 클 것입니다. 강화 학습 과업에서 학습의 목적은 장기 누적 보상을 최대화할 수 있는 정책을 찾는 것입니다. 장기 누적 보상에는 여러 가지 계산 방식이 있습니다. 자주 사용되는 것은 'T단계 누적 보상' $\mathbb{E}[\frac{1}{T}\sum_{t=1}^{T} r_t]$과 '$\gamma$할인discount 누적 보상' $\mathbb{E}[\sum_{t=0}^{+\infty} \gamma^t r_{t+1}]$이 있습니다. 여기서 r_t는 t단계에서 얻는 보상값을 뜻하며, $\mathbb{E}$는 모든 확률 변수에 대한 기댓값을 구하는 것을 뜻합니다.

[역주] 유한 경로를 가진 과업인 에피소드 과업(episode task)과 무한 경로를 가진 영구 과업(continuing task)의 차이에 따라 사용되는 누적 보상이 달라야 한다.

독자 여러분들은 아마 이미 강화 학습과 지도 학습 간의 차이에 대해 느끼고 있을 것입니다. 만약 여기서 말하는 '상태'가 지도 학습에서 '샘플'에 대응하고, '액션'은 '레이블'에 대응한다면, 강화 학습 중에 '정책'은 실질적으로 지도 학습 중의 '분류기'(액션이 이산형일 때) 혹은 '회귀기'(액션이 연속형일 때)에 해당할 것이고 모델의 형식은 별 차이가 없을 것입니다. 하지만 다른 점은, 강화 학습에는 지도 학습의 레이블된 샘플(즉, '샘플-레이블' 쌍)이 없습니다. 바꿔 말하면, 에이전트에게 어떤 환경에서 어떤 액션을 취하라고 가르쳐 줄 특정한 사람이 없고, 최종 결과가 얻어지면 그 결과를 이끈 액션들에 대해 '반성'하는 것이 전부입니다. 따라서 강화 학습은 모종의 의미에서 '지연되는 레이블 정보'에 대한 지도 학습 문제라고 볼 수 있습니다.

16.2 K-암드 밴딧

16.2.1 탐색과 이용

일반 학습과 다르게 강화 학습 과업의 최종 보상은 여러 단계의 액션 후에야 관측됩니다. 여기서는 먼저 간단한 상황을 고려해 봅시다. 단일 단계 보상을 최대화하려면 하나의 액션만을 고려하면 됩니다. 주의해야 할 것은 이런 간단한 상황에서도 강화 학습은 지도 학습과 명확한 차이점을 보인다는 것입니다. 왜냐하면 에이전트는 시도를 통해 각 행동이 가져올 결과를 확인해야 하며, 훈련 데이터가 에이전트의 행동을 안내해 주지 않기 때문입니다.

단일 단계 보상의 최대화를 달성하기 위해서는 두 가지를 고려해야 합니다. 첫 번째는 각 액션이 가져올 보상에 대해 알아야 합니다. 두 번째는 보상이 가장 큰 액션을 골라 실행합니다. 만약 각 액션에 대응하는 보상이 이미 결정된 값이라면, 모든 액션을 한 번씩 테스트해 보상을 최대화하는 액션을 찾을 수 있을 것입니다. 그러나 더 일반적인 상황에서는 하나의 액션에 대한 보상은 하나의 확률 분포로부터 옵니다. 따라서 한 번씩 테스트한다고 해서 평균 보상값을 얻을 수 없습니다.

단일 단계 강화 학습은 사실상 **K-암드 밴딧**K-armed bandit이라는 하나의 이론 모델과 같습니다. 그림 16.3에 나온 것처럼, K-암드 밴딧은 K개의 손잡이가 있고, 도박사는 하나의 코인을 넣고 k개 중 하나의 손잡이를 당길 수 있습니다. 각 손잡이는 일정 확률로 많은 코인(잭팟)을 돌려줍니다. 그러나 도박사는 이 확률을 알지 못합니다.

도박사의 목표는 일정한 정책을 통해 자신의 보상을 최대화하는 것, 즉 코인을 최대로 많이 얻는 것입니다.

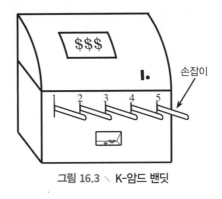

그림 16.3 ↘ K-암드 밴딧

만약 각 손잡이의 기대 보상을 계산하려 한다면 **탐색법**exploration-only을 사용하면 됩니다. 즉, 모든 손잡이에 가지고 있는 코인을 평등하게 분배하여 게임을 진행하면, 각 손잡이가 평균적으로 돌려준 코인의 확률을 해당 보상 기대의 근사로 계산할 수 있습니다. 만약 보상이 가장 큰 액션을 실행하려 한다면 **이용법**exploitation-only을 사용하면 됩니다. 현 단계에서 가장 보상이 큰 기계를 선택하여(현재까지 평균 보상이 가장 큰 기계) 게임을 진행합니다. 탐색법은 각 손잡이의 보상을 잘 예측할 수 있습니다. 그러나 최적의 손잡이를 선택할 기회를 놓칩니다. 이용법은 반대로 각 손잡이의 기대 보상을 잘 계산할 수는 없고 최적의 손잡이를 선택할 수 없을지도 모릅니다. 따라서 두 방법 모두 누적 보상을 최대화하는 것은 힘듭니다.

역주 기존에 살펴본 경사하강법이 이용법에 속한다.

사실 탐색(즉, 손잡이가 좋고 나쁨을 추정하는 것)과 이용(즉, 현 단계에서 가장 좋은 손잡이를 선택하는 것)은 모순되는 개념입니다. 왜냐하면 시도 횟수(총 코인 수)는 제한적이고, 한 측면을 강화하면 한 측면을 약화시키게 됩니다. 이것은 바로 강화 학습이 직면하는 **탐색-이용 딜레마**Exploration-Exploitation dilemma입니다. 따라서 누적 보상을 최대화하고 싶다면 탐색과 이용 방법 사이의 절충이 필요합니다.

역주 '탐험'과 '탐사'라고 번역하기도 한다. 그리고 딜레마 대신 conflict(충돌, 갈등)라는 개념을 사용하기도 한다.

16.2.2 ϵ-그리디

ϵ-그리디(탐욕) 방법은 하나의 확률을 기반으로 '탐색과 이용'에 대해 절충하는 방법입니다. 매번 시도할 때마다 ϵ의 확률로 탐색을 진행합니다. 즉, 일정한 확률로 하나의 손잡이를 임의로 선택합니다. 그리고 $1 - \epsilon$의 확률로 이용을 진행합니다.

즉, 현 단계에서 평균 보상이 가장 높은 손잡이를 선택합니다(만약 다수가 존재한다면 임의로 하나를 선택합니다).

먼저, $Q(k)$로 손잡이 k의 평균 보상을 나타냅니다. 만약 손잡이 k가 n번 시도되었다고 한다면, 얻은 보상은 v_1, v_2, ..., v_n과 같이 나타낼 수 있고, 평균 보상은 다음 식을 통해 계산됩니다.

$$Q(k) = \frac{1}{n} \sum_{i=1}^{n} v_i \text{ .} \qquad \text{식 16.1}$$

만약 식 16.1을 기반으로 평균 보상을 계산한다면, n개의 보상값을 기록해야 합니다. 더 고효율적인 방법은 평균값에 대해 점진적 계산incremental calculation을 하는 것입니다. 즉, 매번 시도할 때마다 $Q(k)$를 갱신하는 것입니다. 아래에 시도한 횟수를 숫자로 표기한다고 한다면, 처음 시작 $Q_0(k)$는 0이 됩니다. 임의의 $n \geqslant 1$에 대해 $n-1$번째 시도 후의 평균 보상이 $Q_{n-1}(k)$라면, n번째 시도 후 보상 v_n을 얻은 후의 평균 보상은 다음과 같이 갱신됩니다.

식 16.3은 16.4.2절에서 사용한다.

$$Q_n(k) = \frac{1}{n}\big((n-1) \times Q_{n-1}(k) + v_n\big) \qquad \text{식 16.2}$$

$$= Q_{n-1}(k) + \frac{1}{n}\big(v_n - Q_{n-1}(k)\big) \text{ .} \qquad \text{식 16.3}$$

이런 식으로 시도된 횟수에 상관없이 '이미 시도된 횟수 $n-1$'과 '최근 평균 보상 $Q_{n-1}(k)$ 오직 두 개의 값만 기록합니다. ϵ-그리디 알고리즘에 대한 계산 절차는 그림 16.4에 자세히 나와 있습니다.

만약 손잡이 보상에 대한 불확실성이 비교적 높다면(예를 들어, 확률 분포가 비교적 넓을 경우), 더 많은 탐색이 필요합니다(즉, 더 큰 ϵ값이 필요함). 만약 손잡이의 불확실성이 비교적 낮을 경우(예를 들어, 확률 분포가 비교적 집중되어 있을 경우), 적은 시도만으로도 실제 보상에 근사할 수 있습니다(즉, 더 작은 ϵ값이 필요). 일반적으로 ϵ는 0.1이나 0.01과 같은 비교적 작은 상수입니다. 그러나 만약 시도 횟수가 매우 많다면, 일정 시간이 지난 후 손잡이의 보상은 비교적 정확하게 근사될 것이고 더 이상의 탐색이 필요 없게 될 것입니다. 이러한 상황에서는 ϵ를 시도 횟수 증가에 비례해 줄일 수 있습니다(즉, $\epsilon = 1/\sqrt{t}$).

```
입력: 손잡이 수 K
      보상 함수 R
      시도 횟수 T
      탐색 확률 ε
과정:
   1: r = 0
   2: ∀i = 1, 2, ... K : Q(i) = 0, count(i) = 0
   3: for t = 1, 2, ..., T do
   4:     if rand()< ε then
   5:         k = 1, 2, ..., K 중에서 균일 분포로 랜덤하게 선택
   6:     else
   7:         k = arg maxi Q(i)
   8:     end if
   9:     v = R(k)
  10:     r = r + v
  11:     Q(k) = (Q(k)×count(k)+v)/(count(k)+1)
  12:     count(k) = count(k) + 1
  13: end for
출력: 누적 보상 r
```

$Q(i)$와 count(i)는 각각 손잡이 i의 평균 보상과 승리 횟수를 기록하게 된다.

생성되는 랜덤 수의 범위는 [0, 1]이다.

이번에 시도한 보상값을 뜻한다.

식 16.2는 평균 보상을 갱신한다.

그림 16.4 ＼ ϵ-그리디 알고리즘

16.2.3 소프트맥스 알고리즘

소프트맥스Softmax 알고리즘은 현재 알고 있는 손잡이 평균 보상을 기반으로 '탐색과 이용'에 대해 절충을 진행합니다. 만약 각 손잡이의 평균 보상이 같다면 각 손잡이를 선택할 확률도 같을 것입니다. 만약 어떤 손잡이의 평균 보상이 다른 손잡이보다 명확하게 높다면, 그들이 선택될 확률도 명확하게 높을 것입니다.

소프트맥스 알고리즘에서 손잡이 확률의 분배는 볼츠만 분포에 기반합니다.

$$P(k) = \frac{e^{\frac{Q(k)}{\tau}}}{\sum_{i=1}^{K} e^{\frac{Q(i)}{\tau}}},$$

식 16.4

여기서 $Q(i)$는 현재 손잡이의 평균 보상을 기록합니다. $\tau > 0$은 '온도'라고 부르고, τ가 작을수록 평균 보상이 높은 손잡이가 선택될 확률이 높아집니다. τ가 0으로 향할 시에, 소프트맥스는 '이용법' 방향으로 향하고, τ가 무한대로 커지면 소프트

맥스는 '탐색법' 방향으로 향하게 됩니다. 소프트맥스 알고리즘에 대한 자세한 내용은 그림 16.5에 설명되어 있습니다.

해당 파라미터는 4행에서 사용된다.

$Q(i)$와 count(i)는 각각 손잡이 i의 평균 보상과 승리 횟수를 기록하게 된다.

이번에 시도한 보상값을 뜻한다.

식 16.2는 평균 보상을 갱신한다.

입력: 손잡이 수 K
보상 함수 R
시도 횟수 T
온도 함수 τ

과정:
1: $r = 0$;
2: $\forall_i = 1, 2, \ldots K : Q(i) = 0$, count$(i) = 0$
3: **for** $t = 1, 2, \ldots, T$ **do**
4:     $k = 1, 2, \ldots, K$ 중에서 식 16.4를 기반으로 랜덤 선택
5:     $v = R(k)$
6:     $r = r + v$
7:     $Q(k) = \frac{Q(k) \times \text{count}(k) + v}{\text{count}(k) + 1}$
8:     count$(k) = $ count$(k) + 1$
9: **end for**
출력: 누적 보상 r

그림 16.5 ＼ 소프트맥스 알고리즘

ϵ-그리디 알고리즘과 소프트맥스 알고리즘 중 어떤 알고리즘이 더 좋은지는 구체적인 응용 상황에 따라 달라집니다. 조금 더 직관적으로 이들의 차이를 확인하기 위해 간단한 예제를 살펴보겠습니다. 2-암드 밴딧 머신에서 손잡이1은 0.4의 확률로 보상1을 주고, 0.6의 확률로 보상0을 준다고 가정합니다. 동시에 손잡이2는 0.2의 확률로 보상1을 주고, 0.8의 확률로 보상0을 돌려준다고 가정합니다. 그림 16.6은 서로 다른 알고리즘이 여러 다른 파라미터에서의 평균 누적 보상을 보여주고 있습니다. 여기서 각 곡선은 1,000번 실험 후의 평균 결과입니다. 소프트맥스($\tau = 0.01$)의 곡선은 이용법 곡선과 거의 일치함을 알 수 있습니다.

이산 상태 공간과 이산 액션 공간상의 다단계 강화 학습 과업에 대해서, 일종의 직접적인 방법으로는 각 상태에서 액션의 선택을 K-암드 밴딧 머신 문제로 보는 것입니다. 강화 학습 문제의 누적 보상으로 K-암드 밴딧 머신 알고리즘의 보상 함수를 대체하면 밴딧 머신 알고리즘을 각 상태에 사용할 수 있게 됩니다. 각 상태에 대해 각 행동의 시도 횟수와 현재 평균 누적 보상 등의 정보를 기록하고, 밴딧 머신 알고리즘에 기반해 시도할 액션을 선택합니다. 그러나 이러한 방법은 많은 제약

이 있습니다. 왜냐하면 이는 강화 학습의 마르코프 결정 과정 구조를 고려하지 않았기 때문입니다. 16.3절에서 우리는 효과적으로 마르코프 결정 과정의 특성을 고려하여 더 똑똑한 방법을 알아볼 것입니다.

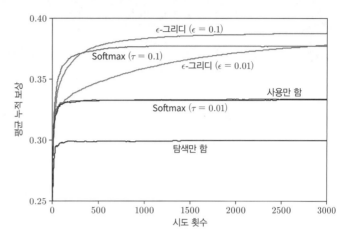

그림 16.6 ＼ 2-암드 밴딧상에서 두 가지 서로 다른 알고리즘의 성능 비교

16.3 모델 기반 학습

16.4절에서는 모델이 알려지지 않은 경우를 가정한다.

다단계 강화 학습에서 먼저 과업에 대응하는 마르코프 결정 과정 $E = \langle X, A, P, R \rangle$을 모두 이미 알고 있다고 가정해 봅시다. 이처럼 모델을 이미 알고 있는 상황, 즉 에이전트가 환경을 모델링했고 내부에서 환경과 같거나 비슷한 상황을 모방할 수 있는 환경에서의 학습을 **모델 기반 학습**model-based learning이라고 부릅니다. 이때 임의의 상태 x와 x', 그리고 액션 a에 대해, x 상태에서 액션 a를 실행해 x' 상태로 전이되는 확률 $P^a_{x \to x'}$은 이미 알려진 값이고, 해당 전이가 가져오는 보상 $P^a_{x \to x'}$ 역시 알려진 값입니다. 논의를 조금 더 간단히 하기 위해, 상태 공간 X와 액션 공간 A는 모두 유한하다고 가정하겠습니다.

16.3.1 정책 평가

모델을 이미 알고 있을 때 임의의 정책 π에 대해 해당 정책이 가져오는 기대 누적 보상을 계산해 낼 수가 있습니다. 함수 $V^\pi(x)$로 상태 x에서 출발해 정책 π를 사용했을 때 얻는 누적 보상을 나타내고, 함수 $Q^\pi(x, a)$로 상태 x에서 출발해 액션 a를 실행한 후 정책 π를 사용해 얻는 누적 보상을 나타냅니다. 여기서 $V(\cdot)$는 **상태 가치 함수**state value function라고 부르고, $Q(\cdot)$는 **상태-액션 가치 함수**state-action value function라고 부릅니다. 각각 상태상의 누적 보상과 상태-액션상의 누적 보상을 지정합니다.

누적 보상의 정의에 의해 상태 가치 함수는 다음 식이 됩니다.

$$\begin{cases} V_T^\pi(x) = \mathbb{E}_\pi \left[\frac{1}{T} \sum_{t=1}^{T} r_t \mid x_0 = x \right], & T\text{단계 누적 보상} \\ V_\gamma^\pi(x) = \mathbb{E}_\pi \left[\sum_{t=0}^{+\infty} \gamma^t r_{t+1} \mid x_0 = x \right], & \gamma\text{할인 누적 보상} \end{cases}$$ 식 16.5

간단히 나타내기 위해 뒤에서 위 두 종류의 누적 보상을 접할 때 보상 유형을 더 설명하진 않겠습니다. x_0로 시작 상태를, a_0로 시작 상태에서 취한 첫 번째 행동을 나타냅니다. T단계 누적 보상에 대해서, t로 후속 실행 단계 수를 나타냅니다. 우리는 다음과 같은 상태-액션 가치 함수를 얻습니다.

$$\begin{cases} Q_T^\pi(x,a) = \mathbb{E}_\pi[\frac{1}{T} \sum_{t=1}^{T} r_t \mid x_0 = x, a_0 = a]; \\ Q_\gamma^\pi(x,a) = \mathbb{E}_\pi[\sum_{t=0}^{+\infty} \gamma^t r_{t+1} \mid x_0 = x, a_0 = a]. \end{cases}$$ 식 16.6

이러한 재귀 등식을 벨만(Bellman) 등식이라고 부른다.

MDP는 마르코프 성질을 가졌기 때문에, 바로 전 시간의 상태에 영향만을 받고, 그 이전의 어떤 상태의 영향도 받지 않습니다. 따라서 가치 함수는 간단한 재귀적 형식을 보입니다. T단계 누적 보상에 대해 다음 식이 됩니다.

액션-상태의 전체 확률로 전개된다.

$$\begin{aligned} V_T^\pi(x) &= \mathbb{E}_\pi \left[\frac{1}{T} \sum_{t=1}^{T} r_t \mid x_0 = x \right] \\ &= \mathbb{E}_\pi \left[\frac{1}{T} r_1 + \frac{T-1}{T} \frac{1}{T-1} \sum_{t=2}^{T} r_t \mid x_0 = x \right] \\ &= \sum_{a \in A} \pi(x,a) \sum_{x' \in X} P_{x \to x'}^a \left(\frac{1}{T} R_{x \to x'}^a + \frac{T-1}{T} \mathbb{E}_\pi \left[\frac{1}{T-1} \sum_{t=1}^{T-1} r_t \mid x_0 = x' \right] \right) \\ &= \sum_{a \in A} \pi(x,a) \sum_{x' \in X} P_{x \to x'}^a \left(\frac{1}{T} R_{x \to x'}^a + \frac{T-1}{T} V_{T-1}^\pi(x') \right). \end{aligned}$$ 식 16.7

이와 유사하게 γ할인 누적 보상에 대해서도 다음을 갖습니다.

$$V_\gamma^\pi(x) = \sum_{a \in A} \pi(x,a) \sum_{x' \in X} P_{x \to x'}^a \left(R_{x \to x'}^a + \gamma V_\gamma^\pi(x') \right).$$ 식 16.8

주의해야 할 것은, P와 R을 이미 알기 때문에 전체 확률 전개를 진행할 수 있다는 점입니다.

이미 발견했을 수도 있지만, 위의 재귀 방정식으로 가치 함수를 계산하는데, 실제로는 일종의 동적 프로그래밍 알고리즘입니다. 바꿔 말하면, 가치 함수의 초깃값 V_0^π에서 출발해 한 번의 반복을 통해 각 상태의 단일 단계 보상 V_1^π을 계산할 수 있고, 단일 보상에서 출발해 다시 한 번의 반복을 통해 두 단계 누적 보상 V_2^π를 계산할 수 있습니다. 그림 16.7에서 위 과정을 설명하고 있습니다.

$V(x)$는 x의 누적 보상이다.

식 16.7은 가치 함수를 갱신한다.

이러한 작성법은 같은 알고리즘 프레임하에서 T단계 누적 보상과 γ 할인 누적 보상을 편히 고려할 수 있게 하려는 의도다.

입력: MDP 쿼드러플_{quadruple} $E = \langle X, A, P, R \rangle$
      평가받는 정책 π
      누적 보상 함수 T
과정:
1: $\forall x \in X : V(x) = 0$
2: **for** $t = 1, 2, \ldots$ **do**
3:    $\forall x \in X : V'(x) = \sum_{a \in A} \pi(x, a) \sum_{x' \in X} P_{x \to x'}^a \left(\frac{1}{t} R_{x \to x'}^a + \frac{t-1}{t} V(x') \right)$
4:    **if** $t = T + 1$ **then**
5:       **break**
6:    **else**
7:       $V = V'$
8:    **end if**
9: **end for**
출력: 상태 가치 함수 V

그림 16.7 ＼ T단계 누적 보상을 기반으로 한 전략 평가 알고리즘

T단계 누적 보상에 대해, T번째 까지만 반복해 계산하면 정확한 가치 함수를 구할 수 있습니다. V_γ^π에 대해서도 γ^t는 t가 아주 클 때 0에 가까워지기 때문에 비슷한 알고리즘을 사용할 수 있습니다. 그림 16.7의 3행을 식 16.8에 기반해 치환하면 됩니다. 이외에, 알고리즘이 계속된 반복을 실행할 수 있기 때문에, 종료 규칙을 설정해 두어야 합니다. 자주 보이는 방법은 임계치 θ를 설정해 반복 후의 가치 함수의 변화가 θ보다 작다면 알고리즘을 종료하는 방법입니다. 이와 비슷하게 그림 16.7 알고리즘의 4행에서 $t = T + 1$은 다음 식으로 치환되어야 합니다.

연습문제 16.2를 참조하라.

$$\max_{x \in X} |V(x) - V'(x)| < \theta .$$

식 16.9

상태 가치 함수 V가 주어졌기 때문에 상태-액션 가치 함수를 바로 계산할 수 있습니다.

$$\begin{cases} Q_T^\pi(x,a) = \sum\limits_{x' \in X} P_{x \to x'}^a (\frac{1}{T} R_{x \to x'}^a + \frac{T-1}{T} V_{T-1}^\pi(x')); \\ Q_\gamma^\pi(x,a) = \sum\limits_{x' \in X} P_{x \to x'}^a (R_{x \to x'}^a + \gamma V_\gamma^\pi(x')). \end{cases}$$

식 16.10

16.3.2 정책 개선

어떤 정책의 누적 보상에 대해 평가를 진행한 후 해당 정책이 최적의 정책이 아니라는 것을 알게 된다면, 당연히 해당 정책을 개선하고 싶을 것입니다. 이상적인 정책은 아래 누적 보상을 최대화할 수 있어야 합니다.

$$\pi^* = \arg\max_\pi \sum_{x \in X} V^\pi(x).$$

식 16.11

강화 학습 과업에 다수의 최적의 정책이 존재할 가능성이 있습니다. 최적의 정책이 대응하는 가치 함수 V^*를 최적 가치 함수라고 부르고 다음 식처럼 나타냅니다.

$$\forall x \in X : V^*(x) = V^{\pi^*}(x).$$

식 16.12

주의할 것은 정책공간에 제약이 없을 때 식 16.12의 V^*는 최적의 정책에 대응하는 가치 함수가 됩니다. 예를 들어, 이산 상태 공간과 이산 액션 공간에 대해, 정책공간은 모든 상태에서 모든 액션들의 조합이고 총 $|A|^{|X|}$종의 서로 다른 정책이 있습니다. 만약 정책공간에 제약이 있다면, 제약을 위배하는 정책은 '불법적'인 정책이 되며, 해당 정책이 얻는 값이 누적 보상값을 최대화한다 해도 최적 가치 함수로 인정받을 수 없게 됩니다.

최적 가치 함수의 누적 보상값이 이미 최대이기 때문에 앞서 살펴본 벨만Bellman 방정식 16.7과 16.8을 약간 바꿔 다음과 같이 나타냅니다.

$$\begin{cases} V_T^*(x) = \max\limits_{a \in A} \sum\limits_{x' \in X} P_{x \to x'}^a (\frac{1}{T} R_{x \to x'}^a + \frac{T-1}{T} V_{T-1}^*(x')); \\ V_\gamma^*(x) = \max\limits_{a \in A} \sum\limits_{x' \in X} P_{x \to x'}^a (R_{x \to x'}^a + \gamma V_\gamma^*(x')). \end{cases}$$

식 16.13

바꿔 말하면 다음 식입니다.

$$V^*(x) = \max_{a \in A} Q^{\pi^*}(x, a).$$ 식 16.14

식 16.14를 식 16.10에 대입하면 최적의 상태-액션 가치 함수를 얻게 됩니다.

$$\begin{cases} Q_T^*(x, a) = \sum_{x' \in X} P_{x \to x'}^a (\frac{1}{T} R_{x \to x'}^a + \frac{T-1}{T} \max_{a' \in A} Q_{T-1}^*(x', a')); \\ Q_\gamma^*(x, a) = \sum_{x' \in X} P_{x \to x'}^a (R_{x \to x'}^a + \gamma \max_{a' \in A} Q_\gamma^*(x', a')). \end{cases}$$ 식 16.15

위에서 설명한 최적 가치 함수의 등식 16.15는 최적 벨만 방정식이라고 부르고 해당 식의 유일한 해는 최적 가치 함수가 됩니다.

최적 벨만 방정식은 비최적 정책의 개선 방법을 제시합니다. 정책이 선택한 액션을 현재 최적의 액션으로 전환하는 것입니다. 당연히 이런 개선은 정책을 더 좋게 만듭니다. 액션을 바꾼 후 대응하는 정책을 π'라고 하고, 동작이 바뀌는 조건을 $Q^\pi(x, \pi'(x)) \geqslant V^\pi(x)$라고 한다면, γ할인 누적 보상의 예에서 식 16.10에 의해 아래와 같은 순환 부등식을 계산해 낼 수 있습니다.

$$\begin{aligned} V^\pi(x) &\leqslant Q^\pi(x, \pi'(x)) \\ &= \sum_{x' \in X} P_{x \to x'}^{\pi'(x)} (R_{x \to x'}^{\pi'(x)} + \gamma V^\pi(x')) \\ &\leqslant \sum_{x' \in X} P_{x \to x'}^{\pi'(x)} (R_{x \to x'}^{\pi'(x)} + \gamma Q^\pi(x', \pi'(x'))) \\ &= \dots \\ &= V^{\pi'}(x). \end{aligned}$$ 식 16.16

정책의 각 포인트에 대한 가치 함수의 개선은 모두 단조 증가합니다. 따라서 현재 정책 π에 대해 마음 놓고 다음과 같이 개선을 진행할 수 있습니다.

$$\pi'(x) = \arg\max_{a \in A} Q^\pi(x, a),$$ 식 16.17

π'가 π와 일치할 때까지 더 이상 변화가 발생하지 않는다면 최적 벨만 방정식을 만족한 것이므로 최적 정책을 찾았다는 뜻입니다.

16.3.3 정책 반복과 가치 반복

앞 두 절에서 우리는 한 정책의 가치 함수를 평가하는 방법과 정책 평가 후 어떻게 개선해 최적의 정책을 얻을 수 있는가를 알아보았습니다. 이 두 가지를 함께 결합한다면 최적해를 구하는 방법을 얻을 수 있을 것입니다. 하나의 초기 정책에서 출발해(일반적으로 랜덤 정책) 먼저 정책을 평가하고 개선합니다. 그리고 개선된 정책을 평가하고 다시 개선합니다. 이처럼 정책 평가와 개선을 계속 반복해서 정책이 수렴하여 더 변하지 않을 때까지 진행합니다. 이러한 방법을 **정책 반복**policy iteration이라고 합니다.

그림 16.8은 알고리즘에 대한 설명을 보여줍니다. T단계 누적 보상 정책 평가에 정책 개선을 더해 정책 반복 알고리즘을 만들었습니다.

입력: MDP 쿼드러플quadruple $E = \langle X, A, P, R \rangle$
        누적 보상 함수 T

과정:

$|A(x)|$는 x 상태에서 선택될 수 있는 액션의 수다.

  1: $\forall x \in X : V(x) = 0,\ \pi(x, a) = \frac{1}{|A(x)|}$

  2: **loop**

  3:     **for** $t = 1, 2, \ldots$ **do**

식 16.7은 가치 함수를 갱신한다.

  4:         $\forall x \in X : V'(x) = \sum_{a \in A} \pi(x, a) \sum_{x' \in X} P_{x \to x'}^a \left(\frac{1}{t} R_{x \to x'}^a + \frac{t-1}{t} V(x') \right)$

  5:         **if** $t = T + 1$ **then**

  6:             **break**

  7:         **else**

  8:             $V = V'$

  9:         **end if**

10:     **end for**

식 16.10은 Q값을 계산한다.

11:     $\forall x \in X : \pi'(x) = \arg\max_{a \in A} Q(x, a)$

12:     **if** $\forall x : \pi'(x) = \pi(x)$ **then**

13:         **break**

14:     **else**

15:         $\pi = \pi'$

16:     **end if**

17: **end loop**

출력: 최적의 정책 π

그림 16.8 \ T단계 누적 보상 정책 반복 알고리즘

연습문제 16.3을 참조하라.

이와 유사하게, γ할인 누적 보상 정책 반복 알고리즘도 만들 수가 있습니다. 정책 반복 알고리즘은 매번 개선 정책 후 평가를 다시 진행해야 합니다. 이러한 방법은 비교적 시간이 많이 소요됩니다.

식 16.16에 의해 정책 개선과 가치 함수의 개선은 일치한다는 것을 알 수 있습니다. 따라서 정책 개선을 가치 함수의 개선으로 볼 수 있습니다. 즉, 식 16.13에 의해 다음을 얻습니다.

$$\begin{cases} V_T(x) = \max_{a \in A} \sum_{x' \in X} P^a_{x \to x'} \left(\frac{1}{T} R^a_{x \to x'} + \frac{T-1}{T} V_{T-1}(x') \right); \\ V_\gamma(x) = \max_{a \in A} \sum_{x' \in X} P^a_{x \to x'} \left(R^a_{x \to x'} + \gamma V_\gamma(x') \right). \end{cases}$$

식 16.18

따라서 그림 16.9에 보이는 가치 반복 알고리즘을 얻을 수 있습니다.

입력: MDP 쿼드러플quadruple $E = \langle X, A, P, R \rangle$
누적 보상 함수 T
수렴 역치threshold value θ
과정:
1: $\forall x \in X : V(x) = 0$
2: **for** $t = 1, 2, \ldots$ **do**
3:     $\forall x \in X : V'(x) = \max_{a \in A} \sum_{x' \in X} P^a_{x \to x'} \left(\frac{1}{t} R^a_{x \to x'} + \frac{t-1}{t} V(x') \right)$
4:     **if** $\max_{x \in X} |V(x) - V'(x)| < \theta$ **then**
5:         **break**
6:     **else**
7:         $V = V'$
8:     **end if**
9: **end for**
출력: 정책 $\pi(x) = \arg \max_{a \in A} Q(x, a)$

식 16.18은 가치 함수를 갱신한다.

식 16.10은 Q값을 계산한다.

그림 16.9 \ T단계 누적 보상의 가치 반복 알고리즘

만약 γ할인 누적 보상을 사용하려면 그림 16.9에 3행만 다음처럼 바꾸면 됩니다.

$$\forall x \in X : V'(x) = \max_{a \in A} \sum_{x' \in X} P^a_{x \to x'} \left(R^a_{x \to x'} + \gamma V(x') \right).$$

식 16.19

위 알고리즘에서 알 수 있는 것은 모델을 이미 알고 있을 때 강화 학습 과업은 동적 프로그래밍 최적화 문제로 귀결될 수 있다는 것입니다. 지도 학습과 다르게 여기서는 일반화 능력은 상관이 없으며 각 상태에서 최적의 액션을 찾을 뿐입니다.

모델-프리 학습

현실의 강화 학습 과업 중에서 환경의 전이 확률, 보상 함수 등을 일반적으로 알기 어렵습니다. 심지어 환경에 총 몇 가지 상태가 있는지도 알기 어렵습니다. 만약 학습 알고리즘이 환경 모델링에 의존하지 않는다면 이를 **모델-프리 학습**model-free learning 이라 부릅니다. 이 학습은 앞서 살펴본 모델 기반 학습보다 난이도가 높습니다.

16.4.1 몬테카를로 강화 학습

모델-프리model-free인 상황에서 정책 반복 알고리즘이 먼저 마주하게 되는 문제는 정책을 평가할 방법이 없다는 사실입니다. 이는 모델을 알지 못해서 완전 확률 전개를 할 수 없기 때문입니다. 이때는 환경 중에서 선택한 행동을 실행함으로써 전이된 상태와 얻은 보상을 관찰하는 수밖에는 없습니다. K-암드 밴딧 머신의 영감을 받아 일종의 정책 평가를 대체할 방법은 여러 번의 샘플링 후 평균 누적 보상을 취해 기대 누적 보상의 근사로 보는 것입니다. 이러한 방법을 몬테카를로 강화 학습이라고 부릅니다. 샘플링 횟수가 유한하기 때문에 이 방법은 T단계 누적 보상의 강화 학습 과업을 대상으로 사용하기에 적합합니다.

몬테카를로 방법은 14.7절을 참조하라. 14.5.1절에서는 마르코프 연쇄 몬테카를로 방법을 사용했다.

다른 한편으로는 정책 반복 알고리즘이 계산하는 것은 상태 가치 함수 V고, 최종 정책은 상태-액션 가치 함수 Q를 통해 얻어집니다. 모델을 이미 알고 있을 때 V에서 Q로의 전환 방법은 매우 간단합니다. 하지만 모델을 알지 못할 때는 큰 어려움을 만나게 됩니다. 따라서 우리는 각 쌍의 '상태-액션'의 가치 함수를 계산하는 방법을 사용합니다.

그 외에, 모델을 알지 못할 때 에이전트는 하나의 초기 상태에서 환경 탐색을 시작할 수밖에 없습니다. 그리고 정책 반복 알고리즘은 각 상태를 계산해야 하므로 이러한 상황에서는 알고리즘을 구현하기 어렵습니다. 예를 들어, 수박심기 과정을 탐색한다면 수박 씨앗을 심는 것부터 시작해야 하며, 임의로 정한 어떤 중간 과정부터 시작할 수는 없을 것입니다. 따라서 우리는 탐색 과정에서 점진적으로 각 상태를 발견하고 각 상태-행동 쌍의 가치 함수를 계산해야 합니다.

종합해 보면, 모델을 알지 못할 때 우리는 초기 상태에서 시작해 여러 정책을 사용해 샘플링하고, 해당 정책을 T단계 진행해서 다음의 경로를 얻습니다.

$$< x_0, a_0, r_1, x_1, a_1, r_2, \ldots, x_{T-1}, a_{T-1}, r_T, x_T >,$$

그리고 각 경로 중에 출현한 각 '상태-액션' 쌍에 대해 이후 보상의 합을 기록하고, 해당 상태-액션 쌍의 일차 누적 보상 샘플링값으로 지정합니다. 여러 번 샘플링해서 여러 개의 경로를 얻은 후, 각 상태-액션 쌍의 누적 보상 샘플링값을 평균하면 상태-액션 가치 함수의 추정치를 얻을 수 있습니다.

가치 함수를 비교적 잘 계산하고 싶다면 여러 개의 서로 다른 샘플링 경로가 필요하다는 것을 알 수 있습니다. 그러나 우리의 정책이 결정론적일 가능성이 있는데, 즉 어떤 상태에 대해 하나의 액션만을 출력하는 것을 뜻합니다. 만약 이러한 정책을 사용해 샘플링한다면 같은 경로를 여러 개 얻게 될 것입니다. 이는 K-암드 밴딧 머신의 이용법이 직면한 문제와 같습니다. 따라서 탐색과 이용의 절충을 참고할수 있습니다. 예를 들어, ϵ-그리디 방법을 사용해 ϵ의 확률로 모든 액션 중에서 랜덤으로 하나를 뽑고, $1 - \epsilon$의 확률로 현재 단계에서 가장 좋은 액션을 취하는 것입니다. 우리는 결정론적 정책 π를 '원시 정책'이라고 부르고, 원시 정책상에서 ϵ-그리디 방법을 사용하는 정책을 다음처럼 나타냅니다.

$$\pi^\epsilon(x) = \begin{cases} \pi(x), & \text{확률은 } 1 - \epsilon \\ A\text{중 균등 확률로 선택한 액션}, & \text{확률은 } \epsilon \end{cases}$$

식 16.20

가치 함수의 원시 정책 $\pi = \arg\max_a Q(x, a)$을 최대화하는 것에 대해, ϵ-그리디 정책 π^ϵ에서 가장 최적의 액션이 선택될 확률은 $1 - \epsilon + \frac{\epsilon}{|A|}$이고, 각 비최적 액션이 선택될 확률은 $\frac{\epsilon}{|A|}$입니다. 따라서 모든 액션이 선택될 가능성이 있으므로 다차 샘플링은 여러 개의 서로 다른 샘플링 경로를 생성합니다.

정책 반복 알고리즘과 유사하게 몬테카를로 방법을 사용해 정책을 평가한 후 정책에 대해 똑같이 개선을 진행합니다. 앞서 살펴봤을 때는 식 16.16에 나온 단조성을 이용하고, 현재 최적 액션을 바꿔 대입하며 정책을 개선했었습니다. 임의의 원시 정책 π에 대해서, ϵ-그리디 정책 π^ϵ는 ϵ의 확률을 모든 액션에 똑같이 부여합니다. 따라서 가치 함수의 원시 정책 π'의 최대화에 대해 동일하게 $Q^\pi(x, \pi'(x)) \geq V^\pi(x)$이고, 결국 식 16.16은 여전히 성립합니다. 즉, 같은 방법으로 정책을 개선할 수 있다는 뜻입니다.

하나의 최적 액션이 존재한다고 가정한다.

그림 16.10은 앞에서 기술한 과정의 알고리즘을 정리해서 보여줍니다. 여기서 평가받고 개선받는 것은 같은 정책이며, 따라서 이를 **동일 정책**on-policy 몬테카를로 강화 학습 알고리즘이라고 부릅니다. 알고리즘에서 보상의 평균값은 증분식 계산을 사용했습니다. 각 샘플링으로 하나의 경로를 만들고 해당 경로에 대응하는 모든 '상태-액션'으로 가치 함수를 갱신합니다.

입력: 환경 E
    액션 공간 A
    초기 상태 x_0
    정책 집행 단계 수 T

과정:

평균 확률로 액션을 선택한다.
s번째 트레이스를 샘플링한다.

각 액션-동작 그룹에 대응한다.
트레이스의 누적 보상을 계산한다.
식 16.2는 평균 보상을 갱신한다.

가치 함수를 기반으로 전략을 얻는다.

1: $Q(x, a) = 0$, $\text{count}(x, a) = 0$, $\pi(x, a) = \frac{1}{|A(x)|}$
2: **for** $s = 1, 2, \ldots$ **do**
3:    E에서 정책 π를 실행해 $< x_0, a_0, r_1, x_1, a_1, r_2, \ldots, x_{T-1}, a_{T-1}, r_T, x_T >$을 생성
4:    **for** $t = 0, 1, \ldots, T-1$ **do**
5:       $R = \frac{1}{T-t} \sum_{i=t+1}^{T} r_i$
6:       $Q(x_t, a_t) = \frac{Q(x_t, a_t) \times \text{count}(x_t, a_t) + R}{\text{count}(x_t, a_t) + 1}$
7:       $\text{count}(x_t, a_t) = \text{count}(x_t, a_t) + 1$
8:    **end for**
9:    모든 관측된 상태 x에 대하여:

$$\pi(x) = \begin{cases} \arg\max_{a'} Q(x, a'), & \text{확률 } 1 - \epsilon \\ \text{균일 확률로 A에서 액션을 취한다면,} & \text{확률 } \epsilon \end{cases}$$

10: **end for**
출력: 정책 π

그림 16.10 ＼ **동일 정책 몬테카를로 강화 학습 알고리즘**

동일 정책 몬테카를로 강화 학습 알고리즘에서 최종 생성한 것은 ϵ-그리디 정책입니다. 그러나 ϵ-그리디를 사용한 것은 정책 평가를 쉽게 하기 위함이지 최종적으로 사용하려는 목적은 아닙니다. 사실상 우리는 원시(비 ϵ-그리디) 정책을 개선하려는 생각이 있습니다. 그렇다면 정책을 평가할 때만 ϵ-그리디를 사용하고 정책을 개선할 때는 원시 정책을 개선할 수 있을까요?

이 방법은 가능합니다. 먼저, 두 개의 서로 다른 정책 π와 π'로 샘플 경로를 생성한다고 해봅시다. 양자의 차이는 각 '상태-액션 쌍'이 샘플링될 확률이 다르다는 것입니다. 일반적으로 함수 f의 확률 분포 p에서 기댓값은 다음처럼 표현할 수 있습니다.

$$\mathbb{E}[f] = \int_x p(x)f(x)\mathrm{d}x \; , \qquad \boxed{\text{식 16.21}}$$

확률 분포 p상의 샘플 $\{x_1, x_2, \dots, x_m\}$을 통해 f의 기댓값을 계산할 수 있습니다.

$$\hat{\mathbb{E}}[f] = \frac{1}{m}\sum_{i=1}^{m} f(x_i) \; . \qquad \boxed{\text{식 16.22}}$$

만약 다른 분포 q를 사용한다면, 확률 분포 p에서 함수 f의 기댓값은 다음과 같이 쓸 수 있습니다.

$$\mathbb{E}[f] = \int_x q(x)\frac{p(x)}{q(x)}f(x)\mathrm{d}x \; . \qquad \boxed{\text{식 16.23}}$$

이렇게 하나의 분포 샘플링을 기반으로 다른 분포의 기댓값을 계산하는 것을 중요성 샘플링(importance sampling)이라고 부른다.

위 식은 분포 q에서 $\frac{p(x)}{q(x)}f(x)$의 기댓값이라고 볼 수 있습니다. 따라서 q상의 샘플 $\{x_1', x_2', \dots, x_m'\}$로 다음 식을 계산할 수 있습니다.

$$\hat{\mathbb{E}}[f] = \frac{1}{m}\sum_{i=1}^{m} \frac{p(x_i')}{q(x_i')}f(x_i') \; . \qquad \boxed{\text{식 16.24}}$$

우리들의 원래 문제로 돌아와서, 정책 π의 샘플 경로를 사용해 정책 π를 평가합니다. 사실상 바로 누적 보상에 대한 기댓값입니다.

$$Q(x, a) = \frac{1}{m}\sum_{i=1}^{m} R_i \; . \qquad \boxed{\text{식 16.25}}$$

여기서 R_i는 i 경로상에서 상태 x에서 최종까지 가는 누적 보상입니다. 만약 정책의 샘플 경로를 정책 π를 평가하는 데 바꿔 사용하려면 누적 보상에 가중치만 더하면 됩니다.

$$Q(x, a) = \frac{1}{m}\sum_{i=1}^{m} \frac{P_i^{\pi}}{P_i^{\pi'}}R_i \; , \qquad \boxed{\text{식 16.26}}$$

여기서 P_i^{π}와 $P_i^{\pi'}$는 각각 두 개의 정책이 생성한 i 경로의 확률을 나타냅니다. 정해진 하나의 경로 $\langle x_0, a_0, r_1, \dots, x_{T-1}, a_{T-1}, r_T, x_T\rangle$에 대해 정책 π가 해당 경로를 생성할 확률은 다음 식으로 구할 수 있습니다.

$$P^{\pi} = \prod_{i=0}^{T-1} \pi(x_i, a_i)P_{x_i \to x_{i+1}}^{a_i} \; . \qquad \boxed{\text{식 16.27}}$$

여기서 환경의 전이 확률 $P^{a_i}_{x_i \to x_{i+1}}$을 이용했지만, 식 16.24에는 두 정책 확률의 비율만 필요합니다.

$$\frac{P^\pi}{P^{\pi'}} = \prod_{i=0}^{T-1} \frac{\pi(x_i, a_i)}{\pi'(x_i, a_i)} \ .$$

식 16.28

만약 π를 결정론적 정책으로 설정하고 π'를 π'의 ϵ-그리디 정책으로 설정한다면, $\pi(x_i, a_i)$는 $a_i = \pi(x_i)$에 대해 항상 1일 것이고, $\pi'(x_i, a_i)$는 $\frac{\epsilon}{|A|}$ 혹은 $1 - \epsilon + \frac{\epsilon}{|A|}$일 것입니다. 따라서 정책 π에 대해 평가를 진행할 수 있습니다. 그림 16.11은 **상이 정책**off-policy 몬테카를로 강화 학습 알고리즘에 대한 설명이 나와 있습니다.

입력: 환경 E
　　　액션 공간 A
　　　초기 상태 x_0
　　　정책 집행 단계 수 T

과정:

평균 확률로 액션을 선택한다.
s번째 트레이스를 샘플링한다.

1: $Q(x, a) = 0$, count$(x, a) = 0$, $\pi(x, a) = \frac{1}{|A(x)|}$
2: **for** $s = 1, 2, \ldots$ **do**
3: 　　E에서 π의 ϵ-그리디 정책을 실행하여
　　　　$<x_0, a_0, r_1, x_1, a_1, r_2, \ldots, x_{T-1}, a_{T-1}, r_T, x_T>$을 생성
4: 　　$p_i = \begin{cases} 1 - \epsilon + c/|A|, & a_i = \pi(x_i) \\ \epsilon/|A|, & a_i \neq \pi(x_i) \end{cases}$
5: 　　**for** $t = 0, 1, \ldots, T - 1$ **do**

수정된 누적 보상을 계산한다.
식 16.2는 평균 보상을 갱신한다.

6: 　　　　$R = \frac{1}{T-t} \left(\sum_{i=t+1}^{T} r_i \right) \prod_{i=t+1}^{T-1} \frac{\mathbb{I}(a_i = \pi(x_i))}{p_i}$
7: 　　　　$Q(x_t, a_t) = \frac{Q(x_t, a_t) \times \text{count}(x_t, a_t) + R}{\text{count}(x_t, a_t) + 1}$
8: 　　　　count$(x_t, a_t) = $ count$(x_t, a_t) + 1$
9: 　　**end for**

가치 함수를 기반으로 전략을 얻는다.

10: 　　$\pi(x) = \arg\max_{a'} Q(x, a')$
11: **end for**

출력: 정책 π

그림 16.11 ＼ **상이 정책 몬테카를로 강화 학습 알고리즘**

16.4.2 시간차 학습

몬테카를로 강화 학습 알고리즘은 경로 샘플링을 고려하는 방법을 통해 모델을 알지 못하므로 정책 계산이 힘들다는 점을 극복했습니다. 이런 부류의 알고리즘은 하나의 경로 샘플링을 완성한 후 다시 정책의 값을 계산해야 하지만, 앞서 소개한

동적 프로그래밍에 기반한 정책 반복과 가치 반복 알고리즘은 각 정책을 한 단계 진행한 후 가치 함수에 대한 갱신을 진행합니다. 양자를 비교하면 몬테카를로 강화 학습 알고리즘의 효율이 더 낮습니다. 여기서 주요 문제는 몬테카를로 강화 학습 알고리즘은 강화 학습 과업의 MDP 구조를 충분히 이용하지 않았다는 것입니다. **시간차 학습**Temporal Difference, TD은 동적 프로그래밍과 몬테카를로 방법의 아이디어를 결합해 더 효율적인 모델 프리 학습을 달성하게 만들었습니다.

몬테카를로 강화 학습 알고리즘의 본질은 여러 번 시도 후 평균을 구해 기대 누적 보상의 근사로 두는 것입니다. 그러나 이 알고리즘이 평균을 구할 때 '배치 프로세싱'으로 진행됩니다. 즉, 하나의 완전한 경로 샘플링이 완성된 후 다시 모든 상태-액션에 대해 갱신을 진행합니다. 사실상 이러한 갱신 과정은 증분식incremental으로 진행될 수 있습니다. 상태-액션 쌍(x, a)에 대해 t개 샘플링에 기반해 가치 함수 $Q_t^\pi(x, a) = \frac{1}{t}\sum_{i=1}^{t} r_i$ 을 계산해 냈다고 가정하면, $t + 1$번째 샘플링 r_{t+1}을 얻을 때 식 16.3과 비슷하게 다음 식이 됩니다.

$$Q_{t+1}^\pi(x,a) = Q_t^\pi(x,a) + \frac{1}{t+1}\big(r_{t+1} - Q_t^\pi(x,a)\big).$$ 식 16.29

당연한 이야기지만, $Q_t^\pi(x, a)$에 증분 $\frac{1}{t+1}(r_{t+1} - Q_t^\pi(x, a))$만 더하면 됩니다. 더 일반적으로, $\frac{1}{t+1}$를 계수 α_{t+1}로 치환하면, 증분 항을 $\alpha_{t+1}(r_{t+1} - Q_t^\pi(x, a))$과 같이 쓸 수 있습니다. 실전에서는 일반적으로 α_t를 비교적 작은 정수 α로 설정합니다. 만약 $Q_t^\pi(x, a)$이 각 단계의 누적 보상의 합으로 전개된다면, 계수의 합이 1이 됨을 발견할 수 있습니다. 즉, $\alpha_t = \alpha$이 Q_t가 누적 보상값의 합이라는 성질에 아무런 영향을 주지 않습니다. 갱신 단계의 길이 α를 더 크게 하면 더 뒤쪽에 위치한 누적 보상이 더 중요해집니다.

γ할인 누적 보상을 예로 들면, 동적 프로그래밍 방법을 이용하는 동시에 모델을 알지 못할 경우를 고려해 상태-액션 가치 함수를 사용하는 것이 더 편리할 것입니다. 식 16.10에 의해 아래 식 16.30이 되고, 증분의 합을 더해 식 16.31을 구할 수 있습니다.

$$\begin{aligned}
Q^\pi(x,a) &= \sum_{x' \in X} P_{x \to x'}^a (R_{x \to x'}^a + \gamma V^\pi(x')) \\
&= \sum_{x' \in X} P_{x \to x'}^a (R_{x \to x'}^a + \gamma \sum_{a' \in A} \pi(x', a') Q^\pi(x', a')).
\end{aligned}$$ 식 16.30

$$Q^{\pi}_{t+1}(x,a) = Q^{\pi}_t(x,a) + \alpha \left(R^a_{x \to x'} + \gamma Q^{\pi}_t(x',a') - Q^{\pi}_t(x,a) \right),$$ 식 16.31

여기서 x'는 한 단계 이전의 상태 x에서 액션 a를 실행한 후 전이한 상태이며, a'는 정책 π가 x'상에서 선택한 액션입니다.

식 16.31을 사용해 각 단계의 정책을 실행할 때 가치 함수 계산의 갱신을 한 번씩 진행합니다. 따라서 그림 16.12와 같은 알고리즘을 얻습니다. 해당 알고리즘은 각 가치 함수의 갱신을 위해 앞 단계의 상태state, 앞선 단계의 액션action, 보상값reward, 현재 상태state, 앞으로 실행할 액션action을 알아야 하므로 Sarsa 알고리즘이라 이름이 붙었습니다[Rummery and Niranjan, 1994]. Sarsa는 하나의 동일 정책on-policy 알고리즘입니다. 알고리즘에서 평가(6행), 실행(5행)은 모두 ϵ-그리디 정책입니다.

Sarsa를 상이 정책off-policy 알고리즘으로 수정한다면 그림 16.13에 설명된 Q-러닝 Q-learning 알고리즘을 얻을 수 있습니다[Watkins and Dayan, 1992]. 이 알고리즘의 평가 (6행)는 원시 정책이며, 실행(4행)은 ϵ-그리디 정책입니다.

언급된 영어단어의 앞 글자를 따서 연결했다.

평균 확률로 액션을 선택한다.

단일 단계로 전략을 집행한다.
원래 전략의 ϵ-그리드 전략이다.
식 16.31은 가치 함수를 갱신한다.

입력: 환경 E
액션 공간 A
초기 상태 x_0
보상 할인 γ
갱신 길이 α

과정:
1: $Q(x,a) = 0$, $\pi(x,a) = \frac{1}{|A(x)|}$
2: $x = x_0$, $a = \pi(x)$
3: **for** $t = 1, 2, \ldots$ **do**
4: $\quad r, x' = E$에서 액션 a를 실행하여 얻은 보상과 전이된 상태
5: $\quad a' = \pi^{\epsilon}(x')$
6: $\quad Q(x,a) = Q(x,a) + \alpha(r + \gamma Q(x',a') - Q(x,a))$
7: $\quad \pi(x) = \arg\max_{a''} Q(x,a'')$
8: $\quad x = x'$, $a = a'$
9: **end for**

출력: 정책 π

그림 16.12 ＼ Sarsa 알고리즘

입력: 환경 E
     액션 공간 A
     초기 상태 x_0
     보상 할인 γ
     갱신 길이 α
과정:
   1: $Q(x, a) = 0, \pi(x, a) = \frac{1}{|A(x)|}$
   2: $x = x_0;$
   3: **for** $t = 1, 2, \ldots$ **do**
   4:     $r, x' = E$에서 액션 $a = \pi^\epsilon(x)$를 실행하여 얻은 보상과 전이된 상태
   5:     $a' = \pi(x')$
   6:     $Q(x, a) = Q(x, a) + \alpha(r + \gamma Q(x', a') - Q(x, a))$
   7:     $\pi(x) = \arg\max_{a''} Q(x, a'')$
   8:     $x = x'$
   9: **end for**
출력: 정책 π

평균 확률로 액션을 선택한다.

단일 단계로 전략을 집행한다.
원래 전략
식 16.31은 가치 함수를 갱신한다.

그림 16.13 \ Q-학습 알고리즘

16.5

가치 함수 근사

앞서 우리는 계속해 강화 학습 과업이 유한 상태 공간에서 진행되고 각 상태는 하나의 코드로 대신 지칭할 수 있다고 가정했습니다. 가치 함수는 유한 상태에 관한 **표 가치 함수**tabular value function입니다. 즉, 가치 함수는 하나의 배열로 표현될 수 있고, 입력 i에 대응하는 함숫값은 배열 원소 i의 값입니다. 그리고 하나의 상탯값을 바꾼다고 해도 다른 상탯값에 영향을 주지 않습니다. 그러나 현실의 강화 학습 과업에서 직면하는 상태 공간은 연속형이며 무한개의 상태가 존재합니다. 이런 경우에는 어떻게 해야 할까요?

한 가지 직접적인 방법은 연속 상태 공간을 유한 이산 상태 공간으로 전환해 앞서 소개한 방법들로 해를 구하는 것입니다. 안타까운 것은 어떻게 효과적으로 상태 공간을 이산화할 수 있는지는 여전히 어려운 문제입니다.

사실 우리는 연속 상태 공간의 가치 함수에 대해 직접적인 학습을 진행해도 무방합니다. 상태 공간을 n차원 실수공간 $X = \mathbb{R}^n$이라고 가정한다면, 이때 '표 가치 함

수'를 사용해 상탯값을 기록할 수는 없습니다. 먼저, 간단한 상황을 고려해 가치 함수를 상태의 선형 함수로 표현합니다[Busoniu et al., 2010].

$$V_{\boldsymbol{\theta}}(\boldsymbol{x}) = \boldsymbol{\theta}^{\mathrm{T}} \boldsymbol{x} \;, \qquad \text{식 16.32}$$

여기서 $\boldsymbol{x}$는 상태 벡터이고, $\boldsymbol{\theta}$는 파라미터 벡터입니다. 이때의 가치 함수는 유한 상태처럼 정확하게 각 상탯값을 기록할 수 없으므로 이러한 가치 함수의 해를 구하는 것을 **가치 함수 근사**value function approximation라고 부릅니다.

우리는 식 16.32를 통해 학습한 가치 함수가 최대한 실제 가치 함수 V^{π}에 근사하길 원합니다. 근사 정도는 일반적으로 최소 제곱 오차로 측정합니다.

$$E_{\boldsymbol{\theta}} = \mathbb{E}_{\boldsymbol{x} \sim \pi} \left[\left(V^{\pi}(\boldsymbol{x}) - V_{\boldsymbol{\theta}}(\boldsymbol{x}) \right)^2 \right] \;, \qquad \text{식 16.33}$$

여기서 $\mathbb{E}_{x \sim \pi}$는 정책 π로부터 샘플링된 상태의 기댓값입니다.

오차를 최소화하기 위해 경사하강법을 사용하고 오차에 대한 마이너스 도함수를 구합니다.

$$
\begin{aligned}
-\frac{\partial E_{\boldsymbol{\theta}}}{\partial \boldsymbol{\theta}} &= \mathbb{E}_{\boldsymbol{x} \sim \pi} \left[2 \left(V^{\pi}(\boldsymbol{x}) - V_{\boldsymbol{\theta}}(\boldsymbol{x}) \right) \frac{\partial V_{\boldsymbol{\theta}}(\boldsymbol{x})}{\partial \boldsymbol{\theta}} \right] \\
&= \mathbb{E}_{\boldsymbol{x} \sim \pi} \left[2 \left(V^{\pi}(\boldsymbol{x}) - V_{\boldsymbol{\theta}}(\boldsymbol{x}) \right) \boldsymbol{x} \right] \;, \qquad \text{식 16.34}
\end{aligned}
$$

따라서 단일 샘플에 대한 갱신 규칙을 얻을 수 있습니다.

$$\boldsymbol{\theta} = \boldsymbol{\theta} + \alpha \left(V^{\pi}(\boldsymbol{x}) - V_{\boldsymbol{\theta}}(\boldsymbol{x}) \right) \boldsymbol{x} \;. \qquad \text{식 16.35}$$

우리는 정책의 실제 가치 함수 V^{π}를 알지 못합니다. 도움을 받아 $V^{\pi}(\boldsymbol{x}) = r + \gamma V^{\pi}(\boldsymbol{x}')$에 가반해 현재 계산된 가치 함수를 사용해 실제 가치 함수를 대체할 수 있습니다. 즉, 다음 식이 됩니다.

$$
\begin{aligned}
\boldsymbol{\theta} &= \boldsymbol{\theta} + \alpha (r + \gamma V_{\boldsymbol{\theta}}(\boldsymbol{x}') - V_{\boldsymbol{\theta}}(\boldsymbol{x})) \boldsymbol{x} \\
&= \boldsymbol{\theta} + \alpha (r + \gamma \boldsymbol{\theta}^{\mathrm{T}} \boldsymbol{x}' - \boldsymbol{\theta}^{\mathrm{T}} \boldsymbol{x}) \boldsymbol{x} \;, \qquad \text{식 16.36}
\end{aligned}
$$

여기서 $\boldsymbol{x}'$는 다음 시간에서의 상태입니다.

주의해야 할 것은 시간차 학습에서 정책을 얻으려면 상태-액션 가치 함수가 필요합니다. 한 가지 간단한 방법은 $\boldsymbol{\theta}$를 상태와 액션을 표현하는 결합 벡터상에서 작용하도록 하는 것입니다. 예를 들면, 상태 벡터에 액션을 보관하는 일차원의 코드를 더하는, 즉 식 16.32에서 $\boldsymbol{x}$를 $(\boldsymbol{x};\ a)$로 치환하는 방법입니다. 다른 한 가지 방법은 0/1을 사용해서 액션 선택에 대해 코딩을 진행해 벡터 $\boldsymbol{a} = (0;\ \ldots;\ 1;\ \ldots;0)$을 얻는 것입니다. 여기서 '1'은 해당 액션이 선택되었다는 것을 표현하고, 다시 이를 상태 벡터와 결합해 $(\boldsymbol{x};\ \boldsymbol{a})$를 얻어 식 16.32에서 $\boldsymbol{x}$를 치환하는 데 사용합니다. 이렇게 하면 선형 근사의 대상이 상태-액션 가치 함수가 되게 할 수 있습니다.

선형 가치 함수 근사에 기반해 Sarsa 알고리즘의 가치 함수를 대체할 수 있습니다. 그렇게 되면 그림 16.14의 선형 가치 함수 근사 Sarsa 알고리즘을 얻을 수 있습니다. 이와 유사하게 선형 가치 함수 근사 Q-학습 알고리즘도 얻을 수가 있습니다. 마찬가지로 다른 기타 학습법으로 식 16.32의 선형 학습기를 쉽게 대체할 수 있습니다. 예를 들어, 커널 기법을 통해 비선형 가치 함수 근사를 실현할 수도 있게 됩니다.

커널 트릭에 관해서는 6장을 참조하라.

원래 전략의 ϵ-그리드 전략이다. 식 16.36은 파라미터를 갱신한다.

입력: 환경 E
액션 공간 A
초기 상태 x_0
보상 할인 γ
갱신 길이 α

과정:
1: $\boldsymbol{\theta} = \boldsymbol{0}$
2: $\boldsymbol{x} = \boldsymbol{x}_0,\ a = \pi(\boldsymbol{x}) = \arg\max_{a''} \boldsymbol{\theta}^{\mathrm{T}}(\boldsymbol{x};\ a'')$
3: **for** $t = 1, 2, \ldots$ **do**
4: 　　$r, \boldsymbol{x}' = E$에서 액션 a를 실행하여 얻은 보상과 전이된 상태
5: 　　$a' = \pi^{\epsilon}(\boldsymbol{x}')$
6: 　　$\boldsymbol{\theta} = \boldsymbol{\theta} + \alpha(r + \gamma\boldsymbol{\theta}^{\mathrm{T}}(\boldsymbol{x}';\ a') - \boldsymbol{\theta}^{\mathrm{T}}(\boldsymbol{x};\ a))(\boldsymbol{x};\ a)$
7: 　　$\pi(\boldsymbol{x}) = \arg\max_{a''} \boldsymbol{\theta}^{\mathrm{T}}(\boldsymbol{x},\ a'')$
8: 　　$\boldsymbol{x} = \boldsymbol{x}',\ a = a'$
9: **end for**

출력: 정책 π

그림 16.14 ＼ 선형 가치 함수 근사 Sarsa 알고리즘

이미테이션 러닝

또는 '제자 학습(apprentice ship learning)', '설명으로 배우는 학습(learning from demon stration)', '관찰 학습(learning by watching)'이라고도 부른다. 자세한 내용은 1.5절을 참조하라.

강화 학습의 전형적인 과업 설정 중에서 에이전트가 얻을 수 있는 피드백 정보는 몇 단계의 정책 결정 실행 후 누적되는 보상에 대한 것밖에는 없습니다. 하지만 현실에서 우리는 인간 전문가의 정책 결정 과정 사례를 얻을 수 있습니다. 예를 들어, 수박심기 과업에서 농업전문가의 수박 농작 과정을 샘플로 사용할 수 있습니다. 이러한 샘플들을 통해 학습하는 것을 **이미테이션 러닝**imitation learning이라고 부릅니다.

16.6.1 직접적 이미테이션 러닝

강화 학습 과업에서 다단계 정책 결정의 탐색 공간은 매우 큽니다. 누적 보상에 기반해 학습하기에는 버거운 것이 사실입니다. 그러나 인간 전문가의 '상태-액션'을 직접적으로 모방하는 방법을 통해 이러한 어려움을 일정 정도 완화할 수 있습니다. 우리는 이런 방법을 '직접적 이미테이션 러닝'이라고 부릅니다.

우리가 인간 전문가의 정책 결정 경로 데이터 $\{\tau_1, \tau_2, \ldots, \tau_m\}$을 얻었다고 가정한다면, 각 경로는 상태와 액션 수열을 포함하고 있을 것입니다.

$$\tau_i = \langle s_1^i, a_1^i, s_2^i, a_2^i, \ldots, s_{n_i+1}^i \rangle,$$

여기서 n_i는 i 경로 중에서 전이한 횟수를 나타냅니다.

이러한 데이터가 있으면 에이전트에게 어떤 상태에서 어떤 액션을 선택하라고 옆에서 알려주는 것과 같은 효과가 있습니다. 따라서 지도 학습법을 사용해 인간 전문가 정책 결정 경로 데이터에 맞는 전략을 학습할 수 있습니다.

우리는 모든 경로상의 모든 '상태-액션' 쌍을 추출해 하나의 새로운 데이터 집합을 만들 수 있습니다.

$$D = \{(s_1, a_1), (s_2, a_2), \ldots, (s_{\sum_{i=1}^m n_i}, a_{\sum_{i=1}^m n_i})\},$$

즉, 상태를 특성으로 간주하고 액션을 레이블로 간주하는 것입니다. 그리고 새로 만든 데이터 집합 D에 대해 분류(이산 액션일 때)나 회귀(연속형 액션일 때) 알고리즘을 사용해 정책 모델을 학습할 수 있습니다. 학습된 정책 모델은 초기 정책으로서 에이전트가 강화 학습을 진행하는 데 사용됩니다. 그리고 강화 학습법을 통해 나쁜 환경에 대한 피드백을 개선하고 더 좋은 정책을 얻을 수 있습니다.

16.6.2 역강화 학습

많은 과업 중에서 보상 함수를 설계하는 일은 매우 어렵습니다. 인간 전문가가 제공한 샘플 데이터로부터 보상 함수를 역추론하는 것은 이 문제를 해결하는 데 도움을 줍니다. 이런 방법을 **역강화 학습**inverse reinforcement learning이라고 부릅니다 [Abbeel and Ng, 2004].

역강화 학습 중에서 우리는 상태 공간 X, 액션 공간 A, 그리고 직접적 이미테이션 러닝과 비슷하게 정책 결정 경로 데이터 $\{\tau_1, \tau_2, \ldots, \tau_m\}$을 알고 있습니다. 역강화 학습의 기본 아이디어는 에이전트가 샘플과 일치하는 행동을 하게 만드는 것은 어떤 보상 함수의 환경 중에서 최적 정책을 찾는 것과 같고, 해당 최적 정책이 생성한 경로는 샘플 데이터와 일치할 것이라는 생각입니다. 바꿔 말하면, 모종의 보상 함수를 찾아 샘플 데이터를 최적화하고, 해당 보상 함수를 사용해 강화 학습 정책 훈련에 사용한다는 것입니다.

상태 특성의 선형 함수를 표현할 수 있는 보상 함수를 가정해 봅시다. 즉, $R(\boldsymbol{x}) = \boldsymbol{w}^{\mathrm{T}}\boldsymbol{x}$입니다. 따라서 정책 π의 누적 보상은 다음과 같이 쓸 수 있습니다.

$$
\begin{aligned}
\rho^\pi &= \mathbb{E}\left[\sum_{t=0}^{+\infty} \gamma^t R(\boldsymbol{x}_t) \mid \pi\right] = \mathbb{E}\left[\sum_{t=0}^{+\infty} \gamma^t \boldsymbol{w}^{\mathrm{T}}\boldsymbol{x}_t \mid \pi\right] \\
&= \boldsymbol{w}^{\mathrm{T}}\mathbb{E}\left[\sum_{t=0}^{+\infty} \gamma^t \boldsymbol{x}_t \mid \pi\right] ,
\end{aligned}
$$

식 16.37

즉, 상태 벡터 가중치 합의 기댓값과 계수 $\boldsymbol{w}$의 내적입니다.

상태 벡터의 기댓값 $\mathbb{E}\left[\sum_{t=0}^{+\infty} \gamma^t \boldsymbol{x}_t \mid \pi\right]$을 간단히 $\bar{\boldsymbol{x}}^\pi$로 표기하겠습니다. $\bar{\boldsymbol{x}}^\pi$를 얻기 위해 기댓값을 구해야 한다는 것을 기억하기 바랍니다. 우리는 몬테카를로 방법을 사용하고 샘플링을 통해 기댓값의 근사를 구할 수 있습니다. 그리고 샘플 경로 데이터 집합은 최적 정책의 샘플링으로 간주할 수 있습니다. 따라서 각 샘플 경로 상의 상태 가중치 합을 평균내고 $\bar{\boldsymbol{x}}^*$로 표기합니다. 최적 보상 함수 $R(\boldsymbol{x}) = \boldsymbol{w}^{*\mathrm{T}}\boldsymbol{x}$와 임의의 기타 정책이 생성한 $\bar{\boldsymbol{x}}^\pi$에 대해 식 16.38이 있고, 만약 모든 정책에 대해 $(\bar{\boldsymbol{x}}^* - \bar{\boldsymbol{x}}^\pi)$을 계산할 수 있다면 식 16.39의 해를 구할 수 있습니다.

$$\boldsymbol{w}^{*\mathrm{T}}\bar{\boldsymbol{x}}^* - \boldsymbol{w}^{*\mathrm{T}}\bar{\boldsymbol{x}}^\pi = \boldsymbol{w}^{*\mathrm{T}}(\bar{\boldsymbol{x}}^* - \bar{\boldsymbol{x}}^\pi) \geqslant 0 \,.$$ 식 16.38

$$\boldsymbol{w}^* = \arg\max_{\boldsymbol{w}} \ \min_{\pi} \boldsymbol{w}^\mathrm{T}(\bar{\boldsymbol{x}}^* - \bar{\boldsymbol{x}}^\pi)$$

$$\mathrm{s.t.} \quad \|\boldsymbol{w}\| \leqslant 1$$ 식 16.39

당연히 우리는 모든 정책을 쉽게 구할 수는 없습니다. 비교적 좋은 방법은 랜덤 정책에서 시작해 반복적으로 더 좋은 보상 함수를 구하는 것입니다. 보상 함수에 기반해 더 좋은 정책을 얻고, 그림 16.15에 설명된 것처럼 최종적으로 샘플 경로 데이터 집합에 가장 잘 부합하는 보상 함수와 정책을 얻을 때까지 해당 과정을 반복합니다. 여기서 더 좋은 보상 함수를 구할 때 식 16.39에서 '모든 정책에 대한 최솟값을 구한다'를 '이전 학습한 정책 중에서 최솟값을 구한다'로 바꾸어야 합니다.

입력: 환경 E
　　　상태 공간 X
　　　액션 공간 A
　　　경로 데이터 세트 $D = \{\tau_1, \tau_2, \ldots, \tau_m\}$
과정:
　1: $\bar{\boldsymbol{x}}^* =$ 경로 중에서 상태 가중치의 합과 평균 벡터를 계산한다
　2: $\pi =$ 랜덤 정책
　3: **for** $t = 1, 2, \ldots,$ **do**
　4: 　　$\bar{\boldsymbol{x}}_t^\pi = \pi$의 샘플 경로에서 계산한 상태 가중치와 평균 벡터
　5: 　　$\boldsymbol{w}^* = \arg\max_{\boldsymbol{w}}\min_{i=1}^t \boldsymbol{w}^\mathrm{T}(\bar{\boldsymbol{x}}^* - \bar{\boldsymbol{x}}_i^\pi)$ s.t. $\|\boldsymbol{w}\| \leqslant 1$의 해를 구한다
　6: 　　$\pi =$ 환경 $\langle X, A, R(\boldsymbol{x}) = \boldsymbol{w}^{*\mathrm{T}}\boldsymbol{x}\rangle$에서 최적의 정책을 구한다
　7: **end for**
출력: 보상 함수 $R(\boldsymbol{x}) = \boldsymbol{w}^{*\mathrm{T}}\boldsymbol{x}$과 정책 π

그림 16.15 ＼ 반복적 역강화 학습 알고리즘

16.7　더 읽을거리

강화 학습 전문서적 중 가장 유명한 책은 [Sutton and Barto, 1998]입니다. [Gosavi, 2003]은 최적화의 시각에서 강화 학습에 대해 논하고 있습니다. 반면, [Whiteson, 2010]은 알고리즘 탐색에 기반한 강화 학습법에 중점을 두고 있습니다. [Mausam and Kolobov, 2012]는 마르코프 결정 이론의 시각으로 강화 학습을 소개하고

있고, [Sigaud and Buffet, 2010]은 이번 장에서 소개하지 못한 부분 관찰 마르코프 결정 과정Partially Observable MDP, POMDP, 정책 경사법 등 다양한 내용을 포함하고 있습니다. 가치 함수 근사에 기반한 강화 학습은 [Busoniu et al., 2010]을 참조하세요.

유럽 강화 학습 연구회EWRL는 전문적인 강화 학습 계열의 연구 토론회입니다. RLDM은 2013년에 시작된 이와 비슷한 콘퍼런스입니다.

[Kaelbling et al., 1996]은 비교적 이른 시기에 강화 학습에 대한 내용을 다뤘습니다. [Kober et al., 2013; Deisenroth et al., 2013]은 로봇연구와 응용 분야에서의 강화 학습에 대해 자세히 다루고 있습니다.

[Vermorel and Mohri, 2005]는 다양한 K-암드 밴딧 머신 알고리즘에 관해 비교연구를 진행했고, 이에 대한 다양한 통계적 연구는 [Berry and Fristedt, 1985]를 참조하세요. 최근 들어 **온라인 학습**online learning, **적대적 학습**adversarial learning 등에서도 광범위하게 활용되고 있습니다. [Bubeck and Cesa-Bianchi, 2012]는 **유감 경계**regret bound에 대해 자세히 설명하고 있습니다.

시간차 학습은 사무엘Samuel이 최초로 제안했으며, [Sutton, 1988]은 TDramda 알고리즘을 고안해 냈습니다. [Tesauro, 1995]는 TDramda에 기반해 만든 TD-Gammon 프로그램이 백가몬 대회에서 세계 챔피언 수준에 도달해 관심을 받게 되었습니다. Q-러닝 알고리즘은 [Watkins and Dayan, 1992]가 개발했습니다. Sarsa는 Q-러닝 알고리즘에 기반해 개선된 알고리즘입니다[RUmmery and Niranjan, 1994]. TD 학습은 최근까지 계속해서 개선되고 확장되고 있습니다. 예를 들어, 광의 TD 학습[Ueno et al., 2001], 자격 트레이스eligibility traces를 사용하는 TD 학습[Geist and Scherrer, 2014] 등이 있습니다. [Dann et al., 2014]는 TD 학습의 정책 평가 방법에 대해 비교를 진행했습니다.

이미테이션 러닝은 강화 학습을 빠르게 발전시킨 장본인이라고 평가됩니다[Lin, 1992; Price and Boutilier, 2003]. 그리고 로봇연구에 광범위하게 응용되고 있습니다[Argall et al., 2009]. [Abbeel and NG, 2004; Langford and Zadrozny, 2005]는 역강화 학습법을 고안해 냈습니다.

오퍼레이션 연구와 제어 이론 영역에서 강화 학습에 대한 연구는 **근사 동적 프로그래밍**approximate dynamic programming이라고 불립니다. 관련해서는 [Bersekas, 2012]를 참조하세요.

'유감(regret)'은 불일정한 조건에서 의사결정과 확실한 조건에서 의사결정이 얻은 보상에 대한 차이를 뜻한다.
사무엘(Samuel) 체스에 관해서는 28쪽을 참조하라.

연습문제

16.1 K-암드 밴딧 머신에 사용하는 UCB~Upper Confidence Bound~ 방법은 매번 $Q(k)$ $+ UC(k)$값이 가장 큰 손잡이를 선택하고, 여기서 $Q(k)$는 손잡이 k의 평균 보상이며 $UC(k)$는 신뢰 구간이다. 예를 들면 다음과 같다.

$$Q(k) + \sqrt{\frac{2\ln n}{n_k}},$$

여기서 n은 이미 실행한 모든 손잡이의 총 횟수이며, n_k는 실행한 손잡이 k의 횟수다. UCB 방법과 ϵ-그리디 방법, 그리고 소프트맥스 방법의 차이점과 공통점에 대해 비교해 보아라.

16.2 그림 16.7을 참조해 γ할인 보상 함수의 정책 평가 알고리즘을 작성하라.

16.3 그림 16.8을 참조해 γ할인 보상 함수의 정책 반복 알고리즘을 작성하라.

16.4 MDP 모델이 없을 때 먼저 MDP 모델을 학습한 후, 모델 기반 강화 학습법을 사용한다. 이 방법과 비모델 강화 학습법~model-free~의 장단점을 기술하라.

16.5 Sarsa 알고리즘의 갱신 공식 16.31을 유도하라.

16.6 그림 16.14를 참조해 선형 가치 함수 근사 Q-학습 알고리즘에 대해 기술하라.

16.7 선형 가치 함수 근사는 실전에서 큰 오차를 발생시킨다. BP 신경망과 결합해 선형 가치 함수 근사 Sarsa 알고리즘을 신경망을 사용하여 근사시키는 Sarsa 알고리즘으로 확장해 보아라.

16.8 커널 기법을 결합하여 선형 가치 함수 근사 Sarsa 알고리즘을 커널 함수를 사용하는 비선형 가치 함수 근사 Sarsa 알고리즘으로 확장해 보아라.

16.9 목표 기반~goal-directed~의 강화 학습 과업에서 목표는 어떤 상태에 달하는 것인데, 예를 들면 자동차를 운전해 예정된 위치로 이동하는 것이다. 이러한 과업을 위해서 보상 함수를 설정하고, 서로 다른 보상 함수의 효과에 대해 논의하라.

16.10* 전통적인 지도 학습과 다르게 직접 모방 학습은 다른 시각~time stamp~에 직면하는 데이터 분포가 다를 수 있다. 다른 시각에서의 데이터 분포 변화를 고려하지 않는 모방 학습 알고리즘을 만들어 보아라.

참고문헌

[1] Abbeel, P. and A. Y. Ng. (2004). "Apprenticeship learning via inverse reinforcement learning." In *Proceedings of the 21st International Conference on Machine Learning (ICML)*, Banff, Canada.

[2] Argall, B. D., S. Chernova, M. Veloso, and B. Browning. (2009). "A survey of robot learning from demonstration." *Robotics and Autonomous Systems*, 57(5):469–483.

[3] Berry, D. and B. Fristedt. (1985). Bandit Problems. Chapman & Hall/CRC, London, UK.

[4] Bertsekas, D. P. (2012). *Dynamic Programming and Optimal Control: Approximate Dynamic Programming*, 4th edition. Athena Scientific, Nashua, NH.

[5] Bubeck, S. and N. Cesa-Bianchi. (2012). "Regret analysis of stochastic and nonstochastic multi-armed bandit problems." *Foundations and Trends in Machine Learning*, 5(1):1–122.

[6] Busoniu, L., R. Babuska, B. De Schutter, and D. Ernst. (2010). *Reinforcement Learning and Dynamic Programming Using Function Approximators*. Chapman & Hall/CRC Press, Boca Raton, FL.

[7] Dann, C., G. Neumann, and J. Peters. (2014). "Policy evaluation with temporal differences: A survey and comparison." *Journal of Machine Learning Research*, 15:809–883.

[8] Deisenroth, M. P., G. Neumann, and J. Peters. (2013). "A survey on policy search for robotics." Foundations and Trends in Robotics, 2(1–2):1–142.

[9] Geist, M. and B. Scherrer. (2014). "Off-policy learning with eligibility traces: A survey." Journal of Machine Learning Research, 15:289–333.

[10] Gosavi, A. (2003). Simulation-Based Optimization: Parametric Optimization Techniques and Reinforcement Learning. Kluwer, Norwell, MA.

[11] Kaelbling, L. P., M. L. Littman, and A. W. Moore. (1996). "Reinforcement learning: A survey." Journal of Artificial Intelligence Research, 4:237–285.

[12] Kober, J., J. A. Bagnell, and J. Peters. (2013). "Reinforcement learning in robotics: A survey." International Journal on Robotics Research, 32(11): 1238–1274.

[13] Langford, J. and B. Zadrozny. (2005). "Relating reinforcement learning performance to classification performance." In Proceedings of the 22nd International Conference on Machine Learning (ICML), 473–480, Bonn, Germany.

[14] Lin, L.-J. (1992). "Self-improving reactive agents based on reinforcement learning, planning and teaching." Machine Learning, 8(3–4):293–321.

[15] Mausam and A. Kolobov. (2012). Planning with Markov Decision Processes: An AI Perspective. Morgan & Claypool, San Rafael, CA.

[16] Price, B. and C. Boutilier. (2003). "Accelerating reinforcement learning through implicit imitation." Journal of Artificial Intelligence Research, 19: 569–629.

[17] Rummery, G. A. and M. Niranjan. (1994). "On-line Q-learning using connectionist systems." Technical Report CUED/F-INFENG/TR 166, Engineering Department, Cambridge University, Cambridge, UK.

[18] Sigaud, O. and O. Buffet. (2010). Markov Decision Processes in Artificial Intelligence. Wiley, Hoboken, NJ.

[19] Sutton, R. S. (1988). "Learning to predict by the methods of temporal differences." Machine Learning, 3(1):9–44.

20 Sutton, R. S. and A. G. Barto. (1998). Reinforcement Learning: An Introduction. MIT Press, Cambridge, MA.

21 Tesauro, G. (1995). "Temporal difference learning and TD-Gammon." *Communications of the ACM*, 38(3):58-68.

22 Ueno, T., S. Maeda, M. Kawanabe, and S. Ishii. (2011). "Generalized TD learning." *Journal of Machine Learning Research*, 12:1977-2020.

23 Vermorel, J. and M. Mohri. (2005). "Multi-armed bandit algorithms and empirical evaluation." In *Proceedings of the 16th European Conference on Machine Learning (ECML)*, 437-448, Porto, Portugal.

24 Watkins, C. J.C. H. and P. Dayan. (1992). "Q-learning." *Machine Learning*, 8(3-4):279-292.

25 Whiteson, S. (2010). Adaptive Representations for Reinforcement Learning. Springer, Berlin.

머신러닝 쉼터

마르코프 결정 프로세스와 안드레이 마르코프

안드레이 마르코프Andrey Andreyevich Markov, 1956~1922는 저명한 러시아 수학자이자 상트페테르부르크학파의 대표입니다. 확률론, 수론, 함수근사론, 미분방정식 등 다양한 방면에서 중요한 공헌을 했습니다.

마르코프는 모스크바 동남쪽에 있는 랴잔에서 태어나 17살에 상미분방정식 해법을 발견해 상트페테르부르크 대학교 수학과 교수들의 주목을 받았습니다. 1874년 그는 상트페테르부르크 대학교 수학과에 합격해 1878년에 졸업과 동시에 학생들을 가르치기 시작했습니다. 1884년 박사 학위를 받았는데, 지도교수가 바로 상트페테르부르크학파의 수장인 저명한 수학자 체비셰프입니다. 그 후 마르코프는 상트페테르부르크 대학교에서 교수로 활동하며 체비셰프와 같은 방향의 연구를 진행했습니다. 하지만 그의 가장 중요한 업적은 확률론의 전통을 세운 것입니다. 그는 1906~1912년에 마르코프 연쇄를 만들고, 마르코프 과정에 대해 본격적인 연구를 시작했습니다. 현실 세계에서 작게는 분자의 브라운 운동부터 크게는 전염병의 유행 과정까지 마르코프 결정이 없는 곳이 없습니다. 마르코프 결정 과정은 마르코프 과정과 결정적 동적 프로그래밍의 결합인데, 기본 사상은 20세기 50년대에 완성되었습니다. 이때는 이미 마르코프가 세상을 떠난 지 30년이 지난 후였습니다.

마르코프의 아들 역시 유명한 수학자였는데, **마르코프 원칙**Markov Principle, **마르코프 규칙**Markov Rule, 그리고 이론 컴퓨터 과학에서 튜링이 완성한 '마르코프 알고리즘' 등이 그의 이름을 따서 만들어졌습니다. 마르코프의 동생 역시 수학자였는데, '마르코프 형제 부등식'이 바로 마르코프 형제들이 만든 공식입니다.

체비셰프는 상트페테르부르크 대학교에서 마르코프, 랴프노프, 클라비우스 등 유명한 수학자를 가르쳤다. 상테페테르부르크 학파는 러시아 학자들이 세계적인 수준으로 올라섰음을 보여주었다.

A 행렬

A.1 기본 연산

실수 행렬 $\mathbf{A} \in \mathbb{R}^{m \times n}$의 i번째 행 j번째 열의 원소는 $(\mathbf{A})_{ij} = A_{ij}$와 같이 표기한다. 행렬 $\mathbf{A}$의 전치는 $\mathbf{A}^\mathrm{T}$, $(\mathbf{A}^\mathrm{T})_{ij} = A_{ji}$으로 표기한다.

$$(\mathbf{A} + \mathbf{B})^\mathrm{T} = \mathbf{A}^\mathrm{T} + \mathbf{B}^\mathrm{T} ,$$

식 A.1

$$(\mathbf{AB})^\mathrm{T} = \mathbf{B}^\mathrm{T} \mathbf{A}^\mathrm{T} .$$

식 A.2

일반적으로 $\mathbf{I}$로 단위 행렬을 나타낸다.

행렬 $\mathbf{A} \in \mathbb{R}^{m \times n}$에 대해, 만약 $m = n$이라면 n차 정사각 행렬이다. $\mathbf{I}_n$으로 n차 단위 행렬을 나타내고, 행렬 $\mathbf{A}$의 역행렬 $\mathbf{A}^{-1}$은 $\mathbf{A}\mathbf{A}^{-1} = \mathbf{A}^{-1}\mathbf{A} = \mathbf{I}$를 만족한다. 따라서 다음이 성립됨을 쉽게 알 수 있다.

$$(\mathbf{A}^\mathrm{T})^{-1} = (\mathbf{A}^{-1})^\mathrm{T} ,$$

식 A.3

$$(\mathbf{AB})^{-1} = \mathbf{B}^{-1} \mathbf{A}^{-1} .$$

식 A.4

n차 정사각 행렬 $\mathbf{A}$에 대해, 대각합은 주대각선상의 원소들의 합이다. 즉, $\mathrm{tr}(\mathbf{A}) = \sum_{i=1}^{n} A_{ii}$이고 다음과 같은 성질이 있다.

$$\mathrm{tr}(\mathbf{A}^\mathrm{T}) = \mathrm{tr}(\mathbf{A}) ,$$

식 A.5

$$\mathrm{tr}(\mathbf{A} + \mathbf{B}) = \mathrm{tr}(\mathbf{A}) + \mathrm{tr}(\mathbf{B}) ,$$

식 A.6

$$\mathrm{tr}(\mathbf{AB}) = \mathrm{tr}(\mathbf{BA}) ,$$

식 A.7

$$\mathrm{tr}(\mathbf{ABC}) = \mathrm{tr}(\mathbf{BCA}) = \mathrm{tr}(\mathbf{CAB}) .$$

식 A.8

n차 정사각 행렬의 행렬식determinant은 다음과 같이 정의된다.

$$\det(\mathbf{A}) = \sum_{\boldsymbol{\sigma} \in S_n} \text{par}(\boldsymbol{\sigma}) A_{1\sigma_1} A_{2\sigma_2} \ldots A_{n\sigma_n} \, ,$$

식 A.9

여기서 S_n은 모든 n차 순연permutation의 집합이고, $\text{par}(\boldsymbol{\sigma})$의 값은 -1이나 $+1$이며, 이는 $\boldsymbol{\sigma} = (\sigma_1, \sigma_2, \ldots, \sigma_n)$이 홀수 순열인지 짝수 순열인지에 따라 결정된다. 예를 들어, $(1, 3, 2)$에서 내림차순 차수가 1이고, $(3, 1, 2)$에서 내림차순 차수가 2다. 단위 행렬에 대해서는 $\det(\mathbf{I}) = 1$이다. 그리고 2차 정사각 행렬에 대해서는 다음 식이 된다.

$$\det(\mathbf{A}) = \det \begin{pmatrix} A_{11} & A_{12} \\ A_{21} & A_{22} \end{pmatrix} = A_{11}A_{22} - A_{12}A_{21} \, .$$

n차 정사각 행렬 $\mathbf{A}$의 행렬식은 다음과 같은 성질이 있다.

$$\det(c\mathbf{A}) = c^n \det(\mathbf{A}) \, ,$$

식 A.10

$$\det(\mathbf{A}^{\mathrm{T}}) = \det(\mathbf{A}) \, ,$$

식 A.11

$$\det(\mathbf{A}\mathbf{B}) = \det(\mathbf{A})\det(\mathbf{B}) \, ,$$

식 A.12

$$\det(\mathbf{A}^{-1}) = \det(\mathbf{A})^{-1} \, ,$$

식 A.13

$$\det(\mathbf{A}^n) = \det(\mathbf{A})^n \, .$$

식 A.14

행렬 $\mathbf{A} \in \mathbb{R}^{m \times n}$의 프로베니우스Frobenius 노름은 다음과 같이 정의한다.

$$\|\mathbf{A}\|_F = \left(\text{tr}(\mathbf{A}^{\mathrm{T}}\mathbf{A}) \right)^{1/2} = \left(\sum_{i=1}^{m} \sum_{j=1}^{n} A_{ij}^2 \right)^{1/2} \, .$$

식 A.15

행렬의 프로베니우스 노름은 행렬을 벡터로 펼친 후의 L_2 노름이다.

A.2 도함수

스칼라 x에 관한 벡터 $\boldsymbol{a}$의 미분derivative, 그리고 $\boldsymbol{a}$에 관한 x 모두 벡터다. 그리고 컴포넌트 i는 각각 다음과 같다.

$$\left(\frac{\partial \boldsymbol{a}}{\partial x} \right)_i = \frac{\partial a_i}{\partial x} \, ,$$

식 A.16

$$\left(\frac{\partial x}{\partial \boldsymbol{a}} \right)_i = \frac{\partial x}{\partial a_i} \, .$$

식 A.17

이와 유사하게, 스칼라 x에 대한 행렬 $\mathbf{A}$의 미분, 그리고 $\mathbf{A}$에 대한 x의 미분 모두 행렬이다. 여기서 j열 i행의 원소는 각각 다음과 같다.

$$\left(\frac{\partial \mathbf{A}}{\partial x}\right)_{ij} = \frac{\partial A_{ij}}{\partial x} ,$$

식 A.18

$$\left(\frac{\partial x}{\partial \mathbf{A}}\right)_{ij} = \frac{\partial x}{\partial A_{ij}} .$$

식 A.19

함수 $f(\boldsymbol{x})$에 대해, 함수 $f(\boldsymbol{x})$가 벡터의 원소에 대해 미분 가능하다면, $\boldsymbol{x}$에 관한 $f(\boldsymbol{x})$의 일차 미분은 하나의 벡터이고, 컴포넌트 i는 다음과 같다.

$$\left(\nabla f\left(\boldsymbol{x}\right)\right)_i = \frac{\partial f(\boldsymbol{x})}{\partial x_i} ,$$

식 A.20

$\boldsymbol{x}$에 관한 $f(\boldsymbol{x})$의 이차 미분은 헤시안 행렬Hessian matrix이라고 부르는 하나의 정사각 행렬이다. 여기서 i행 j열상의 원소는 다음과 같다.

$$\left(\nabla^2 f\left(\boldsymbol{x}\right)\right)_{ij} = \frac{\partial^2 f(\boldsymbol{x})}{\partial x_i \partial x_j} .$$

식 A.21

벡터와 행렬의 미분은 곱의 법칙product rule을 만족한다.

$\boldsymbol{a}$는 $\boldsymbol{x}$의 상수 벡터(constant vector)다.

$$\frac{\partial \boldsymbol{x}^{\mathrm{T}} \boldsymbol{a}}{\partial \boldsymbol{x}} = \frac{\partial \boldsymbol{a}^{\mathrm{T}} \boldsymbol{x}}{\partial \boldsymbol{x}} = \boldsymbol{a} ,$$

식 A.22

$$\frac{\partial \mathbf{A}\mathbf{B}}{\partial \boldsymbol{x}} = \frac{\partial \mathbf{A}}{\partial \boldsymbol{x}}\mathbf{B} + \mathbf{A}\frac{\partial \mathbf{B}}{\partial \boldsymbol{x}} .$$

식 A.23

$\mathbf{A}^{-1}\mathbf{A} = \mathbf{I}$와 식 A.23에 의해, 역행렬의 미분은 다음과 같이 나타낸다.

$$\frac{\partial \mathbf{A}^{-1}}{\partial x} = -\mathbf{A}^{-1}\frac{\partial \mathbf{A}}{\partial x}\mathbf{A}^{-1} .$$

식 A.24

만약 미분을 하려는 스칼라가 행렬 $\mathbf{A}$의 원소라면, 다음을 갖는다.

$$\frac{\partial\, \mathrm{tr}(\mathbf{A}\mathbf{B})}{\partial A_{ij}} = B_{ji} ,$$

식 A.25

$$\frac{\partial\, \mathrm{tr}(\mathbf{A}\mathbf{B})}{\partial \mathbf{A}} = \mathbf{B}^{\mathrm{T}} .$$

식 A.26

이를 바탕으로 다음의 성질을 얻을 수 있다.

$$\frac{\partial \operatorname{tr}(\mathbf{A}^{\mathrm{T}}\mathbf{B})}{\partial \mathbf{A}} = \mathbf{B} \ ,$$

식 A.27

$$\frac{\partial \operatorname{tr}(\mathbf{A})}{\partial \mathbf{A}} = \mathbf{I} \ ,$$

식 A.28

$$\frac{\partial \operatorname{tr}(\mathbf{A}\mathbf{B}\mathbf{A}^{\mathrm{T}})}{\partial \mathbf{A}} = \mathbf{A}(\mathbf{B} + \mathbf{B}^{\mathrm{T}}) \ .$$

식 A.29

식 A.15와 A.29에 의해 다음을 갖는다.

$$\frac{\partial \|\mathbf{A}\|_F^2}{\partial \mathbf{A}} = \frac{\partial \operatorname{tr}(\mathbf{A}\mathbf{A}^{\mathrm{T}})}{\partial \mathbf{A}} = 2\mathbf{A} \ .$$

식 A.30

연쇄 법칙chain rule은 복잡한 미분을 계산할 때 중요한 도구가 된다. 간단하게 설명하면, 만약 함수 f는 g와 h의 복합체compound라면(즉 $f(x) = g(h(x))$이면), 다음을 얻는다.

$$\frac{\partial f(x)}{\partial x} = \frac{\partial g\,(h\,(x))}{\partial h(x)} \cdot \frac{\partial h(x)}{\partial x} \ .$$

식 A.31

만약 아래의 식을 계산할 때, $\mathbf{A}x - b$를 하나로 간주하면 다음과 같이 간략히 계산할 수 있다.

머신러닝에서 $\mathbf{W}$는 일반적으로 대칭행렬을 뜻한다.

$$\begin{aligned}\frac{\partial}{\partial x}(\mathbf{A}x - b)^{\mathrm{T}}\mathbf{W}(\mathbf{A}x - b) &= \frac{\partial(\mathbf{A}x - b)}{\partial x} \cdot 2\mathbf{W}(\mathbf{A}x - b) \\ &= 2\mathbf{A}^{\mathrm{T}}\mathbf{W}(\mathbf{A}x - b) \ .\end{aligned}$$

식 A.32

A.3 특잇값 분해

임의의 실수 행렬 $\mathbf{A} \in \mathbb{R}^{m \times n}$는 모두 다음과 같이 분해 가능하다.

$$\mathbf{A} = \mathbf{U}\boldsymbol{\Sigma}\mathbf{V}^{\mathrm{T}} \ ,$$

식 A.33

여기서 $\mathbf{U} \in \mathbb{R}^{m \times m}$은 $\mathbf{U}^{\mathrm{T}}\mathbf{U} = \mathbf{I}$를 만족하는 m차 유니터리 행렬unitary matrix이다. $\mathbf{V} \in \mathbb{R}^{n \times n}$는 $\mathbf{V}^{\mathrm{T}}\mathbf{V} = \mathbf{I}$를 만족하는 n차 유니터리 행렬이다. $\boldsymbol{\Sigma} \in \mathbb{R}^{m \times n}$은 $m \times n$의 행렬이고, 여기서 $(\boldsymbol{\Sigma})_{ii} = \sigma_i$이고 기타 위치의 원소는 모두 0이다. σ_i는 음수가 아닌 실수이며 $\sigma_1 \geqslant \sigma_2 \geqslant \ldots \geqslant 0$을 만족한다.

특잇값을 내림차순으로 배열해 $\boldsymbol{\Sigma}$의 유일성을 보장한다.

A가 대칭 정형 행렬일 때, 특잇값 분해와 고윳값 분해의 결과는 같다.

식 A.33에서 분해는 **특잇값 분해**Singular Value Decomposition, SDV라고 부르며, 여기서 $\mathbf{U}$의 열 벡터 $\boldsymbol{u}_i \in \mathbb{R}^m$는 $\mathbf{A}$의 왼쪽 특이 벡터left-singular vector라고 부르고, $\mathbf{V}$의 열 벡터 $\boldsymbol{u}_i \in \mathbb{R}^{m \times m}$는 $\mathbf{A}$의 오른쪽 특이 벡터right-singular vector라고 부른다. σ_i는 특잇값이다. 행렬 $\mathbf{A}$의 랭크rank는 0이 아닌 특잇값의 개수를 뜻한다.

특잇값 분해는 광범위하게 사용된다. 예를 들어, 로랭크 행렬 근사 문제row-rank matrix approximation에 대해, 랭크가 r인 행렬 $\mathbf{A}$가 주어졌을 때 최적 k랭크 근사 행렬 $\widetilde{\mathbf{A}}$를 구하려 할 때 $(k \leqslant r)$, 이 문제는 다음과 같이 나타낼 수 있다.

$$\min_{\widetilde{\mathbf{A}} \in \mathbb{R}^{m \times n}} \quad \|\mathbf{A} - \widetilde{\mathbf{A}}\|_F$$
$$\text{s.t.} \quad \text{rank}(\widetilde{\mathbf{A}}) = k \; . \qquad \text{식 A.34}$$

특잇값 분해는 위에서 기술한 문제의 분석적 해법analytical solution을 제공한다. 행렬 $\mathbf{A}$에 대해 특잇값 분해를 진행한 후, 행렬 $\mathbf{\Sigma}$ 중의 $r - k$개 최소 특잇값을 0으로 하면 행렬 $\mathbf{\Sigma}_k$를 얻는다. 즉, 가장 큰 k개 특잇값만 남기는데, 따라서 다음 식은 식 A.34의 최적해다.

$$\mathbf{A}_k = \mathbf{U}_k \mathbf{\Sigma}_k \mathbf{V}_k^{\mathrm{T}} \qquad \text{식 A.35}$$

여기서 $\mathbf{U}_k$와 $\mathbf{V}_k$는 각각 식 A.33의 k 앞 열로 구성된 행렬이다. 이 결과를 에카르트-영-미르스키Eckart-Young-Mirsky 정리라고 부른다.

B 최적화

B.1 라그랑주 승수법

라그랑주 승수법 Lagrange multipliers은 일종의 일정한 제약하의 다원 함수 극값을 찾는 방법이다. 라그랑주 승수법을 도입해, d개의 변수와 k개의 제약 조건의 최적 문제를 $d + k$개 변수의 무제약 최적화 문제로 전환해 해를 구할 수 있다.

먼저, 등제한 조건equality constraint의 최적화 문제를 고려해 보자. x를 d차원의 벡터로 가정하고, x의 어떤 값 x^*를 찾는다고 하면, 목표 함수 $f(x)$는 최솟값인 동시에 $g(x) = 0$ 제약을 만족해야 한다. 기하학적인 관점에서 보면, 해당 문제의 목표는 방정식 $g(x) = 0$에서 정해진 $d - 1$차원 곡선상에서 목표 함수 $f(x)$를 최소화할 수 있는 포인트를 찾는 것이다. 이때 어렵지 않게 다음과 같은 결론을 내릴 수 있다.

함수 등가선과 제약 곡면은 접촉한다.

- 제약 곡면상의 임의의 점 x에 대해, 해당 점의 경사 $\nabla g(x)$는 제약 곡면과 직교한다.

반증법을 통해 증명이 가능하다. 만약 경사 $\nabla f(x^*)$과 제약 곡면이 직교하지 않는다면 제약 곡선상의 해당 점을 계속해서 이동하여 함숫값을 하강시킬 수 있다.

- 최적 포인트 x^*에서 목표 함수는 해당 포인트의 경사 $\nabla f(x^*)$에서 제약 곡면과 직교한다.

이를 통해 알 수 있는 것은 최적 포인트 x^*에서 그림 B.1에서 보이는 것과 같이, 경사 $\nabla g(x)$와 $\nabla f(x^*)$의 방향은 반드시 같거나 반대여야 한다. 즉, 다음을 만족하고 0이 아닌 매개변수 λ가 존재할 것이다.

$$\nabla f(x^*) + \lambda \nabla g(x^*) = 0 ,$$

식 B.1

등식 제약에 대해서 λ는 양수일 수도, 음수일 수도 있다.

λ를 라그랑주 승수라 한다. 라그랑주 함수를 정의하면 다음과 같다.

$$L(\boldsymbol{x}, \lambda) = f(\boldsymbol{x}) + \lambda g(\boldsymbol{x}) ,$$

식 B.2

$\boldsymbol{x}$의 편미분 $\nabla \boldsymbol{x} L(\boldsymbol{x}, \lambda)$을 0으로 한다면 식 B.1을 얻는다는 것을 어렵지 않게 알 수 있다. 동시에 λ에 대한 편미분 $\nabla_\lambda L(\boldsymbol{x}, \lambda)$을 0으로 한다면 제약 조건 $g(\boldsymbol{x}) = 0$을 얻는다. 따라서 원래의 제약 최적화 문제는 라그랑주 함수 $L(\boldsymbol{x}, \lambda)$의 무제약 최적화 문제로 전환된다.

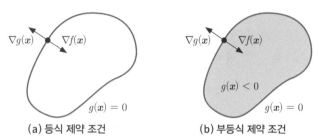

(a) 등식 제약 조건   **(b) 부등식 제약 조건**

그림 B.1 ＼ 라그랑주 승수법의 기하학적 함의: (a) 등식 제약 조건 $g(x) = 0$ 혹은 (b) 부등식 제약 조건 $g(x) \leqslant 0$에서 목표 함수 $f(x)$를 최소화한다

(초록색 곡선으로 $g(x) = 0$인 곡면을 표현했고, 음영으로 $g(x) < 0$ 부분을 나타냈다)

부등식 제약 조건 $g(\boldsymbol{x}) \leqslant 0$을 고려해 보면, 그림 B.1에서 보여주는 것과 같이, 이 때 최적 포인트 $\boldsymbol{x}^*$는 $g(\boldsymbol{x}) < 0$의 구역에 있거나, 경계 $g(\boldsymbol{x}) = 0$상에 존재한다. $g(\boldsymbol{x}) < 0$인 상황에 대해서 제약 $g(\boldsymbol{x}) \leqslant 0$은 아무런 작용을 하지 못하고, 직접 조건 $\nabla f(\boldsymbol{x}) = 0$을 통해 최적 포인트를 얻을 수 있다. 이는 λ를 0으로 설정하고 $\nabla \boldsymbol{x} L(\boldsymbol{x}, \lambda)$을 0으로 만들고 최적 포인트를 얻는 것과 같다. $g(\boldsymbol{x}) = 0$인 상황은 위의 등식 제약 조건의 분석과 유사하다. 하지만 주의해야 할 것은 이때 $\nabla f(\boldsymbol{x}^*)$의 방향은 $\nabla g(\boldsymbol{x}^*)$의 방향과 반대여야 한다. 즉, 상수 $\lambda > 0$가 존재해 $\nabla f(\boldsymbol{x}^*) + \nabla g(\boldsymbol{x}^*) = 0$을 만들어야 한다. 이 두 가지 상황을 정합하면, 반드시 $\lambda g(\boldsymbol{x}) = 0$을 만족해야 한다. 따라서 제약 $g(\boldsymbol{x}) \leqslant 0$에서 $f(\boldsymbol{x})$를 최소화하는 것은 아래의 제약에서 식 B.2의 라그랑주 함수를 최소화하는 것으로 전환할 수 있다.

$$\begin{cases} g(\boldsymbol{x}) \leqslant 0; \\ \lambda \geqslant 0 ; \\ \lambda g(\boldsymbol{x}) = 0. \end{cases}$$

식 B.3

식 B.3은 카루쉬-쿤-터커Karush-Kuhn-Tucker, KKT 조건이라 부른다.

위에서 기술한 방법은 다수의 제약으로 확장할 수 있다. m개 등식 제약과 n개 부등식 제약이 있고, 가용 영역feasible region $\mathbb{D} \subset \mathbb{R}^d$이 공집합이 아닌 최적화 문제를 생각해 보면,

$$\min_{\boldsymbol{x}} \quad f(\boldsymbol{x})$$

$$\text{s.t.} \quad h_i(\boldsymbol{x}) = 0 \quad (i = 1, \ldots, m) \,,$$

$$g_j(\boldsymbol{x}) \leqslant 0 \quad (j = 1, \ldots, n) \,. \qquad \boxed{\text{식 B.4}}$$

라그랑주 승수 $\boldsymbol{\lambda} = (\lambda_1, \lambda_2, \ldots, \lambda_m)^{\mathrm{T}}$와 $\boldsymbol{\mu} = (\mu_1, \mu_2, \ldots, \mu_n)^{\mathrm{T}}$를 도입하면, 상응하는 라그랑주 함수는 다음과 같다.

$$L(\boldsymbol{x}, \boldsymbol{\lambda}, \boldsymbol{\mu}) = f(\boldsymbol{x}) + \sum_{i=1}^{m} \lambda_i h_i(\boldsymbol{x}) + \sum_{j=1}^{n} \mu_j g_j(\boldsymbol{x}) \,, \qquad \boxed{\text{식 B.5}}$$

부등식 제약에서 도입된 KKT 조건 $(j = 1, 2, \ldots, n)$은

$$\begin{cases} g_j(\boldsymbol{x}) \leqslant 0; \\ \mu_j \geqslant 0 \,; \\ \mu_j g_j(\boldsymbol{x}) = 0 \,. \end{cases} \qquad \boxed{\text{식 B.6}}$$

하나의 최적화 문제는 **주 문제**primal problem와 **듀얼 문제**dual problem 두 가지 각도에서 관찰이 가능하다. 주 문제에 대해 식 B.4, 식 B.5를 기반으로 라그랑주 **듀얼 함수**dual function $\Gamma : \mathbb{R}^m \times \mathbb{R}^n \mapsto \mathbb{R}$를 다음과 같이 정의한다.

듀얼 문제를 유도할 때, 일반적으로 라그랑주 함수 $L(\boldsymbol{x}, \boldsymbol{\lambda}, \boldsymbol{\mu})$을 $\boldsymbol{x}$에 대해 미분하고, 0으로 만들어 듀얼 함수의 표현식을 구한다.

$$\Gamma(\boldsymbol{\lambda}, \boldsymbol{\mu}) = \inf_{\boldsymbol{x} \in \mathbb{D}} \, L(\boldsymbol{x}, \boldsymbol{\lambda}, \boldsymbol{\mu})$$

$$= \inf_{\boldsymbol{x} \in \mathbb{D}} \left(f(\boldsymbol{x}) + \sum_{i=1}^{m} \lambda_i h_i(\boldsymbol{x}) + \sum_{j=1}^{n} \mu_j g_j(\boldsymbol{x}) \right) \,. \qquad \boxed{\text{식 B.7}}$$

$\boldsymbol{\mu} \succeq 0$으로 $\boldsymbol{\mu}$의 컴포넌트들이 음수가 아님을 나타낸다.

만약 $\tilde{\boldsymbol{x}} \in \mathbb{D}$를 주 문제 식 B.4 가용 영역 중의 점이라고 한다면, 임의의 $\boldsymbol{\mu} \succeq 0$과 $\boldsymbol{\lambda}$는 모두 다음을 가진다.

$$\sum_{i=1}^{m} \lambda_i h_i(\boldsymbol{x}) + \sum_{j=1}^{n} \mu_j g_j(\boldsymbol{x}) \leqslant 0 \,, \qquad \boxed{\text{식 B.8}}$$

더 나아가 다음을 얻는다.

$$\Gamma(\boldsymbol{\lambda}, \boldsymbol{\mu}) = \inf_{\boldsymbol{x} \in \mathbb{D}} L(\boldsymbol{x}, \boldsymbol{\lambda}, \boldsymbol{\mu}) \leqslant L(\tilde{\boldsymbol{x}}, \boldsymbol{\lambda}, \boldsymbol{\mu}) \leqslant f(\tilde{\boldsymbol{x}}) .$$ 식 B.9

만약 주 문제 식 B.4의 최적값이 p^*면, 임의의 $\boldsymbol{\mu} \succeq 0$과 $\boldsymbol{\lambda}$는 모두 다음을 갖는다.

$$\Gamma(\boldsymbol{\lambda}, \boldsymbol{\mu}) \leqslant p^* ,$$ 식 B.10

즉, 듀얼 함수에 대해 주 문제의 최적값 하한치를 주었다. 당연한 이야기지만, 이 하한치는 $\boldsymbol{\mu}$와 $\boldsymbol{\lambda}$의 값에 의해 정해진다. 따라서 한 가지 자연스러운 문제는 듀얼 함수에 기반한 최고의 하한치는 무엇일까?에 대한 문제이고, 이 문제는 다음 최적화 문제로 이어진다.

$$\max_{\boldsymbol{\lambda}, \boldsymbol{\mu}} \ \Gamma(\boldsymbol{\lambda}, \boldsymbol{\mu}) \ \ \text{s.t.} \ \ \boldsymbol{\mu} \succeq 0 .$$ 식 B.11

식 B.11이 바로 주 문제 식 B.4의 쌍대문제다. 여기서 $\boldsymbol{\lambda}$와 $\boldsymbol{\mu}$는 듀얼 변수dual variable라 불린다. 주 문제 식 B.4의 볼록성convexity이 어떻든지 듀얼 문제 식 B.11은 항상 컨벡스 최적화 문제다.

식 B.11의 최적값 d^*를 생각하면, $d^* \leqslant p^*$가 되는데, 이를 **약한 쌍대성**weak duality 성립이라 부른다. 만약 $d^* = p^*$라면 이를 **강한 쌍대성**strong duality 성립이라 부른다. 이때 듀얼 문제가 주 문제의 최적 하한치를 얻을 수 있기 때문에, 일반적인 최적화 문제에 대해 강한 쌍대성은 일반적으로 성립하지 않는다. 그러나 만약 주 문제가 컨벡스 최적화 문제이고, 식 B.4 중에 $f(\boldsymbol{x})$와 $g_j(\boldsymbol{x})$가 모두 컨벡스 함수라면, $h_i(\boldsymbol{x})$는 방사 함수다. 특별히 주의할 것은 강한 쌍대성이 성립할 때, 원래 변수와 쌍대 변수에 대한 라그랑주 함수의 미분을 구하고 이를 0이 되게 한다. 이러면 원래 변수와 쌍대 변수와의 수치 관계를 얻을 수 있다. 따라서 쌍대문제를 해결할 수 있게 되고 주 문제도 해결된다.

이를 Slater 조건이라고 한다.

B.2 이차 프로그래밍

이차 프로그래밍 Quadratic Programming, QP은 전형적인 최적화 문제이고, 컨벡스 이차 최적화와 넌컨벡스non-convex 이차 최적화를 포함한다. 이런 문제 중에서 목표 함수는 변수의 이차 함수이고, 제약 조건은 변수의 선형 부등식이다.

비표준 이차 규칙 문제에서는 등식 제약을 포함할 수 있다. 주의해야 할 것은 등식 제약은 두 개의 부등식 제약으로 대체될 수 있다. 그리고 부등식 제약은 여유 변수를 더하는 방법으로 등식 제약으로 전환할 수 있다.

변수 개수를 d로, 제약 조건의 개수를 m으로 가정하면, 표준적인 이차 프로그래밍 문제는 다음과 같다.

$$\min_{\boldsymbol{x}} \quad \frac{1}{2}\boldsymbol{x}^{\mathrm{T}}\mathbf{Q}\boldsymbol{x} + \boldsymbol{c}^{\mathrm{T}}\boldsymbol{x}$$
$$\text{s.t.} \quad \mathbf{A}\boldsymbol{x} \leqslant \boldsymbol{b} \ , \qquad \text{식 B.12}$$

여기서 $\boldsymbol{x}$는 d차원 벡터이고, $\mathbf{Q} \in \mathbb{R}^{d \times d}$는 실수 대칭 행렬이며, $\mathbf{A} \in \mathbb{R}^{m \times d}$는 실수 행렬, $\boldsymbol{b} \in \mathbb{R}^m$와 $\boldsymbol{c} \in \mathbb{R}^d$는 실수 벡터이고, $\mathbf{A}\boldsymbol{x} \leqslant \boldsymbol{b}$의 각 행은 하나의 제약에 대응한다.

만약 $\mathbf{Q}$가 양의 준정부호 행렬positive semi-definite matrix이라면, 식 B.12의 목표 함수는 컨벡스 함수이고, 상응하는 이차 프로그래밍은 컨벡스 이차 최적화 문제다. 이 때 제약 조건 $\mathbf{A}\boldsymbol{x} \leqslant \boldsymbol{b}$가 정의한 가용 공간이 공집합이 아니고 목표 함수가 해당 가용 구역에서 하한치를 갖고 있다면, 해당 문제는 전역 최솟값을 갖게 된다. 만약 $\mathbf{Q}$가 비정형 행렬이라면, 식 B.12는 다수의 정류점stationary point과 국소 최솟값을 갖는 NP-hard 문제가 된다.

자주 사용하는 이차 프로그래밍 방법은 일립소이드 방법ellipsoid method, 내점법interior point, 첨가 라그랑수법augmented Lagrangian, 그래디언트 투영법gradient projection 등이 있다. 만약 $\mathbf{Q}$가 정치 행렬이라면 상응하는 이차 프로그래밍 문제는 일립소이드 방법을 통해 해를 구할 수 있다.

B.3 반정형 프로그래밍

반정형 프로그래밍 Semi-Definite Programming, SDP은 최적화 문제이고, 여기서 변수들은 반정형의 대칭 행렬 형식으로 만들어질 수 있다. 그리고 최적화 문제의 목표 함수와 제약은 모두 이 변수들의 선형 함수다.

$d \times d$의 대칭 행렬 $\mathbf{X}$, $\mathbf{C}$가 주어졌을 때 다음 식이다.

$$\mathbf{C} \cdot \mathbf{X} = \sum_{i=1}^{d} \sum_{j=1}^{d} C_{ij} X_{ij} \ , \qquad \text{식 B.13}$$

만약 $\mathbf{A}_i(i = 1, 2, \ldots, m)$ 역시 $d \times d$의 대칭 행렬이라면, $b_i(i = 1, 2, \ldots, m)$은 m개의 실수이며, 따라서 반정형 프로그래밍 문제는 다음과 같다.

$\mathbf{X}$가 양의 준정부호(positive semi-definite)임을 나타낸다.

$$\min_{\mathbf{X}} \quad \mathbf{C} \cdot \mathbf{X}$$
$$\text{s.t.} \quad \mathbf{A}_i \cdot \mathbf{X} = b_i \ , \ i = 1, 2, \ldots, m$$
$$\mathbf{X} \succeq 0 \ .$$

식 B.14

반정형 프로그래밍과 선형 프로그래밍 모두 선형의 목표 함수와 제약을 갖고 있지만, 반정형 프로그래밍에서의 제약 $\mathbf{X} \succeq 0$은 하나의 비선형, 비평탄non-smooth 제약 조건이다. 최적화 이론에서 반정형 프로그래밍은 일정한 일반성을 갖고 있고, 몇 가지 표준 최적화 문제(예를 들면 선형 프로그래밍, 이차 프로그래밍)를 통일할 수 있다.

자주 보이는 선형 프로그래밍의 해를 구하는 내점법은 약간의 변경만으로 반정형 프로그래밍 문제를 푸는 데 사용될 수 있다. 그러나 반정형 프로그래밍의 계산은 복잡도가 매우 높아 대규모 문제에는 적합하지 않다.

B.4 경사하강법

일차 방법은 목표 함수의 일차 미분만 사용한다.

경사하강법gradient descent은 일종의 자주 사용되는 일차first-order 최적화 방법이고, 무제약 최적화 문제에서 해를 구하는 가장 간단하고 전형적인 방법 중 하나다.

무제약 최적화 문제 $\min_x f(\boldsymbol{x})$를 살펴보면, 여기서 $f(\boldsymbol{x})$는 미분 가능한 연속 함수다. 만약 하나의 수열 $\boldsymbol{x}^0, \boldsymbol{x}^1, \boldsymbol{x}^2, \ldots$을 만들어 다음을 만족한다면, 국소 극소점에 수렴할 때까지 계속해서 해당 과정을 반복한다.

$$f(\boldsymbol{x}^{t+1}) < f(\boldsymbol{x}^t), \quad t = 0, 1, 2, \ldots$$

식 B.15

식 B.15를 만족하고 싶다면, 테일러 전개에 기반해 다음을 얻는다.

$$f(\boldsymbol{x} + \Delta\boldsymbol{x}) \simeq f(\boldsymbol{x}) + \Delta\boldsymbol{x}^{\mathrm{T}} \nabla f(\boldsymbol{x}) \ ,$$

식 B.16

따라서 $f(\boldsymbol{x} + \Delta\boldsymbol{x}) < f(\boldsymbol{x})$을 만족하려면 다음을 선택해야 한다.

$$\Delta\boldsymbol{x} = -\gamma \nabla f(\boldsymbol{x}) \ ,$$

식 B.17

각 단계의 길이 γ_t은 다를 수 있다.

L-Lipschitz 조건이란, 임의의 x에 대해서 $\|\nabla f(x)\| \leqslant L$을 성립시키는 상수 L이 존재함을 뜻한다.

여기서 보폭 γ는 하나의 작은 상수다. 이것이 바로 경사하강법이다.

만약 목표 함수 $f(x)$가 어떤 조건을 만족한다면, 적당한 보폭을 선택해 경사하강법을 통해 국소 극소점에 수렴할 수 있음을 보장할 수 있다. 예를 들어, 만약 $f(x)$가 L-Lipschitz 조건을 만족한다면, 보폭을 $1/(2L)$로 설정하면 국소 극소점에 수렴하는 것을 보장할 수 있다. 목표 함수가 컨벡스 함수일 때 국소 극소점은 함수의 전역 최소점에 대응하고, 이때 경사하강법은 전역 최적해에 수렴하는 것을 보장한다.

목표 함수 $f(x)$가 미분 가능한 이차 연속 함수일 때, 식 B.16을 더 정확한 이차 테일러 전개로 치환할 수 있는데, 이것이 바로 뉴턴의 방법Newton's method이다. 뉴턴의 방법은 전형적인 이차 방법으로, 반복 횟수가 경사하강법보다 훨씬 작다. 그러나 뉴턴의 방법은 이차 도함수 $\nabla^2 f(x)$를 사용하여 반복 때마다 헤시안 행렬의 역을 구해야 한다. 따라서 계산 복잡도가 매우 높고, 특히 고차원 문제일 때 해를 구하는 것이 거의 불가능하다. 만약 적은 계산 비용으로 헤시안 행렬의 근사 역행렬을 구할 수 있다면 계산량을 줄일 수 있는데, 이를 근사 뉴턴의 방법quasi-Newton method이라고 한다.

B.5 좌표하강법

극댓값을 구하는 문제를 '좌표 상승법(coordinate ascent)'이라고 부른다.

좌표하강법coordinate descent은 일종의 비경사 최적화 방법이다. 이 방법은 각 반복 단계에서 하나의 좌표 방향으로 탐색을 진행한다. 순환적으로 서로 다른 좌표 방향을 사용해 목표 함수의 국소 극솟값에 도달한다.

우리는 목표를 함수 $f(x)$의 극솟값을 구하는 것으로 가정해도 무방할 것이다. 여기서 $x = (x_1, x_2, \ldots, x_d)^{\mathrm{T}} \in \mathbb{R}^d$는 d차원의 벡터다. 초기 포인트 x^0에서 시작해 좌표하강법은 반복적으로 수열 $x^0, x^1, x^2, \ldots$을 만들어 해당 문제의 해를 구한다. x^{t+1}의 i번째 컴포넌트 x_i^{t+1}은 다음을 만든다.

$$x_i^{t+1} = \arg\min_{y \in \mathbb{R}} f(x_1^{t+1}, \ldots, x_{i-1}^{t+1}, y, x_{i+1}^t, \ldots, x_d^t) .$$ 식 B.18

이런 방법으로 다음을 얻는다.

$$f(x^0) \geqslant f(x^1) \geqslant f(x^2) \geqslant \ldots$$ 식 B.19

경사하강법과 유사하게 반복적으로 해당 과정을 반복해 수열 x^0, x^1, x^2, ...이 희망하는 국소 극소점 혹은 정류점stationary point에 수렴하게 만든다.

좌표하강법은 목표 함수의 경사를 계산하지 않아도 된다. 따라서 복잡한 문제 계산이 비교적 간단하다. 하지만 목표 함수가 평탄하지 않다면, 좌표하강법은 비정류점non-stationary point에 빠질 위험이 있다.

C 확률 분포

C.1 자주 사용하는 확률 분포

여기서는 연속 균일 분포만을 설명한다.

이번 절에서는 몇 가지 자주 사용하는 확률 분포에 대해 설명하겠다. 각 분포에 대해 우리는 확률밀도 함수와 기댓값 $\mathbb{E}[\cdot]$, 분산 $\text{var}[\cdot]$ 그리고 공분산 $\text{cov}[\cdot, \cdot]$ 등의 중요한 통계량을 알려줄 것이다.

C.1.1 균일 분포

균일 분포uniform distribution는 구간 $[a, b](a < b)$상의 연속 변수에 대한 간단한 확률 분포다. 확률 밀도 함수는 그림 C.1과 같다.

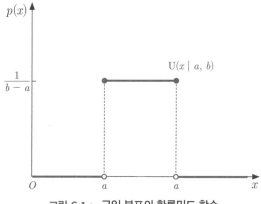

그림 C.1 \ 균일 분포의 확률밀도 함수

$$p(x \mid a, b) = \mathrm{U}(x \mid a, b) = \frac{1}{b - a} \; ; \qquad \text{식 C.1}$$

$$\mathbb{E}[x] = \frac{a + b}{2} \; ; \qquad \text{식 C.2}$$

$$\mathrm{var}[x] = \frac{(b - a)^2}{12} \; . \qquad \text{식 C.3}$$

만약 변수 x가 균일 분포 $\mathrm{U}(x \mid 0, 1)$을 따르고 $a < b$라면, $a + (b - a)x$는 균일 분포 $\mathrm{U}(x \mid a, b)$를 따른다.

C.1.2 베르누이 분포

베르누이 분포 Bernoulli distribution는 부울 변수 $x \in \{0, 1\}$에 관한 확률 분포다. 연속 파라미터 $\mu \in [0, 1]$은 변수 $x = 1$인 확률을 나타낸다.

$$P(x \mid \mu) = \mathrm{Bern}(x \mid \mu) = \mu^x (1 - \mu)^{1-x} \; ; \qquad \text{식 C.4}$$
$$\mathbb{E}[x] = \mu \; ; \qquad \text{식 C.5}$$
$$\mathrm{var}[x] = \mu(1 - \mu) \; . \qquad \text{식 C.6}$$

C.1.3 이항 분포

이항 분포binominal distribution는 N번의 독립적인 베르누이 실험 중에서 m번의 성공 (즉 $x = 1$) 확률을 나타낸다. 여기서 각 베르누이 실험 성공의 확률은 $\mu \in [0, 1]$이다.

$$P(m \mid N, \mu) = \mathrm{Bin}(m \mid N, \mu) = \binom{N}{m} \mu^m (1 - \mu)^{N-m} \; ; \qquad \text{식 C.7}$$
$$\mathbb{E}[x] = N\mu \; ; \qquad \text{식 C.8}$$
$$\mathrm{var}[x] = N\mu(1 - \mu) \; . \qquad \text{식 C.9}$$

파라미터 μ에 대해, 이항 분포의 켤레 사전 분포(conjugate prior distribution)는 베타 분포다. 켤레 사전 분포에 관해서는 C.2를 참조하라.

$N = 1$일 때, 이항 분포는 베르누이 분포가 된다.

C.1.4 다항 분포

만약 베르누이 분포가 단일 변수에서 d차원 벡터 $\boldsymbol{x}$로 확장되고, 여기서 $x_i \in \{0, 1\}$ 그리고 $\sum_{i=1}^{d} x_i = 1$이고 x_i가 1의 값을 가질 확률이 $\mu_i \in [0, 1]$이라면, $\sum_{i=1}^{d} \mu_i = 1$, 다음과 같은 이산 확률 분포를 갖는다.

$$P(\boldsymbol{x} \mid \boldsymbol{\mu}) = \prod_{i=1}^{d} \mu_i^{x_i} \; ; \qquad \text{식 C.10}$$

$$\mathbb{E}[x_i] = \mu_i \; ; \qquad \text{식 C.11}$$

$$\text{var}[x_i] = \mu_i(1 - \mu_i) \; ; \qquad \text{식 C.12}$$

$$\text{cov}[x_j, x_i] = \mathbb{I}[j = i] \, \mu_i \; . \qquad \text{식 C.13}$$

파라미터 $\boldsymbol{\mu}$에 대해서 다항 분포의 켤레 사전 분포는 디리클레 분포다. 켤레 사전 분포에 관해서는 C.2를 참조하라.

위 식에 기초하여 이항 분포를 확장하면 **다항 분포**multinomial distribution를 얻는다. 다항 분포는 N번의 독립 실험 중에서 m_i번의 $x_i = 1$이 나올 확률이다.

$$P(m_1, m_2, \ldots, m_d \mid N, \boldsymbol{\mu}) = \text{Mult}(m_1, m_2, \ldots, m_d \mid N, \boldsymbol{\mu})$$

$$= \frac{N!}{m_1! \, m_2! \, \ldots \, m_d!} \prod_{i=1}^{d} \mu_i^{m_i} \; ; \qquad \text{식 C.14}$$

$$\mathbb{E}[m_i] = N\mu_i \; ; \qquad \text{식 C.15}$$

$$\text{var}[m_i] = N\mu_i(1 - \mu_i) \; ; \qquad \text{식 C.16}$$

$$\text{cov}[m_j, m_i] = -N\mu_j\mu_i \; . \qquad \text{식 C.17}$$

C.1.5 베타 분포

베타 분포 Beta distribution는 연속 변수 $\mu \in [0, 1]$에 관한 확률 분포다. 두 개의 파라미터 $a > 0$과 $b > 0$으로부터 정해지며, 확률밀도 함수는 그림 C.2에 보이는 것과 같다.

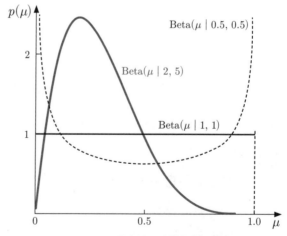

그림 C.2 \ **베타 분포의 확률밀도 함수**

$$p(\mu \mid a, b) = \text{Beta}(\mu \mid a, b) = \frac{\Gamma(a+b)}{\Gamma(a)\Gamma(b)} \mu^{a-1}(1-\mu)^{b-1}$$

$$= \frac{1}{B(a,b)} \mu^{a-1}(1-\mu)^{b-1} \; ;$$ 식 C.18

$$\mathbb{E}[\mu] = \frac{a}{a+b} \; ;$$ 식 C.19

$$\text{var}[\mu] = \frac{ab}{(a+b)^2(a+b+1)} \; ,$$ 식 C.20

여기서 $\Gamma(a)$는 감마Gamma 함수다.

$$\Gamma(a) = \int_0^{+\infty} t^{a-1}e^{-t}\mathrm{d}t \; ,$$ 식 C.21

$B(a,\,b)$는 베타Beta 함수다.

$$B(a,b) = \frac{\Gamma(a)\Gamma(b)}{\Gamma(a+b)} \; .$$ 식 C.22

A $= b = 1$일 때, 베타 분포는 균일 분포가 된다.

C.1.6 디리클레 분포

독일의 수학자 디리클레(1805-1859)의 이름을 따서 불리고 있다.

디리클레 분포 Dirichlet distribution는 한 그룹의 d개 연속 변수 $\mu \in [0,\,1]$에 관한 확률 분포다($\sum_{i=1}^{d} \mu_i = 1$). $\mu = (\mu_1;\, \mu_2;\, \ldots;\, \mu_d)$라고 한다면, 파라미터는 $\boldsymbol{\alpha} = (\alpha_1;\, \alpha_2;\, \ldots;\, \alpha_d)$가 되고, $\alpha_i > 0$, $\hat{\alpha} = \sum_{i=1}^{d}$이다.

$$p(\boldsymbol{\mu} \mid \boldsymbol{\alpha}) = \text{Dir}(\boldsymbol{\mu} \mid \boldsymbol{\alpha}) = \frac{\Gamma(\hat{\alpha})}{\Gamma(\alpha_1)\ldots\Gamma(\alpha_i)} \prod_{i=1}^{d} \mu_i^{\alpha_i - 1} \; ;$$ 식 C.23

$$\mathbb{E}[\mu_i] = \frac{\alpha_i}{\hat{\alpha}} \; ;$$ 식 C.24

$$\text{var}[\mu_i] = \frac{\alpha_i(\hat{\alpha} - \alpha_i)}{\hat{\alpha}^2(\hat{\alpha}+1)} \; ;$$ 식 C.25

$$\text{cov}[\mu_j, \mu_i] = \frac{\alpha_j \alpha_i}{\hat{\alpha}^2(\hat{\alpha}+1)} \; .$$ 식 C.26

$d = 2$일 때, 디리클레 분포는 베타 분포가 된다.

C.1.7 가우스 분포

가우스 분포Gaussian distribution는 정규 분포normal distribution라고도 불린다. 가장 응용 범위가 넓다.

단일 변수 $x \in (-\infty, \infty)$에 대해 가우스 분포의 파라미터는 평균값 $\mu \in (-\infty, \infty)$와 분산 $\sigma^2 > 0$이다. 그림 C.3은 몇 가지 서로 다른 파라미터를 가진 가우스 분포의 확률밀도 함수를 보여준다.

σ는 표준편차를 뜻한다.

$$p(x \mid \mu, \sigma^2) = \mathcal{N}(x \mid \mu, \sigma^2) = \frac{1}{\sqrt{2\pi\sigma^2}} \exp\left\{ -\frac{(x-\mu)^2}{2\sigma^2} \right\} \; ; \quad \text{식 C.27}$$

$$\mathbb{E}[x] = \mu \; ; \quad \text{식 C.28}$$

$$\mathrm{var}[x] = \sigma^2 \; . \quad \text{식 C.29}$$

d차원 벡터 $\boldsymbol{x}$에 대해 다중 가우스 분포의 파라미터는 d차원 평균값 벡터 $\boldsymbol{\mu}$와 $d \times d$의 대칭 정부호 공분산 행렬 $\boldsymbol{\Sigma}$다.

$$p(\boldsymbol{x} \mid \boldsymbol{\mu}, \boldsymbol{\Sigma}) = \mathcal{N}(\boldsymbol{x} \mid \boldsymbol{\mu}, \boldsymbol{\Sigma})$$

$$= \frac{1}{\sqrt{(2\pi)^d \det(\boldsymbol{\Sigma})}} \exp\left\{ -\frac{1}{2}(\boldsymbol{x}-\boldsymbol{\mu})^{\mathrm{T}}\boldsymbol{\Sigma}^{-1}(\boldsymbol{x}-\boldsymbol{\mu}) \right\} \; ; \quad \text{식 C.30}$$

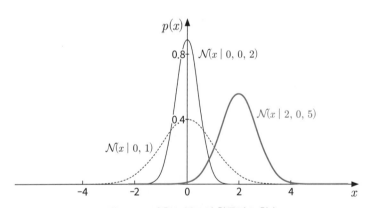

그림 C.3 〉 가우스 분포의 확률밀도 함수

$$\mathbb{E}[\boldsymbol{x}] = \boldsymbol{\mu} \; ; \quad \text{식 C.31}$$

$$\mathrm{cov}[\boldsymbol{x}] = \boldsymbol{\Sigma} \; . \quad \text{식 C.32}$$

켤레 분포

변수 x가 분포 $P(x \mid \Theta)$를 따르고, Θ를 파라미터라고 했을 때, $X = \{x_1, x_2, \ldots, x_m\}$은 변수 x의 관측 샘플이고, 파라미터 Θ는 사전 분포 $\Pi(\Theta)$를 따른다고 가정한다. 만약 사전 분포 $\Pi(\Theta)$와 표본 분포 $P(X \mid \Theta)$에 의해 사후 분포 $F(\Theta \mid X)$와 $\Pi(\Theta)$가 같은 종류의 분포인 것이 결정된다면, 사전 분포 $\Pi(\Theta)$는 분포 $P(x \mid \Theta)$ 혹은 $P(X \mid \Theta)$의 **켤레 분포**conjugate distribution다.

예를 들어, $x \sim \text{Bern}(x \mid \mu)$이고, $X = \{x_1, x2, \ldots, x_m\}$은 관측 샘플, $\bar{x}$는 관측 샘플의 평균값, $\mu \sim \text{Beta}(\mu \mid a, b)$라고 가정하고, 여기서 a, b는 이미 알려진 파라미터라면, μ의 사후 분포는 다음 식이다.

$$
\begin{aligned}
F(\mu \mid X) &\propto \text{Beta}(\mu \mid a, b) P(X \mid \mu) \\
&= \frac{\mu^{a-1}(1-\mu)^{b-1}}{B(a,b)} \mu^{m\bar{x}}(1-\mu)^{m-m\bar{x}} \\
&= \frac{1}{B(a+m\bar{x}, b+m-m\bar{x})} \mu^{a+m\bar{x}-1}(1-\mu)^{b+m-m\bar{x}-1} \\
&= \text{Beta}(\mu \mid a', b') ,
\end{aligned}
$$
식 C.33

이는 베타 분포다. 여기서 $a' = a + m\bar{x}$, $b' = b + m - m\bar{x}$이며, 이는 베타 분포와 베르누이 분포가 켤레임을 의미한다. 이와 유사하게 알 수 있는 것은 다항 분포의 켤레 분포는 디리클레 분포이고, 가우스 분포의 켤레 분포는 가우스 분포다.

여기서는 가우스 분포의 분산을 이미 알고 있고, 평균값이 사전의 상황을 따른다는 것을 가정한다.

사전 분포는 모종의 사전 정보를 반영한다. 사후 분포는 사전 분포가 제공한 정보도 반영하고, 샘플이 제공한 정보도 반영한다. 사전 분포와 표본 분포가 켤레 분포라면, 사후 분포와 사전 분포는 같은 유형에 속하고, 이는 사전 정보와 샘플이 제공한 정보가 모종의 동일성을 가진다고 해석할 수 있다.

따라서 켤레 분포는 많은 상황에서 문제를 단순화할 수 있다. 예를 들어 식 C.33의 예제에서 베르누이 분포를 따르는 사건 X가 베타 사전 분포를 사용한다면 베타 분포의 파라미터값 a와 b는 베르누이 분포의 실제 상황에 대한 예측이라고 볼 수 있다. 증거(샘플)가 계속해서 추가되면서 베타 분포의 파라미터값은 a, b에서 $a + m\bar{x}$, $b + m - m\bar{x}$로 변화될 것이고, $a/(a+b)$는 m이 커짐에 따라 베르누이 분포의 실제 파라미터값 $\bar{x}$에 가까워질 것이다. 켤레 사전 분포를 사용하면, a와 b 두 가지 예측값만 조정하여 편하게 모델 업데이트를 진행할 수 있다.

C.3 KL 발산

KL 발산Kullback-Leibler divergence은 상대 엔트로피relative entropy 혹은 정보 발산 information divergence이라고도 불린다. 두 분포 간의 차이를 측정하는 데 사용될 수 있다. 두 분포 P와 Q가 주어졌을 때, 양자 간의 KL 발산은 다음과 같이 정의된다.

$$\mathrm{KL}(P\|Q) = \int_{-\infty}^{\infty} p(x) \log \frac{p(x)}{q(x)} \mathrm{d}x ,$$

여기서는 두 분포 모두 연속형 확률 분포임을 가정했다. 이산형 확률 분포에 대해서는 정의 중에 적분을 모든 이산값에 대한 합으로 바꿔주면 된다.

식 C.34

여기서 $p(x)$와 $q(x)$는 각각 P와 Q의 확률밀도 함수다.

KL 발산은 음이 아닌non-negativity 속성을 만족한다. 즉, $P = Q$일 때 $\mathrm{KL}(P \| Q)$ = 0이다.

$$\mathrm{KL}(P\|Q) \geqslant 0 ,$$

식 C.35

그러나 KL 발산은 대칭성을 만족하진 못한다. 즉, 다음 식과 같다.

$$\mathrm{KL}(P\|Q) \neq \mathrm{KL}(Q\|P) ,$$

식 C.36

척도는 네 가지 기본 성질을 만족해야 한다. 9.3절을 참조하라.

따라서 KL 발산은 메트릭metric이 아니다.

만약 KL 발산의 정의 식 C.34를 전개하면 다음을 얻을 수 있다.

$$\mathrm{KL}(P\|Q) = \int_{-\infty}^{\infty} p(x) \log p(x) \mathrm{d}x - \int_{-\infty}^{\infty} p(x) \log q(x) \mathrm{d}x$$
$$= -H(P) + H(P, Q) ,$$

식 C.37

여기서 $H(P)$는 엔트로피entropy고, $H(P, Q)$는 P와 Q의 교차 엔트로피cross entropy 다. 정보 이론에서 엔트로피 $H(P)$는 P로부터 온 랜덤 변수에 대해 코딩하는 데 필요한 최소 비트 수를 뜻하고, 교차 엔트로피 $H(P, Q)$는 Q를 기반으로 P로부터 온 변수에 대해 코딩할 때 필요한 비트 수를 나타낸다. 따라서 KL 발산은 Q를 기반으로 P로부터 온 변수에 대해 코딩할 때 필요한 '추가' 비트 수다. 추가 비트 수는 0이 아니며, $P = Q$일 때 0이 된다.

에필로그

이 책을 쓰게 된 가장 큰 이유는 2016년 난징 대학교에 개설되는 '머신러닝' 과목의 수업을 준비하기 위해서였습니다. 15년 전에 필자가 이 수업을 개설해야 한다고 주장했을 때 많은 사람이 '머신러닝이 무엇이냐?'고 질문했습니다. 학교 학생들의 관심도 높지 않았기 때문에 필자는 '데이터 마이닝'이라는 나름 유용해 보이는 이름으로 바꾸고 수업을 개설했습니다. 이 수업은 성(역주 우리나라의 도에 해당)에서 '우수 대학원생 수업'으로 선정되면서 학부생들을 위한 '데이터 마이닝 개론' 수업까지 개설하게 되었습니다. 이 두 수업은 학생들의 열렬한 지지를 받으며 외부 청강생을 포함한 많은 학생이 몰리게 되었습니다. 이 수업의 절반 정도는 이미 머신러닝에 대한 내용을 포함하고 있었지만, 필자는 계속해서 머신러닝 과목을 개설하고 싶었습니다. 왜냐하면 머신러닝이 언젠가는 컴퓨터 과학의 기초 내용이 될 것이라 확신했기 때문입니다.

튜링상을 수상한 다익스트라E.W. Dijkstra는 '컴퓨터 과학은 컴퓨터에 대한 것만은 아니다. 마치 천문학이 망원경에 대한 것이 아닌 것처럼'이라는 말을 했습니다. 마치 천문학 초기 연구가 망원경을 만드는 방법에 초점이 맞춰졌던 것처럼, 컴퓨터 과학 초기 연구의 관심도 더 좋은 컴퓨터를 만드는 것에 있었습니다. 오늘날에도 여전히 더 좋은 천체 망원경을 만드는 일이 필요하지만, 천문학에서 더 초점을 맞추고 있는 것은 망원경을 '사용'해서 연구에 깊이를 더하는 부분입니다. 이와 비슷하게, 컴퓨터 과학이 발전해 오면서 초점이 컴퓨터를 '만드는 것'에서 '사용'하여 세상을 인식하고 바꾸는 단계로 변화해야 할 것입니다. 이 중에서 가장 중요한 것은 의심의 여지 없이 바로 컴퓨터를 활용한 데이터 분석입니다. 왜냐하면 데이터 분석이야말로 컴퓨팅의 주요 목적이며, 머신러닝과 분리될 수 없기 때문입니다. 10여 년 전에 중국 국내에서 이러한 의견을 내면 전문가들로부터 질책을 받곤 했는데, 지금은 컴퓨터 과학 분야 외의 교수들도 머신러닝의 가치에 대해 흥미진진해 하고 있습니다. 조금 늦은 감이 있지만, 서로 앞다투어 머신러닝 기초 수업을 개설하고 있는 게 지금의 모습입니다.

1995년 난징 대학교 도서관에서 우연히 《Machine Learning: An Artificial Intelligence Approach》를 보았고, 이것이 필자와 머신러닝의 첫 만남이었습니다. 그 당시 중국 국내에는 머신러닝에 대해 잘 아는 사람이 거의 없었으며, 연구지원금 신청을 위한 항목에도 존재하지 않았습니다. 주변에 물어볼 사람도 없었고, 과학연구에 대한 지원이 넉넉하지 못한 시기라 국제적 교류도 힘들었습니다. 게다가, 학교에 인터넷 시설과 전자도서관도 빈약해 찾아볼 수 있는 가장 최신 문헌은 2년 전에 출간된, 페이지 수가 완전하지도 못한 IEEE 저널이 전부였습니다. 이런 힘겨운 과정을 겪으며 필자는 입문용 교재가 (특히 독학을 하려는 사람들에게) 얼마나 중요한지 새삼 깨달았습니다. 좋은 책 한 권은 시행착오를 줄여주고, 좋지 못한 교재는 필요 이상의 시간과 노력을 쏟게 만듭니다. 필자는 명저를 만들고자 이 책을 쓰게 된 것은 아닙니다. 교과서 한 권을 집필하는 데 많은 시간과 노력이 들어감을 잘 알기 때문에 많이 고민했지만, 처음 머신러닝을 접하는 독자들이 먼 길을 돌아가지 않도록 하기 위해 책을 집필하기로 마음먹었습니다.

과학계에서는 통하지 않는 말일지도 모르지만, '천 사람의 눈에는 천 개의 햄릿이 존재한다'고 누군가가 말했습니다. 유행하고 있는 좋은 (영문) 교과서를 사용하지 않은 이유는, 새로운 시각으로 머신러닝을 바라볼 수 있도록 도와주기 위해서입니다. 추가로, 필자의 관점에서 머신러닝을 해석하고 싶었던 마음도 있었습니다.

2013년부터 아웃라인을 작성하고 본격적으로 힘겨운 2년간의 사투에 돌입했습니다. 어떤 내용을 써야 할까, 어떤 내용을 먼저 써야 할까, 어떤 시점에서 작성해야 할까, 어느 정도까지 설명해야 할까 등등 쓰는 내내 많은 고민이 있었습니다. 필자가 잘못 쓴 내용으로 피해가 가는 독자들이 있을까 전전긍긍하며 고민에 고민을 거듭했습니다. 책을 쓰는 것도 어렵지만, 교과서를 집필하는 것은 더욱 어려웠습니다. 공자는 '취호기상 득호기중, 취호기중 득호기하(상등의 것을 취하면 중등의 것을 얻을 수 있고, 중등의 것을 취하면 하등의 것이라도 얻는다)'라고 말씀하셨습니다. 최상의 것을 만들기 위한 2년간의 노력 끝에 간신히 만족할 만한 책이 나왔습니다.

이 책에서는 계속해서 수박이 예제로 나옵니다. 그 첫 번째 이유는 필자가 수박을 좋아하기 때문입니다. 두 번째 이유는 수박은 필자가 살던 지역에서 매우 재미있는 뜻을 가지고 있기 때문입니다. 친구들을 초대해 식사를 할 때 보면 요리가 다 나왔는데도 모르는 경우가 있고, 요리가 다 나오지 않았는데도 다 나온 줄 알고 자리를 뜨는 난처한 경우가 종종 발생합니다. 필자가 살던 곳에서는 일종의 '잠재적인 규칙'을 사용하여 수박을 식탁에 올려 연회가 끝났음을 암시했습니다. 오랫동안 어떤 음식들이 나오건 마지막에는 항상 수박이 올라오는 문화는 계속되었습니다. 만약 연회를 (미래) 응용 시스템이라고 한다면, 요리는 기술과 관련된 것들에 비유할 수 있고, 수박은 머신러닝에 비유할 수 있을 것 같습니다. 즉, 수박은 연회에서 가장 '대단한' 것은 아니지만, 없어서는 안 될 존재입니다.

이 책을 집필하기 위한 자료를 모으고, 연습문제를 작성하고, 읽고 교정하는 모든 과정에서 필자의 많은 학생과 학계 친구들, 동료들의 지지와 도움이 있었습니다. 이 기회를 통해 그들의 이름을 언급하며 감사의 인사를 전하고 싶습니다. (병음 순으로) 천쑹찬, 다이왕조우, 가오양, 가오웨이, 황셩췬, 리밍, 리난, 리우쥔, 리위펑, 치엔차오, 왕웨이, 왕웨이지엔, 우찌엔씬, 쉬레이, 위양, 짠더촨, 장리췬, 장민링, 쭈쥔. 원고는 LAMDA조 학생들이 2015년 여름 토론반에서 시범 사용했으며, 가오빈빈, 궈샹위, 리샤오웬, 치엔홍, 션쯔위, 예한찌아, 장텅 등의 학생들이 많은 오탈자를 수정해 주었습니다. 특히, 필자가 손으로 작성한 그래프를 멋진 삽화로 탈바꿈시켜 준 리난과 배열과 색인을 도와준 위양, 표지 디자인을 맡아준 리우충에게 감사하다는 말을 전하고 싶습니다.

중국 컴퓨터학회 공로상의 수상자이자 중국과학원 펠로우인 루루치엔 선생님은 중국의 인공지능의 개척자 중 한 분입니다. 그가 1988년과 1996년에 출판한 《머신러닝(상·하편)》은 필자에게 많은 영감을 주었습니다. 바쁘신 중에도 책을 위해 추천사를 써주신 루 선생님께 다시 한번 감사드립니다. 루 선생님께서 추천사에 말씀하신 질문들은 독자들이 이 책을 읽은 후에 고급 단계를 공부하거나 연구할 때 좋은 인사이트를 제공해 줄 것입니다.

이 책이 나올 수 있도록 도와주신 칭화 대학교 출판사의 쉬에후이 선생님께도 감사의 인사를 드립니다. 12년 전 필자가 국가 우수청년 과학기금을 수상했을 때 책을 함께 써보자고 제안해 주셨는데, 당시에 필자는 많이 어렸고 학술적으로도 성숙하지 못하다고 판단해 완곡하게 거절을 했습니다. 10년 전에 '머신러닝과 응용' 콘퍼런스MLA의 참가자는 루루치엔 선생님이 만든 푸단 대학교 인공지능 정보처리 연구실에서 난징으로 옮겨오면서 20명에서 400여 명으로 늘었습니다. 그리고 이후 칭화 대학교, 푸단 대학교, 시디엔 대학교 등으로 옮겨가면서 800여 명까지 늘었습니다. 다시 난징으로 돌아오는 올해에는 1,300여 명이 콘퍼런스를 뜨겁게 달구었습니다. MLA는 학술을 우선시하고 그 외의 것들은 모두 간소화하는 것을 모토로 하고 있기에 형식적인 것들을 걷어내고 참가비를 받지 않고 있습니다. 그런데도 교통비나 숙박비 등의 비용 때문에 못 오는 학생들이 있었는데, 이를 알게 된 후 필자는 《머신러닝과 응용》이라는 제목의 책을 집필해 학생들에게 도움을 주고자 했습니다. 이를 계기로 쉬에 선생님, 루 선생님, 그리고 작년에 병으로 세상을 떠난 왕지에 선생님까지 MLA를 장기적으로 이끌 수 있게 된 것입니다. 이러한 전문 학술 모음집은 판매량이 얼마 되지 않아 돈이 목적인 출판사에게는 매력적이지 않습니다. 그런데도 출판을 도와주신 쉬에 선생님을 위해 필자가 나중에 머신러닝 책을 집필한다면 꼭 선생님이 계신 칭화 대학교 출판사와 계약하기로 약속했습니다. 《머신러닝과 응용》 논문집이 6번째 시리즈까지 나오는 동안 10년이 흘렀는데, 지금에서야 그 약속을 지킬 수 있게 되었습니다.

마지막으로, 필지의 가족들에게 감사의 인사를 전하고 싶습니다. 이 책을 집필하기 위해 공휴일, 여유 시간 등을 포함한 2년의 시간을 썼는데, 집필하는 동안 아들은 자주 제게 와서 '아빠 어디 가?' 대신 '아빠 몇 장이나 썼어?'라는 질문을 했습니다. 아들에게 만족할 만한 대답을 주기 위해 필자는 계속 노력할 수밖에 없었습니다.

조우쯔화

찾아보기